Der Zustellungsverkehr mit dem Vereinigten Königreich

Eine Studie unter besonderer Berücksichtigung der Rechtsentwicklungen seit dem Brexit

Inaugural-Dissertation
zur Erlangung der Doktorwürde
der Hohen Juristischen Fakultät
der Ludwig-Maximilians-Universität
zu München

vorgelegt von

Daniel Nitschmann

2023

Referent: Prof. Dr. Wolfgang Hau
Korreferent: Prof. Dr. Anatol Dutta, M. Jur. (Oxford)
Tag der mündlichen Prüfung: 10. Februar 2023

Studien zum ausländischen und internationalen Privatrecht

510

Herausgegeben vom
Max-Planck-Institut für ausländisches
und internationales Privatrecht

Direktoren:
Holger Fleischer und Ralf Michaels

Daniel Nitschmann

Der Zustellungsverkehr mit dem Vereinigten Königreich

Eine Studie unter besonderer Berücksichtigung der Rechtsentwicklungen seit dem Brexit

Mohr Siebeck

Daniel Nitschmann, geboren 1997; Studium der Rechtswissenschaften an der Ludwig-Maximilians-Universität München; Wissenschaftlicher Mitarbeiter am Lehrstuhl für Bürgerliches Recht und deutsches, internationales und vergleichendes Zivilverfahrensrecht an der Ludwig-Maximilians-Universität München; 2023 Promotion; Rechtsreferendariat am Oberlandesgericht München.
orcid.org/0009-0001-1114-0231

ISBN 978-3-16-162599-2 / eISBN 978-3-16-162654-8
DOI 10.1628/978-3-16-162654-8

ISSN 0720-1141 / eISSN 2568-7441
(Studien zum ausländischen und internationalen Privatrecht)

Die Deutsche Nationalbibliothek verzeichnet diese Publikation in der Deutschen Nationalbibliographie; detaillierte bibliographische Daten sind über *http://dnb.dnb.de* abrufbar.

© 2023 Mohr Siebeck Tübingen. www.mohrsiebeck.com

Das Werk einschließlich aller seiner Teile ist urheberrechtlich geschützt. Jede Verwertung außerhalb der engen Grenzen des Urheberrechtsgesetzes ist ohne Zustimmung des Verlags unzulässig und strafbar. Das gilt insbesondere für die Verbreitung, Vervielfältigung, Übersetzung und die Einspeicherung und Verarbeitung in elektronischen Systemen.

Das Buch wurde von Gulde Druck in Tübingen auf alterungsbeständiges Werkdruckpapier gedruckt und gebunden.

Printed in Germany.

Für Marion und Peter

Vorwort

Die vorliegende Arbeit wurde im Wintersemester 2022/2023 von der Juristischen Fakultät der Ludwig-Maximilians-Universität München als Dissertation angenommen. Gesetzgebung, Rechtsprechung und Literatur konnten bis Ende Mai 2023 berücksichtigt werden. Sämtliche Internetquellen wurden zuletzt am 31. Mai 2023 abgerufen.

Herzlich danken möchte ich vor allem meinem verehrten Doktorvater, Herrn Prof. Dr. *Wolfgang Hau*, der mich bereits während meines Studiums richtungsweisend gefördert und mein Interesse für das Internationale Zivilverfahrensrecht geweckt hat. Seine hervorragende Betreuung und die vielen wertvollen Anregungen haben entscheidend zum Gelingen der Arbeit beigetragen. Ich bin außerordentlich dankbar, im Rahmen meiner Mitarbeit an seinem Lehrstuhl gewinnbringende Erfahrungen sammeln zu dürfen. Herrn Prof. Dr. *Anatol Dutta* danke ich für die Erstellung des wohlwollenden Zweitgutachtens.

Dank gebührt außerdem den Direktoren des Max-Planck-Instituts für ausländisches und internationales Privatrecht in Hamburg für die Aufnahme der Arbeit in die Schriftenreihe *Studien zum ausländischen und internationalen Privatrecht*. Zudem danke ich Herrn Prof. Dr. *Haimo Schack* und der Studienstiftung ius vivum sowie der deutsch-britischen Juristenvereinigung für die Gewährung der großzügigen Druckkostenzuschüsse.

Außerdem möchte ich mich bei Herrn Dr. *Tomasz Krzysztof Klama* für seine äußerst wertvollen Anmerkungen bei der Durchsicht des Manuskripts und für die gegenseitige Motivation während unserer gemeinsamen Promotionszeit bedanken. Ich danke ferner Herrn *Daniel Schunke* sowie meinen Kolleginnen und Kollegen am Lehrstuhl von Herrn Prof. Dr. *Wolfgang Hau* für den intensiven fachlichen Austausch wie auch die vielen anregenden Diskussionen.

Der größte Dank gilt meiner Familie, insbesondere meinen Eltern *Marion* und *Peter*, die mir aufgrund ihrer bedingungslosen Unterstützung stets Rückhalt gegeben haben. Ohne sie wäre der Weg zu meiner Promotion nicht denkbar gewesen. Ihnen sei daher dieses Buch gewidmet.

München, im Juni 2023 *Daniel Nitschmann*

Inhaltsübersicht

Vorwort VII
Inhaltsverzeichnis XIII
Rechtsaktverzeichnis XXIV
Abkürzungsverzeichnis... XXXII

Einleitung 1

A. Gegenstand und Ziel der Untersuchung 1

B. Gang der Untersuchung 4

Kapitel 1: Die Grundlagen des Zustellungsrechts im deutsch-britischen Rechtsverkehr 7

A. Begriff und Bedeutung der Zustellung 7

B. Konfligierende Interessen im Zustellungsrecht 20

C. Völkerrechtliche Grundlagen des Zustellungsrechts 31

D. Rechtsvergleichender Überblick über die nationalen Zustellungsvorschriften 42

Kapitel 2: Die Entwicklung des deutsch-britischen Zustellungsverkehrs bis zum Brexit 64

A. Rechtslage vor dem Jahr 1929 64

B. Deutsch-britisches Abkommen über den Rechtsverkehr vom
20. März 1928 73

C. Haager Übereinkommen über die Zustellung gerichtlicher und
außergerichtlicher Schriftstücke im Ausland in Zivil- und
Handelssachen vom 15. November 1965 84

D. Entwicklung des Zustellungsrechts in der Europäischen Union 111

Kapitel 3: Die Auswirkungen des Brexits auf die Zustellung von Schriftstücken im deutsch-britischen Rechtsverkehr 148

A. Grundlagen des Brexits 148

B. Rechtslage nach Ablauf der Übergangsfrist 154

C. Vergleich zur Rechtslage vor dem Brexit 188

D. Verpasste Chancen aufgrund der fehlenden Anwendbarkeit der
Verordnung (EU) 2020/1784 vom 25. November 2020 über die
Zustellung gerichtlicher und außergerichtlicher Schriftstücke in Zivil-
und Handelssachen 230

E. Ergebnis 253

Kapitel 4: Die Entwicklungsperspektiven für den deutsch-britischen Zustellungsverkehr..256

A. Perspektiven im Verhältnis zwischen der Europäischen Union und dem
Vereinigten Königreich 258

B. Multilateraler Lösungsansatz: Reform des Haager
Zustellungsübereinkommens 279

C. Perspektiven im Verhältnis zwischen Deutschland und dem
Vereinigten Königreich 283

D. Einheitliches Zustellungsrecht 291

Kapitel 5: Zusammenfassung der Ergebnisse 294

A. Kapitel 1 294

B. Kapitel 2 295

C. Kapitel 3 297

D. Kapitel 4 299

Literaturverzeichnis 301
Materialienverzeichnis 337
Sachregister 347

Inhaltsverzeichnis

Vorwort VII
Inhaltsübersicht IX
Rechtsaktverzeichnis XXIV
Abkürzungsverzeichnis.. XXXII

Einleitung 1

A. Gegenstand und Ziel der Untersuchung 1

B. Gang der Untersuchung 4

Kapitel 1: Die Grundlagen des Zustellungsrechts im deutsch-britischen Rechtsverkehr 7

A. Begriff und Bedeutung der Zustellung 7
    I.   Zustellungsbegriff...7
   II.   Bedeutung der Zustellung 8
       1. Zustellung des verfahrenseinleitenden Schriftstücks 8
          a) Eintritt der Rechtshängigkeit 8
          b) Fristwahrung und Fristanlauf 10
              aa) Deutschland..11
              bb) England und Wales..12
          c) Zusammenhang mit der Zuständigkeit des Gerichts.................13
          d) Bedeutung im Anerkennungs- und Vollstreckungsrecht 15
              aa) Rechtslage vor dem Brexit 16
              bb) Rechtslage nach dem Brexit.............................17
       2. Zustellung sonstiger Schriftstücke..................................19

B. Konfligierende Interessen im Zustellungsrecht 20

Inhaltsverzeichnis

 I. Justizgewährungsanspruch des Zustellungsinteressenten 20
 II. Anspruch des Zustellungsempfängers auf rechtliches Gehör 22
 III. Grundsatz der Prozessökonomie 23
 IV. Balance zwischen den widerstreitenden Interessen 24
  1. Schonender Ausgleich bei Konflikten 24
  2. Verschärfung der Problematik bei grenzüberschreitenden
   Zustellungen 24
   a) Fiktive Zustellungen 25
   b) Dauer der Zustellung 26
   c) Sprachenfragen 28
   d) Benennung eines Zustellungsbevollmächtigten 29
 V. Fazit 30

C. Völkerrechtliche Grundlagen des Zustellungsrechts 31

 I. Deutsches Verständnis: Zustellung als staatlicher Hoheitsakt 31
  1. Verbot der Vornahme von Hoheitsakten auf fremdem
   Territorium 32
  2. Konsequenzen für die Auslandszustellung 32
  3. Handhabung der Souveränität in Deutschland 34
  4. Stürner: Schutzschildfunktion 35
 II. Britisches Verständnis der Zustellung 36
 III. Kritik am deutschen Souveränitätsverständnis 37
  1. Systematische Widersprüche 37
  2. Schwächen der *Schutzschildtheorie* 38
  3. Konflikte mit dem Rechtsschutz der Beteiligten 40
 IV. Neuordnung der völkerrechtlichen Grundlagen 40

*D. Rechtsvergleichender Überblick über die nationalen
Zustellungsvorschriften* 42

 I. Deutschland 42
  1. Grundsatz der Amtszustellung 42
  2. Zustellungsadressat 43
  3. Zustellung im Inland 44
   a) Zustellung durch die Geschäftsstelle 44
   b) Zustellung durch die Post oder einen Justizbediensteten 45
  4. Zustellung im Ausland 46
  5. Zustellung durch Aufgabe zur Post 48
  6. Öffentliche Zustellung 48
 II. England und Wales 50
  1. Zustellung in England und Wales *(service in the jurisdiction)* 51
   a) Bedeutung der Parteizustellung 51
   b) Zustellungsadressat 52

        c) Zustellungswege 53
           aa) Persönliche Zustellung *(personal service)* 53
           bb) Zustellung durch die Post oder *document exchange* 54
           cc) Zustellung durch Zurücklassen an einer relevanten
               Adresse 55
           dd) Zustellung durch Fax oder andere elektronische
               Methoden 55
           ee) Zustellung auf einem alternativen Weg *(service by an*
               alternative method) 56
        d) Besonderheiten bei der Zustellung von sonstigen
           Schriftstücken 57
      2. Zustellung im Ausland *(service out of the jurisdiction)* 57
        a) Genehmigungserfordernis 57
        b) Zustellungswege 59
  III. Schottland 60
  IV. Nordirland 62

Kapitel 2: Die Entwicklung des deutsch-britischen Zustellungsverkehrs bis zum Brexit 64

A. Rechtslage vor dem Jahr 1929 64
  I.   Keine Mitwirkung des Vereinigten Königreichs an den Haager
       Abkommen 64
  II. Zustellung von Schriftstücken aus Deutschland 67
      1. Autonomes deutsches Zustellungsrecht 67
        a) Zustellung im Ausland 67
        b) Zustellung durch Aufgabe zur Post 68
        c) Öffentliche Zustellung 69
      2. Zustellungspraxis im deutsch-britischen Rechtsverkehr 69
  III. Zustellung von Schriftstücken aus England und Wales 71

B. Deutsch-britisches Abkommen über den Rechtsverkehr vom
20. März 1928 73
  I.   Hintergrund 73
  II. Anwendungsbereich 75
      1. Zivil- und Handelssache 75
      2. Zustellung im Gebiet des anderen vertragsschließenden Teiles 76
  III. Zustellungswege 76
      1. Zustellung im Wege der aktiven internationalen Rechtshilfe 76
        a) Verfahren und zuständige Stellen 76

b) Formlose Zustellung 77
  c) Förmliche Zustellung 77
  d) Eingeschränkter *ordre public*-Vorbehalt 77
  e) Kosten und Dauer der Zustellung 78
  2. Unmittelbare Zustellung durch diplomatische oder
     konsularische Beamte 78
  3. Zustellung ohne Einschaltung der Rechtshilfebehörden 78
    a) Unmittelbare Zustellung durch einen bestellten Vertreter 78
    b) Unmittelbare Postzustellung 79
      aa) Zustellung deutscher Schriftstücke im Vereinigten
          Königreich 80
      bb) Zustellung britischer Schriftstücke in Deutschland 81
    c) Unmittelbare Zustellung durch die zuständigen Beamten des
       Empfängerstaates 82
    d) Übersetzungserfordernis 82
  IV. Fortschritte durch das Abkommen 83

C. Haager Übereinkommen über die Zustellung gerichtlicher und
außergerichtlicher Schriftstücke im Ausland in Zivil- und
Handelssachen vom 15. November 1965 84
  I.   Hintergrund 84
  II. Anwendungsbereich 86
    1. Zivil- und Handelssache 87
      a) Auslegung des Begriffs 87
      b) Problemfälle im deutsch-britischen Rechtsverkehr 89
    2. Zustellung in das Ausland 91
      a) Zwingender Charakter des Übereinkommens 91
      b) Auswirkungen im deutsch-britischen Rechtsverkehr 92
  III. Zustellungswege 93
    1. Zustellung im Wege der aktiven internationalen Rechtshilfe 93
      a) Verfahren und Zentrale Behörden 93
      b) Förmliche Zustellung 95
      c) Formlose Zustellung 96
      d) Ablehnung der Erledigung des Zustellungsersuchens 97
        aa) Ablehnung nach Art. 13 HZÜ 97
        bb) Zustellung von britischen *antisuit injunctions* in
            Deutschland 97
          (1) Verstoß gegen Art. 6 Abs. 1 EMRK 98
          (2) Eingriff in die deutsche Justizhoheit 100
          (3) Zwischenergebnis 101
      e) Kosten und Dauer der Zustellung 102

Inhaltsverzeichnis

2. Unmittelbare Zustellung durch diplomatische oder konsularische Vertreter	102
3. Zustellung ohne Einschaltung der Rechtshilfebehörden	103
a) Unmittelbare Postzustellung	104
aa) Überblick	104
bb) Zustellung britischer Schriftstücke in Deutschland	104
cc) Zustellung deutscher Schriftstücke im Vereinigten Königreich	105
b) Unmittelbare Zustellung durch Justizbeamte oder sonst zuständige Personen	106
aa) Überblick	106
bb) Widerspruchsmöglichkeit	106
cc) Zulässigkeit nach dem nationalen Recht	107
c) Übersetzungserfordernis	108
IV. Verhältnis zum deutsch-britischen Rechtshilfeabkommen	108
V. Fortschritte durch das Übereinkommen	110

D. Entwicklung des Zustellungsrechts in der Europäischen Union 111

I. Hintergrund	111
II. Verordnung (EG) Nr. 1348/2000 vom 29. Mail 2000 über die Zustellung gerichtlicher und außergerichtlicher Schriftstücke in Zivil- und Handelssachen	113
1. Anwendungsbereich	113
a) Zivil- oder Handelssache	113
b) Ansässigkeit des Zustellungsempfängers im EU-Ausland	114
aa) Ansicht des älteren Schrifttums	114
bb) Rechtsprechung des EuGH	115
cc) Auswirkung im deutsch-britischen Rechtsverkehr	117
c) Keine unbekannte Anschrift des Empfängers	118
2. Zustellungswege	118
a) Zustellung im Wege der aktiven internationalen Rechtshilfe	118
aa) Verfahren, Übermittlungs- und Empfangsstellen	118
bb) Zustellung des Schriftstücks	120
cc) Annahmeverweigerungsrecht des Empfängers	121
dd) Ablehnung der Erledigung des Zustellungsersuchens	123
ee) Kosten und Dauer der Zustellung	124
b) Zustellung durch diplomatische oder konsularische Vertretungen	125
c) Zustellung ohne Einschaltung der Rechtshilfebehörden	126
aa) Unmittelbare Postzustellung	127
(1) Zustellung britischer Schriftstücke in Deutschland	127

                (2) Zustellung deutscher Schriftstücke im Vereinigten Königreich 129
           bb) Unmittelbare Zustellung im Parteibetrieb......................... 129
           cc) Übersetzungserfordernis 130
      3. Verhältnis zu anderen Ab- und Übereinkommen 132
         a) Verhältnis zum Haager Zustellungsübereinkommen 132
         b) Verhältnis zum deutsch-britischen Rechtshilfeabkommen 132
   III. Verordnung (EG) Nr. 1393/2007 vom 13. November 2007 über die Zustellung gerichtlicher und außergerichtlicher Schriftstücke in Zivil- und Handelssachen 133
      1. Hintergrund und Ziele der Reform 133
      2. Reform der Zustellung im Wege der aktiven internationalen Rechtshilfe 134
         a) Dauer und Datum der Zustellung 135
         b) Kosten der Zustellung 136
         c) Neuregelung des Annahmeverweigerungsrechts 137
           aa) Spracherfordernis 138
           bb) Ausübungsfrist 139
           cc) Belehrungspflicht 139
           dd) Rechtsfolgen und Heilung 140
      3. Reform der Zustellung ohne Einschaltung der Rechtshilfebehörden 141
         a) Unmittelbaren Postzustellung 141
           aa) Zulässigkeit der Postzustellung 141
           bb) Durchführung der Postzustellung 142
         b) Unmittelbare Zustellung im Parteibetrieb 143
           aa) Zustellung von deutschen Schriftstücken im Vereinigten Königreich 144
           bb) Zustellung von britischen Schriftstücken in Deutschland .. 145
         c) Übersetzungserfordernis 146
   IV. Verordnung (EU) 2020/1784 vom 25. November 2020 über die Zustellung gerichtlicher und außergerichtlicher Schriftstücke in Zivil- und Handelssachen 147

Kapitel 3: Die Auswirkungen des Brexits auf die Zustellung von Schriftstücken im deutsch-britischen Rechtsverkehr 148

A. Grundlagen des Brexits 148

   I. Rechtliche Rahmenbedingungen nach Art. 50 EUV 148
   II. Rechtliche Auswirkungen des Austritts aus der Europäischen Union 149

III.	Chronologischer Ablauf des Brexits	150
IV.	„Hard-Brexit" im internationalen Zivilverfahrensrecht	152

B. Rechtslage nach Ablauf der Übergangsfrist 154
   I.   Übergangsvorschriften im Austrittsabkommen zwischen der
       Europäischen Union und dem Vereinigten Königreich 154
       1. Überblick 154
       2. Eingang bei einer maßgeblichen Stelle 154
          a) Zustellungen im Wege der aktiven internationalen
             Rechtshilfe 155
          b) Unmittelbare Zustellungen 156
       3. Fazit..157
   II. Einschlägige Rechtsakte außerhalb der Übergangsvorschrift............157
       1. Keine Anwendung der Europäischen Zustellungsverordnung 157
       2. Anwendung des Haager Zustellungsübereinkommen 158
       3. Anwendung des deutsch-britischen Rechtshilfeabkommens.........159
          a) Konsequenzen aus der Nichtanwendung seit Inkrafttreten
             der Europäischen Zustellungsverordnung 159
             aa) Streitstand und verwandte Problemfälle............................159
             bb) Kein förmliches Außerkrafttreten des Abkommens 163
             cc) Außerkrafttreten aufgrund desuetudo 164
                 (1) Anerkennung und dogmatische Einordnung 165
                 (2) Voraussetzungen..167
                 (3) Anwendung auf das deutsch-britische
                    Rechtshilfeabkommen...168
             dd) Außerkrafttreten aufgrund Obsoleszenz 172
                 (1) Anerkennung 172
                 (2) Voraussetzungen..174
                 (3) Anwendung auf das deutsch-britische
                    Rechtshilfeabkommen...175
             ee) Fazit...177
          b) Verhältnis zum Haager Zustellungsübereinkommen 177
       4. Zwischenergebnis 178
   III. Zustellungswege 178
       1. Zustellung im Wege der aktiven internationalen Rechtshilfe 178
       2. Zustellung durch diplomatische oder konsularische Beamte 179
       3. Unmittelbare Postzustellung 179
          a) Haager Zustellungsübereinkommen 179
             aa) Reziproke Wirkung des deutschen Vorbehalts 179
                 (1) Problemaufriss und Meinungsstand 179
                 (2) Reziprozitätsprinzip aus Art. 21 Abs. 1 lit. b WVK.....181
                 (3) Allgemeines völkerrechtliches Reziprozitätsprinzip....182

    bb) Zulässigkeit nach dem Recht des Verfahrensstaates..........184
   b) Deutsch-britisches Rechtshilfeabkommen...............................184
  4. Unmittelbare Zustellung durch die zuständigen Beamten des
   Empfängerstaates...185
   a) Zustellung von britischen Schriftstücken in Deutschland........186
   b) Zustellung von deutschen Schriftstücken im Vereinigten
    Königreich...186
  5. Unmittelbare Zustellung durch einen bestellten Vertreter 187

C. Vergleich zur Rechtslage vor dem Brexit 188

 I. Komplexität der Rechtslage 188
 II. Schwächung des Justizgewährungsanspruchs des
  Zustellungsinteressenten 189
  1. Zustellungen im Wege der aktiven internationalen Rechtshilfe...189
   a) Grundlagen..189
   b) Erhöhter Aufwand durch die Rückkehr eines strengen
    Übersetzungserfordernisses..192
    aa) Übersetzungserfordernis im deutsch-britischen
     Rechtsverkehr..192
    bb) Auswirkungen in der Praxis 194
   c) Dauer der Zustellung 195
    aa) Regelungen zur Dauer der Zustellung 196
    bb) Auswirkungen in der Praxis 196
    cc) Kommunikation der beteiligten Stellen bei
     Verzögerungen 198
   d) Kosten der Zustellung 198
   e) Keine Regelung zum Zustellungsdatum 200
  2. Unmittelbare Postzustellung..201
   a) Zulässigkeit im deutsch-britischen Rechtsverkehr 201
   b) Praktische Probleme beim Nachweis.......................................201
   c) Vor- und Nachteile für den Zustellungsinteressenten..............203
  3. Sonstige Zustellungswege...205
   a) Unmittelbare Zustellung durch diplomatische oder
    konsularische Vertreter...205
   b) Unmittelbare Parteizustellung 207
    aa) Zustellung von deutschen Schriftstücken im Vereinigten
     Königreich...207
    bb) Zustellung von britischen Schriftstücken in Deutschland..208
  4. Heilung von Zustellungsfehlern..209
   a) Bedeutungsgewinn der Heilungsfrage 209
   b) Heilung von Zustellungsfehlern nach dem Brexit 210
   c) Vergleich zur Rechtslage vor dem Brexit................................212

III. Schwächung des Anspruchs des Zustellungsempfängers auf rechtliches Gehör 216
   1. Rückkehr von fiktiven Inlandszustellungen 216
      a) Zulässigkeit 216
      b) Praktische Auswirkungen 217
   2. Sprachenfragen bei der unmittelbaren Zustellung 221
   3. Sonstige Beklagtenschutzvorschriften 223
      a) Belehrungspflichten 223
      b) Aussetzung des Verfahrens und Wiedereinsetzung in den vorigen Stand 224
IV. Schwächung der Prozessökonomie 225
V. Wiederkehr von überkommenen Souveränitätserwägungen 226
   1. Eingeschränkter ordre public-Vorbehalt 226
   2. Vorbehaltsmöglichkeiten 227
VI. Auslegungsfragen und zentrale Auslegungsinstanz 228

D. *Verpasste Chancen aufgrund der fehlenden Anwendbarkeit der Verordnung (EU) 2020/1784 vom 25. November 2020 über die Zustellung gerichtlicher und außergerichtlicher Schriftstücke in Zivil- und Handelssachen* 230
  I. Hintergrund und Ziele der Reform 231
 II. Anwendungsbereich 232
III. Unterstützung bei der Ermittlung der Anschrift des Adressaten 233
IV. Zustellung im Wege der aktiven internationalen Rechtshilfe 236
   1. Einrichtung eines dezentralen IT-Systems 236
      a) Überblick und Ziele 236
      b) Vergleich zum deutsch-britischen Rechtsverkehr 238
      c) Fazit 240
   2. Reform des Annahmeverweigerungsrechts 240
 V. Unmittelbare Postzustellung 242
VI. Unmittelbare Parteizustellung 243
VII. Elektronische Direktzustellung 244
   1. Überblick und Ziele 245
   2. Voraussetzungen 246
   3. Verweis auf die zulässigen elektronischen Mittel nach dem Recht des Verfahrensstaates 247
      a) Elektronische Zustellung im deutschen Recht 247
      b) Elektronische Zustellung im britischen Recht 249
      c) Hypothetische Anwendung im deutsch-britischen Zustellungsverkehr 249
   4. Vergleich zur tatsächlichen Lage im deutsch-britischen Rechtsverkehr 250

VIII. Fazit 252

E. Ergebnis 253

Kapitel 4: Die Entwicklungsperspektiven für den deutsch-britischen Zustellungsverkehr 256

A. *Perspektiven im Verhältnis zwischen der Europäischen Union und dem Vereinigten Königreich* 258
    I. Keine Möglichkeit der unilateralen Anwendung der Europäischen Zustellungsverordnung...258
    II. Wiederanwendung der Europäischen Zustellungsverordnung..........259
       1. Vorteile...259
       2. Erstreckungsabkommen zwischen der Europäischen Union und Dänemark zur EuZVO als Vorbild 261
       3. Problem der Auslegungszuständigkeit..262
          a) Lösung im Erstreckungsabkommen zwischen der Europäischen Union und Dänemark 263
          b) *Luganer Lösung*..264
          c) *Modifizierte Luganer Lösung* 266
          d) Fazit...267
       4. Anknüpfung an das Verhältnis zu den Lugano-Staaten 268
          a) Konkrete Bestrebungen im Zustellungsrecht.....................268
          b) Ablehnende Haltung der Europäischen Union zum Beitritt des Vereinigten Königreichs zum Luganer Übereinkommen ..268
       5. Praktische Bedenken...272
       6. Fazit...275
    III. Aushandlung eines neuen völkerrechtlichen Vertrages...................276
       1. Überblick...276
       2. Vor- und Nachteile 277
       3. Praktische Bedenken...278

B. *Multilateraler Lösungsansatz: Reform des Haager Zustellungsübereinkommens* 279
    I. Bisherige Bestrebungen und Vorteile..280
    II. Nachteile und praktische Bedenken 281

C. *Perspektiven im Verhältnis zwischen Deutschland und dem Vereinigten Königreich* 283
    I. Abschluss eines neuen bilateralen Abkommens................................283

II. Änderungen im Hinblick auf das Haager
   Zustellungsübereinkommen 286
   1. Rücknahme der deutschen Vorbehalte 287
   2. Änderung der Haltung zu Übersetzungen 288
   3. Vereinbarung nach Art. 11 oder 20 HZÜ.....................................290

D. Einheitliches Zustellungsrecht 291

Kapitel 5: Zusammenfassung der Ergebnisse 294

A. Kapitel 1 294

B. Kapitel 2 295

C. Kapitel 3 297

D. Kapitel 4 299

Literaturverzeichnis 301
Materialienverzeichnis 337
Sachregister 347

Rechtsaktverzeichnis

Altes Konsulargesetz	Gesetz betreffend die Organisation der Bundeskonsulate, sowie die Amtsrechte und Pflichten der Bundeskonsuln vom 8. November 1867, BGBl. des Norddeutschen Bundes 1867, S. 137.
AusfG-HZÜ	Gesetz zur Ausführung des Haager Übereinkommens vom 15. November 1965 über die Zustellung gerichtlicher und außergerichtlicher Schriftstücke im Ausland in Zivil- oder Handelssachen und des Haager Übereinkommens vom 18. März 1970 über die Beweisaufnahme im Ausland in Zivil- oder Handelssachen vom 22. Dezember 1977, BGBl. 1977 I, S. 3105.
BNotO	Bundesnotarordnung vom 24. Februar 1961, BGBl. 1961 I, S. 97.
BRAO	Bundesrechtsanwaltordnung vom 1. August 1959, BGBl. 1959 I, S. 565.
Brexit-Übergangsgesetz	Gesetz für den Übergangszeitraum nach dem Austritt des Vereinigten Königreichs Großbritannien und Nordirland aus der Europäischen Union (Brexit-Übergangsgesetz – BrexitÜG) vom 27. März 2019, BGBl. 2019 I, S. 402.
BrexitAbk	Abkommen über den Austritt des Vereinigten Königreichs Großbritannien und Nordirland aus der Europäischen Union und der Europäischen Atomgemeinschaft vom 24. Januar 2020, Amtsblatt Nr. L 29 vom 31. Januar 2020, S. 7.
Brüssel I-VO	Verordnung (EG) Nr. 44/2001 des Rates vom 20. Dezember 2000 über die gerichtliche Zuständigkeit und die Anerkennung und Vollstreckung von Entscheidungen in Zivil- und Handelssache, Amtsblatt Nr. L 12 vom 16. Januar 2001, S. 1, berichtigt durch Amtsblatt Nr. L 307 vom 24. November 2001, S. 28 sowie Amtsblatt Nr. L 328 vom 24. Dezember 2010, S. 36.
Brüssel Ia-VO	Verordnung (EU) Nr. 1215/2012 des Europäischen Parlaments und des Rates vom 12. Dezember 2012 über die gerichtliche Zuständigkeit und die Anerkennung und Vollstreckung von Entscheidungen in Zivil- und Handelssachen, Amtsblatt Nr. L 351 vom 20. Dezember 2012, S. 1, berichtigt durch Amtsblatt Nr. L 264 vom 30. September 2016, S. 43.

Civil Jurisdiction and Judgments Act 1982	Civil Jurisdiction and Judgments Act 1982, abrufbar unter: <https://www.legislation.gov.uk/ukpga/1982/27/contents>.
Companies Act 2006	Companies Act 2006, abrufbar unter: <https://www.legislation.gov.uk/ukpga/2006/46/contents>.
County Court Rules	The County Court Rules [Northern Ireland] 1981, SR 1981/225, abrufbar unter: <https://www.justice-ni.gov.uk/publications/court-rules-publications>.
CPC	Code de procédure civile, abrufbar unter: <https://www.legifrance.gouv.fr/codes/id/LEGITEXT000006070716/>.
CPO (Urfassung der ZPO)	Civilprozeßordnung vom 30. Januar 1877, RGBl. 1877, S. 83.
CPR	Civil Procedure Rules, abrufbar unter: <https://www.justice.gov.uk/courts/procedure-rules/civil/rules>.
CSR	Court of Session Rules, abrufbar unter: <https://www.scotcourts.gov.uk/rules-and-practice/rules-of-court/court-of-session-rules>.
DBA	Deutsch-britisches Abkommen über den Rechtsverkehr vom 20. März 1928, RGBl. 1928 II, S. 624.
DE-Mail-Gesetz	Gesetz zur Regelung von De-Mail-Diensten und zur Änderung weiterer Vorschriften vom 28. April 2011, BGBl. 2011 I, S. 666.
Deutsch-britisches Anerkennungs- und Vollstreckungsabkommen	Abkommen zwischen der Bundesrepublik Deutschland und dem Vereinigten Königreich Großbritannien und Nordirland über die gegenseitige Anerkennung und Vollstreckung von gerichtlichen Entscheidungen in Zivil- und Handelssachen vom 14. Juli 1960, BGBl. 1961 II, S. 301.
Durchführungsverordnung (EU) 2022/423	Durchführungsverordnung (EU) 2022/423 der Kommission vom 14. März 2022 zur Festlegung der technischen Spezifikationen, Maßnahmen und sonstigen Anforderungen für die Umsetzung des dezentralen IT-Systems nach der Verordnung (EU) 2020/1784 des Europäischen Parlaments und des Rates, Amtsblatt Nr. L 87 vom 15. März 2022, S. 9.
e-CODEX-VO	Verordnung (EU) 2022/850 des Europäischen Parlaments und des Rates vom 30. Mai 2022 über ein EDV-System für den grenzüberschreitenden elektronischen Datenaustausch im Bereich der justiziellen Zusammenarbeit in Zivil- und Strafsachen (e-CODEX-System) und zur Änderung der Verordnung (EU) 2018/1726, Amtsblatt Nr. L 150 vom 1. Juni 2022, S. 1.
eIDAS-VO	Verordnung (EU) Nr. 910/2014 des Europäischen Parlaments und des Rates vom 23. Juli 2014 über elektronische Identifizierung und Vertrauensdienste für elektronische Transaktionen im Binnenmarkt und zur Aufhebung der Richtlinie 1999/93/EG, Amtsblatt Nr. L 257 vom 28. August 2014, S. 73, berichtigt durch Amtsblatt Nr. L 23 vom

	29. Januar 2015, S. 19 sowie Amtsblatt Nr. L 155 vom 14. Juni 2016, S. 44.
EMRK	Konvention zum Schutze der Menschenrechte und Grundfreiheiten vom 4. November 1950, BGBl. 1952 II, S. 686.
Erstreckungsabkommen zur Brüssel Ia-VO	Abkommen zwischen der Europäischen Gemeinschaft und dem Königreich Dänemark über die gerichtliche Zuständigkeit und die Anerkennung und Vollstreckung von Entscheidungen in Zivil- und Handelssachen vom 19. Oktober 2005, Amtsblatt Nr. L 299 vom 16. November 2005, S. 62.
Erstreckungsabkommen zur EuZVO	Abkommen zwischen der Europäischen Gemeinschaft und dem Königreich Dänemark über die Zustellung gerichtlicher und außergerichtlicher Schriftstücke in Zivil- oder Handelssachen vom 19. Oktober 2005, Amtsblatt Nr. L 300 vom 17. November 2005, S. 55.
ERVV	Verordnung über die technischen Rahmenbedingungen des elektronischen Rechtsverkehrs und über das besondere elektronische Behördenpostfach vom 24. November 2017, BGBl. 2017 I, S. 3803, zuletzt geändert durch Gesetz vom 5. Oktober 2021, BGBl. 2021 I, S. 4607.
EU-Austritts-Gesetz	The Law Applicable to Contractual Obligations and Non-Contractual Obligations (Amendment etc.) (EU Exit) Regulations 2019, SI 2019/834, nachfolgend geändert durch The Jurisdiction, Judgments and Applicable Law (Amendment) (EU Exit) Regulations 2020, SI 2020/1574, jeweils abrufbar unter: <https://www.legislation.gov.uk/>.
EuBagatellVO	Verordnung (EG) Nr. 861/2007 des Europäischen Parlaments und des Rates vom 11. Juli 2007 zur Einführung eines europäischen Verfahrens für geringfügige Forderungen, Amtsblatt Nr. L 199 vom 31. Juli 2007, S. 1, geändert durch Verordnung (EU) 2015/2421 des Europäischen Parlaments und des Rates vom 16. Dezember 2015 zur Änderung der Verordnung (EG) Nr. 861/2007 zur Einführung eines europäischen Verfahrens für geringfügige Forderungen und der Verordnung (EG) Nr. 1896/2006 zur Einführung eines Europäischen Mahnverfahrens, Amtsblatt Nr. L 341 vom 24. Dezember 2015, S. 1.
EuBVO 2001	Verordnung (EG) Nr. 1206/2001 des Rates vom 28. Mai 2001 über die Zusammenarbeit zwischen den Gerichten der Mitgliedstaaten auf dem Gebiet der Beweisaufnahme in Zivil- oder Handelssachen, Amtsblatt Nr. L 174 vom 27. Juni 2001, S. 1, berichtigt durch Amtsblatt Nr. L 321 vom 7. November 2014, S. 11.
EuBVO 2020	Verordnung (EU) 2020/1783 des Europäischen Parlaments und des Rates vom 25. November 2020 über die Zusammenarbeit zwischen den Gerichten der Mitgliedstaaten auf dem Gebiet der Beweisaufnahme in Zivil- oder Handelssachen (Beweisaufnahme) (Neufassung), Amtsblatt Nr. L 405 vom 2. Dezember 2020, S. 1.

EuGVÜ	Übereinkommen über die gerichtliche Zuständigkeit und die Vollstreckung gerichtlicher Entscheidungen in Zivil- und Handelssachen vom 27. September 1968, Amtsblatt Nr. L 299 vom 31. Dezember 1972, S. 32.
EuMahnVO	Verordnung (EG) Nr. 1896/2006 des Europäischen Parlaments und des Rates vom 12. Dezember 2006 zur Einführung eines Europäischen Mahnverfahrens, Amtsblatt Nr. L 399 vom 30. Dezember 2006, S. 1-21, geändert durch Verordnung (EU) 2015/2421 des Europäischen Parlaments und des Rates vom 16. Dezember 2015 zur Änderung der Verordnung (EG) Nr. 861/2007 zur Einführung eines europäischen Verfahrens für geringfügige Forderungen und der Verordnung (EG) Nr. 1896/2006 zur Einführung eines Europäischen Mahnverfahrens, Amtsblatt Nr. L 341 vom 24. Dezember 2015, S. 1.
European Union (Notification of Withdrawal) Act 2017	European Union (Notification of Withdrawal) Act 2017, abrufbar unter: <https://www.legislation.gov.uk/ukpga/2017/9/section/1/enacted>.
EuVTVO	Verordnung (EG) Nr. 805/2004 des Europäischen Parlaments und des Rates vom 21. April 2004 zur Einführung eines europäischen Vollstreckungstitels für unbestrittene Forderungen, Amtsblatt Nr. L 143 vom 30. April 2004, S. 15, berichtigt durch Amtsblatt Nr. L 50 vom 23. Februar 2008, S. 71.
EuZÜ	Übereinkommen über die Zustellung gerichtlicher und außergerichtlicher Schriftstücke in Zivil- und Handelssachen in den Mitgliedstaaten der Europäischen Union vom 26. Mai 1997, Amtsblatt Nr. C 261 vom 27. August 1997, S. 1.
EuZVO 2000	Verordnung (EG) Nr. 1348/2000 des Rates vom 29. Mai 2000 über die Zustellung gerichtlicher und außergerichtlicher Schriftstücke in Zivil- und Handelssachen in den Mitgliedstaaten, Amtsblatt Nr. L 160 vom 31. Juni 2000, S. 37.
EuZVO 2007	Verordnung (EG) Nr. 1393/2007 des Europäischen Parlaments und des Rates vom 13. November 2007 über die Zustellung gerichtlicher und außergerichtlicher Schriftstücke in Zivil- oder Handelssachen in den Mitgliedstaaten (Zustellung von Schriftstücken) und zur Aufhebung der Verordnung (EG) Nr. 1348/2000 des Rates, Amtsblatt Nr. L 324 vom 10. Dezember 2007, S. 79.
EuZVO 2020	Verordnung (EU) 2020/1784 des europäischen Parlaments und des Rates vom 25. November 2020 über die Zustellung gerichtlicher und außergerichtlicher Schriftstücke in Zivil- und Handelssachen in den Mitgliedstaaten (Zustellung von Schriftstücken) (Neufassung), Amtsblatt Nr. L 405 vom 2. Dezember 2020, S. 40, berichtigt durch Amtsbatt Nr. L 173 vom 30. Juni 2022, S. 133.

EVÜ	Übereinkommen über das auf vertragliche Schuldverhältnisse anzuwendende Recht aufgelegt zur Unterzeichnung am 19. Juni 1980 in Rom, Amtsblatt Nr. L 266 vom 9. Oktober 1980, S. 1.
Forderungsdurchsetzungsgesetz	Gesetz zur Verbesserung der grenzüberschreitenden Forderungsdurchsetzung und Zustellung vom 30. Oktober 2008, BGBl. 2008 I, S. 2122.
Gesetz zum Ausbau des elektronischen Rechtsverkehrs	Gesetz zum Ausbau des elektronischen Rechtsverkehrs mit den Gerichten und zur Änderung weiterer Vorschriften vom 5. Oktober 2021, BGBl. 2021 I, S. 4607.
Gesetz zur Änderung von Vorschriften im Bereich des IPR und IZVR	Gesetz zur Änderung von Vorschriften im Bereich des Internationalen Privat- und Zivilverfahrensrechts vom 11. Juni 2017, BGBl. 2017 I, S. 1607.
Gesetz zur Durchführung der EuZVO 2020 und EuBVO 2020	Gesetz zur Durchführung der EU-Verordnungen über grenzüberschreitende Zustellungen und grenzüberschreitende Beweisaufnahmen in Zivil- oder Handelssachen, zur Änderung der Zivilrechtshilfe, des Vormundschafts- und Betreuungsrechts, zur Anpassung von Rechtsvorschriften zum Verbraucherschutz und zur Verbraucherrechtsdurchsetzung sowie zur Änderung sonstiger Vorschriften vom 24. Juni 2022, BGBl. 2022 I, S. 959.
Haager Abkommen zur Regelung von Fragen des internationalen Privatrechts	Haager Abkommen zur Regelung von Fragen des internationalen Privatrechts vom 14. November 1896, RGBl. 1899, S. 285, nebst Zusatzprotokoll vom 25. Mai 1897, RGBl. 1899, S. 295.
HAVÜ	Haager Übereinkommen über die Anerkennung und Vollstreckung ausländischer Entscheidungen in Zivil- und Handelssachen vom 2. Juli 2019, abrufbar unter: <https://www.hcch.net/de/instruments/conventions/full-text/?cid=137>.
HBÜ	Haager Übereinkommen über die Beweisaufnahme im Ausland in Zivil- oder Handelssachen vom 18. März 1970, BGBl. 1977 II, S. 1472, nebst Zustimmungsgesetz vom 22. Dezember 1977, BGBl. 1977 II, S. 1452
HGÜ	Haager Übereinkommen über Gerichtsstandsvereinbarungen vom 30. Juni 2005, Amtsblatt Nr. L 133 vom 29. Mai 2009, S. 3.
HKA	Handels- und Kooperationsabkommen zwischen der Europäischen Union und der Europäischen Atomgemeinschaft einerseits und dem Vereinigten Königreich Großbritannien und Nordirland andererseits, Amtsblatt Nr. L 444 vom 31. Dezember 2020, S. 14. Endgültige Fassung in Amtsblatt Nr. L 149 vom 30. April 2021, S. 10, berichtigt durch Amtsblatt Nr. L 131 vom 5. Mai 2022, S. 9.
HZPA 1905	Haager Abkommen über den Zivilprozeß vom 17. Juli 1905, RGBl. 1909, S. 409, nebst Gesetz vom 5. April 1909 zur Ausführung des Abkommens über den Zivilprozeß vom 17. Juli 1905, RGBl. 1909, S. 430.

Rechtsaktverzeichnis XXIX

HZPÜ 1954	Haager Übereinkommen über den Zivilprozess vom 1. März 1954, BGBl. 1958 II, S. 577, nebst Gesetz vom 18. Dezember 1958 zur Ausführung des Haager Übereinkommens vom 1. März 1954 über den Zivilprozess, BGBl. 1958 I, S. 939.
HZÜ	Haager Übereinkommen über die Zustellung gerichtlicher und außergerichtlicher Schriftstücke im Ausland in Zivil- und Handelssachen vom 15. November 1965, BGBl. 1979 II, S. 779, nebst Zustimmungsgesetz vom 22. Dezember 1977, BGBl. 1977 II, S. 1452.
KonsG	Gesetz über die Konsularbeamten, ihre Aufgaben und Befugnisse (Konsulargesetz) vom 11. September 1974, BGBl 1974 I, S. 2317.
Legal Services Act 2007	Legal Services Act 2007, abrufbar unter: <https://www.legislation.gov.uk/ukpga/2007/29/contents>.
Limitation Act 1980	Limitation Act 1980, abrufbar unter: <https://www.legislation.gov.uk/ukpga/1980/58/contents>.
LugÜ 1988	Übereinkommen über die gerichtliche Zuständigkeit und die Vollstreckung gerichtlicher Entscheidungen in Zivil- und Handelssachen geschlossen in Lugano am 16. September 1988, Amtsblatt Nr. L 319 vom 25. November 1988, S. 9, berichtigt durch Amtsblatt Nr. L 20 vom 25. Januar 1989, S. 38 sowie Amtsblatt Nr. L 148 vom 1. Juni 2006, S. 86.
LugÜ 2007	Übereinkommen über die gerichtliche Zuständigkeit und die Anerkennung und Vollstreckung von Entscheidungen in Zivil- und Handelssachen vom 30. Oktober 2007, Amtsblatt Nr. L 147 vom 10. Juni 2009, S. 5, berichtigt durch Amtsblatt Nr. L 115 vom 5. Mai 2011, S. 31 sowie Amtsblatt Nr. L 18 vom 21. Januar 2014, S. 70.
Ordinary Cause Rules	Act of Sederunt (Sheriff Court Ordinary Cause Rules), 1993 No 1956, S. 223, abrufbar unter: <https://www.scotcourts.gov.uk/rules-and-practice/rules-of-court/sheriff-court---civil-procedure-rules/ordinary-cause-rules>.
Postdienste-Richtlinie	Richtlinie 97/67/EG des Europäischen Parlaments und des Rates vom 15. Dezember 1997 über gemeinsame Vorschriften für die Entwicklung des Binnenmarktes der Postdienste der Gemeinschaft und die Verbesserung der Dienstequalität, Amtsblatt Nr. L 15 vom 21. Januar 1998, S. 14, berichtigt durch Amtsblatt Nr. L 23 vom 30. Januar 1998, S. 39.
RCJ	The Rules of the Court of Judicature (NI) 1980 (formerly titled: Rules of the Supreme Court (NI) 1980), SR 1980/346, abrufbar unter: <https://www.justice-ni.gov.uk/publications/court-rules-publications>.

Rom I-VO	Verordnung (EG) Nr. 593/2008 des Europäischen Parlaments und des Rates vom 17. Juni 2008 über das auf vertragliche Schuldverhältnisse anzuwendende Recht („Rom I-VO"), Amtsblatt Nr. L 177 vom 4. Juli 2008, S. 6, berichtigt durch Amtsblatt Nr. L 309 vom 24. November 2009, S. 87.
Rom II-VO	Verordnung (EG) Nr. 864/2007 des Europäischen Parlaments und des Rates vom 11. Juli 2007 über das auf außervertragliche Schuldverhältnisse anzuwendende Recht („Rom II-VO"), Amtsblatt Nr. L 199 vom 31. Juli 2007, S. 40, berichtigt durch Amtsblatt Nr. L 310 vom 9. November 2012, S. 52.
Simple Procedure Rules	Simple Procedure Rules, Act of Sederunt (Simple Procedure) 2016 No. 2016/200, abrufbar unter: <https://www.scotcourts.gov.uk/rules-and-practice/rules-of-court/sheriff-court---civil-procedure-rules/simple-procedure-rules>.
Verordnung (EG) Nr. 662/2009	Verordnung (EG) Nr. 662/2009 des Europäischen Parlaments und des Rates vom 13. Juli 2009 zur Einführung eines Verfahrens für die Aushandlung und den Abschluss von Abkommen zwischen Mitgliedstaaten und Drittstaaten über spezifische Fragen des auf vertragliche und außervertragliche Schuldverhältnisse anzuwendenden Rechts, Amtsblatt Nr. L 200 vom 31. Juli 2009, S. 25, berichtigt durch Amtsblatt Nr. L 241 vom 17. September 2011, S. 35.
Verordnung (EG) Nr. 664/2009	Verordnung (EG) Nr. 664/2009 des Rates vom 7. Juli 2009 zur Einführung eines Verfahrens für die Aushandlung und den Abschluss von Abkommen zwischen Mitgliedstaaten und Drittstaaten, die die Zuständigkeit und die Anerkennung und Vollstreckung von Urteilen und Entscheidungen in Ehesachen, in Fragen der elterlichen Verantwortung und in Unterhaltssachen sowie das anwendbare Recht in Unterhaltssachen betreffen, Amtsblatt Nr. L 200 vom 31. Juli 2009, S. 46, berichtigt durch Amtsblatt Nr. L 241 vom 17. September 2011, S. 35.
Verordnung Nr. 1182/71	Verordnung (EWG, Euratom) Nr. 1182/71 des Rates vom 3. Juni 1971 zur Festlegung der Regeln für die Fristen, Daten und Termine, Amtsblatt Nr. L 124 vom 8. Juni 1971, S. 1.
Verordnung zur Ausführung des DBA	Verordnung zur Ausführung des deutsch-britischen Abkommens über den Rechtsverkehr vom 5. März 1929, RGBl. 1929 II, S. 135, geändert durch Gesetz vom 27. Juli 2001, BGBl. 2001 I, S. 1887.
Vertrag von Amsterdam	Vertrag von Amsterdam zur Änderung des Vertrags über die Europäische Union, der Verträge zur Gründung der Europäischen Gemeinschaften sowie einiger damit zusammenhängender Rechtsakte vom 2. Oktober 1997, Amtsblatt Nr. C 230 vom 10. November 1997, S. 1.

Vertrag von Lissabon	Vertrag von Lissabon zur Änderung des Vertrags über die Europäische Union und des Vertrags zur Gründung der Europäischen Gemeinschaft vom 13. Dezember 2007, Amtsblatt Nr. C 306 vom 17. Dezember 2007, S. 1.
Vertrag von Maastricht	Vertrag über die Europäische Union, unterzeichnet zu Maastricht am 7. Februar 1992, Amtsblatt Nr. C 191 vom 29. Juni 1992, S. 1.
Weltpostvertrag	Weltpostvertrag in der Fassung der Bekanntmachung vom 7. Dezember 2020, BGBl. 2020 II, S. 1088.
WVK	Wiener Übereinkommen über das Recht der Verträge vom 23. Mai 1969, BGBl. 1985 II, S. 927.
Zusatzvereinbarung zwischen Deutschland und Österreich zum HZPÜ 1954	Vereinbarung zwischen der Regierung der Bundesrepublik Deutschland und der Bundesregierung der Republik Österreich zur weiteren Vereinfachung des rechtlichen Verkehrs nach dem Haager Übereinkommen vom 1. März 1954 vom 6. Juni 1959, BGBl. 1959 II, S. 1523.
Zusatzvereinbarung zwischen Deutschland und Tschechien zum HZÜ und HBÜ	Vertrag zwischen der Bundesrepublik Deutschland und der Tschechischen Republik zur weiteren Erleichterung des Rechtshilfeverkehrs nach den Haager Übereinkommen vom 1. März 1954 über den Zivilprozess, vom 15. November 1965 über die Zustellung gerichtlicher und außergerichtlicher Schriftstücke im Ausland in Zivil- oder Handelssachen und vom 18. März 1970 über die Beweisaufnahme im Ausland in Zivil- oder Handelssachen vom 2. Februar 2000, BGBl. 2001 II, S. 1211.
ZustDG	Gesetz zur Durchführung gemeinschaftsrechtlicher Vorschriften über die Zustellung gerichtlicher und außergerichtlicher Schriftstücke in Zivil- oder Handelssachen in den Mitgliedstaaten vom 9. Juli 2001, BGBl. 2001 I, S. 1536.
Zustellungsreformgesetz	Gesetz zur Reform des Verfahrens bei Zustellungen im gerichtlichen Verfahren (Zustellungsreformgesetz – ZustRG) vom 25. Juni 2001, BGBl. 2001 I, S. 1206.

Abkürzungsverzeichnis

a.A.	anderer Ansicht
A.C.	Law Reports Appeal Cases
a.F.	alte Fassung
Abs.	Absatz
AcP	Archiv für die civilistische Praxis
AG	Amtsgericht
AG	Die Aktiengesellschaft
AGB	Allgemeine Geschäftsbedingungen
AJIL	American Journal of International Law
AJP	Aktuelle Juristische Praxis
AK	Anwalt und Kanzlei
Anm.	Anmerkung(en)
AnwBl	Anwaltsblatt
AöR	Archiv des öffentlichen Rechts
Art.	Artikel
AuR	Arbeit und Recht
AVR	Archiv des Völkerrechts
BAG	Bundesarbeitsgericht
Bay. JMBl.	Bayerisches Justizministerialblatt
BB	Betriebs-Berater
BeckOGK	beck-online.GROSSKOMMENTAR
BeckOK	Beck'sche Online-Kommentare
BeckRS	Beck-Rechtsprechung
Begr.	Begründer
BerDGesVöR	Berichte der Deutschen Gesellschaft für Völkerrecht
betr.	betreffend
BFH	Bundesfinanzhof
BFHE	Entscheidungen des Bundesfinanzhofs
BGE	Entscheidungen des Schweizerischen Bundesgerichts
BGH	Bundesgerichtshof
BGHZ	Entscheidungen des Bundesgerichtshofes in Zivilsachen
BMJV	Bundesministerium der Justiz
BöhmsZ	Zeitschrift für internationales Privat- und Strafrecht
BRD	Bundesrepublik Deutschland
BSG	Bundessozialgericht
BT-Drs.	Bundestagsdrucksache
Buff. L. Rev.	Buffalo Law Review
Bus. L R	Business Law Review
BVerfG	Bundesverfassungsgericht
BVerfGE	Entscheidungen des Bundesverfassungsgerichts
BYIL	British Yearbook of International Law
bzw.	beziehungsweise

C P. Rep	Civil Procedure Reports
C.J.Q.	Civil Justice Quarterly
C.L.C.	Commercial Law Cases
Call. App.	California Appellate Reports
CFLQ	Child and Family Law Quarterly
Ch.	Law Reports Chancery
China-EU L. J	China-EU Law Journal
CMLR	Common Market Law Review
Col. J. Trans. L.	Columbia Journal of Transnational Law.
Columbia L. R.	Columbia Law Review
d.h.	das heißt
DAR	Deutsches Autorecht
DDR	Deutsche Demokratische Republik
ders.	derselbe
DGVZ	Deutsche Gerichtsvollzieher Zeitung
dies.	dieselbe
DJZ	Deutsche Juristen-Zeitung
DRiZ	Deutsche Richterzeitung
DStR	Deutsches Steuerrecht
DuD	Datenschutz und Datensicherheit
E.R.	English Reports
EAPIL	The European Association of Private International Law
EBLR	European Business Law Review
ecolex	Zeitschrift für Wirtschaftsrecht
EF-Z	Zeitschrift für Familien- und Erbrecht
EFTA	Europäische Freihandelsassoziation
EG	Europäische Gemeinschaft
EGMR	Europäischer Gerichtshof für Menschenrechte
EGMR-E	Entscheidungen des Europäischen Gerichtshofs für Menschenrechte
ELR	European Law Reporter
endg.	endgültig
EPS	Europejski Przegląd Sądowy
ERA Forum	Zeitschrift der Europäischen Rechtsakademie
ERPL	European Review of Private Law
EU	Europäische Union
EuGH	Europäischer Gerichtshof
EuLF	The European Legal Forum
EUR	Euro
EuR	Europarecht
EuZPR	Europäisches Zivilprozessrecht
EuZVO	Europäische Zustellungsverordnung
EuZW	Europäische Zeitschrift für Wirtschafsrecht
EWHC	England and Wales High Court
EWiR	Entscheidungen zum Wirtschaftsrecht
EWR	Europäischer Wirtschaftsraum
EWS	Europäisches Wirtschafts- und Steuerrecht
f.	folgend
FamRB	Familien-Rechtsberater
FamRZ	Zeitschrift für das gesamte Familienrecht
Fed.	Federal Reporter
ff.	folgende
Fn.	Fußnote

FS	Festschrift
FuR	Familie und Recht
GBP	Pfund Sterling
Geo. J. Int'l L.	Georgetown Journal of International Law
Geo. L. J.	The Georgetown Law Journal
GG	Grundgesetz
ggf.	gegebenenfalls
GPR	Zeitschrift für das Privatrecht der Europäischen Union
GRUR	Gewerblicher Rechtsschutz und Urheberrecht
GRUR-RR	Gewerblicher Rechtsschutz und Urheberrecht Rechtsprechungs-Report
GRUR-RS	Gewerblicher Rechtsschutz und Urheberrecht – Digitale Rechtsprechungssammlung
GVG	Gerichtsverfassungsgesetz
GVGA	Geschäftsanweisung für Gerichtsvollzieher
GWR	Gesellschafts- und Wirtschaftsrecht
h.M.	herrschende Meinung
Harvard J. L. & Tech.	Harvard Journal of Law & Technology
Harvard L. R.	Harvard Law Review
HK-EMRK	NomosHandkommentar Europäische Menschenrechtskonvention
HK-EuR	NomosHandkommentar Europäisches Unionsrecht
HK-ZPO	NomosHandkommentar Zivilprozessordnung
Hrsg.	Herausgeber
i.d.R.	in der Regel
I.L.Pr.	International Litigation Procedure
i.V.m.	in Verbindung mit
ICJ Reports	Reports of the International Court of Justice
ICLQ	International & Comparative Law Quarterly
IGH	Internationaler Gerichtshof
ILC	International Law Commission
ILM	International Legal Materials
Int'l Legal Prac	International Legal Practice
IPR	Internationales Privatrecht
IPRax	Praxis des Internationalen Privat- und Verfahrensrechts
IPRspr.	Die deutsche Rechtsprechung auf dem Gebiete des Internationalen Privatrechts
IWRZ	Zeitschrift für Internationales Wirtschaftsrecht
IZPR	Internationales Zivilprozessrecht
IZVR	Internationales Zivilverfahrensrecht
J Soc. Comp. Leg.	Journal of the Society of Comparative Legislation
J. Int'l Arb	Journal of International Arbitration
J. L. & Com.	Journal of Law and Commerce
JBl.	Juristische Blätter
JPIL	Journal of Private International Law
JURA	Juristische Ausbildung
JurBüro	Das Juristische Büro
jurisPR-IWR	juris PraxisReport Internationales Wirtschaftsrecht
JuS	Juristische Schulung
JW	Juristische Wochenschrift
JZ	JuristenZeitung
K.B.	Law Reports King's Bench
Kap.	Kapitel

KG	Kammergericht
KonsG	Konsulargesetz
LG	Landgericht
lit.	litera
Lloyd's Rep.	Lloyd's Law Reports
LTO	Legal Tribune Online
m.w.N.	mit weiteren Nachweisen
Maastricht J. Eur. & Comp. L.	Maastricht Journal of European and Comparative Law
MDR	Monatsschrift für Deutsches Recht
MEZ	Mitteleuropäische Zeit
Minn. L. R.	Minnesota Law Review
MPEPIL	Max Planck Encyclopedias of International Law
MPILux Research Paper	Max Planck Institute Luxembourg for Procedural Law Research Paper Series
MüKo	Münchener Kommentar
New Zealand JPIL	New Zealand Journal of Public and International Law
NiemZ	Niemeyer's Zeitschrift für internationales Recht
NIPR	Nederlands Internationaal Privaatrecht
NJOZ	Neue Juristische Online Zeitschrift
NJW	Neue Juristische Wochenschrift
NJW-RR	Neue Juristische Wochenschrift – Rechtsprechungs-Report
NJWE-WettbR	Neue Juristische Woche Entscheidungsdienst Wettbewerbsrecht
NotBZ	Zeitschrift für die notarielle Beratungs- und Beurkundungspraxis
Nr.	Nummer
NVwZ	Neue Zeitschrift für Verwaltungsrecht
NZA-RR	Neue Zeitschrift für Arbeitsrecht Rechtsprechungs-Report
NZFam	Neue Zeitschrift für Familienrecht
NZG	Neue Zeitschrift für Gesellschaftsrecht
NZI	Neue Zeitschrift für Insolvenz- und Sanierungsrecht
NZKart	Neue Zeitschrift für Kartellrecht
NZZ	Neue Zürcher Zeitung
OGH	Österreichischer Oberster Gerichtshof
ÖJZ	Österreichische Jurist:innenzeitung
OLG	Oberlandesgericht
OLGZ	Entscheidungen der Oberlandesgerichte in Zivilsachen
Para.	paragraph
PD	Practice Directions
PIL	Private International Law
Pr. JMBl.	Justiz-Ministerialblatt für die preußische Gesetzgebung und Rechtspflege
Prot.	Protokoll
Q.B.	Law Reports Queen's Bench
R.	Rule
RabelsZ	Rabels Zeitschrift für ausländisches und internationales Privatrecht
RDi	Recht Digital
RDIPP	Rivista di diritto internazionale privato e processuale
Rec. de Cours	Recueil des cours: Collected Courses of the Hague Academy of International Law
Rev. dr. int. lég.	Revue de Droit International et de Legislation Comparee
RG	Reichsgericht

RGBl.	Reichsgesetzblatt
RGZ	Reichsgericht in Zivilsachen
RIAA	Reports of International Arbitral Awards
RIW	Recht der Internationalen Wirtschaft
Rn.	Randnummer
RPfleger	Der Deutsche Rechtspfleger
RpflStud	Rechtspfleger Studienhefte
Rs.	Rechtssache
S.	Satz
S.	Seite
SchiedsVZ	Zeitschrift für Schiedsverfahren
Schweizerisches BG	Schweizerisches Bundesgericht
Slg.	Sammlung der Rechtsprechung des Gerichtshofes und des Gerichts Erster Instanz
SMS	Short Message Service
sog.	sogenannte(r/s)
StAZ	Das Standesamt
StIGH	Ständiger Internationaler Gerichtshof
StPO	Strafprozessordnung
Supp	Supplement
TLR	Times Law Review
U. P. L. Rev.	The University of Pennsylvania Law Review
u.a.	unter anderem
U.S.	United States Reports
UCLA L. Rev.	UCLA Law Review
US Supreme Court	Supreme Court of the United States
USA	United States of America
v.	vom
vgl.	vergleiche
VK	Vereinigtes Königreich
Vol.	Volume
VwVfG	Verwaltungsverfahrensgesetz
W.L.R.	Weekly Law Reports
WLUK	Westlaw United Kingdom
WM	Zeitschrift für Wirtschafts- und Bankrecht
Yale L. J.	Yale Law Journal
z.B.	zum Beispiel
Zak	Zivilrecht aktuell
ZaöRV	Zeitschrift für ausländisches öffentliches Recht und Völkerrecht
ZEuP	Zeitschrift für Europäisches Privatrecht
ZEuS	Zeitschrift für europarechtliche Studien
ZfRV	Zeitschrift für Europarecht, internationales Privatrecht und Rechtsvergleichung
ZIP	Zeitschrift für Wirtschaftsrecht
ZÖR	Zeitschrift für öffentliches Recht
ZPO	Zivilprozessordnung
ZRHO	Rechtshilfeordnung für Zivilsachen
ZRP	Zeitschrift für Rechtspolitik
ZUM-RD	Zeitschrift für Urheber- und Medienrecht
ZVerglRW	Zeitschrift für Vergleichende Rechtswissenschaft
ZZP	Zeitschrift für Zivilprozess
ZZPInt	Zeitschrift für Zivilprozess International

Einleitung

A. Gegenstand und Ziel der Untersuchung

„Das auf den ersten Blick ‚rein technische' Zustellungsrecht gewinnt […] eine herausragende Bedeutung für die Justizgewährung gegenüber Kläger und Beklagten"[1]

Dieses Resümee von *Gottwald* beschreibt die – inzwischen allgemein anerkannte – Bedeutung der Zustellung[2]. Ohne sie kann ein Verfahren nicht in Gang gesetzt werden, sodass der Justizgewährungsanspruch des Klägers tangiert ist. Der Beklagte erlangt demgegenüber i.d.R. erst durch die Zustellung des verfahrenseinleitenden Schriftstücks Kenntnis von dem gegen ihn geführten Rechtsstreit. Durch das Zustellungsrecht wird daher ebenfalls sein Anspruch auf rechtliches Gehör gewährleistet. Im grenzüberschreitenden Zustellungsverkehr kommt es zu zusätzlichen rechtlichen und tatsächlichen Problemen. Zum einen sind die Souveränitätsinteressen des Empfängerstaates[3] zu beachten. Zum anderen entstehen durch die Notwendigkeit der Einschaltung ausländischer Stellen naturgemäß Verzögerungen, die das Verfahren beeinträchtigen können. Wegen der Sprachenvielfalt kann ferner eine zeit- und kostenaufwändige Übersetzung des Schriftstücks erforderlich werden. *Heiderhoff* kommt zu dem ernüchternden Ergebnis, dass die Auslandszustellung

---

[1] *Gottwald*, in: Habscheid/Beys (Hrsg.), Grundfragen des Zivilprozessrechts, S. 3, 21.
[2] Der Begriff der „Zustellung" bezieht sich für die Zwecke der vorliegenden Arbeit auf die Zustellung von gerichtlichen und außergerichtlichen Schriftstücken in Zivil- und Handelssachen (vgl. Art. 1 und 2 DBA, Art. 1 Abs. 1 HZÜ, Art. 1 Abs. 1 EuZVO 2007, Art. 1 Abs. 1 EuZVO 2020). Der Schwerpunkt liegt dabei auf der Zustellung von gerichtlichen Schriftstücken. Außergerichtliche Schriftstücke sollen nur am Rande behandelt werden. Kein Gegenstand der Arbeit ist die Zustellung in Straf-, Verwaltungs- und Steuersachen.
[3] Der Begriff des „Empfängerstaates" wird im Rahmen dieser Arbeit als Beschreibung für den Staat, in dem die eigentliche Zustellung an den Adressaten oder Empfänger bewirkt werden soll, verwendet. Er ist gleichbedeutend mit den Begriffen „Bestimmungsstaat" (z.B. Art. 10 HZÜ), „Zustellungsstaat", „Empfangsstaat" sowie „Empfangsmitgliedstaat" (z.B. Art. 15 EuZVO 2007). Demgegenüber umschreibt der Begriff „Ursprungsstaat" den Staat, aus dem das Schriftstück stammt und aus dem der Zustellungsveranlasser die Zustellung betreibt. Synonyme hierfür sind „Absendestaat", „Übermittlungsstaat" und „Übermittlungsmitgliedstaat" (z.B. Art. 13 Abs. 2 EuZVO 2007). Wenn in diesem Staat ein gerichtliches Verfahren geführt wird, kann auch vom „Verfahrensstaat", „Gerichtsstaat" oder „Forumstaat" gesprochen werden.

„weiterhin als ein zeitraubender und problematischer Teil internationaler Gerichtsverfahren anzusehen"[4] ist.

Zugleich nimmt die Bedeutung der Auslandszustellung weiter zu, da die Zahl der grenzüberschreitenden Gerichtsverfahren in den letzten Jahren stetig angestiegen ist. Von den im Jahr 2021 vor den Amtsgerichten eingeleiteten 798.529 Verfahren hatten zum Zeitpunkt der Rechtshängigkeit immerhin 5,5 % der Beklagten ihren Sitz im Ausland.[5] In solchen Fällen ist häufig eine Auslandszustellung erforderlich, sodass auch die Zahl der grenzüberschreitenden Zustellungen weiter anwächst.[6] Während im Jahr 2004 noch von 9.272 ausgehenden und 7.063 eingehenden Rechtshilfeersuchen nach dem HZÜ berichtet wurde, sind die Zahlen für das Jahr 2011 auf 13.520 und 9.630 angestiegen.[7] Für die EuZVO 2007 wurden im Jahr 2009 14.463 und im Jahr 2010 16.329 Anwendungsfälle aus Deutschland berichtet.[8] Es ist angesichts der fortschreitenden Globalisierung zu erwarten, dass die Zahl der grenzüberschreitenden Zustellungen in der Zukunft weiter zunehmen wird.[9]

Die Effektivierung der Auslandszustellung ist ein zentrales Anliegen innerhalb der Europäischen Union. Zur Verbesserung und Beschleunigung hat der EU-Gesetzgeber kürzlich die EuZVO 2020 verabschiedet, welche die

---

[4] *Heiderhoff*, in: Basedow/Hopt/Zimmermann (Hrsg.), Handwörterbuch des europäischen Privatrechts, S. 1819, 1822.

[5] *Statistisches Bundesamt*, Rechtspflege Zivilgerichte 2021, Fachserie 10 Reihe 2.1, S. 30.

[6] Für die Jahre 1991–2002 lässt sich diese Entwicklung aus der Jahresübersicht des Bundesjustizministeriums über ausgehende und eingehende Ersuchen im Rechtshilfeverkehr in Zivilsachen mit dem Ausland ableiten, dazu *J. Meyer,* IPRax 1997, 401 (402) sowie die Antwort von Deutschland auf den HZÜ-Fragebogen aus dem Jahr 2003 (mit Abdruck der Statistik aus dem Jahr 2002 in Anlage 2). In den späteren HZÜ-Fragebögen hat Deutschland indes erklärt, dass keine offiziellen Angaben über ein- und ausgehende Ersuchen zur Zustellung geführt werden. Deshalb und weil zunehmend unmittelbare Zustellungswege an Bedeutung gewinnen, ist die exakte Entwicklung der Auslandszustellung schwer nachzuvollziehen. Die vom Statistischen Bundesamt angegebene Zahl von 574 verfahrenseinleitenden, grenzüberschreitenden Zustellungen im Rahmen von Verfahren vor den Amtsgerichten (*Statistisches Bundesamt*, Rechtspflege Zivilgerichte 2021, Fachserie 10 Reihe 2.1, S. 30) dürfte jedenfalls nicht der Realität entsprechen. Sie weicht erheblich von den anderen verfügbaren Zahlen, die freilich nicht auf verfahrenseinleitende Schriftstücke und Verfahren vor den Amtsgerichten beschränkt sind, ab. Zudem unterscheiden sich auch die Angaben der einzelnen Bundesländer in bedeutender Weise.

[7] Antwort von Deutschland auf den HZÜ-Fragebogen aus dem Jahr 2008, Fragen 9 a) und 10 a) sowie Antwort von Deutschland auf den HZÜ-Fragebogen aus dem Jahr 2013, Fragen 6 und 8 (jeweils unter Berufung auf freiwillige Angaben der zuständigen Stellen). Im Fragebogen aus dem Jahr 2019 hat Deutschland hingegen keine Angaben zur Anzahl der ein- und ausgehenden Ersuchen getätigt.

[8] *MainStrat*, Studie zur Anwendung der EuZVO 2007, S. 240.

[9] Vgl. auch die Einschätzungen von *Deloitte*, Study on the service of documents – Final Report, S. 195 ff.

EuZVO 2007 ersetzt und seit dem 1. Juli 2022 anwendbar ist. Die Neufassung beschäftigt sich hauptsächlich mit der überfälligen Digitalisierung des Zustellungsrechts. Daneben kommt es zu einigen Änderungen, die zum Teil lediglich sprachliche Unklarheiten beseitigen, zum Teil aber auch inhaltliche Neuerungen mit sich bringen.

Bemerkenswerterweise ist im Zustellungsverkehr mit dem Vereinigten Königreich, der aus deutscher Sicht einen nicht unerheblichen Teil der Zustellungsersuchen ausmacht,[10] aufgrund des am 1. Februar 2020 erfolgten Brexits eine völlig gegensätzliche Entwicklung zu beobachten. Der Austritt aus der Europäischen Union hat nicht nur enorme politische und wirtschaftliche Konsequenzen, sondern wirkt sich auch im internationalen Zustellungsrecht aus. Zwar ist Austrittsabkommen zwischen der Europäischen Union und dem Vereinigten Königreich festgelegt, dass die EuZVO 2007 im Vereinigten Königreich und im Verhältnis zum Vereinigten Königreich bis zum 31. Dezember 2020 24:00 Uhr (MEZ) weitergilt (Art. 127 Abs. 1 S. 1, 126 BrexitAbk). In dem Handels- und Kooperationsabkommen, das die zukünftigen Beziehungen regelt, wurde das internationale Zustellungsrecht allerdings nicht berücksichtigt, sodass es am 1. Januar 2021 zu einem sog. „sektoralen Hard-Brexit"[11] gekommen ist und die EuZVO keine Anwendung mehr findet.

Die Auswirkungen des Brexits auf grenzüberschreitende Zustellungen sind im Schrifttum bislang nur am Rande diskutiert worden. Der Fokus der deutschen[12] und britischen[13] Autoren liegt vielmehr auf dem Zuständigkeits- sowie

---

[10] Im Jahr 2002 macht er 4,2 % der ausgehenden und 0,2 % der eingehenden Ersuchen aus, siehe die Jahresübersicht 2002 über ausgehende und eingehende Ersuchen im Rechtshilfeverkehr in Zivilsachen mit dem Ausland, Anhang 2 der Antwort von Deutschland auf den HZÜ-Fragebogen aus dem Jahr 2003. Die geringe Anzahl der eingehenden Ersuchen aus dem Vereinigten Königreich dürfte damit zusammenhängen, dass viele britische Schriftstücke über unmittelbare Zustellungswege übermittelt wurden.

[11] Vgl. *Ungerer*, NJW 2021, 1270: „sektorale[r] ‚harte[r] Brexit'".

[12] Ausführlich *Sonnentag*, Die Konsequenzen des Brexits. Zusammenfassende Beiträge mit dem Schwerpunkt des internationalen Zivilverfahrensrechts finden sich u.a. bei *Hess*, IPRax 2016, 409; *ders.*, EuZPR, Rn. 5.82 ff.; *Mankowski*, EuZW-Sonderheft 2020/1, 3; *Ungerer*, in: Kramme/Baldus/Schmidt-Kessel (Hrsg.), Brexit, S. 605 Rn. 2 ff.; *ders.*, NJW 2021, 1270; *Hau*, MDR 2021, 521; *Lein*, ZVerglRW 120 (2021), 1; *dies.*, in: Leible/Terhechte (Hrsg.), Europäisches Rechtsschutz- und Verfahrensrecht, § 34; *Schack*, IZVR, Rn. 147 ff.; *Steinbrück/Lieberknecht*, EuZW 2021, 517. Speziell zum internationalen Familienverfahrensrecht *Dutta*, FamRZ 2017, 1030; *ders.*, CFLQ 29 (2017), 199 (auch zum anwendbaren Recht); *Gottwald*, FamRZ 2020, 965; *Schrom*, FamRZ 2020, 1988; *von Bary*, FamRZ 2021, 342; *Erb-Klünemann*, FamRB 2021, 168; *Mankowski*, NZFam 2021, 237 (243 ff.).

[13] Ausführlich *Ahmed*, Brexit and the Future of PIL. Ferner *Aikens/Dinsmore*, EBLR 27 (2016), 903; *Dickinson*, JPIL 12 (2016), 195; *ders.*, IPRax 2021, 213; *Carruthers*, Scots Law Times 21 (2017), 105; *Crawford/Carruthers*, European Papers 3 (2018), 183; *Baughen*, in: Soyer/Tettenborn (Hrsg.), Maritime liabilities in a global and regional context, S. 202; *Briggs*, RDIPP 2019, 261.

dem Anerkennungs- und Vollstreckungsrecht. Der Brexit wirft allerdings auch für das Recht der internationalen Zustellung interessante Fragestellungen auf. So ist etwa problematisch, ob der Brexit zum „Wiederaufleben" des deutsch-britischen Rechtshilfeabkommens führt. Dies ist speziell für den deutsch-britischen[14] Zustellungsverkehr von enormer Bedeutung, da das Abkommen anders als das HZÜ keine Vorbehaltsmöglichkeit gegen die unmittelbaren Zustellungswege vorsieht und mithin weitere Zustellungswege ermöglichen würde.[15]

Ziel dieser Arbeit ist es deshalb, angesichts des Brexits den deutsch-britischen Zustellungsverkehr näher zu untersuchen.[16] Ein besonderer Fokus soll dabei darauf liegen, die im Schrifttum bestehende Lücke zu schließen und die Auswirkungen des Brexits zu behandeln. Dabei wird allerdings nicht beim *status quo* stehen geblieben, sondern auch diskutiert, wie die Rechtslage *de lege ferenda* wieder verbessert werden könnte. Soweit auf die Rechtsvorschriften im Vereinigten Königreich einzugehen ist, steht das englische Recht[17] im Vordergrund. Allerdings soll auch die schottische und nordirische Rechtslage nicht außer Betracht bleiben.

B. Gang der Untersuchung

Kapitel 1 widmet sich den Grundlagen des Zustellungsrechts im deutsch-britischen Rechtsverkehr. Zunächst werden der Begriff und die Bedeutung der Zustellung für Gerichtsverfahren in Deutschland und im Vereinigten Königreich verglichen. Sodann wird auf die konfligierenden Interessen im Zustellungsrecht – den Justizgewährungsanspruch des Zustellungsinteressenten, den Anspruch des Zustellungsempfängers auf rechtliches Gehör und den Grundsatz der Prozessökonomie – eingegangen und die Problemfelder bei grenzüberschreitenden Zustellungen herausgearbeitet. Einer kritischen Untersuchung bedarf das in Deutschland vorherrschende Verständnis der Zustellung als

---

[14] Das Adjektiv „britisch" bezieht sich für die Zwecke dieser Arbeit nicht nur auf Großbritannien (also England, Wales und Schottland), sondern auf das Vereinigte Königreich Großbritannien und Nordirland.

[15] Anders ist dies im – hier nicht näher zu thematisierenden – Recht der grenzüberschreitenden Beweisaufnahme. Art. 8 ff. DBA, welche die Beweisaufnahme regeln, bieten gegenüber den Regelungen des HBÜ keinerlei praktische Vorteile, *Steinbrück/Lieberknecht*, EuZW 2021, 517 (522). Freilich kommt es allerdings zu erheblichen Rückschritten gegenüber der EuBVO 2001 und EuBVO 2020.

[16] Die speziellen Regelungen zur Zustellung, welche die EuBagatellVO, die EuMahnVO und die EuVTVO enthalten, sollen dabei außer Betracht gelassen werden. Literaturhinweise hierzu finden sich in Kap. 4 D. (S. 291 f.). Zu den Auswirkungen des Brexits auf Mahn- und Bagatellverfahren *Hau*, MDR 2021, 521 Rn. 13 ff.

[17] Der Begriff des „englischen Rechts" bezieht sich auf das Rechtssystem für England und Wales.

Hoheitsakt sowie die Handhabung dieses Souveränitätsverständnisses. Der anschließende rechtsvergleichende Überblick über die nationalen Zustellungsvorschriften zeigt die Besonderheiten der jeweiligen Rechtsordnungen auf und legt die Grundlagen für die Untersuchung des Unions- und Völkervertragsrechts.

Kapitel 2 setzt sich mit der Entwicklung des internationalen Zustellungsrechts im deutsch-britischen Rechtsverkehr bis zum Austritt des Vereinigten Königreichs aus der Europäischen Union auseinander. Zunächst wird kurz die vor dem Jahr 1929 geltende Rechtslage dargestellt, die durch das autonome internationale Zivilverfahrensrecht geprägt war. Anschließend werden die Regelungen des deutsch-britischen Rechtshilfeabkommens näher beleuchtet, bevor auf das HZÜ eingegangen wird. Zuletzt liegt der Fokus auf den Entwicklungen des Zustellungsrechts innerhalb der Europäischen Union. Bei den einzelnen Rechtsakten soll jeweils kurz auf die Entstehungsgeschichte eingegangen werden, bevor dann der Anwendungsbereich und die Zustellungswege näher untersucht werden. Freilich ist auch das Verhältnis der Rechtsakte zueinander von Bedeutung.

Anschließend behandelt Kapitel 3 die Auswirkungen des Brexits auf die Zustellung von Schriftstücken im deutsch-britischen Rechtsverkehr. Als Einführung dient eine Darstellung zu den Grundlagen des Brexits. Sodann wird ermittelt, welche Rechtslage nach Ablauf der im Austrittsabkommen geregelten Übergangsfrist (vgl. Art. 126, 127 Abs. 1 lit. a BrexitAbk) gilt. Die maßgebliche Übergangsvorschrift für grenzüberschreitende Zustellungen in Art. 68 lit. a BrexitAbk wird dabei nur selten zur Anwendung gelangen. Von zentraler Bedeutung ist hingegen die Frage, ob das deutsch-britische Rechtshilfeabkommen durch den Brexit „wiederauflebt". Als rechtliche Grundlage für die Beendigung des Abkommens kommen unter anderem die völkerrechtlichen Rechtsfiguren der *desuetudo* und *Obsoleszenz* in Betracht, die deshalb näher betrachtet werden müssen. Ein weiterer Schwerpunkt des Kapitels liegt auf dem Vergleich der derzeit geltenden Rechtslage mit der Rechtslage vor dem Brexit. Der Vergleich orientiert sich an den in Kapitel 1 dargestellten Zwecken und Interessen, die das internationale Zustellungsrecht verfolgt. Es wird aufgezeigt, dass der Austritt des Vereinigten Königreichs aus der Europäischen Union den Justizgewährungsanspruch des Zustellungsinteressen, den Anspruch des Zustellungsempfängers auf rechtliches Gehör und die Prozessökonomie schwächt. Das Defizit im Vergleich zum Zustellungsverkehr mit den EU-Mitgliedstaaten wird ferner dadurch verstärkt, dass am 1. Juli 2022 die EuZVO 2020 in Kraft getreten ist. Die Arbeit untersucht die Verbesserungen der reformierten Verordnung, die im Verhältnis zum Vereinigten Königreich keine Anwendung findet. Der Fokus der Neufassung liegt auf der Digitalisierung des Zustellungsverkehrs. Zum Vergleich wird auch die Nutzung der modernen Kommunikationsmittel im HZÜ aus rechtlicher und praktischer Sicht behandelt.

Kapitel 4 widmet sich abschließend den Entwicklungsperspektiven des internationalen Zustellungsrechts im deutsch-britischen Rechtsverkehr. Den Interessen der Rechtssuchenden entspricht eine Lösung im Verhältnis zwischen der Europäischen Union und dem Vereinigten Königreich, die zur Wiederanwendung der EuZVO führt. Allerdings sind mit dieser Lösung auch einige Probleme verbunden, die näher untersucht werden sollen. Diskutiert wird auch der Abschluss eines neuen völkerrechtlichen Vertrages zwischen der Europäischen Union und dem Vereinigten Königreich. Anschließend wird betrachtet, inwiefern eine Reform des HZÜ den deutsch-britischen Zustellungsverkehr verbessern könnte. Die Arbeit setzt sich auch mit Lösungsmöglichkeiten im bilateralen Verhältnis zwischen Deutschland und dem Vereinigten Königreich auseinander. Zuletzt wird kurz auf die „Utopie"[18] eines vereinheitlichten Zustellungsrechts eingegangen

---

[18] *G. Geimer*, Neuordnung des internationalen Zustellungsrechts, S. 2.

Kapitel 1

Die Grundlagen des Zustellungsrechts im deutsch-britischen Rechtsverkehr

A. Begriff und Bedeutung der Zustellung

I. Zustellungsbegriff

Der Begriff der Zustellung ist im deutschen Recht seit dem Zustellungsreformgesetz in § 166 Abs. 1 ZPO legaldefiniert: „Zustellung ist die Bekanntgabe eines Schriftstücks an eine Person in der in diesem Titel bestimmten Form." Die Beurkundung (vgl. § 182 ZPO) ist somit – anders als vor der Reform[1] – kein konstitutiver Bestandteil der Zustellung mehr. Sie dient lediglich dem Nachweis des Zustellungsvorgangs (Beweisfunktion) und ihr Fehlen führt nicht zu dessen Unwirksamkeit.[2] Ziel dieser Änderung war es, die tatsächliche Gelegenheit des Adressaten zur Kenntnisnahme des Schriftstücks in den Vordergrund zu stellen und die Nutzung moderner Kommunikationsmittel zu ermöglichen.[3]

In England und Wales fehlt es hingegen an einer Legaldefinition des Zustellungsbegriffs.[4] Zustellung *(service)* wird jedoch allgemein als das Verfahren verstanden, mit dem eine Partei versucht, ein Schriftstück einer anderen Partei zur Kenntnis zu bringen.[5] Primärer Zweck ist es somit, dem Adressaten Kenntnis vom Schriftstück zu verschaffen.[6] Die Möglichkeit der Kenntnisnahme steht auch im schottischen Recht im Vordergrund. Unter Zustellung wird der tatsächliche Erhalt der Klageschrift *(summons)* oder eines anderen Schriftstücks durch den *defender* oder *respondent* verstanden, durch den dieser über

---

[1] Zur früheren Definition der Rechtsprechung BGH v. 24.11.1977 – III ZR 1/76, NJW 1978, 1858. Vgl. auch RG v. 21.3.1929 – VI B 7/29, RGZ 124, 22 (24 ff.).
[2] Statt aller Begründung zum Entwurf des ZustRG, in: BT-Drs. 14/4554, S. 15, 22; HK-ZPO/*Siebert*, § 166 ZPO Rn. 1; MüKoZPO/*Häublein/M. Müller*, § 166 ZPO Rn. 3.
[3] Begründung zum Entwurf des ZustRG, in: BT-Drs. 14/4554, S. 15. Zum letzteren Aspekt auch *Stadler*, IPRax 2002, 471; Musielak/Voit/*Wittschier*, § 166 ZPO Rn. 2.
[4] *Asia Pacific (HK) Ltd & Ors v. Hanjin Shipping Co Ltd* [2005] 2 C.L.C. 747 Rn. 20.
[5] *Coulson*, The White Book 2023 – Volume 1, Section A Rn. 6.3.1 und Section E Rn. 1.1 (Glossary); *Hickinbottom*, Blackstone's Civil Practice, Rn. 15.1.
[6] *Olafsson v. Gissurarson* [2008] 1 W.L.R. 2016 Rn. 55; *Abela v. Baadarani* [2013] 1 W.L.R. 2043 Rn. 37; *Stoute v. LTA Operations Ltd* [2015] 1 W.L.R. 79 Rn. 40.

ein Gerichtsverfahren, eine Entscheidung, eine Ladung und/oder andere Gerichtstermine informiert wird.[7] Zuletzt steht auch in Nordirland die Gewährleistung der Information über das Verfahren und dessen Fortgang im Mittelpunkt. Zustellung ist ein allgemeiner Begriff für die Schritte, die erforderlich sind, um den Verfahrensbeteiligten gerichtsbezogene Dokumente zur Kenntnis zu bringen.[8]

II. Bedeutung der Zustellung

1. Zustellung des verfahrenseinleitenden Schriftstücks

In einem Zivilprozess ist die Zustellung des verfahrenseinleitenden Schriftstücks von zentraler Bedeutung. Im Regelfall erlangt der Beklagte erst durch sie Kenntnis von dem gegen ihn geführten Rechtsstreit.

a) Eintritt der Rechtshängigkeit

Die Zustellung des verfahrenseinleitenden Schriftstücks ist häufig mit dem Eintritt der Rechtshängigkeit der Streitsache verbunden. In einem deutschen Zivilprozess begründet die Einreichung der Klageschrift bei Gericht lediglich die *Anhängigkeit* der Streitsache. Die *Rechtshängigkeit* wird hingegen erst durch die Klageerhebung, also zum Zeitpunkt der Zustellung der Klageschrift (§§ 253 Abs. 1, 271 Abs. 1 ZPO), begründet (§ 261 Abs. 1 ZPO).

In England und Wales wird ein Verfahren dadurch eingeleitet, dass das Gericht auf Antrag des Klägers ein spezielles Formblatt *(claim form)* ausstellt (Rule 7.2 (1) CPR). Innerhalb einer Frist von vier Monaten muss sodann der maßgebliche Schritt aus der Tabelle in Rule 7.5 (1) CPR vorgenommen werden. Dieser ist eng mit der Zustellung verknüpft, es kommt jedoch nicht mehr darauf an, ob die Zustellung der *claim form* innerhalb der Frist erfolgt.[9] Wenn die Zustellung im Ausland erforderlich ist,[10] verlängert sich die Frist auf sechs Monate, allerdings ist der tatsächliche Zustellungszeitpunkt maßgeblich (Rule 7.5 (2) CPR). Ob die Rechtshängigkeit auch in einem englischen Prozess erst mit der Zustellung der *claim form* oder bereits mit dessen Ausstellung eintritt, ist umstritten.[11]

---

[7] Informationen zu Schottland, in: Europäische Kommission (Hrsg.), Europäisches Justizielles Netz, Zustellung von Schriftstücken, e-justice.europa.eu, unter 1.

[8] Informationen zu Nordirland, in: Europäische Kommission (Hrsg.), Europäisches Justizielles Netz, Zustellung von Schriftstücken, e-justice.europa.eu, unter 1.

[9] Anders noch die bis zum 31.9.2008 geltende Fassung, dazu *Coulson*, The White Book 2023 – Volume 1, Section A Rn. 7.5.1.

[10] Dazu *Brightside Group Ltd v. RSM UK Audit LLP* [2017] 1 W.L.R. 1943 Rn. 18; *Kennedy v. National Trust for Scotland* [2018] 1 WLUK 158 Rn. 11: Rule 7.5 (2) CPR erfasst auch die Zustellung in Schottland und Nordirland.

[11] Das Problem stellte sich im englischen Recht bis zum Beitritt des Vereinigten Königreichs zum EuGVÜ nicht. Die Entscheidungen der Gerichte sind uneinheitlich, dazu schon

A. Begriff und Bedeutung der Zustellung

In Schottland wird das Verfahren durch die Einreichung der Klageschrift *(summons)* beim *Outer House* des *Court of Session* anhängig gemacht (Rule 13.1 CSR). Das Gericht versieht die Klageschrift mit einem Siegel *(signet;* Rule 13.5 (1) CSR), das den Kläger oder dessen Anwalt zur Zustellung an den Beklagten ermächtigt (Rule 13.6 (a) CSR). Die Rechtshängigkeit der Streitsache wird erst durch die erfolgreiche Zustellung an den Beklagten begründet.[12] Wenn diese nicht innerhalb von einem Jahr und einem Tag vorgenommen wird, erledigt sich das Gerichtsverfahren (Rule 13.7 (2) CSR).

In Nordirland wird ein Verfahren vor dem *High Court* grundsätzlich durch die Ausstellung des *writ* eingeleitet (Order 5 R. 1 und 2 RCJ). Der Kläger hat denn zwölf Monate Zeit, die Zustellung nach Order 10 RCJ zu bewirken (Order 6 R. 7 (1) RCJ). Die Frage der Rechtshängigkeit ist entsprechend zum englischen Recht zu lösen.[13]

Die Frage, ob und wann ein Rechtsstreit rechtshängig geworden ist, kann im grenzüberschreitenden Rechtsverkehr Bedeutung erlangen, wenn parallel mehrere konkurrierende Gerichtsverfahren eingeleitet werden (sog. „positiver Kompetenzkonflikt"). Aus deutscher Sicht setzt sich im Grundsatz das Verfahren durch, das früher eingeleitet wurde (sog. „Prioritätstest"; vgl. Art. 29 und 33 Brüssel Ia-VO, § 261 Abs. 3 Nr. 1 ZPO analog[14]).[15] Eine in Deutschland eingereichte Klage droht somit durch ein ausländisches Verfahren „überholt" zu werden, wenn das dortige Recht die Rechtshängigkeit an die Klageeinreichung knüpft oder die Zustellung im ausländischen Verfahren eine kürzere Zeit

---

Dohm, Einrede ausländischer Rechtshängigkeit, S. 118 ff. Für die Zustellung (wohl h.M.): *Dresser U.K. Ltd. v. Falcongate Freight Management Ltd. (The Duke of Yare)* [1992] Q.B. 502 (514 ff.); *Neste Chemicals v. DK Line (The Sargasso)* [1994] C.L.C. 358 (361 f.); *Molins Plc. v. G.D. S.p.A.* [2000] 1 W.L.R. 1741 Rn. 35; *Tavoulareas v. Tsavliris (The Atlas Pride)* [2004] 1 C.L.C. 423 Rn. 7; *Cameron v. Liverpool Victoria Insurance Co Ltd* [2019] 1 W.L.R. 1471 Rn. 14. Für die Ausstellung der *claim form: Canada Trust Co v. Stolzenberg (No. 2)* [2002] 1 A.C. 1 (10 ff.); *Phillips v. Symes* [2008] 1 W.L.R. 180 Rn. 42 ff.

[12] *Smith v. Conner & Co. Ltd.* Scots Law Times 1979, 25 (26 f.); *Schlosser,* Bericht zum Beitritt des Königreichs Dänemark, Irlands und des VKs zum EuGVÜ, in: Amtsblatt Nr. C 59 vom 5.3.1979, S. 71 Rn. 182.

[13] Vgl. *Dohm,* Einrede ausländischer Rechtshängigkeit, S. 122, der davon ausgeht, dass sich die nordirischen Gerichte an der *Dresser*-Entscheidung orientieren werden. Mit der wohl herrschenden Meinung ist somit auf die Zustellung des *writ* abzustellen.

[14] Im internationalen Kontext ist § 261 Abs. 3 Nr. 1 ZPO – mit der Einschränkung, dass mit der Anerkennung der ausländischen Entscheidung zu rechnen sein muss – analog anzuwenden, BGH v. 16.6.1982 – IVb ZR 720/80, FamRZ 1982, 917; v. 10.10.1985 – I ZR 1/83, NJW 1986, 2195; v. 18.3.1987 – IVb ZR 24/86, NJW 1987, 3083; MüKoZPO/*Becker-Eberhard,* § 261 ZPO Rn. 73; *R. Geimer,* IZPR, Rn. 2688 m.w.N. A.A. *Schütze,* NJW 1963, 1486; *ders.,* RabelsZ 31 (1967), 233 (243 ff.). Zum Streitstand *Reuß,* JURA 2009, 1 (4).

[15] Siehe zu diesen Vorschriften und den Unterschieden ausführlich *Linke/Hau,* IZVR, Rn. 7.6 ff.; *Schack,* IZVR, Rn. 894 ff.

in Anspruch nimmt.[16] Im Anwendungsbereich des Europarechts wird dieses Problem dadurch gelöst, dass der für den Prioritätstest maßgebliche Zeitpunkt verordnungsautonom bestimmt wird und somit Besonderheiten des nationalen Rechts außer Betracht bleiben (vgl. Art. 32 Brüssel Ia-VO).[17] Im autonomen deutschen Recht nimmt die herrschende Meinung die Gefahr einer solchen Überholung durch das ausländische Gerichtsverfahren hingegen hin und bestimmt den für den Prioritätstest maßgeblichen Zeitpunkt anhand der dortigen *lex fori*.[18]

Nach dem Brexit werden Prozesse, bei denen sich die internationale Zuständigkeit der deutschen Gerichte aus Art. 4 oder Art. 7–9 Brüssel Ia-VO ergibt, aus deutscher Sicht nach Art. 33 Brüssel Ia-VO behandelt.[19] Auch hier ist der Zeitpunkt der Verfahrenseinleitung verordnungsautonom nach Art. 32 Brüssel Ia-VO zu bestimmen. In allen anderen Fällen, insbesondere wenn die internationale Zuständigkeit aus dem autonomen Recht folgt, ist auf § 261 Abs. 3 Nr. 1 ZPO analog zurückzugreifen. Hier kommt es maßgeblich auf eine schnelle Zustellung (im Ausland) an, da ansonsten eine Überholung durch ein konkurrierendes britisches Verfahren droht. Die englischen Gerichte werden demgegenüber stets die *forum non conveniens*-Doktrin in der *lis alibi pendens*-Fallgruppe anwenden und somit nicht nach der zeitlichen Priorität der Verfahrenseinleitung entscheiden.[20]

b) Fristwahrung und Fristanlauf

Die Zustellung des verfahrenseinleitenden Schriftstücks dient in den nationalen Rechtsordnungen einerseits der Fristwahrung, andererseits setzt sie Fristen in Gang, die für den Fortgang des Prozesses und die Verteidigung des Beklagten von Bedeutung sind.

---

[16] *R. Geimer,* NJW 1987, 3085; *ders.,* IZPR, Rn. 2699 f.; *ders.,* in: FS Schütze 1999, S. 205, 210 (speziell zum deutsch-britischen Rechtsverkehr).

[17] Dazu BGH v. 13.9.2016 – VI ZB 21/15, NJW 2017, 564 Rn. 22 ff. Auch hier können Formalitäten der Zustellung Bedeutung erlangen, da die Vorschrift darauf abstellt, dass der Kläger „es in der Folge nicht versäumt, die ihm obliegenden Maßnahmen zu treffen, um die Zustellung des Schriftstücks an den Bekl. zu bewirken".

[18] BGH v. 9.10.1985 – IVb ZR 36/84, NJW 1986, 662 (663); v. 18.3.1987 – IVb ZR 24/86, NJW 1987, 3083 (3083 f.); v. 12.2.1992 – XII ZR 25/91, NJW-RR 1992, 642 (643); Stein/Jonas/*H. Roth,* § 261 ZPO Rn. 60. Zu Recht kritisch *Linke,* IPRax 1982, 229; *R. Geimer,* NJW 1987, 3085; *ders.,* IZPR, Rn. 2701; *Heiderhoff,* IPRax 1999, 392 (394); *Linke/Hau,* IZVR, Rn. 7.28.

[19] Zur Rechtslage bei „positiven Kompetenzkonflikten" nach dem Brexit *Sonnentag,* Die Konsequenzen des Brexits, S. 104 f.; *Hau,* MDR 2021, 521 Rn. 8 f. Siehe zur maßgeblichen Übergangsvorschrift des Art. 67 Abs. 1 BrexitAbk auch *R. Wagner,* IPRax 2021, 2 (6 f.).

[20] *Hau,* MDR 2021, 521 Rn. 9. Ausführlich zur Behandlung von *lis alibi pendens*-Fällen *Hayward,* Conflict of Laws, S. 33 f.

aa) Deutschland

In Deutschland löst die Zustellung der Klageschrift Einlassungsfristen für den Beklagten aus (§§ 274 Abs. 3, 275, 276 Abs. 1 ZPO). Wenn diese versäumt werden, droht der Erlass eines Versäumnisurteils (§ 331 ZPO). Andererseits kann durch die Zustellung der Klageschrift aber auch eine Frist gewahrt werden (z.B. § 4 S. 1 KSchG). Ferner begründet sie die Rechtshängigkeit des Verfahrens (§§ 253 Abs. 1, 261 Abs. 1 ZPO) und führt somit nach § 204 Abs. 1 Nr. 1 BGB zur Hemmung der Verjährung, sofern deutsches Recht *lex causae* ist[21].

Für den Zustellungsveranlasser ist es problematisch, dass das Zustellungsverfahren weitgehend seinem Einfluss entzogen ist und eine nicht unerhebliche Zeit in Anspruch nehmen kann. § 167 ZPO[22] bestimmt deshalb, dass die Wirkungen der Zustellung bereits mit Eingang des Antrags eintreten, wenn durch die Zustellung eine Frist gewahrt oder die Verjährung neu beginnen oder nach § 204 BGB gehemmt werden soll und die Zustellung „demnächst" erfolgt. Ziel der Vorschrift ist es, die Interessen der Verfahrensbeteiligten in Einklang zu bringen. Der Zustellungsveranlasser wird durch die Rückwirkung vor Verzögerungen aus der Sphäre des Gerichts geschützt, auf die er keinen Einfluss hat.[23] Dem Vertrauen des Adressaten auf eine einmal erlangte Rechtsposition wird dadurch Rechnung getragen, dass die Zustellung „demnächst" erfolgen muss.[24] Die Rechtsprechung legt dieses Tatbestandsmerkmal nicht streng zeitlich aus, sondern zieht zusätzlich Wertungsgesichtspunkte heran. Der Zustellungsveranlasser muss alles Erforderliche getan haben, um eine zügige Übermittlung zu gewährleisten und der Rückwirkung dürfen keine schutzwürdigen Belange des Adressaten entgegenstehen.[25] Zu Lasten der Partei wirken deshalb nur von ihr oder ihrem Prozessbevollmächtigten (vgl. § 85 Abs. 2 ZPO) verschuldete Verzögerungen, die zu einer mehr als geringfügigen Verzögerung – regelmäßig 14 Tage ab dem Ablauf der zu wahrenden Frist – führen.[26] Gerichtsinterne Verzögerungen schließen die Rückwirkung demgegenüber auch

---

[21] Zur materiell-rechtlichen Qualifikation der Anspruchsverjährung aus deutscher Sicht *Linke/Hau*, IZVR, Rn. 2.21.

[22] Zur Qualifikation der Vorschrift siehe *Roth*, IPRax 2022, 483.

[23] Siehe dazu BGH v. 11.7.2003 – V ZR 414/02, NJW 2003, 2830 (2831); v. 15.11.2012 – I ZR 86/11, NJW 2013, 1730 Rn. 27; v. 3.9.2015 – III ZR 66/14, NJW 2015, 3101 Rn. 15.

[24] *P.-A. Brand*, NJW 2004, 1138 (1139); HK-ZPO/*Siebert*, § 167 ZPO Rn. 1; Zöller/*Greger*, § 167 ZPO Rn. 1.

[25] BGH v. 27.5.1999 – VII ZR 24/98, NJW 1999, 3125; v. 10.9.2015 – IX ZR 255/14, NJW 2016, 151 Rn. 15. Zu den Besonderheiten der Anwendung des § 167 ZPO bei Auslandszustellungen *P.-A. Brand*, NJW 2004, 1138; *Ruster*, NJW 2019, 3186. Dazu aus jüngerer Zeit auch BGH v. 25.2.2021 – IX ZR 156/19, NJW 2021, 1598 Rn. 21 ff. in Bezug auf eine Zustellung nach der EuZVO.

[26] St. Rspr.: BGH v. 9.11.1994 – VIII ZR 327/93, NJW-RR 1995, 254; v. 12.1.1996 – V ZR 246/94, NJW 1996, 1060 (1061) = BGHZ 131, 376 (insoweit nicht abgedruckt). Aus

bei längeren Verzögerungen nicht aus.²⁷ Es gibt mithin keine absolute zeitliche Höchstgrenze.²⁸

bb) England und Wales

Auch in England und Wales werden durch die Übermittlung der *claim form* Fristen für das weitere Verfahren ausgelöst. Dies gilt etwa für die Zustellung der Klagebegründung *(particulars of claim)*²⁹, die, wenn sie nicht in der Klageschrift enthalten ist oder mit dieser zugestellt wird, 14 Tage nach der Zustellung der *claim form* übermittelt werden muss (Rule 7.4 (1) (b) CPR; beachte allerdings auch Rule 7.4 (2) CPR). Der Beklagte hat die Mitteilung, ob er sich auf die Klage einlassen will *(acknowledgment of service),* innerhalb von 14 Tagen nach der Zustellung der *claim form* bzw. der *particulars of claim* abzugeben (Rule 10.3 (1) CPR), sonst droht der Erlass eines Versäumnisurteils *(default judgment*; Rules 10.2, 12.1 (a) CPR). Im Sinne der Rechtssicherheit und zur Vermeidung von Streitigkeiten³⁰ bestimmt Rule 6.14 CPR den Zeitpunkt einer Inlandszustellung mit Hilfe einer unwiderleglichen Vermutung.³¹ Aus dem systematischen Standort ergibt sich jedoch, dass die Vorschrift nicht auf Auslandszustellungen anwendbar ist. Die Verjährung *(limitation of action)* wird – anders als im deutschen Recht – bereits mit der Ausstellung der *claim form* gehemmt.³² PD³³ 7A Para. 5.1 bestimmt ferner, dass die Klage für diese Zwecke bereits mit der Einreichung der *claim form* durch den Kläger als erhoben gilt, wenn die Ausstellung durch das Gericht erst zu einem späteren Zeitpunkt erfolgt.

---

jüngerer Zeit etwa BGH v. 10.12.2019 – II ZR 281/18, NZG 2020, 238 Rn. 8 m.w.N.; v. 25.2.2021 – IX ZR 156/19, NJW 2021, 1598 Rn. 19.

²⁷ St. Rspr.: BGH v. 16.12.1987 – VIII ZR 4/87, BGHZ 103, 20 (28 f.); v. 12.7.2006 – IV ZR 23/05, BGHZ 168, 306 Rn. 17. Aus jüngerer Zeit etwa BGH v. 12.9.2019 – IX ZR 262/18, NJW-RR 2019, 1465 Rn. 23; v. 25.2.2021 – IX ZR 156/19, NJW 2021, 1598 Rn. 18.

²⁸ St. Rspr.: BGH v. 11.7.2003 – V ZR 414/02, NJW 2003, 2830 (2831) m.w.N.; v. 12.7.2006 – IV ZR 23/05, BGHZ 168, 306 Rn. 17.

²⁹ Dazu ausführlich *T. Schuster*, Writ – Claim form – Klage, S. 39 ff.

³⁰ *Coulson*, The White Book 2023 – Volume 1, Section A Rn. 6.14.1; *Hickinbottom*, Blackstone's Civil Practice, Rn. 15.36; *O'Hare/Browne*, Civil Litigation, Rn. 8.002.

³¹ Der Nachweis, dass das Schriftstück den Adressaten früher, später oder gar nicht erreicht hat, ist irrelevant, *Godwin v. Swindon BC* [2002] 1 W.L.R. 997 Rn. 6 ff.; *Anderton v. Clwyd County Council* [2002] 1 W.L.R. 3174 Rn. 25 (jeweils zur Vorgängerregelung); *Brightside Group Ltd v. RSM UK Audit LLP* [2017] 1 W.L.R. 1943 Rn. 14.

³² *Bunge*, Zivilprozess in England und Schottland, S. 129. Die Verjährung ist im englischen Recht eine prozessuale Einrede, die im *Limitation Act 1980* geregelt ist, dazu *von Bernstorff*, Einführung in das englische Recht, S. 75.

³³ Die *Practice Directions* (PD) sind ergänzende Regelungen zu den *Civil Procedure Rules*, die häufig Hinweise zur Auslegung enthalten. Sie sind abrufbar unter: <https://www.justice.gov.uk/courts/procedure-rules/civil/rules>.

c) Zusammenhang mit der Zuständigkeit des Gerichts

Eine Besonderheit des autonomen englischen Rechts[34] besteht für *actions in personam*[35] darin, dass die Zustellung als Möglichkeit des Gerichts, *jurisdiction* gegenüber dem Beklagten zu begründen und auszuüben, angesehen wird.[36] Der Begriff *jurisdiction* meint die Fähigkeit des Gerichts zur Verhandlung der Sache *(power to hear the case)*[37] und erfasst somit sowohl die Gerichtsbarkeit als auch die Zuständigkeit des Gerichts[38]. Somit hängt die (internationale) Zuständigkeit im englischen Recht eng mit der Zustellung der Klageschrift zusammen.

Die Zuständigkeit englischer Gerichte kann zunächst dadurch begründet werden, dass die *claim form* dem Beklagten wirksam in England oder Wales zugestellt wird. Dabei ist es ausreichend, dass sich dieser nur vorübergehend im Inland aufhält (sog. „*transient rule*").[39] Eine Ausnahme gilt lediglich dann, wenn der Aufenthalt durch Zwang, Betrug oder Nötigung herbeigeführt wurde.[40] Die Anwesenheit des Beklagten im Inland zum Zeitpunkt der Zustellung ist keine zwingende Voraussetzung mehr, wenn die Zustellung an der gewöhnlichen oder der letzten bekannten Adresse in England oder Wales erfolgt.[41] Es ist zu beachten, dass einer Gesellschaft, die in England und Wales nicht geschäftlich tätig ist, die *claim form* nicht durch Übergabe an eine leitende Person, die sich vorübergehend im Inland aufhält, zugestellt werden kann.[42] Die weitreichende Begründung der internationalen Zuständigkeit, die keinen besonderen Bezug nach England oder Wales erfordert, wird durch die

---

[34] Keine Anwendung fanden die Prinzipien in Fällen, die unter die Brüssel Ia-VO fielen (vgl. Art. 5 Abs. 2 Brüssel Ia-VO), dazu etwa *Hickinbottom*, Blackstone's Civil Practice, Rn. 16.3. Durch den Brexit haben die autonomen Regelungen daher wieder deutlich an Bedeutung gewonnen, vgl. *Dickinson,* IPRax 2021, 213 (215); *Hau*, MDR 2021, 521 Rn. 6 f.

[35] Für *actions in rem* (Klagen, die Land, Schiffe oder Flugzeuge betreffen) gelten abweichende Grundsätze.

[36] Vgl. etwa *Nagel/Gottwald*, IZPR, Rn. 8.4.

[37] *Hayward*, Conflict of Laws, S. 1; *Rogerson*, Collier's Conflict of Laws, S. 52.

[38] *Triebel/Illmer/Ringe/Vogenauer/Ziegler*, Englisches Handels- und Wirtschaftsrecht, Kapitel 8 Rn. 25 in Fn. 46.

[39] *Colt Industries Inc v. Sarlie (No. 1)* [1966] 1 W.L.R. 440 (444); *Maharanee Seethadevi Gaekwar of Baroda v. Wildenstein* [1972] 2 Q.B. 283 (285 f.): Besuch eines Pferderennens in *Ascot*. Aus dem Schrifttum: *Hayward*, Conflict of Laws, S. 11 f.; *Hickinbottom*, Blackstone's Civil Practice, Rn. 16.9; *Hill/Ní Shúilleabháin*, Clarkson & Hill's conflict of laws, Rn. 2.142; *O'Hare/Browne*, Civil Litigation, Rn. 11.013; *Rogerson*, Collier's Conflict of Laws, S. 142 f.

[40] *Watkins v. North American Land & Timber Co Ltd* [1904] 20 TLR 534. Vgl. auch *Adams v. Cape Industries Plc* [1990] Ch. 433 (517).

[41] *Kamali v. City & Country Properties Ltd* [2007] 1 W.L.R. 1219 Rn. 4 ff. Zustimmend *Key Homes Bradford Ltd v. Patel* [2014] 1 WLUK 79 Rn. 24. A.A. *Chellaram v. Chellaram (No. 2)* [2002] 4 WLUK 211 Rn. 47

[42] Dazu *SSL International Plc v. TTK LIG Ltd* [2012] 1 W.L.R. 1842 Rn. 56 ff.

forum non conveniens-Doktrin korrigiert. Ein Gericht kann das Verfahren aussetzen bzw. die Klage abweisen, wenn es das Gericht eines anderen Staates als *natural forum* ansieht, der Rechtsstreit also dort im Interesse der Parteien und im Sinne der Gerechtigkeit am besten verhandelt werden kann.[43]

Eine weitere Möglichkeit, die Zuständigkeit englischer Gerichte zu begründen, ist die Unterwerfung des Beklagten *(submission to the jurisdiction).*[44] Hierfür ist dessen Verhalten maßgeblich. Eine Unterwerfung ist etwa darin zu sehen, dass der Beklagte einen *solicitor* in England oder Wales bestellt und diesen zur Entgegennahme der *claim form* bevollmächtigt.[45] Auch die Einlassung auf das Verfahren ohne die Rüge der fehlerhaften Zustellung hat diese Wirkung. Wenn der Beklagte eine unwirksame Zustellung geltend machen möchte, muss er zunächst die Zustellung bestätigen *(acknowledgment of service)*, um dann innerhalb von 14 Tagen die Unzuständigkeitserklärung durch das Gericht zu beantragen (vgl. Part 11 der CPR).[46] Die Erhebung einer Klage ist als Unterwerfung für etwaige zusammenhängende Widerklagen anzusehen, während die Widerklage in einem solchen Fall die Unterwerfung unter die Hauptklage zur Folge hat.[47] Auch eine Gerichtsstandsvereinbarung wird häufig unter diese Fallgruppe gefasst.[48]

Zuletzt kann die Zuständigkeit nach dem autonomen englischen Recht durch eine wirksame Zustellung im Ausland begründet werden.[49] Um eine zu weitgehende Ausdehnung der *jurisdiction* zu vermeiden, muss das Gericht die Auslandszustellung im Regelfall genehmigen (vgl. Rules 6.31 ff. CPR). Hierfür ist

---

[43] *Hill/Ní Shúilleabháin*, Clarkson & Hill's conflict of laws, Rn. 2.146. Das Grundsatzurteil zur *forum non conveniens*-Doktrin ist *Spiliada Maritime Corp v. Cansulex Ltd* [1987] A.C. 460. Siehe weiterführend auch *R. Brand/Jablonski*, Forum non conveniens, Kapitel 2, S. 21 ff. Im Anwendungsbereich der Brüssel Ia-VO ist die Anwendung der Doktrin hingegen ausgeschlossen, EuGH v. 1.3.2005 – Rs. C-281/02 *(Owusu/Jackson),* IPRax 2005, 244 Rn. 37 ff. (zum EuGVÜ). Zur Entscheidung auch *Dutta/C. Heinze,* IPRax 2005, 224 (225 ff.).

[44] *Derby & Co v. Larsson* [1976] 1 W.L.R. 202 (206). Aus dem Schrifttum: *Hayward*, Conflict of Laws, S. 14; *Hickinbottom*, Blackstone's Civil Practice, Rn. 16.10; *Rogerson*, Collier's Conflict of Laws, S. 146 f.

[45] *Hayward*, Conflict of Laws, S. 14; *Hickinbottom*, Blackstone's Civil Practice, Rn. 16.10; *Hill/Ní Shúilleabháin*, Clarkson & Hill's conflict of laws, Rn. 2.149; *O'Hare/Browne*, Civil Litigation, Rn. 11.013; *Rogerson*, Collier's Conflict of Laws, S. 147.

[46] Dazu *Hickinbottom*, Blackstone's Civil Practice, Rn. 16.10; *Rogerson*, Collier's Conflict of Laws, S. 146; *Sime*, A Practical Approach to Civil Procedure, Rn. 11.08.

[47] Zu beiden Aspekten *Glencore International AG v. Metro Trading International Inc (No. 3)* [2002] C.L.C. 1090 Rn. 19 ff. Siehe auch *Derby & Co v. Larsson* [1976] 1 W.L.R. 202.

[48] *Hayward*, Conflict of Laws, S. 14.

[49] Aus dem Schrifttum: *Hayward*, Conflict of Laws, S. 14 ff.; *Hill/Ní Shúilleabháin*, Clarkson & Hill's conflict of laws, Rn. 2.150 f.; *Rogerson*, Collier's Conflict of Laws, S. 147 ff.

neben einem Genehmigungsgrund aus PD 6B Para. 3.1 (sog. *ground* bzw. *gateway*) auch erforderlich, dass eine hinreichende Erfolgsaussicht dargelegt wurde und kein anderes Gericht das *natural forum* darstellt (*forum non conveniens*-Doktrin).[50] Somit stellen sich im autonomen englischen Zustellungsrecht über das Genehmigungserfordernis Fragen, die aus deutscher Sicht der internationalen Zuständigkeit zugeordnet sind. Zu beachten ist etwa die kürzlich vom *Supreme Court* getroffene Entscheidung zur Auslegung des Begriffs „in England erlittener Schaden" in PD 6B Para. 3.1 (9) (a).[51] Nach Ansicht des Gerichts ist der Begriff weit auszulegen, mit der Folge, dass – anders als nach Art. 7 Nr. 2 Brüssel Ia-VO[52] – auch indirekte Schadensfolgen zu berücksichtigen sind.[53]

Im deutschen Recht ist die Zustellung der Klageschrift demgegenüber von der Zuständigkeit des Gerichts zu trennen. Das Gericht hat die Zustellung der Klageschrift auch dann zu veranlassen, wenn es davon ausgeht, dass die internationale, sachliche oder örtliche Zuständigkeit nicht gegeben ist.[54] Auf der anderen Seite begründet die Zustellung der Klageschrift auch keine Zuständigkeit für die deutschen Gerichte. Die internationale Zuständigkeit ergibt sich im autonomen deutschen Recht durch eine doppelfunktionale Anwendung der §§ 12 ff. ZPO (sog. Grundsatz der Doppelfunktionalität der örtlichen Zuständigkeit), sofern nicht das Europa- oder Konventionsrecht eingreift.[55]

d) Bedeutung im Anerkennungs- und Vollstreckungsrecht

Die Zustellung des verfahrenseinleitenden Schriftstücks kann eine entscheidende Rolle bei der Anerkennung und Vollstreckung der später ergehenden

---

[50] *Altimo Holdings and Investment Ltd v. Kyrgyz Mobile Tel Ltd* [2012] 1 W.L.R. 1804 Rn. 71, 81, 88; *VTB Capital Plc v. Nutritek International Corp* [2012] 2 C.L.C. 431 Rn. 99 ff. Dazu auch *Arzandeh*, ICLQ 71 (2022), 727 (730).
[51] *FS Cairo (Nile Plaza) LLC v. Lady Brownlie* [2021] 3 W.L.R. 1011. Zur Entscheidung *Arzandeh*, ICLQ 71 (2022), 727.
[52] Zur Irrelevanz von mittelbaren Folgeschäden unter Art. 7 Nr. 2 Brüssel Ia-VO statt vieler EuGH v. 19.9.1995 – Rs. C-364/93 *(Marinari/Lloyds Bank)*, IPRax 1997, 331 (333); BeckOK ZPO/*Thode*, Art. 7 Brüssel Ia-VO Rn. 92.
[53] *FS Cairo (Nile Plaza) LLC v. Lady Brownlie* [2021] 3 W.L.R. 1011 Rn. 28 ff. Kritisch zur weiten Auslegung *Arzandeh*, ICLQ 71 (2022), 727 (740), der auf die Gefahr hinweist, dass die Entscheidung künftig als Grundlage dafür dienen könnte, die Rolle der *gateways* einzuschränken.
[54] Gleichwohl prüft das Gericht in der Praxis vor der Veranlassung der Zustellung seine Zuständigkeit, da es eventuell erforderlich sein kann, dem Beklagten einen Hinweis zu erteilen, um die rügelose Einlassung (Art. 26 Brüssel Ia-VO, § 39 ZPO) zu ermöglichen.
[55] St. Rspr.: BGH v. 14.6.1965 – GSZ 1/65, BGHZ 44, 46 (46 f.); v. 30.10.1974 – IV ZR 18/73, BGHZ 63, 219 (220); v. 26.1.1979 – V ZR 75/76, NJW 1979, 1104. Aus jüngerer Zeit etwa BGH v. 27.2.2018 – VI ZR 489/16, NJW 2018, 2324 Rn. 15; v. 11.9.2018 – X ZR 80/15, NJW-RR 2019, 432 Rn. 10. Vgl. aus dem Schrifttum die ausführlichen Nachweise bei Stein/Jonas/*H. Roth*, § 1 ZPO Rn. 32b ff.

gerichtlichen Entscheidung im Ausland spielen. Infolge des Brexits haben sich die im deutsch-britischen Rechtsverkehr anzuwendenden Vorschriften – und damit auch der Einfluss der Zustellung – geändert.

aa) Rechtslage vor dem Brexit

Die Anerkennung und Vollstreckung einer gerichtlichen Entscheidung in Zivil- und Handelssachen richtete sich vor dem Brexit nach Art. 36 ff. Brüssel Ia-VO. Eine gerichtliche Entscheidung aus einem EU-Mitgliedstaat ist in einem anderen Mitgliedstaat ohne ein besonderes Verfahren anzuerkennen (Art. 36 Abs. 1 Brüssel Ia-VO). Sie ist dort auch ohne Exequaturverfahren vollstreckbar, wenn sie nach dem Recht des Verfahrensstaates vollstreckbar ist (Art. 39 Brüssel Ia-VO). Die Anerkennung und Vollstreckung kann aber auf Antrag eines Berechtigten versagt werden, wenn ein Anerkennungsversagungsgrund i.S.d. Art. 45 Abs. 1 Brüssel Ia-VO vorliegt (vgl. auch Art. 46 Brüssel Ia-VO). Art. 45 Abs. 1 lit. b Brüssel Ia-VO sanktioniert dabei die Verletzung des rechtlichen Gehörs bei der Verfahrenseinleitung.[56] Ein Anerkennungsversagungsgrund liegt vor, wenn der Beklagten sich nicht auf das Verfahren eingelassen hat und ihm das verfahrenseinleitende oder ein gleichwertiges Schriftstück nicht so rechtzeitig und in einer Weise zugestellt worden ist, dass er sich verteidigen konnte. Zudem darf er es nicht versäumt haben, einen – ihm möglichen – Rechtsbehelf einzulegen.

Das Merkmal der Rechtzeitigkeit ist erfüllt, wenn dem Beklagten nach der Zustellung des Schriftstücks genügend Zeit verbleibt, um seine Verteidigung effektiv vorzubereiten.[57] Dies richtet sich nach den tatsächlichen Umständen des Einzelfalls.[58] Die nationalen Einlassungs- und Verteidigungsfristen sind nicht verbindlich und können allenfalls als Orientierungshilfe herangezogen werden.[59] Die Beurteilung der Rechtzeitigkeit obliegt allein dem Anerkennungsgericht ohne Bindung an eine etwaige Feststellung des Erstgerichts.[60]

---

[56] Die Vorschrift greift hingegen nicht bei Gehörsverletzungen im weiteren Verlauf des Verfahrens. Diese sind nach herrschender Meinung anhand der allgemeinen *ordre-public*-Klausel (Art. 45 Abs. 1 lit. a Brüssel Ia-VO) zu überprüfen, BGH v. 10.7.1986 – IX ZB 27/86, NJW-RR 1987, 377 (378); v. 21.3.1990 – IX ZB 27/86, NJW 1990, 2201 (2202); v. 18.9.2001 – IX ZB 104/00, NJW-RR 2002, 1151 (jeweils zum EuGVÜ); Rauscher/*Leible*, Art. 45 Brüssel Ia-VO Rn. 36 m.w.N. auch zur Gegenauffassung.

[57] EuGH v. 16.6.1981 – Rs. 166/80 *(Klomps/Michel),* Slg. 1981, 1593 Rn. 18; v. 14.12.2006 – Rs. C-283/05 *(ASML Netherlands BV/SEMIS),* NJW 2007, 825 Rn. 46; HK-ZPO/*Dörner*, Art. 45 Brüssel Ia-VO Rn. 18; MüKoZPO/*Gottwald*, Art. 45 Brüssel Ia-VO Rn. 35. Vgl. auch BGH v. 6.10.2005 – IX ZB 360/02, NJW 2006, 701 Rn. 12 f.

[58] EuGH v. 11.6.1985 – Rs. 49/84 *(Debaecker/Bouwman),* Slg. 1985, 1792 Rn. 27 („Wertung tatsächlicher Art"); Rauscher/*Leible*, Art. 45 Brüssel Ia-VO Rn. 49.

[59] EuGH v. 11.6.1985 – Rs. 49/84 *(Debaecker/Bouwman),* Slg. 1985, 1792 Rn. 27.

[60] EuGH v. 16.6.1981 – Rs. 166/80 *(Klomps/Michel),* Slg. 1981, 1593 Rn. 16; v. 15.7.1982 – Rs. 228/81 *(Pendy Plastic Products BV/Pluspunkt),* Slg. 1982, 2723 Rn. 13.

Anders als die Vorgängervorschrift (Art. 27 Nr. 2 EuGVÜ) stellt Art. 45 Abs. 1 lit. b Brüssel Ia-VO nicht mehr ausdrücklich auf die Ordnungsmäßigkeit der Zustellung ab.[61] Es genügt vielmehr, dass die Zustellung in einer Weise erfolgt, welche die Verteidigung ermöglicht. Ziel dieser Änderung war es, dass nicht mehr alle Formalitäten des Zustellungsverfahrens eingehalten sein müssen.[62] Die Ordnungsmäßigkeit der Zustellung kann allerdings auch nicht völlig außer Betracht gelassen werden: Zwingendes Erfordernis ist zunächst, dass überhaupt eine Zustellung erfolgt ist, d.h. der Vorgang sich auf ein Handeln der zuständigen Behörde mit Zustellungswillen zurückführen lässt.[63] Wurden sämtliche Zustellungsformalitäten gewahrt, ist dies ein Indiz dafür, dass die Zustellung in einer Weise erfolgt ist, welche die Verteidigung ermöglicht.[64] Andererseits führen Fehler im Zustellungsverfahren nur noch in krassen Fällen zu einer Versagung der Anerkennung, nämlich dann, wenn die Verteidigungsmöglichkeit tatsächlich beeinträchtigt wurde.[65] Art. 45 Abs. 1 lit. b Brüssel Ia-VO schließt eine öffentliche Zustellung des verfahrenseinleitenden Schriftstücks nicht aus. Sie muss jedoch auf Ausnahmefälle beschränkt sein und hinreichend Zeit zur Vorbereitung einer Verteidigung gewährleisten.[66]

bb) Rechtslage nach dem Brexit

Aufgrund des Brexits handelt es sich beim Vereinigten Königreich nun um einen Drittstaat, sodass die Anerkennungs- und Vollstreckungsvorschriften der Brüssel Ia-VO keine Anwendung mehr finden. Die Übergangsvorschrift des Art. 67 Abs. 2 lit. a BrexitAbk bestimmt jedoch, dass sie weiterhin für Verfahren Geltung beanspruchen, die bis zum 31. Dezember 2020 eingeleitet wurden.[67]

---

[61] Dazu EuGH v. 14.12.2006 – Rs. C-283/05 *(ASML Netherlands BV/SEMIS)*, NJW 2007, 825 Rn. 20 ff.; v. 28.4.2009 – Rs. C-420/07 *(Apostolides)*, Slg. 2009 I, 3571 Rn. 72 ff. Zur Ordnungsmäßigkeit der Zustellung nach Art. 27 Nr. 2 EuGVÜ EuGH v. 13.10.2005 – Rs. C-522/03 *(Scania)*, NJW 2005, 3627.
[62] *Europäische Kommission*, Begründung des Vorschlags zur Brüssel I-VO, KOM (1999), 348 endg., S. 25.
[63] *Linke/Hau*, IZVR, Rn. 13.19; Rauscher/*Leible*, Art. 45 Brüssel Ia-VO Rn. 47.
[64] *H. Roth*, IPRax 2008, 501 (502); HK-ZPO/*Dörner*, Art. 45 Brüssel Ia-VO Rn. 19; Musielak/Voit/*Stadler*, Art. 45 Brüssel Ia-VO Rn. 9.
[65] *Europäische Kommission*, Begründung des Vorschlags zur Brüssel I-VO, KOM (1999), 348 endg., S. 25; BGH v. 9.11.2006 – IX ZB 23/06, NJW-RR 2007, 638 Rn. 5; v. 21.1.2010 – IX ZB 193/07, NJW-RR 2010, 1001 Rn. 9; Rauscher/*Leible*, Art. 45 Brüssel Ia-VO Rn. 45; Zöller/*R. Geimer*, Art. 45 Brüssel Ia-VO Rn. 29. Schwerwiegende Mängel sind regelmäßig ein Indiz dafür, dass dem Beklagten kein ausreichendes rechtliches Gehör gewährt worden ist, BGH v. 12.12.2007 – XII ZB 240/05, NJW-RR 2008, 586 Rn. 28.
[66] Dazu ausführlich *Nagel/Gottwald*, IZPR, Rn. 12.62 m.w.N.
[67] Zu dieser Übergangsvorschrift *Hau*, MDR 2021, 521 Rn. 10; *R. Wagner*, IPRax 2021, 2 (7).

Für Verfahren, die nach der Übergangszeit eingeleitet werden, richtet sich die Anerkennung und Vollstreckung nach Art. 8 ff. HGÜ, wenn das Erstgericht aufgrund einer ausschließlichen Gerichtsstandsvereinbarung i.S.d. HGÜ entscheidet. Art. 9 lit. c i) HGÜ enthält einen sehr ähnlichen Anerkennungs- und Vollstreckungsversagungsgrund wie Art. 45 Abs. 1 lit. b Brüssel Ia-VO. Es kommt darauf an, ob das Schriftstück rechtzeitig und in einer Weise zugestellt wurde, sodass der Beklagte sich verteidigen konnte. Daneben gibt es allerdings auch die Möglichkeit, die Anerkennung oder Vollstreckung zu versagen, wenn das verfahrenseinleitende Schriftstück in einer Weise übermittelt worden ist, die mit wesentlichen Grundsätzen des ersuchten Staates für die Zustellung von Schriftstücken unvereinbar ist (Art. 9 lit. c ii) HGÜ).

Außerhalb des Anwendungsbereichs des HGÜ geht die herrschende Meinung von der Geltung des deutsch-britischen Anerkennungs- und Vollstreckungsabkommens aus.[68] Der Anwendungsbereich ist allerdings auf Entscheidungen von „oberen Gerichten" in Zivil- und Handelssachen beschränkt, sodass die Anerkennung und Vollstreckung von Entscheidungen des Amtsgerichts und des *County Courts* nicht geregelt wird (vgl. Art. I Abs. 2 des Abkommens).[69] Die Vollstreckungsvorschriften beziehen sich zudem nur auf Entscheidungen, in denen dem Kläger eine Geldsumme zugesprochen wird (Art. V Abs. 2 lit. a und c des Abkommens). Nach Art. III Abs. 1 lit. b des Abkommens liegt ein Anerkennungsversagungsgrund vor, wenn die Entscheidung auf Grund der Säumnis des Schuldners erlassen ist, sofern dieser sich auf den Rechtsstreit nicht eingelassen hat und dem Gericht oder der Behörde des Anerkennungsstaates nachweist, dass er von dem Verfahren nicht zeitig genug Kenntnis erlangt hat, um sich verteidigen zu können. Es kommt mithin auf die Rechtzeitigkeit der Zustellung an. Wenn das verfahrenseinleitende Schriftstück ordnungsgemäß nach Art. 3 oder 5 DBA zugestellt wurde, wird unwiderleglich vermutet, dass der Beklagte Kenntnis von dem Verfahren erlangt hat (Art. III Abs. 1 lit. b S. 2 des Abkommens).

Zuletzt wird sich die Frage der Anerkennung und Vollstreckung der ausländischen Entscheidung häufig nach dem autonomen Recht – für Deutschland nach §§ 328, 722, 723 ZPO – richten.[70] Dies gilt auch für Fälle, die unter das deutsch-britische Anerkennungs- und Vollstreckungsabkommen fallen, da Art. II Abs. 3 des Abkommens die Geltung des Günstigkeitsprinzips klarstellt.[71] § 328 Abs. 1 Nr. 2 ZPO regelt, dass die Anerkennung ausgeschlossen ist, wenn dem Beklagten, der sich auf das Verfahren nicht eingelassen hat und sich hierauf beruft, das verfahrenseinleitende Dokument nicht ordnungsmäßig

---

[68] Ausführlich zum Streitstand mit Nachweisen Kap. 3 B. II. 3. a) aa) (S. 159 f.).

[69] *Dutta*, CFLQ 29 (2017), 199 (203); *ders.*, FamRZ 2017, 1030 (1031).

[70] Zu den – hier nicht näher zu thematisierenden – *common law*-Grundsätzen des englischen Rechts *Torremans*, Cheshire, North & Fawcett on PIL, S. 527 ff.

[71] *Mankowski*, EuZW-Sonderheft 2020/1, 3 (11); *Hau*, MDR 2021, 521 Rn. 12; *R. Wagner*, IPRax 2021, 2 (7). Vgl. auch *Steinbrück/Lieberknecht*, EuZW 2021, 517 (523).

oder nicht so rechtzeitig zugestellt worden ist, dass er sich verteidigen konnte. Hier ist somit neben der Rechtzeitigkeit der Zustellung[72] kumulativ auch die Ordnungsmäßigkeit der Zustellung zu prüfen.[73] Dies setzt voraus, dass das verfahrenseinleitende Schriftstück nach dem Zustellungsrecht des Verfahrensstaates – einschließlich etwaiger völkerrechtlicher Verträge – ordnungsgemäß übermittelt wurde.[74] Das Anerkennungsgericht ist auch hier nicht an die Feststellung des Erstgerichts gebunden.[75] Auch die Frage, ob ein Zustellungsfehler geheilt wurde, richtet sich nach dem Recht des Erststaates.[76] Somit kann die Nichtbeachtung kleinerer Formalitäten, die keiner Heilung zugänglich sind oder nicht geheilt wurden, zu einem Anerkennungshindernis führen.

2. Zustellung sonstiger Schriftstücke

Im Laufe eines Prozesses müssen weitere Schriftstücke an die Beteiligten zugestellt werden. In der ZPO sind für deutsche Verfahren einige Fälle ausdrücklich geregelt. Die Zustellung ist erforderlich bei der Nebenintervention (§ 70 Abs. 1 S. 2 ZPO), der Streitverkündung (§ 73 S. 2 ZPO), der schriftsätzlich erklärten Klagerücknahme mit Einwilligung des Beklagten (§ 269 Abs. 2 S. 3 ZPO), der Einspruchsschrift (§ 340a ZPO), der Berufungs- und Berufungsbegründungsschrift (§ 521 Abs. 1 ZPO) und der Revisions- und Revisionsbegründungsschrift (§ 554 Abs. 4 ZPO). Ferner bestimmt die Vorschrift des § 270 S. 1 ZPO, der insofern eine Auffangfunktion zukommt,[77] dass sämtliche Schriftstücke, die einen Sachantrag enthalten, den Zustellungsvorschriften unterworfen sind. Sachanträge sind alle Anträge, „mit denen der Kläger oder Antragsteller erklärt, welchen Inhalt die vom Gericht erbetene Sachentscheidung haben soll."[78] Andere Schriftsätze und sonstige Mitteilungen können formlos mitgeteilt werden (§ 270 S. 1 ZPO). Zudem reicht es bei Ansprüchen, die im

---

[72] Die Auslegung erfolgt im Wesentlichen nach den Grundsätzen, die auch unter der Brüssel Ia-VO gelten. Maßgeblich ist eine Gesamtwürdigung aller Umstände, die darauf abstellt, ob dem Beklagten ausreichend Zeit zur Verfügung stand, seine Verteidigung vorzubereiten. Entscheidend sind die deutschen Rechtsvorstellungen, sodass dem Beklagten mindestens die zweiwöchige Einlassungsfrist des § 274 Abs. 3 S. 1 ZPO zur Verfügung stehen muss. Zum Ganzen Musielak/Voit/*Stadler*, § 328 ZPO Rn. 18 m.w.N.
[73] BGH v. 3.4.2019 – XII ZB 311/17, NJW 2019, 2940 Rn. 15 ff. (zur Parallelvorschrift des § 109 Abs. 1 Nr. 2 FamFG): Der Wortlaut sei insoweit eindeutig, eine teleologische Reduktion abzulehnen. Nach anderer Ansicht soll es allein auf die rechtzeitige Kenntniserlangung ankommen, dafür etwa *R. Geimer*, IZPR, Rn. 2915 m.w.N.
[74] BGH v. 2.12.1992 – XII ZB 64/91, BGHZ 120, 305 (311); v. 22.1.1997 – XII ZR 207/95, NJW 1997, 2051 (2052); MüKoZPO/*Gottwald*, § 328 ZPO Rn. 103.
[75] BGH v. 2.12.1992 – XII ZB 64/91, BGHZ 120, 305 (309).
[76] Die Frage der Heilung ist vor allem im Anwendungsbereich des HZÜ problematisch. Ausführlich zum diesbezüglichen Streitstand Kap. 3 C. II. 4. b) (S. 210 ff.).
[77] MüKoZPO/*Becker-Eberhard*, § 270 ZPO Rn. 3.
[78] BGH v. 13.10.1969 – III ZR 186/66, NJW 1970, 99.

Laufe des Prozesses erhoben werden, dass diese in der mündlichen Verhandlung geltend gemacht werden (§ 261 Abs. 2 Alt. 1 ZPO). Erlässt das Gericht ein Urteil, muss eine Abschrift vom Urteil an beide Parteien, bei einem verkündeten Versäumnisurteil lediglich an die unterliegende Partei zugestellt werden (§ 317 Abs. 1 S. 1 ZPO).

In England und Wales müssen neben der *claim form* auch die Klagebegründung *(particulars of claim)* und die Verteidigung des Beklagten *(defence)* sowie gerichtliche Anordnungen *(directions)*, Zwischenverfügungen *(interim orders)* und Bescheide *(application notice)* zugestellt werden.[79] In Schottland sind bestimmte Dokumente im laufenden Verfahren, das Urteil bzw. der Beschluss sowie Schriftstücke in Bezug auf Vollstreckungsverfahren den Zustellungsvorschriften unterworfen.[80] Ähnlich ist die Rechtlage in Nordirland, wo etwa die Erwiderung, die Verteidigungsschrift, die Bereitschaft für das Plädoyer und das Urteil bzw. der Beschluss zugestellt werden müssen.[81]

B. Konfligierende Interessen im Zustellungsrecht

Das Zustellungsrecht mag auf den ersten Blick als technische Rechtsmaterie erscheinen, bei der es häufig auf feine Formalitäten ankommt.[82] Es darf jedoch nicht übersehen werden, dass der Zustellung eine zentrale Bedeutung für den Rechtsschutz der Prozessbeteiligten zukommt.[83]

I. Justizgewährungsanspruch des Zustellungsinteressenten

Die Zustellung des verfahrenseinleitenden Schriftstücks ist erforderlich, um einen Prozess in Gang zu setzen, und dient damit dem Justizgewährungsanspruch des Klägers.[84] Dieser Anspruch folgt für deutsche Zivilverfahren nicht aus Art. 19 Abs. 4 GG, da die Norm nur bei Akten der öffentlichen Gewalt

---

[79] *O'Hare/Browne*, Civil Litigation, Rn. 8.024.

[80] Informationen zu Schottland, in: Europäische Kommission (Hrsg.), Europäisches Justizielles Netz, Zustellung von Schriftstücken, e-justice.europa.eu, unter 2.

[81] Informationen zu Nordirland, in: Europäische Kommission (Hrsg.), Europäisches Justizielles Netz, Zustellung von Schriftstücken, e-justice.europa.eu, unter 2.

[82] Vgl. *R. Stürner*, JZ 47 (1992), 325 (326): „Allzu leicht ist man geneigt, den Streit um Zustellungsfragen für rechtstechnisches Glasperlenspiel zu erklären".

[83] Statt vieler *Gottwald*, in: Habscheid/Beys (Hrsg.), Grundfragen des Zivilprozessrechts, S. 3, 21; *R. Stürner*, JZ 47 (1992), 325 (326).

[84] Vgl. OLG Düsseldorf v. 14.10.2003 – 20 W 38/03, BeckRS 2004, 9078; *Gottwald*, in: Habscheid/Beys (Hrsg.), Grundfragen des Zivilprozessrechts, S. 3, 20 f.; *G. Geimer*, Neuordnung des internationalen Zustellungsrechts, S. 6; *Schack*, in: FS Geimer 2002, S. 931, 934 f.; *Hausmann*, EuLF 1/2-2007, 1; MüKoZPO/*Häublein/M. Müller*, § 166 ZPO Rn. 5.

anwendbar ist.⁸⁵ Der Bürger bedarf aber aufgrund des staatlichen Gewaltmonopols und des Selbsthilfeverbots auch bei der Durchsetzung von zivilrechtlichen Ansprüchen Rechtsschutz durch die staatlichen Gerichte.⁸⁶ Das BVerfG leitet daher in ständiger Rechtsprechung aus dem Rechtsstaatsprinzip (Art. 20 Abs. 3 GG) i.V.m. Art. 2 Abs. 1 GG einen allgemeinen Justizgewährungsanspruch ab.⁸⁷ Er „umfaßt das Recht auf Zugang zu den Gerichten und eine grundsätzlich umfassende tatsächliche und rechtliche Prüfung des Streitgegenstandes sowie eine verbindliche Entscheidung durch den Richter"⁸⁸. Der Rechtsschutz muss in einer effektiven Weise⁸⁹ und innerhalb einer angemessenen Zeit⁹⁰ gewährt werden.

Der Justizgewährungsanspruch folgt darüber hinaus aus Art. 6 Abs. 1 EMRK⁹¹. Die Norm garantiert als Ausfluss des Rechts auf ein Gericht ein Recht auf effektiven Zugang zum Gericht zur Durchsetzung zivilrechtlicher Ansprüche.⁹² Das Gericht muss die Entscheidung innerhalb einer angemessenen Frist treffen (sog. Beschleunigungsgebot).⁹³

---

⁸⁵ Statt aller *Papier*, in: Isensee/Kirchhof (Hrsg.), Handbuch des Staatsrechts VIII, § 176 Rn. 8; Jarass/Pieroth/*Jarass*, Art. 19 GG Rn. 49.

⁸⁶ BVerfG v. 11.6.1980 – 1 PBvU 1/79, BVerfGE 54, 277 (292); v. 13.3.1990 – 2 BvR 94, u.a., BVerfGE 81, 347 (356); *Papier*, in: Isensee/Kirchhof (Hrsg.), Handbuch des Staatsrechts VIII, § 176 Rn. 8; *Voßkuhle/A.-B. Kaiser*, JuS 2014, 312.

⁸⁷ BVerfG v. 11.6.1980 – 1 PBvU 1/79, BVerfGE 54, 277 (291); v. 12.2.1992 – 1 BvL 1/89, BVerfGE 85, 337 (345); v. 2.3.1993 – 1 BvR 249/92, BVerfGE 88, 118 (123 f.). Aus jüngerer Zeit etwa BVerfG v. 12.1.2016 – 1 BvR 3102/13, BVerfGE 141, 121 (134); v. 28.10.2020 – 2 BvR 765/20, NZI 2020, 1112 Rn. 45. Teile des Schrifttums verweisen für die Herleitung hingegen auf Art. 103 Abs. 1 GG. So zuerst *Baur*, AcP 153 (1954), 393 (396 ff.). Ausführlich zu den verschiedenen Ansichten *Dütz*, Rechtsstaatlicher Gerichtsschutz im Privatrecht, S. 67 ff.; *R. Stürner*, Aufklärungspflichten, S. 32 ff. jeweils m.w.N. zum Streitstand.

⁸⁸ BVerfG v. 12.2.1992 – 1 BvL 1/89, BVerfGE 85, 337 (345).

⁸⁹ BVerfG v. 2.3.1993 – 1 BvR 249/92, BVerfGE 88, 118 (123); v. 14.5.1996 – 2 BvR 1516/93, BVerfGE 94, 166 (226).

⁹⁰ Für den allgemeinen Justizgewährungsanspruch: BVerfG v. 30.7.2009 – 1 BvR 2662/06, NJW-RR 2010, 207 Rn. 20. Für Art. 19 Abs. 4 GG bereits BVerfG v. 16.12.1980 – 2 BvR 419/80, BVerfGE 55, 349 (369). Vgl. aus dem Schrifttum auch *Dütz*, Rechtsstaatlicher Gerichtsschutz im Privatrecht, S. 122 ff.; *Schlette*, Anspruch auf gerichtliche Entscheidung in angemessener Frist, S. 23 ff.

⁹¹ Allgemein zur Bedeutung der EMRK im internationalen Zivilverfahrensrecht *Matscher*, in: FS Henckel 1995, S. 593; *M. Wolf*, in: FS Söllner 2000, S. 1279.

⁹² St. Rspr.: EGMR v. 21.2.1975 – 4451/70 *(Golder/Vereinigtes Königreich)*, EGMR-E 1, 146 (153); v. 28.10.1998 – 23452/94 *(Osman/Vereinigtes Königreich)*, Reports 1998-VIII, 3125 Rn. 147; v. 18.2.1999 – 26083/94 *(Waite u. Kennedy/Deutschland)*, NJW 1999, 1173 Rn. 50; v. 19.9.2000 – 40031/98 *(Gnahoré/Frankreich)*, Reports 2000-IX, 443 Rn. 38.

⁹³ St. Rspr.: EGMR v. 28.6.1978 – 6232/73 *(König/Deutschland)*, NJW 1979, 477 Rn. 98 ff.; v. 6.5.1981 – 7759/77 *(Buchholz/Deutschland)*, EGMR-E 1, 521 Rn. 48 ff.; v. 13.7.1983 – 8737/79 *(Zimmermann u. Steiner/Schweiz)*, NJW 1984, 2749 Rn. 23 ff.;

Für das Zustellungsrecht folgt aus dem Justizgewährungsanspruch zunächst, dass im Gesetz verbindliche und effektive Regelungen zur Übermittlung von Schriftstücken festgelegt sein müssen. Es ist erforderlich, dass die Zustellung auch dann möglich ist, wenn der Empfänger schwer oder nicht erreichbar ist.[94] Da der Rechtsschutz innerhalb einer angemessenen Zeit zu gewähren ist, darf der Zustellungsvorgang keine unzumutbare Dauer in Anspruch nehmen.[95]

II. Anspruch des Zustellungsempfängers auf rechtliches Gehör

Ein weiterer Zweck der Zustellung ist es, dem Adressaten Kenntnis von dem Schriftstück – und bei verfahrenseinleitenden Schriftstücken dem Gerichtsverfahren – zu verschaffen, sodass er sich effektiv verteidigen kann. Sie verwirklicht folglich den Anspruch des Zustellungsempfängers auf rechtliches Gehör.[96] Dieser ist Ausfluss des Rechtsstaatsprinzips und wird im deutschen Recht in Art. 103 Abs. 1 GG garantiert. Der Beklagte hat das Recht, rechtzeitig über den gesamten Verfahrensstoff, d.h. alle entscheidungsrelevanten Tatsachen, informiert zu werden.[97] Dies betrifft zunächst den Umstand, dass überhaupt ein Verfahren gegen ihn eingeleitet wurde.[98]

Auch das Recht auf ein faires Verfahren aus Art. 6 Abs. 1 EMRK erfasst nach ständiger Rechtsprechung des EGMR einen Anspruch auf rechtliches Gehör, der wiederum in vier Teilbereiche aufgegliedert ist:[99] Zunächst muss das Gericht sicherstellen, dass der Beklagte die Möglichkeit hatte, Kenntnis von dem Verfahren zu erlangen.[100] Die Beteiligten müssen eine Stellungnahme zu sämtlichen Rechts- und Tatsachenfragen abgeben und Beweismittel einbringen dürfen.[101] Das Gericht hat die Ausführungen zur Kenntnis zu nehmen und zu

---

v. 10.7.1984 – 8990/80 *(Guincho/Portugal)*, NJW 1986, 645 Rn. 29 ff.; v. 29.5.1986 – 9384/81 *(Deumeland/Deutschland)*, NJW 1989, 652 Rn. 77 ff. Allgemein zur Bedeutung des Anspruchs auf Entscheidung innerhalb angemessener Frist im Zivilverfahren *Henckel*, in: FS Matscher 1993, S. 185.

[94] *Fleischhauer*, Inlandszustellung, S. 87; *G. Geimer*, Neuordnung des internationalen Zustellungsrechts, S. 11; *Kern*, in: FS Geimer 2017, S. 311, 312.

[95] *Fleischhauer*, Inlandszustellung, S. 86 f.

[96] Begründung zum Entwurf des ZustRG, in: BT-Drs. 14/4554, S. 13; BVerfG v. 11.7.1984 – 1 BvR 1269/83, BVerfGE 67, 208 (211); BGH v. 14.1.1954 – III ZR 334/52, BGHZ 12, 96 (98); v. 24.11.1977 – III ZR 1/76, NJW 1978, 1858; *Gottwald*, in: Habscheid/Beys (Hrsg.), Grundfragen des Zivilprozessrechts, S. 3, 21.

[97] BVerfG v. 29.5.1991 – 1 BvR 1383/90, BVerfGE 84, 188 (190); v. 19.5.1992 – 1 BvR 986/91, BVerfGE 86, 133 (144); v. 8.6.1993 – 1 BvR 878/90, BVerfGE 89, 28 (35).

[98] Statt aller Dürig/Herzog/Scholz/*Remmert*, Art. 103 Abs. 1 GG Rn. 79 m.w.N.

[99] Zu dieser Aufgliederung Karpenstein/Mayer/*F. Meyer*, Art. 6 EMRK Rn. 111.

[100] EGMR v. 18.5.2004 – 67972/01 *(Somogyi/Italien)*, Reports 2004-IV, 105 Rn. 72.

[101] EGMR v. 27.10.1993 – 14448/88 *(Dombo Beheer B.V./Niederlande)*, NJW 1995, 1413 Rn. 33; v. 18.3.1997 – 21497/93 *(Mantovanelli/Frankreich)*, Reports 1997-II, 425 Rn. 33.

prüfen, ob sie für den Prozess erheblich sind.[102] Zuletzt muss es eine abschließende und hinreichend begründete Entscheidung treffen.[103]

Für das Zustellungsrecht ist der Anspruch auf Information über das Verfahren und den Verfahrensstoff von besonderer Bedeutung. Er wird effektiv verwirklicht, wenn die Schriftstücke persönlich und rechtzeitig an den Adressaten, seinen gesetzlichen Vertreter oder einen wirksam bestellten Verfahrens- oder Zustellungsbevollmächtigten[104] übergeben werden.[105] Problematisch sind demgegenüber Ersatzzustellungen und fiktive Zustellungen, bei denen die Kenntnisnahme durch den Adressaten nicht gewährleistet ist.[106] Art. 103 Abs. 1 GG erfordert weiterhin, dass sich das Gericht vergewissert, dass das Schriftstück tatsächlich zugestellt wurde, wobei der Nachweis einer förmlichen Zustellung genügt.[107] Weder aus Art. 103 Abs. 1 GG noch aus Art. 6 Abs. 1 EMRK lassen sich indes konkrete Anforderungen an die Form der Zustellung ableiten.[108]

III. Grundsatz der Prozessökonomie

Der Justizgewährungsanspruch des Zustellungsinteressenten und der Anspruch des Zustellungsempfängers auf rechtliches Gehör werden durch den Grundsatz der Prozessökonomie flankiert.[109] Erforderlich ist eine schnelle, günstige und effektive Übermittlung des Schriftstücks. Aus Sicht der Prozessökonomie ist es aber auch geboten, Fehlzustellungen zu verhindern und somit den Fortgang des Prozesses nicht zu behindern.[110]

---

[102] EGMR v. 19.4.1993 – 13942/88 *(Kraska/Schweiz)*, Serie A 254-B, 41 Rn. 30; v. 19.4.1994 – 16034/90 *(Van de Hurk/Niederlande)*, Serie A 288, 4 Rn. 59.
[103] EGMR v. 19.4.1994 – 16034/90 *(Van de Hurk/Niederlande)*, Serie A 288, 4 Rn. 61.
[104] Dazu BVerfG v. 29.11.1989 – 1 BvR 1011/88, BVerfGE 81, 123 (126 ff.), auch zu etwaigen Ausnahmen. Für § 145a StPO: BVerfG v. 20.12.2001 – 2 BvR 1356/01, NJW 2002, 1640.
[105] *Waldner*, Aktuelle Probleme des rechtlichen Gehörs, S. 50; v. Mangoldt/Klein/Starck/*Nolte/Aust*, Art. 103 GG Rn. 30.
[106] *Waldner*, Aktuelle Probleme des rechtlichen Gehörs, S. 51 f.; Dreier/*Schulze-Fielitz*, Art. 103 Abs. 1 GG Rn. 39; Dürig/Herzog/Scholz/*Remmert*, Art. 103 Abs. 1 GG Rn. 86; Jarass/Pieroth/*Kment*, Art. 103 GG Rn. 27.
[107] BVerfG v. 9.10.1973 – 2 BvR 482/72, BVerfGE 36, 85 (88); v. 21.3.2006 – 2 BvR 1104/05, NJW 2006, 2248 Rn. 16.
[108] Vgl. EGMR v. 18.5.2004 – 67972/01 *(Somogyi/Italien)*, Reports 2004-IV, 105 Rn. 62 und 71: Ein Einschreiben mit Rückschein ist jedenfalls zulässig. Dazu auch *Schilling*, IPRax 2011, 31 (33).
[109] *Hausmann*, EuLF 1/2-2007, 1 (2); *Sujecki*, NJW 2008, 1628 (1629); Calliess/Ruffert/*Rossi*, Art. 81 AEUV Rn. 25; *Linke/Hau*, IZVR, Rn. 8.20. Vgl. für die Vorschrift des § 172 Abs. 1 ZPO BGH v. 8.12.2010 – XII ZB 151/10, BeckRS 2011, 1063 Rn. 20.
[110] *Linke/Hau*, IZVR, Rn. 8.20.

24   *1. Kapitel: Die Grundlagen des internationalen Zustellungsrechts*

IV. Balance zwischen den widerstreitenden Interessen

1. Schonender Ausgleich bei Konflikten

Sowohl der Anspruch auf rechtliches Gehör (Art. 103 Abs. 1 GG) als auch der allgemeine Justizgewährungsanspruch (Art. 20 Abs. 3 i.V.m. Art. 2 Abs. 1 GG) sind stark normgeprägte Justizgrundrechte.[111] Es ist Aufgabe des Gesetzgebers, ein einfachgesetzliches Zustellungsrecht zur Verfügung zu stellen, das beide Interessen – und die Prozessökonomie – effektiv verwirklicht.[112] Dabei ist jedoch zu beachten, dass die Positionen häufig in Konflikt zueinander stehen und deshalb eine Abwägungsentscheidung, welcher Position Vorrang einzuräumen ist, getroffen werden muss.[113] Aus grundrechtlicher Sicht ist dies unbedenklich, da der vorbehaltlos gewährleistete Anspruch auf rechtliches Gehör durch verfassungsimmanente Schranken eingeschränkt werden kann.[114] Dem Gesetzgeber steht bei der Abwägung ein weiter Gestaltungsspielraum zu, der durch den Grundsatz der Verhältnismäßigkeit begrenzt ist.[115] Es ist ein schonender Ausgleich vorzunehmen, dessen Ziel es ist, beide Justizgrundrechte möglichst effektiv zu verwirklichen (Prinzip der praktischen Konkordanz).[116] Extremlösungen, die den Kläger oder den Beklagten unangemessen bevorzugen, sind von vornherein ausgeschlossen.[117]

2. Verschärfung der Problematik bei grenzüberschreitenden Zustellungen

Bei grenzüberschreitenden Zustellungen verschärft sich der Konflikt zwischen den widerstreitenden Interessen, wodurch die Abwägungsentscheidung, die der Gesetzgeber zu treffen hat, deutlich erschwert wird.[118]

---

[111] Für Art. 103 Abs. 1 GG: Dreier/*Schulze-Fielitz*, Art. 103 Abs. 1 GG Rn. 27; Jarass/Pieroth/*Kment*, Art. 103 GG Rn. 21. Vgl. für den allgemeinen Justizgewährungsanspruch etwa BVerfG v. 2.3.1993 – 1 BvR 249/92, BVerfGE 88, 118 (123).

[112] Vgl. (jeweils nicht speziell für das Zustellungsrecht) EGMR v. 10.5.2007 – 62722/00 *(Gospodinov/Bulgarien)* Rn. 40 (nicht veröffentlicht); BVerfG v. 8.6.1993 – 1 BvR 878/90, BVerfGE 89, 28 (35); Dürig/Herzog/Scholz/*Remmert*, Art. 103 Abs. 1 GG Rn. 29; *Voßkuhle/A.-B. Kaiser,* JuS 2014, 312 (313).

[113] *R. Geimer,* BerDGesVöR 33 (1993), 213 (237); *G. Geimer,* Neuordnung des internationalen Zustellungsrechts, S. 12; *Schack,* in: FS Geimer 2002, S. 931, 935.

[114] BeckOK GG/*Radtke*, Art. 103 GG Rn. 15.

[115] *Fleischhauer*, Inlandszustellung, S. 86.

[116] Vgl. *G. Geimer*, Neuordnung des internationalen Zustellungsrechts, S. 15.

[117] *Schack*, in: FS Geimer 2002, S. 931, 935.

[118] *Hausmann*, EuLF 1/2-2007, 1. Vgl. auch *Gottwald*, in: Habscheid/Beys (Hrsg.), Grundfragen des Zivilprozessrechts, S. 3, 21 ff., der anzweifelt, ob § 199 ZPO a.F. dem Justizgewährungsanspruch gerecht wurde.

a) Fiktive Zustellungen

Bei Zustellungen im Ausland kann es vorkommen, dass diese nicht gelingen oder von vornherein keinen Erfolg versprechen. Der Justizgewährungsanspruch des Klägers, insbesondere das Recht auf Zugang zum Gericht, erfordert, dass auch in diesem Fall der Prozess in Gang gesetzt werden kann.[119] Dem trägt der deutsche Gesetzgeber in § 185 Nr. 3 ZPO Rechnung. Die Norm ermöglicht eine öffentliche Zustellung, wenn die Übermittlung ins Ausland unausführbar oder nicht erfolgversprechend ist. Im englischen Recht kann das Gericht eine alternative Zustellungsmethode anordnen oder gänzlich von der Zustellung absehen (Rules 6.15 und 6.16 CPR).

Im internationalen Kontext mag es auch häufiger vorkommen, dass die Adresse des Zustellungsadressaten unbekannt ist.[120] In diesem Fall kommt es zu einem Konflikt zwischen dem Justizgewährungsanspruch des Klägers und dem Anspruch des Adressaten auf rechtliches Gehör. Das deutsche Recht gewährt dem Justizgewährungsanspruch in verfassungsrechtlich und völkerrechtlich unbedenklicher Weise[121] den Vorrang, indem es in § 185 Nr. 1 ZPO die öffentliche Bekanntmachung ermöglicht, wenn der Aufenthaltsort einer Person unbekannt ist und auch die Zustellung an einen Vertreter oder Zustellungsbevollmächtigten nicht möglich ist. In England und Wales stehen in diesem Fall wiederum die oben genannten Möglichkeiten des Gerichts zur Verfügung.

Bei der öffentlichen Zustellung, die durch Aushängung einer Benachrichtigung an der Gerichtstafel oder Einstellung in ein öffentlich zugängliches elektronisches Informationssystem erfolgt (§ 186 Abs. 2 S. 1 ZPO), ist die tatsächliche Kenntnisnahme durch den Adressaten keinesfalls gewährleistet.[122] Sein Anspruch auf rechtliches Gehör ist mithin gefährdet. Der Adressat wird deshalb in mehrfacher Hinsicht geschützt. Zunächst sind die Voraussetzungen des § 185 ZPO restriktiv zu interpretieren, sodass die Norm lediglich *ultima-ratio*

---

[119] *Fleischhauer*, Inlandszustellung, S. 87; *Kern*, in: FS Geimer 2017, S. 311, 312; *C. Mayer*, IPRax 2019, 496.

[120] Ausführlich zum Problemfeld des unbekannten Aufenthalts *Lukas*, Die Person mit unbekanntem Aufenthalt im zivilrechtlichen Erkenntnisverfahren.

[121] Vgl. BVerfG v. 26.10.1987 – 1 BvR 198/87, NJW 1988, 2361 (noch zu § 203 ZPO a.F.). Auch der EGMR sieht in fiktiven Zustellungen keine Verletzung von Art. 6 Abs. 1 EMRK, sofern die Rechte des Betroffenen geschützt werden, EGMR v. 10.4.2003 – 69829/01 *(Nunes Dias/Portugal),* Reports 2003-IV, 419; v. 2.10.2007 – 30203/03 *(Weber/Deutschland),* BeckRS 2007, 148619 Rn. 42 ff.

[122] Plastisch *Gottwald*, in: Habscheid/Beys (Hrsg.), Grundfragen des Zivilprozessrechts, S. 3, 24: „ebenso effektiv wie die Ladung des Ausländers mittels Posaunenschalls über die Landesgrenze"; *Waldner*, Aktuelle Probleme des rechtlichen Gehörs, S. 51: „Die an die Gerichtstafel angehefteten Schriftstücke […] werden allenfalls aus Langeweile […] gelesen".

ist.¹²³ Es liegt ein Verstoß gegen Art. 103 Abs. 1 GG vor, wenn irgendeine Form der Zustellung ohne weiteres möglich gewesen wäre.¹²⁴ Ferner ist der Adressat nach herrschender Auffassung zwingend informell, z.B. durch einfachen Brief, Telefax oder E-Mail, zu unterrichten, wenn seine Kontaktdaten bekannt sind.¹²⁵ Zuletzt werden die Folgen der öffentlichen Bekanntmachung durch eine großzügige Handhabung der Wiedereinsetzung in den vorigen Stand abgeschwächt.¹²⁶

b) Dauer der Zustellung

Die Übermittlung des Schriftstücks in das Ausland nimmt, insbesondere dann, wenn die Mitwirkung einer ausländischen Rechtshilfebehörde erforderlich ist, einen längeren Zeitraum in Anspruch. So betrug die Zustellungsdauer vor Einführung der EuZVO noch mindestens drei Monate und bis zu zwei Jahre.¹²⁷ Im Verhältnis zu den EU-Mitgliedstaaten hat sich dies zwar inzwischen verbessert, dennoch wurde in Einzelfällen von einer Dauer von mehreren Monaten berichtet.¹²⁸ Für den deutsch-britischen Rechtsverkehr ist zu beachten, dass sich die Dauer der Zustellung durch den Brexit wieder verlängern wird.¹²⁹

---

[123] BGH v. 20.1.2009 – VIII ZB 47/08, NJW-RR 2009, 855 Rn. 14; v. 17.1.2017 – VIII ZR 209/16, BeckRS 2017, 101486 Rn. 4; v. 31.10.2018 – I ZR 20/18, BeckRS 2018, 33293 Rn. 16. Aus dem Schrifttum etwa MüKoZPO/*Häublein/M. Müller*, § 185 ZPO Rn. 2.

[124] BVerfG v. 26.10.1987 – 1 BvR 198/87, NJW 1988, 2361.

[125] OLG Köln v. 27.11.1997 – 14 WF 160–97, NJW-RR 1998, 1683 (1684); v. 26.5.2008 – 16 Wx 305/07, BeckRS 2008, 12371 Rn. 7; OLG Hamburg v. 25.5.2018 – 8 U 51/17, IPRax 2019, 527 Rn. 55 ff.; OLG München v. 20.12.2018 – 25 W 962/18, BeckRS 2018, 42618 Rn. 30 f.; *Gottwald*, in: Habscheid/Beys (Hrsg.), Grundfragen des Zivilprozessrechts, S. 3, 27. A.A. Stein/Jonas/*H. Roth*, § 185 ZPO Rn. 15 (nicht zwingend, aber empfehlenswert). Ausführlich *Herberger*, ZZP 134 (2021), 237 (249 ff.) m.w.N. Kritisch dazu, dass nicht von vornherein digitale Möglichkeiten zur Kontaktaufnahme genutzt werden *Bach*, EuZW 2012, 381 (385); MüKoZPO/*Häublein/M. Müller*, § 185 ZPO Rn. 2. Beachte jedoch im Hinblick auf soziale Netzwerke auch die datenschutzrechtlichen Bedenken bei *Herberger*, ZZP 134 (2021), 237 (256 f.).

[126] Musielak/Voit/*Wittschier*, § 185 ZPO Rn. 1. Allein der Umstand, dass eine öffentliche Zustellung erfolgt ist und der Empfänger hiervon i.d.R. keine Kenntnis erlangt, ist indes nicht ausreichend. Vielmehr sind besondere Umstände erforderlich (z.B. Erschleichen der öffentlichen Zustellung; keine Möglichkeit der Kenntnisnahme wegen Haft), vgl. BGH v. 21.6.1957 – IV ZR 84/57, BGHZ 25, 11 (13); v. 22.6.1977 – IV ZB 28/77, VersR 1977, 932; OLG Köln v. 18.3.1993 – 17 W 55/93, VersR 1993, 1127. Zum Ganzen *Guttenberg*, MDR 1993, 1049.

[127] Vgl. die Angaben bei *Linke*, in: Gottwald (Hrsg.), Grundfragen der Gerichtsverfassung, S. 95, 110 in Fn. 104; *Gottwald*, in: FS Schütze 1999, S. 225, 226. Siehe ferner *HCCH*, Practical Handbook, 2016, Rn. 200.

[128] *Europäische Kommission*, Bericht über die Anwendung der EuZVO 2007, COM (2013), 858 final, S. 9.

[129] Dazu ausführlich Kap. 3 C. II. 1. c) (S. 195 ff.).

Lange Übermittlungszeiten beeinträchtigen nicht nur die Prozessökonomie, sondern können auch zu einer Verletzung des Anspruchs auf Entscheidung innerhalb angemessener Zeit führen.[130] Im deutschen Recht[131] ist deshalb anerkannt, dass eine öffentliche Zustellung nach § 185 Nr. 3 ZPO schon dann zulässig ist, wenn die Zustellung (erfahrungsgemäß) derart lange dauert, dass dem Zustellungsinteressenten das Warten unzumutbar ist.[132] Auf der Seite des Adressaten droht die Verletzung des Anspruchs auf rechtliches Gehör, sodass die Voraussetzungen des § 185 Nr. 3 ZPO restriktiv zu interpretieren sind.[133] Entgegen einer in der Rechtsprechung und im Schrifttum vertretenen Ansicht[134] genügt ein Zeitraum von sechs Monaten daher nicht, um die Unzumutbarkeit zu begründen.[135] Es bedarf stets einer Abwägung der gegenseitigen Interessen unter Berücksichtigung sämtlicher Umstände des Einzelfalls.[136] Im Verhältnis zu den Vertragsstaaten des HZÜ und den EU-Mitgliedstaaten scheidet eine öffentliche Zustellung – abgesehen von extremen Ausnahmefällen – aus.[137] Deshalb ist es für das Konventions- und Europarecht von besonderer Bedeutung, effektive und zügige Zustellungsmethoden zur Verfügung zu stellen, um dem Justizgewährungsanspruch und der Prozessökonomie gerecht zu werden.

---

[130] *Springer*, Die direkte Postzustellung, S. 21; Rauscher/*Heiderhoff*, Einleitung zur EuZVO Rn. 7. Vgl. auch BGH v. 20.1.2009 – VIII ZB 47/08, NJW-RR 2009, 855 Rn. 13.

[131] Auch im englischen Recht kommt eine Zustellung auf einem alternativen Weg (Rule 6.15 CPR) in Betracht, wenn die Zustellungsdauer außergewöhnlich lang ist, *JSC BTA Bank v Ablyazov* [2011] 11 WLUK 463 Rn. 29 ff.

[132] Statt vieler BGH v. 20.1.2009 – VIII ZB 47/08, NJW-RR 2009, 855 Rn. 13; BAG v. 18.12.2014 – 2 AZR 1004/13, NZA-RR 2015, 546 Rn. 54; OLG München v. 13.3.2020 – 29 W 275/20, NJW 2020, 1378 Rn. 10.

[133] BGH v. 20.1.2009 – VIII ZB 47/08, NJW-RR 2009, 855 Rn. 14.

[134] OLG Köln v. 27.11.1997 – 14 WF 160–97, NJW-RR 1998, 1683 (1684); *R. Geimer*, NJW 1989, 2204 (2204 f.); Stein/Jonas/*H. Roth*, § 185 ZPO Rn. 14 (in Anlehnung an Art. 15 Abs. 2 lit. b HZÜ).

[135] BGH v. 20.1.2009 – VIII ZB 47/08, NJW-RR 2009, 855 Rn. 14: Eine Zustellungsdauer von einem Jahr sei nicht ungewöhnlich; OLG Köln v. 26.5.2008 – 16 Wx 305/07, BeckRS 2008, 12371 Rn. 5: Bis zu einem Jahr; AG Bad Säckingen v. 23.10.1995 – 2 F 112/91, FamRZ 1997, 611 (612): Jedenfalls zwei Jahre zumutbar; *Fischer*, ZZP 107 (1994), 163 (171): Ein Jahr; MüKoZPO/*Häublein/M. Müller*, § 185 ZPO Rn. 21: Im Grundsatz ein Jahr.

[136] BGH v. 20.1.2009 – VIII ZB 47/08, NJW-RR 2009, 855 Rn. 13; OLG Hamburg v. 28.2.1997 – 3 W 25/97, NJWE-WettbR 1997, 284; OLG Düsseldorf v. 14.10.2003 – 20 W 38/03, BeckRS 2004, 9078; OLG Köln v. 26.5.2008 – 16 Wx 305/07, BeckRS 2008, 12371 Rn. 4; MüKoZPO/*Häublein/M. Müller*, § 185 ZPO Rn. 21.

[137] Vgl. *Heiderhoff*, EuZW 2006, 235 (237); *dies.*, IPRax 2010, 343.

c) Sprachenfragen

Ein Konflikt zwischen den widerstreitenden Interessen der Prozessbeteiligten besteht auch bei der Frage, ob eine Übersetzung des Schriftstücks erforderlich ist.[138] Der Beklagte hat ein besonderes Interesse, von einem gegen ihn im Ausland geführten Prozess zu erfahren. Sein Anspruch auf rechtliches Gehör ist in Gefahr, wenn er das Schriftstück nicht verstehen kann.[139] Andererseits beeinträchtigt das Erfordernis einer Übersetzung die Prozessökonomie, da durch die Einschaltung eines Dolmetschers hohe Kosten anfallen können und die Anfertigung der Übersetzung einige Zeit in Anspruch nehmen kann. Wiederum ist auch der Anspruch des Klägers auf Rechtsschutz innerhalb einer angemessenen Zeit berührt.[140]

Zum Teil wird vertreten, dass unmittelbar aus Art. 6 Abs. 1 EMRK eine Pflicht zur Übersetzung des Schriftstücks abzuleiten sei.[141] Eine effektive Verteidigung sei nur dann möglich, wenn der Empfänger das Schriftstück versteht.[142] Es bleibt indes unklar, ob eine Übersetzung in die Amtssprache des Empfängerstaates oder eine Sprache, die der Empfänger versteht, erforderlich ist.[143] Die herrschende Ansicht lehnt eine solche Übersetzungspflicht aus Art. 6 Abs. 1 EMRK hingegen ab.[144] Art. 6 Abs. 3 lit. a EMRK, der ausdrücklich bestimmt, dass die angeklagte Person in einer Sprache, die sie versteht, zu unterrichten ist, gilt nur für Strafverfahren.[145] Die Anforderungen an einen Zivilprozess, die aus Art. 6 Abs. 1 EMRK abgeleitet werden, sind nicht notwendigerweise deckungsgleich mit denen eines Strafverfahrens, vielmehr hat der Gesetzgeber hier einen größeren Entscheidungsspielraum.[146]

Jedenfalls eine generelle Übersetzungspflicht in die Sprache des Empfängerstaates ginge zu weit, da sie etwa auch dann gelten würde, wenn der

---

[138] Vgl. etwa *Hausmann,* EuLF 1/2-2007, 1; *Würdinger,* IPRax 2013, 61 (61 f.); Rauscher/*Heiderhoff,* Einleitung zur EuZVO Rn. 7.

[139] *Schütze,* RIW 2006, 352 (355); *Würdinger,* IPRax 2013, 61; Rauscher/*Heiderhoff,* Einleitung zur EuZVO Rn. 7.

[140] *Würdinger,* IPRax 2013, 61.

[141] OGH v. 16.6.1998 – 4 Ob 159/98f, IPRax 1999, 260. In diese Richtung auch *Kopylov/ M. Hofmann,* IPRax 2010, 268 (270); *Schilling,* IPRax 2011, 31 (33).

[142] OGH v. 16.6.1998 – 4 Ob 159/98f, IPRax 1999, 260.

[143] Das Urteil des OGH ist insofern unklar. Während in Leitsatz Nr. 6 noch von einer Übersetzung in die Amtssprache des Zustellungslandes die Rede ist, wird in Leitsatz Nr. 7 von der Sprache des Empfängers gesprochen. Dazu auch *Matscher,* IPRax 1999, 274 (275). Anders *Bajons,* in: FS Schütze 1999, S. 49, 69.

[144] *Matscher,* IPRax 1999, 274 (275); *Bajons,* in: FS Schütze 1999, S. 49, 67 ff. (für Ausnahmen in besonderen Fallkonstellationen).

[145] Dazu EGMR v. 18.10.2006 – 18114/02 *(Hermi/Italien),* Reports 2006-XII, 91 Rn. 68.

[146] EGMR v. 27.10.1993 – 14448/88 *(Dombo Beheer B.V./Niederlande),* NJW 1995, 1413 Rn. 32; v. 23.10.1996 – 21920/93 *(Levages Prestations Services/Frankreich),* Reports 1996-V, 1531 Rn. 46.

Adressat die Sprache, in der das Schriftstück abgefasst ist, versteht.[147] Selbst für Strafverfahren sieht Art. 6 Abs. 3 lit. a EMRK lediglich vor, dass der Angeklagte die Klageschrift verstehen können muss. Auf der anderen Seite geht auch eine Übersetzungspflicht in eine Sprache, die der Empfänger versteht, zu weit.[148] Sie müsste konsequenterweise auch für Inlandszustellungen und Zustellungen in der Amtssprache des Empfängerstaates gelten, wenn der Adressat die jeweilige Sprache nicht beherrscht.[149] Richtigerweise liegt daher ein Verstoß gegen Art. 6 Abs. 1 EMRK nur dann vor, wenn der Adressat das Schriftstück nicht verstehen kann und weitere erschwerende Umstände hinzutreten, welche die Verteidigung im konkreten Einzelfall unmöglich machen oder unzumutbar erschweren (z.B. kurze Verteidigungsfristen, die keine Anfertigung der Übersetzung ermöglichen).[150]

d) Benennung eines Zustellungsbevollmächtigten

In einem Verfahren mit auslandsansässigen Beteiligten droht durch die Zustellung von weiteren Schriftstücken im laufenden Verfahren und der gerichtlichen Entscheidung eine zusätzliche Verzögerung. Ein deutsches Gericht kann dieser Gefahr vorbeugen, indem es anordnet, dass die ausländische Partei einen Zustellungsbevollmächtigten im Inland zu benennen hat (§ 184 Abs. 1 S. 1 ZPO). Wenn die Partei dieser Aufforderung nicht nachkommt, können weitere Schriftstücke unter ihrer Anschrift zur Post gegeben werden (§ 184 Abs. 1 S. 2 ZPO). Die Vorschrift dient der Prozessökonomie und dem Justizgewährungsanspruch in Form des Anspruchs auf Entscheidung innerhalb angemessener Frist.[151]

Bestellt die auslandsansässige Partei einen Zustellungsbevollmächtigten, ist ihr Anspruch auf rechtliches Gehör nicht gefährdet. Problematisch ist hingegen die fiktive Zustellung nach § 184 Abs. 1 S. 2 ZPO, da das Schriftstück zwei Wochen nach Aufgabe zur Post als zugestellt gilt (§ 184 Abs. 2 S. 1 ZPO) und die Möglichkeit der Kenntnisnahme somit keineswegs sichergestellt ist. Eine Verletzung von Art. 103 Abs. 1 GG oder Art. 6 Abs. 1 EMRK liegt indes nicht

---

[147] So auch *Schlosser*, in: FS Matscher 1993, S. 387, 398; *Matscher*, IPRax 1999, 274 (275).

[148] In die Richtung einer solchen Pflicht *Schack*, in: FS Geimer 2002, S. 931, 935: „Tauglich ist die Benachrichtigung aber nur, wenn das Schriftstück in einer Sprache abgefasst ist, die der Empfänger versteht".

[149] *Matscher*, IPRax 1999, 274 (275).

[150] Für die Überprüfung des Einzelfalls auch *Matscher*, IPRax 1999, 274 (275).

[151] BGH v. 10.11.1998 – VI ZR 243-97, NJW 1999, 1187 (1189). Zum Zweck der Vermeidung von Verzögerungen auch *Gottwald*, in: Habscheid/Beys (Hrsg.), Grundfragen des Zivilprozessrechts, S. 3, 28; *Stadler*, IPRax 2002, 471 (474); Musielak/Voit/*Wittschier*, § 184 ZPO Rn. 1; Zöller/*Schultzky*, § 184 ZPO Rn. 1.

vor.[152] Zu beachten ist, dass das verfahrenseinleitende Schriftstück stets formell nach den Regelungen zur Auslandszustellung übermittelt werden muss, sodass der Beklagte jedenfalls Kenntnis von dem Verfahren erlangt. Ab der Zustellung der Klageschrift besteht ein Prozessrechtsverhältnis und eine Prozessförderungspflicht, die durch die fehlende Bestellung eines Zustellungsbevollmächtigten verletzt wird.[153] Zudem muss der Adressat in der gerichtlichen Anordnung zwingend – in einer für ihn verständlichen Sprache[154] – auf die Rechtsfolge des § 184 Abs. 1 S. 2 ZPO hingewiesen werden (§ 184 Abs. 2 S. 3 ZPO).[155] Weiterhin kann es aufgrund des Prinzips des fairen Verfahrens geboten sein, Wiedereinsetzung in den vorigen Stand zu gewähren, wenn eine Notfrist (z.B. § 339 Abs. 1 ZPO) versäumt wird.[156]

Im englischen Recht ist Rule 6.23 CPR zu beachten, der die Parteien dazu verpflichtet, eine Adresse anzugeben, an die weitere Schriftstücke zugestellt werden können. Dabei muss es sich um eine Geschäftsanschrift eines *solicitor* im Vereinigten Königreich, eine Anschrift im Vereinigten Königreich, unter der die Partei wohnt oder geschäftlich tätig ist, (Rule 6.23 (2) (a) und (c) (i) oder – hilfsweise – eine Zustellungsanschrift im Vereinigten Königreich handeln (Rule 6.23 (3) CPR).[157] Daher kann häufig auf eine Auslandszustellung verzichtet werden.[158]

V. Fazit

Das Zustellungsrecht ist somit für den Rechtsschutz der Prozessbeteiligten von herausragender Bedeutung. Auf der Seite des Zustellungsinteressenten steht

---

[152] BVerfG v. 19.2.1997 – 1 BvR 1353/95, NJW 1997, 1772 (noch zur strengeren Norm des § 175 Abs. 1 ZPO a.F.); BGH v. 26.6.2012 – VI ZR 241/11, BGHZ 193, 353 Rn. 15 f.; v. 18.9.2012 – VI ZR 223/11, BeckRS 2012, 21272 Rn. 21 f. Zur Vorgängervorschrift kritischer *Schlosser*, in: FS Stiefel 1987, S. 683, 688; *Gottwald*, in: Habscheid/Beys (Hrsg.), Grundfragen des Zivilprozessrechts, S. 3, 28.

[153] *G. Geimer*, Neuordnung des internationalen Zustellungsrechts, S. 17 ff.; Zöller/*R. Geimer*, § 183 ZPO Rn. 71.

[154] *Stadler*, IPRax 2002, 471 (475); MüKoZPO/*Häublein/M. Müller*, § 184 ZPO Rn. 9; Zöller/*Schultzky*, § 184 ZPO Rn. 4. Hingegen mit Beschränkung auf die förmliche Zustellung im völkervertraglichen Rechtsverkehr: Begründung zum Entwurf des ZustRG, in: BT-Drs. 14/4554, S. 24; Musielak/Voit/*Wittschier*, § 184 ZPO Rn. 3; Stein/Jonas/*H. Roth*, § 184 ZPO Rn. 6.

[155] Die frühere Fassung (§§ 174, 175 ZPO a.F.) enthielt dieses Erfordernis noch nicht. Es war umstritten, ob aus Art. 103 Abs. 1 GG eine Belehrungspflicht des Gerichts folgt. Ablehnend BGH v. 10.11.1998 – VI ZR 243-97, NJW 1999, 1187 (1190 f.) entgegen der h.L.; vgl. etwa *Hausmann*, IPRax 1988, 140 (143); *H. Roth*, IPRax 1990, 90 (93) m.w.N.

[156] BGH v. 4.12.1991 – IV ZB 4/91, NJW 1992, 1701 (1702); v. 24.7.2000 – II ZB 20/99, NJW 2000, 3284 (3285).

[157] Zum Ganzen (auch zur Rechtslage vor dem Brexit) *Coulson*, The White Book 2023 – Volume 1, Section A Rn. 6.23.1 ff. und 6.40.2.

[158] *Hickinbottom*, Blackstone's Civil Practice, Rn. 16.83.

der Justizgewährungsanspruch, insbesondere das Recht auf Zugang zum Gericht und auf Entscheidung innerhalb einer angemessenen Frist. Für den Adressaten geht es demgegenüber um Informations- und Verteidigungsrechte, mithin die Wahrung des rechtlichen Gehörs. Zuletzt muss auch der Grundsatz der Prozessökonomie, der eine schnelle, effektive und kostengünstige Zustellung erfordert, beachtet werden. Im internationalen Rechtsverkehr wird der Ausgleich dieser Interessen durch die Sprachenvielfalt, die verlängerte Zustellungsdauer und das Verhältnis zu fiktiven Inlandszustellungen erschwert. Es ist Aufgabe des Europa- und Konventionsrechts, eine für alle Beteiligten zumutbare Lösung zu entwickeln.

C. Völkerrechtliche Grundlagen des Zustellungsrechts

Bei grenzüberschreitenden Zustellungen können die Souveränitätsinteressen des Empfängerstaates nicht außer Betracht gelassen werden. Zusammen mit dem Justizgewährungsanspruch des Klägers und dem Anspruch des Adressaten auf rechtliches Gehör bilden sie das *„magische Dreieck des Zustellungsrechts"*.[159]

I. Deutsches Verständnis: Zustellung als staatlicher Hoheitsakt

Die herrschende Meinung in Deutschland geht davon aus, dass es sich bei der Zustellung eines Schriftstücks um einen staatlichen Hoheitsakt handelt.[160] Dieses Verständnis wird von anderen kontinentaleuropäischen Staaten geteilt.[161]

---

[159] Der Begriff wurde, soweit ersichtlich, zuerst von *Stadler,* IPRax 2001, 514 (515) verwendet. Siehe auch Rauscher/*Heiderhoff,* Einleitung zur EuZVO Rn. 7 f. Statt auf die Souveränitätsinteressen auf die Prozessökonomie abstellend *C. Heinze,* IPRax 2013, 132; *Sujecki,* in: Gebauer/Wiedmann (Hrsg.), Europäisches Zivilrecht, Einleitung zur EuZVO Rn. 3.

[160] BVerfG v. 22.3.1983 – 2 BvR 475/78, BVerfGE 63, 343 (372); v. 7.12.1994 – 1 BvR 1279/94, BVerfGE 91, 335 (339); v. 3.11.2015 – 2 BvR 2019/09, WM 2016, 51 Rn. 35; BGH v. 24.2.1972 – II ZR 7/71, BGHZ 58, 177 (179); OLG Hamm v. 28.6.1988 – 13 UF 113/88, FamRZ 1988, 1292 (1293); Denkschrift zum HZÜ, in: BT-Drs. 7/4892, S. 45 ff. Aus dem Schrifttum: *Schmitz,* Fiktive Auslandszustellung, S. 12; *Bredthauer,* Zivilrechtshilfe zwischen BRD und DDR, S. 84 f.; *Verdross/Simma,* Völkerrecht, Rn. 456; *R. Stürner,* in: FS Nagel 1987, S. 446, 454 f.; *ders.,* JZ 47 (1992), 325 (331); *Pfennig,* Internationale Zustellung, S. 1, 14; *Pfeiffer,* in: Gilles (Hrsg.), Transnationales Prozeßrecht, S. 77, 88; *Costas-Pörksen,* Anwendungsbereich und ordre public-Vorbehalt des HZÜ, S. 91; Wieczorek/Schütze/*Rohe,* Vor §§ 183, 184 ZPO Rn. 1; *Rosenberg/Schwab/Gottwald,* Zivilprozessrecht, § 72 Rn. 3; *Jacoby,* Zivilprozessrecht, Kap. 20 Rn. 6.

[161] So insbesondere von der Schweiz: Schweizerisches BG v. 8.2.1968, BGE 94 I, 235 (244); v. 27.11.1977, BGE 103 III, 1 (4); v. 4.5.1979, BGE 105 Ia, 307 (310 f.); *Siegrist,* Hoheitsakte auf fremdem Staatsgebiet, S. 169 f.; *Jametti Greiner,* ZZPInt 1 (1996), 187 (197); *Volken,* Rechtshilfe, S. 29; *Bischof,* Zustellung im internationalen Rechtsverkehr,

1. Verbot der Vornahme von Hoheitsakten auf fremdem Territorium

Die Einordnung der Zustellung als Hoheitsakt steht in einem engen Zusammenhang zum Grundsatz der territorialen Souveränität und der Gebietshoheit.[162] Der Staat ist für sein Staatsgebiet ausschließlich zuständig, sodass kein anderes Völkerrechtssubjekt ohne seine Zustimmung oder Duldung Hoheitsgewalt ausüben darf (sog. *Gebietsausschließlichkeit des Staates*).[163] Es ist deshalb nach allgemeiner Meinung unzulässig, unbefugt Hoheitsakte auf fremdem Staatsgebiet vorzunehmen. Ein Staat ist auch nicht verpflichtet, die Vornahme durch den ausländischen Staat zu dulden.[164]

2. Konsequenzen für die Auslandszustellung

Die Zustellung im Ausland bedarf somit der Mitwirkung, Zustimmung oder Duldung des Empfängerstaates, wenn der Hoheitsakt auf dessen Staatsgebiet vorgenommen wird. Dies ist jedenfalls dann der Fall, wenn ein Konsul, Diplomat oder sonstiger Bediensteter des Ursprungsstaates das Schriftstück unmittelbar im Ausland an den Empfänger übermittelt.[165]

Problematischer ist die Einordnung der Zustellung durch die Post. Teilweise wird vertreten, dass der Hoheitsakt in der Ausstellung des Schriftstücks oder der Übergabe an den Übermittlungsdienst liege und damit im Inland vorgenommen werde. Eine Postzustellung sei deshalb auch dann nicht völkerrechtswidrig, wenn der Empfängerstaat diesem Zustellungsweg nicht zugestimmt hat.[166] Die herrschende Ansicht geht demgegenüber davon aus, dass auch hier

---

S. 174 ff. Für Österreich: *Sengstschmid*, in: Mayr (Hrsg.), Handbuch des europäischen Zivilverfahrensrechts, Rn. 14.1.

[162] Zur Unterscheidung zwischen territorialer Souveränität und Gebietshoheit siehe *Verdross/Simma/Geiger*, Territoriale Souveränität und Gebietshoheit, S. 15 ff.; *Gornig*, in: Gornig/Horn (Hrsg.), Territoriale Souveränität und Gebietshoheit, S. 35, 36.

[163] So schon *Max Huber* im Schiedsspruch zum *Island of Palmas-Fall*, Ständiger Schiedshof v. 4.4.1928, RIAA II, 829 (838). Aus dem Schrifttum: *Kempen/Hillgruber/Grabenwarter*, Völkerrecht, § 18 Rn. 12; *T. Stein/Buttlar/Kotzur*, Völkerrecht, Rn. 535; *Verdross/Simma*, Völkerrecht, Rn. 456.

[164] StIGH v. 7.9.1927 *(Lotus)*, Serie A, Nr. 10, 1 (18 f.); IGH v. 9.4.1949 *(The Corfu Channel Case)*, ICJ Reports 1949, 4 (35); BVerfG v. 22.3.1983 – 2 BvR 475/78, BVerfGE 63, 343 (361). Aus dem Schrifttum: *Geck*, in: Strupp/Schlochauer (Hrsg.), Wörterbuch des Völkerrechts I, S. 795; *Herdegen*, Völkerrecht, § 23 Rn. 3; *Kempen/Hillgruber/Grabenwarter*, Völkerrecht, § 18 Rn. 13 f.; *T. Stein/Buttlar/Kotzur*, Völkerrecht, Rn. 539.

[165] Dies erkennen auch Stimmen an, die der Einordnung als Hoheitsakt ansonsten kritisch gegenüberstehen, so etwa *Wiehe*, Zustellungen, S. 98, 101; *R. Geimer*, IZPR, Rn. 414, 422; Zöller/*ders.*, § 183 ZPO Rn. 8.

[166] *R. Geimer*, FamRZ 1975, 218; *ders.*, IZPR, Rn. 416, 2083; Zöller/*ders.*, § 183 ZPO Rn. 8; *Wiehe*, Zustellungen, S. 102 f.; *Nagel/Gottwald*, IZPR, Rn. 8.6.

der Hoheitsakt auf fremdem Staatsgebiet vorgenommen wird.[167] Die Kenntnisnahme des Adressaten, die gerade im Ausland stattfindet, sei für eine wirksame Zustellung und damit einen wirksamen Hoheitsakt zwingend erforderlich.[168] Zudem kontrolliere der ausländische Postbeamte nicht den Inhalt des Schriftstücks und werde somit zur Amtshilfe missbraucht.[169]

Es ist fraglich, ob auch bei der Zustellung durch Aufgabe zur Post (§ 184 Abs. 2 S. 1 ZPO) sowie bei sonstigen postalischen Mitteilungen ein Hoheitsakt auf fremdem Staatsgebiet vorgenommen wird. Der Unterschied zur Zustellung durch die Post liegt darin, dass die Rechtswirkungen unabhängig von der erfolgreichen Übermittlung an den Adressaten bereits im Inland eintreten.[170] Nach einer Ansicht liegt hier dennoch ein staatlicher Hoheitsakt auf fremdem Staatsgebiet vor.[171] Zwar löse die Postübermittlung keine rechtlichen Wirkungen aus, sie könne aber faktische Wirkungen bzw. Folgewirkungen begründen (z.B. den Beginn der Wiedereinsetzungsfrist). Diese seien mit der Zustellung untrennbar verbunden, sodass der Gesamtvorgang als Einheit betrachtet werden müsse.[172] Die herrschende Ansicht geht hingegen davon aus, dass der Hoheitsakt im Inland vorgenommen wird und die Übermittlung in das Ausland lediglich eine informelle Benachrichtigung über eine bereits erfolgte

---

[167] BVerfG v. 22.3.1983 – 2 BvR 475/78, BVerfGE 63, 343 (372); *Bredthauer*, Zivilrechtshilfe zwischen BRD und DDR, S. 84; *Mann*, in: FS Mosler 1983, S. 529, 530 f.; *Siegrist*, Hoheitsakte auf fremdem Staatsgebiet, S. 173; *Stadler*, Schutz des Unternehmensgeheimnisses, S. 285 ff.; *Mössle*, Internationale Forderungspfändung, S. 84 f.; *Schabenberger*, Der Zeuge im Ausland, S. 63, 69; *Bischof*, Zustellung im internationalen Rechtsverkehr, S. 185; *G. Geimer*, Neuordnung des internationalen Zustellungsrechts, S. 138 ff.; *Verdross/Simma*, Völkerrecht, Rn. 456.

[168] *Bredthauer*, Zivilrechtshilfe zwischen BRD und DDR, S. 84; *Mössle*, Internationale Forderungspfändung, S. 84; *Stadler*, Schutz des Unternehmensgeheimnisses, S. 285 in Fn. 70 (mit einer Ausnahme für die bloße Übersendung gegnerischer Schriftsätze).

[169] *M. Vollkommer*, ZZP 80 (1967), 248 (259). Ebenso *Siegrist*, Hoheitsakte auf fremdem Staatsgebiet, S. 173; *Stadler*, Schutz des Unternehmensgeheimnisses, S. 285. In diese Richtung auch *Mössle*, Internationale Forderungspfändung, S. 85, welche die Postbehörde – in Parallele zur mittelbaren Täterschaft im Strafrecht – als Werkzeug des Verfahrensstaates ansieht.

[170] *Stadler*, Schutz des Unternehmensgeheimnisses, S. 285; *Fleischhauer*, Inlandszustellung, S. 66.

[171] *Schmitz*, Fiktive Auslandszustellung, S. 167 ff.; *Siegrist*, Hoheitsakte auf fremdem Staatsgebiet, S. 171 f.; *Schlosser*, in: FS Stiefel 1987, S. 683, 685 ff.; *Mössle*, Internationale Forderungspfändung, S. 149 ff.; *Bischof*, Zustellung im internationalen Rechtsverkehr, S. 190, 203 ff.; *Karaaslan*, Internationale Zustellungen nach der EuZVO, S. 10 f.

[172] *Schmitz*, Fiktive Auslandszustellung, S. 171; *Mössle*, Internationale Forderungspfändung, S. 149 f.; *Bischof*, Zustellung im internationalen Rechtsverkehr, S. 204. Ähnlich auch *Schlosser*, in: FS Stiefel 1987, S. 683, 686.

Zustellung darstellt.[173] Jedenfalls begegnet dieses Vorgehen keinen völkerrechtlichen Bedenken, da es durch die Staaten allgemein akzeptiert und geduldet wird.[174]

3. Handhabung der Souveränität in Deutschland

Ein Staat ist zwar nicht verpflichtet, die Vornahme von Hoheitsakten auf seinem Staatsgebiet zu dulden, eine solche Duldung ist aber selbstverständlich völkerrechtlich zulässig.[175] Wenn man mit der herrschenden Meinung die Postzustellung und sonstige liberale Zustellungswege als Hoheitsakt qualifiziert, ist noch nicht über die Unzulässigkeit dieser Methoden entschieden. Maßgeblich ist vielmehr, wie der Empfängerstaat das Souveränitätsverständnis handhabt.

Die Bundesrepublik Deutschland will grundsätzlich verhindern, dass ausländische Behörden oder Verfahrensbeteiligte die Zustellung unmittelbar und ohne Kontrolle der inländischen Behörden in Deutschland vornehmen.[176] Eine solche formelle und inhaltliche Kontrolle scheidet bei der als besonders schnell und kostengünstig geltenden Zustellung durch die Post aus. Die Bundesrepublik Deutschland hält den Zustellungsweg deshalb für unvereinbar mit dem Souveränitätsgedanken und hat ihm widersprochen, soweit dies möglich ist (vgl. § 6 S. 2 AusfG-HZÜ).[177] Sie steht aber auch der Zustellung durch diplomatische oder konsularische Vertreter kritisch gegenüber, da auch hier eine Kontrolle des Schriftstücks nicht möglich ist.[178] Folglich hat sie auch diesem Zustellungsweg widersprochen, sofern dies zulässig ist (vgl. § 6 S. 1 AusfG-HZÜ, § 1067 Abs. 2 ZPO). In der Praxis muss der ausländische Zustellungsinteressent daher häufig den Rechtshilfeweg beschreiten. Auch bei dieser

---

[173] *Bredthauer*, Zivilrechtshilfe zwischen BRD und DDR, S. 84; *Hausmann*, IPRax 1988, 140 (143); *Gottwald*, in: FS Habscheid 1989, S. 119, 123 f.; *Stadler*, Schutz des Unternehmensgeheimnisses, S. 287; *Wiehe*, Zustellungen, S. 97; *Kondring*, Heilung von Zustellungsfehlern, S. 82; *Fleischhauer*, Inlandszustellung, S. 66 f.; *Verdross/Simma*, Völkerrecht, Rn. 456.

[174] Für einen Satz des Völkergewohnheitsrechts: *Siegrist*, Hoheitsakte auf fremdem Staatsgebiet, S. 192, 196 f.; *Pfennig*, Internationale Zustellung, S. 31 ff. Enger auf die bloße Duldung abstellend *Schlosser*, in: FS Stiefel 1987, S. 683, 689; *Gottwald*, in: FS Habscheid 1989, S. 119, 124; *H. Roth*, IPRax 1990, 90 (93) unter Hinweis auf den Weltpostvertrag; *Mössle*, Internationale Forderungspfändung, S. 159 f.; *Schabenberger*, Der Zeuge im Ausland, S. 169; *Karaaslan*, Internationale Zustellungen nach der EuZVO, S. 11. A.A. *Schmitz*, Fiktive Auslandszustellung, S. 167 ff. Wohl auch *Bischof*, Zustellung im internationalen Rechtsverkehr, S. 205 f. (begrenzt auf die Schweiz).

[175] So ausdrücklich BVerfG v. 22.3.1983 – 2 BvR 475/78, BVerfGE 63, 343 (361).

[176] Denkschrift zum HZÜ, in: BT-Drs. 7/4892, S. 45 f.

[177] Denkschrift zum HZÜ, in: BT-Drs. 7/4892, S. 46.

[178] Denkschrift zum HZÜ, in: BT-Drs. 7/4892, S. 45 f.

Zustellungsmethode zeigt sich das Souveränitätsverständnis: Der Empfängerstaat kann die Übermittlung an den Adressaten ablehnen, wenn er sie für geeignet hält, seine Hoheitsrechte oder seine Sicherheit zu gefährden (vgl. Art. 4 HZPÜ, Art. 13 HZÜ, Art. 3 lit. f DBA).

Deutschland verfolgt somit ein strenges Souveränitätsverständnis. Dieses konnte aber im Zuge der Europäisierung des internationalen Zustellungsrechts nicht mehr aufrechterhalten werden.[179] Die EuZVO stellt die Souveränitätsinteressen des Empfängerstaates in den Hintergrund und bezweckt vielmehr den Schutz der Prozessbeteiligten durch eine effektive, schnelle und kostengünstige Zustellung des Schriftstücks.[180]

4. Stürner: Schutzschildfunktion

Häufig wird zur Begründung der strengen deutschen Souveränitätshaltung angeführt, dass diese nicht nur den Gemeinwohlinteressen, sondern auch dem Schutz des inländischen Empfängers diene. *Stürner*, auf den diese sog. *Schutzschildtheorie* zurückgeht,[181] will den Bürger vor „Übergriffen eines ihm fremden Rechtes [...] bewahren, das er weder kennt noch in demokratischem Verfahren beeinflussen kann".[182] Dieser Schutz sei von besonderer Bedeutung, da sich der Bürger nicht mit dem ausländischen Verfahrensrecht auskenne und die Klageschrift nicht verstehe, wenn sie in einer fremden Sprache abgefasst ist.[183] Auch die Bestellung eines Rechtsanwalts könne die Nachteile für den inländischen Empfänger nicht abwenden. Ein nationaler Anwalt unterschätze häufig die Gefahren von grenzüberschreitenden Prozessen, während die Kommunikation mit einem ausländischen Anwalt schwierig sei.[184] Der Schutz müsse daher durch ein Zustellungsrecht geschaffen werden, das primär dem inländischen Bürger dient. Erforderlich sei ein formalisiertes Verfahren unter Mitwirkung der inländischen Behörden, die den Empfänger über die Rechtsfolgen der Zustellung oder einer Annahmeverweigerung belehren und eine Übersetzung zur

---

[179] *Hess*, NJW 2001, 15 (16); *Stadler*, IPRax 2001, 514 (515); *Hausmann*, EuLF 1/2-2007, 1 (2); Schlosser/Hess⁴/*Schlosser*, Einleitung zum HZÜ Rn. 1.
[180] *Hausmann*, EuLF 1/2-2007, 1 (2). Vgl. ferner Erwägungsgründe 2, 6 ff. zur EuZVO 2000.
[181] *R. Stürner*, in: FS Nagel 1987, S. 446, 454 f.; *ders.*, JZ 47 (1992), 325 (331); *ders.*, ZZP 109 (1996), 224 (232); *ders.*, JZ 61 (2006), 60 (65); *R. Stürner/T. Müller*, IPRax 2008, 339 (343). Zustimmend OLG Koblenz v. 27.6.2005 – 12 VA 2/04, IPRax 2006, 25 (35); *Mössle*, Internationale Forderungspfändung, S. 85 f.; *Pfeiffer*, in: Gilles (Hrsg.), Transnationales Prozeßrecht, S. 77, 88 in Fn. 33: „berechtigte[r] Kern"; *Merkt*, "Punitive-damages"-Klagen, S. 185 f.; *zur Nieden*, Zustellungsverweigerung, S. 139 f.; *Costas-Pörksen*, Anwendungsbereich und ordre public-Vorbehalt des HZÜ, S. 89. Vgl. auch *Stadler*, Schutz des Unternehmensgeheimnisses, S. 288 f.
[182] *R. Stürner*, in: FS Nagel 1987, S. 446, 455.
[183] *R. Stürner*, in: FS Nagel 1987, S. 446, 455.
[184] *R. Stürner*, in: FS Nagel 1987, S. 446, 455.

Verfügung stellen.¹⁸⁵ Ziel der *Schutzschildtheorie* ist es somit, den formlosen Zugang und Direktzustellungen zu verhindern, nicht aber generell die Zustellung.¹⁸⁶ Insofern verfolgt *Stürner* den Schutz des Bürgers als rechtspolitisches Anliegen.¹⁸⁷

II. Britisches Verständnis der Zustellung

Das kontinentaleuropäische Souveränitätsverständnis wird von vielen anglo-amerikanischen Staaten nicht geteilt. Die USA qualifiziert die Zustellung lediglich dann als Hoheitsakt, wenn das Schriftstück eine Zwangsanordnung enthält, was jedoch bei der Klageschrift und sonstigen Ladungen nicht der Fall ist.¹⁸⁸ Primäres Ziel der Übermittlung ist es, den Adressaten tatsächlich vom Inhalt des Schriftstücks in Kenntnis zu setzen.¹⁸⁹ Nach dieser Auffassung verstößt eine Auslandszustellung nicht gegen das Verbot, Hoheitsakte auf fremdem Staatsgebiet vorzunehmen.¹⁹⁰

Auch im Vereinigten Königreich ist es primärer Zweck der Zustellung, dem Adressaten Kenntnis vom Schriftstück zu verschaffen.¹⁹¹ Dennoch ist in der englischen Rechtsprechung anerkannt, dass die Zustellung im Ausland einen Hoheitsakt auf fremdem Staatsgebiet darstellt. Dies wird damit begründet, dass die Zustellung eine Ausübung der *jurisdiction* englischer Gerichte darstellt und durch sie die (internationale) Zuständigkeit begründet werden kann.¹⁹² Somit wird auch in England davon ausgegangen, dass für eine Auslandszustellung die

---

¹⁸⁵ *R. Stürner*, in: FS Nagel 1987, S. 446, 455; *ders.,* JZ 61 (2006), 60 (65). Zustimmend *Mössle*, Internationale Forderungspfändung, S. 86; *Costas-Pörksen*, Anwendungsbereich und ordre public-Vorbehalt des HZÜ, S. 89.

¹⁸⁶ *R. Stürner*, JZ 47 (1992), 325 (331) in Fn. 67; *ders.,* JZ 61 (2006), 60 (65); *R. Stürner/ T. Müller*, IPRax 2008, 339 (343).

¹⁸⁷ Treffend *Oberhammer*, IPRax 2004, 40 (45) in Fn. 41; *zur Nieden*, Zustellungsverweigerung, S. 139.

¹⁸⁸ *FTC/Compagnie de Saint-Gobain-Pont-a-Mousson* [1980] 636 Fed. 2nd 1300 (1313); *Commodity Futures Trading Commission/Nahas* [1984] 738 Fed. 2nd 487 (493 f.), jeweils betreffend einer *subpoena* (Zeugenvorladung unter Strafandrohung). Siehe auch *Siegrist*, Hoheitsakte auf fremdem Staatsgebiet, S. 177 ff.; *Wiehe*, Zustellungen, S. 96; *Pfeil-Kammerer*, Deutsch-amerikanischer Rechtshilfeverkehr, S. 24.

¹⁸⁹ *FTC/Compagnie de Saint-Gobain-Pont-a-Mousson* [1980] 636 Fed. 2nd 1300 (1313); *Wiehe*, Zustellungen, S. 96; *Schack*, IZVR, Rn. 716.

¹⁹⁰ Vgl. *Schabenberger*, Der Zeuge im Ausland, S. 164 f.; *Pfeil-Kammerer*, Deutsch-amerikanischer Rechtshilfeverkehr, S. 25.

¹⁹¹ Für England und Wales: *Olafsson v. Gissurarson* [2008] 1 W.L.R. 2016 Rn. 55; *Abela v. Baadarani* [2013] 1 W.L.R. 2043 Rn. 37; *Stoute v. LTA Operations Ltd* [2015] 1 W.L.R. 79 Rn. 40.

¹⁹² *Cookney v. Anderson* 46 E.R. 146 (151); *George Monro Ltd v. American Cyanamid & Chemical Corp* [1944] K.B. 432 (437); *Afro Continental Nigeria v. Meridian Shipping Co SA (The Vrontados)* [1982] 2 Lloyd's Rep. 241 (245); *Molins Plc. v. G.D. S.p.A.* [2000] 1 W.L.R. 1741 Rn. 40; *Cecil v. Bayat* [2011] 1 W.L.R. 3086 Rn. 61.

Zustimmung des Empfängerstaates erforderlich ist.[193] Dennoch wird das Souveränitätsverständnis liberaler als in Deutschland gehandhabt. Das Vereinigte Königreich hat den unmittelbaren Zustellungswegen im HZÜ nicht widersprochen und besteht daher nicht stets auf eine formelle und inhaltliche Kontrolle des Schriftstücks. Zudem gestattet das autonome englische Zustellungsrecht für ausgehende Ersuchen jede Zustellungsmethode, die nach dem Recht des Empfängerstaates zulässig ist (Rule 6.40 (3) (c) CPR).

III. Kritik am deutschen Souveränitätsverständnis

Im Schrifttum wird der deutsche Standpunkt häufig kritisiert. Zum Teil wird bereits die Einordnung der Zustellung als Hoheitsakt angegriffen.[194] Jedenfalls die Postzustellung sei völkerrechtlich zulässig, da der Hoheitsakt im Inland vorgenommen werde.[195] Andere Stimmen kritisieren die strenge Handhabung der Souveränität durch die Bundesrepublik Deutschland.[196]

1. Systematische Widersprüche

Hierbei werden zunächst verschiedene systematische Widersprüche geltend gemacht. Kritisiert wird die von der herrschenden Meinung getroffene Unterscheidung zwischen der völkerrechtlich unzulässigen Zustellung durch die Post und der völkerrechtlich zulässigen Zustellung durch Aufgabe zur Post. Diese Differenzierung sei spitzfindig, da sich beide Übermittlungsformen von ihrem Inhalt her gar nicht unterschieden.[197] Schon deshalb könne die strenge Einordnung der Zustellung als Hoheitsakt nicht überzeugen.[198]

Weiterhin werde das Souveränitätsverständnis in der Theorie und Praxis sowieso nicht streng durchgehalten. Der Vorbehalt in Art. 13 Abs. 1 HZÜ käme

---

[193] *Cookney v. Anderson* 16 E.R. 146 (151). Vgl. auch *Cecil v. Bayat* [2011] 1 W.L.R. 3086 Rn. 65.
[194] *Schlosser*, in: FS Matscher 1993, S. 387, 389 („so lächerlich es rechtspolitisch ist, in der Zustellung […] einen Hoheitsakt zu sehen"); *Wiehe*, Zustellungen, S. 98 ff.; *Stroschein*, Parteizustellung im Ausland, S. 183 ff.
[195] Nachweise dazu in Fn. 166.
[196] So etwa *Gottwald*, in: Habscheid/Beys (Hrsg.), Grundfragen des Zivilprozessrechts, S. 3, 25 ff.; *ders.*, in: FS Schütze 1999, S. 225, 230; *Pfeiffer*, in: Gilles (Hrsg.), Transnationales Prozeßrecht, S. 77, 88 f.; *Schack*, in: FS Geimer 2002, S. 931, 936 f.
[197] *Schack*, IZVR, Rn. 721.
[198] *Gottwald*, in: Habscheid/Beys (Hrsg.), Grundfragen des Zivilprozessrechts, S. 3, 26; *Wiehe*, Zustellungen, S. 102; *Schack*, IZVR, Rn. 721; Schlosser/Hess⁴/*Schlosser*, Einleitung zum HZÜ Rn. 1. Konsequent, aber entgegen der h.M. für die Einordnung der Zustellung durch Aufgabe zur Post als Hoheitsakt *Schmitz*, Fiktive Auslandszustellung, S. 173; *Schlosser*, in: FS Stiefel 1987, S. 683, 686; *Bischof*, Zustellung im internationalen Rechtsverkehr, S. 204 f.; *Mössle*, Internationale Forderungspfändung, S. 149 ff.; *Karaaslan*, Internationale Zustellungen nach der EuZVO, S. 10 f. Kritisch zur Unterscheidung aus menschenrechtlicher Sicht *R. Geimer*, BerDGesVöR 33 (1993), 213 (236).

nur in engen Ausnahmefällen zur Anwendung[199] und die deutschen Behörden würden – aus Zeit- und Kostengründen – keine fremdsprachigen Anlagen überprüfen[200]. Im deutsch-britischen Rechtshilfeabkommen wurde sogar bereits vor der Europäisierung des internationalen Zustellungsrechts die Postzustellung zugelassen (Art. 6 DBA). Warum gerade den Vertragsstaaten dieses Abkommens mehr Vertrauen entgegengebracht werden sollte, sei nicht ersichtlich.[201]

Zuletzt zeige auch das autonome deutsche Anerkennungsrecht, dass die staatlichen Souveränitätsinteressen letztlich keine Bedeutung hätten. Die fehlerhafte Zustellung kann zwar ein Anerkennungshindernis darstellen, dem Beklagten steht es jedoch frei, sich hierauf zu berufen (§ 328 Abs. 1 Nr. 2 ZPO). Verzichtet werden könne nur auf das rechtliche Gehör, nicht aber auf staatliche Souveränitätsinteressen.[202]

2. Schwächen der Schutzschildtheorie

Es ist ferner zweifelhaft, ob die strenge Handhabung der Souveränität tatsächlich eine Schutzschildfunktion für den Bürger vermitteln kann.[203] Sie schützt jedenfalls nicht vor der ausländischen Gerichtspflichtigkeit. Die deutschen Behörden sind durch die Verweigerung ihrer Mitwirkung lediglich dazu in der Lage, eine förmliche Zustellung zu verhindern, nicht aber eine öffentliche oder fiktive Zustellung im Ausland.[204] Die strenge Handhabung des Souveränitätsverständnisses fördert somit diese Zustellungsform, bei der das Recht des Empfängers auf rechtliches Gehör besonders gefährdet ist. Es droht, dass das ausländische Gericht ohne Kenntnis des Beklagten ein Versäumnisurteil erlässt, das im Ausland vollstreckt werden kann.[205] Auch *Stürner*, der sich insofern missverstanden fühlt, hat inzwischen ausgeführt, dass der Schutzschild weder die ausländische Prozessbefangenheit noch die Verurteilung und

---

[199] *Stroschein*, Parteizustellung im Ausland, S. 184.
[200] *Linke*, in: Gottwald (Hrsg.), Grundfragen der Gerichtsverfassung, S. 95, 122 f.
[201] *Wiehe*, Zustellungen, S. 100.
[202] *Schlosser*, in: FS Matscher 1993, S. 387, 390 f. Zustimmend *Schack*, in: FS Geimer 2002, S. 931, 937; *ders.*, IZVR, Rn. 721.
[203] Dagegen *R. Geimer,* ZZP 103 (1990), 477 (489 f.); *Juenger/Reimann,* NJW 1994, 3274; *Schack,* in: FS Geimer 2002, S. 931, 936; *ders.*, IZVR, Rn. 718; *Karaaslan*, Internationale Zustellungen nach der EuZVO, S. 11 f.; *Stroschein*, Parteizustellung im Ausland, S. 184 f.
[204] *R. Geimer,* ZZP 103 (1990), 477 (489 f.); *Wiehe*, Zustellungen, S. 100; *Juenger/Reimann*, NJW 1994, 3274 (3275); *Fleischhauer*, Inlandszustellung, S. 69 f.; *Schack*, in: FS Geimer 2002, S. 931, 936; *ders.*, IZVR, Rn. 718; *Karaaslan*, Internationale Zustellungen nach der EuZVO, S. 12.
[205] *R. Geimer,* ZZP 103 (1990), 477 (490); *Wiehe*, Zustellungen, S. 100; *Schack*, IZVR, Rn. 718.

Vollstreckung im Ausland verhindern kann.²⁰⁶ Der Schutzgehalt ist somit von vornherein erheblich eingeschränkt.

Kann die ausländische Prozessbefangenheit nicht verhindert werden, so ist es zum Schutz des im Ausland belegenen Vermögens erforderlich, dass der Empfänger durch die Zustellung des Schriftstücks hinreichend über das Verfahren informiert wird. Hier sehen die Vertreter der *Schutzschildtheorie* einen Nutzen, das Souveränitätsverständnis streng zu handhaben und Direktzustellungen sowie formlose Zustellungen zu verhindern.²⁰⁷ Das führt aber wiederum zur erhöhten Wahrscheinlichkeit einer fiktiven Zustellung und kann dem Empfänger daher schaden. Für seinen Schutz bietet es sich vielmehr an, internationale Verträge abzuschließen, bei denen der Verfahrensstaat weitgehend auf fiktive Zustellungen verzichtet.²⁰⁸ Dies wird er jedoch nur dann tun, wenn im Gegensatz einfache und effektive Zustellungswege zur Verfügung gestellt werden, wobei die strenge Handhabung der Souveränität nur im Weg steht. Der Schutz des Empfängers kann auch durch die Einschaltung eines Anwalts abgesichert werden, der insofern die Schutzfunktion übernimmt.²⁰⁹

Der *Schutzschildtheorie* steht noch ein weiterer Aspekt entgegen. Der Bürger kann sich zwar wegen Art. 25 S. 2 GG auf einen Verstoß gegen objektive Normen des Völkerrechts berufen.²¹⁰ Aus dem Verbot, Hoheitsakte ohne Zustimmung oder Duldung auf fremdem Staatsgebiet vorzunehmen, folgen jedoch keine subjektiven Rechte für den Einzelnen. Bezweckt ist lediglich der Schutz der staatlichen Souveränität.²¹¹ Die deutsche Haltung mit den Schutzinteressen des Adressaten zu begründen, überzeugt deshalb nicht.²¹²

Im Ergebnis verfolgt die *Schutzschildtheorie* zwar das richtige Ziel, indem sie dem Schutz des inländischen Bürgers dienen will, was bereits aus grundrechtlicher Sicht (Art. 103 Abs. 1 GG; Art. 6 Abs. 1 EMRK) geboten ist. Das strenge Souveränitätsverständnis ist jedoch nicht das passende Mittel, um

---

²⁰⁶ *R. Stürner,* JZ 61 (2006), 60 (65).
²⁰⁷ *R. Stürner,* JZ 47 (1992), 325 (331) in Fn. 67; *ders.,* JZ 61 (2006), 60 (65); *R. Stürner/ T. Müller,* IPRax 2008, 339 (343).
²⁰⁸ *Schack,* IZVR, Rn. 718. Hierfür sind auch die Vertreter der *Schutzschildtheorie,* nur strenger im Hinblick auf einzelne Zustellungsmechanismen, vgl. *zur Nieden,* Zustellungsverweigerung, S. 139. Nach *R. Stürner,* ZZP 109 (1996), 224 (232) soll die Theorie sogar nur außerhalb von Staatsverträgen greifen und somit den Beitritt von ausländischen Staaten zum HZÜ fördern.
²⁰⁹ Dafür *Linke,* in: Gottwald (Hrsg.), Grundfragen der Gerichtsverfassung, S. 95, 122. Zustimmend *Stroschein,* Parteizustellung im Ausland, S. 185.
²¹⁰ Siehe dazu nur BVerfG v. 13.12.1977 – 2 BvM 1/76, BVerfGE 46, 342 (363); v. 22.3.1983 – 2 BvR 475/78, BVerfGE 63, 343 (373).
²¹¹ BVerfG v. 22.3.1983 – 2 BvR 475/78, BVerfGE 63, 343 (373 f.).
²¹² *Wiehe,* Zustellungen, S. 101; *Fleischhauer,* Inlandszustellung, S. 70 f.; *Karaaslan,* Internationale Zustellungen nach der EuZVO, S. 11. Anders *Mössle,* Internationale Forderungspfändung, S. 85.

diesen Zweck zu erreichen.[213] Wenn die inländischen Behörden die Zustellung ablehnen und der Verfahrensstaat eine fiktive Zustellung veranlasst, schadet es sogar dem Schutz des Beklagten und gefährdet sein rechtliches Gehör.[214] „An einem ausländischen Verfahren ohne Sprach- und Rechtskenntnisse beteiligt zu sein, ist keine angenehme Situation, sie ist oft jedoch derjenigen vorzuziehen, in der man überhaupt nicht beteiligt ist"[215]. Die Frage, wie weit der Schutz des Bürgers reichen soll und ob auch Direktzustellungen verhindern werden sollten, ist eine rechtspolitische Entscheidung, die unter Abwägung der von den Beteiligten verfolgten Interessen getroffen werden sollte. Der pauschale Hinweis auf einen Schutzschild trägt hierzu nichts bei.

3. Konflikte mit dem Rechtsschutz der Beteiligten

Gegen das strenge Souveränitätsverständnis der Bundesrepublik Deutschland spricht entscheidend, dass dadurch der Individualrechtsschutz der Beteiligten in den Hintergrund gerückt wird.[216] Dem Kläger werden dadurch effektive Zustellungswege verwehrt, die eine günstige und schnelle Übermittlung des Schriftstücks ermöglichen und somit dem Justizgewährungsanspruch dienen. Zieht man zur Begründung die *Schutzschildtheorie* heran, so droht es, dass man durch den Hinweis auf den Schutz des Adressaten die ebenfalls grundrechtlich geschützten Interessen des Zustellungsinteressenten aus dem Blick verliert.[217] Dieser wird häufiger auf fiktive Zustellungen ausweichen müssen, die das rechtliche Gehör des Adressaten gefährden. Es entspricht nicht dem Interesse eines Staates, zu verhindern, dass seine Bürger Kenntnis von ausländischen Verfahren erlangen.[218]

IV. Neuordnung der völkerrechtlichen Grundlagen

Die vorgelagerte Frage, ob es sich bei der Zustellung um einen Hoheitsakt handelt, verdeckt den Blick auf die eigentliche Problematik. Es geht um die Handhabung der Souveränität durch die Bundesrepublik Deutschland. Eine Änderung der deutschen Rechtsauffassung könnte sowieso nicht verhindern, dass andere Staaten – deren Verständnis aus völkerrechtlicher Sicht zu akzeptieren

---

[213] So eindeutig *R. Geimer,* ZZP 103 (1990), 477 (489): „untaugliches Mittel"; *Fleischhauer,* Inlandszustellung, S. 69: „weder das geeignete noch das zulässige Instrument"; *Schack,* AG 2006, 823 (826).

[214] *Wiehe,* Zustellungen, S. 100.

[215] *Wiehe,* Zustellungen, S. 100.

[216] In diese Richtung auch *Schlosser,* in: FS Matscher 1993, S. 387, 389; *Fogt/Schack,* IPRax 2005, 118 (123).

[217] *Fleischhauer,* Inlandszustellung, S. 69.

[218] *Schack,* in: FS Geimer 2002, S. 931, 937.

ist[219] – weiterhin eine Qualifikation als Hoheitsakt vornehmen. Ob auch die Zustellung durch die Post als hoheitliches Handeln auf fremdem Staatsgebiet anzusehen ist, kann deshalb – jedenfalls für den deutsch-britischen Rechtsverkehr, der ohnehin durch Ab- und Übereinkommen geprägt ist – offenbleiben.

Auch durch den pauschalen Hinweis auf eine *Schutzschildfunktion* des Souveränitätsverständnisses ist in der Sache nichts gewonnen. Die Vertreter dieser Theorie verfolgen mit dem Schutz des inländischen Empfängers zwar ein legitimes Ziel. Die strenge Handhabung der Souveränität ist hierfür aber nicht das geeignete Mittel. Zudem werden die Interessen des Zustellungsempfängers einseitig in den Vordergrund gestellt. Der Justizgewährungsanspruch des Klägers, der keinesfalls ein ausländischer Staatsbürger sein muss, ist aber ebenfalls grundrechtlich gewährleistet und sollte nicht aus dem Blick verloren werden.[220]

Der Fokus des Zustellungsrechts muss deshalb darauf liegen, den Justizgewährungsanspruch, den Anspruch auf rechtliches Gehör und die Prozessökonomie in Einklang zu bringen. Souveränitätserwägungen stehen hierbei lediglich im Weg. Deshalb kann das strenge deutsche Souveränitätsverständnis, das in der Theorie und Praxis sowieso kaum aufrechterhalten wird, nicht überzeugen. Für grenzüberschreitende Zustellungen ergibt sich, dass ein liberales Zustellungsrecht, das die Interessen der Beteiligten effektiv verwirklicht, nur durch internationale Verträge erreicht werden kann. Hierbei sollten die Vertragsstaaten weitgehend auf fiktive Inlandszustellungen verzichten, die das rechtliche Gehör des Zustellungsempfängers gefährden. Auch der Verzicht auf eine inhaltliche Kontrolle des Schriftstücks erscheint erstrebenswert. Der Justizgewährungsanspruch, aber auch der Anspruch auf rechtliches Gehör gebieten es, für Zustellungen aus dem Ausland keine überflüssigen Hindernisse aufzustellen, die effektive Zustellungswege verhindern und dadurch fiktive Zustellungen fördern. Die Vorbehalte gegen die Postzustellung und die Zustellung im Parteibetrieb (vgl. § 6 S. 2 AusfG-HZÜ) sollten daher gestrichen werden.[221] Es wäre sinnvoll, dass diese Zustellungswege auch für Zustellungen aus Deutschland zur Verfügung stehen, wenn der Empfängerstaat davon ausgeht, dass es sich nicht um Hoheitsakte auf fremdem Staatsgebiet handelt. Dient man mit diesen Änderungen dem Justizgewährungsanspruch des Klägers, so ist es von besonderer Bedeutung, im Ausgleich das rechtliche Gehör des Adressaten durch Belehrungs- und Übersetzungspflichten zu schützen.[222]

---

[219] Vgl. dazu *Ising/Schulze*, in: Leible/Terhechte (Hrsg.), Europäisches Rechtsschutz- und Verfahrensrecht, § 24 Rn. 14.

[220] *Fleischhauer*, Inlandszustellung, S. 69.

[221] Im Ergebnis ebenso *Gottwald*, in: Habscheid/Beys (Hrsg.), Grundfragen des Zivilprozessrechts, S. 3, 25 f.; *Wiehe*, Zustellungen, S. 104; *Linke*, in: Gottwald (Hrsg.), Grundfragen der Gerichtsverfassung, S. 95, 122 f.; *Stadler*, IPRax 2002, 471 (475); *Fogt/Schack*, IPRax 2005, 118 (123); *Stroschein*, Parteizustellung im Ausland, S. 187; Geimer/Schütze/Hau/*Sujecki*, Art. 10 HZÜ Rn. 5 f.; *Nagel/Gottwald*, IZPR, Rn. 8.113.

[222] Treffend *Wiehe*, Zustellungen, S. 104.

D. Rechtsvergleichender Überblick über die nationalen Zustellungsvorschriften

I. Deutschland

Die Zustellung von Schriftstücken ist im autonomen deutschen Recht in §§ 166 ff. ZPO geregelt. Die Vorschriften wurden 2001 durch das Zustellungsreformgesetz grundlegend geändert[223] und zuletzt durch das Gesetz zum Ausbau des elektronischen Rechtsverkehrs[224] angepasst. Sie regeln lediglich das Verfahren der Übermittlung, nicht aber die Frage, ob ein Dokument zugestellt werden muss.[225]

1. Grundsatz der Amtszustellung

Das deutsche Recht differenziert zwischen der Zustellung von Amts wegen (Amtszustellung, §§ 166–190 ZPO) und der Zustellung auf Betreiben einer Partei (Parteizustellung, §§ 191–195 ZPO). Dabei bildet die Amtszustellung den gesetzlichen und praktischen Regelfall.[226] Wenn das Gesetz eine Zustellung vorschreibt, ist von Amts wegen zuzustellen, soweit nichts anderes bestimmt ist (§ 166 Abs. 2 ZPO). Die Parteizustellung kommt somit lediglich dann in Betracht, wenn sie zugelassen oder vorgeschrieben ist. Dies ist der Fall bei der Zustellung von Willenserklärungen (§ 132 BGB), Vollstreckungsbescheiden, die das Gericht dem Antragsteller zur Zustellung im Parteibetrieb übergeben hat (§ 699 Abs. 4 S. 2, 3 ZPO), Schuldtiteln wie vollstreckbaren Urkunden, Vergleichen und Urkunden zur Einleitung der Zwangsvollstreckung (§§ 750 Abs. 2, 751 Abs. 2, 756, 765, 795 ZPO), Pfändungs- und Überweisungsbeschlüssen (§§ 829 Abs. 2, 835 Abs. 3, 846, 857 Abs. 2, 858 Abs. 3 ZPO), Verzichtserklärungen des Pfändungsgläubigers (§ 843 ZPO), Pfändungsbenachrichtigungen (§ 845 ZPO) und Arresten sowie einstweiligen Verfügungen, wenn diese durch Beschluss angeordnet sind (§§ 922 Abs. 2, 936

---

[223] Zu diesen Änderungen *U. Brinkmann*, JurBüro 2002, 172; *ders.*, JurBüro 2002, 230; *Coenen*, DGVZ 2002, 5; *Hess*, NJW 2002, 2417; *Hornung*, RPfleger 2002, 493; *Nies*, MDR 2002, 69; *Stadler*, IPRax 2002, 471; *Kampen/Engelhardt*, AuR 2003, 244; *Wunsch*, JuS 2003, 276.

[224] Zu den Änderungen im Zustellungsrecht *Waldschmidt*, JurBüro 2021, 568 (568 f.); *Bellardita*, DGVZ 2022, 4; *Scheungrab*, AK 2022, 14; *Schultzky*, MDR 2022, 201 Rn. 17 ff.

[225] Statt aller Begründung zum Entwurf des ZustRG, in: BT-Drs. 14/4554, S. 15; *Wunsch*, JuS 2003, 276; MüKoZPO/*Häublein/M. Müller*, § 166 ZPO Rn. 8; Zöller/*Schultzky*, § 166 ZPO Rn. 3.

[226] Statt aller *Hornung*, RPfleger 2002, 493; Stein/Jonas/*H. Roth*, Vor § 166 ZPO Rn. 4. Vor der Änderung durch das Zustellungsreformgesetz stand die Parteizustellung noch systematisch vor der Amtszustellung. Dies entsprach jedoch nicht mehr der Praxis und wurde deshalb geändert, vgl. Begründung zum Entwurf des ZustRG, in: BT-Drs. 14/4554, S. 15.

ZPO).²²⁷ Die Zustellung der Klageschrift erfolgt hingegen stets von Amts wegen.²²⁸

Bei der Parteizustellung finden die Vorschriften über die Amtszustellung entsprechende Anwendung, soweit sich aus den §§ 192–195 ZPO keine Abweichungen ergeben (§ 191 ZPO). Der zentrale Unterschied ist, dass der Gerichtsvollzieher für die Übermittlung zuständig ist (§ 192 S. 1 ZPO).²²⁹ Ist eine persönliche Zustellung gewünscht, muss die Partei ihm das zuzustellende Schriftstück entweder in Papierform oder als elektronisches Dokument auf einem sicheren Übermittlungsweg übermitteln (§ 193 Abs. 1 S. 1 ZPO).²³⁰ Der Gerichtsvollzieher kann das Schriftstück dann als Zustellungsorgan selbst zustellen oder die Post mit der Ausführung beauftragen (vgl. §§ 193, 194 ZPO). Ist demgegenüber die Zustellung eines elektronischen Dokuments gewünscht, muss die Partei dem Gerichtsvollzieher das Schriftstück elektronisch auf einem sicheren Übermittlungsweg oder als Schriftstück übermitteln (§ 193a Abs. 1 S. 1 ZPO). Die neu eingefügte Vorschrift des § 193a ZPO enthält Sonderregeln für die Zustellung elektronischer Schriftstücke im Parteibetrieb, im Übrigen ist über § 191 ZPO auf § 173 ZPO zurückzugreifen.²³¹

2. Zustellungsadressat

Zustellungsadressat ist die Person, die das Schriftstück bestimmungsgemäß erhalten soll (vgl. § 182 Abs. 2 Nr. 1 ZPO).²³² In einem anhängigen Verfahren

---

²²⁷ Vgl. dazu Begründung zum Entwurf des ZustRG, in: BT-Drs. 14/4554, S. 25; *Stroschein*, Parteizustellung im Ausland, S. 13; Musielak/Voit/*Wittschier*, § 191 ZPO Rn. 2; Prütting/Gehrlein/*Marx*, § 191 ZPO Rn. 2; Stein/Jonas/*H. Roth*, § 191 ZPO Rn. 2.

²²⁸ *De lege ferenda* für die Parteizustellung der Klageschrift jedenfalls im Anwendungsbereich der EuZVO *Hess*, IPRax 2008, 477 (479); *Max-Planck-Institut für ausländisches und internationales Privatrecht/Max-Planck-Institut Luxemburg für Internationales, Europäisches und Regulatorisches Verfahrensrecht*, Gemeinsame Stellungnahme zum Entwurf eines Gesetzes zur Durchführung der EuZVO 2020 und EuBVO 2020, S. 7 ff.

²²⁹ Dies gilt ausweislich des Wortlauts nicht für eine Auslandszustellung im Parteibetrieb. Die Partei muss hier – vorbehaltlich einer unmittelbaren Parteizustellung nach Art. 15 EuZVO 2007 – einen Antrag an den Vorsitzenden des Prozessgerichts stellen, der die Zustellung sodann anordnet (vgl. §§ 192 S. 1, 183 Abs. 1–3 ZPO), siehe dazu Begründung zum Entwurf eines Gesetzes zur Änderung von Vorschriften im Bereich des IPR und IZVR, in: BT-Drs. 18/10714, S. 18; Stein/Jonas/*H. Roth*, § 191 ZPO Rn. 3.

²³⁰ Dazu *Bellardita*, DGVZ 2022, 4 (7); *Schultzky*, MDR 2022, 201 Rn. 28; Musielak/Voit/*Wittschier*, § 193 ZPO Rn. 2; Thomas/Putzo/*Hüßtege*, § 193 ZPO Rn. 5 ff.; Zöller/*Schultzky*, § 193 ZPO Rn. 2 ff.

²³¹ Bericht des Rechtsausschusses zum Gesetz zum Ausbau des elektronischen Rechtsverkehrs, in: BT-Drs. 19/31119, S. 5; Thomas/Putzo/*Hüßtege*, § 193a ZPO Rn. 1. Zur Vorschrift ausführlich *Bellardita*, DGVZ 2022, 4 (7 f.); *Schultzky*, MDR 2022, 201 Rn. 29.

²³² Demgegenüber ist der Empfänger die Person, der das Schriftstück tatsächlich übergeben wird (vgl. § 182 Abs. 2 Nr. 2 ZPO). Dazu MüKoZPO/*Häublein/M. Müller*, § 166 ZPO Rn. 4; Wieczorek/Schütze/*Rohe*, § 166 ZPO Rn. 10 f.; Zöller/*Schultzky*, § 166 ZPO Rn. 1.

muss die Zustellung an den für den Rechtszug bestellten Prozessbevollmächtigten erfolgen (§ 172 Abs. 1 S. 1 ZPO). Wenn ein solcher (noch) nicht bestellt wurde, ist grundsätzlich an die Partei selbst zuzustellen (Umkehrschluss aus §§ 170–172 ZPO). Ist diese prozessunfähig (vgl. § 52 ZPO), muss das Schriftstück an den gesetzlichen Vertreter übermittelt werden (§ 170 Abs. 1 S. 1 ZPO). Wenn die Partei keine natürliche Person ist (sondern z.B. eine Behörde, Gemeinde oder juristische Person) genügt weitergehend eine Zustellung an den Leiter (§ 170 Abs. 2 ZPO). Dies ist die Person, die nach dem Recht der Vereinigung dazu bestimmt wurde, die *gesamte Einheit* zu repräsentieren.[233] Bei mehreren gesetzlichen Vertretern oder Leitern genügt die Zustellung an einen von ihnen (§ 170 Abs. 3 ZPO). So kann etwa – parallel zur Passivvertretung im materiellen Recht – bei gemeinsam sorgeberechtigten Eltern (vgl. § 1629 Abs. 1 S. 2 BGB) an einen Elternteil zugestellt werden.[234] An eine Person, die rechtsgeschäftlich zur Entgegennahme von Postsendungen bestellt worden ist, kann mit gleicher Wirkung wie an den Vertretenen zugestellt werden (§ 171 S. 1 ZPO). Die Vorlage der schriftlichen Vollmacht (§ 171 S. 2 ZPO) ist keine Wirksamkeitsvoraussetzung. Entscheidend ist, dass eine (schriftliche)[235] Vollmacht erteilt wurde und bis zur Übergabe des Schriftstücks fortbesteht.[236]

3. Zustellung im Inland

Die Durchführung der Amtszustellung an einen im Inland ansässigen Adressaten ist in §§ 173–182 ZPO geregelt. Zuständig ist die Geschäftsstelle (§ 168 Abs. 1 S. 1 ZPO), wobei diese die Post oder einen Justizbediensteten mit der Ausführung beauftragen kann (§ 168 Abs. 1 S. 2 ZPO).

a) Zustellung durch die Geschäftsstelle

Der Geschäftsstelle (vgl. § 153 GVG) stehen, wenn sie die Zustellung selbst vornehmen möchte, unterschiedliche Zustellungswege zur Verfügung, derer

---

[233] BeckOK ZPO/*Dörndorfer*, § 170 ZPO Rn. 5; MüKoZPO/*Häublein/M. Müller*, § 170 ZPO Rn. 9; Prütting/Gehrlein/*Marx*, § 170 ZPO Rn. 4; *Rosenberg/Schwab/Gottwald*, Zivilprozessrecht, § 73 Rn. 5; Wieczorek/Schütze/*Rohe*, § 170 ZPO Rn. 23. Vgl. auch Begründung zum Entwurf des ZustRG, in: BT-Drs. 14/4554, S. 17.

[234] BFH v. 19.6.1974 – VI B 27/74, BFHE 113, 1; v. 22.10.1976 – VI R 137/74, BFHE 120, 148; LG Ravensburg v. 6.5.1975 – 1 T 50/75, RPfleger 1975, 370.

[235] Es ist umstritten, ob auch eine mündliche Vollmacht ausreicht. Dafür MüKoZPO/ *Häublein/M. Müller*, § 171 ZPO Rn. 5; Musielak/Voit/*Wittschier*, § 171 ZPO Rn. 3. Dagegen OLG Frankfurt a.M. v. 30.12.2013 – 21 U 23/11, BeckRS 2014, 2335; Anders/Gehle/ *Vogt-Beheim*, § 171 ZPO Rn. 8; Prütting/Gehrlein/*Marx*, § 171 ZPO Rn. 3; Thomas/Putzo/ *Hüßtege*, § 171 ZPO Rn. 7; Wieczorek/Schütze/*Rohe*, § 171 ZPO Rn. 17.

[236] BGH v. 20.10.2011 – V ZB 131/11, BeckRS 2011, 27449 Rn. 8; v. 13.9.2016 – VI ZB 21/15, BGHZ 212, 1 Rn. 45; v. 27.10.2016 – V ZB 47/15, NJW-RR 2017, 58 Rn. 7; *Hentzen*, MDR 2003, 361 (363). Ausführlich zu § 171 ZPO *Jordans*, MDR 2008, 1198.

sie sich nach pflichtgemäßem Ermessen[237] bedienen kann. Den Regelfall stellt nunmehr die Zustellung eines elektronischen Dokuments über einen sicheren Übermittlungsweg (vgl. § 130a Abs. 4 S. 1 ZPO) dar (§ 173 ZPO). Adressat können sowohl die in § 173 Abs. 2 ZPO genannten Personenkreise, die einen sicheren Übermittlungsweg einzurichten haben (S. 1) bzw. einrichten sollen (S. 2), als auch sonstige Empfänger, die diesem Zustellungsweg für das jeweilige Verfahren zugestimmt haben, sein. Ein Schriftstück kann dem Adressaten oder seinem rechtsgeschäftlich bestellten Vertreter auch durch die Aushändigung an der Amtsstelle zugestellt werden (§ 174 ZPO). Für die in § 173 Abs. 2 ZPO genannten Personenkreise ermöglicht § 175 Abs. 1 ZPO die Zustellung gegen Empfangsbekenntnis und § 175 Abs. 2 ZPO die Zustellung durch Telekopie. Zuletzt kann das Schriftstück gemäß § 176 Abs. 1 ZPO durch Einschreiben mit Rückschein zugestellt werden. Anders als bei der Beauftragung der Post ist hier die aufwendige und kostspielige Beurkundung nicht erforderlich.[238] §§ 177–181 ZPO sind nicht anwendbar, sodass für die Ersatzzustellung § 130 Abs. 1 S. 1 BGB heranzuziehen ist.[239]

b) Zustellung durch die Post oder einen Justizbediensteten

Die Geschäftsstelle kann aber auch einen Zustellungsauftrag an die Post oder einen Justizbediensteten erteilen (§§ 168 Abs. 1 S. 2, 176 Abs. 2 ZPO). Dabei muss sie das Schriftstück in einem verschlossenen Umschlag und ein vorbereitetes Formular einer Zustellungsurkunde an den Zusteller übergeben (§ 176 Abs. 2 S. 1 ZPO). Dieser führt die Zustellung sodann nach §§ 177–181 ZPO aus (§ 176 Abs. 2 S. 2 ZPO). § 177 ZPO geht vom Grundsatz der unmittelbaren Zustellung durch persönliche Übergabe[240] aus: Das Schriftstück kann dem Zustellungsadressaten an jedem Ort im Inland übergeben werden, an dem er angetroffen wird.

Erst wenn diese Möglichkeit keinen Erfolg hatte, ist eine Ersatzzustellung möglich (§§ 178–181 ZPO). Wird der Adressat in seiner Wohnung nicht angetroffen, kann das Schriftstück in der Wohnung an einen erwachsenen Familienangehörigen, eine in der Familie beschäftigte Person oder einen erwachsenen ständigen Mitbewohner übergeben werden (§ 178 Abs. 1 Nr. 1 ZPO). Wenn der Adressat einen Geschäftsraum besitzt und dort nicht angetroffen wird, kann

---

[237] BGH v. 7.6.1990 – III ZR 216/8, NJW 1990, 2125; Begründung zum Entwurf des ZustRG, in: BT-Drs. 14/4554, S. 16: Es ist grundsätzlich die einfachste und günstigste Form zu wählen.

[238] Begründung zum Entwurf des ZustRG, in: BT-Drs. 14/4554, S. 14.

[239] BSG v. 7.10.2004 – B 3 KR 14/04 R, NJW 2005, 1303 (1303 f.): Die Regelungen zur Ersatzzustellung in den AGB (§§ 305 ff. BGB) der Deutschen Post AG sind nicht anwendbar.

[240] Vgl. BGH v. 31.10.2000 – VI ZR 198/99, BGHZ 145, 358 (364).

an eine dort beschäftigte Person zugestellt werden (§ 178 Abs. 1 Nr. 2 ZPO).[241] In einer Gemeinschaftseinrichtung, die der Zustellungsadressat bewohnt, ist die Ersatzzustellung an den Leiter der Einrichtung oder einen dazu ermächtigten Vertreter zu richten (§ 178 Abs. 1 Nr. 3 ZPO). Scheidet eine Ersatzzustellung nach § 178 Abs. 1 Nr. 1, 2 ZPO aus, kann das Schriftstück an einen zur Wohnung oder zum Geschäftsraum gehörenden Briefkasten eingeworfen werden. Dem Briefkasten sind ähnliche Vorrichtungen gleichgestellt, die der Adressat für den Postempfang eingerichtet hat und die in der allgemein üblichen Art für eine sichere Aufbewahrung geeignet sind (§ 180 S. 1 ZPO). Das Schriftstück gilt mit der Einlegung als zugestellt, wobei dieser Zeitpunkt auf dem Umschlag vermerkt wird (§ 180 S. 2, 3 ZPO).[242] Erst wenn auch dieser Zustellungsweg scheitert, kommt eine Zustellung durch Niederlegung in Betracht (§ 181 ZPO). Dabei ist das Schriftstück beim Amtsgericht des Zustellungsbezirks oder – im Falle der Zustellung durch die Post – bei einer von der Post dafür bestimmten Stelle niederzulegen und der Adressat durch eine schriftliche Mitteilung zu benachrichtigen (§ 181 Abs. 1 S. 1–3 ZPO). Die Zustellung gilt mit der Niederlegung als bewirkt, wobei dieser Zeitpunkt auf dem Umschlag vermerkt wird (§ 181 Abs. 1 S. 4, 5 ZPO).

Verweigert der Zustellungsadressat oder eine in § 178 Abs. 1 ZPO genannte Ersatzperson unberechtigt[243] die Annahme des Schriftstücks, so ist das Schriftstück in der Wohnung oder dem Geschäftsraum zurückzulassen (§ 179 S. 1 ZPO). Die Zustellung gilt sodann als erfolgt (§ 179 S. 3 ZPO).

4. Zustellung im Ausland

§ 183 ZPO regelt die Zustellung im Ausland, d.h. außerhalb des Staatsgebiets der Bundesrepublik Deutschland.[244] Die Vorschrift wurde 2001 durch das Zustellungsreformgesetz neu gefasst, 2008 durch das Forderungsdurchsetzungsgesetz[245] geändert und 2017 durch das Gesetz zur Änderung von Vorschriften

---

[241] Ausführlich zu § 178 Abs. 1 Nr. 1 und 2 ZPO *Neuhaus/Köther,* MDR 2009, 537.

[242] Nach Ansicht des BGH handelt es sich bei § 180 S. 3 ZPO um eine zwingende Zustellungsvorschrift. Fehlt das Datum auf dem Umschlag, gilt das Schriftstück erst zu dem Zeitpunkt als zugestellt, in dem es dem Empfangsberechtigten tatsächlich zugeht, dazu BGH v. 29.7.2022 – AnwZ (Brfg) 28/20, NJW 2022, 3081.

[243] Ein Annahmeverweigerungsrecht besteht lediglich im Ausnahmefall, etwa dann, wenn die Zustellung an einem unangemessenen Ort oder zur Unzeit vorgenommen werden soll. Dazu und zu weiteren potentiellen Gründen MüKoZPO/*Häublein/M. Müller,* § 179 ZPO Rn. 4; Prütting/Gehrlein/*Marx,* § 179 ZPO Rn. 3.

[244] Anders/Gehle/*Vogt-Beheim,* § 183 ZPO Rn. 1; HK-ZPO/*Siebert,* § 183 ZPO Rn. 5; MüKoZPO/*Häublein/M. Müller,* § 183 ZPO Rn. 2; Prütting/Gehrlein/*Marx,* § 183 ZPO Rn. 1.

[245] Zu diesen Änderungen *Sujecki,* EuZW 2008, 417; *Heger,* DStR 2009, 435 (437 f.); *G. Vollkommer/S. Huber,* NJW 2009, 1105 (1109).

im Bereich des IPR und IZVR[246] redaktionell angepasst. Das Gesetz zum Ausbau des elektronischen Rechtsverkehrs hat zum 1. Januar 2022 nochmals eine Änderung mit sich gebracht,[247] ebenso das Gesetz zur Durchführung der EuZVO 2020 und EuBVO 2020[248]. Die Vorschrift soll das Rangverhältnis zwischen den verschiedenen Zustellungswegen klarstellen.[249]

Vorrangig anzuwenden ist im Verhältnis zu den EU-Mitgliedstaaten die EuZVO 2020 bzw. im Verhältnis zu Dänemark das Erstreckungsabkommen zwischen der Europäischen Union und Dänemark zur EuZVO. § 183 Abs. 1 S. 1 ZPO bestätigt dies aus Gründen der Rechtsklarheit in deklaratorischer Weise.[250] Außerhalb des EU-Rechts genießen völkerrechtliche Vereinbarungen Vorrang vor den nationalen Regelungen (vgl. § 183 Abs. 2 S. 1 ZPO, der dies deklaratorisch[251] klarstellt). Das Schriftstück ist primär durch die Post per Einschreiben mit Rückschein zu übermitteln, wenn dieser Weg in einem Ab- oder Übereinkommen zugelassen ist (§ 183 Abs. 2 S. 2 Alt. 1 ZPO). Der Nachweis erfolgt grundsätzlich durch den Rückschein, der insofern eine Privaturkunde i.S.d. § 416 ZPO darstellt, oder einen gleichwertigen Nachweis (§ 183 Abs. 5 S. 1 ZPO). Im vertragslosen Rechtsverkehr ist der Zustellungsweg hingegen stets ausgeschlossen, auch wenn der Empfängerstaat ihn auf seinem Staatsgebiet duldet.[252] Ist die Postzustellung nicht zugelassen, sollen die ausländischen Rechtshilfebehörden im direkten Behördenverkehr eingeschaltet werden (§ 183 Abs. 2 S. 2 Alt. 2 ZPO). Die Zustellung durch die diplomatischen oder konsularischen Vertretungen des Bundes ist gegenüber den Zustellungswegen nach Absatz 2 subsidiär (§ 183 Abs. 3 S. 1 ZPO) und erlangt hauptsächlich im vertragslosen Rechtsverkehr Bedeutung (vgl. das Regelbeispiel des § 183 Abs. 3 S. 2 Var. 1 ZPO).[253]

---

[246] Zu diesen Änderungen *Nordmeier*, IPRax 2017, 436 (437 ff.).

[247] Dazu Begründung zum Entwurf eines Gesetzes zum Ausbau des elektronischen Rechtsverkehrs, in: BT-Drs. 19/28399, S. 38.

[248] Dazu *Wagner*, EuZW 2022, 733 (736).

[249] Begründung zum Entwurf des Forderungsdurchsetzungsgesetzes, in: BT-Drs. 16/8839, S. 19.

[250] Begründung zum Entwurf eines Gesetzes zur Änderung von Vorschriften im Bereich des IPR und IZVR, in: BT-Drs. 18/10714, S. 17.

[251] Begründung zum Entwurf des Forderungsdurchsetzungsgesetzes, in: BT-Drs. 16/8839, S. 20.

[252] Begründung zum Entwurf des Forderungsdurchsetzungsgesetzes, in: BT-Drs. 16/8839, S. 20 (unter dem Hinweis auf das hohe Risiko, dass die gerichtliche Entscheidung im Empfängerstaat nicht anerkannt wird); *H. Schmidt*, IPRax 2004, 13 (14). Zu Recht kritisch Zöller/*R. Geimer*, § 183 ZPO Rn. 11. Für eine teleologische Reduktion *Stadler*, IPRax 2002, 471 (473).

[253] Begründung zum Entwurf des Forderungsdurchsetzungsgesetzes, in: BT-Drs. 16/8839, S. 20.

5. Zustellung durch Aufgabe zur Post

Das Gericht kann bei einer Auslandszustellung außerhalb des Anwendungsbereichs der EuZVO[254] anordnen, dass die Partei, sofern sie keinen Prozessbevollmächtigten bestellt hat, innerhalb einer angemessenen Frist einen Zustellungsbevollmächtigten im Inland zu bestellen hat (§ 184 Abs. 1 S. 1 ZPO).[255] Die Anordnung steht im Ermessen des Gerichts („kann") und kann durch den Vorsitzenden erfolgen.[256] Die Partei muss auf die Rechtsfolgen einer unterbliebenen Bestellung hingewiesen werden (§ 184 Abs. 2 S. 3 ZPO). Unterbleibt die Bestellung des Zustellungsbevollmächtigten, können spätere Zustellungen durch die Aufgabe des Schriftstücks unter der Anschrift der Partei zur Post bewirkt werden (§ 184 Abs. 1 S. 2 ZPO). Das Schriftstück gilt zwei Wochen nach der Aufgabe zur Post als zugestellt, wenn keine längere Frist bestimmt wurde (§ 184 Abs. 2 S. 1, 2 ZPO). Ob und wann das Schriftstück den Empfänger tatsächlich erreicht, ist irrelevant. Es handelt sich somit um eine Zustellungsfiktion, die nicht im Ausland, sondern im Inland vollzogen wird (fiktive Inlandszustellung). Bei einem später ergehenden Versäumnisurteil gilt somit die Zwei-Wochen-Frist des § 339 Abs. 1 ZPO und nicht die längere Frist des § 339 Abs. 2 ZPO.[257]

6. Öffentliche Zustellung

In engen Ausnahmefällen kann die Zustellung durch eine öffentliche Bekanntmachung erfolgen (§§ 185–188 ZPO). Die Voraussetzungen dieses Vorgehens sind allerdings streng zu handhaben.[258]

---

[254] Diese Einschränkung folgt bereits daraus, dass § 184 Abs. 1 ZPO nur auf § 183 Abs. 2–5 ZPO verweist, vgl. Begründung zum Entwurf eines Gesetzes zur Änderung von Vorschriften im Bereich des IPR und IZVR, in: BT-Drs. 18/10714, S. 18; *Nordmeier,* IPRax 2017, 436 (437); *Linke/Hau,* IZVR, Rn. 8.38. Ob das EU-Recht einer fiktiven Inlandszustellung entgegensteht, ist umstritten, dazu ausführlich Kap. 2 D. II. 1. b) (S. 114 ff.).

[255] Zum Zweck sowie zu verfassungsrechtlichen Fragen Kap. 1 B. IV. 2. d) (S. 29 f.).

[256] H.M. BGH v. 26.6.2012 – VI ZR 241/11, BGHZ 193, 353 Rn. 19 ff.; v. 18.9.2012 – VI ZR 223/11, BeckRS 2012, 21272 Rn. 10 ff.; HK-ZPO/*Siebert,* § 184 ZPO Rn. 2; MüKoZPO/*Häublein/M. Müller,* § 184 ZPO Rn. 9; Prütting/Gehrlein/*Marx,* § 184 ZPO Rn. 2; Stein/Jonas/*H. Roth,* § 184 ZPO Rn. 5; Thomas/Putzo/*Hüßtege,* § 184 ZPO Rn. 3a; Wieczorek/Schütze/*Rohe,* § 184 ZPO Rn. 43. A.A. (Zuständigkeit des Spruchkörpers außerhalb von originären Einzelrichtersachen) OLG Frankfurt a.M. v. 16.3.2009 – 14 W 27/09, NJW-RR 2010, 285; Musielak/Voit/*Wittschier,* § 184 ZPO Rn. 2.

[257] Für die Vorgängervorschrift des § 175 ZPO a.F.: BVerfG v. 19.2.1997 – 1 BvR 1353/95, NJW 1997, 1772; BGH v. 24.9.1986 – VIII ZR 320/85, BGHZ 98, 263 (266 f.); v. 4.12.1991 – IV ZB 4/91, NJW 1992, 1701 (1702); *Hausmann,* IPRax 1988, 140 (141); *H. Roth,* IPRax 1990, 90 jeweils m.w.N. Für § 184 ZPO: BGH v. 26.6.2012 – VI ZR 241/11, BGHZ 193, 353 Rn. 17; v. 12.12.2012 – VIII ZR 307/11, NJW 2013, 387 Rn. 39; *Heiderhoff,* EuZW 2006, 235 (236).

[258] Zum verfassungsrechtlichen Hintergrund siehe bereits Kap. 1 B. IV. 2. a) (S. 25 f.).

Eine öffentliche Bekanntmachung ist zulässig, wenn der Aufenthaltsort des Adressaten unbekannt ist und eine Zustellung an einen Vertreter oder Zustellungsbevollmächtigten nicht möglich ist (§ 185 Nr. 1 ZPO). Der Aufenthaltsort muss nicht nur dem Gericht und dem Zustellungsinteressenten, sondern auch der Allgemeinheit unbekannt sein.[259] Dabei ist entscheidend, welche Nachforschungsobliegenheiten verlangt werden können. Der BGH fordert – neben einer Anfrage beim Einwohnermeldeamt – grundsätzlich auch Nachfragen bei Bekannten des Empfängers (z.B. früheren Arbeitgebern oder Vermietern).[260]

Eine öffentliche Zustellung kommt zudem in Betracht, wenn eine Zustellung im Ausland nicht möglich ist oder keinen Erfolg verspricht (§ 185 Nr. 3 ZPO). Dies ist der Fall, wenn mit dem Empfängerstaat kein Rechtshilfeabkommen besteht und dieser die Rechtshilfe auch nicht auf Grundlage der *courtoisie internationale* erbringt.[261] § 185 Nr. 3 ZPO ist aber auch dann einschlägig, wenn der Staat trotz völkerrechtlichem Vertrag (im Einzelfall) keine Rechtshilfe leistet[262] oder die deutsche Justizverwaltung die Übermittlung des Zustellungsantrags in das Ausland ablehnt[263]. Die Auslandszustellung verspricht ferner keinen Erfolg, wenn sie eine unzumutbare Zeit in Anspruch nimmt.[264]

Die Möglichkeit einer öffentlichen Zustellung ist auch dann eröffnet, wenn der Zustellungsort nach den §§ 18–20 GVG nicht der Gerichtsbarkeit unterliegt (§ 185 Nr. 4 ZPO) oder, wenn bei juristischen Personen, die zur Anmeldung einer inländischen Anschrift verpflichtet sind, eine Zustellung weder unter der eingetragenen Anschrift noch unter einer im Handelsregister eingetragenen

---

[259] St. Rspr.: RG v. 2.12.1904 – III 211/04, RGZ 59, 259 (265); BGH v. 19.12.2001 – VIII ZR 282/00, BGHZ 149, 311 (314); v. 28.2.2012 – XI ZR 192/11, NJW 2012, 1645 Rn. 23; v. 6.12.2012 – VII ZR 74/12, NJW-RR 2013, 307 Rn. 16; Wieczorek/Schütze/*Rohe*, § 185 ZPO Rn. 16 m.w.N. aus der obergerichtlichen Rechtsprechung.

[260] BGH v. 4.7.2012 – XII ZR 94/10, NJW 2012, 3582 Rn. 17 m.w.N. auch zur Gegenauffassung; v. 3.5.2016 – II ZR 311/14, NJW 2017, 886 Rn. 41. Aus der obergerichtlichen Rechtsprechung etwa OLG Zweibrücken v. 9.2.1983 – 2 WF 21 – 22/83, FamRZ 1983, 630; OLG Köln v. 16.2.2011 – 11 U 183/10, BeckRS 2011, 5618. Zur Reichweite der Nachforschungsobliegenheit auch *Fischer*, ZZP 107 (1994), 163 (164 ff.); *Heiderhoff*, IPRax 2010, 343 (344 ff.); *Herberger*, ZZP 134 (2021), 237 (241 ff.).

[261] OLG Köln v. 26.5.2008 – 16 Wx 305/07, BeckRS 2008, 12371 Rn. 4 f.; OLG Hamburg v. 25.5.2018 – 8 U 51/17, IPRax 2019, 527 Rn. 41. Im Anwendungsbereich der EuZVO scheidet eine öffentliche Zustellung nach § 185 Nr. 3 ZPO aus, *Heiderhoff*, IPRax 2010, 343; MüKoZPO/*Häublein/M. Müller*, § 185 ZPO Rn. 19; Prütting/Gehrlein/*Marx*, § 185 ZPO Rn. 5.

[262] OLG Hamburg v. 25.5.2018 – 8 U 51/17, IPRax 2019, 527 Rn. 41 ff.; Musielak/Voit/*Wittschier*, § 185 ZPO Rn. 5; Thomas/Putzo/*Hüßtege*, § 185 ZPO Rn. 9.

[263] OLG Köln v. 23.3.1987 – 1 W 14/87, IPRax 1987, 233; Anders/Gehle/*Vogt-Beheim*, § 185 ZPO Rn. 16; Musielak/Voit/*Wittschier*, § 185 ZPO Rn. 5; Wieczorek/Schütze/*Rohe*, § 185 ZPO Rn. 29.

[264] BGH v. 20.1.2009 – VIII ZB 47/08, NJW-RR 2009, 855 Rn. 13; BAG v. 18.12.2014 – 2 AZR 1004/13, NZA-RR 2015, 546 Rn. 54; OLG Köln v. 26.5.2008 – 16 Wx 305/07, BeckRS 2008, 12371 m.w.N. Siehe dazu bereits Kap. 1 B. IV. 2. b) (S. 26 f.).

Anschrift einer für Zustellungen empfangsberechtigten Person oder einer ohne Ermittlungen bekannten anderen inländischen Anschrift möglich ist (§ 185 Nr. 2 ZPO)[265].

Die öffentliche Zustellung muss durch das Prozessgericht bewilligt werden (§ 186 Abs. 1 S. 1 ZPO) und erfolgt durch den Aushang einer Benachrichtigung an der Gerichtstafel oder durch Einstellung in ein öffentlich zugängliches elektronisches Informationssystem beim Gericht (§ 186 Abs. 2 S. 1 ZPO). Es steht im Ermessen des Gerichts, darüber hinaus anzuordnen, dass die Benachrichtigung im Bundesanzeiger veröffentlicht wird (§ 187 ZPO). Das Schriftstück gilt, sofern das Gericht keine längere Frist bestimmt hat, einen Monat nach dem Aushang als zugestellt (§ 188 ZPO). Es handelt sich somit auch hier um eine fingierte Zustellung im Inland, wobei die tatsächliche Kenntnisnahme irrelevant ist.[266]

II. England und Wales

Die Zustellung ist in England und Wales seit dem *Civil Procedure Act 1997*[267] (sog. *Woolf-Reform*)[268] in Part 6 der CPR geregelt. Es handelt sich um ein einheitliches Zustellungsrecht, das sowohl für Verfahren vor dem *High Court* als auch für Verfahren vor den *County Courts* gilt.[269] Die Regelungen sind am 26. April 1999 in Kraft getreten, haben sich aber als komplex erwiesen und zu einer Menge an neuem *case law* geführt.[270] Um das ursprüngliche Ziel der *Woolf-Reform* – die Vermeidung von Kosten, Komplexität und Verzögerungen – zu erreichen, wurden sie im Jahr 2008 durch das *Civil Procedure Rule Committee* überarbeitet und geändert.[271]

Das englische Zustellungsrecht unterscheidet systematisch zwischen drei verschiedenen Zustellungssituationen. In Part 6 Section II der CPR finden sich

---

[265] Kritisch zu dieser Vorschrift *Jacoby*, in: FS Kropholler 2008, S. 819.
[266] *Heiderhoff*, IPRax 2010, 343; *C. Mayer*, IPRax 2019, 496; *Linke/Hau*, IZVR, Rn. 8.40; MüKoZPO/*Häublein/M. Müller*, § 188 ZPO Rn. 1; Prütting/Gehrlein/*Marx*, § 188 ZPO Rn. 1; Zöller/*Schultzky*, § 188 ZPO Rn. 1, 3.
[267] Dazu *Sobich*, JZ 54 (1999), 775; *M. Stürner*, ZVerglRW 99 (2000), 310.
[268] Der Begriff geht auf *Lord Woolf* zurück, der die Reform im Auftrag des damaligen *Lord Chancellor* mit zwei umfangreichen Berichten vorbereitet hat, *Woolf*, Access to justice – Interim report, 1995; *ders.*, Access to justice – Final report, 1996. Zum *Woolf-Report* auch *Godrey/Loebel*, ZfRV 1997, 89; *Zuckerman*, ZZPInt 2 (1997), 31; *Rumberg/Eicke*, RIW 1998, 19.
[269] Vgl. *Sobich*, JZ 54 (1999), 775; *M. Stürner*, ZVerglRW 99 (2000), 310 (312), jeweils generell für die *Civil Procedure Rules*. Einführend zum englischen Gerichtsaufbau *Allbon/Dua*, Elliott and Quinn's English legal system, Rn. 23.3; *von Bernstorff*, Einführung in das englische Recht, S. 15 ff.; *Bunge*, Zivilprozess in England und Schottland, S. 61 ff.
[270] *Collier v. Williams* [2006] 1 W.L.R. 1945 Rn. 1; *Hickinbottom*, Blackstone's Civil Practice, Rn. 15.1.
[271] *Hickinbottom*, Blackstone's Civil Practice, Rn. 15.1.

Regelungen zur Zustellung der *claim form* in England und Wales *(service of the claim form in the jurisdiction)*. Die Zustellung von sonstigen Schriftstücken im Inland *(service of documents other than the claim form in the jurisdiction)* ist in Part 6 Section III der CPR geregelt. Die Zustellung im Ausland *(service of the claim form and other documents out of jurisdiction)* richtet sich nach Part 6 Section IV der CPR. Ergänzt werden die Regelungen durch die praxisrelevanten *practice directions*.

1. Zustellung in England und Wales (service in the jurisdiction)

a) Bedeutung der Parteizustellung

Auch das englische Zustellungsrecht unterscheidet zwischen der Amts- und der Parteizustellung. Rule 6.4 (1) CPR geht für die Übermittlung der *claim form* im Inland vom Grundsatz der Amtszustellung aus.[272] Das Gericht übermittelt die *claim form*, wenn nicht eine Vorschrift oder eine *practice direction* die Parteizustellung vorsieht (a), der Kläger dem Gericht mitteilt, dass er die Zustellung vornehmen möchte (b) oder das Gericht etwas anderes anordnet (c). Dem Kläger steht somit, sofern die Parteizustellung nicht zwingend vorgeschrieben ist, ein Wahlrecht zu, ob er die Zustellung selbst vornehmen möchte. Wenn das Gericht das Schriftstück trotz einer Mitteilung des Klägers im Amtsbetrieb übermittelt, handelt es sich um einen *error of procedure* i.S.d. Rule 3.10 CPR, der aber nicht zur Unwirksamkeit des Zustellungsvorgangs führt.[273]

In der Praxis stellt die Partei die *claim form* häufig selbst zu.[274] Hierfür gibt es mehrere Gründe. Während das Gericht, obwohl es zwischen den Zustellungsmethoden frei wählen kann (Rule 6.4 (2) CPR), in aller Regel per *first class post* zustellt (PD 6A Para. 8.1), kann der Kläger nach seinem freien Belieben auf sämtliche Zustellungsmethoden zurückgreifen. Die persönliche Zustellung ist etwa dann sinnvoll, wenn sich der Kläger bei der Adresse des Beklagten unsicher ist.[275] Des Weiteren entspricht es häufig dem Willen der Partei, den Zustellungsvorgang – und damit auch den Zeitpunkt der Zustellung – selbst in der Hand zu haben.[276]

Die Ausführung der Parteizustellung ist deutlich flexibler als im deutschen Recht. Die Partei hat den Zustellungsvorgang selbst zu organisieren, eine

---

[272] Für Verfahren vor dem *High Court* stellte dies eine wesentliche Änderung dar, dazu *Sobich*, JZ 54 (1999), 775 (777); *T. Schuster*, Writ – Claim form – Klage, S. 43 f.; *Stroschein*, Parteizustellung im Ausland, S. 63 f.

[273] *Stoute v. LTA Operations Ltd* [2015] 1 W.L.R. 79 Rn. 35 ff.

[274] Vgl. *Hickinbottom*, Blackstone's Civil Practice, Rn. 15.7; *Stroschein*, Parteizustellung im Ausland, S. 63 f.: praktischer Regelfall.

[275] *O'Hare/Browne*, Civil Litigation, Rn. 8.015.

[276] *Hickinbottom*, Blackstone's Civil Practice, Rn. 15.7; *Stroschein*, Parteizustellung im Ausland, S. 64.

Amtsperson wirkt nicht mit.[277] Dabei können weitere Personen eingeschaltet werden, etwa ein *solicitor*[278], der die Aufgabe in der Praxis wiederum häufig an einen *process server (agent)* delegiert.[279] In England und Wales gibt es spezialisierte private Agenturen und *Solicitor-Firmen*, die private Zustellung ausführen.[280]

b) Zustellungsadressat

Die *claim form* ist an den *solicitor* des Beklagten zu übermitteln, wenn die Partei dessen Geschäftsanschrift schriftlich angegeben hat oder der *solicitor* dem Kläger die Beauftragung zur Entgegennahme der *claim form* schriftlich mitgeteilt hat (Rule 6.7 (1) CPR). Die Vorschrift ist zwingend. Wird trotzdem an die Partei zugestellt, ist der Zustellungsvorgang unwirksam.[281] Andererseits darf ohne schriftliche Mitteilung auch dann keine Zustellung an den *solicitor* erfolgen, wenn dieser durch den Beklagten tatsächlich zur Entgegennahme der *claim form* bevollmächtigt wurde.[282]

Wenn die persönliche Zustellung zwingend vorgeschrieben ist oder (noch) kein *solicitor* bestellt wurde, ist an den Beklagten selbst zuzustellen.[283] Bei einem Kind, das nicht gleichzeitig eine geschützte Partei ist, muss die *claim form* an die Eltern, den Vormund oder – nachrangig – an den Erwachsenen, bei dem das Kind wohnt, übermittelt werden (Rule 6.13 (1) CPR). Für *companies*, andere *corporations*, *partnerships* und *limited liability partnerships* existieren eine Reihe von Sonderregelungen.[284] Eine persönliche Zustellung erfolgt für *companies* und andere *corporations* durch die Übergabe an eine leitende Person[285] des Unternehmens (Rule 6.5 (3) (b) CPR). Bei rechtsfähigen *partnerships* wird die *claim form* an einen Partner oder an eine Person, welche die

---

[277] *O'Hare/Browne*, Civil Litigation, Rn. 8.015.

[278] *Solicitor* ist eine Person, die nach dem *Legal Services Act 2007* zur Führung eines Rechtsstreits befugt ist (Rule 6.2 (d) CPR). Die Bezugnahme auf Europäische Anwälte *(european lawyers)* ist aufgrund des Brexits entfallen, dazu *Coulson*, The White Book 2023 – Volume 1, Section A Rn. 6.7.1.

[279] Der Person dürfen jedoch nur bürokratische oder mechanische Aufgaben übertragen werden, *Ndole Assets Ltd v. Designer M&E Services UK Ltd* [2018] 12 WLUK 566 Rn. 67.

[280] *Nagel/Gottwald*, IZPR, Rn. 8.163.

[281] *Nanglegan v. Royal Free Hampstead NHS Trust* [2002] 1 W.L.R. 1044 Rn. 10.

[282] *Brown v. Innovatorone Plc* [2010] C.P. Rep. 2 Rn. 23 ff. Ein Brief, indem der *solicitor* bittet, „jegliche Korrespondenz" an ihn zu richten, ist nicht ausreichend, da der Begriff die *claim form* nicht erfasst, *Gee 7 Group Ltd v. Personal Management Solutions Ltd* [2016] EWHC 891 Rn. 14 ff.

[283] *Hickinbottom*, Blackstone's Civil Practice, Rn. 15.8.

[284] Ausführlich dazu *Hickinbottom*, Blackstone's Civil Practice, Rn. 15.47 ff.; *O'Hare/Browne*, Civil Litigation, Rn. 8.018; *Triebel/Illmer/Ringe/Vogenauer/Ziegler*, Englisches Handels- und Wirtschaftsrecht, Kapitel 8 Rn. 31 ff.

[285] Der Begriff der leitenden Person wird in PD 6A Para. 6.2 näher konkretisiert. In Bezug auf *companies* und *corporations* erfasst er etwa den Direktor *(director)*, den Schatzmeister

Geschäfte der Gesellschaft an ihrem Hauptsitz leitet oder kontrolliert, übergeben (Rule 6.5 (3) (c) CPR). Für *companies* und *limited liability partnerships* stehen auch die Zustellungswege des *Companies Act 2006* zur Verfügung (Rule 6.3 (1) (b) und (2) (b) CPR).

c) Zustellungswege

Rule 6.3 (1) CPR legt fest, welche Zustellungswege für die Partei oder das Gericht bei der Übermittlung der *claim form* zur Verfügung stehen. Der Zusteller hat einen weiten Entscheidungsspielraum und kann grundsätzlich zwischen den verschiedenen Methoden frei wählen.[286] Den Parteien steht es zudem offen, vertraglich weitere Zustellungswege zu vereinbaren (Rule 6.11 (1) CPR).

aa) Persönliche Zustellung (personal service)

Es ist zunächst möglich, die *claim form* persönlich zuzustellen (*personal service*, Rule 6.3 (1) (a) CPR). In engen Ausnahmefällen – nämlich, wenn eine Vorschrift, eine *practice direction* oder ein Gerichtsbeschluss dies vorsieht – ist die persönliche Zustellung sogar zwingend (Rule 6.5 (1) CPR).[287] Der Zustellungsweg steht dann nicht zur Verfügung, wenn ein *solicitor* bevollmächtigt und den Anforderungen der Rule 6.7 CPR entsprochen wurde (Rule 6.5 (2) (a) CPR). Die persönliche Zustellung wird dadurch bewirkt, dass die *claim form* beim Zustellungsadressaten gelassen wird (vgl. Rule 6.5 (3) CPR). Dafür ist erforderlich, dass das Schriftstück dem Adressaten persönlich übergeben wird (sog. *limb 1 case*) oder, wenn die Annahme verweigert wird, der Adressat über den Inhalt des Schriftstücks informiert und das Schriftstück so nah wie möglich bei ihm hinterlassen wird (sog. *limb 2 case*).[288] Im letzteren Fall muss er in der Lage sein, zu erkennen, dass es sich um ein rechtliches Dokument in Zusammenhang mit einem Gerichtsverfahren handelt.[289] Um das Schriftstück

---

(treasurer), den Unternehmenssekretär *(secretary)*, den Geschäftsführer *(chief executive)*, den Manager *(manager)* oder andere Vorstandsmitglieder *(officer)*.

[286] *Stroschein*, Parteizustellung im Ausland, S. 66.

[287] Das wichtigste Beispiel hierfür ist die Zustellung von bestimmten Schriftstücken (z.B. Anträgen) in *contempt of court*-Verfahren (dazu Part 81 der CPR), vgl. *Coulson*, The White Book 2023 – Volume 1, Section A Rn. 6.5.1.

[288] *Kenneth Allison Ltd v. AE Limehouse & Co* [1992] 2 A.C. 105 (110, 113, 124) zur persönlichen Zustellung nach den (praktisch identischen) *Rules of the Supreme Court*; *Tseitline v. Mikhelson* [2015] 10 WLUK 747 Rn. 14 ff. (auch zu weiteren Fragen bei einem *limb 2 case*); *Gate Gourmet Luxembourg IV SARL v. Morby* [2016] Bus. L.R. 218 Rn. 31; *Gorbachev v. Guriev* [2019] 10 WLUK 311 Rn. 27. Aus dem Schrifttum: *Hickinbottom*, Blackstone's Civil Practice, Rn. 15.11; *O'Hare/Browne*, Civil Litigation, Rn. 8.003; *Sime*, A Practical Approach to Civil Procedure, Rn. 6.29.

[289] *Hoffman LJ* in *Walters v. Whitelock* (unveröffentlicht), zitiert bei *Tseitline v. Mikhelson* [2015] 10 WLUK 747 Rn. 31. Bestätigend *Gate Gourmet Luxembourg IV SARL v.*

so weit wie möglich in den Machtbereich des Adressaten zu bringen, reicht es aus, wenn der Zusteller das Schriftstück vor dessen Füße legt.[290] In der Praxis wird dieser zeitaufwändige und kostenintensive Zustellungsweg nur selten verwendet.[291] Er kann aber dann Bedeutung erlangen, wenn keine Adresse des Adressaten bekannt ist, da die persönliche Zustellung an jedem Ort innerhalb von England und Wales erfolgen kann.[292] Zu beachten ist ferner, dass das Gericht oder die Partei die Zustellung nicht eigenhändig bewirken muss. Es ist vielmehr üblich, einen *enquiry agent* oder *process server* einzuschalten.[293]

bb) Zustellung durch die Post oder document exchange

Rule 6.3 (1) (b) CPR ermöglicht die Zustellung durch *first class post, document exchange* (DX) oder einen anderen Service, bei dem die Übermittlung am nächsten Werktag erfolgt[294]. *First class post* beschreibt eine Preisklasse der Zustellung durch die *Royal Mail.*[295] *Document exchange* ist ein privates Postübermittlungssystem, bei dem jeder Teilnehmer über ein eigenes Postfach mit Nummer verfügt. Wenn ein Schriftstück bei einer DX-Stelle abgegeben wird, übermittelt das Unternehmen dieses – i.d.R. innerhalb von 24 Stunden – an das Postfach des Empfängers.[296] Der Dienst wird in der Praxis von vielen Unternehmen, insbesondere *Solicitor-Kanzleien,* genutzt.[297] Die Zustellung per DX ist allerdings nur zulässig, wenn die speziellen Voraussetzungen der PD 6A Para. 2.1 erfüllt sind. Die Durchführung dieser Zustellungsmethoden wird in PD 6A Para. 3.1 näher geregelt. Die Adresse, an die die Sendung gerichtet sein muss, bestimmt sich nach Rules 6.7–6.9 CPR. Primär ist an die

---

Morby [2016] Bus. L.R. 218 Rn. 32 ff.; *Yukos Finance B.V. v. Lynch* [2017] 7 WLUK 450 Rn. 23; *Gorbachev v. Guriev* [2019] 10 WLUK 311 Rn. 27

[290] *O'Hare/Browne*, Civil Litigation, Rn. 8.003. Maßgeblich ist, dass der Adressat die (wenn auch nur kurze) Möglichkeit hat, die Herrschaft über das Dokument zu erlangen, *Tseitline v. Mikhelson* [2015] 10 WLUK 747 Rn. 44 f.; *Gate Gourmet Luxembourg IV SARL v. Morby* [2016] Bus. L.R. 218 Rn. 43.

[291] *O'Hare/Browne*, Civil Litigation, Rn. 8.003. Anders *T. Schuster*, Writ – Claim form – Klage, S. 44, der davon ausgeht, dass sich dieser Weg noch größter Beliebtheit erfreut.

[292] *Coulson*, The White Book 2023 – Volume 1, Section A Rn. 6.9.1; *Hickinbottom*, Blackstone's Civil Practice, Rn. 15.11, 15.14; *O'Hare/Browne*, Civil Litigation, Rn. 8.009.

[293] *O'Hare/Browne*, Civil Litigation, Rn. 8.003.

[294] Diese Methode wurde im Jahr 2006 ergänzt, da das Postmonopol der *Royal Mail* entfallen ist, vgl. dazu *Coulson*, The White Book 2023 – Volume 1, Section A Rn. 6.3.3; *Hickinbottom*, Blackstone's Civil Practice, Rn. 15.12.

[295] Eine Zustellung durch *second class post,* die i.d.R. zwei bis drei Tage in Anspruch nimmt, steht nicht im Einklang mit der Norm, *Sime*, A Practical Approach to Civil Procedure, Rn. 6.31.

[296] *O'Hare/Browne*, Civil Litigation, Rn. 8.006.

[297] *O'Hare/Browne*, Civil Litigation, Rn. 8.006; *Sime*, A Practical Approach to Civil Procedure, Rn. 6.33. Vgl. dazu auch die Webseite von DX, abrufbar unter: <https://www.dxdelivery.com/corporate/your-industry/legal/>.

Adresse des *solicitor* zuzustellen, wenn ein solcher bevollmächtigt ist und den Anforderungen in Rule 6.7 CPR entsprochen wurde. Andernfalls kann die Übermittlung an eine Anschrift im Vereinigten Königreich, unter welcher der Beklagte wohnt oder geschäftlich tätig ist und die er zum Zwecke der Zustellung angegeben hat, erfolgen (Rule 6.8 (a) CPR). Wenn der Beklagte keine Adresse angegeben hat, muss die *claim form* an dem Ort zugestellt werden, der sich aus der Tabelle in Rule 6.9 (2) CPR ergibt.

cc) Zustellung durch Zurücklassen an einer relevanten Adresse

Eine Zustellung kann ferner dadurch bewirkt werden, dass das Schriftstück an einer zulässigen Adresse zurückgelassen wird (Rule 6.3 (1) (c) CPR). Zurückgelassen ist das Schriftstück etwa dann, wenn es in den Briefkasten eingeworfen oder am Empfang abgegeben wird.[298] Der Zustellungsweg ähnelt somit der Postzustellung, mit der Ausnahme, dass die Übermittlung durch die Partei selbst oder einen *agent* (z.B. *enquiry agent* oder Kurier) erfolgen kann.[299] Die Zustellungsadresse richtet sich ebenso wie bei der Postzustellung nach Rules 6.7–6.9 CPR.

dd) Zustellung durch Fax oder andere elektronische Methoden

Das englische Recht eröffnet die Möglichkeit, das Schriftstück per Fax oder durch andere elektronische Methoden *(other electronic means)* zu übermitteln (Rule 6.3 (1) (d) CPR). Erfasst ist z.B. die Zustellung per E-Mail.[300] Es sind jedoch die Einschränkung der PD 6A Para. 4.1 (1) zu beachten. Der Adressat – die Partei oder der für sie handelnde *solicitor*[301] – muss zuvor schriftlich seine Faxnummer, E-Mail-Adresse oder sonstige elektronische Kennung mitgeteilt haben und schriftlich erklärt haben, dass er diesen Zustellungsweg akzeptiert. Die Angabe der Faxnummer auf dem Briefpapier des *solicitor* ist – anders als bei Angabe durch die Partei – als eine hinreichende schriftliche Einwilligung anzusehen (PD 6A Para. 4.1 (2) (a)). Wird hingegen auf dem Briefpapier eine E-Mail-Adresse angegeben, kann hieraus noch keine Einwilligung in die Zu-

---

[298] *Sime*, A Practical Approach to Civil Procedure, Rn. 6.32.
[299] *O'Hare/Browne*, Civil Litigation, Rn. 8.005.
[300] Vgl. nur PD 6A Para. 4.1 (1) (b) sowie *O'Hare/Browne*, Civil Litigation, Rn. 8.008; *Sime*, A Practical Approach to Civil Procedure, Rn. 6.34.
[301] Dies ist keine Ausnahme zu Rule 6.7 CPR. Der Begriff „*acting for a defendant*" bezieht sich vielmehr auf diese Vorschrift, sodass an den *solicitor* nur dann zugestellt werden darf, wenn die Voraussetzungen der Rule 6.7 CPR vorliegen, also neben der Bevollmächtigung auch eine schriftliche Mitteilung hierüber an den Kläger erfolgt ist, *Brown v. Innovatorone Plc* [2010] C.P. Rep. 2 Rn. 27.

stellung per E-Mail abgeleitet werden (vgl. PD 6A Para. 4.1 (2) (b)). Eine zusätzliche Übersendung des physischen Schriftstücks ist nicht erforderlich (PD 6A Para. 4.3), aber in der Praxis üblich.[302]

ee) Zustellung auf einem alternativen Weg (service by an alternative method)

Die Zustellung kann zuletzt auf einem alternativen Weg oder an einem alternativen Ort bewirkt werden, wenn das Gericht dies genehmigt (*service by an alternative method or at an alternative place,* Rule 6.3 (1) (e) CPR). Der Kläger muss hierfür einen Antrag an das Gericht stellen (Rule 6.15 (3) CPR und PD 6A Paras. 9.1 und 9.2), welches dann einen den Anforderungen der Rule 6.15 (4) CPR entsprechenden Beschluss erlassen kann. Es ist auch möglich, einen bereits vorgenommenen – aber erfolglosen – Zustellungsversuch rückwirkend als ordnungsgemäße Zustellung zu billigen (Rule 6.15 (2) CPR).

Die Voraussetzung für den Erlass eines solchen Beschlusses ist ein guter Grund *(good reason),* die Zustellung in einer alternativen Weise vorzunehmen (Rule 6.15 (1) CPR). Ein solcher kann dann vorliegen, wenn die regulären Zustellungswege ohne das Verschulden des Klägers oder dessen *agent* scheitern oder das Verhalten des Beklagten es angemessen erscheinen lässt, alternative Übermittlungsformen zuzulassen.[303] Allein der Umstand, dass die alternative Methode die Kenntnis des Beklagten sicherstellt und er dadurch nicht benachteiligt wird, rechtfertigt keinen Erlass der Anordnung.[304] Es gibt indes keine festen Fallgruppen, sodass das Gericht im Einzelfall und unter restriktiver Handhabung zu entscheiden hat.[305]

Der Zustellungsweg muss bereits im Beschluss angegeben sein (Rule 6.15 (4) (a) CPR). Dabei sind die Bestimmungen der CPR und der *practice directions* nicht abschließend. Das Gericht hat mithin einen weiten Entscheidungsspielraum.[306] Der Zustellungsweg muss aber so beschaffen sein, dass vernünftigerweise erwartet werden kann, dass der Beklagte Kenntnis vom Verfahren erlangt.[307] PD 6A Para 9.3 enthält Beispiele für alternative Zustellungswege:

---

[302] *O'Hare/Browne*, Civil Litigation, Rn. 8.007 f.

[303] *O'Hare/Browne*, Civil Litigation, Rn. 8.014.

[304] *Brown v. Innovatorone Plc* [2010] C.P. Rep. 2 Rn. 44; *Abela v. Baadarani* [2013] 1 W.L.R. 2043 Rn. 36. Vgl auch *Barton v. Wright Hassall LLP* [2018] 1 W.L.R. 1119 Rn. 9 f.

[305] *Brown v. Innovatorone Plc* [2010] C.P. Rep. 2 Rn. 41, dort insbesondere zur rückwirkenden Anordnung nach Rule 6.15 (2) CPR. Dazu auch *Power v. Meloy Whittle Robinson Solicitors* [2014] 7 WLUK 45 Rn. 35 ff. Aus dem Schrifttum: *Sime*, A Practical Approach to Civil Procedure, Rn. 6.41.

[306] *Coulson*, The White Book 2023 – Volume 1, Section A Rn. 6.15.1; *Stroschein*, Parteizustellung im Ausland, S. 70.

[307] *Cameron v. Liverpool Victoria Insurance Co Ltd* [2019] 1 W.L.R. 1471 Rn. 21; *Canada Goose UK Retail Ltd v. Persons Unknown* [2020] 1 W.L.R. 2802 Rn. 46 f. Besondere Schwierigkeiten ergeben sich deshalb in Verfahren mit einem oder mehreren unbekannten

Es kann etwa eine SMS geschickt oder eine Voicemail hinterlassen werden, die den Ort des Schriftstücks enthält (PD 6A Para. 9.3 (2)). Ferner ist eine Übermittlung an einen Bekannten oder Verwandten denkbar, wenn es wahrscheinlich ist, dass dieser das Schriftstück an den Adressaten weitergibt (PD 6A Para. 9.3 (1)). Die Vorschrift ist offen für den technologischen Fortschritt und ermöglicht auch die Zustellung per Whats-App Nachricht.[308]

In engen Ausnahmefällen *(exceptional circumstances)* kann das Gericht auf Antrag des Klägers gänzlich auf die Zustellung der Klageschrift verzichten (*order to dispense with service;* Rule 6.16 CPR).

d) Besonderheiten bei der Zustellung von sonstigen Schriftstücken

Der Zustellung von sonstigen Schriftstücken in England und Wales ist in Part 6 der CPR ein eigener Abschnitt gewidmet (Rules 6.20–6.29 CPR). Die Regelungen lehnen sich weitgehend an den Bestimmungen zur Zustellung der *claim form* im Inland an. Es ist somit lediglich auf einige Besonderheiten hinzuweisen.

Der Grundsatz der Amtszustellung ist aufgeweicht. Ein von der Partei vorbereitetes Schriftstück hat diese selbst zuzustellen, wenn nicht das Gericht, eine Vorschrift oder eine *practice direction* etwas anderes anordnet (Rule 6.21 (1) CPR). Für vom Gericht erstellte Schriftstücke bleibt es dagegen beim Grundsatz der Amtszustellung (vgl. Rule 6.21 (2) CPR).

Rule 6.20 CPR sieht für die Zustellung von sonstigen Schriftstücken die identischen Zustellungswege vor. Die Zustellungsadresse wird hingegen abweichend bestimmt. Jeder Verfahrensbeteiligte muss eine Adresse angeben, unter der ihm die Schriftstücke zugestellt werden können (Rule 6.23 (1) CPR). Die Anschrift muss grundsätzlich die Geschäftsadresse des für die Partei handelnden *solicitor* im Vereinigten Königreich oder eine Anschrift im Vereinigten Königreich, unter der die Partei wohnt oder geschäftlich tätig ist, sein (Rule 6.23 (2) CPR).

2. Zustellung im Ausland (service out of the jurisdiction)

a) Genehmigungserfordernis

Durch die Zustellung der *claim form* begründen englische Gerichte *jurisdiction* gegenüber dem Beklagten.[309] Aufgrund des engen Zusammenhangs zwischen der Zustellung und der (internationalen) Zuständigkeit bedarf die Auslandszustellung im Grundsatz der Genehmigung eines englischen Gerichts. Von diesem Grundsatz gibt es aber Ausnahmen. Während Rule 6.32 CPR solche für

---

Beklagten. Zu solchen Fällen *Barking and Dagenham LBC v. Persons Unknown* [2021] 5 WLUK 134 Rn. 31 ff., 43 ff., 166.
[308] So in *Gray v. Hurley* [2019] 6 WLUK 399 Rn. 1.
[309] Siehe dazu bereits Kap. 1 A. II. 1. c) (S. 13 ff.).

Zustellungen in Schottland und Nordirland enthält, regelt Rule 6.33 CPR die Ausnahmen für die Zustellung außerhalb des Vereinigten Königreichs. Eine gerichtliche Genehmigung ist nicht erforderlich, wenn das englische Gericht nach Section 15A–15E des *Civil Jurisdiction and Judgment Acts 1982* (Rule 6.33 (2) CPR), nach dem HGÜ bzw. aufgrund einer anderen Gerichtsstandsvereinbarung (Rule 6.33 (2B) CPR) oder einer anderen Rechtsvorschrift (Rule 6.33 (3) CPR) zuständig ist. Die wichtigste Ausnahme, nämlich die Zuständigkeit englischer Gerichte aufgrund der Brüssel Ia-VO, wurde in Folge des Brexits gestrichen. Der Kläger muss zusammen mit der *claim form* eine Mitteilung einreichen, welche die Gründe enthält, aus denen sich die Berechtigung zur Zustellung ergibt. Eine Kopie dieser Mitteilung ist an den Beklagten zustellen (Rule 6.34 CPR).

Wenn keine Ausnahme einschlägig ist, muss der Kläger beim Gericht einen Antrag auf Genehmigung der Auslandszustellung stellen. Dabei ist der *gateway* in PD 6B Para. 3.1, auf den er sich beruft, und die Anschrift des Beklagten anzugeben (Rule 6.37 (1) (a) und (c) CPR). Der Kläger muss ferner versichern, dass er glaubt, dass für die Klage eine hinreichende Erfolgsaussicht besteht (Rule 6.37 (1) (b) CPR). Das Gericht genehmigt die Auslandszustellung, wenn drei Voraussetzungen erfüllt sind.[310] Zunächst muss eine gute Argumentationsgrundlage *(good arguable case)*[311] dafür vorliegen, dass der Streitgegenstand unter einen der Genehmigungsgründe in PD 6B Para. 3.1 fällt (vgl. Rule 6.36 CPR).[312] Zweitens muss eine wesentliche Frage zur Begründetheit der Klage im Raum stehen, etwa eine Tatsachenfrage, eine Rechtsfrage oder beides. Voraussetzung ist mithin eine hinreichende Erfolgsaussicht (sog. *Begründetheitsschwelle*).[313] Zuletzt darf das Gericht die Genehmigung nur erteilen, wenn es davon überzeugt ist, dass England und Wales der richtige Ort für die Klage ist (Rule 6.37 (3) CPR). Es wendet somit die *forum non conveniens*-Doktrin in der

---

[310] Zusammenfassung der Grundsätze bei *Altimo Holdings and Investment Ltd v. Kyrgyz Mobile Tel Ltd* [2012] 1 W.L.R. 1804 Rn. 71, 81, 88; *VTB Capital Plc v. Nutritek International Corp* [2012] 2 C.L.C. 431 Rn. 99 ff.

[311] Für den „*good arguable case*"-Test ist es erforderlich, dass eine Seite auf Grundlage der verfügbaren Materialien die deutlich besseren Argumente hat, *Canada Trust Co v. Stolzenberg (No. 2)* [1998] 1 W.L.R. 547 (555). Bestätigt in *Bols Distilleries BV v. Superior Yacht Services Ltd* [2007] 1 W.L.R. 12 Rn. 26 ff.; *Altimo Holdings and Investment Ltd v. Kyrgyz Mobile Tel Ltd* [2012] 1 W.L.R. 1804 Rn. 71. Siehe zur Anwendung auch *Brownlie v. Four Seasons Holdings Inc* [2018] 1 W.L.R. 192 Rn. 7; *Goldman Sachs International v. Novo Banco SA* [2018] 1 W.L.R. 3683 Rn. 9.

[312] Ausführlich zu den Genehmigungsgründen *Hickinbottom*, Blackstone's Civil Practice, Rn. 16.61 ff.

[313] *Seaconsar Ltd v. Bank Markazi Jomhouri Islami Iran* [1994] 1 A.C. 438 (453 ff.); *Altimo Holdings and Investment Ltd v. Kyrgyz Mobile Tel Ltd* [2012] 1 W.L.R. 1804 Rn. 71.

service out-Fallgruppe an und prüft, ob England und Wales das *forum conveniens* ist, d.h. dort der Rechtsstreit im Interesse der Parteien und im Sinne der Gerechtigkeit am besten verhandelt werden kann.[314]

b) Zustellungswege

Die zulässigen Zustellungswege bei einer Auslandszustellung sind in Rules 6.40–6.45 CPR geregelt. Sie gelten sowohl für die Zustellung der *claim form* als auch für die Zustellung von sonstigen Schriftstücken (vgl. Rule 6.40 (1) CPR). Bei einer Übermittlung nach Schottland oder Nordirland handelt es sich zwar formell um eine Auslandszustellung, es sind jedoch die Zustellungswege, die für eine Inlandszustellung vorgesehen sind, zu verwenden (Rule 6.40 (2) CPR). Die Methoden für eine Zustellung außerhalb des Vereinigten Königreichs werden in Rule 6.40 (3) CPR aufgezählt.[315] Zu beachten ist, dass der Kläger weder durch die CPR noch durch eine gerichtliche Anordnung verpflichtet werden kann, etwas zu tun, was nach dem Recht des Empfängerstaates unzulässig ist (Rule 6.40 (4) CPR).

Das englische Recht lässt zunächst die Zustellung durch ausländische Regierungen, Justizbehörden oder britische Konsularbehörden zu (Rules 6.40 (3) (a) (ii), 6.42 CPR). Darüber hinaus sind sämtliche Zustellungswege zulässig, die durch ein Zivilprozessrechtsübereinkommen (*Civil Procedure Convention*; vgl. Rule 6.31 (1) (c) CPR) oder einen anderen Vertrag zugelassen sind (Rule 6.40 (3) (b) CPR). Das bedeutendste Übereinkommen ist das HZÜ. Daneben hat das Vereinigte Königreich einige bilaterale Verträge über die Zustellung von Schriftstücken abgeschlossen.[316] Ferner gestattet Rule 6.40 (3) (c) CPR jede andere Zustellungsmethode, die nach dem Recht des Empfängerstaates zulässig ist. Diese Bestimmung macht die Auslandszustellung auch im vertragslosen Rechtsverkehr sehr flexibel.[317] Sie ermöglicht schnelle und günstige informelle Methoden, wie z.B. die Übermittlung durch einen ausländischen *process server* oder durch die Post.[318] In der Theorie ist auch die elektronische

---

[314] *Spiliada Maritime Corp v. Cansulex Ltd* [1987] A.C. 460 (474). In dieser Grundsatzentscheidung arbeitete *Lord Goff of Chieveley* die Grundlagen für die Anwendung der Doktrin heraus. Die *service out*-Fallgruppe wird zwar im Wesentlichen mit der *service in*-Fallgruppe gleichbehandelt, es bestehen aber auch einige Unterschiede, auf die hier nicht im Einzelnen eingegangen werden soll.

[315] Die frühere Fassung der Norm verwies zunächst auf die Zustellungswege der EuZVO 2007 (Rule 6.40 (3) (a) (i) CPR a.F.). Dies wurde in Folge des Brexits gestrichen.

[316] Eine Übersicht mit sämtlichen bilateralen Verträge, die das Zivilverfahrensrecht betreffen, kann unter <https://www.gov.uk/government/publications/bilateral-treaties-on-civil-procedures> abgerufen werden.

[317] Vgl. *Stroschein*, Parteizustellung im Ausland, S. 72.

[318] *Hickinbottom*, Blackstone's Civil Practice, Rn. 16.81.

Übermittlung zulässig, wenn sie im Empfängerstaat zugelassen und nicht durch ein Ab- oder Übereinkommen ausgeschlossen ist.[319]

Part 6 Section 4 der CPR enthält keine ausdrückliche Bestimmung, welche die Zustellung auf einem alternativen Weg gestattet. Es ist dennoch anerkannt, dass die Befugnis nach Rule 6.15 CPR den Gerichten auch in grenzüberschreitenden Fällen zusteht.[320] Der Prüfung, ob ein guter Grund vorliegt, kommt hierbei besondere Bedeutung zu. Im Grundsatz müssen die Methoden, die dem Kläger in Rule 6.40 CPR zur Verfügung stehen, ausgeschöpft werden. Allein der Umstand, dass eine schnellere oder günstigere Zustellungsmethode denkbar ist, rechtfertigt keine Anordnung nach Rule 6.15 CPR.[321] Im Anwendungsbereich von völkerrechtlichen Verträgen verschärfen sich die Voraussetzungen. Bei Zustellungen in HZÜ-Staaten ist umstritten, ob ein guter Grund ausreicht[322] oder außergewöhnliche Umstände erforderlich sind[323]. Jedenfalls berechtigt die Dauer des Zustellungsvorgangs eine Zustellung auf einem alternativen Weg nur dann, wenn sie außergewöhnlich lang ist.[324] Die Befugnis des Gerichts, von der Zustellung der *claim form* (Rule 6.16 CPR) oder der Zustellung sonstiger Schriftstücke (Rule 6.28 CPR) abzusehen, besteht auch im internationalen Rechtsverkehr.[325]

III. Schottland

In Schottland ist die Zustellung von Schriftstücken für Verfahren vor dem *Court of Session*[326] in Kapitel 16 der CSR geregelt. Für die Klageschrift gilt

---

[319] *Hickinbottom*, Blackstone's Civil Practice, Rn. 16.81 (auch zu praktischen Problemen). Zu einem Fall, indem (unzulässigerweise) per E-Mail zugestellt wurde, *BVC v. EWF* [2019] I.L.Pr. 7.

[320] *Cecil v. Bayat* [2011] 1 W.L.R. 3086 Rn. 57 ff.; *Abela v. Baadarani* [2013] 1 W.L.R. 2043 Rn. 20 unter Hinweis auf Rule 6.47 (5) (b) (i) CPR; *Marashen Ltd v. Kenvett Ltd* [2018] 1 W.L.R. 288 Rn. 18. Aus dem Schrifttum: *Coulson*, The White Book 2023 – Volume 1, Section A Rn. 6.40.3; *Hickinbottom*, Blackstone's Civil Practice, Rn. 16.75; *O'Hare/Browne*, Civil Litigation, Rn. 11.018.

[321] *Cecil v. Bayat* [2011] 1 W.L.R. 3086 Rn. 66 f.; *Marashen Ltd v. Kenvett Ltd* [2018] 1 W.L.R. 288 Rn. 57.

[322] Dafür *Flota Petrolera Ecuatoriana v. Petroleos De Venezuala SA* [2017] 2 C.L.C. 759 Rn. 21; *Koza Ltd v. Akcil* [2018] 2 WLUK 602 Rn. 48.

[323] Dafür *Marashen Ltd v. Kenvett Ltd* [2018] 1 W.L.R. 288 Rn. 57; *Punjab National Bank (International) Ltd v. Srinivasan* [2019] 1 WLUK 209 Rn. 89; *Société Generale v. Goldas Kuyumculuk Sanayi Ithalat Ihracat AS* [2019] 1 W.L.R. 346 Rn. 31 ff. In diese Richtung auch schon *Cecil v. Bayat* [2011] 1 W.L.R. 3086 Rn. 65.

[324] *JSC BTA Bank v Ablyazov* [2011] 11 WLUK 463 Rn. 39 ff. (in concreto im Verhältnis zu Russland). Vgl. auch *Hickinbottom*, Blackstone's Civil Practice, Rn. 16.75.

[325] *Olafsson v. Gissurarson* [2008] 1 W.L.R. 2016 Rn. 34 ff. Vgl. zu einem solchen Fall auch *Lonestar Communications Corp LLC v. Kaye* [2019] 11 WLUK 3.

[326] Zum schottischen Gerichtsaufbau einführend *Böttger*, Das schottische Zivilprozeß-, Zwangsvollstreckungs- und Konkursrecht, S. 6 ff.; *Bunge*, Zivilprozess in England und

D. Rechtsvergleichender Überblick über die nationalen Zustellungsvorschriften 61

der Grundsatz der Parteizustellung. Die Zustellung wird vom Kläger bzw. dessen *solicitor* veranlasst, der wiederum einen *messenger-at-arms* oder die Post einschalten muss (vgl. auch Rule 16.3 (1) CSR).[327]

Bei der Zustellung im Inland ist danach zu unterscheiden, ob der Beklagte eine natürliche Person *(individual)* ist oder nicht *(any other person)*. An natürliche Personen kann das Schriftstück persönlich übermittelt werden (Rule 16.1 (1) (a) (i) CSR). Wird der Adressat nicht persönlich angetroffen, ist eine Ersatzzustellung möglich. Der Zusteller muss nach sorgfältigen Nachforschungen zu dem Ergebnis gelangen, dass der Beklagte unter der Adresse auf der Klageschrift wohnhaft oder geschäftlich tätig, aber derzeit nicht erreichbar ist. Er kann das Schriftstück anschließend an eine Person in der Wohnung oder Geschäftsstelle übergeben oder, falls keine solche Person anwesend ist, in der Wohnung oder Geschäftsstelle hinterlegen (Rule 16.1 (1) (a) (ii) und (iii) CSR). Zuletzt kann die Zustellung an eine natürliche Person auch durch die Post bewirkt werden (Rule 16.1 (1) (a) (iv) CSR). An andere Personen, wie z.B. juristische Personen, erfolgt die persönliche Zustellung durch die Übergabe an eine Person am Sitz oder einer sonstigen Niederlassung, wenn es wahrscheinlich ist, dass ein tatsächlicher Vertreter des Beklagten das Schriftstück erhalten wird. Wird eine solche Person nicht angetroffen, kann das Schriftstück an der Adresse hinterlassen werden (Rule 16.1 (1) (b) (i) CSR). Daneben steht auch hier die Übermittlung durch die Post zur Verfügung (Rule 16.1 (1) (b) (ii) CSR). Eine Zustellung durch Fax oder E-Mail ist jedenfalls für das verfahrenseinleitende Schriftstück nicht vorgesehen.[328]

Die Ausführung der persönlichen Zustellung und der Ersatzzustellung erfolgt durch einen *messenger-at-arms,* der den Empfänger über den Zustellungszweck aufklärt, eine Zustellungsbescheinigung ausstellt und diese an den Zustellungsveranlasser übersendet (Rule 16.3 (1) CSR). Der Vorgang muss von einem Zeugen begleitet werden, der auf der Bescheinigung unterschreibt (Rule 16.3 (2) CSR).

Die Zustellung durch die Post wird durch einen *messenger-at-arms* oder einen *agent* in Gang gesetzt, der eine Abschrift des Schriftstücks per Einschreiben *(registered post)* oder Einschreiben erster Klasse *(first class recorded delivery)* an die Adresse des Zustellungsadressaten versendet (Rule 16.4 (2)

Schottland, S. 247 ff. Für Verfahren vor dem *Sheriff Court* siehe Kapitel 5 der *Ordinary Cause Rules*. Für einfache Verfahren siehe Kapitel 6 der *Simple Procedure Rules*.

[327] *Böttger*, Das schottische Zivilprozeß-, Zwangsvollstreckungs- und Konkursrecht, S. 49; *Bunge*, Zivilprozess in England und Schottland, S. 277. Vgl. auch die Informationen zu Schottland, in: Europäische Kommission (Hrsg.), Europäisches Justizielles Netz, Zustellung von Schriftstücken, e-justice.europa.eu, unter 3.

[328] Vgl. die Informationen zu Schottland, in: Europäische Kommission (Hrsg.), Europäisches Justizielles Netz, Zustellung von Schriftstücken, e-justice.europa.eu, unter 5. g).

CSR). Der Zusteller stellt eine Bescheinigung nach Form 16.4 aus, der bei einer Übermittlung durch Einschreiben die Lieferungsbescheinigung des Postunternehmens beigefügt werden muss (Rule 16.4 (4) (b) und (5) CSR).

Für die Zustellung außerhalb des Vereinigten Königreichs stehen folgende Zustellungswege zur Verfügung, wenn sie in einem Zustellungsübereinkommen oder nach dem Recht des Empfängerstaates zugelassen sind (Rule 16.2 (2) CSR): Die Zustellung durch die Post (a), die Zustellung auf dem Rechtshilfeweg durch die zentrale oder eine andere zuständige Behörde des Empfängerstaates auf Ersuchen des schottischen Ministers (b), die Zustellung durch eine britische konsularische Vertretung auf Ersuchen des *Secretary of State for Foreign and Commonwealth Affairs* (c), die unmittelbare Zustellung durch einen *hussier*, eine Amtsperson oder einen zuständigen Beamten des Empfängerstaates auf Ersuchen eines *messenger-at-arms*, einer Partei oder dessen Vertreter (d) und die persönliche Zustellung durch die Partei oder dessen *agent* auf fremden Staatsgebiet (e).

Das schottische Recht sieht – ebenso wie das deutsche Recht – in bestimmten Fällen auf Antrag des Zustellungsveranlassers eine öffentliche Zustellung vor. Voraussetzung hierfür ist, dass die Adresse des Adressaten unbekannt ist und nicht mit zumutbarem Aufwand ermittelt werden kann oder dass die Inlands- oder Auslandszustellung nicht mit den verfügbaren Zustellungsmethoden bewirkt werden kann (Rule 16.5 (1) CSR). Die öffentliche Zustellung erfolgt durch die Veröffentlichung einer Anzeige in einer bestimmten Zeitung *(specified newspaper),* die in dem Gebiet des letzten bekannten Wohnsitzes oder – falls ein solcher fehlt – anderswo veröffentlicht wird (Rule 16.5 (1) (a) CSR). Gleichzeitig ist eine Abschrift des zuzustellenden Schriftstücks beim *Deputy Principal Clerk* zu hinterlegen, der diese für drei Jahre zur Abholung durch den Adressaten verwahrt (Rule 16.5 (2) CSR). Das Schriftstück gilt an dem Tag der Veröffentlichung der Anzeige als zugestellt (Rule 16.5 (3) (b) CSR). Es handelt sich somit auch hier um eine fiktive (Inlands-)Zustellung, die den Erhalt des Schriftstücks keinesfalls sicherstellt. Wenn ein besonderer Grund *(special cause)* vorliegt, kann das Gericht auch auf Antrag gänzlich von der Zustellung absehen (*order to dispense with service*; Rule 16.5 (1) (b) CSR).

IV. Nordirland

In Nordirland ist die Zustellung für Verfahren vor dem *Court of Judicature*[329] in Order 10 und 11 *(service of originating process)* sowie Order 65 *(service of documents)* der RCJ geregelt. Im Regelfall sind die Parteien für die Zustellung verantwortlich (Grundsatz der Parteizustellung).[330] Für die Inlandszustellung

---

[329] Der *Court of Judicature* umfasst den *Court of Appeal*, den *High Court of Justice* und den *Crown Court.* Für die *County Courts* gelten Order 6 und 6a der *County Court Rules.*

[330] Informationen zu Nordirland, in: Europäische Kommission (Hrsg.), Europäisches Justizielles Netz, Zustellung von Schriftstücken, e-justice.europa.eu, unter 3.

D. Rechtsvergleichender Überblick über die nationalen Zustellungsvorschriften 63

ist eine Reihe von Zustellungswegen zugelassen. In Betracht kommt zunächst die persönliche Zustellung nach Order 10 R. 1 (1) RCJ (vgl. auch Order 65 R. 2 RCJ). Die Klageschrift *(writ)* kann aber auch per Express-Post *(ordinary first-class post)* an die gewöhnliche oder letzte bekannte Anschrift des Beklagten zugestellt werden (Order 10 R. 1 (2) (a) RCJ). Ist an der Anschrift des Adressaten ein Briefkasten vorhanden, kann die Zustellung ferner durch den Einwurf eines versiegelten Umschlags, der das Schriftstück enthält, bewirkt werden (Order 10 R. 1 (2) (b) RCJ). Eine Zustellung an den Anwalt des Beklagten ist wirksam, wenn dieser auf dem *writ* einen Vermerk anbringt, dass er die Zustellung für den Beklagten annimmt (Order 10 R. 1 (4) RCJ). Für Verfahren vor dem *High Court* können in einem Vertrag zwischen den Parteien weitere Zustellungswege zugelassen werden (Order 10 R. 3 (1) RCJ). Es muss allerdings stets darauf geachtet werden, ob sich nicht aus einer gesetzlichen Bestimmung etwas anderes ergibt (vgl. Order 10 R. 1 (6) RCJ).[331] Eine elektronische Zustellung ist bei Zivilverfahren in Nordirland unzulässig.[332] Das Gericht kann eine fiktive Zustellung *(substituted service)* nach Order 65 R. 4 anordnen, wenn die Zustellung nach den zulässigen Methoden aus irgendeinem Grund unpraktikabel *(impracticable)* erscheint.

Für die Zustellung im Ausland[333] ist – ebenso wie in England und Wales – grundsätzlich eine Genehmigung des Gerichts erforderlich. Die Genehmigungsgründe finden sich in Order 11 R. 1 (1) RCJ, die Ausnahmen von der Genehmigungspflicht in Order 11 R. 1 (2) RCJ. Auch im Ausland ist eine persönliche Zustellung möglich (Order 11 R. 5 (1) i.V.m. Order 10 R. 1 (1) RCJ), sie ist allerdings nicht erforderlich, wenn die Zustellung nach dem Recht des Empfängerstaates vorgenommen wird (Order 11 R. 5 (3) (a) RCJ). Für Zustellungen nach dem HZÜ ist im autonomen Recht die Zustellung unter Mitwirkung der ausländischen Rechtshilfebehörden, die Zustellung durch britische Konsularbehörden und die Zustellung durch die Justizbehörden des Empfängerstaates ausdrücklich zugelassen (Order 11 R. 6 (3) RCJ).[334] Die Partei muss hierbei stets einen Antrag beim *Central Office* stellen (Order 11 R. 6 (5) RCJ).

---

[331] Siehe zu weiteren Regelungen etwa für minderjährige Beklagte und Unternehmen die Informationen zu Nordirland, in: Europäische Kommission (Hrsg.), Europäisches Justizielles Netz, Zustellung von Schriftstücken, e-justice.europa.eu, unter 5.

[332] Informationen zu Nordirland, in: Europäische Kommission (Hrsg.), Europäisches Justizielles Netz, Zustellung von Schriftstücken, e-justice.europa.eu, unter 6.

[333] Sofern die Zustellung nicht in England, Wales, Schottland, auf der Isle of Man oder den Kanalinseln erfolgen soll, ist nicht die Klageschrift zuzustellen, sondern eine Benachrichtigung über die Klageschrift *(notice of the writ)*, siehe Order 11 R. 3 (1) RCJ.

[334] Zur Frage der Zulässigkeit einer Postzustellung Kap. 2 B. III. 3. b) bb) (S. 81).

Kapitel 2

Die Entwicklung des deutsch-britischen Zustellungsverkehrs bis zum Brexit

A. Rechtslage vor dem Jahr 1929

I. Keine Mitwirkung des Vereinigten Königreichs an den Haager Abkommen

Die Haager Konferenz für Internationales Privatrecht hat sich seit ihrer ersten Tagung vom 12. bis 27. September 1893 mit dem Problemfeld der internationalen Rechtshilfe, zu dem auch das internationale Zustellungsrecht gehört, auseinandergesetzt.[1] Folglich enthielt das in dieser Konferenz vorgeschlagene und in der zweiten Konferenz vom 25. Juni bis 13. Juli 1894 verabschiedete Haager Abkommen zur Regelung von Fragen des internationalen Privatrechts[2] in Art. 1–4 eine Regelung zur Zustellung gerichtlicher und außergerichtlicher Urkunden. Von zentraler Bedeutung war die durch das Abkommen geschaffene völkervertragsrechtliche Pflicht zur Leistung von Rechtshilfe.[3] Inhaltliche

---

[1] *Lainé,* Clunet 21 (1894), 236 (238); *Neumeyer,* BöhmsZ 9 (1899), 453 (454); *Schack,* RabelsZ 57 (1993), 224 (230). Zur historischen Entwicklung und Bedeutung der Haager Konferenz für Internationales Privatrecht *Arnold,* JZ 20 (1965), 708; *Dyer,* Int'l Legal Prac. 12 (1987), 9; *Schack,* RabelsZ 57 (1993), 224; *Basedow,* RabelsZ 82 (2018), 922 (923 ff.).

[2] Näher zur Entstehungsgeschichte und zum Inhalt des Abkommens: Denkschrift zum Haager Abkommen von 1896, in: Verhandlungen des Reichstags (9. Legislatur-Periode, V. Session 1897/98), Anlage Nr. 15, S. 213; *Heidecker,* ZZP 23 (1897), 164; *Neumeyer,* BöhmsZ 9 (1899), 453. Der Titel ist missverständlich, da keine Fragen des internationalen Privatrechts, sondern vielmehr des internationalen Zivilverfahrensrechts geregelt wurden, *E. Schuster,* J Soc. Comp. Leg. 1 (1899), 428; *Knöfel,* Grenzüberschreitende Justizkooperation, S. 232.

[3] *Neumeyer,* BöhmsZ 9 (1899), 453 (455); *Ortlieb,* ZZP 38 (1909), 378 (380); *Schack,* RabelsZ 57 (1993), 224 (230). Eine früher vertretene Mindermeinung hat versucht, aus der Pflicht der Staaten zum Schutz der privatrechtlichen Belange ihrer Bürger eine Pflicht zur Leistung von Rechtshilfe auch außerhalb von Staatsverträgen herzuleiten, *Meili,* IZVR, S. 45. Teilweise wurde eine solche Verpflichtung nur dann angenommen, wenn der ersuchte Staat ebenfalls Rechtshilfe leisten würde, also bei Verbürgung der Gegenseitigkeit, *Delius,* Handbuch des Rechtshilfeverfahrens, S. 164 (mit weiteren Einschränkungen). Die im Schrifttum herrschende Meinung lehnt hingegen eine völkerrechtliche Pflicht zur Leistung von Rechtshilfe außerhalb von Staatsverträgen ab, *von Normann,* IZPR, S. 9; *Nussbaum,* Deutsches IPR, S. 410; *B. Lehmann/Krauß,* in: Lowenfeld/Steuber/Kann (Hrsg.),

Neuerungen waren demgegenüber nicht vorgesehen. Die Übermittlung des Zustellungsersuchens erfolgte über den diplomatischen Weg, wobei die Ausführung der Zustellung vom Empfängerstaat nur abgelehnt werden durfte, wenn seine Souveränität verletzt oder seine Sicherheit gefährdet wurde.[4] Das Abkommen ist zwar für das Deutsche Reich in Kraft getreten, nicht jedoch für das Vereinigte Königreich, sodass der deutsch-britische Zustellungsverkehr noch nicht auf eine feste vertragliche Grundlage gestellt wurde.

In der Folgezeit wurde das Abkommen durch das in der vierten Konferenz vom 16. Mai bis 7. Juni 1904 verabschiedete HZPA 1905[5] überarbeitet und ersetzt. Die wichtigste Neuerung für das internationale Zustellungsrecht bestand darin, dass die Übermittlung des Zustellungsersuchens fortan durch den Konsul des ersuchenden Staates erfolgen sollte (konsularischer Weg, Art. 1 Abs. 1 HZPA 1905).[6] Die revidierte Fassung ist zwar am 27. April 1909 für das Deutsche Reich in Kraft getreten (vgl. auch Art. 28 HZPA 1905),[7] das Vereinigte Königreich partizipierte jedoch auch an diesem Abkommen nicht.

Zivilprozess in den europäischen Staaten, S. 1, 123; *Riezler*, IZPR und Fremdenrecht, S. 674; *Nagel*, Rechtshilfe, S. 66; *Schabenberger*, Der Zeuge im Ausland, S. 56 f.; *Volken*, Rechtshilfe, S. 6; *G. Geimer*, Neuordnung des internationalen Zustellungsrechts, S. 158; *R. Geimer*, in: FS Spellenberg 2010, S. 407, 407 f.; *ders.*, IZPR, Rn. 3631. Auch bei einer längeren Übung soll aus dem Völkergewohnheitsrecht keine derartige Verpflichtung entstehen, *Kondring*, Heilung von Zustellungsfehlern, S. 81 ff. m.w.N. Hingegen in Teilen des internationalen Zustellungsrechts eine völkergewohnheitsrechtliche Pflicht ableitend *Nagel*, Rechtshilfe, S. 71 ff.; *ders.*, Friedenswarte 59 (1976), 249 (258 ff.).

[4] Vgl. Denkschrift zum Haager Abkommen von 1896, in: Verhandlungen des Reichstags (9. Legislatur-Periode, V. Session 1897/98), Anlage Nr. 15, S. 213 f.; *Heidecker*, ZZP 23 (1897), 164 (166); *Neumeyer*, BöhmsZ 9 (1899), 453 (456 f.).

[5] Näher zum Inhalt des Abkommens: Denkschrift zum HZPA 1905 in: Verhandlungen des Reichstags, Band 247 (XII. Legislatur-Periode), Anlage Nr. 891, S. 58 ff.; *Kaufmann*, DJZ 1908, 1077; *Huisman*, Rev. dr. int. lég. (2. ser.) 11 (1909), 320; *ders.*, Rev. dr. int. lég. (2. ser.) 11 (1909), 395; *Meili/Mamelok*, IPR und IZVR aufgrund der Haager Konventionen, S. 324 ff.; *von Normann*, IZPR, S. 17 ff. Auch der Titel dieses Abkommens ist ungenau, da nicht das gesamte Gebiet des internationalen Zivilverfahrensrechts geregelt wurde, *Hoyer*, ÖJZ 1958, 371 (372); *Bülow*, RPfleger 1959, 141 (142) in Fn. 6.

[6] Vgl. *Kaufmann*, DJZ 1908, 1077 (1079); *Huisman*, Rev. dr. int. lég. (2. ser.) 11 (1909), 320 (325); *Meili/Mamelok*, IPR und IZVR aufgrund der Haager Konventionen, S. 331; *Hoyer*, ÖJZ 1958, 371 (372). Ein Vertragsstaat konnte gemäß Art. 1 Abs. 3 HZPA 1905 einen Vorbehalt erklären, mit der Folge, dass das Zustellungsersuchen weiterhin über den diplomatischen Weg übermittelt werden musste. Andererseits konnten zwei Vertragsstaaten vereinbaren, dass der unmittelbare Verkehr zwischen den Behörden zulässig sein soll (Art. 1 Abs. 4 HZPA 1905).

[7] Bekanntmachung vom 24.4.1909, betreffend das Außerkrafttreten des Abkommens zur Regelung von Fragen des internationalen Privatrechts vom 14.11.1896 und des Zusatzprotokolls vom 22.5.1897 sowie das Inkrafttreten des Abkommens über den Zivilprozeß vom 17.7.1905, RGBl. 1909, S. 409.

Die ablehnende Haltung des Vereinigten Königreichs gegenüber der Teilnahme an der Haager Konferenz und den Haager Abkommen wurde auf internationalen Konferenzen und im Schrifttum stark kritisiert.[8] Sie beruhte zum einen auf der generellen Zurückhaltung gegenüber internationalen Verträgen und Bindungen.[9] Zum anderen zeichnete sich das englische Recht inhaltlich durch einige Besonderheiten aus, die als Grund für die fehlende Mitwirkung angeführt wurden. So knüpfte das englische Recht im internationalen Privatrecht grundsätzlich an das *domicile*[10] an, während in den Vertragsstaaten der Haager Abkommen überwiegend auf die Staatsangehörigkeit abgestellt wurde.[11] In Bezug auf das Rechtsgebiet der internationalen Rechtshilfe war diese Divergenz jedoch irrelevant.[12] Hier basierte die fehlende Beteiligung des Vereinigten Königreichs auf den Unterschieden der nationalen Beweis- und Zustellungsrechte.[13]

Für die Zustellung von Schriftstücken im deutsch-britischen Rechtsverkehr fehlte es daher bis zum Jahr 1929 an einer vertraglichen Grundlage. Mithin musste auf das autonome internationale Zivilverfahrensrecht des Ursprungsstaates zurückgegriffen werden.

---

[8] So *Mr. Justice Phillimore* auf der Konferenz der International Law Association im Jahr 1903, siehe dazu den Bericht von *Kennedy,* J Soc. Comp. Leg. 5 (1903), 216 (219 ff.). Kritik aus dem Schrifttum bei *E. Schuster,* J Soc. Comp. Leg. 1 (1899), 428 (430 f.); *Meili,* IZVR, S. 26; *Kaufmann,* DJZ 1908, 1077 (1081); *Kuhn,* Columbia L. R. 12 (1912), 44 (55 ff.); *ders.,* AJIL 7 (1913), 774. Anders hingegen *Baldwin,* Harvard L. R. 17 (1904), 400 (402), der davon ausgeht, dass bei einer Beteiligung des Vereinigten Königreichs Schwierigkeiten aufgetreten wären und deshalb im Ergebnis leichter eine Einigung erzielt werden konnte.

[9] *Riezler*, IZPR und Fremdenrecht, S. 32. Kritisch zu einer solchen *„splendid isolation"* auch *E. Schuster,* J Soc. Comp. Leg. 1 (1899), 428 (430); *Kuhn,* AJIL 7 (1913), 774 (780).

[10] Zum anglo-amerikanischen Begriff des *domicile* einführend *Dutta,* in: Basedow/Rühl/Ferrari/Miguel Asensio (Hrsg.), Encyclopedia of private international law, S. 555, 555 f. Weiterführend *Henrich,* RabelsZ 25 (1960), 456; *Kränzle,* Heimat als Rechtsbegriff?, S. 5 ff.

[11] *Riezler*, IZPR und Fremdenrecht, S. 32. Allgemein auf die rechtlichen Unterschiede abstellend *Baldwin,* Yale L. J. 14 (1904), 1; *ders.,* Harvard L. R. 17 (1904), 400 (402); Denkschrift der Ältesten der Kaufmannschaft von Berlin vom 3.5.1912, NiemZ 22 (1912), 423 (424). Kritisch zu dem Argument des Vereinigten Königreichs *Kuhn,* Columbia L. R. 12 (1912), 44 (55); *ders.,* AJIL 7 (1913), 774 (776 f.), der zutreffend darauf hinweist, dass in einigen Ländern, die sich an den Haager Abkommen beteiligt haben, jedenfalls an den – dem *domicile* ähnlichen – Wohnsitz angeknüpft wurde und, dass internationale Verträge gerade deshalb existieren, weil die Rechtslagen in den verschiedenen Vertragsstaaten unterschiedlich ausgestaltet sind.

[12] So *Kuhn,* AJIL 7 (1913), 774 (777).

[13] *Knöfel*, Grenzüberschreitende Justizkooperation, S. 303. Vgl. dazu auch Report of the Committee appointed by the Lord Chancellor of 1919, S. 18. Ausführlich zum internationalen Beweisrecht *Inhülsen,* AöR 11 (1896), 494.

II. Zustellung von Schriftstücken aus Deutschland

1. Autonomes deutsches Zustellungsrecht

a) Zustellung im Ausland

Die Zustellung von deutschen Schriftstücken im Ausland war in der Urfassung der ZPO in § 182, später in § 199 ZPO a.F. geregelt. Die inhaltsgleichen Normen bestimmten, dass eine solche Zustellung mittels Ersuchen bei der zuständigen Behörde im fremden Staat oder des in diesem Staat residierenden Konsuls oder Gesandten des Reichs zu erfolgen habe.

Die Zustellung durch die zuständige Behörde des Empfängerstaates stellt einen Fall der *(aktiven) internationalen Rechtshilfe* dar. Dabei musste ein Ersuchen an die ausländische Behörde auf dem direkten Behördenweg oder, falls dieser nicht zugelassen war,[14] auf dem diplomatischen Weg gestellt werden. Letzterer war aufwendig und zeitraubend, da erforderlich war, dass ein Gericht das Ersuchen über den Landgerichtspräsidenten, Oberlandesgerichtspräsidenten und den Justizminister an das Auswärtige Amt leitet. Dieses übermittelte das Ersuchen sodann an den Gesandten des Reichs weiter, der wiederum den Weg über die Justizverwaltung des ersuchten Staates beschreiten musste.[15] Die zuständige ausländische Behörde vollzog die Zustellung nach dem Recht ihres Staates *(lex fori)*.[16]

Bei der Zustellung durch den Konsul[17] oder den Gesandten des Reichs erledigte dieser die Zustellung in eigener Zuständigkeit. Da für den Zustellungsweg die Duldung des Empfängerstaates erforderlich ist, wird teilweise von *passiver internationaler Rechtshilfe* gesprochen.[18] Für die Zustellung durch einen

---

[14] Der direkte Behördenverkehr war nur in Ausnahmefällen zugelassen, *Förster/Kann*, Zivilprozeßordnung, § 199 ZPO, S. 514 f.; *Nussbaum*, Deutsches IPR, S. 410.

[15] *Nussbaum*, Deutsches IPR, S. 409 f.; *B. Lehmann/Krauß*, in: Lowenfeld/Steuber/Kann (Hrsg.), Zivilprozess in den europäischen Staaten, S. 1, 133 (jeweils auch zu Ausnahmen).

[16] RG v. 9.4.1929, JW 1929, 1883; *Gaupp/F. Stein*, Civilprozeßordnung, § 199 ZPO, S. 433.

[17] Ergänzt wurde § 183 CPO bzw. § 199 ZPO a.F. insofern durch § 19 Altes Konsulargesetz: „Die Bundeskonsuln können innerhalb ihres Amtsbezirks an die dort sich aufhaltenden Personen auf Ersuchen der Behörden eines Bundesstaates Zustellungen jeder Art bewirken. Durch das schriftliche Zeugnis des Konsuls über die erfolgte Zustellung wird diese nachgewiesen".

[18] So *Nagel*, Friedenswarte 59 (1976), 249 (258 f.); *ders.*, Rechtshilfe, S. 46 f., 51 ff.; *G. Geimer*, Neuordnung des internationalen Zustellungsrechts, S. 21 ff.; *Pfennig*, Internationale Zustellung, S. 15 f.; *Knöfel*, Grenzüberschreitende Justizkooperation, S. 7 ff.; *Vorwerk*, AnwBl 2011, 369 (372). Die Zustellung durch den Konsul ist nach dieser Auffassung sowohl ein Fall der *aktiven innerstaatlichen Rechtshilfe* als auch der *passiven internationalen Rechtshilfe*. Zum Teil werden unter dem Begriff der internationalen Rechtshilfe aber nur solche Tätigkeiten verstanden, bei der eine Behörde auf Ersuchen einer Behörde eines anderen Staates tätig wird. Die Zustellung durch den Konsul ist nach dieser Auffassung kein Fall der internationalen, sondern der innerstaatlichen Rechtshilfe, *Nussbaum*, Deutsches

Konsul wurde grundsätzlich gefordert, dass der Zustellungsempfänger deutscher Staatsangehöriger ist. Dies galt allerdings nicht, wenn der Konsul mit der Gerichtsbarkeit ausgestattet oder aufgrund einer besonderen Vereinbarung mit dem Empfängerstaat zur Zustellung befugt war.[19]

Das Verhältnis der zugelassenen Zustellungswege richtete sich grundsätzlich nach den völkerrechtlichen Vereinbarungen oder der praktizierten Übung zwischen den beteiligten Staaten.[20] Zudem stellte das Reichsjustizamt im Einvernehmen mit dem Auswärtigen Amt Grundsätze auf, die ein einheitliches Zustellungsverfahren sicherstellen sollten.[21] Das Zustellungsersuchen musste direkt an die ausländische Behörde gerichtet werden, wenn ein unmittelbarer Behördenkontakt zugelassen war. In den Staaten, in denen dies nicht der Fall war, hatte die Behörde das Ersuchen an den Konsul zu richten, sofern dieser die Zustellung ohne Einschaltung der diplomatischen Behörden bewirken konnte. Nur im Ausnahmefall wurde der Gesandte des Reichs eingeschaltet und der diplomatische Weg beschritten.[22]

b) Zustellung durch Aufgabe zur Post

Eine Partei, die nicht im Inland wohnte, war auch ohne besondere Anordnung des Gerichts verpflichtet, einen Zustellungsbevollmächtigten im Bezirk des Prozessgerichts zu bestellen (§ 174 Abs. 2 ZPO a.F.). Die Benennung hatte in der mündlichen Verhandlung oder in einem zuvor der anderen Partei zuzustellenden Schriftsatz zu erfolgen (§ 175 Abs. 1 S. 1 ZPO a.F.). Für den Fall, dass

---

IPR, S. 408; *Riezler*, IZPR und Fremdenrecht, S. 674. Eine dritte Ansicht versteht unter internationaler Rechtshilfe in Anlehnung an § 2 Abs. 1 S. 1 ZRHO jede gerichtliche oder behördliche Hilfe, die zur Förderung eines inländischen Verfahrens im Ausland oder eines ausländischen Verfahrens im Inland erbracht wird. Die Zustellung durch den Konsul stellt also einen Fall der internationalen Rechtshilfe dar, ohne auf die Figur der passiven Rechtshilfe zurückgreifen zu müssen, *Schabenberger*, Der Zeuge im Ausland, S. 49 ff.

[19] *Förster/Kann*, Zivilprozeßordnung, § 199 ZPO, S. 515 f.; *Nussbaum*, Deutsches IPR, S. 411; *R. Schmidt*, ZPO, S. 292 in Fn. 1.

[20] *Förster/Kann*, Zivilprozeßordnung, § 199 ZPO, S. 514; *H. Meyer/Angerstein/Hirschmann*, Zivilprozeßordnung, § 199 ZPO, S. 114; *Nussbaum*, Deutsches IPR, S. 409; *Unterreitmayer*, RPfleger 1972, 117 (123).

[21] Vgl. dazu etwa für Preußen die Allgemeine Verfügung vom 20.5.1887, – betreffend die im Auslande zu erledigenden Ersuchungsschreiben der Justizbehörden, Pr. JMBl. 49 (1887), S. 139; für Bayern die Bekanntmachung vom 28.11.1887, die im Auslande zu erledigenden Ersuchschreiben der Justizbehörden betr., Bay. JMBl. 25 (1887), S. 279.

[22] Siehe für Preußen die Allgemeine Verfügung vom 20.5.1887, – betreffend die im Auslande zu erledigenden Ersuchungsschreiben der Justizbehörden, Pr. JMBl. 49 (1887), S. 139 Rn. 6; für Bayern die Bekanntmachung vom 28.11.1887, die im Auslande zu erledigenden Ersuchschreiben der Justizbehörden betr., Bay. JMBl. 25 (1887), S. 279 Rn. 6. Dazu auch *Gaupp/F. Stein*, Civilprozeßordnung, § 199 ZPO, S. 432; *H. Meyer/Angerstein/Hirschmann*, Zivilprozeßordnung, § 199 ZPO, S. 114; *Riezler*, IZPR und Fremdenrecht, S. 688.

die Benennung eines Zustellungsbevollmächtigten ausblieb, konnte die Zustellung in der Weise erfolgen, dass der Gerichtsvollzieher das zu übergebende Schriftstück unter der Adresse der Partei nach ihrem Wohnort zur Post gab (§ 175 Abs. 1 S. 2 ZPO a.F.).[23] Sie galt bereits mit der Aufgabe zur Post als bewirkt, unabhängig davon, ob und wann das Schriftstück tatsächlich zugestellt wurde (§ 175 Abs. 1 S. 3 ZPO a.F.). Diese Zustellungsform ist keine Auslandszustellung, sondern macht diese vielmehr entbehrlich. Es handelt sich mithin um eine fiktive Inlandszustellung.[24] In Betracht kam dieser Weg allerdings erst in einem laufenden Verfahren. Ein Beklagter, der erstmals durch die Zustellung des verfahrenseinleitenden Schriftstücks von dem Prozess Kenntnis erlangen sollte, konnte noch keinen Zustellungsbevollmächtigten bestellen, sodass kein Weg an der Auslandszustellung nach § 199 ZPO a.F. vorbeiführte.[25]

c) Öffentliche Zustellung

Für den Fall, dass der Aufenthaltsort des Zustellungsempfängers unbekannt war, eine Auslandszustellung unausführbar war oder keinen Erfolg versprach, konnte die Zustellung durch öffentliche Bekanntmachung erfolgen (§ 203 Abs. 1 und 2 ZPO a.F.). Die zustellende Partei war verpflichtet, einen Antrag zu stellen, den das Prozessgericht bewilligen musste (§ 204 Abs. 1 S. 1 ZPO a.F.). Die Zustellung erfolgte dann dadurch, dass ein Auszug des zuzustellenden Schriftstücks und eine Benachrichtigung darüber, wo das Schriftstück eingesehen werden kann, an der Gerichtstafel angeheftet wurde (§ 204 Abs. 2 ZPO a.F.).

2. Zustellungspraxis im deutsch-britischen Rechtsverkehr

In der Zustellungspraxis musste zwischen verfahrenseinleitenden Schriftstücken und sonstigen Schriftstücken im laufenden Verfahren differenziert werden. Bei Letzteren konnte die Zustellung entweder an den zuvor benannten Zustellungsbevollmächtigten im Inland oder aber, wenn ein solcher nicht benannt wurde, durch Aufgabe des Schriftstücks zur Post (§§ 174 Abs. 2, 175 Abs. 1 S. 2 ZPO a.F.) bewirkt werden. Eine Auslandszustellung war demnach entbehrlich.

Die Zustellung von verfahrenseinleitenden Schriftstücken richtete sich demgegenüber stets nach § 199 ZPO a.F. Da eine völkervertragliche Regelung im

---

[23] Ausführlich zu den rechtsstaatlichen Bedenken gegen diese Vorschrift *Schlosser*, in: FS Stiefel 1987, S. 683.
[24] Ganz h.M. RG v. 22.4.1904, RGZ 57, 334 (336); BGH v. 24.9.1986 – VIII ZR 320/85, BGHZ 98, 263 (266 f.); *Riezler*, IZPR und Fremdenrecht, S. 687; *Hausmann*, IPRax 1988, 140 (141); *H. Roth*, IPRax 1990, 90 jeweils m.w.N. Vgl. für die neugefasste Norm des § 184 ZPO auch schon Kap. 1 D. I. 5 (S. 48).
[25] *H. Meyer/Angerstein/Hirschmann*, Zivilprozeßordnung, § 199 ZPO, S. 113; *Riezler*, IZPR und Fremdenrecht, S. 688.

deutsch-britischen Rechtsverkehr fehlte und sich auch keine Pflicht zur Leistung von Rechtshilfe aus Völkerrecht ableiten lässt, wurde die Rechtshilfe auf Grundlage der *courtoisie internationale* erbracht.[26] Mangels einer Vereinbarung mit dem Vereinigten Königreich, welche den unmittelbaren Behördenverkehr ermöglichte, musste das Zustellungsersuchen an den deutschen Konsul gerichtet werden, wenn davon auszugehen war, dass dieser die Zustellung selbst vornehmen konnte. Im deutsch-britischen Verhältnis konnten die Konsuln aufgrund einer besonderen Vereinbarung die Zustellung auch an Personen bewirken, die keine deutschen Staatsbürger waren.[27] Somit mussten sämtliche Ersuchen für Zustellungen im Vereinigten Königreich zunächst an einen deutschen Konsul gerichtet werden, wobei das Schreiben an das deutsche Generalkonsulat in London adressiert und eine Übersendung an den zuständigen Konsul erbeten werden musste.[28]

Der Konsul konnte dann innerhalb seines Amtsbezirks Zustellungen in eigener Zuständigkeit vornehmen. In der Praxis wurde dafür das Schriftstück mittels eingeschriebenen Briefes gegen postamtlichen Rückschein zugestellt.[29] Der Empfänger bestätigte den Erhalt des Briefes durch eine Unterzeichnung, die dann mit dem Zustellungszeugnis verbunden wurde. Für den Fall der Unmöglichkeit der Zustellung per Post wurde ein Amtsdiener mit der Zustellung

---

[26] *Ortlieb,* ZZP 38 (1909), 378 (380). Beachte allerdings auch die Denkschrift der Ältesten der Kaufmannschaft von Berlin vom 3.5.1912, NiemZ 22 (1912), 423 (424), die davon ausgeht, dass die englischen Behörden gar keine Rechtshilfe leisteten. Generell zur *courtoisie internationale* im vertraglosen Rechtshilfeverkehr *Linke/Hau,* IZVR, Rn. 3.35; *Schack,* IZVR, Rn. 219.

[27] *Gaupp/F. Stein,* Civilprozeßordnung, § 199 ZPO, S. 443; *R. Schmidt,* ZPO, S. 293; *Neumiller,* Zivilprozeßordnung, § 199 ZPO, S. 133; *Skonietzki/Gelpcke,* Zivilprozeßordnung, § 199 ZPO, S. 465; *Förster/Kann,* Zivilprozeßordnung, § 199 ZPO, S. 516; *Riezler,* IZPR und Fremdenrecht, S. 688 in Fn. 12. Während der Zeit des Ersten Weltkriegs kam die Zustellung durch die Konsuln nicht in Betracht, da das Deutsche Reich mit dem Vereinigten Königreich in einem Kriegsverhältnis stand, vgl. dazu *ders.,* IZPR und Fremdenrecht, S. 688 f.

[28] Siehe für Preußen die Allgemeine Verfügung vom 20.5.1887, – betreffend die im Auslande zu erledigenden Ersuchungsschreiben der Justizbehörden, Pr. JMBl. 49 (1887), S. 139 Rn. 29; für Bayern die Bekanntmachung vom 28.11.1887, die im Auslande zu erledigenden Ersuchschreiben der Justizbehörden betr., Bay. JMBl. 25 (1887), S. 279 Rn. 29. Aus dem Schrifttum: *Delius,* Handbuch des Rechtshilfeverfahrens, S. 231; *Neumiller,* Zivilprozeßordnung, § 199 ZPO, S. 133; *H. Meyer/Angerstein/Hirschmann,* Zivilprozeßordnung, § 199 ZPO, S. 114.

[29] *E. Schuster,* ZZP 43 (1913), 285 (286). Vgl. dazu auch *B. Lehmann/Krauß,* in: Lowenfeld/Steuber/Kann (Hrsg.), Zivilprozess in den europäischen Staaten, S. 1, 130. Anders die Denkschrift der Ältesten der Kaufmannschaft von Berlin vom 3.5.1912, NiemZ 22 (1912), 423 (425): Im Grundsatz schriftliche oder mündliche Bestellung in das Konsularlokal.

beauftragt, der das Schriftstück dann persönlich übergab.³⁰ § 199 ZPO a.F. erlaubte dem Konsul oder Gesandten des Bundes aber lediglich die formlose Zustellung, wohingegen Zwangszustellungen, wie z.B. Ersatzzustellungen an Angehörige oder sonstige Vertreter, nicht gedeckt waren.³¹ Daher musste in den Fällen, in denen die Zustellung auf diesem Weg nicht gelang, etwa weil der Empfänger nicht zur Annahme bereit war, Rechtshilfe über den diplomatischen Verkehr bei den britischen Behörden ersucht werden.³² Die englischen gerichtlichen Vollziehungsbeamten bewirkten die Zustellung nach den Regeln der *lex fori*, also den *Rules of the Supreme Court*.³³ Erst wenn die Zustellung auch auf diesem Weg nicht bewirkt werden konnte, war die öffentliche Zustellung nach § 203 Abs. 2 ZPO zulässig.³⁴

In der Praxis gelang zumeist die Zustellung durch den Konsul über den Postweg, sodass weder besondere Reisen zum Wohnort des Adressaten noch der Aufwand des diplomatischen Weges erforderlich waren.³⁵ Dieses Verfahren wurde zu dieser Zeit noch als praxistauglich angesehen.³⁶ Demgegenüber war der Weg über die ausländischen Rechtshilfebehörden mangels Zulassung des direkten Behördenverkehrs zeitraubend und kompliziert.³⁷

III. Zustellung von Schriftstücken aus England und Wales

Schwieriger gestaltete sich die Zustellung von Schriftstücken aus dem Vereinigten Königreich in Deutschland. Für England und Wales³⁸ waren in den meisten Fällen³⁹ die im Jahr 1883 erlassenen *Rules of the Supreme Court* maßgeblich, wobei Order 11 die Zustellung der Klageschrift *(writ)* im Ausland regelte. Eine Auslandszustellung bedurfte stets der Genehmigung des Gerichts

---

[30] *E. Schuster*, ZZP 43 (1913), 285 (286). Vgl. auch die Denkschrift der Ältesten der Kaufmannschaft von Berlin vom 3.5.1912, NiemZ 22 (1912), 423 (425), mit dem Hinweis, dass nicht selten Reisen, die erhebliche Kosten verursachen, erforderlich waren.
[31] *B. Lehmann/Krauß*, in: Lowenfeld/Steuber/Kann (Hrsg.), Zivilprozess in den europäischen Staaten, S. 1, 130; *Pfennig*, Internationale Zustellung, S. 69; *Kondring*, Heilung von Zustellungsfehlern, S. 106 f.
[32] *E. Schuster*, ZZP 43 (1913), 285 (286). Anders die Denkschrift der Ältesten der Kaufmannschaft von Berlin vom 3.5.1912, NiemZ 22 (1912), 423 (424), die davon ausgeht, dass die englischen Behörden gar keine Rechtshilfe leisteten.
[33] *E. Schuster*, ZZP 43 (1913), 285 (286).
[34] Vgl. *Förster/Kann*, Zivilprozeßordnung, § 199 ZPO, S. 516.
[35] *E. Schuster*, ZZP 43 (1913), 285 (286).
[36] So *E. Schuster*, ZZP 43 (1913), 285 (286). Diese Einschätzung hat sich im Laufe der Zeit geändert. Heute ist der Zustellungsweg kaum mehr von Bedeutung. Freilich ist es effektiver, die Postzustellung direkt – ohne Umweg über die Konsulate – zu erledigen.
[37] Vgl. *Nussbaum*, Deutsches IPR, S. 409 f.; *B. Lehmann/Krauß*, in: Lowenfeld/Steuber/Kann (Hrsg.), Zivilprozess in den europäischen Staaten, S. 1, 133.
[38] Die Rechtslage in Schottland und Nordirland soll hier außer Betracht bleiben.
[39] Sowohl die Regelungen für die *County Courts* als auch Familiensachen sollen hier außer Betracht bleiben, dazu etwa *E. Schuster*, ZZP 43 (1913), 285 (287).

oder des Richters. Maßgeblich waren hierfür die Genehmigungsgründe aus Order 11 R. 1 RSC a.F.[40] Der Zustellungsinteressent hatte einen Antrag auf Erlaubnis der Zustellung zu stellen und durch einen Eid *(affidavit)* oder einen anderen Beweis zu belegen, dass es einen berechtigten Grund für die Klage gibt, wo der Beklagte sich befindet, ob dieser britischer Staatsangehöriger ist und welcher Genehmigungsgrund einschlägig ist (Order 11 R. 4 RSC a.F.). War der Adressat kein britischer Staatsangehöriger und befand er sich auch nicht im Vereinigten Königreich, so war nicht der *writ* selbst, sondern nur eine Mitteilung *(notice of the writ)* zuzustellen (Order 11 R. 6 RSC a.F.).

Das eigentliche Verfahren für Zustellungen in Deutschland war ab dem 7. April 1904[41] in Order 11 R. 8 RSC a.F. geregelt. Dabei war es stets erforderlich, die ausländischen Rechtshilfebehörden über den diplomatischen Weg einzuschalten.[42] Die versiegelte Mitteilung war mitsamt einer Übersetzung an den Staatssekretär für auswärtige Angelegenheiten zu übersenden. Dieser hatte die Dokumente dann an das Außenministerium des Empfängerstaates weiterzuschicken.[43] Die Zustellung wurde dann nach dem Recht dieses Staates bewirkt. Eine Zustellungsbescheinigung hatte dieselbe Wirkung wie ein eidlich bekräftigte Zustellungsbescheinigung *(affidavit of service)*.[44] Diese Verfahrensregeln galten auch für die Zustellung von Vorladungen, Verfügungen oder Bescheiden in einem laufenden Verfahren (Order 11 R. 8a RSC a.F.).[45]

Im Ergebnis war der Zustellungsverkehr für britische Schriftstücke aus zwei Gründen nicht praxistauglich. Zum einen galten Order 11 R. 8 und 8a RSC a.F. nicht für sämtliche Schriftstücke, sodass es an der Einheitlichkeit des Zustellungsverfahrens mangelte.[46] Zum anderen war für die Schriftstücke, die von

---

[40] Dazu *Peel*, Practice and procedure under the RSC 1883, S. 10 f.; *Indermaur/Thwaites*, A manual of the practice of the Supreme Court of Judicature, S. 64 ff.

[41] *E. Schuster*, ZZP 43 (1913), 285 (287); Denkschrift der Ältesten der Kaufmannschaft von Berlin vom 3.5.1912, NiemZ 22 (1912), 423 (425), jeweils unter Hinweis auf eine Verfügung des *Lord Chancellor* vom 4.7.1904, welche die Anwendbarkeit der Vorschrift auf das Deutsche Reich festlegte. Zuvor war die Zustellung im Parteibetrieb zu erledigen. Die Partei oder ihr *solicitor* musste dann einen deutschen Gerichtsvollzieher einschalten. Problematisch war jedoch, dass dieser die erforderliche eidlich bekräftigte Zustellungsbescheinigung *(affidavit of service)* nicht ausstellen könnte, *E. Schuster*, ZZP 43 (1913), 285 (288).

[42] Dazu *Indermaur/Thwaites*, A manual of the practice of the Supreme Court of Judicature, S. 67, allerdings – wohl wegen des Ersten Weltkriegs – ohne konkrete Nennung von Deutschland. Anders noch die Vorauflage aus dem Jahr 1905 (*dies.*, A manual of the practice of the Supreme Court of Judicature[9], S. 67), die das Deutsche Reich explizit benannte.

[43] Nach der Denkschrift der Ältesten der Kaufmannschaft von Berlin vom 3.5.1912, NiemZ 22 (1912), 423 (425) mussten sogar bis zu zehn Instanzen mitwirken.

[44] Zum Ganzen auch *Indermaur/Thwaites*, A manual of the practice of the Supreme Court of Judicature, S. 67.

[45] Es war zweifelhaft, ob diese Vorschrift auch für gerichtliche Entscheidungen galt, *E. Schuster*, ZZP 43 (1913), 285 (287).

[46] *E. Schuster*, ZZP 43 (1913), 285 (287).

dieser Regelung erfasst wurden, nur der diplomatische Weg zugelassen, der allerdings sehr zeitraubend und kompliziert war.[47]

B. Deutsch-britisches Abkommen über den Rechtsverkehr vom 20. März 1928

I. Hintergrund

Die Wirtschaftsverbände und das Schrifttum haben früh das Bedürfnis für eine klare und effektive Regelung des deutsch-britischen Zustellungsverkehrs erkannt.[48] Zwar fehlten noch konkrete Bestrebungen für den Abschluss eines Abkommens, dennoch lagen Anfang des 20. Jahrhunderts gute Voraussetzungen für eine deutsch-britische Annäherung vor, die jedoch durch den Ersten Weltkrieg zerstört wurden.[49] Erst nach dem Ende des Krieges kehrte das Thema der grenzüberschreitenden justiziellen Zusammenarbeit wieder auf die Agenda des Vereinigten Königreichs zurück. Das vom Lordkanzler *Baron Finley* einberufene *British and Foreign Legal Procedure Committee* (sog. *Sumner Committee*)[50] beschäftigte sich nicht nur mit der Vollstreckung von gerichtlichen Entscheidungen im Ausland und dem internationalen Beweisaufnahmerecht, sondern auch explizit mit der internationalen Zustellung.[51] Das *Sumner Committee* lehnte zwar weiterhin einen Beitritt des Vereinigten Königreichs zum HZPA 1905 ab, sprach sich aber für eine engere Zusammenarbeit mit anderen Staaten aus und stellte einen eigenen Entwurf für ein Übereinkommen über den Zivilprozess vor, der in Art. 2 eine Regelung zur grenzüberschreitenden Zustellung enthielt.[52] In der Folgezeit schloss das Vereinigte Königreich 22

---

[47] Denkschrift der Ältesten der Kaufmannschaft von Berlin vom 3.5.1912, NiemZ 22 (1912), 423 (425). Vgl. aus deutscher Sicht *Nussbaum*, Deutsches IPR, S. 409 f.; *B. Lehmann/Krauß*, in: Lowenfeld/Steuber/Kann (Hrsg.), Zivilprozess in den europäischen Staaten, S. 1, 133.

[48] Denkschrift der Ältesten der Kaufmannschaft von Berlin vom 3.5.1912, NiemZ 22 (1912), 423 (424, 426 f.); *E. Schuster*, ZZP 43 (1913), 285 (286 ff.); dazu (allerdings primär zum Recht der internationalen Beweisaufnahme) auch *Knöfel*, ZfRV 2008, 273 (275). Eingehend zum Bedürfnis einer engeren Kooperation im internationalen Beweisaufnahmerecht *Inhülsen*, AöR 11 (1896), 494.

[49] *Knöfel*, Grenzüberschreitende Justizkooperation, S. 302.

[50] Vgl. *McClean,* Rec. de Cours 233 (1992), 267 (278).

[51] Report of the Committee appointed by the Lord Chancellor of 1919, S. 5 f. Dazu auch *Sutherland,* ICLQ 31 (1982), 784 (788); *Knöfel*, Grenzüberschreitende Justizkooperation, S. 302.

[52] Report of the Committee appointed by the Lord Chancellor of 1919, S. 13, 15.

bilaterale Verträge,[53] die allesamt die internationale Rechtshilfe erleichtern sollten und sich inhaltlich ähnelten.

Im Zuge dieser Entwicklung entstand auch das deutsch-britische Rechtshilfeabkommen.[54] Es trat für Deutschland im Verhältnis zu England und Wales am 16. März 1929 in Kraft (vgl. Art. 16 DBA).[55] Danach wurde es mit Wirkung zum 14. Juni 1929 auf Nordirland,[56] zum 6. Dezember 1930 auf Schottland[57] sowie auf andere Gebiete[58] erweitert. Zwischenzeitlich sorgte der Zweite Weltkrieg für die Suspendierung des Abkommens, sodass bis zur Wiederanwendung ab dem 1. Januar 1953[59] auf das autonome internationale Zustellungsrecht zurückzugreifen war.

Ziel des Abkommens war es, den deutsch-britischen Rechtshilfeverkehr auf eine feste vertragliche Grundlage zu stellen.[60] Die Vertragsparteien orientierten sich dabei maßgeblich an den Regelungen des HZPA 1905. Dennoch geht das deutsch-britische Rechtshilfeabkommen – insbesondere bei der Möglichkeit der unmittelbaren Zustellung[61] – über dieses Abkommen hinaus, wodurch den Bedürfnissen, die sich aus den unterschiedlichen Rechtslagen in Deutschland und im Vereinigten Königreich ergeben, Rechnung getragen werden sollte.[62]

---

[53] Wichtige Partner neben Deutschland waren Frankreich, Griechenland, Italien, Österreich, Schweden und Spanien. Vgl. zu sämtlichen Vertragspartnern die Übersicht bei *Harwood/Lord Dunboyne,* ICLQ 10 (1961), 284 (302 f.).

[54] Ausführlich zu den Regelungen der Beweisaufnahme *Cohn,* ZZP 80 (1967), 230.

[55] Bekanntmachung über die Ratifikation und Ausführung des deutsch-britischen Abkommens über den Rechtsverkehr vom 4.3.1929, RGBl. 1929 II, S. 133.

[56] Bekanntmachung über die Ausdehnung des deutsch-britischen Abkommens über den Rechtsverkehr auf Nordirland vom 1.6.1929, RGBl. 1929 II, S. 401.

[57] Bekanntmachung über die Ausdehnung des deutsch-britischen Abkommens über den Rechtsverkehr auf Schottland vom 22.12.1930, RGBl. 1930 II, S. 1273.

[58] Siehe dazu die Übersicht bei Geimer/Schütze/Hau (Hrsg.), Internationaler Rechtsverkehr, Rn. 520.1 f.

[59] Bekanntmachung über die Wiederanwendung deutsch-britischer Vorkriegsverträge vom 13.3.1953, BGBl. 1953 II, S. 116.

[60] Denkschrift zum deutsch-britischen Rechtshilfeabkommen, in: Verhandlungen des Reichstags, Band 431 (IV. Wahlperiode 1928), Anlage Nr. 384, S. 9; *Jonas,* JW 1929, 88.

[61] Die fehlenden Regelungen zur unmittelbaren Zustellung im HZPA 1905 wurden vom *Sumner Committee* kritisiert und als Grund dafür angeführt, warum das Vereinigte Königreich dem HZPA 1905 nicht beitreten sollte, vgl. Report of the Committee appointed by the Lord Chancellor of 1919, S. 13.

[62] Denkschrift zum deutsch-britischen Rechtshilfeabkommen, in: Verhandlungen des Reichstags, Band 431 (IV. Wahlperiode 1928), Anlage Nr. 384, S. 9; *Jonas,* JW 1929, 88; *Nagel,* Rechtshilfe, S. 81; *Stroschein,* Parteizustellung im Ausland, S. 224.

II. Anwendungsbereich

1. Zivil- und Handelssache

Das deutsch-britische Rechtshilfeabkommen findet gemäß Art. 1 auf Zivil- und Handelssachen einschließlich nichtstreitiger Sachen Anwendung. Der Begriff der Zivil- und Handelssache ist nicht näher definiert, soll allerdings im Einklang mit dem HZPA 1905 ausgelegt werden.[63] Jedoch enthält auch dieses Abkommen keine ausdrückliche Definition. Eine schlichte Übertragung des Meinungsstreits, der über die Auslegung des Begriffs im HZÜ geführt wird,[64] ist aufgrund des historischen Kontextes nicht möglich.[65] Die dort vertretenen Ansichten können jedoch als Anhaltspunkt für die Lösung der Auslegungsfrage herangezogen werden.

Zunächst könnte auf das Recht des Ursprungsstaates[66] oder das Recht des Empfängerstaates[67] abgestellt werden. Zudem wird die Ansicht vertreten, dass der Anwendungsbereich nur dann eröffnet sei, wenn das Verfahren nach den Rechten beider betroffenen Staaten als Zivil- und Handelssache zu qualifizieren ist (kumulative Qualifikation oder Doppelqualifikation).[68] In Betracht kommt ferner eine vertragsautonome Begriffsbestimmung. Gegen eine solche Auslegung, die zwar unter dem Gesichtspunkt der einheitlichen Anwendung durchaus wünschenswert ist, spricht jedoch, dass sie nicht dem historischen Willen der Vertragsparteien des HZPA 1905 entsprach und es an einer zentralen Auslegungsinstanz fehlt.[69] In der Praxis dürften die Ansichten in den allermeisten Fällen zum gleichen Ergebnis führen.[70] Dennoch besteht hinsichtlich der Auslegung des Begriffs der Zivil- und Handelssache Unsicherheit.

---

[63] Denkschrift zum deutsch-britischen Rechtshilfeabkommen, in: Verhandlungen des Reichstags, Band 431 (IV. Wahlperiode 1928), Anlage Nr. 384, S. 9; *Jonas,* JW 1929, 88.

[64] Siehe dazu Kap. 2 C. II. 1. (S. 87 ff.).

[65] So auch *Maack,* Englische antisuit injunctions, S. 76, die aber maßgeblich auf den Unterschied zwischen bilateralen und multilateralen Verträgen abstellt. A.A. *Bittmann,* IPRax 2012, 216 (216 f.).

[66] So *Jonas,* JW 1929, 88, der davon ausgeht, dass diese Auslegung im Rahmen des HZPA 1905 gilt und daher auf die anderen Auslegungsmöglichkeiten nicht eingeht. Ebenso für das HZPA 1905: *Delius,* Handbuch des Rechtshilfeverfahrens, S. 140; *von Normann,* IZPR, S. 17.

[67] OLG Frankfurt a.M. v. 8.2.2010 – 20 VA 15/09, IPRax 2012, 242 legt dieses Ergebnis zugrunde. Bei einem Zustellungsersuchen aus Neuseeland prüft das Gericht die Frage, ob eine Zivil- und Handelssache vorliegt, anhand des deutschen Begriffsverständnisses.

[68] So *Maack,* Englische antisuit injunctions, S. 76; *Bittmann,* IPRax 2012, 216 (217).

[69] *Bittmann,* IPRax 2012, 216 (217).

[70] Zu einzelnen Problemfällen im deutsch-britischen Rechtsverkehr, insbesondere *antisuit injunctions,* siehe Kap. 2 C. II. 1. b) (S. 89 f.).

2. Zustellung im Gebiet des anderen vertragsschließenden Teiles

Nach Art. 2 DBA ist zudem erforderlich, dass ein Schriftstück, welches in dem Gebiet eines der vertragsschließenden Teile ausgestellt worden ist, im Gebiet des anderen Teiles zugestellt werden soll. Es wird also – in Anlehnung an das HZPA 1905 – eine Auslandszustellung vorausgesetzt. Wann eine solche vorliegt, wird im Abkommen indes nicht festgelegt, sondern richtet sich nach dem Recht des Ursprungsstaates.[71] Somit ist das Abkommen bei fiktiven Inlandszustellungen, wie sie Deutschland in §§ 174 Abs. 2, 175 Abs. 1 ZPO a.F. vorsah, nicht anwendbar.[72]

III. Zustellungswege

Das deutsch-britische Rechtshilfeabkommen unterscheidet verschiedene Übermittlungswege. Neben der klassischen Zustellung im Wege der aktiven internationalen Rechtshilfe und der Zustellung durch diplomatische oder konsularische Beamte sieht es weitere Zustellungswege ohne die Einschaltung der Rechtshilfebehörden vor.

1. Zustellung im Wege der aktiven internationalen Rechtshilfe

Die Zustellung unter Mitwirkung der ausländischen Rechtshilfebehörden ist in Art. 3 und 4 DBA geregelt und lehnt sich an den Bestimmungen des HZPA 1905 an.

a) Verfahren und zuständige Stellen

Für die Übermittlung des Schriftstücks ist der konsularische Weg vorgesehen.[73] Der Zustellungsantrag muss gemäß Art. 3 lit. a DBA durch einen konsularischen (oder diplomatischen) Beamten an eine zur Entgegennahme zuständige Stelle des Empfängerstaates gesendet werden. Bei der Übermittlung britischer Ersuchen nach Deutschland ist die zuständige Stelle der Präsident des deutschen Landgerichts (Art. 3 lit. a Spiegelstrich 1 DBA). Ersuchen aus Deutschland sind bei Zustellungen in England oder Wales an den *Senior Master of the Supreme Court of England* (Art. 3 lit. a Spiegelstrich 2 DBA), in Nordirland an den *Registrar of the Supreme Court of Judicature of Northern Ireland*[74] und in Schottland an den *Crown Agent* in Edinburgh[75] zu richten.

---

[71] Für das HZPA 1905: *von Normann*, IZPR, S. 18 f.
[72] Vgl. für das HZPA 1905: *von Normann*, IZPR, S. 18 f.
[73] *Nagel*, Rechtshilfe, S. 81; *Bunge*, Zivilprozeß in England, S. 220; *Kondring*, Heilung von Zustellungsfehlern, S. 163; *Nagel/Gottwald*, IZPR, Rn. 8.162.
[74] Bekanntmachung über die Ausdehnung des deutsch-britischen Abkommens über den Rechtsverkehr auf Nordirland vom 1.6.1929, RGBl. 1929 II, S. 401.
[75] Bekanntmachung über die Ausdehnung des deutsch-britischen Abkommens über den Rechtsverkehr auf Schottland vom 22.11.1930, RGBl. 1930 II, S. 1273.

Das Übermittlungsschreiben muss in der Sprache des ersuchten Staates abgefasst sein (Art. 3 lit. b S. 1 DBA). Die Zustellung an den Adressaten wird durch die zuständige Behörde des ersuchten Landes bewirkt. In Deutschland ist dies gemäß Art. 1 der Verordnung zur Ausführung des DBA das Amtsgericht, in dessen Bezirk die Amtshandlung vorgenommen werden soll. Der Empfängerstaat hat im Falle einer erfolgreichen Zustellung eine Urkunde, die Art und Weise sowie den Zeitpunkt der Zustellung nachweist, anzufertigen und an den ersuchenden Staat zu übermitteln (Art. 3 lit. g DBA).

b) Formlose Zustellung

Im Grundsatz erfolgt die Zustellung im Empfängerstaat formlos durch die Übergabe des Schriftstücks an den Empfänger (Art. 3 lit. c DBA). Voraussetzung dafür ist jedoch, dass dieser zur Annahme bereit ist. Ein Übersetzungserfordernis besteht im Regelfall nicht. Lediglich auf besonderen Antrag der ersuchten gerichtlichen Behörde gegenüber dem diplomatischen oder konsularischen Beamten, der den Antrag übermittelt hat, ist eine Übersetzung des zuzustellenden Schriftstücks zur Verfügung zu stellen (Art. 3 lit. b S. 2 DBA). In diesem Fall muss die Übersetzung durch den Beamten des ersuchenden Teiles oder durch einen beamteten oder beeidigten Dolmetscher eines der beiden Länder beglaubigt werden (Art. 3 lit. e DBA).

c) Förmliche Zustellung

Eine förmliche Zustellung, die sich nach der *lex fori* des ersuchten Staates richtet, ist lediglich dann erforderlich, wenn im Antrag ein dahingehender Wunsch ausgesprochen wird (Art. 3 lit. d DBA). Da die formlose Zustellung an der schlichten Annahmeverweigerung des Adressaten scheitern kann, ist es in der Praxis sinnvoll, im Antrag auf Rechtshilfe jedenfalls hilfsweise eine förmliche Zustellung zu beantragen (vgl. nunmehr § 51 Abs. 3 ZRHO). Art. 3 lit. d DBA erfordert, dass das Schriftstück in der Sprache des ersuchten Landes abgefasst ist oder eine Übersetzung nach Maßgabe von Art. 3 lit. e DBA beigefügt wird,[76] sodass es bei der Wahl dieses Zustellungsweges sinnvoll ist, von vornherein eine Übersetzung des Schriftstücks anfertigen zu lassen.

d) Eingeschränkter ordre public-Vorbehalt

Das deutsch-britische Rechtshilfeabkommen regelt in Art. 3 lit. f, dass die Ausführung des Zustellungsantrags nur dann abgelehnt werden kann, wenn der ersuchte Staat sie für geeignet hält, seine Hoheitsrechte oder seine Sicherheit

---

[76] Vgl. Denkschrift zum deutsch-britischen Rechtshilfeabkommen, in: Verhandlungen des Reichstags, Band 431 (IV. Wahlperiode 1928), Anlage Nr. 384, S. 9; *Kondring*, Heilung von Zustellungsfehlern, S. 163; *G. Geimer*, Neuordnung des internationalen Zustellungsrechts, S. 193.

zu gefährden. Hintergrund dieses eingeschränkten[77] *ordre public*-Vorbehalts ist die Einordnung der Zustellung als Hoheitsakt.

e) Kosten und Dauer der Zustellung

Art. 4 Abs. 1 DBA sieht vor, dass keine Gebühren für die Zustellung zu entrichten sind. Jedoch müssen sämtliche Kosten und Auslagen, die nach dem Recht des ersuchten Staates anfallen, erstattet werden. Sie sollen dabei nicht höher sein als diejenigen für Zustellungen im Inland (Art. 4 Abs. 2 DBA). Eine besondere Regelung über die Dauer, die für eine grenzüberschreitende Zustellung eingeplant werden muss, enthält das Abkommen nicht.

2. Unmittelbare Zustellung durch diplomatische oder konsularische Beamte

Das Schriftstück kann ohne die Mitwirkung der Behörden des Empfängerstaates unmittelbar durch einen diplomatischen oder konsularischen Beamten des Ursprungsstaates zugestellt werden (Art. 5 lit. a DBA). Dieser Zustellungsweg steht allerdings unter dem Vorbehalt, dass der Adressat nicht Angehöriger des Empfängerstaates ist. Die Übermittlung erfolgt formlos. Zwangs- und Ersatzzustellungen sind – ebenso wie im Rahmen des § 199 ZPO a.F. – unzulässig.[78]

Ein Schriftstück aus Deutschland konnte mithin im Vereinigten Königreich durch einen deutschen diplomatischen oder konsularischen Beamten nur dann zugestellt werden, wenn der Zustellungsadressat nicht britischer Staatsangehöriger war. Umgekehrt stand der Zustellungsweg für britische Schriftstücke lediglich dann zur Verfügung, wenn der Empfänger nicht deutscher Staatsangehöriger war.

3. Zustellung ohne Einschaltung der Rechtshilfebehörden

Das deutsch-britische Rechtshilfeabkommen sieht in Art. 5 lit. b, 6 und 7 weitere Zustellungsmöglichkeiten vor, die in besonderer Weise auf den Eigenarten des britischen Zustellungsrechts beruhen.[79]

a) Unmittelbare Zustellung durch einen bestellten Vertreter

Die Zustellung kann durch einen Vertreter, der von einem Gericht des Ursprungsstaates oder der antragsstellenden Partei bestellt worden ist, vorgenommen werden (Art. 5 lit. b DBA). Die Regelung ist auf die Besonderheit des

---

[77] Die Formulierung wurde aus dem HZPA 1905 übernommen und ist enger als bei einem „normalen" *ordre public*-Vorbehalt. Da auch Art. 13 Abs. 1 HZÜ nahezu identisch formuliert ist, kann hinsichtlich der Rechtsnatur und der Problemfälle auf die Ausführungen zum HZÜ verwiesen werden, siehe Kap. 2 C. III. 1. d) (S. 97 ff.).

[78] Vgl. *Kondring*, Heilung von Zustellungsfehlern, S. 163.

[79] *Nagel*, Rechtshilfe, S. 81; *Pfennig*, Internationale Zustellung, S. 45; *Kondring*, Heilung von Zustellungsfehlern, S. 163; *Stroschein*, Parteizustellung im Ausland, S. 224.

englischen Rechts zurückzuführen, wonach ein Schriftstück durch einen Vertreter *(agent)* zustellt werden kann. Das deutsche Recht kennt diese Zustellungsmethode hingegen nicht, sodass die Norm für deutsche Verfahren bedeutungslos war.[80]

Ebenso wie die unmittelbare Zustellung durch diplomatische oder konsularische Beamte steht die Zustellung durch einen *agent* unter dem Vorbehalt, dass der Adressat nicht Angehöriger des Empfängerstaates ist. Art. 5 lit. b DBA stellt zudem klar, dass der Empfängerstaat eine solche Zustellung im Rahmen seines Anerkennungs- und Vollstreckungsrechts nicht zwingend als wirksam erachten muss. Dies führt einerseits dazu, dass der in Deutschland so nicht vorgesehene Zustellungsweg aus deutscher Sicht unbedenklich ist.[81] Andererseits ist die unmittelbare Zustellung durch einen bestellten Vertreter kaum praxistauglich, denn ein deutsches Gericht wird der Zustellung und einem später ergehenden Urteil die Wirksamkeit versagen.[82] Von Bedeutung war der Zustellungsweg daher nur dann, wenn ein aus dem Vereinigten Königreich stammendes Schriftstück in Deutschland an einen ausländischen Empfänger zugestellt und ein späteres, in diesem Verfahren erlassenes Urteil nicht in Deutschland anerkannt oder vollstreckt werden sollte.[83]

b) Unmittelbare Postzustellung

Das deutsch-britische Rechtshilfeabkommen ermöglicht in Art. 6 die unmittelbare Zustellung durch die Post, wenn diese Art der Übermittlung nach dem Recht Ursprungsstaates gestattet ist. Der Empfängerstaat kann die Postzustellung, anders als bei Art. 6 Nr. 1 HZPA 1905, nicht durch einen Widerspruch

---

[80] *Nagel*, Rechtshilfe, S. 82; *Bunge*, Zivilprozeß in England, S. 220 f.; *Kondring*, Heilung von Zustellungsfehlern, S. 163; *Nagel/Gottwald*, IZPR, Rn. 8.164. Vgl. für England und Wales zur früheren Rechtslage auch Order 67 R. 2 RSC. Auch nach der derzeitigen Rechtslage können bei den Zustellungsmethoden des englischen Rechts weitere Personen *(agent* bzw. *process server)* eingeschaltet werden.

[81] Denkschrift zum deutsch-britischen Rechtshilfeabkommen, in: Verhandlungen des Reichstags, Band 431 (IV. Wahlperiode 1928), Anlage Nr. 384, S. 9. *Kondring*, Heilung von Zustellungsfehlern, S. 164, spricht davon, dass der Zustellungsweg durch das deutsch-britische Rechtshilfeabkommen völkerrechtlich geduldet wird.

[82] Denkschrift zum deutsch-britischen Rechtshilfeabkommen, in: Verhandlungen des Reichstags, Band 431 (IV. Wahlperiode 1928), Anlage Nr. 384, S. 9; *Kondring*, Heilung von Zustellungsfehlern, S. 164.

[83] *Kondring*, Heilung von Zustellungsfehlern, S. 164; *Maack*, Englische antisuit injunctions, S. 83; *Stroschein*, Parteizustellung im Ausland, S. 226.

verhindern.[84] Von Vorteil ist der Zustellungsweg deshalb, weil er eine günstige und unkomplizierte Übermittlung des Schriftstücks ermöglicht.[85]

aa) Zustellung deutscher Schriftstücke im Vereinigten Königreich

Die unmittelbare Postzustellung von Schriftstücken aus Deutschland im Vereinigten Königreich ist nur dann möglich, wenn das autonome deutsche Recht die Postzustellung gestattet. Art. 6 DBA stellt keine Spezialvorschrift dar, vielmehr wird nach dem unmissverständlichen Wortlaut auf die Zulässigkeit nach dem autonomen internationalen Zustellungsrecht verwiesen.[86] Bis zur Reform der Zustellungsregeln der ZPO im Jahr 2001 durch das Zustellungsreformgesetz war daher § 199 ZPO a.F. maßgeblich.[87] Die Norm sah Zustellungen durch die Rechtshilfebehörden des ersuchten Staates und durch Konsuln oder den Gesandten des Bundes vor. Eine unmittelbare Zustellung durch die Post gestattete § 199 ZPO a.F. hingegen nicht.

Die Denkschrift zum deutsch-britischen Rechtshilfeabkommen vertritt die Auffassung, dass der deutsche Konsul, der nach § 199 ZPO a.F. um eine Zustellung ersucht wird, aufgrund von Art. 6 DBA die Zustellung des Schriftstücks unmittelbar durch die Post per Einschreibebrief gegen Rückschein vornehmen kann.[88] Dies überzeugt indes nicht: Art. 6 DBA regelt nicht, in welcher Form deutsche Auslandsvertretungen die Zustellung vornehmen können.[89] Die Zustellung durch diplomatische und konsularische Vertreter wird vielmehr durch Art. 5 lit. a DBA geregelt, der in seinem Anwendungsbereich § 199 ZPO a.F. verdrängte. Die Zustellung an einen zur Annahme bereiten Empfänger kann dabei formlos und somit auch per Zustellung durch Post erfolgen.[90] Dies ist jedoch auf Art. 5 lit. a DBA zurückzuführen und gilt somit unabhängig von Art. 6 DBA.

---

[84] *Strasser,* RpflStud 2011, 25 (26). Im Rahmen des HZPA 1905 und des HZPÜ 1954 ist umstritten, ob Deutschland den Widerspruch wirksam erklärt hat. Lange Zeit wurde von einem solchen wirksamen Widerspruch ausgegangen und dabei auf eine Fußnote von *Bülow* verwiesen, vgl. etwa Denkschrift zum HZÜ, in: BT-Drs. 7/4892, S. 46; OLG Düsseldorf v. 21.11.1996 – 13 VA 4/96, IPRax 1997, 194 (195). Dagegen hat *Jayme,* IPRax 1997, 195 vorgebracht, dass Deutschland nie einen (förmlichen) Widerspruch erklärt hat.

[85] *Jonas,* JW 1929, 88 (89).

[86] *Kondring,* Heilung von Zustellungsfehlern, S. 165.

[87] Siehe zu § 199 ZPO a.F. bereits Kap. 2 A. II. 1. a) (S. 67 f.). Die neue Rechtslage bleibt hier noch außer Betracht, da das deutsch-britische Rechtshilfeabkommen ab dem Jahr 2001 von der EuZVO verdrängt wurde.

[88] Denkschrift zum deutsch-britischen Rechtshilfeabkommen, in: Verhandlungen des Reichstags, Band 431 (IV. Wahlperiode 1928), Anlage Nr. 384, S. 9. Ebenso *Jonas,* JW 1929, 88 (89).

[89] *Kondring,* Heilung von Zustellungsfehlern, S. 165.

[90] Dass sich die Konsuln tatsächlich der Post bedienen dürfen, wird (jedenfalls im Rahmen des HZÜ) bestritten. Zum Teil wird diese Form der Zustellung als Kombination der Zustellungswege nach Art. 5 lit. a und Art. 6 DBA angesehen, vgl. Fn. 219

Aus deutscher Sicht lief Art. 6 DBA deshalb leer. Ein nationales Gericht konnte die Zustellung im Vereinigten Königreich nicht unmittelbar durch die Post veranlassen.[91]

bb) Zustellung britischer Schriftstücke in Deutschland

Die unmittelbare Postzustellung britischer Schriftstücke in Deutschland erfordert, dass das britische Recht die Postzustellung in das Ausland gestattet. Wie bereits gesehen war für englische Verfahren[92] Order 11 RSC maßgeblich. Die Vorschriften wurden im Jahr 1965 refomiert. Die Zustellung des *writ* bzw. der *notice of writ* konnte im Ausland entweder persönlich (Order 11 R. 5 (1) i.V.m. Order 10 R. 1 RSC) oder nach dem Recht des Landes, in dem die Zustellung erfolgt (Order 11 R. 3 (a) RSC), vorgenommen werden. Zum einen war es daher möglich, dass ein englischer Konsul oder ein ausländischer Anwalt bzw. *process server* die Zustellung im Ausland persönlich bewirkte.[93] Zum anderen konnte die Zustellung durch ausländische Behörden nach dem Recht des Empfängerstaates bewirkt werden.[94]

Allerdings bleibt nach der Gesetzeslage unklar, ob auch weitere, im Empfängerstaat aufgrund eines Ab- oder Übereinkommens zugelassene Zustellungswege (z.B. die Postzustellung) zulässig waren. Dagegen spricht, dass Order 11 R. 6 (2) RSC ausdrücklich davon sprach, dass in Ländern, mit denen ein Zivilprozessübereinkommen besteht, entweder durch die Justizbehörden dieses Landes (a) oder durch die britische Konsularbehörde in diesem Land (b) zugestellt werden kann. Alternative Übermittlungswege wurden nicht erwähnt. Eine Postzustellung wäre dann nur im Rahmen von *substitued service* i.S.d. Order 11 R. 5 (1) i.V.m Order 65 R. 4 RSC zulässig gewesen.[95] Näher liegt es wohl, dass die völkerrechtlichen Verträge insofern als speziellere Regelung anzusehen waren und somit eine Übermittlung mittels sämtlicher durch sie zugelassener Wege in Betracht kam.[96] Diese Unklarheit wurde glücklicherweise durch die Reform des englischen Zivilprozessrechts durch die *Civil Procedure Rules* beseitigt. Sie besteht allerdings auch heute noch im Recht von Nordirland, welches auf den *Rules of the Supreme Court* aufbaut (vgl. Order 11 R. 5 und R. 6 (2), (3) RCJ).

---

[91] *Kondring*, Heilung von Zustellungsfehlern, S. 165; *G. Geimer*, Neuordnung des internationalen Zustellungsrechts, S. 194; *Stroschein*, Parteizustellung im Ausland, S. 226.
[92] Die Rechtslage in Schottland und Nordirland bleibt hier außer Betracht.
[93] *Jacob*, in: Smit (Hrsg.), International Co-Operation in Litigation, S. 66, 88 f. Ermöglicht wurde damit letztlich eine Zustellung nach Art. 5 lit. a und b DBA.
[94] *Jacob*, in: Smit (Hrsg.), International Co-Operation in Litigation, S. 66, 89.
[95] So wohl *Rauscher,* IPRax 1992, 71 (72) in Fn. 6.
[96] In diese Richtung *Jacob*, in: Smit (Hrsg.), International Co-Operation in Litigation, S. 66, 90: „Service in a convention country may be made [...] in any other way permitted by the applicable convention". Ähnlich auch *Nagel*, Rechtshilfe, S. 83; *Kondring*, Heilung von Zustellungsfehlern, S. 164 f.

c) Unmittelbare Zustellung durch die zuständigen Beamten des Empfängerstaates

Die beteiligte Person kann sich ebenfalls unmittelbar an einen zuständigen Beamten des Empfängerstaates wenden und die Zustellung durch diesen bewirken lassen (Art. 7 DBA). Der Beamte kann den Zustellungsauftrag nicht ablehnen und muss ihn nach den Vorschriften des nationalen Rechts ausführen. Die Vorschrift war für deutsche Verfahren nicht von Bedeutung, da das deutsche Zustellungsrecht eine unmittelbare Zustellung durch den ausländischen Beamten in § 199 ZPO a.F. nicht vorsah.[97] Einen zusätzlichen Zustellungsweg eröffnete Art. 7 DBA jedoch für Verfahren im Vereinigten Königreich (vgl. für England Order 11 R. 6 (2) (a) RSC). Die britische Partei konnte sich daher direkt an den deutschen Gerichtsvollzieher, der nach dem innerstaatlichen deutschen Recht für die Zustellung im Parteibetrieb zuständig war (§ 166 Abs. 1 ZPO a.F.), wenden und diesen zur Zustellung auffordern. Bei einem Ersuchen aus dem Ausland hatte er nach § 12 GVGA a.F.[98] den Zustellungsauftrag seiner Dienststelle vorzulegen, auf deren Weisung zu warten und dann die Zustellung unmittelbar selbst vorzunehmen.[99] Da im Rahmen dieses Zustellungsweges ebenso wie bei der Zustellung im Wege der Rechtshilfe nach Art. 3, 4 DBA eine deutsche Behörde beteiligt ist, wird vertreten, dass der eingeschränkte *ordre public*-Vorbehalt des Art. 3 lit. f DBA analog anzuwenden ist.[100]

d) Übersetzungserfordernis

Das deutsch-britische Rechtshilfeabkommen enthält keine ausdrückliche Regelung zum Erfordernis einer Übersetzung bei der unmittelbaren Zustellung. Art. 3 lit. b, d und e DBA, die in bestimmten Fällen eine Übersetzung voraussetzen, sind auf Zustellungen durch die ausländischen Rechtshilfebehörden zugeschnitten und finden auf Art. 5–7 DBA keine direkte Anwendung.[101]

---

[97] Denkschrift zum deutsch-britischen Rechtshilfeabkommen, in: Verhandlungen des Reichstags, Band 431 (IV. Wahlperiode 1928), Anlage Nr. 384, S. 9; *Jonas,* JW 1929, 88 (89). Für Art. 6 Abs. 1 Nr. 2 HZPA 1905: *von Normann,* IZPR, S. 19.

[98] Diese Pflicht zur Vorlage ist für Zustellungsersuchen im Anwendungsbereich des deutsch-britischen Rechtshilfeabkommens durch die Neufassung der Geschäftsanweisung für Gerichtsvollzieher weggefallen (§ 10 Abs. 1 S. 2 Nr. 3 GVGA).

[99] Vgl. OLG Karlsruhe v. 31.7.1984 – VA 2/84, OLGZ 1985, 201 (202) = RIW 1986, 62. In dem vom OLG entschiedenen Fall war die Zustellung jedoch unwirksam, da das Amtsgericht die Zustellung durch den Rechtspfleger veranlasst hatte, obwohl dieses für Zustellungen im Parteibetrieb gar nicht zuständig war. Zu dieser Entscheidung auch *Nagel,* IZVR aus westeuropäischer Sicht, S. 9 f.

[100] *Maack,* Englische antisuit injunctions, S. 124 f.

[101] *Kondring,* Heilung von Zustellungsfehlern, S. 166; *Stroschein,* Parteizustellung im Ausland, S. 224. A.A. OLG Karlsruhe v. 31.7.1984 – VA 2/84, OLGZ 1985, 201 (203) = RIW 1986, 62. Das Gericht geht davon aus, dass Art. 3 DBA jedenfalls auch auf Art. 7 DBA anwendbar ist.

In Betracht kommt allenfalls eine analoge Anwendung. Hierfür fehlt es jedoch an der vergleichbaren Interessenlage. Die Zustellung durch Einschaltung der Rechtshilfebehörden ist von der unmittelbaren Zustellung strikt zu trennen.[102] Diese Trennung ergibt sich speziell für das deutsch-britische Rechtshilfeabkommen auch aus Art. 2. Des Weiteren spricht Art. 3 lit. e DBA von der „in diesem Artikel vorgesehenen Übersetzung" und bringt somit zum Ausdruck, dass andere Zustellungswege nicht den Übersetzungsregelungen aus Art. 3 DBA unterliegen sollen. Auch die für Art. 7 DBA vertretene entsprechende Anwendung[103] muss daher ausscheiden.

Ein Übersetzungserfordernis könnte sich gleichwohl aus dem autonomen deutschen Recht ergeben. Jedoch sah § 71 ZRHO a.F. lediglich bei eingehenden Ersuchen um Rechtshilfe vor, dass eine deutsche Übersetzung des Schriftstücks beigefügt sein muss. Die unmittelbare Zustellung wurde durch diese Norm nicht geregelt.[104] Zudem kann ein konstitutives Übersetzungserfordernis schon deshalb nicht aus der ZRHO abgeleitet werden, weil es sich um eine bloße Verwaltungsvorschrift handelt, die keine unmittelbare Außenwirkung im Verhältnis zum Bürger entfaltet.[105]

IV. Fortschritte durch das Abkommen

Das deutsch-britische Rechtshilfeabkommen stellte einen enormen Fortschritt für den deutsch-britischen Zustellungsverkehr dar. Es wurde erstmals eine feste völkervertragliche Grundlage geschaffen, die für Rechtssicherheit gesorgt hat. Das Abkommen ist für seine Entstehungszeit sehr liberal[106] und nimmt auf die Besonderheiten der jeweiligen nationalen Zustellungsrechte Rücksicht. Auch findet „*keine Versteinerung* des Rechtszustandes"[107] zum Zeitpunkt des Vertragsschlusses statt. Deutschland konnte jederzeit § 199 ZPO a.F. ändern und somit für Schriftstücke aus Deutschland weitere Zustellungswege (z.B. die Zustellung per Post) zulassen.[108]

Im Gegensatz zur Rechtslage vor dem Jahr 1929 eröffnete das deutsch-britische Rechtshilfeabkommen eine Vielzahl verschiedener Zustellungswege und verbesserte die Rechtslage insofern deutlich. Die Inanspruchnahme der

---

[102] *Kondring*, Heilung von Zustellungsfehlern, S. 166.
[103] OLG Karlsruhe v. 31.7.1984 – VA 2/84, OLGZ 1985, 201 (203) = RIW 1986, 62; *Kondring*, Heilung von Zustellungsfehlern, S. 167; *Maack*, Englische antisuit injunctions, S. 124. Dagegen wie hier *Stroschein*, Parteizustellung im Ausland, S. 224.
[104] *Kondring*, Heilung von Zustellungsfehlern, S. 166; *Stroschein*, Parteizustellung im Ausland, S. 225.
[105] *Kondring*, Heilung von Zustellungsfehlern, S. 166; *Stroschein*, Parteizustellung im Ausland, S. 225. Zur fehlenden Außenwirkung von Verwaltungsvorschriften (mit Ausnahmen) statt aller Stelkens/Bonk/Sachs/*Schmitz*, § 1 VwVfG Rn. 212 m.w.N.
[106] So *Wright*, AJIL (Supp) 26 (1932), 189 (261) in Bezug auf Art. 5 DBA.
[107] *G. Geimer*, Neuordnung des internationalen Zustellungsrechts, S. 194.
[108] Dies ist in der Folgezeit auch geschehen. S. dazu Kap. 3 B. III. 3. b) (S. 184 f.).

ausländischen Rechtshilfebehörden (Art. 3 und 4 DBA) erfolgte über den konsularischen oder diplomatischen Weg. Der direkte Behördenkontakt war demgegenüber nicht vorgesehen, sodass dieser Zustellungsweg weiterhin langwierig und umständlich blieb. Die Zustellung konnte unmittelbar durch konsularische oder diplomatische Beamte vorgenommen werden (Art. 5 lit. a DBA). Anders als nach § 199 ZPO a.F. war jedoch erforderlich, dass der Zustellungsadressat nicht Angehöriger des Empfängerstaates war, sodass hier der Zustellungsweg im Vergleich zur Rechtslage vor dem Jahr 1929 sogar beschränkt wurde. Schriftstücke aus dem Vereinigten Königreich konnten zudem unmittelbar durch einen bestellten Vertreter zugestellt werden (Art. 5 lit. b DBA). Aufgrund der doppelten Einschränkung – der Empfänger darf nicht Angehöriger des Empfängerstaates sein und der Empfängerstaat muss die Zustellung nicht als wirksam erachten – war der Zustellungsweg jedoch nur in Ausnahmefällen von Bedeutung. Wichtiger war die Möglichkeit der unmittelbaren Postzustellung (Art. 6 DBA). Der Staat, aus dem das zuzustellende Schriftstück stammt, kann durch sein autonomes internationales Zustellungsrecht diesen Übermittlungsweg zulassen. Aufgrund von § 199 ZPO a.F. konnten jedoch keine Schriftstücke aus Deutschland per Post in das Vereinigte Königreich zugestellt werden. Von den Vorteilen dieses Zustellungsweges profitierten daher nur britische Kläger. Darüber hinaus bestand die Möglichkeit der unmittelbaren Zustellung durch den zuständigen Beamten des Empfängerstaates (Art. 7 DBA). Die praktische Bedeutung dieses Zustellungsweges war jedoch sehr gering.

C. Haager Übereinkommen über die Zustellung gerichtlicher und außergerichtlicher Schriftstücke im Ausland in Zivil- und Handelssachen vom 15. November 1965

I. Hintergrund

Nach dem Ende des Zweiten Weltkriegs sollte der grenzüberschreitende Zivil- und Handelsverkehr erneut aufleben,[109] sodass das Problem der internationalen

---

[109] Während des Kriegs wurde das HZPA 1905 zwischen Staaten, die in einem Kriegsverhältnis standen, suspendiert. Im Verhältnis zu neutralen Staaten blieb das Abkommen hingegen anwendbar, *Daig*, JZ 7 (1952), 188 (189); *Riezler*, IZPR und Fremdenrecht, S. 34; *Knöfel*, Grenzüberschreitende Justizkooperation, S. 239. Umstritten war, ob das HZPA 1905 nach Ende des Zweiten Weltkriegs wieder zwischen den kriegsführenden Staaten anzuwenden war. Nach der herrschenden Ansicht im Schrifttum bedurfte es für die Wiederanwendung einer besonderen Anordnung, ausführlich *Riezler*, IZPR und Fremdenrecht, S. 696 ff. Die Gegenansicht ging davon aus, dass mit Eintritt des (faktischen) Friedens das HZPA 1905 wieder zur Anwendung kam, so *Aubin*, DRZ 1948, Beiheft Nr. 5, 10; *Dölle*, RabelsZ 17 (1952), 161 (207) in Fn. 3.

Rechtshilfe – auf Betreiben des Europarats – wieder auf der Agenda der Haager Konferenz für Internationales Privatrecht stand.[110] Ziel der siebten Tagung vom 9. bis 31. Oktober 1951 war es, dem Vereinigten Königreich, das seit der fünften Tagung an der Haager Konferenz teilnahm, ohne aber dem HZPA 1905 beizutreten,[111] Anreize für den Beitritt zu setzen.[112] Deshalb wurde unter anderem Art. 2 HZPA 1905 überarbeitet und klargestellt, dass sich die Frage, wer die Zustellung zu bewirken hat, nach dem Recht des ersuchten Staates richtet. Dies geschah auf Antrag des britischen Delegierten, um sicherzugehen, dass Zustellungen von Privatpersonen (z.B. einem *solicitor*) vorgenommen werden konnten.[113] Insgesamt nahm das internationale Zivilprozessrecht auf der Tagung jedoch nur eine untergeordnete Rolle ein, sodass die sonstigen Regelungen des HZPA 1905 weitgehend unverändert blieben.[114] Die überarbeitete Fassung wurde als HZPÜ 1954[115] verabschiedet und trat für Deutschland mit Wirkung zum 1. Januar 1960 in Kraft.[116] Das Ziel, das Vereinigte Königreich zum Beitritt zu bewegen, wurde allerdings nicht erreicht,[117] sodass Zustellungen im deutsch-britischen Rechtsverkehr weiterhin nach dem deutsch-britischen Rechtshilfeabkommen ausgeführt werden mussten.

Im Rahmen der zehnten und elften Tagung der Haager Konferenz wurde der – von Belgien und den Niederlanden bereits im Jahr 1904 unterbreitete[118] – Vorschlag aufgegriffen, das Haager Übereinkommen über den Zivilprozess in einzelne Teilgebiete aufzuspalten. Dabei wurde das Recht der internationalen Rechtshilfe seinerseits in Zustellung und Beweisaufnahme aufgegliedert. Im Zuge dieser Entwicklung wurde auf der zehnten Tagung vom 7. bis 28. Oktober 1964 das HZÜ beschlossen.

---

[110] *Schack*, RabelsZ 57 (1993), 224 (239); *Knöfel*, IPRax 2017, 245 (250); *ders.*, Grenzüberschreitende Justizkooperation, S. 239.

[111] Vgl. *Nadelmann*, U. P. L. Rev. 102 (1954), 323 (352).

[112] *Schwind*, ÖJZ 1952, 323 (326); *ders.* bei *Heiss*, JBl. 1952, 109 (111); *Wolff*, ZZP 65 (1952), 407 (410); *Nadelmann*, U. P. L. Rev. 102 (1954), 323 (354); *Schack*, RabelsZ 57 (1993), 224 (239).

[113] *HCCH*, Actes et documents de la septième Session, 1952, S. 295, 308; Denkschrift zum HZPÜ 1954, in: BT-Drs. 3/350, S. 13; *Bülow*, RPfleger 1959, 141 (142); *Schack*, RabelsZ 57 (1993), 224 (239). Kritisch dazu, ob die Textänderung tatsächlich eine Zustellung durch einen *solicitor* ermöglicht, *Wolff*, ZZP 65 (1952), 407 (411 f.).

[114] Vgl. Denkschrift zum HZPÜ 1954, in: BT-Drs. 3/350, S. 12 f.; *Daig*, JZ 7 (1952), 188 (189); *Dölle*, RabelsZ 17 (1952), 161 (207); *Bülow*, RPfleger 1959, 141 (142); *Knöfel*, Grenzüberschreitende Justizkooperation, S. 240.

[115] Näher zur Entstehungsgeschichte und zum Inhalt des Abkommens: *Wolff*, ZZP 65 (1952), 407; *Hoyer*, ÖJZ 1958, 371; *Bülow*, RPfleger 1959, 141.

[116] Bekanntmachung über das Inkrafttreten des Haager Übereinkommens über den Zivilprozess vom 2.12.1959, BGBl. 1959 II, S. 1388.

[117] Vgl. *Schack*, RabelsZ 57 (1993), 224 (239).

[118] Dazu *Huisman*, Rev. dr. int. lég. (2. ser.) 11 (1909), 320 (323); *von Normann*, IZPR, S. 15.

Mit der Reform verfolgte die Haager Konferenz im Wesentlichen drei Ziele. Zunächst sollte das Zustellungsverfahren unter Einschaltung der ausländischen Rechtshilfebehörden vereinfacht und beschleunigt werden.[119] Daneben wurde angestrebt, dass die vom HZÜ zur Verfügung gestellten Zustellungswege auch tatsächlich sämtliche Zustellungen mit Auslandsbezug regeln. Dadurch sollten fiktive Inlandszustellungen, vor allem die in Frankreich praktizierte *remise au parquet,* verhindert, jedenfalls aber abgeschwächt werden.[120] Der dritte Fokus lag darauf, das HZÜ auch für Staaten aus dem anglo-amerikanischen Rechtskreis attraktiv zu machen, um diese zum Beitritt zu bewegen.[121]

Das HZÜ ist für das Vereinigte Königreich am 10. Februar 1969 in Kraft getreten,[122] sodass die Haager Konferenz jedenfalls das zuletzt genannte Ziel erreicht hat. In Deutschland wurde das Übereinkommen demgegenüber erst Ende der 70er-Jahre ratifiziert und fand ab dem 26. Juni 1979 Anwendung.[123] Ab diesem Zeitpunkt konnten Schriftstücke im deutsch-britischen Rechtsverkehr nach den Regelungen des HZÜ zugestellt werden.

II. Anwendungsbereich

Das HZÜ ist in Zivil- und Handelssachen anwendbar, in denen ein gerichtliches oder außergerichtliches Schriftstück zum Zweck der Zustellung[124] in das Ausland zu übermitteln ist (Art. 1 Abs. 1 HZÜ). Es gilt allerdings nicht, wenn die Anschrift des Empfängers unbekannt ist (Art. 1 Abs. 2 HZÜ). Die Möglichkeit, die Zustellung in solchen Fällen durch öffentliche Bekanntmachung zu bewirken (früher § 203 Abs. 1 ZPO a.F., nun § 185 Nr. 1 ZPO), wird durch das HZÜ also nicht berührt. Im Rahmen von englischen Verfahren kommt eine Zustellung durch eine alternative Methode (Rule 6.15 CPR) oder der Verzicht auf die Zustellung (Rule 6.16 CPR) in Betracht, wenn die Anschrift des Empfängers unbekannt ist.

---

[119] *HCCH,* Actes et documents de la dixiéme session, 1964, S. 75; *Nagel,* Rechtshilfe, S. 93.

[120] *HCCH,* Actes et documents de la dixiéme session, 1964, S. 75 f.; *Nagel,* Rechtshilfe, S. 93.

[121] *Böckstiegel/Schlafen,* NJW 1978, 1073; *Nagel,* Rechtshilfe, S. 93.

[122] Bekanntmachung über den Geltungsbereich des Haager Übereinkommens über die Zustellung gerichtlicher und außergerichtlicher Schriftstücke im Ausland in Zivil- oder Handelssachen vom 23.6.1980, BGBl. 1980 II, S. 907.

[123] Bekanntmachung über das Inkrafttreten des Haager Übereinkommens über die Zustellung gerichtlicher und außergerichtlicher Schriftstücke im Ausland in Zivil- oder Handelssachen vom 21.6.1979, BGBl. 1979 II, S. 779.

[124] Ausführlich zu den Begriffen Zustellung, gerichtliches Schriftstück und außergerichtliches Schriftstück *Costas-Pörksen,* Anwendungsbereich und ordre public-Vorbehalt des HZÜ, S. 39 ff. Zu den Erwägungen der Haager Konferenz *HCCH,* Actes et documents de la dixiéme session, 1964, S. 78 f.

1. Zivil- und Handelssache

a) Auslegung des Begriffs

Der Begriff der Zivil- und Handelssache ist im Übereinkommen nicht näher definiert. Dies beruht darauf, dass in den Vorgängerübereinkommen keine Schwierigkeiten bezüglich der Auslegung aufgetreten sind und das Problem deshalb als ein theoretisches angesehen wurde.[125] Diese Einschätzung hat sich indes als unzutreffend herausgestellt, da es durch den Beitritt von Staaten aus dem anglo-amerikanischen Rechtskreis in der Praxis mehrfach zu Problemfällen gekommen ist.[126] Unstritttig ist jedenfalls, dass die Qualifikation nach materiellen Kriterien vorzunehmen ist, auf das Prozessrecht und den Rechtsweg kommt es nicht an. Unklar ist demgegenüber, auf welche Rechtsordnung abzustellen ist.[127]

In Anlehnung an die herrschende Auffassung zum HZPA 1905 und zum HZPÜ 1954 wird vertreten, dass sich die Frage, ob eine Zivil- oder Handelssache vorliegt, nach dem Recht des ersuchenden Staates richtet.[128] Dadurch soll ein weiter Anwendungsbereich des HZÜ sichergestellt werden, zumal der ersuchte Staat hinreichend über den eingeschränkten *ordre public*-Vorbehalt in Art. 13 HZÜ geschützt sei.[129] Das Ziel eines möglichst weitreichenden

---

[125] *HCCH*, Actes et documents de la dixiéme session, 1964, S. 79.

[126] So haben sich deutsche Gerichte mehrfach mit der Frage beschäftigt, ob *punitive damages* bzw. *treble damages*-Klagen aus den USA in Deutschland nach dem HZÜ zuzustellen sind. Das OLG München v. 9.5.1989 – 9 VA 3/89, NJW 1989, 3102 hat *punitive damages*-Klagen als Zivil- und Handelssachen qualifiziert. Insoweit zustimmend *Greger*, NJW 1989, 3103. Dem folgend OLG Frankfurt a.M. v. 21.3.1991 – 20 VA 2/91, OLGZ 1992, 89 (ohne nähere Diskussion); KG v. 5.7.1994 – 1 VA 4/94, OLGZ 1994, 587 (588 f.); OLG Düsseldorf v. 21.4.2006 – 3 VA 12/05, NJW-RR 2007, 640 (640 f.); OLG München v. 7.6.2006 – 9 VA 3/04, BeckRS 2006, 7453. Ebenso für *treble damages*-Klagen OLG Frankfurt a.M. v. 15.3.2006 – 20 VA 7/05, NJOZ 2006, 3575 (3578 ff.); OLG Celle v. 20.7.2006 – 16 VA 4/05, BeckRS 2006, 9152 Rn. 18 ff. Anders für eine *treble-damages*-Sammelklage, die auf Zahlung von Strafschadensersatz an sämtliche Arzneimittelkonsumenten in den USA gerichtet ist, OLG Koblenz v. 27.6.2005 – 12 VA 2/04, IPRax 2006, 25 (31 ff.). Ausführlich zum Ganzen: *Merkt*, "Punitive-damages"-Klagen, S. 64 ff.; *Brockmeier*, Punitive damages, S. 73 ff.; *Costas-Pörksen*, Anwendungsbereich und ordre public-Vorbehalt des HZÜ, S. 65 ff.

[127] Eine deutsche höchstrichterliche Rechtsprechung zu diesem Problem fehlt bisher. Häufig lassen die Gerichte die Lösung offen, wenn der Rechtsstreit nach beiden beteiligten Rechtsordnungen als Zivil- und Handelssache zu qualifizieren ist. So ausdrücklich OLG Düsseldorf v. 21.4.2006 – 3 VA 12/05, NJW-RR 2007, 640 (641); OLG Celle v. 20.7.2006 – 16 VA 4/05, BeckRS 2006, 9152 Rn. 19. Ebenso die Frage offen lassend *Morisse*, RIW 1995, 370 (371); *Brockmeier*, Punitive damages, S. 72 f.

[128] Denkschrift zum HZÜ, in: BT-Drs. 7/4892, S. 41; *Böckstiegel/Schlafen*, NJW 1978, 1073 (1074); *Martens*, RIW 1981, 725 (731). Für das HZPA 1905: *Jonas*, JW 1929, 88; *Delius*, Handbuch des Rechtshilfeverfahrens, S. 140; *von Normann*, IZPR, S. 17.

[129] *Böckstiegel/Schlafen*, NJW 1978, 1073 (1074).

Anwendungsbereichs könnte auch durch eine alternative Qualifikation nach dem Recht des ersuchten oder des ersuchenden Staates erreicht werden.[130] Eine andere Ansicht stellt hingegen die Souveränitätsinteressen des ersuchten Staates in den Vordergrund und nimmt die Qualifikation daher anhand des Rechts dieses Staates vor.[131] Zum Ausgleich dieser Interessen und zur Sicherung eines identischen Anwendungsbereichs in den beteiligten Staaten verlangen einige Stimmen, dass sowohl nach dem Recht des ersuchten als auch des ersuchenden Staates eine Zivil- und Handelssache vorliegen muss (kumulative Qualifikation oder Doppelqualifikation).[132]

Um die einheitliche Anwendung des HZÜ sicherzustellen und dabei den Anwendungsbereich nicht zu weitgehend einzuschränken, bietet sich hingegen eine vertragsautonome Begriffsbestimmung an. Diese Ansicht, der sich die Expertenkommission der Haager Konferenz für Internationales Privatrecht aus dem Jahr 1989 angeschlossen hat,[133] vertritt die inzwischen herrschende Meinung.[134] Dennoch bereitet auch die vertragsautonome Auslegung Schwierigkeiten. Da es an einer zentralen Auslegungsinstanz fehlt, besteht die Gefahr, dass nationale Gerichte vorschnell auf die Begriffsbestimmung des nationalen Rechts zurückgreifen.[135] Zudem fehlen festgelegte Kriterien, auf die im Rahmen der Auslegung abgestellt werden kann. Als Ausgangspunkt kann die vom EuGH in ständiger Rechtsprechung[136] praktizierte Methode zur autonomen

---

[130] Schlosser/Hess⁴/*Schlosser*, Art. 1 HZÜ Rn. 2. Für das HBÜ: MüKoZPO/*Pabst*, Art. 1 HBÜ Rn. 5; Stein/Jonas/*Berger*, Anhang zu § 363 ZPO Rn. 16 f.

[131] *Hollmann*, RIW 1982, 784 (785 f.); *Wölki*, RIW 1985, 530 (533); *Junker*, IPRax 1986, 197 (206); *Schabenberger*, Der Zeuge im Ausland, S. 92 für das HBÜ.

[132] *Re Norway's Application (Nos. 1 and 2)* [1990] 1 A.C. 723 (803 ff.) für das HBÜ; *Unterreitmayer*, RPfleger 1972, 117 (119); *Schütze*, WM 1986, 633 (635); *Bittmann*, IPRax 2012, 216 (217). Generell für die Doppelqualifikation bei multilateralen Verträgen *Schütze*, Deutsches IZPR, Rn. 63.

[133] *HCCH*, Report on the work of the Special Commission of 1989, S. 7. Die Expertenkommissionen aus den Jahren 2003, 2009 und 2014 haben diese Einschätzung bestätigt, *dies.*, Conclusions of the Special Commission of 2003, S. 12; *dies.*, Conclusions of the Special Commission of 2009, S. 4; *dies.*, Conclusions of the Special Commission of 2014, S. 5. Anders noch die Expertenkommission aus dem Jahr 1977, die sich darauf beschränkte, eine liberale Auslegung des Begriffs zu fordern, *dies.*, Report on the work of the Special Commission of 1977, S. 3.

[134] OLG Koblenz v. 27.6.2005 – 12 VA 2/04, IPRax 2006, 25 (31 f.); OLG Naumburg v. 9.2.2006 – 4 VA 1/04, BeckRS 2006, 4720; *Koch/Diedrich*, ZIP 1994, 1830 (1831); *Merkt*, "Punitive-damages"-Klagen, S. 50; *Maack*, Englische antisuit injunctions, S. 81 f.; *Mörsdorf-Schulte*, Punitive damages, S. 14; *Koch/Horlach/Thiel*, RIW 2006, 356 (358 f.); *Piekenbrock*, IPRax 2006, 4 (7); *Rogler*, IPRax 2009, 223 (224); *Costas-Pörksen*, Anwendungsbereich und ordre public-Vorbehalt des HZÜ, S. 48 ff.; *Nagel/Gottwald*, IZPR, Rn. 8.98; *Schack*, IZVR, Rn. 679; Geimer/Schütze/Hau/*Sujecki*, Art. 1 HZÜ Rn. 11.

[135] Vgl. *Ghassabeh*, Zustellung einer punitive-damages-Sammelklage, S. 175; Geimer/Schütze/Hau/*Sujecki*, Art. 1 HZÜ Rn. 6, 12.

[136] Seit EuGH v. 14.10.1976 – Rs. C-29/76 *(Eurocontrol)*, NJW 1977, 489 (490).

Auslegung des EuGVÜ (später Brüssel I-VO, nun Brüssel Ia-VO) dienen, bei der auf die Systematik und Zielsetzung des Übereinkommens sowie auf die Gesamtheit der innerstaatlichen Rechtsordnungen der Vertragsstaaten abgestellt wird.[137]

b) Problemfälle im deutsch-britischen Rechtsverkehr

Die Frage, ob eine Zivil- und Handelssache vorliegt, erlangt im deutsch-britischen Rechtsverkehr in folgenden Konstellationen Bedeutung: Zunächst ist fraglich, ob das HZÜ auf Straf-, Verwaltungs- und Steuersachen anwendbar ist. Nach der traditionellen deutschen Auffassung sind all diese Rechtsgebiete aus dem Anwendungsbereich ausgeschlossen.[138] Die anglo-amerikanischen Rechtsordnungen kennen hingegen keine Unterscheidung zwischen dem Zivilrecht und dem öffentlichen Recht. Der Begriff der Zivil- und Handelssache schließt nach diesem Verständnis lediglich Strafsachen aus dem Anwendungsbereich aus.[139] Noch weiter geht die Ansicht von England und Wales, die das HZÜ wohl auch in diesen Fällen anwenden wollen.[140] Richtigerweise ist der Begriff unabhängig von den nationalen Begriffsbestimmungen vertragsautonom auszulegen. Die Expertenkommission aus dem Jahr 1989 empfiehlt den Vertragsstaaten zwar eine liberale Handhabung, sie hat dennoch Straf- und Steuersachen ausdrücklich vom Anwendungsbereich ausgeschlossen.[141]

Des Weiteren stellt sich die Frage, ob im Vereinigten Königreich erlassene *antisuit injunctions* als Zivil- und Handelssache zu qualifizieren sind. Hierbei erlässt das britische Gericht auf Antrag einer Partei eine einstweilige Verfügung, die es der gegnerischen Partei verbietet, ein Verfahren im Ausland einzuleiten oder fortzusetzen. Die Anordnung eines solchen Prozessführungsver-

---

[137] So die Expertenkommission aus dem Jahr 1989, siehe *Welp*, RabelsZ 54 (1990), 364 (366). Die Expertenkommission aus dem Jahr 2003 stellte jedoch klar, dass die Begriffsbestimmung nicht einfach aus anderen Rechtsinstrumenten übernommen werden darf, HCCH, Conclusions of the Special Commission of 2003, S. 13. Näher zu den Kriterien, auf die im Rahmen der vertragsautonomen Auslegung abgestellt werden kann, *Costas-Pörksen*, Anwendungsbereich und ordre public-Vorbehalt des HZÜ, S. 53 ff.; *Mörsdorf-Schulte*, Punitive damages, S. 15 ff.; *Merkt*, "Punitive-damages"-Klagen, S. 50 ff.
[138] Denkschrift zum HZÜ, in: BT-Drs. 7/4892, S. 41. Ferner die Antwort von Deutschland auf den HZÜ-Fragebogen aus dem Jahr 2008, HCCH, Zusammenfassung der Ergebnisse des HZÜ-Fragebogens aus dem Jahr 2008, Rn. 101.
[139] Ausführlich *Pfeil-Kammerer*, Deutsch-amerikanischer Rechtshilfeverkehr, S. 34 ff.
[140] Siehe dazu die Antwort von England und Wales auf den HZÜ-Fragebogen aus dem Jahr 2008, HCCH, Zusammenfassung der Ergebnisse des HZÜ-Fragebogens aus dem Jahr 2008, Rn. 101. *Civil matters* werden eigentlich auch im englischen Recht von *criminal matters* abgegrenzt, *Koch*, IPRax 1990, 257.
[141] Dazu *Welp*, RabelsZ 54 (1990), 364 (366).

bots steht im Ermessen der Richter, wobei diese im internationalen Rechtsverkehr aus *comity*-Gesichtspunkten eher zurückhaltend verfahren.[142] Von besonderer Bedeutung sind *antisuit injunctions*, wenn sich der Antragsteller auf eine ausschließliche Zuständigkeits- oder Schiedsvereinbarung mit der gegnerischen Partei beruft (sog. *obligation-based antisuit injunction*).[143] In einem solchen Fall liegt eine Zivil- und Handelssache vor, da von einer Privatperson das privatrechtlich vereinbarte Recht, nicht im Ausland verklagt zu werden *(right to not be sued abroad)*, gegenüber einer anderen Privatperson geltend gemacht wird.[144]

Schwieriger gestaltet die Einordnung von *convenience-based antisuit injunctions*, bei denen sich der Antragsteller nicht auf einen vertraglichen Unterlassungsanspruch stützen kann.[145] Englische Gerichte erlassen in diesem Fall das Prozessführungsverbot nur, wenn sie England als *natural forum* und das Verhalten des Klägers als *vexatious or oppressive* ansehen.[146] Zwar werden in dieser Fallgruppe auch öffentliche Interessen verfolgt,[147] dennoch handelt es sich um ein Rechtsverhältnis zwischen Privatpersonen, das in einem engen Zusammenhang zum Zivilrecht steht und der Durchsetzung privater Interessen dient.[148] Somit sind auch *convenience-based antisuit injunctions*, als Zivil- und Handelssache i.S.d. Art. 1 Abs. 1 HZÜ zu qualifizieren.[149]

---

[142] *Société Nationale Industrielle Aerospatiale v. Lee Kui Jak* [1987] A.C. 871 (895 f.). Dazu auch *Hau*, Positive Kompetenzkonflikte, S. 192; *ders.*, IPRax 1996, 44 (45); *Dutta/C. Heinze*, ZEuP 2005, 428 (445 ff.).

[143] Bezeichnung nach *Bermann*, Col. J. Trans. L. 28 (1990), 589 (620). Näher zu dieser Fallgruppe und zur Frage, ob auch hier der *vexatious or oppressive-Test* anzuwenden ist, *Hau*, Positive Kompetenzkonflikte, S. 197 ff.; *Maack*, Englische antisuit injunctions, S. 47 ff.

[144] *Hau*, IPRax 1997, 245 (246); *Maack*, Englische antisuit injunctions, S. 77 ff., 81 (sowohl für das HZÜ mittels vertragsautonomer Auslegung als auch für das deutsch-britische Rechtshilfeabkommen mittels kumulativer Qualifikation); *Costas-Pörksen*, Anwendungsbereich und ordre public-Vorbehalt des HZÜ, S. 64. Für das EuGVÜ: *Jayme/Kohler*, IPRax 1995, 343 (351). Auch das OLG Düsseldorf v. 10.1.1996 – 3 VA 11/95, IPRax 1997, 260 ist in seiner Entscheidung – ohne Auseinandersetzung mit dem Anwendungsbereich – von einer Zivil- und Handelssache ausgegangen und hat Art. 13 HZÜ geprüft.

[145] Näher zu dieser Fallgruppe *Bermann*, Col. J. Trans. L. 28 (1990), 589 (609 ff.); *Hau*, Positive Kompetenzkonflikte, S. 194 ff.; *Maack*, Englische antisuit injunctions, S. 38 ff.

[146] *Société Nationale Industrielle Aerospatiale v. Lee Kui Jak* [1987] A.C. 871 (892 ff.). Bestätigt in *Airbus Industrie G.I.E. v. Patel* [1999] 1 A.C. 119 (121 f.).

[147] Vgl. *Bermann*, Col. J. Trans. L. 28 (1990), 589 (613, 620).

[148] *Maack*, Englische antisuit injunctions, S. 78 ff.

[149] *Maack*, Englische antisuit injunctions, S. 82. Im Ansatz auch *Jayme/Kohler*, IPRax 1995, 343 (351) für das EuGVÜ („möglicherweise").

2. Zustellung in das Ausland

a) Zwingender Charakter des Übereinkommens

Eine weitere Voraussetzung für die Eröffnung des Anwendungsbereichs des HZÜ ist, dass ein Schriftstück zum Zwecke der Zustellung in das Ausland zu übermitteln ist (Art. 1 Abs. 1 HZÜ). Erforderlich ist mithin eine Auslandszustellung. Wann eine solche zu erfolgen hat, wird durch das HZÜ aber nicht ausdrücklich geregelt, sodass sich die Frage nach dem zwingenden Charakter *(mandatory character)* des Übereinkommens stellt. Abzugrenzen ist dieses Problem von der Frage nach dem exklusiven Charakter *(exclusive character)*. Nach allgemeiner Meinung muss die Zustellung nach den Vorschriften des HZÜ erfolgen, wenn eine Auslandszustellung tatsächlich erforderlich ist.[150]

Das Ziel, die Umgehung der Zustellungswege des HZÜ durch fiktive Inlandszustellungen zu verhindern, könnte nur dann vollständig erreicht werden, wenn das Übereinkommen vertragsautonom regelt, wann eine Auslandszustellung erforderlich ist. Deshalb wird dem HZÜ gelegentlich ein zwingender Charakter zugesprochen.[151] Auch die Bundesregierung hat sich in einem *brief amicus curiae* an den *US Supreme Court* in der Rechtssache *Volkswagen AG/Schlunk* dieser Auffassung angeschlossen.[152]

Zum Teil wird eine differenzierende Lösung favorisiert. *Schlosser* lehnt den zwingenden Charakter des HZÜ zwar im Grundsatz ab, will aber fiktive Inlandszustellungen nicht zulassen, wenn die rechtzeitige Kenntniserlangung des Adressaten nicht zu erwarten ist. Das Übereinkommen enthielte eine obligatorische Grenze für den Verfahrensstaat, eine Zustellung als Inlandszustellung zu qualifizieren.[153] Der Gedanke eines solchen Umgehungsverbots *(eingeschränkter zwingender Charakter)* wird auch von *Stürner* aufgegriffen. Fiktive Inlandszustellungen, die dem Zweck des HZÜ, der Sicherstellung der rechtzeitigen Benachrichtigung des Adressaten, zuwiderlaufen, seien konventionswidrig.[154]

---

[150] Zum Ganzen *HCCH*, Practical Handbook, 2016, Rn. 30, 50 f.

[151] *Koch*, IPRax 1989, 313 (313 f.). Dafür auch die *concurring opinion* von Justice *Brennan, Marshall* und *Blackmun* in der Entscheidung des *US Supreme Court* in der Rechtssache *Volkswagen AG/Schlunk*, abgedruckt in [1988] 486 U.S. 708 (708 ff.). In diese Richtung auch EuGH v. 13.10.2005 – Rs. C-522/03 *(Scania)*, NJW 2005, 3627. Zu beachten ist allerdings, dass der EuGH keine Auslegungsinstanz des HZÜ ist.

[152] Vgl. dazu *Heidenberger*, RIW 1988, 90 (91). Diese Ansicht steht im Widerspruch zur Denkschrift, die den zwingenden Charakter gerade ablehnte, vgl. Denkschrift zum HZÜ, in: BT-Drs. 7/4892, S. 40.

[153] Schlosser/Hess⁴/*Schlosser*, Art. 1 HZÜ Rn. 5 ff. In diese Richtung auch *Volken*, Rechtshilfe, S. 49 ff.

[154] *R. Stürner*, JZ 47 (1992), 325 (328). Ähnlich *ders.*, in: FS Nagel 1987, S. 446, 450. Dagegen ausführlich *Fleischhauer*, Inlandszustellung, S. 34 ff.

Die herrschende Meinung[155] geht hingegen davon aus, dass das Recht des Verfahrensstaates entscheidet, ob eine Auslandszustellung erforderlich ist. Auch die Expertenkommission aus dem Jahr 1989 verneint den zwingenden Charakter des HZÜ.[156] Hierfür spricht neben dem Wortlaut die historische Auslegung, da sich aus den Dokumenten zur zehnten Tagung der Haager Konferenz ergibt, dass die beteiligten Staaten davon ausgingen, dass auf das Recht des Verfahrensstaates abzustellen sei.[157] In systematischer Hinsicht sind die Regelungen der Art. 15 und 16 HZÜ zu beachten, die einen Kompromiss darstellen. In den Fällen, in denen ein verfahrenseinleitendes Schriftstück im Inland zugestellt wurde und der Beklagte über diese Zustellung informiert werden muss, ist das Verfahren auszusetzen, solange das Schriftstück nicht ordnungsgemäß übermittelt wurde oder sich der Beklagte auf das Verfahren eingelassen hat (Art. 15 Abs. 1 HZÜ).[158] Ist bereits eine Gerichtsentscheidung ergangen, so kann der Richter dem Beklagten Wiedereinsetzung in den vorigen Stand gewähren (Art. 16 Abs. 1 HZÜ). Wenn eine fiktive Inlandszustellung in diesen Fällen schon gar nicht möglich wäre, weil das HZÜ die Frage der Auslandszustellung vertragsautonom regelt, wäre der Anwendungsbereich der Art. 15 und 16 HZÜ erheblich reduziert.[159] Im Ergebnis kann das Übereinkommen somit fiktive Inlandszustellung zwar nicht gänzlich verhindern, aber ihre Wirkung bei verfahrenseinleitenden Schriftstücken abschwächen.

b) Auswirkungen im deutsch-britischen Rechtsverkehr

Die Frage des zwingenden Charakters des HZÜ erlangt im deutsch-britischen Rechtsverkehr Bedeutung, wenn eine Zustellung nach § 184 Abs. 1 S. 2 ZPO (früher §§ 175 Abs. 1 S. 2, 174 Abs. 2 ZPO a.F.) durch Aufgabe zur Post bewirkt werden soll. Da das deutsche Verfahrensrecht diese Zustellungsform als

---

[155] BGH v. 10.11.1998 – VI ZR 243-97, NJW 1999, 1187 (1188); v. 25.2.1999 – VII ZR 408–97, NJW 1999, 2442 (2443); v. 26.6.2012 – VI ZR 241/11, NJW 2012, 2588 (2590); *Volkswagen AG/Schlunk* [1988] 486 U.S. 694 (698 ff.); Hoge Raad v. 27.6.1986 *(Segers/Mabanaft),* ILM 28 (1989), 1584. Aus dem Schrifttum: *Hausmann,* IPRax 1988, 140 (143); *Junker,* JZ 44 (1989), 121 (122 f.); *H. Roth,* IPRax 1990, 90 (92); *Nagel,* IPRax 1992, 150 (151); *Fleischhauer,* Inlandszustellung, S. 44; *G. Geimer,* Neuordnung des internationalen Zustellungsrechts, S. 180; *Hopt/Kulms/von Hein,* Rechtshilfe und Rechtsstaat, S. 100 f.; Geimer/Schütze/Hau/*Sujecki,* Art. 1 HZÜ Rn. 39 ff.; *Schack,* IZVR, Rn. 686.

[156] *HCCH,* Report on the work of the Special Commission of 1989, S. 12 ff. Bestätigt durch die Expertenkommission aus dem Jahr 2003, *dies.,* Conclusions of the Special Commission of 2003, S. 13.

[157] *HCCH,* Actes et documents de la dixiéme session, 1964, S. 80 f.

[158] Auch bei der Anwendung von Art. 15 und 16 HZÜ entstehen in Bezug auf die Benachrichtigung über eine im Inland erfolgte Zustellung Probleme, siehe dazu ausführlich *Kondring,* Heilung von Zustellungsfehlern, S. 136 ff.

[159] *R. Stürner,* in: FS Nagel 1987, S. 446, 450; *Costas-Pörksen,* Anwendungsbereich und ordre public-Vorbehalt des HZÜ, S. 31.

(fiktive) Inlandszustellung und nicht als Auslandszustellung qualifiziert, ist das HZÜ nicht anwendbar. Auch Art. 15 und 16 HZÜ schützen den Adressaten in dieser Konstellation nicht, denn sie betreffen lediglich die Zustellung des verfahrenseinleitenden Schriftstückes. Die Möglichkeit der Bestellung eines Zustellungsbevollmächtigten nach § 184 Abs. 1 S. 1 ZPO (früher § 174 Abs. 2 ZPO a.F.) setzt jedoch zunächst die wirksame Auslandszustellung des verfahrenseinleitenden Schriftstücks voraus.[160]

Das HZÜ kann ebenfalls keine Zustellung durch eine alternative Methode nach den Rules 6.15 und 6.27 CPR verhindern. Die Vorschriften werden deshalb von der englischen Rechtsprechung restriktiv gehandhabt, wenn eine Übermittlung in einen HZÜ-Staat erforderlich wäre.[161]

III. Zustellungswege

Das HZÜ unterscheidet verschiedene Übermittlungswege. Neben der klassischen Zustellung im Wege der aktiven internationalen Rechtshilfe und der Zustellung durch diplomatische oder konsularische Vertreter sieht es weitere unmittelbare Zustellungswege ohne die Einschaltung der Rechtshilfebehörden vor.

1. Zustellung im Wege der aktiven internationalen Rechtshilfe

Die Zustellung durch Inanspruchnahme der ausländischen Rechtshilfebehörden ist in Art. 2–7 HZÜ geregelt. Ein Ziel des HZÜ war es, diesen Zustellungsweg zu vereinfachen, zu beschleunigen und somit den Bedürfnissen der Praxis anzupassen.[162]

a) Verfahren und Zentrale Behörden

Der im HZPA 1905 und HZPÜ 1954 vorgesehene konsularische Weg wurde aufgegeben, da er als zu langwierig und kompliziert angesehen wurde.[163] Stattdessen ist jeder Vertragsstaat gemäß Art. 2 HZÜ verpflichtet, eine Zentrale Behörde einzurichten, die Zustellungsersuchen aus dem Ausland entgegennimmt und die Zustellung veranlasst. Bundesstaaten steht es frei, mehrere Zentrale Behörden zu bestimmen (Art. 18 Abs. 3 HZÜ). Deutschland hat von dieser Möglichkeit in § 1 AusfG-HZÜ Gebrauch gemacht und bestimmt, dass jedes Bundesland eine eigene Zentrale Behörde einrichten muss. Grundsätzlich wurden hierfür die jeweiligen Landesjustizverwaltungen ausgewählt, einige Bundesländer haben die Aufgabe jedoch an den Präsidenten des AG, LG oder OLG

---

[160] *H. Roth*, IPRax 1990, 90 (92); *R. Stürner*, JZ 47 (1992), 325 (328).
[161] Siehe dazu bereits Kap. 1 D. II. 2. b) (S. 59).
[162] HCCH, Actes et documents de la dixiéme session, 1964, S. 75; *Böckstiegel/Schlafen*, NJW 1978, 1073 (1074).
[163] Vgl. *Böckstiegel/Schlafen*, NJW 1978, 1073 (1074).

delegiert (§ 9 Abs. 4 S. 2, 3 ZRHO).[164] Im Vereinigten Königreich ist das *Royal Court of Justice (Foreign Process Section)* in London als Zentrale Behörde bestimmt worden. Es wurde allerdings von der Möglichkeit des Art. 18 Abs. 1 HZÜ, weitere Behörden zu bestimmen, Gebrauch gemacht. Ersuchen aus Deutschland können daher bei einer Übermittlung nach England oder Wales auch an den *Senior Master of the Royal Courts of Justice* in London (vgl. auch Rule 6.50 CPR), bei Übermittlungen nach Nordirland an den *Master of the Royal Courts of Justice* in Belfast (vgl. Order 69 R. 2 RCJ) und bei Übermittlungen nach Schottland an das *Scottish Government Justice Directorate* in Edinburgh gerichtet werden.[165]

Der Zustellungsantrag wird von der zuständigen Behörde oder dem zuständigen Beamten des Ursprungsstaates unmittelbar an die Zentrale Behörde des Empfängerstaates gerichtet (Art. 3 Abs. 1 HZÜ). Die Zuständigkeit richtet sich nach dem Recht des Ursprungsstaates. Da die britischen *solicitor* nach dem nationalen Recht als Zustellungsveranlasser berechtigt sind, können sie grundsätzlich, obwohl sie keine staatliche Stelle sind, Zustellungsersuchen an die ausländische Zentrale Behörde stellen.[166] In Deutschland ist der Vorsitzende des Prozessgerichts die „zuständige Behörde" (vgl. § 202 Abs. 1 ZPO a.F., nun § 183 Abs. 1 ZPO). Der Zustellungsantrag ist jedoch zunächst einer Prüfstelle vorzulegen (§§ 9, 27 ZRHO a.F., nun §§ 9, 29 ZRHO).

Zur Vereinfachung des Verfahrens muss die zuständige Stelle zwingend[167] das dem Übereinkommen beigefügte Musterformular verwenden, wobei die vorgedruckten Teile in englischer oder französischer Sprache oder in der Amtssprache des ersuchenden Staates abgefasst sein müssen (Art. 7 Abs. 1 HZÜ). Die Eintragungen können in englischer oder französischer Sprache oder in der Amtssprache des ersuchten Staates vorgenommen werden (Art. 7 Abs. 2 HZÜ). Dem Antrag ist das zuzustellende Schriftstück oder eine Abschrift beizufügen und von beiden Dokumenten ist eine zweifache Ausfertigung erforderlich (Art. 3 Abs. 2 HZÜ).

---

[164] Siehe auch die Übersicht mit den maßgeblichen Adressen bei den praktischen Informationen für Deutschland auf der Webseite der Haager Konferenz, abrufbar unter: <https://www.hcch.net/de/states/authorities/details3/?aid=257>.

[165] Siehe dazu die Übersicht mit den maßgeblichen Adressen bei den praktischen Informationen für das Vereinigte Königreich auf der Webseite der Haager Konferenz, abrufbar unter: <https://www.hcch.net/de/states/authorities/details3/?aid=278>.

[166] *HCCH*, Actes et documents de la dixiéme session, 1964, S. 368; Denkschrift zum HZÜ, in: BT-Drs. 7/4892, S. 43; *HCCH*, Practical Handbook, 2016, Rn. 130; Geimer/Schütze/Hau/*Sujecki*, Art. 3 HZÜ Rn. 4. Beachte allerdings für das englische Recht nun Rule 6.43 CPR. Nach der Vorschrift sind bei der Wahl des Zustellungsweges die erforderlichen Dokumente bei Gericht einzureichen und durch den *Senior Master* an die Zentrale Behörde des Empfängerstaates zu übermitteln.

[167] *HCCH*, Practical Handbook, 2016, Rn. 153.

Im Falle einer erfolgten oder erfolglosen Zustellung muss die Zentrale Behörde oder eine vom Empfängerstaat bestimmte Stelle ein Zustellungszeugnis, das Angaben über die Form, den Ort, die Zeit und den Empfänger der Zustellung enthält, unmittelbar an die ersuchende Stelle übersenden (Art. 6 HZÜ). Ein Fortschritt gegenüber dem HZPÜ 1954 ist, dass auch hierfür ein dem HZÜ beigefügtes Musterformular zu verwenden ist. Hinsichtlich der Sprache sind dieselben Anforderungen zu stellen wie beim Zustellungsantrag.[168]

b) Förmliche Zustellung

Das HZÜ stellt – anders als das HZPA 1905 und das HZPÜ 1954 – die förmliche Zustellung in den Vordergrund.[169] In diesem Fall wird die Zustellung entweder nach dem Recht des Empfängerstaates (Art. 5 Abs. 1 lit. a HZÜ) oder in einer besonderen, von der ersuchenden Stelle gewünschten Form (Art. 5 Abs. 1 lit. b HZÜ) vollzogen. Im ersteren Fall kann das Schriftstück mittels sämtlicher Zustellungsformen, die das nationale Recht des Empfängerstaates zur Verfügung stellt, zugestellt werden. In Deutschland sind somit die Vorschriften über die Zustellung von Amts wegen (§§ 208–213a ZPO a.F., nun §§ 166–190 ZPO) anwendbar. In der Zustellungspraxis wird das Schriftstück von der Zentralen Behörde an die Post ausgehändigt, die das Schriftstück sodann übermittelt (§ 4 Abs. 1 AusfG-HZÜ). In England und Wales erfolgte die förmliche Zustellung bis zur Einführung der *Civil Procedure Rules* nach den *Rules of the Supreme Court*. Die Zustellung in einer besonderen Form (Art. 5 Abs. 1 lit. b HZÜ) ist in der Praxis nur selten relevant.[170] Sie kann vom Empfängerstaat abgelehnt werden, wenn die gewünschte Zustellungsmethode mit dem Recht des ersuchten Staates unvereinbar ist.

Für den Fall der förmlichen Zustellung kann die Zentrale Behörde nach Art. 5 Abs. 3 HZÜ verlangen, dass das Schriftstück in der Amtssprache des ersuchten Staates abgefasst oder in diese übersetzt ist. Es besteht somit im Grundsatz zwar keine zwingende Übersetzungspflicht, der Empfängerstaat kann ein solches Erfordernis allerdings (auch im Voraus) statuieren. Für Zustellungen in Deutschland ist dies geschehen. § 3 AusfG-HZÜ bestimmt, dass das zuzustellende Schriftstück in deutscher Sprache abgefasst oder in diese übersetzt sein muss. Auch das Vereinigte Königreich hat im Voraus festgelegt, dass stets eine Übersetzung in die jeweilige Landessprache erforderlich ist.[171]

---

[168] *Ghassabeh*, Zustellung einer punitive-damages-Sammelklage, S. 105.
[169] Denkschrift zum HZÜ, in: BT-Drs. 7/4892, S. 43 f.
[170] *HCCH*, Practical Handbook, 2016, Rn. 168; Geimer/Schütze/Hau/*Sujecki*, Art. 5 HZÜ Rn. 7.
[171] Vgl. *HCCH*, Practical Handbook, 2016, Rn. 181 und die praktischen Informationen für das Vereinigte Königreich auf der Webseite der Haager Konferenz (Fn. 165). Zu den Regelungen des autonomen englischen und nordirischen Rechts siehe Kap. 3 C. II. 1. b) aa) (S. 192 f.).

c) Formlose Zustellung

Daneben kann die Zustellung, wenn der ersuchende Staat keine besondere Form nach Art. 5 Abs. 1 lit. b HZÜ beantragt hat, auch formlos durch einfache Übergabe des Schriftstücks an den Empfänger bewirkt werden, sofern dieser oder sein Zustellungsbevollmächtigter[172] zur Annahme bereit ist (Art. 5 Abs. 2 HZÜ). Eine Übersetzung ist hierbei nicht erforderlich (vgl. Art. 5 Abs. 2, 3 HZÜ, § 3 AusfG-HZÜ).[173] Ob der Empfängerstaat förmlich nach Art. 5 Abs. 1 lit. a HZÜ oder formlos zustellt, bleibt der Zentralen Behörde des ersuchten Staates überlassen, wenn der Ursprungsstaat im Antrag nicht angibt, welche Zustellungsform gewünscht ist.[174] In Deutschland sah § 67 Abs. 2 S. 1 ZRHO a.F. vor, dass vorrangig die formlose Zustellung erfolgen sollte.

Der Empfänger kann die formlose Zustellung durch eine bloße Annahmeverweigerung verhindern. Da er in die Lage versetzt werden soll, sich zuvor über den Inhalt des Schriftstücks zu informieren, muss ihm dieses vorübergehend ausgehändigt werden (§ 69 Abs. 3 ZRHO a.F., nun § 113 Abs. 3 ZRHO). Ein besonderer Grund für die Annahmeverweigerung ist nach dem klaren Wortlaut des Art. 3 Abs. 2 HZÜ nicht erforderlich.[175] Selbst wenn der Empfänger die Sprache des Schriftstücks beherrscht und dieses somit problemlos versteht, ist die Ablehnung der Annahme nicht als rechtsmissbräuchlich anzusehen.[176]

Zwangs- oder Ersatzzustellungen sind im Rahmen des Art. 5 Abs. 2 HZÜ unzulässig (vgl. auch § 68 Abs. 2 ZRHO a.F., nun § 112 Abs. 2 ZRHO).[177] Wenn der Empfänger die Annahme ablehnt, muss die Auslandszustellung deshalb wiederholt werden.[178] In der Praxis ist es sinnvoll, jedenfalls hilfsweise die förmliche Zustellung zu beantragen.[179]

---

[172] Dazu OLG Saarbrücken v. 15.6.1992 – 5 W 21/92, NJW-RR 1992, 1534 (1535); OLG Düsseldorf v. 2.9.1998 – 3 W 148/98, IPRax 2000, 307.

[173] OLG Saarbrücken v. 15.6.1992 – 5 W 21/92, NJW-RR 1992, 1534 (1534 f.); OLG Düsseldorf v. 2.9.1998 – 3 W 148/98, IPRax 2000, 307 (308); *Hau*, IPRax 1998, 456; *Schütze*, RIW 2000, 20 (21).

[174] *HCCH*, Practical Handbook, 2016, Rn. 162.

[175] Denkschrift zum HZÜ, in: BT-Drs. 7/4892, S. 43.

[176] *Hau*, IPRax 1998, 456 (457); *Linke*, in: Gottwald (Hrsg.), Grundfragen der Gerichtsverfassung, S. 95, 104. So auch OLG Schleswig v. 29.7.1988 – 14 U 251/87, NJW 1988, 3104 (3105) für das HZPÜ 1954. A.A. *Schlosser*, in: FS Matscher 1993, S. 387, 398; Schlosser/Hess⁴/*ders.*, Art. 5 HZÜ Rn. 7.

[177] *Pfennig*, NJW 1989, 2172 (2172 f.).

[178] *Linke*, in: Gottwald (Hrsg.), Grundfragen der Gerichtsverfassung, S. 95, 117.

[179] *P.-A. Brand/Reichhelm*, IPRax 2001, 173 (177); *Linke/Hau*, IZVR, Rn. 8.33. Ob ein solcher Hilfsantrag gestellt wurde, kann Auswirkungen auf die Frage, ob die Zustellung demnächst erfolgt ist (vgl. § 167 ZPO), haben.

d) Ablehnung der Erledigung des Zustellungsersuchens

Die Ausführung des Zustellungsersuchens kann in zwei Fällen abgelehnt werden. Erstens aus formellen Gründen, wenn der Antrag nicht den Vorschriften des HZÜ entspricht. In diesem Fall muss die Zentrale Behörde unverzüglich die ersuchende Stelle kontaktieren und ihre Einwände einzeln darlegen (Art. 4 HZÜ). Zweitens kann die Ausführung aus inhaltlichen Gründen verweigert werden, wenn der ersuchte Staat die Zustellung für geeignet hält, seine Hoheitsrechte oder seine Sicherheit zu gefährden (Art. 13 Abs. 1 HZÜ). Nur der letztere Fall wird im Folgenden ausführlicher behandelt.

aa) Ablehnung nach Art. 13 HZÜ

Die Ablehnung aus inhaltlichen Gründen darf nicht darauf gestützt werden, dass der Empfängerstaat nach seinem Recht ausschließlich zuständig ist oder ein Verfahren, welches demjenigen des Antrags entspricht, nicht kennt (Art. 13 Abs. 2 HZÜ). Verweigert die Zentrale Behörde die Zustellung, hat sie die ersuchende Stelle unverzüglich unter der Angabe der Gründe zu unterrichten (Art. 13 Abs. 3 HZÜ).

Es ist umstritten, ob es sich bei Art. 13 Abs. 1 HZÜ um einen „normalen" *ordre public*, einen „abgeschwächten" *ordre public*, einen *ordre public international*, einen rechtshilfe- bzw. zustellungsrechtlichen *ordre public* oder einen internationalen *ordre public*-Vorbehalt im völkerrechtlichen Sinne handelt.[180] Nach zutreffender Ansicht muss jedenfalls Rücksicht auf den supranationalen Charakter genommen und die Norm eng ausgelegt werden.[181] Dies folgt bereits aus dem Wortlaut, der enger gefasst ist, als „normale" *ordre public*-Vorbehalte (vgl. etwa Art. 6 EGBGB).[182] Allein der Umstand, dass die zu erwartende Entscheidung des ausländischen Gerichts in Deutschland nicht anerkennungsfähig sein wird, begründet somit keine Ablehnung der Zustellung nach Art. 13 Abs. 1 HZÜ.[183]

bb) Zustellung von britischen antisuit injunctions in Deutschland

Im deutsch-britischen Rechtsverkehr stellt sich hauptsächlich die Frage, ob die Zustellung britischer *antisuit injunctions* von den deutschen Behörden unter

---

[180] *Ghassabeh*, Zustellung einer punitive-damages-Sammelklage, S. 198 ff.; Geimer/Schütze/Hau/*Sujecki*, Art. 13 HZÜ Rn. 3 ff. jeweils ausführlich und m.w.N. zum Streitstand über die Rechtsnatur des Art. 13 HZÜ.

[181] Statt vieler BVerfG v. 7.12.1994 – 1 BvR 1279/94, BVerfGE 91, 335 (340); OLG Frankfurt a.M. v. 13.2.2001 – 20 VA 7/00, NJW-RR 2002, 357 (357 f.); HCCH, Practical Handbook, 2016, Rn. 223; *Rasmussen-Bonne*, in: FS Várady 2009, S. 231, 248 f.

[182] Im Rahmen dieser Arbeit wird daher von einem eingeschränkten *ordre public*-Vorbehalt gesprochen, wobei allerdings keine nähere Aussage zur Rechtsnatur getroffen werden soll.

[183] Treffend *Hau*, IPRax 1997, 245 (246).

Berufung auf Art. 13 Abs. 1 HZÜ verweigert werden kann. Es kommen zwei Ablehnungsgründe in Betracht: Ein Verstoß gegen den Justizgewährungsanspruch aus Art. 6 Abs. 1 EMRK[184] (1) und ein Eingriff in die deutsche Justizhoheit (2).

(1) Verstoß gegen Art. 6 Abs. 1 EMRK

Art. 6 Abs. 1 EMRK garantiert dem Einzelnen einen Anspruch auf Justizgewährung für zivilrechtliche Ansprüche und Verpflichtungen.[185] Ein Teilaspekt ist das Recht auf (effektiven) Zugang zu einem Gericht.[186] *Antisuit injunctions* stellen einen Eingriff in dieses Recht dar, da sie dem Adressaten untersagen, ein zivilrechtliches Verfahren im Ausland zu führen oder fortzusetzen.[187] Das Recht auf Zugang zu einem Gericht kann jedoch eingeschränkt werden, wobei den Staaten ein gewisser Ermessensspielraum zusteht. Zum einen darf der Wesensgehalt des Rechts nicht angetastet werden, zum anderen muss ein berechtigtes Ziel verfolgt werden und das angewandte Mittel in einem angemessenen Verhältnis zum verfolgten Ziel stehen.[188] Eine zulässige Beschränkung sind etwa Zulässigkeitsregelungen des nationalen Verfahrensrechts (z.B. Formerfordernis, Fristen, Anwaltszwang).[189]

---

[184] Diese Frage wurde, soweit ersichtlich, erstmals von *Jayme/Kohler,* IPRax 1994, 405 (412) aufgeworfen.

[185] Siehe zum Justizgewährungsanspruch aus Art. 6 Abs. 1 EMRK bereits Kap. 1 B. I. (S. 20 ff.).

[186] St. Rspr.: EGMR v. 21.2.1975 – 4451/70 *(Golder/Vereinigtes Königreich),* EGMR-E 1, 146 (153); v. 28.10.1998 – 23452/94 *(Osman/Vereinigtes Königreich),* Reports 1998-VIII, 3125 Rn. 147; v. 18.2.1999 – 26083/94 *(Waite u. Kennedy/Deutschland),* NJW 1999, 1173 Rn. 50; v. 19.9.2000 – 40031/98 *(Gnahoré/Frankreich),* Reports 2000-IX, 443 Rn. 38. Aus dem Schrifttum etwa *Matscher*, in: FS Henckel 1995, S. 593, 598 f.

[187] *Hau,* Positive Kompetenzkonflikte, S. 219. A.A. *Maack,* Englische antisuit injunctions, S. 109 für den Fall, dass der Adressat über kein Vermögen im Vereinigten Königreich verfügt. Dann könne das Prozessführungsverbot im Vereinigten Königreich aus tatsächlichen Gründen nicht vollstreckt werden. Mangels Anerkennungsfähigkeit der *antisuit injunction* liege in Deutschland lediglich ein rechtlich unverbindlicher Druck, sich gegenüber der britischen Anordnung rechtstreu zu verhalten, vor. Diese faktische Sichtweise überzeugt jedoch nicht. Das Abstellen auf die faktische Vollstreckbarkeit im Vereinigten Königreich übersieht die jedenfalls aus britischer Sicht bestehende Pflicht, das Verfahren im Ausland nicht (fort) zu führen. Zudem kann das Vorliegen eines Eingriffs nicht davon abhängen, ob der Adressat (zufälligerweise) im Vereinigten Königreich vollstreckbares Vermögen besitzt, zumal die Vollstreckung der *antisuit injunction* auch durch Inhaftierung des Adressaten erfolgen kann, sodass man zusätzlich darauf abstellen müsste, ob sich der Adressat im Vereinigten Königreich aufhält bzw. aufhalten wird.

[188] St. Rspr.: EGMR v. 28.10.1998 – 23452/94 *(Osman/Vereinigtes Königreich),* Reports 1998-VIII, 3125 Rn. 147; v. 18.2.1999 – 26083/94 *(Waite u. Kennedy/ Deutschland),* NJW 1999, 1173 Rn. 59; v. 21.6.2016 – 5809/08 *(Al-Dulimi u. Montana Management Inc./Schweiz),* NJOZ 2017, 1572 Rn. 129.

[189] Dazu HK-EMRK/*Meyer-Ladewig/Harrendorf/König*, Art. 6 EMRK Rn. 36 ff. m.w.N.

Nach *Hau* kann sich das ausländische Gericht, das ein Prozessführungsverbot erlässt, auf keine derartige Eingriffsgrundlage stützen.[190] Dagegen wendet *Maack* ein, dass es darauf nicht ankomme. Es ginge vielmehr um die Ablehnung einer Zustellung und somit die Verpflichtung zur Gewährung des Zugangs zum Gericht.[191] Dies überzeugt nicht. Maßgeblich ist gerade, ob britische Behörden das Recht auf Zugang zu deutschen Gerichten durch den Erlass von Prozessführungsverboten beschränken dürfen. Eine etwaige Verpflichtung von Deutschland gegenüber den Bürgern zur Gewährung des Zugangs zum Gericht spielt bei der Frage keine Rolle.

Als berechtigtes Ziel zur Einschränkung des Rechts könnte allenfalls die Förderung der englischen Rechtspflege anzusehen sein, da *antisuit injunctions* das Forum England durchsetzen.[192] Dagegen ist jedoch einzuwenden, dass allein durch die Klageerhebung im Ausland keine Aussage über die (Un-)Zuständigkeit englischer Gerichte getroffen wird. Vielmehr kann das ausländische Verfahrensgericht seine Zuständigkeit verneinen, sodass in diesen Fällen dann in England geklagt werden kann. Es ist damit jedenfalls nicht angemessen, zur Förderung der englischen Rechtspflege das rechtliche Gehör des Klägers im Ausland einzuschränken.[193] Auch der Einwand von *zur Nieden*, dass die Frage der derogierenden Wirkung einer Vereinbarung oftmals Gegenstand eines gerichtlichen Verfahrens sei und der Partei das Verhandeln über die Frage vor ausländischen Gerichten zuzumuten sei,[194] geht aus den oben genannten Gründen fehl. Der Erlass von grenzüberschreitenden *antisuit injunctions* verstößt somit gegen Art. 6 Abs. 1 EMRK.[195]

Die Gefährdung von individuellen Rechten muss ferner einen Ablehnungsgrund i.S.d. Art. 13 Abs. 1 HZÜ darstellen. Die wohl herrschende Ansicht fasst unter den Begriff der Souveränität des Staates auch die Grund- und Menschenrechte.[196] Dies überzeugt aufgrund der überragenden Bedeutung der EMRK jedenfalls für den Schutz von international akzeptierten Menschenrechten.[197] Einschränkend ist jedoch zu beachten, dass die Verletzung des individuellen

---

[190] *Hau*, IPRax 1997, 245 (247).
[191] *Maack*, Englische antisuit injunctions, S. 110.
[192] So *Maack*, Englische antisuit injunctions, S. 110.
[193] Vgl. *Hau*, IPRax 1997, 245 (247).
[194] *Zur Nieden*, Zustellungsverweigerung, S. 126.
[195] Ebenso *Hau*, IPRax 1997, 245 (247); ders., Positive Kompetenzkonflikte, S. 219 f.; ders., ZZPInt 9 (2004), 191 (195). A.A. *Maack*, Englische antisuit injunctions, S. 216; G. *Geimer*, Neuordnung des internationalen Zustellungsrechts, S. 80 f.; *zur Nieden*, Zustellungsverweigerung, S. 125 f.
[196] *Koch/Diedrich*, ZIP 1994, 1830 (1832 f.); *Merkt*, "Punitive-damages"-Klagen, S. 169 ff.; *Bertele*, Souveränität und Verfahrensrecht, S. 354, jeweils m.w.N. In diese Richtung auch BVerfG v. 25.7.2003 – 2 BvR 1198/03, NJW 2003, 2598 (2599 f.). Anders aber *Juenger/Reimann*, NJW 1994, 3274.
[197] So *Hopt/Kulms/von Hein*, Rechtshilfe und Rechtsstaat, S. 153 f., 168.

Rechts bereits durch die Zustellung des Schriftstücks eintreten muss. Die Auswirkungen der später erlassenen Entscheidung sind unbeachtlich.[198] *Antisuit injunctions* werden unmittelbar durch die Zustellung wirksam, sodass dieses Erfordernis erfüllt ist.[199]

(2) Eingriff in die deutsche Justizhoheit

Letztlich kann die Frage, ob die Gefährdung von Individualrechten von Art. 13 Abs. 1 HZÜ erfasst ist, aber offenbleiben, wenn die Zustellung bereits aus anderen Gründen abgelehnt werden kann. Das OLG Düsseldorf bejahte dies, da ein solches Prozessführungsverbot einen Eingriff in die deutsche Justizhoheit darstelle. Die Beantwortung der Frage, ob das deutsche Gericht (international) zuständig ist, sei allein dessen Sache.[200]

Diese Begründung ist im Schrifttum teilweise auf Kritik gestoßen.[201] Das Verbot, den Prozess im Ausland zu führen oder fortzusetzen, ist an den Antragsgegner, nicht aber das ausländische Gericht adressiert (sog. *in personam*-Wirkung).[202] Deshalb liege lediglich ein *mittelbarer Eingriff* in die Justizhoheit vor, der nicht mit einem unmittelbaren Eingriff gleichgesetzt werden könne und deshalb für die Anwendung des Art. 13 Abs. 1 HZÜ nicht ausreiche.[203] Ein solches Prozessführungsverbot verstoße zwar gegen die *courtoisie internationale* bzw. den *comity*-Gedanken, deren Befolgung sei allerdings nicht zwingend.[204] Zudem wird vorgebracht, dass das Problem der *antisuit injunction* nicht auf der Zustellungs-, sondern auf der Anerkennungs- und Vollstreckungsebene gelöst werden müsse.[205]

Dieser formellen Betrachtungsweise hat das OLG Düsseldorf richtigerweise entgegengehalten, dass ein Verfahren von der Mitwirkung der Verfahrensbeteiligten abhängig ist. Wenn sich der Kläger einer *antisuit injunction* beugt, kommt es zu einem Verfahrensstillstand und somit zu einer Beeinträchtigung

---

[198] Statt vieler OLG München v. 15.7.1992 – 9 VA 1/92, NJW 1992, 3113; *Rohe*, in: FG Vollkommer 2006, S. 291, 307; Geimer/Schütze/Hau/*Sujecki*, Art. 13 HZÜ Rn. 12 m.w.N.

[199] *Hau*, IPRax 1997, 245 (247); *Schack*, AG 2006, 823 (829).

[200] OLG Düsseldorf v. 10.1.1996 – 3 VA 11/95, IPRax 1997, 260.

[201] *Mankowski*, EWiR 1996, 321 (322); *Maack*, Englische antisuit injunctions, S. 105 ff.; *zur Nieden*, Zustellungsverweigerung, S. 124; *Costas-Pörksen*, Anwendungsbereich und ordre public-Vorbehalt des HZÜ, S. 213 ff.

[202] *Bushby v. Munday* [1821] 56 E.R. 908 (913); *Cohen v. Rothfield* [1919] 1 K.B. 410 (417); *S.N.I.A v. Lee Kui Jak* [1987] A.C. 871 (892).

[203] *Maack*, Englische antisuit injunctions, S. 106 f.; *Costas-Pörksen*, Anwendungsbereich und ordre public-Vorbehalt des HZÜ, S. 214 f. Diese Argumentation wird auch von britischen Gerichten verwendet, um die Kompetenz zum Erlass von *antisuit injunctions* zu bejahen, vgl. etwa *Cohen v. Rothfield* [1919] 1 K.B. 410 (417).

[204] *Maack*, Englische antisuit injunctions, S. 107.

[205] *R. Stürner*, ZZP 109 (1996), 224 (232); *zur Nieden*, Zustellungsverweigerung, S. 125.

der Tätigkeit deutscher Gerichte.[206] Die ausländischen Stellen haben die deutsche Justizhoheit zu beachten und dürfen keine Weisungen an Verfahrensbeteiligte erteilen, die im Ausland zu einer Bestrafung führen können. Dies ist bei *antisuit injunctions* der Fall, denn im Falle der Nichtbefolgung droht wegen *contempt of court* die Inhaftierung des Antragsgegners oder die Beschlagnahme seines im Vereinigten Königreich befindlichen Vermögens.[207] Die *in personam*-Wirkung wird deshalb teilweise als bloßer „Schein" angesehen.[208] Im Ergebnis liegt ein unmittelbarer Eingriff in die Justizhoheit vor.[209] Auch der Einwand, das Problem sei auf der Anerkennungs- und Vollstreckungsebene zu lösen, geht fehl, da bereits die Zustellung der *antisuit injunction* dazu führen kann, dass sich das deutsche Gericht nicht mehr mit der Sache befassen kann.[210]

Ferner ist zu beachten, dass für die Anwendung des Art. 13 Abs. 1 HZÜ kein positiver Nachweis eines Völkerrechtsverstoßes erforderlich ist, sondern der Empfängerstaat die Zustellung lediglich für geeignet halten muss, seine Hoheitsrechte zu verletzen. Die Norm gewährt dem Staat daher einen (freilich begrenzten) Beurteilungsspielraum, den das OLG Düsseldorf in rechtsfehlerfreier Weise ausgefüllt hat.[211]

(3) Zwischenergebnis

Im Ergebnis kann die Ablehnung der Zustellung von britischen *antisuit injunctions* auf Art. 13 Abs. 1 HZÜ gestützt werden.[212] Es liegt sowohl ein Eingriff in die deutsche Justizhoheit als auch ein Verstoß gegen Art. 6 Abs. 1 EMRK vor.

---

[206] OLG Düsseldorf v. 10.1.1996 – 3 VA 11/95, IPRax 1997, 260 (261).

[207] Vgl. nur *C. Heinze/Dutta,* Yearbook of Private International Law 9 (2007), 415 (426).

[208] *Gottwald*, in: FS Habscheid 1989, S. 119, 123.

[209] OLG Düsseldorf v. 10.1.1996 – 3 VA 11/95, IPRax 1997, 260 (261). Zustimmend *Mansel,* EuZW 1996, 335 (336); *Hopt/Kulms/von Hein*, Rechtshilfe und Rechtsstaat, S. 137; *Schütze*, Probleme des IZPR, S. 56; Geimer/Schütze/Hau/*Sujecki*, Art. 13 HZÜ Rn. 19.

[210] *Bertele*, Souveränität und Verfahrensrecht, S. 530.

[211] *Hau,* IPRax 1997, 245 (248). In diese Richtung auch *Mansel,* EuZW 1996, 335 (337). Die Details dieses Beurteilungsspielraums sind umstritten, dazu Geimer/Schütze/Hau/*Sujecki*, Art. 13 HZÜ Rn. 24 ff.

[212] H.M. OLG Düsseldorf v. 10.1.1996 – 3 VA 11/95, IPRax 1997, 260; *Mansel,* EuZW 1996, 335 (335 ff.); *Hau,* IPRax 1997, 245 (246 ff.); *Bertele*, Souveränität und Verfahrensrecht, S. 529 f.; *Hopt/Kulms/von Hein*, Rechtshilfe und Rechtsstaat, S. 136 f.; *Schack*, AG 2006, 823 (829); *Schütze*, Probleme des IZPR, S. 56 f.; *Nagel/Gottwald*, IZPR, Rn. 8.125; Geimer/Schütze/Hau/*Sujecki*, Art. 13 HZÜ Rn. 19; Stein/Jonas/*H. Roth*, § 183 ZPO Rn. 62b. A.A. *Mankowski*, EWiR 1996, 321 (322); *R. Stürner*, ZZP 109 (1996), 224; *G. Geimer*, Neuordnung des internationalen Zustellungsrechts, S. 78 ff.; *Maack*, Englische antisuit injunctions, S. 123; Schlosser/Hess⁴/*Schlosser*, Art. 13 HZÜ Rn. 3. Ebenso *Bischof*, Zustellung im internationalen Rechtsverkehr, S. 285, der in der h.M. eine Vermengung von Zuständigkeits- und Zustellungsfragen sieht.

e) Kosten und Dauer der Zustellung

Für die Zustellung darf der ersuchte Staat keine Gebühren oder Auslagen verlangen (Grundsatz der Kostenfreiheit, Art. 12 Abs. 1 HZÜ). Davon ist jedoch eine Ausnahme zu machen, wenn bei der Zustellung ein Justizbeamter oder eine nach dem Recht des Empfängerstaates zuständige Person mitwirkt (Art. 12 Abs. 2 lit. a HZÜ) oder eine besondere Form der Zustellung nach Art. 5 Abs. 1 lit. b HZÜ beantragt wird (Art. 12 Abs. 2 lit. b HZÜ). In diesen Fällen hat die ersuchende Stelle die Auslagen zu zahlen oder zu erstatten. Das Vereinigte Königreich verlangt außer in Sonderfällen keine Gebühren oder Auslagen, selbst wenn nach Art. 5 Abs. 1 lit. a HZÜ förmlich zugestellt wird.[213]

Hingegen fehlt im HZÜ eine ausdrückliche Regelung betreffend die Zustellungsdauer. Das Musterformular zur Beantragung der Rechtshilfe sieht zwar vor, dass die Übermittlung unverzüglich zu erfolgen hat. In der Praxis nimmt sie jedoch häufig zu viel Zeit in Anspruch.[214] Dies hat sich zwar durch die Festlegung von zeitlichen Vorgaben durch die Expertenkommission aus dem Jahr 2009[215] verbessert, dennoch gibt es weiterhin Fälle, in denen die Zustellung länger als ein Jahr dauert.[216]

2. Unmittelbare Zustellung durch diplomatische oder konsularische Vertreter

Gemäß Art. 8 Abs. 1 HZÜ können Schriftstücke auch unmittelbar durch diplomatische oder konsularische Vertreter des Ursprungsstaates im Empfängerstaat zugestellt werden. Eine Übersetzung des Schriftstücks ist nicht erforderlich.[217] Die Zustellung kann lediglich formlos erfolgen. Ersatz- oder Zwangszustellung sind nach dem klaren Wortlaut der Norm nicht gestattet. Somit kann die Übermittlung an der schlichten Annahmeverweigerung des Empfängers

---

[213] *HCCH*, Practical Handbook, 2016, Rn. 188. Vgl. ferner die praktischen Informationen für das Vereinigte Königreich auf der Webseite der Haager Konferenz (Fn. 165).
[214] *HCCH*, Practical Handbook, 2016, Rn. 195 f.
[215] *HCCH*, Conclusions of the Special Commission of 2009, S. 6.
[216] *HCCH*, Practical Handbook, 2016, Rn. 200.
[217] Schweizerisches BG v. 7.10.2010 – 5A_286/2010, Rn. 4.5.2; die Entscheidung ist abrufbar unter: <https://www.bger.ch/ext/eurospider/live/de/php/aza/http/index.php?highlight_docid=aza%3A%2F%2F07-10-2010-5A_286-2010&lang=de&type=show_document&zoom=YES&>; *HCCH*, Practical Handbook, 2016, Rn. 245 (unter Hinweis auf eine unveröffentlichte Entscheidung des LG Berlin v. 5.2.1997); *G. Geimer*, Neuordnung des internationalen Zustellungsrechts, S. 279; Geimer/Schütze/Hau/*Sujecki*, Art. 8 HZÜ Rn. 2.

scheitern.²¹⁸ Umstritten ist, ob die Vertreter bei der Zustellung auch die Post einschalten dürfen.²¹⁹

Den Vertragsstaaten steht es offen, der unmittelbaren Zustellung durch konsularische oder diplomatische Vertreter in ihrem Hoheitsgebiet zu widersprechen, wenn das Schriftstück nicht an einem Angehörigen des Ursprungsstaates zuzustellen ist (Art. 8 Abs. 2 HZÜ). Nach der deutschen Auffassung ist es problematisch, dass der Ursprungsstaat ohne Kontrolle des Empfängerstaates weitreichend Zustellungen unmittelbar selbst vornehmen kann.²²⁰ Aufgrund dieser Bedenken hat Deutschland in § 6 S. 1 AusfG-HZÜ einen Widerspruch nach Art. 8 Abs. 2 HZÜ erklärt. Da auch keine spezielle Vereinbarung mit dem Vereinigten Königreich getroffen wurde, konnten Schriftstücke aus dem Vereinigten Königreich durch diplomatische oder konsularische Vertreter in Deutschland nach Art. 8 Abs. 1 HZÜ nur dann zugestellt werden, wenn der Empfänger britischer Staatsangehöriger war.

Demgegenüber hat das Vereinigte Königreich keinen Widerspruch gegen diesen Zustellungsweg erklärt.²²¹ Die deutschen Konsuln konnten daher Schriftstücke aus Deutschland sowohl an deutsche als auch britische und drittstaatliche Angehörige zustellen.

3. Zustellung ohne Einschaltung der Rechtshilfebehörden

Art. 10 HZÜ stellt drei subsidiäre²²², präziser formuliert alternative²²³ Zustellungswege zur Verfügung, bei denen die Zustellung ohne die Zwischenschaltung der Zentralen Behörden oder der konsularischen bzw. diplomatischen Vertreter unmittelbar im Empfängerstaat erfolgt.

---

²¹⁸ BVerwG v. 20.5.1999 – 3 C 7/98, NJW 2000, 683 (684); *Pfennig*, Internationale Zustellung, S. 67; *G. Geimer*, Neuordnung des internationalen Zustellungsrechts, S. 25; Schlosser/Hess⁴/*Schlosser*, Art. 8 HZÜ Rn. 1.
²¹⁹ Dafür OLG Stuttgart v. 31.7.2002 – 9 U 2/02, BeckRS 2002, 17807 Rn. 23. Zustimmend Geimer/Schütze/Hau/*Sujecki*, Art. 8 HZÜ Rn. 3. Dagegen *Kondring,* RIW 1996, 722 (722 f.); Schlosser/Hess⁴/*Schlosser*, Art. 8 HZÜ Rn. 1. Das Problem offen lassend BVerwG v. 20.5.1999 – 3 C 7/98, NJW 2000, 683 (684). Es wird zum Teil davon ausgegangen, dass es sich um eine Kombination der Zustellungswege nach Art. 8 und Art. 10 lit. a HZÜ handelt, so *Kronke,* IPRax 1995, 256; *Kondring,* RIW 1996, 722.
²²⁰ Denkschrift zum HZÜ, in: BT-Drs. 7/4892, S. 45 f.
²²¹ Vgl. dazu die praktischen Informationen für das Vereinigte Königreich auf der Webseite der Haager Konferenz (Fn. 165).
²²² Denkschrift zum HZÜ, in: BT-Drs. 7/4892, S. 45; *Volken*, Rechtshilfe, S. 57; Geimer/Schütze/Hau/*Sujecki*, Art. 10 HZÜ Rn. 1.
²²³ *HCCH*, Practical Handbook, 2016, Rn. 236; *Stroschein*, Parteizustellung im Ausland, S. 196.

a) Unmittelbare Postzustellung

aa) Überblick

Gemäß Art. 10 lit. a HZÜ können Schriftstücke an im Ausland befindliche Personen unmittelbar durch die Post übersendet[224] werden. Voraussetzung hierfür ist allerdings, dass der Zustellungsweg nach dem Recht des Verfahrensstaates zugelassen ist.[225] Die unmittelbare Postzustellung ist ausgeschlossen, wenn der Empfängerstaat einen Widerspruch nach Art. 10 lit. a HZÜ erklärt hat. Die Modalitäten der Zustellung werden im HZÜ nicht näher geregelt, sodass auch hier grundsätzlich die *lex fori* des Verfahrensstaates entscheidend ist.[226]

bb) Zustellung britischer Schriftstücke in Deutschland

Die Bundesrepublik Deutschland hat in § 6 S. 2 AusfG-HZÜ einen Vorbehalt gegen die Postzustellung eingelegt. Die ablehnende Haltung ist auf das Verständnis der Zustellung als Hoheitsakt und die strenge Handhabung des Souveränitätsverständnisses zurückzuführen. Der Gesetzgeber wollte verhindern, dass ausländische Stellen in Deutschland ohne die Kontrolle der deutschen Behörden weitreichend unmittelbare Zustellungen vornehmen können.[227] Diese Sichtweise wird zwar im deutschen Schrifttum berechtigterweise kritisiert,[228] die Auswirkungen müssen jedoch *de lege lata* hingenommen werden. Deshalb konnten Schriftstücke aus dem Vereinigten Königreich in Deutschland nicht nach Art. 10 lit. a HZÜ unmittelbar durch die Post zugestellt werden.

---

[224] Zu den Problemen, welche die Verwendung des Begriffs „*send*" (im Deutschen „übersandt") in der amerikanischen Rechtsprechung hervorgerufen hat, *HCCH*, Practical Handbook, 2016, Rn. 270 ff.; *Stroschein*, Parteizustellung im Ausland, S. 198 ff.; *Ghassabeh*, Zustellung einer punitive-damages-Sammelklage, S. 110 f.; Geimer/Schütze/Hau/*Sujecki*, Art. 10 HZÜ Rn. 10 ff. (jeweils mit Nachweisen aus der Rechtsprechung der USA).

[225] *HCCH*, Actes et documents de la dixiéme session, 1964, S. 90; *dies.*, Practical Handbook, 2016, Rn. 256 ff.; *Stroschein*, Parteizustellung im Ausland, S. 196 f.

[226] Näher *Stroschein*, Parteizustellung im Ausland, S. 200 f.; Geimer/Schütze/Hau/*Sujecki*, Art. 10 HZÜ Rn. 14 ff.

[227] Denkschrift zum HZÜ, in: BT-Drs. 7/4892, S. 46. Zum Teil zustimmend *Pfeil-Kammerer*, Deutsch-amerikanischer Rechtshilfeverkehr, S. 121 ff.

[228] Für das Wegfallen des Vorbehalts etwa *Nagel*, IZVR aus westeuropäischer Sicht, S. 11; *Gottwald*, in: Habscheid/Beys (Hrsg.), Grundfragen des Zivilprozessrechts, S. 3, 25 ff.; *Wiehe*, Zustellungen, S. 104; *Linke*, in: Gottwald (Hrsg.), Grundfragen der Gerichtsverfassung, S. 95, 122 f.; *Hess*, NJW 2002, 2417 (2424); *Stadler*, IPRax 2002, 471 (475); *Fogt/Schack*, IPRax 2005, 118 (123 f.); *Stroschein*, Parteizustellung im Ausland, S. 183 ff.; Geimer/Schütze/Hau/*Sujecki*, Art. 10 HZÜ Rn. 5 f. Zur Kritik am deutschen Souveränitätsverständnis schon Kap. 1 C. III. und IV. (S. 37 ff.).

cc) Zustellung deutscher Schriftstücke im Vereinigten Königreich

Demgegenüber hat das Vereinigte Königreich keinen Widerspruch gegen die Postzustellung erklärt.[229] Dennoch wird vertreten, dass dieser Zustellungsweg auch für deutsche Verfahren nicht zur Verfügung stehe, da der deutsche Widerspruch allseitig ausgelegt werden müsse.[230] Als Begründung wird hierfür entweder direkt[231] auf Art. 21 Abs. 1 lit. b WVK, den *allgemeinen völkerrechtlichen Reziprozitätsgrundsatz*[232] oder § 6 S. 2 AusfG-HZÜ verwiesen. Die Postzustellung durch einen widersprechenden Staat wäre demnach völkerrechtlich unzulässig, obwohl der Empfängerstaat selbst keinen Vorbehalt erklärt hat. Die herrschende Ansicht geht hingegen davon aus, dass der Widerspruch nach Art. 10 lit. a HZÜ keine Gegenseitigkeit auslöst.[233]

Der Meinungsstreit kann jedoch an dieser Stelle[234] dahinstehen, wenn die Anwendung des Art. 10 lit. a HZÜ auf deutsche Verfahren aus einem anderen Grund ausschied. Für die Postzustellung ist erforderlich, dass das autonome deutsche Verfahrensrecht diesen Zustellungsweg gestattet.[235] Der bis zur Reform des deutschen Zustellungsrechts im Jahr 2001 maßgebliche § 199 ZPO a.F. gestattete eine unmittelbare Zustellung durch die Post aber gerade nicht.[236] Eine Übermittlung deutscher Schriftstücke im Vereinigten Königreich nach Art. 10 lit. a HZÜ scheiterte deshalb – unabhängig von einer etwaigen

---

[229] Vgl. dazu die praktischen Informationen für das Vereinigte Königreich auf der Webseite der Haager Konferenz (Fn. 165).

[230] OLG Düsseldorf v. 8.2.1999 – 3 W 429/98, BeckRS 1999, 2703 Rn. 19 f.; *Kondring*, Heilung von Zustellungsfehlern, S. 130 ff.; *ders.*, RIW 1996, 722 (723); *Gsell*, EWS 2002, 115 (119); *Hess*, NJW 2002, 2417 (2424); *Jastrow*, NJW 2002, 3382 (3383) in Fn. 13; *Lange*, Internationale Rechts- und Forderungspfändung, S. 310; *Heidrich*, EuZW 2005, 743 (746). Siehe dazu auch *Linke*, in: Gottwald (Hrsg.), Grundfragen der Gerichtsverfassung, S. 95, 108.

[231] So *Kondring*, Heilung von Zustellungsfehlern, S. 130 f. Wohl auch *Gsell*, EWS 2002, 115 (119).

[232] So *Lange*, Internationale Rechts- und Forderungspfändung, S. 310 in Fn. 929. Wohl auch *Jastrow*, NJW 2002, 3382 (3383) in Fn. 13: „Gegenseitigkeit im Rechtshilfeverkehr".

[233] OLG Köln v. 2.3.2023 – 18 U 188/21, BeckRS 2023, 4322 Rn. 58; LG Berlin v. 27.3.2012 – 15 O 377/11, ZUM-RD 2012, 399 (402); LG Hamburg v. 7.2.2013 – 327 O 426/12, GRUR-RR 2013, 230 (232); *Stadler*, IPRax 2002, 471 (473); *H. Schmidt*, IPRax 2004, 13 (14); *Stroschein*, Parteizustellung im Ausland, S. 187 ff.; *Ghassabeh*, Zustellung einer punitive-damages-Sammelklage, S. 109; Geimer/Schütze/Hau/*Sujecki*, Art. 10 HZÜ Rn. 7; Prütting/Gehrlein/*Marx*, § 183 ZPO Rn. 3; Schlosser/Hess⁴/*Schlosser*, Art. 10 HZÜ Rn. 2; Stein/Jonas/*H. Roth*, § 183 ZPO Rn. 11; Zöller/*R. Geimer*, § 183 ZPO Rn. 10; *R. Geimer*, IZPR, Rn. 418, 2085; *Schack*, IZVR, Rn. 682.

[234] Siehe ausführlich zum Meinungsstreit Kap. 3 B. III. 3. a) aa) (S. 179 ff.).

[235] Vgl. *HCCH*, Actes et documents de la dixiéme session, 1964, S. 90; *dies.*, Practical Handbook, 2016, Rn. 256 f.; *Stroschein*, Parteizustellung im Ausland, S. 196 f.

[236] Dazu bereits Kap. 2 B. III. 3. c) aa) (S. 80 f.). Die neue Rechtslage bleibt hier noch außer Betracht, da das HZÜ ab dem Inkrafttreten der EuZVO im Jahr 2001 verdrängt wurde.

allseitigen Wirkung des deutschen Vorbehalts – an der fehlenden Zulässigkeit nach den Zustellungsvorschriften der ZPO.[237]

b) Unmittelbare Zustellung durch Justizbeamte oder sonst zuständige Personen

aa) Überblick

Art. 10 lit. b HZÜ eröffnet den unmittelbaren Zustellungsverkehr zwischen Justizbeamten, anderen Beamten und sonst zuständige Personen des Ursprungs- und des Empfängerstaates. Darüber hinaus kann sich jede an einem gerichtlichen Verfahren beteiligte Person unmittelbar an eine zuständige Person des Empfängerstaates wenden (Art. 10 lit. c HZÜ). In beiden Fällen wird die Zustellung des Schriftstücks durch die zuständige Person des Empfängerstaates anhand des nationalen Zustellungsrechts bewirkt.[238] Durch die Aufnahme dieser Zustellungswege sollte das dritte Ziel der Haager Konferenz, nämlich die Beteiligung der Staaten aus dem anglo-amerikanischen Rechtskreis, erreicht werden. Die Regelung ermöglicht die Zustellung auf privatem Wege, wodurch diese Staaten ihre Rechtspraxis fortführen können.[239]

bb) Widerspruchsmöglichkeit

Die Zustellung nach Art. 10 lit. b und c HZÜ ist unzulässig, wenn der Empfängerstaat einen Widerspruch erklärt hat. Für Deutschland ist dies in § 6 S. 2 AusfG-HZÜ erfolgt, sodass sich weder die zuständigen britischen Stellen noch die Verfahrensbeteiligten direkt an eine deutsche zuständige Person (den Gerichtsvollzieher) wenden konnten.[240]

Das Vereinigte Königreich hat demgegenüber auch diesen Zustellungswegen nicht widersprochen. Es hat jedoch erklärt, dass über den Dienstweg zuzustellende Schriftstücke nur angenommen werden, wenn sie durch einen gerichtlichen, konsularischen oder diplomatischen Beamten des Ursprungsstaates an die Zentrale oder eine zusätzliche Behörde geleitet werden.[241] Die Erklärung schließt es jedoch nicht aus, dass sich eine zuständige Person des Ursprungsstaates oder ein am Verfahren Beteiligter unmittelbar an einen *solicitor* oder

---

[237] *Kondring*, Heilung von Zustellungsfehlern, S. 132; *ders.*, RIW 1996, 722 (723); *Gsell*, EWS 2002, 115 (118 f.). In diese Richtung auch OLG Düsseldorf v. 8.2.1999 – 3 W 429/98, BeckRS 1999, 2703 Rn. 19 ff.

[238] *Stroschein*, Parteizustellung im Ausland, S. 207; Geimer/Schütze/Hau/*Sujecki*, Art. 10 HZÜ Rn. 25.

[239] *Nagel*, Rechtshilfe, S. 95.

[240] Siehe dazu auch OLG Hamm v. 6.6.2003 – 15 VA 7/02, IPRax 2005, 146 (147). Kritisch zu dieser Entscheidung *Schack*, FamRZ 2004, 1595; *Fogt/Schack*, IPRax 2005, 118.

[241] Vgl. dazu die praktischen Informationen für das Vereinigte Königreich auf der Webseite der Haager Konferenz (Fn. 165).

einen *process server* wendet und diesen um die Zustellung ersucht.[242] Nach der herrschenden Auffassung entfaltet der deutsche Widerspruch auch keine allseitige Wirkung.[243]

cc) Zulässigkeit nach dem nationalen Recht

Voraussetzung für die Anwendbarkeit des Art. 10 lit. b HZÜ ist weiterhin, dass sowohl im Ursprungs- als auch im Empfängerstaat ein Zustellungssystem gilt, das Zustellungen durch einen Justizbeamten, Beamten oder eine sonst zuständige Person vorsieht.[244] Für England, Wales und Nordirland ist dies der Fall. Der weite Begriff der sonst zuständigen Person erfasst auch den *solicitor*, der nach dem englischen und nordirischen Recht mit der Zustellung beauftragt werden kann.[245] Das Vereinigte Königreich hat deshalb erklärt, dass die unmittelbare Zustellung durch einen *solicitor* der bevorzugte Zustellungsweg nach dem HZÜ ist.[246] Daneben kann eine Zustellung auch durch einen *process server* bewirkt werden.[247] In Schottland sind hingegen die *sheriff officers* und *messenger-at-arms* zuständig.[248] Fraglich ist allerdings, ob das deutsche Recht ein solches Zustellungssystem kennt. Der Gerichtsvollzieher könnte durchaus als zuständige Person angesehen werden. Indes bestimmten §§ 199, 202 Abs. 1 ZPO a.F., dass eine Zustellung im Ausland stets durch den Vorsitzenden des Prozessgerichts anzuordnen war. Dieser wiederum konnte nur zuständige Behörden einschalten, nicht aber sonst zuständige Personen des Empfängerstaates. Die Anwendung des Art. 10 lit. b HZÜ schied für deutsche Schriftstücke deshalb jedenfalls mangels Rechtsgrundlage stets aus.[249]

Eine Zustellung nach Art. 10 lit. c HZÜ kommt nur in Betracht, wenn im Empfängerstaat ein Zustellungssystem gilt, das die unmittelbare Zustellung

---

[242] Auszug aus einem Schreiben des *Foreign and Commonwealth Office* vom 11.9.1980 an das Ständige Büro der Haager Konferenz, abrufbar unter <https://www.hcch.net/en/instruments/conventions/status-table/notifications/?csid=427&disp=resdn>. Dazu auch *HCCH*, Practical Handbook, 2016, Rn. 290.

[243] Siehe ausführlich zum Meinungsstreit Kap. 3 B. III. 3. a) aa) (S. 179 ff.).

[244] *HCCH*, Practical Handbook, 2016, Rn. 289; Geimer/Schütze/Hau/*Sujecki*, Art. 10 HZÜ Rn. 24.

[245] *HCCH*, Actes et documents de la dixiéme session, 1964, S. 90.

[246] Vgl. *HCCH*, Conclusions of the Special Commission of 2003, S. 11.

[247] Vgl. dazu *Balcom v. Hiller* [1996] 46 Cal. App. 4th 1758 (1764 f.).

[248] Vgl. dazu die praktischen Informationen für das Vereinigte Königreich auf der Webseite der Haager Konferenz (Fn. 165).

[249] Vgl. auch *Pfeil-Kammerer*, Deutsch-amerikanischer Rechtshilfeverkehr, S. 164 (für den deutsch-amerikanischen Rechtsverkehr). A.A. wohl OLG Hamm v. 16.3.1981 – 2 U 182/80, IPRspr. 1981, Nr. 160, S. 365 (allerdings ohne auf das Problem der Rechtsgrundlage einzugehen).

durch eine zuständige Person erlaubt.[250] Dies ist in England, Wales und Nordirland mit dem *solicitor* bzw. dem *process server* und in Schottland mit den *sheriff officers* bzw. den *messenger-at-arms* der Fall. Zudem muss es das Zustellungsrecht des Ursprungsstaates den Verfahrensbeteiligten gestatten, andere Personen mit der Zustellung zu beauftragen.[251] Das deutsche Zustellungsrecht bestimmte in § 202 Abs. 1 ZPO a.F., dass – auch im Rahmen von Parteizustellungen – der Vorsitzende des Prozessgerichts für die Übersendung der Zustellungsanträge an die ausländischen Behörden zuständig ist. Im Rahmen deutscher Gerichtsverfahren schied deshalb eine Zustellung nach Art. 10 lit. c HZÜ stets aus.[252]

c) Übersetzungserfordernis

Das HZÜ enthält keine ausdrückliche Regelung zur Frage, ob bei den unmittelbaren Zustellungswegen nach Art. 10 HZÜ eine Übersetzung erforderlich ist. Die Zentrale Behörde kann zwar gemäß Art. 5 Abs. 3 HZÜ verlangen, dass das Schriftstück in der Amtssprache des ersuchten Staates abgefasst ist oder in diese übersetzt wird. Die Norm gilt indes nach ihrem klaren Wortlaut („Ist das Schriftstück nach Absatz 1 zuzustellen") nur für die förmliche Zustellung nach Art. 5 Abs. 1 HZÜ. Eine analoge Anwendung ist abzulehnen. Dagegen spricht neben dem Wortlaut die systematische Stellung der Norm.[253] Die Dokumente zum HZÜ enthalten ebenfalls keinen Anhaltspunkt für ein Übersetzungserfordernis. Auch aus dem Recht auf ein faires Verfahren (Art. 6 Abs. 1 EMRK) kann entgegen der Auffassung des OGH[254] keine Übersetzungspflicht abgeleitet werden.[255] Für die Zustellungswege der Art. 10 HZÜ bedarf es somit im Ergebnis keiner Übersetzung des Schriftstücks.[256]

IV. Verhältnis zum deutsch-britischen Rechtshilfeabkommen

Das HZÜ ist neben das deutsch-britische Rechtshilfeabkommen getreten, sodass sich die Frage nach dem Verhältnis der Rechtsakte zueinander stellt.

---

[250] *Stroschein*, Parteizustellung im Ausland, S. 208.
[251] *Stroschein*, Parteizustellung im Ausland, S. 208. Vgl. dazu auch *HCCH*, Actes et documents de la dixiéme session, 1964, S. 91.
[252] *Pfeil-Kammerer*, Deutsch-amerikanischer Rechtshilfeverkehr, S. 132; Denkschrift zum HZÜ, in: BT-Drs. 7/4892, S. 47. In diese Richtung auch OLG Düsseldorf v. 8.2.1999 – 3 W 429/98, BeckRS 1999, 2703 Rn. 21. Vgl. ferner *Möller,* NJW 2003, 1571 (1572).
[253] *Stroschein*, Parteizustellung im Ausland, S. 203.
[254] OGH v. 16.6.1998 – 4 Ob 159/98f, IPRax 1999, 260 (zum HZPÜ 1954).
[255] Dazu ausführlich Kap. 1 B. IV. 2. c) (S. 28 f.).
[256] H.M. OLG Hamm v. 16.3.1981 – 2 U 182/80, IPRspr. 1981, Nr. 160, S. 365 (zu Art. 10 lit. b HZÜ, allerdings mit fragwürdiger Begründung); *HCCH*, Practical Handbook, 2016, Rn. 283; *Stroschein*, Parteizustellung im Ausland, S. 203; *Ghassabeh*, Zustellung einer punitive-damages-Sammelklage, S. 111; Geimer/Schütze/Hau/*Sujecki*, Art. 10 HZÜ Rn. 19; Schlosser/Hess⁴/*Schlosser*, Art. 10 HZÜ Rn. 1.

Art. 25 HZÜ bestimmt, dass das Übereinkommen keine anderen Übereinkommen, denen die Vertragsstaaten angehören und die Bestimmungen über Rechtsgebiete enthalten, die durch das HZÜ geregelt sind, berührt. Das deutsch-britische Rechtshilfeabkommen stellt ein solches Zusatzabkommen i.S.d. Art. 25 HZÜ dar, sodass es im deutsch-britischen Rechtsverkehr auch nach dem Inkrafttreten des HZÜ anwendbar war.[257] Ab dem 26. Juni 1979 konnten Schriftstücke im deutsch-britischen Rechtsverkehr somit entweder nach den Regelungen des HZÜ oder des deutsch-britischen Rechtshilfeabkommens zugestellt werden.

Fraglich ist jedoch, wie sich der von Deutschland erklärte Vorbehalt gegen die Direktzustellungen nach dem HZÜ auf die Zulässigkeit der unmittelbaren Zustellungswege des deutsch-britischen Rechtshilfeabkommens auswirkt. Für Art. 6 DBA wird vertreten, dass die postalische Direktzustellung eines Schriftstücks aus dem Vereinigten Königreich in Deutschland deshalb unzulässig sei.[258] Denn zum britischen Zustellungsrecht, auf das es für die Zulässigkeit ankommt, gehöre auch das HZÜ, das eine unmittelbare Postzustellung in Deutschland wegen des Vorbehalts in § 6 S. 2 AusfG-HZÜ gerade nicht vorsehe.[259] Dies verkennt jedoch, dass das deutsch-britische Rechtshilfeabkommen gemäß Art. 25 HZÜ neben dem HZÜ steht und gerade nicht verdrängt wird. Zweck der Vorschrift ist, dass es den Vertragsstaaten offensteht, durch ein Ab- oder Übereinkommen die unmittelbare Zustellung trotz eines Vorbehalts nach Art. 10 HZÜ im Verhältnis zu anderen Vertragsstaaten zu erlauben.[260] Das HZÜ hat somit bei der Frage, ob das britische Recht die

---

[257] Vgl. *Rauscher,* IPRax 1992, 71 (72); *Kondring,* RIW 1996, 722 (724); *ders.,* IPRax 2022, 576 (580). *G. Geimer,* Neuordnung des internationalen Zustellungsrechts, S. 193; *Maack,* Englische antisuit injunctions, S. 73; Geimer/Schütze/Hau/*Sujecki*, Art. 25 HZÜ Rn. 2; Stein/Jonas/*H. Roth*, § 183 ZPO Rn. 18. Der BGH v. 13.9.2016 – VI ZB 21/15, BGHZ 212, 1 Rn. 30 spricht davon, dass das deutsch-britische Rechtshilfeabkommen dem HZÜ „nach dessen Art. 25 vor [geht]"; ähnlich *Strasser,* RpflStud 2011, 25 (26). Diese Formulierung ist ungenau. Zutreffend ist es, dass insofern das Günstigkeitsprinzip gilt und das deutsch-britische Rechtshilfeabkommen dann vorrangig ist, wenn es einen weiteren Zustellungsweg zur Verfügung stellt, so nun ausdrücklich *Kondring*, IPRax 2022, 576 (580). Das OLG Köln v. 2.3.2023 – 18 U 188/21, BeckRS 2023, 4322 Rn. 55 lässt in seiner Entscheidung die Frage offen, ob Art. 10 lit. a HZÜ wegen Art. 24 f. HZÜ durch Art. 6 DBA verdrängt wird.
[258] OLG Frankfurt a.M. v. 21.2.1991 – 20 W 154/90, OLGZ 1991, 453 (456); *R. Geimer*, IZPR, Rn. 2176. So auch eine schriftliche Auskunft des Bundesministeriums der Justiz vom 28.2.2008 bei *Stroschein*, Parteizustellung im Ausland, S. 221.
[259] OLG Frankfurt a.M. v. 21.2.1991 – 20 W 154/90, OLGZ 1991, 453 (456).
[260] *G. Geimer*, Neuordnung des internationalen Zustellungsrechts, S. 189. Zudem weißt *Heidrich*, EuZW 2005, 743 (746) darauf hin, dass sonst das HZÜ als *lex generalis* das deutsch-britische Rechtshilfekommen als *lex specialis* verdrängen würde.

Postzustellung und andere unmittelbare Zustellungswege für zulässig hält, außer Betracht zu bleiben.²⁶¹

V. Fortschritte durch das Übereinkommen

Das HZÜ stellte gegenüber dem HZPÜ 1954 einen deutlichen Fortschritt dar. Speziell im deutsch-britischen Verhältnis war zu beachten, dass mit dem deutsch-britischen Rechtshilfeabkommen bereits ein liberales Instrument für die grenzüberschreitende Zustellung zur Verfügung stand. Es wurde durch das Übereinkommen nicht verdrängt, vielmehr galt insofern das Günstigkeitsprinzip.

Der Anwendungsbereich des HZÜ bereitet einige Schwierigkeiten, die sich im deutsch-britischen Rechtsverkehr jedoch nur selten auswirken. Der Begriff der Zivil- und Handelssache ist vertragsautonom auszulegen und erfasst *antisuit injunctions*, entgegen der britischen Auffassung aber keine Steuer- und Strafsachen. Das Recht des Verfahrensstaates bestimmt, ob eine Auslandszustellung erforderlich ist. Mithin kann das HZÜ fiktive Inlandszustellungen nicht gänzlich verhindern.

Der Zustellungsweg über die ausländischen Rechtshilfebehörden wurde erheblich verbessert. Zuvor musste ein Zustellungsantrag auf dem konsularischen oder diplomatischen Weg übermittelt werden (Art. 3 DBA). Durch die Einrichtung der Zentralen Behörden sollte ein Weg geschaffen werden, der ebenso effektiv ist wie der unmittelbare Behördenverkehr.²⁶² Das Ziel wurde in der Praxis jedoch nicht erreicht.²⁶³ Die Zentralen Behörden sind auf hoher administrativer Ebene angesiedelt und verursachen häufig unnötige Verzögerungen, sodass der Zustellungsweg nicht effektiv genug ist.²⁶⁴

Die alternativen Zustellungswege der Art. 8 und 10 HZÜ sollten unmittelbare Zustellungen ermöglichen, die als zeit- und kostensparend angesehen werden. Für Verfahren im Vereinigten Königreich verbesserte sich die Rechtslage

---

[261] So auch die h.M.: *Rauscher,* IPRax 1992, 71 (72); *Kondring,* Heilung von Zustellungsfehlern, S. 165; *ders.,* RIW 1996, 722 (723); *ders.,* IPRax 1997, 242; *G. Geimer,* Neuordnung des internationalen Zustellungsrechts, S. 195 in Fn. 10; *Maack,* Englische antisuit injunctions, S. 75; *Heidrich,* EuZW 2005, 743 (746); *Stroschein,* Parteizustellung im Ausland, S. 221 f., 226; MüKoZPO/*Häublein/M. Müller,* § 183 ZPO Rn. 10. Davon scheint auch der BGH v. 13.9.2016 – VI ZB 21/15, BGHZ 212, 1 Rn. 30 auszugehen, freilich ohne das Problem anzusprechen.

[262] *Böckstiegel/Schlafen,* NJW 1978, 1073 (1074).

[263] A.A. wohl *Pfennig,* Internationale Zustellung, S. 64; *Kondring,* Heilung von Zustellungsfehlern, S. 127. *Pfeil-Kammerer,* Deutsch-amerikanischer Rechtshilfeverkehr, S. 165 sieht im unmittelbaren Behördenverkehr mehrere Fehlerquellen und geht deshalb sogar davon aus, dass der Weg über Zentrale Behörden einfacher und schneller ist.

[264] *G. Geimer,* Neuordnung des internationalen Zustellungsrechts, S. 181; *Nagel/Gottwald,* IZPR, Rn. 8.95.

durch das HZÜ jedoch nicht, da Deutschland gegen sämtliche alternative Zustellungswege einen Widerspruch erklärt hat (vgl. § 6 AusfG-HZÜ). Anders sah die Rechtslage für deutsche Verfahren aus: Das Vereinigte Königreich hat gegen keinen der Zustellungswege nach Art. 8 und 10 HZÜ einen Vorbehalt erklärt. Im Gegensatz zur Rechtslage nach Art. 5 lit. a DBA konnten deutsche konsularische Beamte Zustellungen nun auch an britische Staatsbürger bewirken (Art. 8 HZÜ). Der Postzustellung nach Art. 10 lit. a HZÜ stand jedoch das deutsche Verfahrensrecht (§ 199 ZPO a.F.) entgegen. Auch eine unmittelbare Beauftragung eines *solicitor*, *process server* oder *messenger-at-arms* durch einen Verfahrensbeteiligten (Art. 10 lit. c HZÜ) schied wegen §§ 199, 202 Abs. 1 ZPO aus.

D. Entwicklung des Zustellungsrechts in der Europäischen Union

I. Hintergrund

Innerhalb der Europäischen Wirtschaftsgemeinschaft sollte die justizielle Zusammenarbeit in Zivilsachen durch das EuGVÜ aus dem Jahr 1968 erleichtert werden. Das Übereinkommen regelt zwar die internationale Zuständigkeit und die Anerkennung und Vollstreckung von gerichtlichen Entscheidungen, grundsätzlich aber nicht die grenzüberschreitende Zustellung. Grund hierfür ist, dass die Vertragsstaaten davon ausgingen, dass das HZÜ effektive Zustellungswege bereithalte.[265] Art. IV Abs. 1 des Protokolls zum EuGVÜ verweist deshalb für die Zustellung (deklaratorisch)[266] auf die zwischen den Vertragsstaaten geltenden Übereinkommen und Vereinbarungen. Einen weiteren Zustellungsweg eröffnet allerdings Art. IV Abs. 2 des Protokolls zum EuGVÜ, der die Zustellung von Gerichtsvollzieher zu Gerichtsvollzieher gestattet. Diese Methode entspricht im Wesentlichen Art. 10 lit. b HZÜ.[267] Die Bundesrepublik Deutschland hat indes auch hier einen Widerspruch erklärt,[268] sodass sich für den Zustellungsverkehr mit dem Vereinigten Königreich keine Änderungen ergaben. Die Bedeutung des EuGVÜ für das internationale Zustellungsrecht zeigen ferner Art. 20 Abs. 2 und Art. 27 Nr. 2 EuGVÜ. Ein Gericht hat seine Entscheidung so lange auszusetzen, bis festgestellt ist, dass dem Beklagten das verfahrenseinleitende Schriftstück zugestellt wurde und er sich verteidigen konnte

---

[265] So *Hess,* NJW 2001, 15 (17); *Rahlf/Gottschalk,* EWS 2004, 303 (304).
[266] *Linke,* RIW 1986, 409 (410).
[267] *Jenard*, Bericht zum EuGVÜ, in: Amtsblatt Nr. C 59 vom 5.3.1979, S. 40.
[268] Vgl. die Bekanntmachung über das Inkrafttreten des Übereinkommens über die gerichtliche Zuständigkeit und die Vollstreckung gerichtlicher Entscheidungen in Zivil- und Handelssachen vom 12.1.1973, BGBl. 1973 II, S. 60. Zu den Gründen Denkschrift zum EuGVÜ, in: BT-Drs. VI/1973, S. 45 f.

(Art. 20 Abs. 2 EuGVÜ).[269] Zudem kann eine gerichtliche Entscheidung nicht anerkannt werden, wenn keine ordnungsgemäße und rechtzeitige Übermittlung erfolgt ist (Art. 27 Nr. 2 EuGVÜ). Die Zustellung wurde somit sowohl im Erkenntnis- als auch im Anerkennungsverfahren überprüft.[270]

In der Folgezeit haben sich bei der Anwendung des HZÜ aber praktische Probleme gezeigt, die den innereuropäischen Zivilrechtsverkehr beeinträchtigt haben. Deswegen sollte eine Arbeitsgruppe, die auf der Tagung des Justizministerrats vom 29. und 30. Oktober 1993 beauftragt wurde, ein Rechtsinstrument schaffen, das die Zustellung innerhalb der Europäischen Union vereinfacht und beschleunigt. Bereits im November 1993 wurde unter der niederländischen Präsidentschaft der Vorschlag präsentiert, das Protokoll zum EuGVÜ zu ändern und dort den direkten Behördenverkehr zuzulassen. Die französische Präsidentschaft ging im Februar 1995 weiter und brachte einen Entwurf für ein das HZÜ verdrängendes Zustellungsübereinkommen ein.[271] Auf dieser Grundlage wurde, gestützt auf Art. K.3 Abs. 2 lit. c i.V.m. Art. K.1 Nr. 6 des Vertrages von Maastricht, das EuZÜ[272] ausgefertigt und von den Justizministern der EU-Mitgliedstaaten unterzeichnet.

Durch den Vertrag von Amsterdam wurde der Bereich der justiziellen Zusammenarbeit von der „dritten Säule" auf die „erste Säule" der Europäischen Gemeinschaft übertragen (sog. Säulenwechsel).[273] Da die Europäische Kommission für das Recht der internationalen Zustellung plante, auf Grundlage von Art. 61 lit. c i.V.m. Art. 65 lit. a Spiegelstrich 1, 67 EGV eine Richtlinie zu erlassen, ist das EuZÜ nie in Kraft getreten.[274] Stattdessen hat die Kommission

---

[269] Es handelt sich hierbei um eine Parallelbestimmung zu Art. 15 HZÜ. Art. 20 Abs. 3 EuGVÜ bestimmt, dass in den Fällen, in den das Schriftstück nach den Vorschriften des HZÜ zuzustellen ist, Art. 15 HZÜ anwendbar ist. Bedeutung hatte Absatz 2 deshalb nur, wenn ein Vertragsstaat das HZÜ noch nicht unterzeichnet oder ratifiziert hatte. Ausführlich zu Art. 20 Abs. 2 und 3 EuGVÜ *Kondring*, Heilung von Zustellungsfehlern, S. 169 ff.

[270] *Hess,* NJW 2001, 15 (17).

[271] *Europäische Kommission*, Erläuternder Bericht zum EuZÜ, in: Amtsblatt Nr. C 261 vom 27.8.1997, S. 26; *J. Meyer,* IPRax 1997, 401 (402).

[272] Abgedruckt bei *Gottwald* (Hrsg.): Grundfragen der Gerichtsverfassung – Internationale Zustellung 1999, S. 135 ff. sowie IPRax 1997, 459. Ausführlich zum Inhalt des EuZÜ: *J. Meyer,* IPRax 1997, 401; *Kennett,* C.J.Q. 17 (1998), 284; *Meijknecht,* ERPL 7 (1999), 445; *Linke*, in: Gottwald (Hrsg.), Grundfragen der Gerichtsverfassung, S. 95; *G. Geimer*, Neuordnung des internationalen Zustellungsrechts, S. 208 ff.

[273] Ausführlich zu dieser „Vergemeinschaftung" des internationalen Zivilprozessrechts *Hess*, NJW 2000, 23; *R. Geimer,* IPRax 2002, 69.

[274] *Stadler,* IPRax 2001, 514 (515); *Stroschein,* Parteizustellung im Ausland, S. 101.

am 26. Mai 1999 einen Richtlinienvorschlag zur Zustellung von Schriftstücken[275] vorgelegt. Letztlich wurde der Forderung des Parlaments, die Rechtsaktform der Verordnung zu wählen, nachgekommen[276] und die EuZVO 2000 verabschiedet. Die Regelungen lehnen sich im Wesentlichen an den Bestimmungen des EuZÜ an (vgl. auch Erwägungsgrund 5 zur EuZVO 2000).[277]

Ziel der Verordnung war es gemäß Erwägungsgrund 2, die grenzüberschreitende Zustellung zu verbessern und beschleunigen. Hierfür sollte insbesondere der Weg über die ausländischen Rechtshilfebehörden optimiert werden (Erwägungsgründe 6 ff. zur EuZVO 2000). Daneben war es der Kommission ein Anliegen, Rechtssicherheit zu schaffen und somit Verzögerungen, Irrtümer und anfechtbare Entscheidungen zu vermeiden.[278] Das Vereinigte Königreich hat von seiner *opt-in*-Möglichkeit[279] Gebrauch gemacht (Erwägungsgrund 17 zur EuZVO 2000), sodass die Verordnung auch dort unmittelbar anwendbar war. Ab dem Inkrafttreten am 31. Mai 2001 (Art. 25 EuZVO 2000) konnten Schriftstücke im deutsch-britischen Rechtsverkehr somit nach den Regelungen der EuZVO 2000 zugestellt werden.

II. Verordnung (EG) Nr. 1348/2000 vom 29. Mail 2000 über die Zustellung gerichtlicher und außergerichtlicher Schriftstücke in Zivil- und Handelssachen

1. Anwendungsbereich

Die EuZVO 2000 ist gemäß Art. 1 Abs. 1 in Zivil- oder Handelssachen anwendbar, in denen ein gerichtliches oder außergerichtliches Schriftstück von einem in einen anderen Mitgliedstaat zum Zwecke der Zustellung zu übermitteln ist.

a) Zivil- oder Handelssache

Die Auslegung des Begriffs der Zivil- oder Handelssache ist – anders als im Rahmen des HZÜ – nicht umstritten. Die Qualifikation ist verordnungsautonom vorzunehmen, sodass ein Rückgriff auf das nationale Recht

---

[275] *Europäische Kommission*, Vorschlag für eine Richtlinie des Rates über die Zustellung gerichtlicher und außergerichtlicher Schriftstücke in Zivil- oder Handelssachen in den Mitgliedstaaten, KOM (1999), 219 endg. = Amtsblatt Nr. C 247 vom 31.8.1999, S. 11.
[276] Vgl. dazu *Europäische Kommission*, Geänderter Vorschlag für die EuZVO, KOM (2000), 75 endg. = Amtsblatt Nr. C 311 E vom 31.10.2000, S. 112; ferner *Lindacher*, ZZP 114 (2001), 179 (181 f.).
[277] Kritisch dazu etwa *Stadler*, IPRax 2001, 514 (515).
[278] *Europäische Kommission*, Begründung zum Entwurf einer Zustellungs-RL, unter 1.2. Dazu auch *Lindacher*, ZZP 114 (2001), 179 (182).
[279] Zur Sonderstellung des Vereinigten Königreichs und zum *opt-in*-Modell statt vieler *Hess*, EuZPR, Rn. 2.27 f. m.w.N.

ausgeschlossen ist.[280] Die autonome Auslegung bereitet zudem weniger Schwierigkeiten als im HZÜ, da mit dem EuGH eine zentrale Auslegungsinstanz existiert und auf die Rechtsprechung zum EuGVÜ und zur Brüssel I-VO (nun Brüssel Ia-VO) zurückgegriffen werden kann.[281] Die EuZVO 2000 sieht jedoch keine Art. 1 Abs. 2 Brüssel I-VO (nun Brüssel Ia-VO) entsprechenden Bereichsausnahmen vor. Zu beachten ist auch, dass die Verordnung für Steuer-, Zoll- und Verwaltungssachen gilt, wenn diese zugleich als Zivil- oder Handelssache qualifiziert werden können.[282]

Im deutsch-britischen Zustellungsverkehr ergaben sich bei der Auslegung des Begriffs kaum Probleme. *Antisuit injunctions* können mit denselben Erwägungen wie beim HZÜ als Zivil- oder Handelssache i.S.d. EuZVO 2000 qualifiziert werden.

b) Ansässigkeit des Zustellungsempfängers im EU-Ausland

Die Formulierung, dass das Schriftstück „von einem in einen anderen Mitgliedstaat zum Zwecke der Zustellung zu übermitteln ist" (Art. 1 Abs. 1 EuZVO 2000), lässt offen, ob die Verordnung fiktive Inlandszustellungen verhindern kann.

aa) Ansicht des älteren Schrifttums

Es wurde vielfach vertreten, dass das Problem analog zum HZÜ zu lösen sei. Die Frage, ob eine Auslandszustellung erforderlich ist, sei weiterhin dem Recht des Verfahrensstaates überlassen, sodass fiktive Inlandszustellungen durch die

---

[280] EuGH v. 11.6.2015 – Rs. C-226/13 u.a. *(Fahnenbrock u.a./Hellenische Republik),* EuZW 2015, 633 Rn. 39 (für die EuZVO 2007); *Europäische Kommission,* Begründung zum Entwurf einer Zustellungs-RL, unter 4.5. So auch schon der Erläuternde Bericht zum EuZÜ, in: Amtsblatt Nr. C 261 vom 27.8.1997, S. 28. Aus dem Schrifttum (jeweils zur EuZVO 2007): Geimer/Schütze/*R. Geimer,* Art. 1 EuZVO Rn. 24; MüKoZPO/*Rauscher,* Art. 1 EuZVO Rn. 1; Rauscher/*Heiderhoff,* Art. 1 EuZVO Rn. 1; Schlosser/Hess/*Schlosser,* Art. 1 EuZVO Rn. 2.

[281] Statt aller Rauscher/*Heiderhoff,* Art. 1 EuZVO Rn. 1; Prütting/Gehrlein/*Windau,* Art. 1 EuZVO 2020 Rn. 1. Die Auslegung war bei der Zustellung von Klagen geschädigter Erwerber griechischer Anleihen an den griechischen Staat von Bedeutung. Der EuGH ist von einer Zivil- und Handelssache ausgegangen, da es sich nicht „offenkundig" um keine Zivilsache handle, EuGH v. 11.6.2015 – Rs. C-226/13 u.a. *(Fahnenbrock u.a./Hellenische Republik),* EuZW 2015, 633 Rn. 41 ff. Dazu auch *Rohls/Mekat,* IPRax 2017, 239. In einer späteren Entscheidung zur Brüssel Ia-VO hat der EuGH eine Zivil- und Handelssachen verneint, EuGH v. 15.11.2018 – Rs. C-308/17 *(Hellenische Republik/Kuhn),* EuZW 2019, 88.

[282] Dazu *Europäische Kommission,* Begründung zum Entwurf einer Zustellungs-RL, unter 4.5. Ferner: *dies.,* Erläuternder Bericht zum EuZÜ, in: Amtsblatt Nr. C 261 vom 27.8.1997, S. 28; Rauscher/*Heiderhoff,* Art. 1 EuZVO Rn. 2.

Verordnung nicht gänzlich verhindert werden könnten.[283] Nach dieser Ansicht werden die Folgen einer fiktiven Inlandszustellung des verfahrenseinleitenden Schriftstücks durch Art. 19 EuZVO 2000, der inhaltlich Art. 15 und 16 HZÜ entspricht, abgemildert.[284] Dabei sei zu beachten, dass die Benachrichtigung von einer im Inland erfolgten fiktiven Zustellung nach den Vorschriften der EuZVO 2000 zugestellt werden müsse.[285] Zum Teil wurden jedoch Bedenken erhoben, ob fiktive Inlandszustellungen, insbesondere die französische *remise au parquet,* mit dem Diskriminierungsverbot des Art. 12 EGV (nun Art. 18 AEUV) und mit Art. 6 Abs. 1 EMRK vereinbar sind.[286]

bb) Rechtsprechung des EuGH

Der EuGH hat bereits in der *Scania-*Entscheidung, die noch zu Art. 27 Nr. 2 EuGVÜ i.V.m. Art. IV des Protokolls zum EuGVÜ ergangen ist, eine ablehnende Haltung gegenüber der fiktiven Inlandszustellung eingenommen. Wenn zwischen dem Ursprungs- und dem Empfängerstaat ein Übereinkommen über die Zustellung existiert, habe die Übermittlung des verfahrenseinleitenden Schriftstücks ausschließlich anhand der Vorschriften dieses Übereinkommens zu erfolgen. Andernfalls könne die Zustellung nicht als „ordnungsgemäß" i.S.d. Art. 27 Nr. 2 EuGVÜ angesehen werden.[287] Im Schrifttum wurde daraus

---

[283] OLG Karlsruhe v. 24.6.2010 – 9 U 151/09, BeckRS 2011, 4793: „Es entspricht allgemeiner Auffassung, dass die Frage, ob eine Zustellung ins Ausland erforderlich ist, sich nach der lex fori richtet"; *Hess,* NJW 2001, 15 (19) in Fn. 68; *Lindacher,* ZZP 114 (2001), 179 (189); *Stadler,* IPRax 2001, 514 (516); *Schack,* in: FS Geimer 2002, S. 931, 931 f.; *Becker,* Grundrechtsschutz, S. 221; *Rahlf/Gottschalk,* EWS 2004, 303 (305); *U. Schmidt,* Europäisches Zivilprozessrecht, Rn. 295; *Sujecki,* GPR 2 (2005), 193 (194); *Jastrow,* in: Gebauer/Wiedmann (Hrsg.), Zivilrecht unter europäischem Einfluss, Kapitel 28 Rn. 38; *Rösler/Siepmann,* RIW 2006, 512 (516); *Karaaslan,* Internationale Zustellungen nach der EuZVO, S. 67; *Heckel,* IPRax 2008, 218 (220); *Jacoby,* in: FS Kropholler 2008, S. 819, 822; *Springer,* Die direkte Postzustellung, S. 29; *Stroschein,* Parteizustellung im Ausland, S. 107; *R. Geimer,* IPRax 2010, 224 (225 f.); *Netzer,* Status quo, S. 100 f.; *Bach,* EuZW 2012, 833 (835).

[284] Dazu statt vieler *Stadler,* IPRax 2001, 514 (516 f.); *Sujecki,* GPR 2 (2005), 193 (194); *Heckel,* IPRax 2008, 218 (220).

[285] Statt vieler *Stadler,* IPRax 2001, 514 (517); *Becker,* Grundrechtsschutz, S. 221 f.

[286] Für einen Verstoß gegen Art. 12 EGV OLG Karlsruhe v. 12.3.1999 – 9 W 69/97, RIW 1999, 538 (538 f.); *Bajons,* in: FS Schütze 1999, S. 49, 72; *Lindacher,* ZZP 114 (2001), 179 (189 f.); *H. Roth,* IPRax 2000, 497 (498); *Schack,* in: FS Geimer 2002, S. 931, 932; *Becker,* Grundrechtsschutz, S. 227 f.; *Netzer,* Status quo, S. 101. Für einen Verstoß gegen Art. 6 Abs. 1 EMRK *Lindacher,* ZZP 114 (2001), 179 (189 f.); *Heckel,* IPRax 2008, 218 (223 f.); *Netzer,* Status quo, S. 101.

[287] EuGH v. 13.10.2005 – Rs. C-522/03 *(Scania),* NJW 2005, 3627 Rn. 30. Ausführlich zur Interpretation dieser komplizierten Entscheidung *Heiderhoff,* ZZPInt 10 (2005), 296; *Stadler,* IPRax 2006, 116. Vgl. auch *Kondring,* RIW 2007, 330 (331): „sibyllinisch"; *ders.,* EWS 2013, 128 (129): „unglücklich formuliert".

zum Teil gefolgert, dass der Gerichtshof auch der EuZVO 2000 Vorrang gegenüber fiktiven Inlandszustellungen zusprechen werde.[288]

Diese Einschätzung hat der EuGH in der *Alder*-Entscheidung bestätigt: Er entschied, dass der Anwendungsbereich der EuZVO 2007 immer dann eröffnet ist, wenn der Empfänger des Schriftstücks in einem anderen EU-Mitgliedstaat ansässig ist, seine Anschrift nicht unbekannt ist und kein Bevollmächtigter im Verfahrensstaat bestellt wurde.[289] Zwar sei der Wortlaut des Art. 1 Abs. 1 EuZVO 2007 nicht eindeutig. Die systematische Auslegung im Zusammenhang mit Art. 1 Abs. 2 EuZVO 2007 und Erwägungsgrund 8 zur EuZVO 2007 ergebe jedoch, dass nur zwei Umstände die Anwendung ausschließen sollen, nämlich die Unbekanntheit des Aufenthaltsortes des Empfängers und die Bestellung eines Bevollmächtigten im Verfahrensstaat.[290] Zudem müsse die einheitliche Anwendung der Verordnung sichergestellt werden. Sie sei gefährdet, wenn das Recht des Verfahrensstaates entscheiden könnte, ob die EuZVO 2007 anwendbar ist oder nicht.[291] Diese Erwägungen können auch auf die EuZVO 2000 übertragen werden, obwohl eine Erwägungsgrund 8 zur EuZVO 2007 entsprechende Regelung fehlt.

Ist der Anwendungsbereich eröffnet, so stellt sich in einem zweiten Schritt die Frage, ob die Verordnung einer fiktiven Inlandszustellung entgegensteht. Die Übermittlungswege der EuZVO sind abschließend geregelt und ein fiktiver Zustellungsweg ist nicht vorgesehen, sodass kein Raum hierfür verbleibt.[292] Der EuGH bekräftigt dieses Ergebnis mit dem Sinn und Zweck der Verordnung. Neben der effektiven Zustellung müsse auch das Recht des Zustellungsempfängers auf ein faires Verfahren geschützt werden. Eine fiktive (Inlands-)Zustellung würde dieses Recht beeinträchtigen, da die tatsächliche und rechtzeitige Kenntnisnahme des Schriftstücks nicht gesichert sei.[293]

Diese Entscheidung überzeugt und wird von der herrschenden Ansicht im Schrifttum akzeptiert.[294] Fiktive Inlandszustellungen sind demnach nur noch möglich, wenn einer der Ausnahmefälle vorliegt oder der Adressat weder

---

[288] *Heiderhoff*, ZZPInt 10 (2005), 296 (300); *dies.*, EuZW 2006, 235 (237); *C. Heinze*, IPRax 2010, 155 (158). In diese Richtung auch *Sujecki*, NJW 2011, 1887 (1888). Zurückhaltender hingegen *Stadler*, IPRax 2006, 116 (120).

[289] EuGH v. 19.12.2012 – Rs. C-325/1 *(Alder)*, NJW 2013, 443 Rn. 24 f.

[290] EuGH v. 19.12.2012 – Rs. C-325/1 *(Alder)*, NJW 2013, 443 Rn. 21 ff.

[291] EuGH v. 19.12.2012 – Rs. C-325/1 *(Alder)*, NJW 2013, 443 Rn. 27.

[292] EuGH v. 19.12.2012 – Rs. C-325/1 *(Alder)*, NJW 2013, 443 Rn. 29 ff.

[293] EuGH v. 19.12.2012 – Rs. C-325/1 *(Alder)*, NJW 2013, 443 Rn. 33 ff.

[294] *Düsterhaus*, NJW 2013, 445; *C. Heinze*, IPRax 2013, 132 (134 f.); *Sujecki*, EuZW 2013, 408 (409); Geimer/Schütze/Hau/*Okonska*, Art. 1 EuZVO 2020 Rn. 30 ff.; Linke/Hau, IZVR, Rn. 8.38. Kritisch hingegen *Kondring*, EWS 2013, 128 (132 ff.); *Strasser*, RPfleger 2013, 585 (587).

seinen Wohnsitz noch seinen gewöhnlichen Aufenthalt in einem EU-Mitgliedstaat hat.[295]

cc) Auswirkung im deutsch-britischen Rechtsverkehr

Im deutsch-britischen Rechtsverkehr stellt sich die Frage, ob das Schriftstück bei fehlender Bestellung eines Zustellungsbevollmächtigten fiktiv durch Aufgabe zur Post nach §§ 174 Abs. 2, 175 ZPO a.F. (nun § 184 ZPO) zugestellt werden kann. Gegen die Vorschriften wurden vor der Reform durch das Zustellungsreformgesetz Bedenken wegen eines Verstoßes gegen Art. 6 Abs. 1 EMRK und Art. 12 EGV (nun Art. 18 AEUV) erhoben.[296] Ob ein solcher Verstoß tatsächlich vorlag und ob auch § 184 ZPO diesen Bedenken ausgesetzt ist, kann indes offenbleiben, da bereits die EuZVO den Rückgriff auf das nationale Recht versperrt.[297] Auch der BGH hat entschieden, dass eine Zustellung durch Aufgabe zur Post im Anwendungsbereich des europäischen Zustellungsrechts unzulässig ist. Er hat dies allerdings bereits aus dem nationalen Recht gefolgert.[298] § 184 ZPO nahm in der ab dem 13. November 2008 bis zum 17. Juni 2017 geltenden Fassung nach seinem Wortlaut ausdrücklich Bezug auf eine Zustellung nach § 183 ZPO a.F. Zustellungen nach der EuZVO sind jedoch gerade nicht in dieser Norm geregelt, sondern in der Verordnung selbst, was § 183 Abs. 5 ZPO a.F. lediglich klarstellte.[299] In der derzeit geltenden Fassung verweist § 184 Abs. 1 S. 1 ZPO nur noch auf § 183 Abs. 2–5 ZPO, nicht aber auf Absatz 1. Dadurch sollte klargestellt werden, dass die Zustellung durch Aufgabe zur Post im Anwendungsbereich des Europarechts ausscheidet.[300]

In englischen Verfahren ist die Zustellung durch eine alternative Methode (Rule 6.15 CPR) sowie der Verzicht auf die Zustellung (Rule 6.16 CPR)

---

[295] Vgl. *Düsterhaus,* NJW 2013, 445.
[296] *Lindacher,* ZZP 114 (2001), 179 (190). Dazu auch *Jastrow,* in: Gebauer/Wiedmann (Hrsg.), Zivilrecht unter europäischem Einfluss, Kapitel 28 Rn. 40.
[297] Bereits vor der *Alder*-Entscheidung kritisch zur Anwendung des § 184 ZPO im Verhältnis zu EU-Mitgliedstaaten *H. Roth,* IPRax 2006, 466 (467) in Fn. 19.
[298] BGH v. 2.2.2011 – VIII ZR 190/10, NJW 2011, 1885 Rn. 10.
[299] BGH v. 2.2.2011 – VIII ZR 190/10, NJW 2011, 1885 Rn. 19 ff.; v. 11.5.2011 – VIII ZR 114/10, NJW 2011, 2218 Rn. 10 f. Eindeutiger war der Wortlaut des § 184 ZPO in der bis zum 12.11.2008 geltenden Fassung. Dort wurde auf § 183 Abs. 1 Nr. 2, 3 ZPO a.F. verwiesen, nicht aber auf § 183 Abs. 3 ZPO a.F., dazu OLG Düsseldorf v. 11.1.2008 – 17 U 86/07, NJW-RR 2008, 1522; *Hess,* NJW 2002, 2417 (2424); *Heiderhoff,* EuZW 2006, 235 (237) m.w.N. auch zur Gegenauffassung.
[300] Begründung zum Entwurf eines Gesetzes zur Änderung von Vorschriften im Bereich des IPR und IZVR, in: BT-Drs. 18/10714, S. 18; *Nordmeier,* IPRax 2017, 436 (437); *Linke/Hau,* IZVR, Rn. 8.38.

unzulässig, wenn die EuZVO anwendbar ist.[301] In schottischen Verfahren darf dann nicht auf die fiktive Zustellung nach Rule 16.5 CSR und in nordirischen Verfahren nicht auf *substituted service* nach Order 65 R. 4 RCJ zurückgegriffen werden.

c) Keine unbekannte Anschrift des Empfängers

Die EuZVO 2000 gilt nicht, wenn die Anschrift[302] des Empfängers des Schriftstücks unbekannt ist (Art. 1 Abs. 2 EuZVO 2000). Dieser Ausschluss erfasst zwei Konstellationen: Zunächst kann die Adresse gänzlich unbekannt sein. Die Verordnung ist aber auch dann nicht anwendbar, wenn zwar feststeht, dass der Adressat sich in einem Mitgliedstaat aufhält, seine dortige Anschrift aber unklar ist. Den Empfängerstaat trifft in diesem Fall keine Pflicht zur Ermittlung der Adresse des Empfängers.[303]

2. Zustellungswege

a) Zustellung im Wege der aktiven internationalen Rechtshilfe

Die Zustellung durch Inanspruchnahme der ausländischen Rechtshilfebehörden ist in Art. 2–11 EuZVO 2000 geregelt. Dieser Zustellungsweg sollte durch die Verordnung weiter vereinfacht und beschleunigt werden (vgl. Erwägungsgründe 6 ff. zur EuZVO 2000).

aa) Verfahren, Übermittlungs- und Empfangsstellen

Entscheidend für die Erreichung dieses Ziels war die Einführung des unmittelbaren Verkehrs zwischen den zuständigen Stellen der jeweiligen Mitgliedstaaten.[304] Folglich kann auf die Zwischenschaltung einer Zentralen Behörde verzichtet werden. Dies ist sinnvoll, da sich in der Praxis gezeigt hat, dass dieser Weg umständlich, ineffektiv und zeitraubend ist.[305] Die Zentralen Behörden

---

[301] *Asefa Yesuf Import and Export v. AP Moller Maersk A/S* [2016] 6 WLUK 400; *Coulson*, The White Book 2023 – Volume 1, Section 1 Rn. 6.40.4.

[302] Unter Anschrift ist der Wohnsitz und der gewöhnliche Aufenthalt gemeint, EuGH v. 19.12.2012 – Rs. C-325/1 *(Alder)*, NJW 2013, 443 Rn. 23. Weitergehend BGH v. 6.12.2012 – VII ZR 74/12, NJW-RR 2013, 307 Rn. 19, der jede geeignete Adresse ausreichen lässt.

[303] *Brenn*, EuZVO, S. 22. Für die EuZVO 2007: MüKoZPO/*Rauscher*, Art. 1 EuZVO Rn. 20 f.; Rauscher/*Heiderhoff*, Art. 1 EuZVO Rn. 18; *Sujecki*, in: Gebauer/Wiedmann (Hrsg.), Europäisches Zivilrecht, Art. 1 EuZVO Rn. 12.

[304] *Rahlf/Gottschalk*, EWS 2004, 303 (306); *Sujecki*, GPR 2 (2005), 193 (194); *Hausmann*, EuLF 1/2-2007, 1 (4); *Karaaslan*, Internationale Zustellungen nach der EuZVO, S. 70.

[305] *Rahlf/Gottschalk*, EWS 2004, 303 (306); *M. Roth/Egger*, ecolex 2009, 93 (94).

wurden nicht jedoch gänzlich abgeschafft, ihre Aufgaben beschränken sich indes auf Fälle, in denen Fragen oder Schwierigkeiten auftreten (vgl. Art. 3 EuZVO 2000).[306]

Die Mitgliedstaaten haben gemäß Art. 2 Abs. 1 und 2 EuZVO 2000 Übermittlungs- und Empfangsstellen festzulegen. Für die Übermittlung von Schriftstücken sind in Deutschland die betreibenden Gerichte zuständig, wenn ein gerichtliches Schriftstück zugestellt werden soll (§ 4 Abs. 1 Nr. 1 ZustDG, nun § 1069 Abs. 1 Nr. 1 ZPO). Wird ein außergerichtliches Schriftstück übermittelt, ist grundsätzlich das Amtsgericht, in dessen Bezirk der Zustellungsinteressent seinen Wohnsitz oder gewöhnlichen Aufenthalt hat, die Übermittlungsstelle (§ 4 Abs. 1 Nr. 2 Hs. 1 ZustDG, nun § 1069 Abs. 1 Nr. 2 Hs. 1 ZPO). In England und Wales wurde der *Senior Master of the Royal Courts of Justice* in London und in Nordirland der *Master of the Royal Courts of Justice* in Belfast mit der Übermittlung beauftragt. In Schottland bestand die Besonderheit, dass sowohl Gerichtsvollzieher *(messenger-at-arms)* als auch bestimmte Rechtsanwälte *(accredited solicitors)* die Übermittlungsstelle sein konnten.[307]

Trotz der Einführung des unmittelbaren Behördenverkehrs können die Mitgliedstaaten eine zentrale Empfangsstelle einrichten (Art. 2 Abs. 3 EuZVO 2000). Deutschland hat von dieser Möglichkeit indes keinen Gebrauch gemacht und das Amtsgericht, in dessen Bezirk die Zustellung vorzunehmen ist, als Empfangsstelle festgelegt (§ 4 Abs. 2 ZustDG, nun § 1069 Abs. 2 S. 1 ZPO). In England, Wales und Nordirland wurden die Zustellungsaufträge von einem zentralen Gericht verteilt, sodass es bei einer teilweisen Zentralisierung blieb.[308] Das zentrale Gericht in England und Wales war das *Royal Court of Justice* in London und in Nordirland das *Royal Court of Justice* in Belfast. Für Zustellungsersuchen in Schottland bestand die Besonderheit, dass sowohl Gerichtsvollzieher *(messenger-at-arms)* als auch Rechtsanwälte *(accredited solicitors)* die Empfangsstelle sein können.[309]

Das zuzustellende Schriftstück ist von der Übermittlungsstelle unmittelbar und möglichst schnell an die Empfangsstelle zu übersenden (Art. 4 Abs. 1

---

[306] MüKoZPO/*Rauscher*, Art. 3 EuZVO Rn. 1 (für die EuZVO 2007).

[307] Europäische Kommission (Hrsg.), Angaben der Mitgliedstaaten gemäß Art. 23 Abs. 1 EuZVO 2000, in: Amtsblatt Nr. C 151 vom 22.5.2001, S. 14. Die aktuellen Informationen können dem im Internet abrufbaren Europäischen Gerichtsatlas entnommen werden, *dies.* (Hrsg.), Europäischer Gerichtsatlas, e-justice.europa.eu. Inzwischen sind die *accredited solicitors* nicht mehr als Übermittlungsstelle angeben.

[308] *Jastrow*, in: Gebauer/Wiedmann (Hrsg.), Zivilrecht unter europäischem Einfluss, Kapitel 28 Rn. 51.

[309] Vgl. *Jastrow*, in: Gebauer/Wiedmann (Hrsg.), Zivilrecht unter europäischem Einfluss, Kapitel 28 Rn. 21. Die aktuellen Informationen können dem im Internet abrufbaren Europäischen Gerichtsatlas entnommen werden, Europäische Kommission (Hrsg.), Europäischer Gerichtsatlas, e-justice.europa.eu. Inzwischen sind die *accredited solicitors* nicht mehr als Empfangsstelle angeben.

EuZVO 2000). Die Übermittlung kann gemäß Art. 4 Abs. 2 EuZVO 2000 auf jedem geeigneten Weg erfolgen, sofern das versendete und das empfangene Dokument inhaltlich übereinstimmen und alle Angaben lesbar sind. Dies ermöglicht auch den Einsatz von modernen Kommunikationsmitteln, wie etwa der elektronischen Übermittlung.[310] Neben dem zuzustellenden Schriftstück ist ein Antrag erforderlich, wobei das Formblatt im Anhang I der EuZVO 2000 zu verwenden ist (Art. 4 Abs. 3 S. 1 EuZVO 2000). Dieses ist in der Amtssprache des Empfängerstaates oder einer von diesem Staat zugelassenen Sprache auszufüllen (Art. 4 Abs. 3 S. 2 EuZVO 2000). Das Vereinigte Königreich hat Französisch und Deutschland hat Englisch als weitere Sprache zugelassen.[311]

In Ausnahmefällen kann die Übermittlung weiterhin über den diplomatischen oder konsularischen Weg erfolgen (indirekte konsularische oder diplomatische Zustellung, Art. 12 EuZVO 2000). In der Praxis kommt dieser Möglichkeit jedoch keine Bedeutung zu.[312]

bb) Zustellung des Schriftstücks

Art. 7 Abs. 1 EuZVO 2020 unterscheidet – anders als Art. 5 HZÜ – nicht zwischen der formlosen und der förmlichen Zustellung, weshalb Erstere unzulässig ist.[313] Die Zustellung des Schriftstücks erfolgt deshalb grundsätzlich nach dem nationalen Recht des Empfängerstaates (Art. 7 Abs. 1 Alt. 1 EuZVO 2000), in Deutschland also nach den §§ 166 ff. ZPO und in England und Wales nach Part 6 der CPR. Ausnahmsweise wird die Zustellung in einer bestimmten Form vorgenommen, wenn die Übermittlungsstelle dies ausdrücklich wünscht und diese Zustellungsform mit dem Recht des Empfängerstaates vereinbar ist (Art. 7 Abs. 1 Alt. 2 EuZVO 2000). Ist die Zustellung erfolgt,

---

[310] *Hess*, NJW 2001, 15 (19); *Lindacher*, ZZP 114 (2001), 179 (184 f.); *Rahlf/Gottschalk*, EWS 2004, 303 (306); *Jastrow*, in: Gebauer/Wiedmann (Hrsg.), Zivilrecht unter europäischem Einfluss, Kapitel 28 Rn. 86; *Sujecki*, GPR 2 (2005), 193 (195), jeweils auch dazu, dass die rechtlichen und tatsächlichen Voraussetzungen vorliegen müssen. Für das EuZÜ: *G. Geimer*, Neuordnung des internationalen Zustellungsrechts, S. 212. Für die EuZVO 2007: Fasching/Konecny/*Bajons*, Art. 4 EuZVO Rn. 2; Geimer/Schütze/Hau[65]/*Okonska*, Art. 4 EuZVO Rn. 17 ff.; MüKoZPO/*Rauscher*, Art. 4 EuZVO Rn. 3 f.; Musielak/Voit/*Stadler*, Art. 5 EuZVO 2020 Rn. 1; Rauscher/*Heiderhoff*, Art. 4 EuZVO Rn. 6 f.; *Sujecki*, in: Gebauer/Wiedmann (Hrsg.), Europäisches Zivilrecht, Art. 4 EuZVO Rn. 8 f.

[311] Europäische Kommission (Hrsg.), Angaben der Mitgliedstaaten gemäß Art. 23 Abs. 1 EuZVO 2000, in: Amtsblatt Nr. C 151 vom 22.5.2001, S. 15. Die Informationen zur aktuell gültigen Rechtslage können im Europäischen Gerichtsatlas abgerufen werden, *dies.* (Hrsg.), Europäischer Gerichtsatlas, e-justice.europa.eu.

[312] Schlosser/Hess/*Schlosser*, Art. 12 EuZVO Rn. 1 (für die EuZVO 2007). Angesichts der geringen Bedeutung hätte auf die Kodifikation verzichtet werden können, dafür etwa *Hess*, NJW 2001, 15 (19); *Stadler*, IPRax 2001, 514 (516).

[313] Geimer/Schütze/*R. Geimer*, Art. 7 EuZVO Rn. 15 (für die EuZVO 2007). Vgl. auch *Jastrow*, in: Gebauer/Wiedmann (Hrsg.), Zivilrecht unter europäischem Einfluss, Kapitel 28 Rn. 130. A.A. allerdings *Brenn*, EuZVO, S. 44, 46.

muss die Empfangsstelle gemäß Art. 10 EuZVO 2000 eine Zustellungsbescheinigung an die Übermittlungsstelle übersenden. Dabei ist das Formblatt in Anhang I der Verordnung zu verwenden und in der Amtssprache des Ursprungsstaates oder in einer von diesem Staat zugelassenen Sprache auszufüllen.

cc) Annahmeverweigerungsrecht des Empfängers

Die wesentliche Neuerung der Verordnung ist die Regelung zur Sprachenfrage und zum Annahmeverweigerungsrecht des Zustellungsempfängers.[314] Die formlose Zustellung an einen zur Annahme bereiten Adressaten, die keiner Übersetzung bedarf, ist nicht mehr vorgesehen. Vielmehr ist nun auch die Wirksamkeit einer Zwangs- oder Ersatzzustellung unabhängig von der Übersetzung zu beurteilen.[315] Zum Schutz des Anspruchs des Adressaten auf rechtliches Gehör (Art. 6 Abs. 1 EMRK)[316] wird diesem allerdings in Art. 8 Abs. 1 EuZVO 2000 ein Annahmeverweigerungsrecht eingeräumt, wenn das Schriftstück nicht in einer nach dieser Vorschrift zugelassenen Sprache abgefasst oder in eine solche übersetzt ist.

Die Sprachenfrage sollte flexibler als im HZÜ gelöst werden, da Übersetzungen zeitraubend und kostenintensiv sind.[317] Das Annahmeverweigerungsrecht besteht deshalb nur, wenn das Schriftstück nicht in einer Amtssprache des Empfängerstaates oder einer Sprache des Ursprungsstaates, die der Empfänger versteht, abgefasst oder übersetzt ist (Art. 8 Abs. 1 EuZVO 2000). Bei einer Zustellung von Schriftstücken aus Deutschland im Vereinigten Königreich ist daher nur dann eine englische Übersetzung anzufertigen, wenn der Empfänger nicht der deutschen Sprache mächtig ist.

Während die Übermittlungsstelle den Zustellungsinteressenten über das Annahmeverweigerungsrecht belehrt (Art. 5 Abs. 1 EuZVO 2000), erfolgt die Belehrung des Empfängers durch die Empfangsstelle (Art. 8 Abs. 1 EuZVO 2000). In dem Fall, dass dieser die Annahme verweigert, muss die Empfangsstelle unverzüglich den Antrag, das zuzustellende Schriftstück sowie eine Bescheinigung nach Art. 10 EuZVO 2000 an die Übermittlungsstelle zurücksenden (Art. 8 Abs. 2 EuZVO 2000).

---

[314] Vgl. *Mankowski*, in: FS Kaissis 2012, S. 607, 608: „Art. 8 EuZustVO ist [...] Königsnorm des europäischen Zustellungsrechts".

[315] *Stadler*, IPRax 2001, 514 (517); *Jastrow*, in: Gebauer/Wiedmann (Hrsg.), Zivilrecht unter europäischem Einfluss, Kapitel 28 Rn. 95; *Rösler/Siepmann*, NJW 2006, 475.

[316] Dazu EuGH v. 8.5.2008 – Rs. C-14/07 *(Weiss und Partner GbR/IHK Berlin)*, NJW 2008, 1721 Rn. 47 f.

[317] *Jastrow*, in: Gebauer/Wiedmann (Hrsg.), Zivilrecht unter europäischem Einfluss, Kapitel 28 Rn. 95, 155.

Die Rechtsfolgen einer Annahmeverweigerung werden durch die Verordnung nicht ausdrücklich geregelt.[318] Der EuGH hat in der *Leffler*-Entscheidung zu diesem Problem Stellung genommen. Zunächst hat er entschieden, dass diesbezüglich nicht auf das nationale Recht zurückzugreifen sei, da ansonsten die einheitliche Anwendung der Verordnung gefährdet wäre.[319] Eine berechtigte Annahmeverweigerung führe aber nicht zur Nichtigkeit der Zustellung, vielmehr könne diese durch die Übersendung einer Übersetzung geheilt werden.[320] Hierfür spreche der Sinn und Zweck der Verordnung, eine schnelle und effektive Übermittlung des Schriftstücks zu gewährleisten. Zudem wäre die praktische Wirksamkeit des Modells nach Art. 5 und 8 EuZVO 2000 gefährdet, wenn es keine Heilungsmöglichkeit gebe.[321] Aus Gründen der Rechtssicherheit sei die Zustellung der Übersetzung so schnell wie möglich nach den Regelungen der Verordnung vorzunehmen. Grundsätzlich könne eine Frist von einem Monat nach Zugang der Mitteilung über die Abweisung als angemessen angesehen werden, jedoch seien die Umstände des Einzelfalls zu beachten.[322] Der Zustellungszeitpunkt solle in Analogie zu Art. 9 Abs. 1 und 2 EuZVO 2000 bestimmt werden. Kommt es auf Fristen für den Empfänger an (z.B. Verteidigungs- oder Einspruchsfristen), so sei im Sinne des Beklagtenschutzes auf den Zeitpunkt der Zustellung der Übersetzung abzustellen. Wenn der Kläger alles Erforderliche zur Heilung veranlasst, käme es für seine Fristen (insbesondere Verjährungsfristen) auf den Zeitpunkt der fehlerhaften Zustellung an.[323] Dies gilt nach Ansicht des EuGH auch dann, wenn der Zustellungsinteressent die mangelnde Sprachkenntnis des Empfängers kennt und trotzdem ohne eine Übersetzung zustellen lässt.[324]

Gegen die Vorschrift zum Annahmeverweigerungsrecht wurde im Schrifttum die Kritik erhoben, dass sie zu unpräzise sei und im Endeffekt sowohl den Zustellungsinteressenten als auch den Zustellungsempfänger schlechter stelle.[325] Ob eine Person hinreichende Sprachkenntnisse bezüglich der Sprache

---

[318] Zu den Folgen im Anerkennungsrecht etwa *H. Roth,* IPRax 2005, 438 (439).

[319] EuGH v. 8.11.2005 – Rs. C-443/03 *(Leffler),* NJW 2006, 491 Rn. 43 f.

[320] EuGH v. 8.11.2005 – Rs. C-443/03 *(Leffler),* NJW 2006, 491 Rn. 37 ff. Ebenfalls für die Möglichkeit der Heilung *Rösler/Siepmann,* NJW 2006, 475 (476 f.); *Schütze,* RIW 2006, 352 (354); *Stadler,* IPRax 2006, 116 (122 f.); *Vogl,* JurBüro 2006, 60; *Sujecki,* ZEuP 2007, 358 (362). Kritisch hingegen *Heiderhoff,* ZZPInt 10 (2005), 296 (301 ff.).

[321] EuGH v. 8.11.2005 – Rs. C-443/03 *(Leffler),* NJW 2006, 491 Rn. 38, 42.

[322] EuGH v. 8.11.2005 – Rs. C-443/03 *(Leffler),* NJW 2006, 491 Rn. 63 f., 71. Kritisch zum weiten Spielraum der nationalen Gerichte *Rauscher,* JZ 61 (2006), 251 (252); *Sujecki,* ZEuP 2007, 358 (363).

[323] EuGH v. 8.11.2005 – Rs. C-443/03 *(Leffler),* NJW 2006, 491 Rn. 65 ff.

[324] Kritisch *Heiderhoff,* ZZPInt 10 (2005), 296 (302 f.); *Rösler/Siepmann,* NJW 2006, 475 (477); *Stadler,* IPRax 2006, 116 (123); *Rauscher,* JZ 61 (2006), 251 (252); *Schütze,* RIW 2006, 352 (355); *Sujecki,* ZEuP 2007, 358 (365 f.).

[325] *Stadler,* IPRax 2001, 514 (518); *Rahlf/Gottschalk,* EWS 2004, 303 (307); *Sujecki,* GPR 2 (2005), 193 (197).

des Ursprungstaates hat, könne in der Praxis nur schwer ermittelt werden, zumal die Vorschrift keine Hinweise enthalte, welche Aspekte das Gericht zu berücksichtigen hat und welches Sprachniveau erforderlich ist.[326] Im Erkenntnisverfahren trage der Beklagte das Risiko, dass das Erstgericht die Sprachkenntnisse entgegen seiner Erwartung bejaht. Für den Kläger bestehe hingegen die Gefahr, dass das Zweitgericht im Anerkennungsverfahren (vgl. Art. 34 Nr. 2 Brüssel I-VO; nun Art. 45 Abs. 1 Nr. 2 Brüssel Ia-VO) die Sprachkenntnisse anders als das Erstgericht einschätzt. Der Kläger habe dann keine Möglichkeit, sein Urteil im Zweitstaat zu vollstrecken.[327] Deshalb wird zum Teil empfohlen, vorsichtshalber immer eine Übersetzung in die Amtssprache des Empfängerstaates beizufügen.[328]

dd) Ablehnung der Erledigung des Zustellungsersuchens

Die Ausführung des Zustellungsersuchens kann aus formellen Gründen abgelehnt werden, wenn der Antrag aufgrund der übermittelten Dokumente oder Angaben nicht ausgeführt werden kann, wenn er nicht in den Anwendungsbereich der Verordnung fällt oder die Formvorschriften nicht beachtet wurden. In diesem Fall muss Kontakt mit der Übermittlungsstelle aufgenommen werden bzw. der Zustellungsantrag unter Verwendung des Formblatts in Anhang I an die Übermittlungsbehörde zurückgesendet werden (Art. 6 Abs. 2 und 3 EuZVO 2000).

Eine Ablehnung aus inhaltlichen Gründen scheidet demgegenüber aus, da eine Art. 13 Abs. 1 HZÜ entsprechende Regelung in der Verordnung fehlt. Der Empfängerstaat darf die Zustellung daher auch dann nicht ablehnen, wenn er sie für geeignet hält, seine Hoheitsrechte oder seine Sicherheit zu gefährden. Diese Änderung hat zwar aufgrund der restriktiven Auslegung des Vorbehalts im HZÜ kaum praktische Bedeutung. Sie ist jedoch ein wichtiges Zeichen für die Weiterentwicklung der justiziellen Zusammenarbeit innerhalb der Europäischen Union.[329]

---

[326] *Rahlf/Gottschalk,* EWS 2004, 303 (307); *Sujecki,* GPR 2 (2005), 193 (197); *Schütze,* RIW 2006, 352 (353). Anders *Jastrow,* in: Gebauer/Wiedmann (Hrsg.), Zivilrecht unter europäischem Einfluss, Kapitel 28 Rn. 154, der in der Praxis kaum Probleme, die Sprachfertigkeit einzuschätzen, annimmt.
[327] *Stadler,* IPRax 2001, 514 (518); *Rahlf/Gottschalk,* EWS 2004, 303 (307); *Sujecki,* GPR 2 (2005), 193 (197).
[328] So *Stadler,* IPRax 2001, 514 (518); *Sujecki,* GPR 2 (2005), 193 (197). Dagegen zutreffend *Jastrow,* in: Gebauer/Wiedmann (Hrsg.), Zivilrecht unter europäischem Einfluss, Kapitel 28 Rn. 155, der in dem Verzicht auf das strenge Übersetzungserfordernis einen Fortschritt sieht.
[329] *Lindacher,* ZZP 114 (2001), 179 (184); *Karaaslan,* Internationale Zustellungen nach der EuZVO, S. 71; *Nagel/Gottwald,* IZPR, Rn. 8.65; Rauscher/*Heiderhoff,* Einleitung zur EuZVO Rn. 12. Zustimmend zur Abschaffung auch *Stadler,* IPRax 2001, 514 (515); *Hess,* NJW 2001, 15 (16) in Fn. 9; Geimer/Schütze/*R. Geimer,* Art. 1 EuZVO Rn. 10.

Im deutsch-britischen Rechtsverkehr stellte sich deshalb nicht mehr die Frage, ob die Zustellung von *antisuit injunctions* wegen eines Verstoßes gegen die Justizhoheit oder den Justizgewährungsanspruch aus Art. 6 Abs. 1 EMRK abgelehnt werden kann.[330] Zu beachten war zudem, dass der EuGH in der *Turner/Grovit*-Entscheidung festgestellt hat, dass solche grenzüberschreitenden Prozessführungsverbote mit dem EuGVÜ (und somit auch mit der Brüssel I-VO und der Brüssel Ia-VO) unvereinbar sind.[331] Dies gilt auch, wenn der Erlass auf die Verletzung einer Schiedsvereinbarung gestützt wird.[332] Im innereuropäischen Rechtsverkehr haben *antisuit injunctions* daher an Bedeutung verloren.

ee) Kosten und Dauer der Zustellung

Für die Zustellung des gerichtlichen Schriftstücks dürfen grundsätzlich keine Zahlungen, Gebühren oder Auslagen verlangt werden (Grundsatz der Kostenfreiheit, Art. 11 Abs. 1 EuZVO 2000). Der Verfahrensbeteiligte hat jedoch die Auslagen zu zahlen oder zu erstatten, die durch die Mitwirkung von Amtspersonen bzw. sonst zuständigen Personen oder die Einhaltung einer besonderen Form entstehen (Art. 11 Abs. 2 EuZVO 2000). Während für Zustellungen in England und Wales keine Gebühren erhoben wurden, entstanden bei Zustellungen in Schottland durch einen *messenger-at-arms* hohe Kosten, die sogar über 200 EUR betragen konnten.[333] Deshalb hat es sich in der Praxis angeboten, auf die Postzustellung nach Art. 14 EuZVO 2000 auszuweichen, sofern diese zulässig war.[334]

Für die Dauer der Zustellung sieht Art. 7 Abs. 2 S. 1 EuZVO 2000 vor, dass alle erforderlichen Schritte so bald wie möglich vorzunehmen sind (sog. Beschleunigungsgebot). Die Verordnung enthält aber weder verbindliche Höchstfristen noch eine Sanktion für den Fall einer Verzögerung.[335] Die Empfangs-

---

[330] Vgl. *Hau*, ZZPInt 9 (2004), 191 (194); *Linke*, ERA Forum 6 (2005), 205 (208).

[331] EuGH v. 27.4.2004 – Rs. C-159/02 *(Turner/Grovit)*, IPRax 2004, 425 Rn. 24 ff. Ausführlich zu dieser Entscheidung *Hau*, ZZPInt 9 (2004), 191; *Schroeder*, EuZW 2004, 470; *Dutta/C. Heinze*, ZEuP 2005, 428, jeweils im Ergebnis zustimmend. Kritischer *Rauscher*, IPRax 2004, 405.

[332] EuGH v. 10.2.2009 – Rs. C-185/07 *(Allianz/West Tankers)*, NJW 2009, 1655 Rn. 19 ff. Zu dieser Entscheidung *M. Lehmann*, NJW 2009, 1645; *Seelmann-Eggebert/Clifford*, SchiedsVZ 2009, 139; *Steinbrück*, ZEuP 2010, 170. Beachte zur Vorlage auch *Dutta/C. Heinze*, RIW 2007, 411.

[333] Vgl. *Jastrow*, in: Gebauer/Wiedmann (Hrsg.), Zivilrecht unter europäischem Einfluss, Kapitel 28 Rn. 198, auch dazu, dass England überlegt hat, Zustellungskosten einzuführen.

[334] *Hess*, NJW 2002, 2417 (2422); *Jastrow*, NJW 2002, 3382 (3383); *Rahlf/Gottschalk*, EWS 2004, 303 (306), jeweils für den Rechtsverkehr mit den Benelux-Staaten.

[335] Vgl. *Jastrow*, in: Gebauer/Wiedmann (Hrsg.), Zivilrecht unter europäischem Einfluss, Kapitel 28 Rn. 135; *Sujecki*, GPR 2 (2005), 193 (195).

stelle muss der Übermittlungsstelle aber eine Verspätung durch die Verwendung eines Formblatts mitteilen, wenn das Schriftstück nicht binnen eines Monats nach Eingang zugestellt wurde (Art. 7 Abs. 2 S. 2 EuZVO 2000).

Die EuZVO 2000 enthält in Art. 9 erstmals eine Regelung zum Datum der Zustellung.[336] Dadurch sollte im internationalen Rechtsverkehr Rechtssicherheit geschaffen und die Kläger- und Beklagtenrechte ausbalanciert werden, was aber aufgrund der Widerspruchsmöglichkeit in Absatz 3, von der auch das Vereinigte Königreich Gebrauch gemacht hat,[337] nur bedingt erreicht wurde.[338]

b) Zustellung durch diplomatische oder konsularische Vertretungen

Gemäß Art. 13 Abs. 1 EuZVO 2000 können Schriftstücke unmittelbar durch die diplomatischen oder konsularischen Vertretungen des Ursprungsstaates zugestellt werden, wenn der Empfänger seinen Wohnsitz in einem anderen Mitgliedstaat hat. Vom Wortlaut der Norm sind lediglich formlose Zustellungen gedeckt. Die Anwendung von Zwang ist ausdrücklich ausgeschlossen, sodass die Zustellung an der (schlichten) Annahmeverweigerung des Adressaten scheitern kann.[339] Zu beachten ist, dass der Zustellungsweg durch das nationale Recht des Ursprungsstaates zugelassen sein muss.[340] Den Vertragsstaaten steht es ferner offen, der Anwendung des Art. 13 Abs. 1 EuZVO 2000 in ihrem Hoheitsgebiet zu widersprechen, wenn das Schriftstück nicht an einen Staatsangehörigen des Ursprungsstaates zuzustellen ist (Art. 13 Abs. 2 i.V.m. Art. 23 Abs. 1 EuZVO 2000).

Die Bundesrepublik Deutschland hat in § 1 ZustDG (nun § 1067 Abs. 2 ZPO) einen solchen Widerspruch erklärt. Dies ist auf das Verständnis der Zustellung als Hoheitsakt und die strenge Handhabung der Souveränität zurückzuführen. Der fremde Staat soll auf deutschem Hoheitsgebiet keine Hoheitsakte ohne die Kontrolle der nationalen Behörden vornehmen können.[341] Somit konnten Schriftstücke aus dem Vereinigten Königreich durch diplomatische oder konsularische Vertreter in Deutschland nur dann nach Art. 13 Abs. 1

---

[336] Ausführlich zu dieser komplizierten Vorschrift *Jastrow*, in: Gebauer/Wiedmann (Hrsg.), Zivilrecht unter europäischem Einfluss, Kapitel 28 Rn. 166 ff.

[337] Europäische Kommission (Hrsg.), Angaben der Mitgliedstaaten gemäß Art. 23 Abs. 1 EuZVO 2000, in: Amtsblatt Nr. C 151 vom 22.5.2001, S. 15.

[338] *Lindacher*, ZZP 114 (2001), 179 (185).

[339] *Jastrow*, in: Gebauer/Wiedmann (Hrsg.), Zivilrecht unter europäischem Einfluss, Kapitel 28 Rn. 218.

[340] MüKoZPO/*Rauscher*, Art. 13 EuZVO Rn. 2 (für die wortgleiche Regelung des Art. 13 EuZVO 2007); Im Hinblick auf Art. 17 EuZVO 2020 Geimer/Schütze/Hau/*Okonska*, Art. 17 EuZVO 2020 Rn. 3.

[341] Die Begründung zum Entwurf des ZustDG, in: BT-Drs. 14/5910, S. 6 weist darauf hin, dass § 1 ZustDG der Regelung des § 6 S. 1 AusfG-HZÜ entspricht. Zur Begründung des deutschen Widerspruchs nach dem HZÜ siehe Denkschrift zum HZÜ, in: BT-Drs. 7/4892, S. 45 f.

EuZVO 2000 zugestellt werden, wenn der Adressat britischer Staatsangehöriger war.

Demgegenüber hat das Vereinigte Königreich keinen Widerspruch gegen die Anwendung dieses Zustellungsweges erklärt.[342] Die deutschen Konsuln, die nach § 16 S. 1 KonsG zur Zustellung befugt sind, konnten daher Schriftstücke aus Deutschland sowohl an deutsche als auch britische und drittstaatliche Angehörige übermitteln. In der Praxis spielte dieser Zustellungsweg jedoch kaum eine Rolle,[343] zumal § 47 Abs. 1 S. 1 ZRHO die Inanspruchnahme der deutschen Auslandsvertretungen auf Ausnahmefälle beschränkt.

c) Zustellung ohne Einschaltung der Rechtshilfebehörden

Nach Art. 14 und 15 EuZVO 2000 kann die Zustellung ohne die Zwischenschaltung der ausländischen Empfangsbehörden und der diplomatischen oder konsularischen Vertreter unmittelbar im Empfängerstaat erfolgen. Im erläuternden Bericht zum EuZÜ wird diesbezüglich von subsidiären Zustellungsmodalitäten gesprochen.[344] Richtigerweise lässt sich aber weder aus dem Wortlaut noch aus der Systematik der EuZVO 2000 ein Rangverhältnis zwischen den verschiedenen Zustellungswegen ableiten.[345] Auch der Sinn und Zweck der Verordnung, die einfache und effektive Übermittlung und den tatsächlichen

---

[342] Vgl. Europäische Kommission (Hrsg.), Angaben der Mitgliedstaaten gemäß Art. 23 Abs. 1 EuZVO 2000, in: Amtsblatt Nr. C 151 vom 22.5.2001, S. 15.

[343] *U. Schmidt*, Europäisches Zivilprozessrecht, Rn. 301; *Heidrich*, EuZW 2005, 743 (745); *M. Roth/Egger*, ecolex 2009, 93 (96). Zum Teil wird seine Kodifikation deshalb als überflüssig bezeichnet, so von *Hess*, NJW 2001, 15 (19); *Stadler*, IPRax 2001, 514 (516); *Hausmann*, EuLF 1/2-2007, 1 (4). Dagegen Geimer/Schütze/Hau/*Okonska*, Art. 17 EuZVO 2020 Rn. 1, die darauf hinweist, dass die seltene Anwendung keinen Verzicht rechtfertigt. Ebenso MüKoZPO/*Rauscher*, Art. 13 EuZVO Rn. 1.

[344] So in der englischen Fassung, *Europäische Kommission*, Erläuternder Bericht zum EuZÜ, in: Amtsblatt Nr. C 261 vom 27.8.1997, S. 28: „subsidiary means of transmitting documents". In der deutschen Fassung wird der Begriff nicht verwendet, sondern von einer „Reihe weiterer Möglichkeiten für die Übermittlung von Schriftstücken" gesprochen.

[345] H.M. EuGH v. 9.2.2006 – Rs. C-473/04 *(Plumex)*, NJW 2006, 975 Rn. 19 ff.; OLG Düsseldorf v. 15.7.2005 – II-3 UF 285/04, IPRax 2006, 270; *Lindacher*, ZZP 114 (2001), 179 (185); *Stadler*, IPRax 2001, 514 (516); *Gsell*, EWS 2002, 115 (117); *Kuntze-Kaufhold/Beichel-Benedetti*, NJW 2003, 1998 (1999); *Tsikrikas*, ZZPInt 8 (2003), 309 (310) in Fn. 2; *U. Schmidt*, Europäisches Zivilprozessrecht, Rn. 297; *Sujecki*, GPR 2 (2005), 193 (193 f.); *Rösler/Siepmann*, IPRax 2006, 236 (236 f.); *Telkamp*, GPR 3 (2006), 145 (146); *Heiderhoff*, IPRax 2007, 293; *Sujecki*, EuZW 2007, 44. A.A. *Hess*, NJW 2001, 15 (19); *ders.*, NJW 2002, 2417 (2422), der aus der lückenhaften Regelung der unmittelbaren Zustellungswege folgert, dass es sich lediglich um subsidiäre bzw. ergänzende Zustellungsarten handelt. Für die Nachrangigkeit des Art. 13, nicht aber des Art. 14 EuZVO 2000 *Jastrow*, in: Gebauer/Wiedmann (Hrsg.), Zivilrecht unter europäischem Einfluss, Kapitel 28 Rn. 213, 221.

Erfolg der Zustellung zu gewährleisten, erfordert es nicht, zunächst eine Zustellung über den Behördenweg vorzunehmen.[346]

aa) Unmittelbare Postzustellung

Nach Art. 14 Abs. 1 EuZVO 2000 steht es den Mitgliedstaaten frei, Schriftstücke unmittelbar durch die Post zustellen zu lassen, wenn der Empfänger seinen Wohnsitz in einem anderen Mitgliedstaat hat.[347] Die wesentliche Neuerung im Gegensatz zu Art. 10 lit. a HZÜ ist, dass der Empfängerstaat der Postzustellung in seinem Hoheitsgebiet nicht mehr widersprechen kann.[348] Er darf lediglich die näheren Bedingungen aufstellen, unter denen dieser Zustellungsweg zugelassen wird (Art. 14 Abs. 2 EuZVO 2000). Die Norm schafft indes keine Rechtsgrundlage für die Postzustellung, maßgeblich ist vielmehr die Zulässigkeit nach dem nationalen Recht des Verfahrensstaates.[349]

(1) Zustellung britischer Schriftstücke in Deutschland

Bei der Postzustellung von Schriftstücken aus dem Vereinigten Königreich in Deutschland war zu beachten, dass gemäß § 2 Abs. 1 S. 1 ZustDG (später § 1068 Abs. 2 S. 1 ZPO a.F.) die Versandform des Einschreibens mit Rückschein erforderlich war. Fraglich ist, ob Privatpersonen, die nach dem Recht des Ursprungsstaates für die Zustellung zuständig sind, auf Art. 14 Abs. 1 EuZVO 2000 zurückgreifen können. Für britische Verfahren war das von Bedeutung, da die Zustellung unter Umständen durch die Partei, einen *solicitor* oder einen *process server* bewirkt werden konnte.[350] Zunächst ist zu klären, ob sich die Zulässigkeit in solchen Fällen nach Art. 14 oder Art. 15 EuZVO 2000 richtet. Nach einer Auffassung handelt es sich bei der Postzustellung durch eine Privatperson um eine (unzulässige) Zustellung im Parteibetrieb nach Art. 15 EuZVO 2000.[351] Richtigerweise ist die Lösung innerhalb des Art. 14 EuZVO 2000 zu suchen. Der Wortlaut der Vorschrift ist allerdings unklar, denn er stellt darauf ab, dass es einem „Mitgliedstaat" freisteht, die Schriftstü-

---

[346] Zutreffend EuGH v. 9.2.2006 – Rs. C-473/04 *(Plumex),* NJW 2006, 975 Rn. 21; ebenso *Sujecki,* EuZW 2007, 44 (45).
[347] Ausführlich zu dieser Norm *Springer,* Die direkte Postzustellung.
[348] *Gsell,* EWS 2002, 115 (117 f.); *Tsikrikas,* ZZPInt 8 (2003), 309 (310); *Jastrow,* in: Gebauer/Wiedmann (Hrsg.), Zivilrecht unter europäischem Einfluss, Kapitel 28 Rn. 220; *Sujecki,* GPR 2 (2005), 193 (198); *Hausmann,* EuLF 1/2-2007, 1 (13).
[349] Zutreffend MüKoZPO/*Rauscher,* Art. 14 EuZVO Rn. 1, 5 (für die EuZVO 2007).
[350] Vgl. *Hausmann,* EuLF 1/2-2007, 1 (14).
[351] LG Trier v. 17.10.2002 – 7 HKO 140/01, NJW-RR 2003, 287 (287 f.). In diesem Punkt zustimmend die Anmerkungen von *de Lind van Wijngaarden-Maack,* IPRax 2004, 212 (215). Ebenfalls für die Anwendung des Art. 15 EuZVO 2000 *H. Schmidt,* IPRax 2004, 13 (15).

cke durch die Post zustellen zu lassen. Zum Teil wird vertreten, dass die Direktzustellung nach Art. 14 Abs. 1 EuZVO 2000 durch jede im Ursprungsstaat befugte Person durchgeführt werden kann.[352] Ansonsten würden Rechtsordnungen, welche die Amtszustellung nicht kennen, benachteiligt werden, da die Zustellung nicht durch die Post ausgeführt werden könnte.[353] Die Gegenauffassung fordert hingegen, dass die zustellende Person durch ihren Mitgliedstaat als Übermittlungsstelle i.S.d. Art. 2 Abs. 1 EuZVO 2000 benannt ist.[354] Hierfür spricht neben dem Wortlaut auch der systematische Zusammenhang mit Art. 15 EuZVO 2000. Diese Norm eröffnet den Zustellungsweg gerade „jede[m] an einem gerichtlichen Verfahren Beteiligten", während Art. 14 EuZVO 2000 von „[j]edem Mitgliedstaat" spricht.[355] Zudem würde der Widerspruchsvorbehalt in Art. 15 Abs. 2 EuZVO 2000 ausgehöhlt werden, wenn die Privatperson die Zustellung trotzdem per Post nach Art. 14 Abs. 1 EuZVO 2000 bewirken könnte.[356] Andererseits ist jedoch kein Grund erkennbar, Privatpersonen, die als Übermittlungsstelle i.S.d. Art. 2 Abs. 1 EuZVO 2000 benannt wurden, von der Postzustellung auszuschließen.[357]

Im deutsch-britischen Zustellungsverkehr schied somit die Postzustellung durch den Prozessbeteiligten oder einen *solicitor* nach Art. 14 Abs. 1 EuZVO 2000 für Verfahren in England, Wales und Nordirland aus, da diese Personen nicht als Übermittlungsstelle benannt wurden. Das Schriftstück musste deshalb zunächst an die Übermittlungsstelle übersendet werden (vgl. auch Rule 6.41 CPR). Anders war die Rechtslage in Schottland, da dort

---

[352] OLG Köln v. 8.9.2003 – 16 U 110/02, IPRax 2004, 521 (523); *Tsikrikas*, ZZPInt 8 (2003), 309 (322); *Hess*, NJW 2004, 3301 (3301 f.); *Heidrich*, EuZW 2005, 743 (745 f.); *Elsner/Deters*, IPRax 2023, 146 (146 f.).

[353] *Hess*, NJW 2004, 3301 (3302); *Heidrich*, EuZW 2005, 743 (745 f.).

[354] OLG Dresden v. 6.11.2018 – 4 W 883/18, BeckRS 2018, 30320 Rn. 5; OLG Frankfurt a.M. v. 3.11.2021 – 6 W 95/21, NJW-RR 2022, 211 Rn. 11; *R. Geimer*, IPRax 2004, 505 (506); *Linke*, ERA Forum 6 (2005), 205 (213); *Hausmann*, EuLF 1/2-2007, 1 (14); *Karaaslan*, Internationale Zustellungen nach der EuZVO, S. 110; *Pernfuß*, Die Effizienz des europäischen Mahnverfahrens, S. 252 f.; *Netzer*, Status quo, S. 95; *Peer*, ÖJZ 2012, 5 (11); *Junker*, IZPR, § 25 Rn. 13; BeckOK ZPO/*Thode*, § 1068 ZPO Rn. 5, 8; Geimer/Schütze/*R. Geimer*, Art. 14 EuZVO Rn. 12; Geimer/Schütze/Hau[65]/*Okonska*, Art. 14 EuZVO Rn. 5; MüKoZPO/*Rauscher*, Art. 14 EuZVO Rn. 12; Rauscher/*Heiderhoff*, Art. 14 EuZVO Rn. 4; Schlosser/Hess/*Schlosser*, Art. 14 EuZVO Rn. 1 f.; Zöller/*R. Geimer*, Art. 14 EuZVO Rn. 4 (teilweise für den – insofern wortgleichen – Art. 14 EuZVO 2007). Kritisch *Fahrbach/Schiener*, IWRZ 2017, 154 (158).

[355] *Emde*, NJW 2004, 1830 (1832 f.); *ders.*, EWiR 2004, 441 (442); *Stroschein*, Parteizustellung im Ausland, S. 139 f. Gegen das Wortlautargument *Elsner/Deters*, IPRax 2023, 146 (146).

[356] *Hausmann*, EuLF 1/2-2007, 1 (14). An diesem Argument zweifelnd Stein/Jonas/*Domej*, Art. 14 EuZVO Rn. 6.

[357] So aber *Emde*, NJW 2004, 1830; *ders.*, EWiR 2004, 441 (mit ausführlicher Begründung). Wohl auch HK-ZPO/*Saenger*, § 1068 ZPO Rn. 1.

bestimmte Rechtsanwälte *(accredited solicitors)* als Übermittlungsstelle benannt waren, sodass diese die Zustellung durch die Post bewirken konnten.[358]

(2) Zustellung deutscher Schriftstücke im Vereinigten Königreich

Schriftstücke aus Deutschland konnten im Vereinigten Königreich durch das Prozessgericht unmittelbar durch die Post zugestellt werden. Durch § 1068 Abs. 1 S. 1 ZPO a.F. bzw. § 183 Abs. 1 Nr. 1 ZPO a.F. wurde eine nationale Rechtsgrundlage für diesen Zustellungsweg geschaffen.[359] Das Vereinigte Königreich lies anfangs auch Zustellungen durch einfachen Brief zu und legte lediglich fest, dass die Zustellung als *first-class mail* oder als *Luftpost* bewirkt werden musste.[360] Später wurde jedoch bestimmt, dass nur per Einschreiben zugestellt werden darf und der Empfänger als Beweis für die Übergabe eine Unterschrift zu leisten hat.[361] Es war jedoch zu beachten, dass nach § 1068 Abs. 1 ZPO a.F. auch bei einer Zustellung aus Deutschland ein Einschreiben mit Rückschein erforderlich war.

Für Schriftstücke, die im Wege der Parteizustellung zuzustellen waren, stellte sich die Frage, ob der deutsche Gerichtsvollzieher die Zustellung per Post vornehmen konnte.[362] Mit der hier vertretenen Auffassung war dies zu verneinen, da dieser nicht als Übermittlungsstelle i.S.d. Art. 2 Abs. 1 EuZVO 2000 benannt war. Zudem wurde vorgebracht, dass der Gerichtsvollzieher bei einer Inlandszustellung nicht mittels Einschreiben mit Rückschein zustellen kann. Ob für eine Zustellung im Ausland etwas anderes gelten könne, sei fraglich.[363]

bb) Unmittelbare Zustellung im Parteibetrieb

Die Verordnung schließt es zudem nicht aus, dass sich ein Verfahrensbeteiligter unmittelbar an eine Amtsperson, einen Beamten oder eine sonst zuständige Person des Empfängerstaates wendet und die Zustellung durch diese bewirken lässt (Art. 15 Abs. 1 EuZVO 2000). Die Norm schafft jedoch keine Rechtsgrundlage für eine solche unmittelbare Zustellung im Parteibetrieb, vielmehr

---

[358] Vgl. Rauscher/*Heiderhoff*, Art. 14 EuZVO Rn. 4; *Netzer*, Status quo, S. 95 in Fn. 29.
[359] Mit Verweis auf § 183 Abs. 3 S. 2 ZPO a.F. *Möller,* NJW 2003, 1571.
[360] Vgl. Europäische Kommission (Hrsg.), Angaben der Mitgliedstaaten gemäß Art. 23 Abs. 1 EuZVO 2000, in: Amtsblatt Nr. C 151 vom 22.5.2001, S. 15.
[361] Vgl. Europäische Kommission (Hrsg.), Erste Aktualisierung der Angaben der Mitgliedstaaten gemäß Art. 23 Abs. 1 EuZVO 2000, in: Amtsblatt Nr. C 202 vom 18.7.2001, S. 15.
[362] Dafür *Möller,* NJW 2003, 1571 (1572 f.).
[363] *Heidrich,* EuZW 2005, 743 (744). So aber *H. Schmidt,* IPRax 2004, 13 (15) unter Hinweis auf § 191 ZPO.

muss das Recht des Ursprungsstaates den Zustellungsweg zulassen.³⁶⁴ Die Frage, wer im Ausland zuständig ist, wird in der Verordnung ebenfalls nicht näher geregelt und richtet sich nach dem Recht des Empfängerstaates.³⁶⁵ Jeder Mitgliedstaat kann einen Vorbehalt gegen diesen Zustellungsweg in seinem Hoheitsgebiet einlegen (Art. 15 Abs. 2 i.V.m. Art. 23 Abs. 1 EuZVO 2000).

Die Bundesrepublik Deutschland hat in § 3 ZustDG (später § 1071 ZPO a.F.) einen solchen Widerspruch erklärt, sodass Schriftstücke aus britischen Verfahren in Deutschland nicht unmittelbar nach Art. 15 Abs. 1 EuZVO 2000 übermittelt werden konnten. Die ablehnende Haltung ist auf das Verständnis der Zustellung als Hoheitsakt zurückzuführen und soll dem Schutz des Zustellungsadressaten dienen.³⁶⁶ Im Schrifttum wurde diese Begründung kritisch gesehen, da eine inhaltliche Überprüfung des Schriftstücks im Anwendungsbereich der EuZVO 2000 – anders als nach Art. 13 Abs. 1 HZÜ – gerade nicht mehr stattfindet.³⁶⁷

Obwohl die Zustellung unter Heranziehung eines *solicitor* nach Art. 10 lit. c HZÜ noch als der bevorzugte Zustellungsweg bezeichnet wurde, haben auch England, Wales und Nordirland einen Widerspruch gegen die Direktzustellung im Parteibetrieb erklärt.³⁶⁸ Somit schied eine Zustellung nach Art. 15 Abs. 1 EuZVO 2000 in diesen Staaten aus. Auf die Frage, ob das deutsche Zustellungsrecht eine Rechtsgrundlage für diesen Zustellungsweg enthält,³⁶⁹ kam es daher nur für Zustellungen nach Schottland an.

cc) Übersetzungserfordernis

In der EuZVO 2000 fehlt eine ausdrückliche Regelung, die festlegt, in welcher Sprache das Schriftstück bei einer Zustellung ohne die Einschaltung der ausländischen Rechtshilfebehörden abgefasst oder übersetzt sein muss. Für Postzustellungen kann der Empfängerstaat die näheren Bedingungen regeln (Art. 14 Abs. 2 EuZVO 2000). Zu diesen gehört auch die Frage, ob eine Übersetzung des Schriftstücks erforderlich ist.³⁷⁰ Gemäß § 2 Abs. 1 S. 2 ZustDG

---

³⁶⁴ *Jastrow*, NJW 2002, 3382 (3384); *Stroschein*, Parteizustellung im Ausland, S. 111 f. Dazu auch bereits der Erläuternde Bericht zum EuZÜ, in: Amtsblatt Nr. C 261 vom 27.8.1997, S. 35.
³⁶⁵ *Stroschein*, Parteizustellung im Ausland, S. 118 f.
³⁶⁶ Begründung zum Entwurf des ZustDG, in: BT-Drs. 14/5910, S. 7.
³⁶⁷ *Hess*, IPRax 2001, 389 (393); *Heidrich*, EuZW 2005, 743 (746). Ebenfalls für eine Öffnung der Zustellung im Parteibetrieb *Hess*, NJW 2001, 15 (21); *Karaaslan*, Internationale Zustellungen nach der EuZVO, S. 106 f.
³⁶⁸ Vgl. Europäische Kommission (Hrsg.), Angaben der Mitgliedstaaten gemäß Art. 23 Abs. 1 EuZVO 2000, in: Amtsblatt Nr. C 151 vom 22.5.2001, S. 15.
³⁶⁹ Dazu Kap. 2 D. III. 3. b) aa) (S. 144 f.).
³⁷⁰ *Stadler*, IPRax 2002, 471 (472); *Heidrich*, EuZW 2005, 743 (744); *Sujecki*, GPR 2 (2005), 193 (198). Kritisch dazu, ob Art. 14 Abs. 2 EuZVO 2000 eine Verschärfung der Sprachanforderungen deckt *Lindacher*, ZZP 114 (2001), 179 (188).

(später § 1068 Abs. 2 S. 2 ZPO a.f.) musste das zuzustellende Schriftstück bei einer Postzustellung in Deutschland in Deutsch oder einer Amtssprache des Ursprungsstaates, sofern der Empfänger Staatsangehöriger dieses Mitgliedstaates war, abgefasst oder in eine solche Sprache übersetzt sein. Das Vereinigte Königreich gewährte ein Annahmeverweigerungsrecht, wenn keine beglaubigte Übersetzung in englischer Sprache oder einer anderen Sprache, die der Adressat versteht, beigefügt war.[371] Hatte ein Mitgliedstaat keine Sprachbedingungen aufgestellt oder sollte das Schriftstück nach Art. 13 oder Art. 15 EuZVO 2000 zugestellt werden, stellte sich die Frage, ob die Regelung zur Sprache und zum Annahmeverweigerungsrecht (Art. 8 EuZVO 2000) auch für die alternativen Zustellungswege anwendbar war.[372] Dies wurde teilweise im Hinblick auf die systematische Stellung der Norm im Abschnitt zur Zustellung durch Inanspruchnahme der ausländischen Rechtshilfebehörden abgelehnt.[373] Die herrschende Ansicht gewährte dem Empfänger auch in diesen Fällen ein Annahmeverweigerungsrecht, wenn das Schriftstück nicht den Sprachanforderungen des Art. 8 EuZVO 2000 entsprach.[374] Unklar blieb allerdings die Umsetzung in der Praxis. Das Schriftstück ist im Rahmen der Postzustellung verschlossen und der Adressat muss vor dem Öffnen des Umschlags bereits den Empfang durch die Unterschrift des Rückscheins bestätigen.[375] Dem Empfänger musste also in solchen Fällen ein nachträgliches Annahmeverweigerungsrecht zugestanden werden. In Deutschland wurde deshalb § 1070 ZPO a.F. eingeführt, der dem Adressaten zwei Wochen einräumte, um sein Recht auszuüben.[376]

---

[371] Europäische Kommission (Hrsg.), Erste Aktualisierung der Angaben der Mitgliedstaaten gemäß Art. 23 Abs. 1 EuZVO 2000, in: Amtsblatt Nr. C 202 vom 18.7.2001, S. 15.

[372] Diese Frage offenlassend OLG Düsseldorf v. 15.7.2005 – II-3 UF 285/04, IPRax 2006, 270 (271). Zum Teil kritisch zu dieser Entscheidung *Rösler/Siepmann*, IPRax 2006, 236.

[373] OLG Celle v. 5.1.2004 – 11 W 91/03, NJW 2004, 2315; *Gsell*, EWS 2002, 115 (120 ff.); *Becker*, Grundrechtsschutz, S. 211; *Rahlf/Gottschalk*, EWS 2004, 303 (308); *Heidrich*, EuZW 2005, 743 (744).

[374] So Europäische Kommission (Hrsg.), Erste Aktualisierung der Angaben der Mitgliedstaaten gemäß Art. 23 Abs. 1 EuZVO 2000, in: Amtsblatt Nr. C 202 vom 18.7.2001, S. 10. Ebenso *Jastrow*, IPRax 2004, 11 (12); *ders.*, in: Gebauer/Wiedmann (Hrsg.), Zivilrecht unter europäischem Einfluss, Kapitel 28 Rn. 229; *U. Schmidt*, Europäisches Zivilprozessrecht, Rn. 304 in Fn. 476; *H. Schmidt*, IPRax 2004, 13 (18); *Hausmann*, EuLF 1/2-2007, 1 (15); *Stroschein*, Parteizustellung im Ausland, S. 119 ff. Unzutreffend aber *Rösler/Siepmann*, IPRax 2006, 236 (237).

[375] Dazu *Stadler*, IPRax 2001, 514 (520); *H. Schmidt*, IPRax 2004, 13 (18).

[376] Zu dieser Regelung *Jastrow*, IPRax 2004, 11 (12).

3. Verhältnis zu anderen Ab- und Übereinkommen

Die EuZVO 2000 ist neben das HZÜ und das deutsch-britische Rechtshilfeabkommen getreten, sodass sich die Frage nach dem Verhältnis der Rechtsakte zueinander stellt.

a) Verhältnis zum Haager Zustellungsübereinkommen

Art. 20 Abs. 1 EuZVO 2000 bestimmt, dass die Verordnung in ihrem Anwendungsbereich Vorrang vor anderen, von den Mitgliedstaaten geschlossenen bilateralen oder multilateralen Übereinkünften oder Vereinbarungen hat. Das HZÜ wird ausdrücklich als Beispiel genannt. Die Vorschrift wirkt lediglich deklaratorisch, denn die unmittelbar geltende und unmittelbar anwendbare EuZVO 2000 genießt als EU-Recht Anwendungsvorrang vor dem nationalen Recht.[377] Ab dem 31. Mai 2001 konnten daher im deutsch-britischen Rechtsverkehr Schriftstücke nicht mehr nach den Regelungen des HZÜ zugestellt werden.[378]

b) Verhältnis zum deutsch-britischen Rechtshilfeabkommen

Auch das deutsch-britische Rechtshilfeabkommen wird grundsätzlich im Anwendungsbereich der EuZVO 2000 verdrängt (Art. 20 Abs. 1 EuZVO 2000). Jedoch hindert die Verordnung die einzelnen Mitgliedstaaten nicht, andere Übereinkünfte oder Vereinbarungen zu schließen, die eine weitere Beschleunigung oder Vereinfachung der Übermittlung von Schriftstücken enthalten (Art. 20 Abs. 2 EuZVO 2000). Das deutsch-britische Rechtshilfeabkommen enthält im Gegensatz zur EuZVO 2000 drei vereinfachte Zustellungswege. Zunächst kann die unmittelbare Zustellung von britischen Schriftstücken[379] durch diplomatische oder konsularische Vertreter auch an Staatsangehörige von Drittstaaten erfolgen (Art. 5 lit. a DBA). Zweitens erlaubt Art. 7 DBA die unmittelbare Beauftragung einer zuständigen Person im Empfängerstaat. Zuletzt kann die Zustellung nach Art. 5 lit. b DBA unmittelbar durch einen bestellten Vertreter *(agent)* im Ausland vorgenommen werden.

---

[377] Für die EuZVO 2007: Schlosser/Hess/*Schlosser*, Art. 20 EuZVO Rn. 1. Zur unmittelbaren Anwendbarkeit und zum Anwendungsvorrang des EU-Rechts siehe nur EuGH v. 5.2.1963 – Rs. C-26/62 *(Van Gend en Loos)*, NJW 1963, 974; v. 15.7.1964 – Rs. C-6/64 *(Costa/E.N.E.L.)*, NJW 1964, 2371.

[378] Etwas anderes galt jedoch für außergerichtliche Schriftstücke, da die EuZVO 2000 dort nur fakultativ wirkt, dazu etwa MüKoZPO/*Rauscher*, Art. 20 EuZVO Rn. 1 (für die EuZVO 2007).

[379] Für deutsche Verfahren war Art. 5 lit. a DBA schon deshalb nicht relevant, weil das Vereinigte Königreich der unmittelbaren Zustellung durch diplomatische oder konsularische Vertretungen nicht widersprochen hat und deshalb nach Art. 13 Abs. 1 EuZVO – über das deutsch-britische Rechtshilfeabkommen hinaus – sogar an britische Staatsangehörige zugestellt werden konnte.

Problematisch ist indes, dass weder Deutschland noch das Vereinigte Königreich das deutsch-britische Rechtshilfeabkommen an die Europäische Kommission übermittelt haben. Art. 20 Abs. 3 EuZVO 2000 sieht dies aber vor. Teile des Schrifttums gehen deshalb davon aus, dass das Abkommen vollständig verdrängt werde[380] oder dass es nach dem Willen der Vertragsparteien nicht mehr angewendet werden solle.[381] Richtig ist es hingegen, im deutsch-britischen Rechtshilfeabkommen ein Zusatzabkommen i.S.d. Art. 20 Abs. 2 EuZVO 2000 zu sehen.[382] Die Anzeige nach Art. 20 Abs. 3 EuZVO 2000 wirkt lediglich deklaratorisch und stellt somit keine zwingende Voraussetzung dar.[383] Zudem kann allein aus der fehlenden Anzeige nicht gefolgert werden, dass die Vertragsstaaten das deutsch-britische Rechtshilfeabkommen nicht mehr anwenden wollen. Somit ist eine Zustellung nach diesem Abkommen möglich, wenn nach seinen Regelungen ein weiterer Zustellungsweg eröffnet wird (Günstigkeitsprinzip).

III. Verordnung (EG) Nr. 1393/2007 vom 13. November 2007 über die Zustellung gerichtlicher und außergerichtlicher Schriftstücke in Zivil- und Handelssachen

1. Hintergrund und Ziele der Reform

Die EuZVO 2000 stellte zwar eine deutliche Verbesserung der Rechtslage bei grenzüberschreitenden Zustellungen in der Europäischen Union dar. Dennoch wurde die Verordnung im Schrifttum häufig kritisiert.[384] Zum einen wurden

---

[380] *Jastrow*, in: Gebauer/Wiedmann (Hrsg.), Zivilrecht unter europäischem Einfluss, Kapitel 28 Rn. 270; *Karaaslan*, Internationale Zustellungen nach der EuZVO, S. 107. Für die EuZVO 2007: Zöller/*R. Geimer*, § 183 ZPO Rn. 10.
[381] So *Jastrow*, in: Gebauer/Wiedmann (Hrsg.), Zivilrecht unter europäischem Einfluss, Kapitel 28 Rn. 270 in Fn. 127. Für die EuZVO 2007: Rauscher/*Heiderhoff*, Art. 15 EuZVO Rn. 7.
[382] So auch *Stroschein*, Parteizustellung im Ausland, S. 222. Für die EuZVO 2007: *Ising/Schulze*, in: Leible/Terhechte (Hrsg.), Europäisches Rechtsschutz- und Verfahrensrecht, § 24 Rn. 21, 35; Geimer/Schütze/Hau/*Okonska*, Art. 20 EuZVO 2020 Rn. 9; MüKoZPO/*Rauscher*, Art. 15 EuZVO Rn. 5; *Nagel/Gottwald*, IZPR, Rn. 8.161; Schlosser/Hess⁴/*Schlosser*, Art. 15 EuZVO Rn. 2. Für die Anwendung des deutsch-britischen Rechtshilfeabkommens ohne nähere Begründung *Lindacher*, ZZP 114 (2001), 179 (186); *Rahlf/Gottschalk*, EWS 2004, 303 (309) in Fn. 83; *Hausmann*, EuLF 1/2-2007, 1 (4) in Fn. 40; *U. Schmidt*, Europäisches Zivilprozessrecht, Rn. 325.
[383] H.M. MüKoZPO/*Rauscher*, Art. 20 EuZVO Rn. 2; Rauscher/*Heiderhoff*, Art. 20 EuZVO Rn. 1; Stein/Jonas/*Domej*, Art. 20 EuZVO Rn. 3. Für die EuZVO 2020: BeckOK ZPO/*Ruster/Lahme*, Art. 29 EuZVO 2020 Rn. 1; Geimer/Schütze/Hau/*Okonska*, Art. 29 EuZVO 2020 Rn. 6.
[384] Vgl. etwa *Hess*, NJW 2001, 15 (19): „halber Schritt"; *ders.*, IPRax 2001, 389 (392 f.); *Hausmann*, EuLF 1/2-2007, 1 (5).

einige Normen unbesehen aus dem HZÜ übernommen, obwohl im innereuropäischen Rechtsverkehr eine abweichende Regelung angemessen gewesen wäre. An anderen Stellen geht die Verordnung nicht weit genug und räumt den Mitgliedstaaten Widerspruchsmöglichkeiten ein (Art. 2 Abs. 3, 9 Abs. 3, 13 Abs. 2, 15 Abs. 2 EuZVO 2000) oder lässt diese Vorgaben für die Durchführung der Postzustellung statuieren (Art. 14 Abs. 2 EuZVO 2000).[385]

Auch die Europäische Kommission hat bereits kurze Zeit nach dem Inkrafttreten der EuZVO 2000 Informationen über die praktische Anwendung der Verordnung gesammelt.[386] Nach der Auswertung dieser Dokumente hat sie einen Verordnungsvorschlag über die Neufassung der EuZVO[387] vorgelegt. Letztlich wurde die EuZVO 2007 verabschiedet, die an die Stelle der EuZVO 2000 tritt (vgl. Art. 25 EuZVO 2007). Das Vereinigte Königreich hat sich auch an dieser Verordnung beteiligt (Erwägungsgrund 28 zur EuZVO 2007), sodass sich der deutsch-britischen Zustellungsverkehr ab dem 13. November 2008 (vgl. Art. 26 EuZVO 2007) nach der EuZVO 2007 richtete.

Der Anwendungsbereich der Verordnung entspricht im Wesentlichen dem der EuZVO 2000. Durch die Reform wurde eine Art. 1 Abs. 1 S. 2 Brüssel Ia-VO entsprechende Bereichsausnahme ergänzt. Steuer-, Zoll- und Verwaltungssachen sind nun auch dann ausgeschlossen, wenn sie zugleich als Zivil- und Handelssache angesehen werden können.[388] Zudem gilt die Verordnung nicht für die Haftung eines Staates für Handlungen oder Unterlassungen im Rahmen der Ausübung hoheitlicher Rechte *(acta iure imperii)*.[389]

2. Reform der Zustellung im Wege der aktiven internationalen Rechtshilfe

Der Europäischen Kommission ging es bei der Reform nicht darum, den Zustellungsweg über die ausländischen Rechtshilfebehörden maßgeblich zu

---

[385] Zu diesem Aspekt kritisch *Hausmann,* EuLF 1/2-2007, 1 (5).

[386] Vgl. dazu *MainStrat,* Studie zur Anwendung der EuZVO 2000; *Europäische Kommission,* Bericht der Kommission über die Anwendung der EuZVO 2000, KOM (2004), 603 endg. Eine Aufzählung der weiteren Informationsquellen findet sich in *dies.,* Vorschlag für die EuZVO 2007, KOM (2005), 305 endg., S. 2 f.

[387] *Europäische Kommission,* Vorschlag für eine Verordnung des Europäischen Parlaments und des Rates zur Änderung der Verordnung (EG) Nr. 1348/2000 des Rates vom 29. Mai 2000 über die Zustellung gerichtlicher und außergerichtlicher Schriftstücke in Zivil- oder Handelssachen in den Mitgliedstaaten, KOM (2005), 305 endgültig. Ausführlich zu diesem Änderungsvorschlag *Sujecki,* GPR 2 (2005), 193; *Rösler/Siepmann,* RIW 2006, 512.

[388] MüKoZPO/*Rauscher,* Art. 1 EuZVO Rn. 2; Rauscher/*Heiderhoff,* Art. 1 EuZVO Rn. 2.

[389] Allgemein zur Abgrenzung zwischen *acta iure gestionis* und *acta iure imperii* mit Beispielen aus der Rechtsprechung Linke/Hau, IZVR, Rn. 2.44; *Nagel/Gottwald,* IZPR, Rn. 3.29 f.

ändern, sondern ihn weiter zu vereinfachen, vereinheitlichen und beschleunigen.[390]

a) Dauer und Datum der Zustellung

Die Zustellung im Rechtshilfeverkehr hat sich durch die EuZVO 2000 zwar beschleunigt, dennoch gab es weiterhin Fälle, in denen von einer Zustellungsdauer von sechs Monaten berichtet wurde.[391] Art. 7 Abs. 2 S. 1 EuZVO 2000 statuierte lediglich ein Beschleunigungsgebot, ohne jedoch verbindliche Höchstfristen oder Sanktionen festzulegen. Durch die Reform wird der Empfangsstelle nun eine Höchstfrist von einem Monat gesetzt (Art. 7 Abs. 2 S. 1 EuZVO 2007), die sich nach der Verordnung Nr. 1182/71 berechnet[392]. Zudem wurde das Verfahren geändert, welches anzuwenden ist, wenn die Zustellung nicht binnen eines Monats vorgenommen werden kann. Die Empfangsstelle teilt der Übermittlungsstelle die Verspätung *unverzüglich* unter Verwendung des Formblatts in Anhang I der Verordnung mit (Art. 7 Abs. 2 S. 2 lit. a EuZVO 2007). Sie unternimmt jedoch weiterhin alle für die Zustellung erforderlichen Schritte, falls die Zustellung innerhalb einer angemessenen Frist möglich erscheint (Art. 7 Abs. 2 S. 2 lit. b EuZVO 2007). Es wird indes weiterhin weder ein Verstoß gegen die Höchstfrist noch ein Verstoß gegen die Verfahrensvorschrift des Art. 7 Abs. 2 S. 2 EuZVO 2007 sanktioniert.[393] Insofern handelt es sich lediglich um eine „gut gemeinte Absichtserklärung"[394]. Im Vergleich zur EuZVO 2000 hat sich die Zustellung im Rechtshilfeverkehr zwar etwas beschleunigt, dennoch kann die Übermittlung – trotz der Höchstfrist – weiterhin mehrere Monate betragen.[395]

Die Möglichkeit der Mitgliedstaaten, einen Vorbehalt gegen die Vorschrift zum doppelten Datum der Zustellung zu erheben, ist entfallen (vgl. noch Art. 9

---

[390] Vgl. *Europäische Kommission*, Bericht der Kommission über die Anwendung der EuZVO 2000, KOM (2004), 603 endg., S. 4 ff.; *dies.*, Vorschlag für die EuZVO 2007, KOM (2005), 305 endg., S. 3 ff.

[391] *MainStrat*, Studie zur Anwendung der EuZVO 2000, S. 21 f.; *Europäische Kommission*, Bericht der Kommission über die Anwendung der EuZVO 2000, KOM (2004), 603 endg., S. 4; *dies.*, Vorschlag für die EuZVO 2007, KOM (2005), 305 endg., S. 3.

[392] Vgl. Erwägungsgrund 20 zur EuZVO 2007. Ferner *Europäische Kommission*, Vorschlag für die EuZVO 2007, KOM (2005), 305 endg., S. 4.

[393] *Sujecki*, NJW 2008, 1628 (1630); MüKoZPO/*Rauscher*, Art. 7 EuZVO Rn. 6. Für den Verordnungsvorschlag: *Sujecki*, GPR 2 (2005), 193 (200); *Rösler/Siepmann*, RIW 2006, 512 (514). In Betracht kommen allerdings Staatshaftungsansprüche nach dem Primärrecht, *Sujecki*, GPR 2 (2005), 193 (200); *ders.*, in: Gebauer/Wiedmann (Hrsg.), Europäisches Zivilrecht, Art. 7 EuZVO Rn. 6. Dazu auch Schlosser/Hess/*Schlosser*, Art. 7 EuZVO Rn. 5; Stein/Jonas/*Domej*, Art. 7 EuZVO Rn. 7.

[394] *Sujecki*, NJW 2008, 1628 (1630).

[395] *Europäische Kommission*, Bericht über die Anwendung der EuZVO 2007, COM (2013), 858 final, S. 9, die dieses Ergebnis als zufriedenstellend bezeichnet.

Abs. 3 EuZVO 2000). Hierdurch wird eine einheitliche Handhabung der Vorschrift erreicht.[396] Obwohl es nicht zulässig ist, hat das Vereinigte Königreich erklärt, dass es beabsichtigt, von dieser Bestimmung abzuweichen, da diese nicht hinreichend klar sei und deshalb zu Unsicherheiten führe.[397] Zu beachten ist ferner, dass im Falle eines positiven Kompetenzkonflikts auf die verordnungsautonome Bestimmung der Rechtshängigkeit nach Art. 32 Brüssel Ia-VO und nicht auf Art. 9 EuZVO 2007 abgestellt wird.[398]

b) Kosten der Zustellung

Ein weiteres Hindernis der Zustellung durch die ausländischen Rechtshilfebehörden waren die damit verbundenen Kosten. In den Staaten, in denen eine Amtsperson oder eine sonst zuständige Person mitwirkt, sind vor der Reform sehr hohe Kosten angefallen, die zudem im Vorfeld nicht ermittelbar und intransparent waren.[399]

Durch die Neufassung wurden die Ausnahmen von Grundsatz der Kostenfreiheit zwar nicht beseitigt. Art. 11 Abs. 2 S. 2 EuZVO 2007 bestimmt nun aber, dass die Auslagen nach den Grundsätzen der Verhältnismäßigkeit und der Nichtdiskriminierung im Voraus festgesetzt werden müssen. Die Festgebühren sind der Europäischen Kommission mitzuteilen, die diese im Europäischen Gerichtsatlas veröffentlicht. Das führt auch dazu, dass statt zwei Auslandsüberweisungen (Vorschuss und Abrechnung) nur noch eine Auslandsüberweisung ausgeführt werden muss.[400]

Die Änderung spart Kosten und erreicht Transparenz bezüglich der Zustellungskosten.[401] Dies zeigt sich bei der Zustellung in Schottland durch einen *messenger-at-arms*. Während vor der Reform noch von Kosten über 200 EUR

---

[396] Vgl. *Rösler/Siepmann,* RIW 2006, 512 (514); *Sujecki,* NJW 2008, 1628 (1630). Zur Bedeutung und Handhabung dieser Norm ausführlich Geimer/Schütze/Hau/*Okonkwo*, Art. 13 EuZVO 2020 Rn. 1 ff. (für die EuZVO 2020).

[397] Angaben von England und Wales, Schottland und Nordirland zu Art. 8 Abs. 3 und Art. 9 Abs. 2 EuZVO 2007, in: Europäische Kommission (Hrsg.), Europäischer Gerichtsatlas, e-justice.europa.eu. Vgl. auch Stein/Jonas/*Domej*, Art. 9 EuZVO Rn. 9.

[398] Rauscher/*Heiderhoff*, Art. 9 EuZVO Rn. 4. Für die EuZVO 2020: Musielak/Voit/*Stadler*, Art. 13 EuZVO 2020 Rn. 1.

[399] *MainStrat,* Studie zur Anwendung der EuZVO 2000, S. 50 f.; *Europäische Kommission,* Bericht der Kommission über die Anwendung der EuZVO 2000, KOM (2004), 603 endg., S. 6; *dies.,* Vorschlag für die EuZVO 2007, KOM (2005), 305 endg., S. 6; *Hess,* NJW 2002, 2417 (2422); *Jastrow,* NJW 2002, 3382 (3383); *Rösler/Siepmann,* RIW 2006, 512 (514); *Sujecki,* NJW 2008, 1628 (1630).

[400] *Rösler/Siepmann,* RIW 2006, 512 (514) und (516). Zuvor konnten bis zu 41 EUR Überweisungsgebühr anfallen, *Jastrow,* NJW 2002, 3382 (3383).

[401] *Sujecki,* GPR 2 (2005), 193 (200); *ders.,* EuZW 2006, 1; *ders.,* in: Gebauer/Wiedmann (Hrsg.), Europäisches Zivilrecht, Art. 11 EuZVO Rn. 5; *Rösler/Siepmann,* RIW 2006, 512 (514). Kritisch zur Kostenersparnis aber Stein/Jonas/*Domej*, Art. 11 EuZVO Rn. 7.

berichtet wurde,[402] ist derzeit eine Festgebühr von 142,51 GBP[403] (zzgl. Mehrwertsteuer) für die persönliche Zustellung und 45,50 GBP[404] (zzgl. Mehrwertsteuer) für die Zustellung durch Postdienste festgelegt.[405] England und Wales verlangen weiterhin keine Gebühren für die Zustellung.[406] In Nordirland wird eine Gebühr von 45 GBP[407] erhoben, wenn der Adressat eine natürliche Person ist. Wird das Schriftstück an eine *Limited Company* übermittelt, sind keine Gebühren zu entrichten.[408] Für die Zustellung in Deutschland fallen bis zu 20,50 EUR an, wobei die Summe nach den Justizkostengesetzen berechnet wird.[409]

c) Neuregelung des Annahmeverweigerungsrechts

Die Regelung zur Sprache und zum Annahmeverweigerungsrecht war eine der wesentlichen Neuerungen der Verordnung. Die konkrete Umsetzung in Art. 8 EuZVO 2000 wurde im Schrifttum jedoch häufig kritisiert.[410] Auch die Europäische Kommission hat hier Verbesserungsbedarf gesehen.[411]

---

[402] Vgl. *Jastrow*, in: Gebauer/Wiedmann (Hrsg.), Zivilrecht unter europäischem Einfluss, Kapitel 28 Rn. 198.
[403] Dies entspricht 165,97 EUR (Umrechnungskurs: 1 GBP = 1,16 EUR, Stand: 31.5.2023).
[404] Dies entspricht 52,99 EUR (Umrechnungskurs: 1 GBP = 1,16 EUR, Stand: 31.5.2023).
[405] Angaben von Schottland zu Art. 11 EuZVO 2007, in: Europäische Kommission (Hrsg.), Europäischer Gerichtsatlas, e-justice.europa.eu. Die Kosten haben sich in der letzten Zeit erhöht, vgl. dazu die abweichenden Angaben bei Rauscher/*Heiderhoff*, Art. 11 EuZVO Rn. 5; Fasching/Konecny/*Bajons*, Art. 11 EuZVO Rn. 3.
[406] Angaben von England und Wales zu Art. 11 EuZVO 2007, in: Europäische Kommission (Hrsg.), Europäischer Gerichtsatlas, e-justice.europa.eu.
[407] Dies entspricht 52,51 EUR (Umrechnungskurs: 1 GBP = 1,16 EUR, Stand: 31.5.2023).
[408] Angaben von Nordirland zu Art. 11 EuZVO 2007, in: Europäische Kommission (Hrsg.), Europäischer Gerichtsatlas, e-justice.europa.eu. Die Unterscheidung zwischen natürlichen und juristischen Personen beruht darauf, dass an Erstere persönlich zugestellt wird, während sich die Empfangsstelle bei einer *Limited Company* der Post bedient.
[409] Angaben von Deutschland zu Art. 11 EuZVO 2007, in: Europäische Kommission (Hrsg.), Europäischer Gerichtsatlas, e-justice.europa.eu. Siehe auch Stein/Jonas/*Domej*, Art. 11 EuZVO Rn. 6, die in den deutschen Angaben eine doppelte Verletzung des Erfordernisses von einheitlichen Festgebühren sieht.
[410] Vgl. nur *Stadler*, IPRax 2001, 514 (518); *Rahlf/Gottschalk*, EWS 2004, 303 (307); *Jastrow*, in: Gebauer/Wiedmann (Hrsg.), Zivilrecht unter europäischem Einfluss, Kapitel 28 Rn. 147; *Sujecki*, GPR 2 (2005), 193 (197).
[411] Vgl. *Europäische Kommission*, Bericht der Kommission über die Anwendung der EuZVO 2000, KOM (2004), 603 endg., S. 5; *dies.*, Vorschlag für die EuZVO 2007, KOM (2005), 305 endg., S. 4 f.

aa) Spracherfordernis

Eine Übersetzung des Schriftstücks ist für die Wirksamkeit der Zustellung weiterhin nicht erforderlich.[412] Dem Empfänger steht jedoch ein Annahmeverweigerungsrecht zu, wenn das Schriftstück nicht in einer der in Art. 8 Abs. 1 EuZVO 2007 zugelassenen Sprachen abgefasst oder in diese übersetzt ist. Zugelassen ist neben der Amtssprache des Empfängerstaates nun auch *jede beliebige Sprache,* die der Empfänger versteht.

Die Sprachenfrage wurde durch die Möglichkeit der Verwendung einer Drittsprache also gelockert, was den grenzüberschreiten Handelsverkehr erleichtern dürfte.[413] Häufig kommunizieren die Parteien auf Englisch, sodass in einem solchen Fall die gegnerische Partei von hinreichenden englischen Sprachkenntnissen ausgehen wird.[414] Im deutsch-britischen Rechtsverkehr konnte in solchen Fällen jedoch bereits unter der EuZVO 2000 mittels englischer Übersetzung zugestellt werden, da Englisch auch in Schottland und Nordirland zu den Amtssprachen zählt und somit stets entweder die Amtssprache des Empfangs- oder Ursprungsmitgliedstaates darstellte. Die Änderung erlangt für den deutsch-britischen Zustellungsverkehr deshalb nur dann Bedeutung, wenn die Parteien in der Sprache eines Drittstaates (z.B. Französisch) kommunizieren.

Leider lässt die Vorschrift auch nach der Reform einige Fragen unbeantwortet.[415] So bleibt ungeklärt, auf wessen Sprachkenntnis bei juristischen Personen abzustellen ist. Die herrschende Ansicht lässt es genügen, wenn die „im Rahmen einer üblichen dezentralen Organisationsstruktur eines Unternehmens […] mit der Sache befasste Abteilung über einen entsprechenden Sprachkundigen verfügt"[416]. Ferner ist unklar, welches Sprachniveau vom Empfänger zu

---

[412] Statt aller BGH v. 25.2.2021 – IX ZR 156/19, NJW 2021, 1598 Rn. 31; LG Düsseldorf v. 12.1.2010 – 4b O 286/08, BeckRS 2011, 3329; *Ahrens,* NJW 2008, 2817.

[413] *Rösler/Siepmann,* RIW 2006, 512 (513); *Sujecki,* NJW 2008, 1628 (1629). Positiv aus Sicht des Rechts des Klägers auf effektiven Zugang zum Gericht auch *Würdinger,* IPRax 2013, 61.

[414] Vgl. *Sujecki,* NJW 2008, 1628 (1629). Eine Vereinbarung über die Sprache des Schriftverkehrs zwischen dem Zustellungsinteressenten und dem Empfänger begründet nach Ansicht des EuGH keine Vermutung dafür, dass der Empfänger diese Sprache versteht. Es handelt sich jedoch um einen Umstand, den das Gericht zu berücksichtigen hat, EuGH v. 8.5.2008 – Rs. C-14/07 *(Weiss und Partner GbR/IHK Berlin),* NJW 2008, 1721 Rn. 80 ff. Zur Bedeutung der Korrespondenzsprache auch *Sujecki,* EuZW 2007, 363 (365 f.); *Ahrens,* NJW 2008, 2817 (2819); *Hess,* IPRax 2008, 400 (403); *Würdinger,* IPRax 2013, 61 (63).

[415] Ein Überblick über die offenen Fragen findet sich bei *Mankowski,* IPRax 2009, 180 (182); *ders.,* EuZW 2015, 836 (837 f.).

[416] OLG Frankfurt a.M. v. 1.7.2014 – 6 U 104/14, GRUR-RR 2015, 183 (184); OLG Köln v. 9.5.2019 – 15 W 70/18, NJW-RR 2019, 1213 Rn. 6; OLG Köln v. 2.3.2023 – 18 U 189/21, BeckRS 2023, 4331 Rn. 63. So auch LG Frankfurt v. 10.3.2016 – 14 c O 58/15, GRUR-RR 2016, 228 Rn. 39. Zustimmend *Fahrbach/Schiener,* IWRZ 2017, 154 (157); *Pickenpack/*

erwarten ist.[417] Die Verordnung enthält auch keine Aussage über die Qualität und den Umfang der Übersetzung. Der EuGH hat in der Rechtssache *Weiss und Partner* entschieden, dass Anlagen nur dann übersetzt werden müssen, wenn dies erforderlich ist, um den Empfänger in die Lage zu versetzen, den Gegenstand und die Begründung des gerichtlichen Verfahrens zu erkennen und sich zu verteidigen oder einen Rechtsbehelf einzulegen.[418]

bb) Ausübungsfrist

Die EuZVO 2000 enthielt bewusst keine Frist, innerhalb der das Annahmeverweigerungsrecht ausgeübt werden konnte. Vielmehr richtete sich dies nach dem nationalen Recht des Verfahrensstaates,[419] was zu einer uneinheitlichen Anwendung in den Mitgliedstaaten und somit zu Rechtsunsicherheit führte.[420] Im Interesse der Einheitlichkeit[421] wurde festgelegt, dass das Annahmeverweigerungsrecht sofort oder innerhalb einer Woche nach der Zustellung ausgeübt werden kann (Art. 8 Abs. 1 EuZVO 2007). Im Falle einer nachträglichen Verweigerung ist das zugestellte Schriftstück zurückzusenden. Nicht geregelt werden die Folgen einer Fristversäumnis, hier ist weiterhin auf das nationale Recht des Verfahrensstaates abzustellen.[422]

cc) Belehrungspflicht

Der Empfänger des Schriftstücks musste nach Art. 8 Abs. 1 EuZVO 2000 von der Empfangsstelle über sein Annahmeverweigerungsrecht in Kenntnis gesetzt werden. Diese Mitteilung erfolgte in der Praxis jedoch teilweise nicht.[423] Des-

---

A.-G. Zimmermann, IPRax 2018, 364. Zum Ganzen auch Stein/Jonas/*Domej*, Art. 8 EuZVO Rn. 19 ff.; MüKoZPO/*Rauscher*, Art. 8 EuZVO Rn. 16, jeweils m.w.N.

[417] Dazu statt vieler *Mankowski*, IPRax 2009, 180 (182). Zur gleichen Frage für die EuZVO 2020 Geimer/Schütze/Hau/*Okonska*, Art. 12 EuZVO 2020 Rn. 15 ff.

[418] EuGH v. 8.5.2008 – Rs. C-14/07 *(Weiss und Partner GbR/IHK Berlin)*, NJW 2008, 1721 Rn. 41 ff. Zustimmend *Ahrens*, NJW 2008, 2817 (2819); *Hess*, IPRax 2008, 400 (402).

[419] *Brenn*, EuZVO, S. 50 f.; *Jastrow*, in: Gebauer/Wiedmann (Hrsg.), Zivilrecht unter europäischem Einfluss, Kapitel 28 Rn. 161.

[420] *Europäische Kommission*, Bericht der Kommission über die Anwendung der EuZVO 2000, KOM (2004), 603 endg., S. 5; *Sharma*, Zustellungen, S. 101. In Deutschland galt gemäß § 1070 ZPO a.F. eine zweiwöchige Notfrist, während etwa in Österreich eine Frist von drei Tagen festgesetzt wurde, dazu *Brenn*, EuZVO, S. 51. Viele Mitgliedstaaten – u.a. auch das Vereinigte Königreich – trafen keine Regelung zu diesem Problem.

[421] *Europäische Kommission*, Vorschlag für die EuZVO 2007, KOM (2005), 305 endg., S. 4.

[422] *Rösler/Siepmann*, RIW 2006, 512 (513); *Sujecki*, NJW 2008, 1628 (1629).

[423] *Europäische Kommission*, Bericht der Kommission über die Anwendung der EuZVO 2000, KOM (2004), 603 endg., S. 5; *dies.*, Vorschlag für die EuZVO 2007, KOM (2005), 305 endg., S. 4.

halb wurde eine *schriftliche* Belehrungspflicht unter Verwendung des Formblatts in Anhang II der Verordnung eingeführt (Art. 8 Abs. 1 EuZVO 2007). Daneben soll eine mündliche Unterrichtung über das Annahmeverweigerungsrecht erfolgen.[424]

dd) Rechtsfolgen und Heilung

Die Rechtsfolgen einer Annahmeverweigerung wurden in Art. 8 EuZVO 2000 nicht ausdrücklich geregelt. Als Grundlage für die Änderung der Norm wurden die vom EuGH in der *Leffler*-Entscheidung rechtsfortbildend entwickelten Grundsätze[425] herangezogen. Bei einer berechtigten Annahmeverweigerung kann die Zustellung dadurch geheilt werden, dass das Schriftstück samt Übersetzung nach den Vorschriften dieser Verordnung an den Empfänger übermittelt wird (Art. 8 Abs. 3 S. 1 EuZVO 2007). Im Grundsatz wirkt die Heilung lediglich *ex-nunc* (Art. 8 Abs. 3 S. 2 EuZVO 2007).[426] Für Fristen, die zulasten des Antragstellers laufen (z.B. Verjährungsfristen), ist jedoch der Tag maßgeblich, an dem das erste Schriftstück zugestellt wurde (Art. 8 Abs. 3 S. 3 EuZVO 2007).[427] Die vom EuGH für die Rückwirkung aufgestellte Voraussetzung, dass der Absender das für die Heilung Erforderliche „so schnell wie möglich"[428] veranlassen muss, findet sich in der reformierten Verordnung nicht. Richtigerweise sollte diese Einschränkung aber auch nach der Reform gelten.[429] Leider werden die durch in *Leffler*-Entscheidung offengelassenen Rechtsfragen des Annahmeverweigerungsrechts nicht gelöst. Es fehlt weiter-

---

[424] *Europäische Kommission*, Vorschlag für die EuZVO 2007, KOM (2005), 305 endg., S. 4. Dazu auch *Rösler/Siepmann*, RIW 2006, 512 (513); MüKoZPO/*Rauscher*, Art. 8 EuZVO Rn. 4. Zu den Rechtsfolgen einer unterbliebenen Belehrung, insbesondere zur Heilungsmöglichkeit, siehe EuGH v. 19.6.2015 – Rs. C-519/13 *(Alpha Bank Cyprus/Si Senh)*, EuZW 2015, 832 Rn. 59 ff.
[425] Vgl. EuGH v. 8.11.2005 – Rs. C-443/03 *(Leffler)*, NJW 2006, 491.
[426] Dazu *Eichel*, IPRax 2017, 352 (353).
[427] Ausführlich zur Frage, ob es für die Verfahrenspriorität auf die erste oder die zweite Zustellung ankommt, *Eichel*, IPRax 2017, 352.
[428] EuGH v. 8.11.2005 – Rs. C-443/03 *(Leffler)*, NJW 2006, 491 Rn. 64, 66, 71.
[429] OLG Frankfurt a.M. v. 1.7.2014 – 6 U 104/14, GRUR-RR 2015, 183 (184) unter Verweis auf eine allgemeine Meinung; v. 8.5.2019 – 13 U 210/17, NZI 2019, 727 Rn. 31; *Sujecki*, NJW 2008, 1628 (1630); MüKoZPO/*Rauscher*, Art. 8 EuZVO Rn. 28; *Ising/Schulze*, in: Leible/Terhechte (Hrsg.), Europäisches Rechtsschutz- und Verfahrensrecht, § 24 Rn. 36. Ausführlich zu diesem Problem *Ruster*, NJW 2019, 3186 (3187 ff.), der im Ergebnis eine teleologische Reduktion bejaht, dieses Ergebnis aber als angreifbar bezeichnet. Zurückhaltender Stein/Jonas/*Domej*, Art. 8 EuZVO Rn. 56 ff. Anders *Fabig/Windau*, NJW 2017, 2502 (2503), die § 167 ZPO über Art. 9 Abs. 2 EuZVO 2007 anwenden wollen. Dies verkennt jedoch das Verhältnis von Art. 8 Abs. 3 S. 3 und Art. 9 Abs. 2 EuZVO 2007, da Art. 9 Abs. 2 EuZVO 2007 gerade nur für das Datum der ersten Zustellung gilt, nicht aber für die Frage, ob auf die erste Zustellung abzustellen ist.

hin eine Regelung zu den Rechtsfolgen bei einer unberechtigten Annahmeverweigerung. Hier ist auf das nationale Verfahrensrecht zurückzugreifen.[430] Zudem ist ungeklärt, ob die Rückwirkung der Heilung nach Satz 3 auch dann gilt, wenn der Zustellungsinteressent die Sprachunkenntnis des Empfängers positiv kennt und die Zustellung trotzdem ohne Übersetzung versucht.[431] Richtigerweise ist die Rückwirkung nicht von einem solchen „Verschulden" abhängig.[432]

3. Reform der Zustellung ohne Einschaltung der Rechtshilfebehörden

Durch die EuZVO 2007 wurden auch die unmittelbaren Zustellungswege reformiert. Dies gilt indes nicht für den in der Praxis ohnehin unbedeutenden Weg über die diplomatischen oder konsularischen Vertretungen. Hier wurde kein Verbesserungsbedarf gesehen, sodass für Art. 13 EuZVO 2007 die Ausführungen zu Art. 13 EuZVO 2000 entsprechend gelten.

a) Unmittelbaren Postzustellung

Bei der unmittelbaren Postzustellung kam es aufgrund der Möglichkeit der Mitgliedstaaten, die Modalitäten des Zustellungsweges näher zu regeln (Art. 14 Abs. 2 EuZVO 2000), zu einer Rechtszersplitterung innerhalb der Europäischen Union.[433] Die unterschiedlichen Ausgestaltungen in den nationalen Rechtsordnungen haben in der Praxis zu Anwendungsproblemen und Fehlzustellungen geführt.[434] Zur Vereinheitlichung und Vereinfachung des Zustellungsweges wurde die Ausgestaltungsmöglichkeit der Mitgliedstaaten gestrichen.[435]

aa) Zulässigkeit der Postzustellung

Art. 14 EuZVO 2007 schafft auch nach der Reform keine autonome Rechtsgrundlage für die Postzustellung, vielmehr muss sie nach dem Recht des

---

[430] EuGH v. 28.4.2016 – Rs. C-384/14 *(Alta Realitat/Erlock Film)*, BeckRS 2016, 80963 Rn. 81; Ising/Schulze, in: Leible/Terhechte (Hrsg.), Europäisches Rechtsschutz- und Verfahrensrecht, § 24 Rn. 39; Rauscher/*Heiderhoff*, Art. 8 EuZVO Rn. 28.
[431] Kritisch dazu Rauscher/*Heiderhoff*, Art. 8 EuZVO Rn. 27.
[432] Zutreffend Stein/Jonas/*Domej*, Art. 8 EuZVO Rn. 55 mit einer Ausnahme für ganz besondere Umstände.
[433] Vgl. hierzu die Übersicht bei *Mävers*, IPRax 2006, 198. Kritisch zur alten Regelung bereits *Lindacher*, ZZP 114 (2001), 179 (182 f.); *Stadler*, IPRax 2001, 514 (519); *dies.*, IPRax 2002, 471 (477); *Hess*, NJW 2002, 2417 (2423).
[434] *Stadler*, IPRax 2002, 471 (477); *Sujecki*, GPR 2 (2005), 193 (199). Vgl. auch *Europäische Kommission*, Vorschlag für die EuZVO 2007, KOM (2005), 305 endg., S. 6.
[435] *Europäische Kommission*, Vorschlag für die EuZVO 2007, KOM (2005), 305 endg., S. 6; Geimer/Schütze/Hau/*Okonska*, Art. 18 EuZVO 2020 Rn. 2 Vgl. auch MüKoZPO/*Rauscher*, Art. 14 EuZVO Rn. 1.

Ursprungsstaates zugelassen sein.[436] Für Zustellungen aus Deutschland konnte insofern auf § 1068 Abs. 1 ZPO a.f. verwiesen werden, der diesen Zustellungsweg im internationalen Rechtsverkehr vorsah. Das englische Recht[437] enthielt ebenfalls eine Rechtsgrundlage für die Zustellung durch die Post. Nach Rule 6.40 (3) (a) (i) und Rule 6.41 CPR a.f. konnten Schriftstücke im Einklang mit den Regelungen der EuZVO 2007 zugestellt werden.[438] Hieraus wurde gefolgert, dass das autonome englische Zustellungsrecht eine Rechtsgrundlage für sämtliche in der Verordnung zugelassene Zustellungswege enthielt.[439] Zu beachten ist jedoch, dass die Postzustellung nur durch die Übermittlungsstelle veranlasst werden konnte, nicht aber durch die Partei, einen *solicitor* oder einen *process server*.[440] Die Partei musste deshalb die maßgeblichen Dokumente bei der *Foreign Process Section* des Gerichts einreichen, die die Zustellung sodann vornahm.[441] In Schottland schaffte Rule 16.2 (2) (a) CSR eine Rechtsgrundlage für die Zustellung durch die Post.

bb) Durchführung der Postzustellung

Das Schriftstück wird durch einen Postdienst per Einschreiben mit Rückschein oder gleichwertigem Beleg zugestellt (Art. 14 EuZVO 2007). Um Rechtsklarheit zu schaffen, wurde der Begriff der „Post" durch „Postdienste" ersetzt.[442] Er bezieht sich auf die Postdienste-Richtlinie und erfasst private und öffentliche Betreiber von Postdienstleistungen, die durch die entsprechenden mitgliedstaatlichen Rechtsvorschriften für die Postzustellung in Gerichts- und Verwaltungsverfahren bestimmt wurden.[443] Die Form der Zustellung wird nun ebenfalls verordnungsautonom festgeschrieben. Das Einschreiben mit Rückschein wurde als primäre Zustellungsmethode gewählt, da sie in vielen Mitgliedstaa-

---

[436] *M. Roth/Egger*, ecolex 2009, 93 (96); MüKoZPO/*Rauscher*, Art. 14 EuZVO Rn. 1, 7.

[437] Zur unklaren Rechtslage in Nordirland siehe Kap. 2 B. III. 3. b) bb) (S. 81), dort zum früheren englischen Recht.

[438] Die Vorschrift wurde in Folge des Brexits gestrichen.

[439] Vgl. *Asefa Yesuf Import and Export v. AP Moller Maersk A/S* [2016] 6 WLUK 400; *McClean*, International co-operation, S. 68. Ohne nähere Begründung von der Geltung des Art. 14 EuZVO 2007 ausgehend *Triebel/Illmer/Ringe/Vogenauer/Ziegler*, Englisches Handels- und Wirtschaftsrecht, Kapitel 8 Rn. 102.

[440] Dazu schon Kap. 2 D. II 2. b) bb) (1) auch mit Nachwiesen zur EuZVO 2007 (S. 127 f.).

[441] *Hickinbottom*, Blackstone's Civil Practice, Rn. 16.66.

[442] *Europäische Kommission*, Vorschlag für die EuZVO 2007, KOM (2005), 305 endg., S. 6. Zu den Unklarheiten der alten Regelung *H. Schmidt*, IPRax 2004, 13 (17); *Linke*, ERA Forum 6 (2005), 205 (212).

[443] *Europäische Kommission*, Vorschlag für die EuZVO 2007, KOM (2005), 305 endg., S. 6 f.

ten bereits angewendet wurde und eine ausreichende Dokumentation des Empfangs gewährleistet.[444] Ein gleichwertiger Beleg liegt nur dann vor, wenn hinsichtlich des Erhalts des Schriftstücks und der Umstände des Erhalts das gleiche Maß an Gewissheit und Verlässlichkeit gewährleistet ist.[445] Das Schriftstück wird grundsätzlich an den Empfänger übergeben. Der EuGH hat jedoch eine verordnungsautonome Lösung für die Ersatzzustellung entwickelt. Das Schriftstück kann auch an einen Erwachsenen, der sich in der Wohnung des bestimmungsgemäßen Empfängers befindet, ausgehändigt werden.[446]

b) Unmittelbare Zustellung im Parteibetrieb

Die Widerspruchsmöglichkeit des Empfängerstaates gegen die unmittelbare Zustellung im Parteibetrieb wurde gestrichen. Dadurch sollte die Anwendung dieses Zustellungsweges weiter vereinfacht und vereinheitlicht werden.[447] Art. 15 EuZVO 2007 bestimmt nun, dass jeder an einem gerichtlichen Verfahren Beteiligte Schriftstücke unmittelbar durch Amtspersonen, Beamte oder sonst zuständige Personen des Empfangsmitgliedstaates zustellen lassen kann, sofern eine solche unmittelbare Zustellung nach dem Recht dieses Mitgliedstaates zulässig ist. Somit ist erforderlich, dass sowohl der Ursprungs- als auch der Empfängerstaat die Zustellung im Parteibetrieb vorsehen.[448] Zu beachten ist, dass die Regelung über die Kosten (Art. 11 EuZVO 2007) nicht gilt, sodass durch die Heranziehung von Amtspersonen nicht unerhebliche Gebühren entstehen können.[449]

---

[444] *Europäische Kommission*, Vorschlag für die EuZVO 2007, KOM (2005), 305 endg., S. 6.
[445] EuGH v. 2.3.2017 – Rs. C-354/15 *(Henderson/Novo Banco SA)*, EuZW 2017, 344 Rn. 81.
[446] EuGH v. 2.3.2017 – Rs. C-354/15 *(Henderson/Novo Banco SA)*, EuZW 2017, 344 Rn. 93 ff. Dazu etwa MüKoZPO/*Rauscher*, Art. 14 EuZVO Rn. 8; *Sujecki*, in: Gebauer/Wiedmann (Hrsg.), Europäisches Zivilrecht, Art. 14 EuZVO Rn. 5.
[447] *Europäische Kommission*, Vorschlag für die EuZVO 2007, KOM (2005), 305 endg., S. 7; *Sujecki*, GPR 2 (2005), 193 (201); *ders.*, NJW 2008, 1628 (1630).
[448] *Hess*, IPRax 2008, 477 (478); *M. Roth/Egger*, ecolex 2009, 93 (96); MüKoZPO/*Rauscher*, Art. 15 EuZVO Rn. 2; Rauscher/*Heiderhoff*, Art. 15 EuZVO Rn. 1 f.; Stein/Jonas/*Domej*, Art. 15 EuZVO Rn. 3. Zur Zulässigkeit nach dem Recht des Empfängerstaates auch OLG Dresden v. 6.11.2018 – 4 W 883/18, BeckRS 2018, 30320 Rn. 6 (in Bezug auf Irland); v. 7.4.2020 – 4 U 2805/19, BeckRS 2020, 7500 Rn. 6; OLG Frankfurt a.M. v. 3.11.2021 – 6 W 95/21, NJW-RR 2022, 211 Rn. 14 f. (in Bezug auf Belgien). Kritisch zu dieser Einschränkung *Sujecki*, NJW 2008, 1628 (1630).
[449] Für die EuZVO 2020: Geimer/Schütze/Hau/*Okonska*, Art. 20 EuZVO 2020 Rn. 13. Für eine analoge Anwendung von Art. 11 EuZVO 2007 hingegen *Sujecki*, EuZW 2006, 1; *ders.*, NJW 2008, 1628 (1631).

aa) Zustellung von deutschen Schriftstücken im Vereinigten Königreich

Sollen Schriftstücke aus Deutschland nach Art. 15 EuZVO 2007 zugestellt werden, muss zunächst das deutsche Verfahrensrecht eine Rechtsgrundlage für die Zustellung im Parteibetrieb enthalten. Das nationale Zustellungsrecht geht aber vom Grundsatz der Amtszustellung aus (§§ 166 ff. ZPO). Für Dokumente, die von Amts wegen zuzustellen sind, fehlt es daher an einer solchen Rechtsgrundlage.[450] Primäres Beispiel hierfür ist die Zustellung der Klageschrift.[451] Der Zustellungsweg kann daher nur dann Bedeutung erlangen, wenn die Parteizustellung in der ZPO für Inlandszustellungen ausdrücklich zugelassen wird (vgl. auch § 166 Abs. 2 ZPO).[452]

Ist dies der Fall, muss kumulativ geprüft werden, ob der Zustellungsweg nach dem Recht des Empfängerstaates zulässig ist (Art. 15 EuZVO 2007). In Schottland war dies der Fall. Der Verfahrensbeteiligte konnte sich deshalb an einen *messenger-at-arms* wenden, der für die Zustellung nach dem schottischen Recht die zuständige Person ist. Für Zustellungen in England, Wales und Nordirland bestand hingegen das Problem, dass sich die Staaten gegen eine Zustellung nach Art. 15 EuZVO 2007 gewendet haben.[453] Diese Haltung war indes widersprüchlich, da das nationale englische Recht die Parteizustellung kennt.[454] Sie ist zwar seit der Einführung der *Civil Procedure Rules* für die Inlandszustellung des verfahrenseinleitenden Schriftstücks nicht mehr der Regelfall. Der Kläger kann allerdings durch die bloße Mitteilung, die Klage selbst zuzustellen, zur Parteizustellung wechseln (Rule 6.4 (1) (b) CPR). Letztlich können somit sämtliche Schriftstücke durch die Partei selbst zugestellt werden. Es kommt somit maßgeblich darauf an, ob das englische Prozessrecht eine zuständige Person vorsieht, die auf Betreiben einer Partei Zustellungen vornimmt und von einem deutschen Verfahrensbeteiligten eingeschaltet werden kann.[455] Nach dem nationalen Verfahrensrecht kann die Zustellung durch einen *solicitor* oder *process server*, die als „sonst zuständige Person" angesehen werden

---

[450] Vgl. *Hess*, IPRax 2008, 477 (478); Stein/Jonas/*Domej*, Art. 15 EuZVO Rn. 7.

[451] A.A. (unbeschränkte Zulässigkeit für ausgehende Ersuchen): *Sujecki*, EuZW 2010, 448 (449); *Ising/Schulze*, in: Leible/Terhechte (Hrsg.), Europäisches Rechtsschutz- und Verfahrensrecht, § 24 Rn. 35. In diese Richtung auch *Kuntze-Kaufhold/Beichel-Benedetti*, NJW 2003, 1998 (1999); Zöller/*R. Geimer*, Art. 15 EuZVO Rn. 2. *De lege ferenda* für die Parteizustellung der Klageschrift: *Hess*, IPRax 2008, 477 (479).

[452] H.M. *Hess*, IPRax 2008, 477 (478); Geimer/Schütze/*R. Geimer*, Art. 15 EuZVO Rn. 5; MüKoZPO/*Rauscher*, Art. 15 EuZVO Rn. 7; Rauscher/*Heiderhoff*, Art. 15 EuZVO Rn. 5; Stein/Jonas/*Domej*, Art. 15 EuZVO Rn. 7. Für die EuZVO 2020: Musielak/Voit/*Stadler*, Art. 20 EuZVO 2020 Rn. 1. Zu den Fällen, in denen das deutsche Recht eine Parteizustellung vorsieht siehe Kap. 1 D. I. 1. (S. 42 f.).

[453] Angaben von England und Wales sowie Nordirland zu Art. 15 EuZVO 2007, in: Europäische Kommission (Hrsg.), Europäischer Gerichtsatlas, e-justice.europa.eu.

[454] Dazu Rauscher/*Heiderhoff*, Art. 15 EuZVO Rn. 8.

[455] Vgl. MüKoZPO/*Rauscher*, Art. 15 EuZVO Rn. 7.

können, bewirkt werden. Da Art. 15 EuZVO 2007 keinen Widerspruchsvorbehalt mehr vorsieht, sondern nur auf die Zulässigkeit nach dem nationalen Recht des Empfängerstaates abstellt, musste es daher möglich sein, sich direkt an diese Personen zu wenden und das Schriftstück durch sie übermitteln zu lassen. Dennoch war das Vorgehen in der Praxis nicht zu empfehlen, da aufgrund der Angaben von England, Wales und Nordirland Streitigkeiten entstehen konnten.[456]

bb) Zustellung von britischen Schriftstücken in Deutschland

Für die Zustellung von britischen Schriftstücken im Parteibetrieb in Deutschland war zunächst erforderlich, dass die jeweilige Rechtsordnung des Verfahrensstaates eine Rechtsgrundlage für die Amtszustellung des Schriftstücks enthielt. Das schottische und das nordirische Recht gehen generell vom Grundsatz der Parteizustellung aus. Im schottischen Recht war zudem Rule 16.2 (2) (d) CSR zu beachten, der eine ausdrückliche Rechtsgrundlage enthielt. Auch in England und Wales können sämtliche Schriftstücke durch die Partei zugestellt werden. Ferner bestimmten Rules 6.40 (3) (a) (i), 6.41 CPR bis zum Brexit, dass Schriftstücke im Einklang mit den Regelungen der EuZVO 2007 zugestellt werden können. Hieraus wurde eine Rechtsgrundlage für sämtliche in der Verordnung zugelassene Zustellungswege und somit auch für die unmittelbare Zustellung im Parteibetrieb abgeleitet.[457]

Deutschland hat den Vorbehalt gegen diesen Zustellungsweg (§ 1071 ZPO a.F.) gestrichen. Dies war schon deshalb erforderlich, weil die Neufassung der Verordnung keinen umfassenden Ausschluss zulässt und es vielmehr auf die Zulässigkeit nach dem nationalen Zivilverfahrensrecht ankommt.[458] In Deutschland können folglich solche Schriftstücke unmittelbar nach Art. 15 EuZVO 2007 zugestellt werden, für die eine Parteizustellung nach dem deutschen Prozessrecht vorgesehen ist (§§ 166 Abs. 2, 191 ff. ZPO).[459] Insofern ist

---

[456] Rauscher/*Heiderhoff*, Art. 15 EuZVO Rn. 8.

[457] Vgl. *Asefa Yesuf Import and Export v. AP Moller Maersk A/S* [2016] 6 WLUK 400; *McClean*, International co-operation, S. 68. Rule 6.41 CPR ist hier in gewisser Weise irreführend, da die Vorschrift regelt, dass der Antragsteller sämtliche erforderliche Schriftstücke an das Gericht übermittelt, das den Zustellungsauftrag dann an den *Senior Master* (Übermittlungsstelle) weiterleitet. Bei einer Zustellung nach Art. 15 EuZVO 2007 ist dieses Verfahren aber gerade nicht erforderlich, da sich die Partei direkt an die im Ausland zuständige Stelle wendet, ohne die Übermittlungsstelle einschalten zu müssen. Ohne nähere Begründung von der Geltung des Art. 15 EuZVO 2007 ausgehend *Triebel/Illmer/Ringe/Vogenauer/Ziegler*, Englisches Handels- und Wirtschaftsrecht, Kapitel 8 Rn. 102.

[458] *Hess*, IPRax 2008, 477 (478); *Sujecki*, EuZW 2008, 417; *G. Vollkommer/S. Huber*, NJW 2009, 1105 (1109); MüKoZPO/*Rauscher*, Art. 15 EuZVO Rn. 4.

[459] *Hess*, IPRax 2008, 477 (478 f.); *Fahrbach/Schiener*, IWRZ 2016, 158 (159); Musielak/Voit/*Stadler*, Art. 20 EuZVO 2020 Rn. 1; Rauscher/*Heiderhoff*, Art. 15 EuZVO Rn. 6. A.A. *Pernfuß*, Die Effizienz des europäischen Mahnverfahrens, S. 249.

ein funktioneller Vergleich vorzunehmen, die Parteizustellung des verfahrenseinleitenden Schriftstücks ist jedenfalls ausgeschlossen.[460]

Deshalb kam Art. 15 EuZVO 2007 auch bei der Zustellung von britischen Schriftstücken in Deutschland nur in seltenen Fällen in Betracht. Wenn dies der Fall war, konnte sich die britische Partei direkt an den deutschen Gerichtsvollzieher, der nach § 192 Abs. 1 ZPO für die Zustellung im Parteibetrieb zuständig ist, wenden.[461] Die direkte Zustellung durch die Partei oder einen britischen *solicitor* im Ausland war von Art. 15 EuZVO 2007 hingegen nicht gedeckt und im Anwendungsbereich der Verordnung unzulässig.[462]

c) Übersetzungserfordernis

Unter der EuZVO 2000 war umstritten, ob das Annahmeverweigerungsrecht auch für die unmittelbaren Zustellungswege gilt. Durch die Reform wurde der Streit im Sinne der herrschenden Meinung aufgelöst. Art. 8 Abs. 4 EuZVO 2007 bestimmt nun ausdrücklich, dass die Absätze 1, 2 und 3 auch für die Übermittlung und Zustellung von Schriftstücken nach Abschnitt 2 gelten. Durch diese Klarstellung wird Rechtssicherheit geschaffen.[463] Der Empfänger muss von der Person, welche die Zustellung vornimmt, über das Annahmeverweigerungsrecht belehrt werden (Art. 8 Abs. 5 EuZVO 2007).[464] Auch das Problem, dass der Adressat einer Postzustellung das Schriftstück erst nach der Unterschrift des Rückscheins kontrollieren kann, wurde gelöst. Nach Art. 8 Abs. 1 EuZVO 2007 besteht ein nachträgliches Annahmeverweigerungsrecht, das binnen einer Woche nach der Übermittlung durch Rücksendung des Schriftstücks ausgeübt werden kann. Somit wird die effektive Ausübung dieses Rechts gesichert und eine abweichende Handhabung in den Mitgliedstaaten verhindert.[465]

---

[460] G. *Vollkommer*/S. *Huber*, NJW 2009, 1105 (1109); Rauscher/*Heiderhoff*, Art. 15 EuZVO Rn. 6.

[461] MüKoZPO/*Rauscher*, Art. 15 EuZVO Rn. 4; Rauscher/*Heiderhoff*, Art. 15 EuZVO Rn. 4.

[462] Dazu *Asefa Yesuf Import and Export v. AP Moller Maersk A/S* [2016] 6 WLUK 400.

[463] *Sujecki*, NJW 2008, 1628 (1631).

[464] Wer die Belehrung vorzunehmen hat, ist für Art. 13 (konsularischer oder diplomatischer Vertreter) und Art. 14 EuZVO 2007 (Übermittlungsstelle) ausdrücklich geregelt. Für die Zustellung im Parteibetrieb fehlt eine ausdrückliche Regelung. Richtigerweise trifft diese Pflicht die zuständige Person des Empfängerstaates, dazu Geimer/Schütze/Hau[65]/*Okonska*, Art. 15 EuZVO Rn. 11.

[465] *Sujecki*, EuZW 2006, 1.

IV. Verordnung (EU) 2020/1784 vom 25. November 2020 über die Zustellung gerichtlicher und außergerichtlicher Schriftstücke in Zivil- und Handelssachen

Die Europäische Kommission wollte die EuZVO den technischen Entwicklungen anpassen und die Vorteile der Digitalisierung nutzen. Deshalb wurde die EuZVO 2020 verabschiedet, die seit dem 1. Juli 2022 gilt (Art. 37 Abs. 1 EuZVO 2020). Die Verordnung ist aufgrund des Brexits für das deutsch-britische Verhältnis nicht mehr von Bedeutung.[466]

---

[466] *Mansel/Thorn/Wagner,* IPRax 2022, 97 (106); Schlosser/Hess/*Schlosser/Hess,* Art. 1 EuZVO 2020 Rn. 4; Thomas/Putzo/*Hüßtege,* Vorbemerkung zur EuZVO 2020 Rn. 5.

Kapitel 3

Die Auswirkungen des Brexits auf die Zustellung von Schriftstücken im deutsch-britischen Rechtsverkehr

A. Grundlagen des Brexits

I. Rechtliche Rahmenbedingungen nach Art. 50 EUV

Die rechtlichen Rahmenbedingungen für den Austritt eines Mitgliedstaates aus der Europäischen Union sind in Art. 50 EUV niedergelegt.[1] Die Vorschrift wurde durch den Vertrag von Lissabon eingeführt und beruht auf Art. I-60 des gescheiterten Verfassungsvertrages.[2] Art. 50 Abs. 1 EUV enthält für die Mitgliedstaaten ein Austrittsrecht, das durch eine einseitige Erklärung ausgeübt werden kann und keinen materiellen Voraussetzungen unterliegt.[3]

Das formelle Austrittsverfahren wird in Art. 50 Abs. 2–4 EUV verbindlich und abschließend[4] geregelt. Zunächst ist eine Mitteilung des austrittswilligen Mitgliedstaates an den Europäischen Rat erforderlich, um das Verfahren in Gang zu setzen (Art. 50 Abs. 2 S. 1 EUV).[5] Die Union handelt dann ein Abkommen mit diesem Mitgliedstaat aus, das Einzelheiten zum Austritt enthält und auch die künftigen Beziehungen berücksichtigt (Art. 50 Abs. 2 S. 2 EUV). Wenn das Austrittsabkommen ausgehandelt ist, wird es – nach der Zustimmung des Europäischen Parlaments – vom Europäischen Rat, der mit

---

[1] Ausführlich dazu im Hinblick auf den Brexit *Wieduwilt*, ZEuS 2015, 169; *Basedow*, ZEuP 2016, 567 (567 f.); *Skouris*, EuZW 2016, 806; *Thiele*, EuR 2016, 281; *Eeckhout/ Frantziou*, CMLR 54 (2017), 695; *Herchenröder*, in: Kramme/Baldus/Schmidt-Kessel (Hrsg.), Brexit, S. 56.

[2] *Michl,* NVwZ 2016, 1365; Calliess/Ruffert/*Calliess*, Art. 50 EUV Rn. 1; Grabitz/Hilf/ Nettesheim/*Dörr*, Art. 50 EUV Rn. 2, 6; von der Groeben/Schwarze/Hatje/*Meng*, Art. 50 EUV Rn. 1; Streinz/*Streinz*, Art. 50 EUV Rn. 1; *ders.*, in: Kramme/Baldus/Schmidt-Kessel (Hrsg.), Brexit, S. 37 Rn. 1.

[3] Calliess/Ruffert/*Calliess*, Art. 50 EUV Rn. 3; Grabitz/Hilf/Nettesheim/*Dörr*, Art. 50 EUV Rn. 18 f.; von der Groeben/Schwarze/Hatje/*Meng*, Art. 50 EUV Rn. 5; HK-EuR/ *Heintschel von Heinegg*, Art. 50 EUV Rn. 4.

[4] Grabitz/Hilf/Nettesheim/*Dörr*, Art. 50 EUV Rn. 26.

[5] Zur Frage der Widerruflichkeit der Erklärung EuGH v. 10.12.2018 – Rs. C-621/18 *(Wightman/Secretary of State for Exiting the European Union)*, NVwZ 2019, 143; *Michl,* NVwZ 2016, 1365 (1368 f.); *Skouris*, EuZW 2016, 806 (807); *Brauneck*, EuZW 2019, 20 m.w.N.

qualifizierter Mehrheit und ohne den austrittswilligen Staat entscheidet (vgl. Art. 238 Abs. 3 lit. b EUV), beschlossen (Art. 50 Abs. 2 S. 4 EUV). Der Abschluss eines Austrittsabkommens liegt zwar im Interesse der Europäischen Union und des austretenden Mitgliedstaates, er ist allerdings keine zwingende Austrittsvoraussetzung.[6] Dies zeigt Art. 50 Abs. 3 Alt. 2 EUV, der bestimmt, dass der Austritt zwei Jahre nach dem Zugang der Austrittserklärung wirksam wird, sofern nicht der Europäische Rat im Einvernehmen mit dem betroffenen Mitgliedstaat einstimmig beschließt, diese Frist zu verlängern (sog. *„sunset clause"*).

II. Rechtliche Auswirkungen des Austritts aus der Europäischen Union

Die rechtlichen Auswirkungen des Austritts aus der Europäischen Union regelt Art. 50 Abs. 3 EUV. Die Verträge finden ab dem Zeitpunkt des Wirksamwerdens auf den betroffenen Staat keine Anwendung mehr. Der Begriff „Verträge" erfasst gemäß Art. 1 Abs. 3 S. 1 EUV die Vertragswerke der EUV und AEUV und gemäß Art. 51 EUV auch deren Protokolle und Anhänge. Aus Sicht des austretenden Mitgliedstaates endet mithin die unmittelbare Geltung des Unionsrechts, sodass dieser nicht mehr daran gebunden, aber auch nicht mehr daraus berechtigt ist.[7] Der Austrittsstaat wird im Verhältnis zu den verbleibenden Mitgliedstaaten ein Drittstaat.[8] Auch völkerrechtliche Vereinbarungen, welche die Europäische Union mit (anderen) Drittstaaten geschlossen hat, finden auf den austretenden Staat keine Anwendung mehr.[9] Anders ist dies nur bei gemischten Übereinkommen, bei denen sowohl die Europäische Union als auch die einzelnen Mitgliedstaaten Vertragsparteien sind.[10] Die Einzelheiten des Austritts können aber auch im Austrittsabkommen nach Art. 50 Abs. 2 EUV

---

[6] Calliess/Ruffert/*Calliess*, Art. 50 EUV Rn. 5; FK-EuR/*Szczekalla*, Art. 50 EUV Rn. 21; HK-EuR/*Heintschel von Heinegg*, Art. 50 EUV Rn. 6; Streinz/*Streinz*, Art. 50 EUV Rn. 9. Aus Art. 50 Abs. 2 EUV i.V.m. der Unionstreuepflicht (Art. 4 Abs. 3 EUV) folgt lediglich eine Pflicht zur Verhandlung des Abkommens *(pactum de negotiando)*, nicht aber eine Pflicht zum Abschluss des Abkommens *(pactum de contrahendo)*, dazu FK-EuR/*Szczekalla*, Art. 50 EUV Rn. 19; Grabitz/Hilf/Nettesheim/*Dörr*, Art. 50 EUV Rn. 16; *Herchenröder*, in: Kramme/Baldus/Schmidt-Kessel (Hrsg.), Brexit, S. 56 Rn. 16 f.

[7] Grabitz/Hilf/Nettesheim/*Dörr*, Art. 50 EUV Rn. 45, 51; *Streinz*, in: Kramme/Baldus/Schmidt-Kessel (Hrsg.), Brexit, S. 37 Rn. 18. Zum sekundären Unionsrecht *Basedow*, ZEuP 2016, 567 (570 f.).

[8] Jedoch wird das Verhältnis häufig durch Besonderheiten, die im Austrittsabkommen geregelt sind oder sich aus einer besonderen nachbarschaftlichen Beziehung ergeben, geprägt sein, statt vieler von der Groeben/Schwarze/Hatje/*Meng*, Art. 50 EUV Rn. 10.

[9] Grabitz/Hilf/Nettesheim/*Dörr*, Art. 50 EUV Rn. 48. Speziell zum Brexit *Voland*, ZaöRV 79 (2019), 1 (8 f.).

[10] Der Austrittsstaat bleibt hier Vertragspartei, es stellt sich jedoch die Frage nach der Anwendung der *clausula rebus sic stantibus* (Art. 62 WVR), Grabitz/Hilf/Nettesheim/*Dörr*, Art. 50 EUV Rn. 48. Ausführlich zu den Auswirkungen des Brexits auf gemischte Abkommen *Voland*, ZaöRV 79 (2019), 1 (10 ff.).

näher geregelt werden. Die Vorschrift enthält zwar keine konkreten inhaltlichen Vorgaben.[11] Der Union ist aber jedenfalls eine umfassende Vertragsschlusskompetenz zugewiesen, die sich auf alle für den Austritt relevanten Sachbereiche erstreckt.[12]

III. Chronologischer Ablauf des Brexits

Am 23. Januar 2013 versprach der ehemalige britische Premierminister *David Cameron* dem britischen Volk im Falle seiner Wiederwahl eine Volksbefragung über den Verbleib des Vereinigten Königreichs in der Europäischen Union. Bei der Durchführung am 23. Juni 2016 stimmte eine Mehrheit von 51,9 % (bei einer Wahlbeteiligung von 72,2 %) für den Austritt.[13] Dieses Referendum war indes rechtlich nicht bindend.[14] Der *Supreme Court* entschied am 24. Januar 2017, dass zur Abgabe der Erklärung nach Art. 50 Abs. 2 S. 1 EUV die Zustimmung des britischen Parlaments erforderlich sei.[15] Deshalb wurde der *European Union (Notification of Withdrawal) Act 2017* verabschiedet, der den Premierminister zur Abgabe der Mitteilung ermächtigte. Daraufhin erklärte *Theresa May*, die nach dem Rücktritt *Camerons* als neue Premierministerin gewählt wurde, dem Europäischen Rat am 29. März 2017 die Austrittsabsicht des Vereinigten Königreichs.[16] Der Europäische Rat beschloss am 29. April 2017 die Leitlinien über die Verhandlung des Austrittsabkommens (vgl. Art. 50 Abs. 2 S. 2 EUV).[17] Durch den Ratsbeschluss vom 22. Mai 2017[18] wurde die Europäische Kommission als Verhandlungsführerin der Europäischen Union festgelegt und zur Aufnahme der Austrittsverhandlungen ermächtigt.

Diese Verhandlungen wurden in zwei Phasen unterteilt: Zunächst behandelten die Verhandlungsführer den Austritt des Vereinigten Königreichs aus der Europäischen Union und dessen Folgen. Erst in der zweiten Phase wurden die zukünftigen Beziehungen thematisiert. Die Verhandlungen zur ersten Phase

---

[11] Kritisch daher *Terhechte,* EuR 2008, 143 (151 f.); *Kumin,* in: Hummer/Obwexer (Hrsg.), Vertrag von Lissabon, S. 301, 319 f.; Calliess/Ruffert/*Calliess,* Art. 50 EUV Rn. 7.

[12] Grabitz/Hilf/Nettesheim/*Dörr,* Art. 50 EUV Rn. 31 (mit Beispielen für solche Bereiche).

[13] *House of Lords: Select Committee on the Constitution,* 4th Report of Session 2016–17, Rn. 5.

[14] Siehe nur *R. Kaiser,* EuR 2016, 593 (600).

[15] *R. Miller v. Secretary of State for Exiting the European Union* [2017] 2 W.L.R. 583.

[16] Vgl. dazu das Schreiben der damaligen britischen Premierministerin *Theresa May* vom 29.3.2017, abrufbar unter: <https://www.gov.uk/government/publications/prime-ministers-letter-to-donald-tusk-triggering-article-50>.

[17] *Europäischer Rat,* Leitlinien im Anschluss an die Mitteilung des Vereinigten Königreichs gem. Art. 50 EUV vom 29.4.2017, EUCO XT 20004/17.

[18] *Europäischer Rat,* Beschluss vom 22.5.2017 zur Ermächtigung zur Aufnahme von Verhandlungen mit dem VK über ein Austrittsabkommen, XT 21016/17.

begannen am 19. Juni 2017 und dauerten bis zum 8. Dezember 2017.[19] Der Europäische Rat bestätigte, dass ausreichend Fortschritte erzielt worden waren[20] und ermächtigte die Europäische Kommission mit einem entsprechenden Ratsbeschluss vom 29. Januar 2018[21] zu Verhandlungen über die zukünftigen Beziehungen. Am 19. März 2018 einigten sich die Verhandlungsführer auf den Entwurf eines Austrittsabkommens[22], das den Fortschritt der ersten Verhandlungsphase in einen rechtlichen Rahmen fasste. Der Europäische Rat billigte auf dem „Brexit-Sondergipfel" am 25. November 2018 den Entwurf des Austrittsabkommens.[23]

Im britischen *House of Commons* konnte indes mehrere Monate lang keine Zustimmung für die Fassung des Austrittsabkommens erreicht werden. Zurückzuführen war dies auf die sog. *„Backstop"*-Klausel in Bezug auf Nordirland.[24] Aufgrund von Art. 50 Abs. 3 Alt. 2 EUV drohte am 31. März 2019 ein ungeregelter Austritt des Vereinigten Königreichs (sog. „Hard-Brexit"). Um dies zu verhindern, wurde die Frist durch den Europäischen Rat, im Einvernehmen mit der britischen Regierung, insgesamt dreimal verlängert und das Austrittsdatum auf den 31. Januar 2020 verschoben.[25]

Nach einem Regierungswechsel im Vereinigten Königreich konnte eine Änderung der *„Backstop"*-Klausel vereinbart werden. Der Europäische Rat billigte daraufhin am 17. Oktober 2019 die neue Fassung des Austrittsabkommens sowie der politischen Erklärung über die zukünftige Beziehung[26]. Dem überarbeiteten Abkommen stimmte am 23. Januar 2020 das britische

---

[19] Vgl. dazu die Erklärung des damaligen Präsidenten des Europäischen Rates *Donald Tusk* zum Entwurf der Leitlinien für die zweite Phase der Brexit-Verhandlungen, abrufbar unter: <https://www.consilium.europa.eu/de/press/press-releases/2017/12/08/statement-by-president-donald-tusk-on-second-phase-brexit/>.
[20] Vgl. dazu *Europäischer Rat*, Leitlinien vom 15.9.2017, EUCO XT 20011/17.
[21] *Europäischer Rat*, Decision of supplementing the Council Decision of 22.5.2017, XT 21004/18.
[22] *Europäische Kommission*, Draft Agreement on the withdrawal of the UK of 14.11.2018, TF50 (2018) 55. Dazu *Schmidt-Kessel,* GPR 15 (2018), 119.
[23] *Europäischer Rat*, Beschluss (EU) 2019/274 vom 11.1.2019 über die Unterzeichnung des Austrittsabkommens, Amtsblatt Nr. L 47 I vom 19.2.2019, S. 1.
[24] Dazu Grabitz/Hilf/Nettesheim/*Dörr*, Art. 50 EUV Rn. 56.
[25] Vgl. *Europäischer Rat*, Beschluss (EU) 2019/476 vom 22.3.2019 zur Verlängerung der Frist nach Art. 50 Abs. 3 EUV, Amtsblatt Nr. L 80 I vom 22.3.2019, S. 1; *ders.*, Beschluss (EU) 2019/584 vom 11.4.2019 zur Verlängerung der Frist nach Art. 50 Abs. 3 EUV, Amtsblatt Nr. L 101 vom 11.4.2019, S. 1; *ders.*, Beschluss (EU) 2019/1810 vom 29.10.2019 zur Verlängerung der Frist nach Art. 50 Abs. 3 EUV, Amtsblatt Nr. L 278 I vom 31.10.2019, S. 1.
[26] *Europäische Union*, Politische Erklärung zur Festlegung des Rahmens für die künftigen Beziehungen zwischen der EU und dem VK, in: Amtsblatt Nr. C 384 vom 12.11.2019, S. 178.

Unterhaus und am 29. Januar 2020 das Europäische Parlament[27] zu. Der Europäische Rat beschloss es daraufhin am 30. Januar 2020,[28] sodass es am 1. Februar 2020 in Kraft treten konnte (vgl. Art. 185 Abs. 1 BrexitAbk). Mit dem Ablauf des 31. Januar 2020 endete dann die EU-Mitgliedschaft des Vereinigten Königreichs. Jedoch sieht das Austrittsabkommen vor, dass das EU-Recht bis zum Ablauf der Übergangsfrist am 31. Dezember 2020 24:00 Uhr (MEZ) weiter gilt (Art. 126, 127 Abs. 1 S. 1 BrexitAbk). Kurz vor Ablauf dieser Frist einigten sich die Europäische Union und das Vereinigte Königreich auf ein Handels- und Kooperationsabkommen[29], das die künftige Zusammenarbeit regelt und am 1. Januar 2021 vorläufig in Kraft getreten ist. Nachdem der Europäische Rat das Abkommen am 29. April 2021 beschlossen hat,[30] ist es am 1. Mai 2021 endgültig in Kraft getreten.[31]

IV. „Hard-Brexit" im internationalen Zivilverfahrensrecht

Der Brexit hat enorme Konsequenzen für das gesamte internationale Zivilverfahrensrechts.[32] Das Vereinigte Königreich ist mit dem Wirksamwerden des Austritts am 31. Januar 2020 um 24:00 Uhr (MEZ) im Verhältnis zu den EU-Mitgliedstaaten ein Drittstaat geworden. Damit endete grundsätzlich die Bindung an das Unionsrecht (vgl. Art. 50 Abs. 3 EUV) und damit auch an die eu-

---

[27] *Europäisches Parlament*, Legislative Entschließung vom 29.1.2020, P9_TA-PROV(2020)0018.

[28] *Europäischer Rat*, Beschluss (EU) 2020/135 vom 30.1.2020 über den Abschluss des Austrittsabkommens, Amtsblatt Nr. L 29 vom 31.1.2020, S. 1.

[29] Dazu *Priebe*, EuZW 2021, 89; *Terhechte*, NJW 2021, 417. Ausführlich *Kübek/Tams/Terhechte*, Handels- und Zusammenarbeitsabkommen EU/VK.

[30] *Europäischer Rat*, Beschluss (EU) 2021/689 vom 29.4.2021 über den Abschluss des Handels- und Kooperationsabkommens, Amtsblatt Nr. L 149 vom 31.4.2021, S. 2.

[31] Mitteilung über das Inkrafttreten des Abkommens über Handel und Zusammenarbeit zwischen der Europäischen Union und der Europäischen Atomgemeinschaft einerseits und dem Vereinigten Königreich Großbritannien und Nordirland andererseits und des Abkommens zwischen der Europäischen Union und dem Vereinigten Königreich Großbritannien und Nordirland über die Sicherheitsverfahren für den Austausch und den Schutz von Verschlusssachen, Amtsblatt Nr. L 149 vom 30.4.2021, S. 2560.

[32] Dazu ausführlich *Sonnentag*, Die Konsequenzen des Brexits. Siehe ferner die Ausführungen bei *Hess*, IPRax 2016, 409; *ders.*, EuZPR, Rn. 5.82 ff.; *Mankowski*, EuZW-Sonderheft 2020/1, 3; *Ungerer*, in: Kramme/Baldus/Schmidt-Kessel (Hrsg.), Brexit, S. 605 Rn. 2 ff.; *ders.*, NJW 2021, 1270; *Hau*, MDR 2021, 521; *Lein*, ZVerglRW 120 (2021), 1; *dies.*, in: Leible/Terhechte (Hrsg.), Europäisches Rechtsschutz- und Verfahrensrecht, § 34; *Schack*, IZVR, Rn. 147 ff.; *Steinbrück/Lieberknecht*, EuZW 2021, 517. Speziell zum internationalen Familienverfahrensrecht *Dutta*, FamRZ 2017, 1030; *ders.*, CFLQ 29 (2017), 199 (auch zum anwendbaren Recht); *Gottwald*, FamRZ 2020, 965; *Schrom*, FamRZ 2020, 1988; *von Bary*, FamRZ 2021, 342; *Erb-Klünemann*, FamRB 2021, 168; *Mankowski*, NZFam 2021, 237 (243 ff.).

ropäischen Rechtsakte zur justiziellen Zusammenarbeit. Das Austrittsabkommen bestimmt allerdings, dass das EU-Recht für das Vereinigte Königreich und im Vereinigten Königreich bis zum Ablauf des Übergangszeitraums weitergilt (Art. 127 Abs. 1 S. 1 BrexitAbk). Dadurch entstand die besondere Situation, dass ein Drittstaat als EU-Mitgliedstaat zu behandeln war und die EU-Rechtsinstrumente, die vor dem Brexit galten, weiterhin Anwendungen fanden.[33]

Dieser Übergangszeitraum endete allerdings bereits am 31. Dezember 2020 24:00 Uhr (vgl. Art. 2 lit. e, 126 BrexitAbk), also nur elf Monate später. Er wurde auch nicht verlängert, obwohl Art. 132 Abs. 1 BrexitAbk diese Option ausdrücklich vorsieht.[34] Für den Zeitraum ab dem 1. Januar 2021 enthält das Austrittsabkommen in Titel VI spezielle Übergangsvorschriften, die für den Bereich der justiziellen Zusammenarbeit in Zivil- und Handelssachen (unbefristet) zur Anwendung des EU-Rechts auf Altfälle führen können.[35]

Die zukünftigen Beziehungen zwischen der Europäischen Union und dem Vereinigten Königreich sind im umfassenden Handels- und Kooperationsabkommen geregelt. Dieses erfasst zwar verschiedentliche Teilbereich der Rechts- und Wirtschaftsbeziehungen, z.B. die Zusammenarbeit im Bereich der Strafverfolgung und Justiz hinsichtlich Strafsachen (Teil III des HKA). Das internationale Privat- und Zivilverfahrensrecht wird durch das Abkommen allerdings gar nicht angesprochen.[36] Dies führt zu dem enttäuschenden[37], aber nicht unerwarteten[38] Ergebnis eines „sektoralen Hard-Brexits"[39] für die justizielle Zusammenarbeit in Zivilsachen.

---

[33] Vgl. *Kohler/Pintens,* FamRZ 2020, 1417; *R. Wagner,* IPRax 2021, 2 (3). Im deutschen Recht ist insoweit § 1 Brexit-Übergangsgesetz zu beachten.

[34] Das Vereinigte Königreich hat eine Verlängerung des Übergangszeitraums schon im Vorfeld der Verhandlungen vehement abgelehnt, siehe *Dutta,* StAZ 2020, 65 (67); *Priebe,* EuZW 2020, 211.

[35] Dazu *Mankowski,* EuZW-Sonderheft 2020/1, 3 (4 ff.); *ders.,* NZFam 2021, 237 (238 ff.); *Weber,* EF-Z 2020, 113; *R. Wagner,* IPRax 2021, 2; *Lein,* in: Leible/Terhechte (Hrsg.), Europäisches Rechtsschutz- und Verfahrensrecht, § 34 Rn. 12 ff. Zur diesbezüglichen Rechtsprechung *R. Wagner,* EuZW 2022, 550. Speziell im Hinblick auf das Standesamt *Dutta,* StAZ 2020, 65; *ders.,* StAZ 2021, 66.

[36] Vgl. *Terhechte,* NJW 2021, 417 Rn. 33.

[37] So auch *R. Wagner,* NJW 2021, 1926 Rn. 4: „Ergebnisse sind [...] ernüchternd"; *Hau,* MDR 2021, 521 Rn. 1: „Aus unerfindlichen Gründen"; *Mankowski,* NZFam 2021, 237 (241): „umso bedauerlicher".

[38] *Mankowski,* EuZW-Sonderheft 2020/1, 3 (6), der darauf hinweist, dass das internationale Zivilverfahrensrecht traditionell kein Gegenstand eines Freihandelsabkommens ist. Ferner *Lein,* in: Leible/Terhechte (Hrsg.), Europäisches Rechtsschutz- und Verfahrensrecht, § 34 Rn. 7; *R. Wagner,* IPRax 2021, 2 (3 f.); *ders.,* NJW 2021, 1926 Rn. 4.

[39] Vgl. *Ungerer,* NJW 2021, 1270: „sektorale[r] ‚harte[r] Brexit'". Siehe auch *Steinbrück/ Lieberknecht,* EuZW 2021, 517: „partielle[r] ‚Hard Brexit'"; *Mankowski,* EuZW-Sonderheft 2020/1, 3 (6): „mini hard brexit".

B. Rechtslage nach Ablauf der Übergangsfrist

I. Übergangsvorschriften im Austrittsabkommen zwischen der Europäischen Union und dem Vereinigten Königreich

1. Überblick

Bis zum Ablauf des 31. Dezember 2020 richtete sich die Zustellung im deutsch-britischen Rechtsverkehr aufgrund von Art. 127 Abs. 1 S. 1 BrexitAbk weiterhin nach der EuZVO 2007. Die Bedeutung des Art. 68 lit. a BrexitAbk, der die maßgebliche Übergangsregelung für grenzüberschreitende Zustellungen enthält, ist deshalb auf Fälle beschränkt, die sich nach Ablauf der Übergangsfrist abspielen. Die Vorschrift bestimmt, dass die EuZVO 2007 im Vereinigten Königreich sowie in den EU-Mitgliedstaaten in Fällen anwendbar ist, die einen Bezug zum Vereinigten Königreich aufweisen und bei denen ein gerichtliches oder außergerichtliches Schriftstück vor Ablauf der Übergangszeit zum Zwecke der Zustellung bei der maßgeblichen Stelle eingegangen ist. Die Bedeutung der Norm liegt darin, dass die zuständige Stelle des Empfängerstaates das Ersuchen auch nach dem Ablauf der Übergangszeit noch erledigen muss.[40] Der „Bezug zum Vereinigten Königreich" ist gegeben, wenn das Ersuchen aus dem Vereinigten Königreich stammt oder dort ausgeführt werden soll.[41] Die Begriffe des gerichtlichen Schriftstücks, des außergerichtlichen Schriftstücks und der Zustellung sind im Einklang mit der EuZVO 2007 auszulegen. Greift die Übergangsvorschrift ein, so kann lediglich die EuZVO 2007, nicht aber die Neufassung der EuZVO aus dem Jahr 2020 zur Anwendung kommen. Dies folgt bereits daraus, dass Art. 68 lit. a BrexitAbk ausdrücklich auf die EuZVO 2007 Bezug nimmt und die EuZVO 2020, die erst ab dem 1. Juli 2022 gilt, nicht erwähnt.[42]

2. Eingang bei einer maßgeblichen Stelle

Die zentrale Voraussetzung des Art. 68 lit. a BrexitAbk ist, dass das zuzustellende Schriftstück vor dem Ablauf der Übergangsfrist am 31. Dezember 2020 (vgl. Art. 126 BrexitAbk) bei der maßgeblichen Stelle eingegangen ist.

---

[40] *BMJV,* Handreichung zum Brexit, S. 15 f.

[41] *R. Wagner,* IPRax 2021, 2 (13). Generell zur Auslegung dieses Tatbestandsmerkmals im Austrittsabkommen *Mankowski,* NZFam 2021, 237 (241).

[42] *R. Wagner,* IPRax 2021, 2 (10, 13); *Steinbrück/Lieberknecht,* EuZW 2021, 517 (521) in Fn. 61.

a) Zustellungen im Wege der aktiven internationalen Rechtshilfe

Bei der Zustellung durch die ausländischen Rechtshilfebehörden (Art. 2–11 EuZVO 2007) muss das Schriftstück bei der Empfangsstelle oder der Zentralstelle des Empfängerstaates eingehen (Art. 68 lit. a (i) und (ii) BrexitAbk). Grundsätzlich übersendet die Übermittlungsstelle das Schriftstück unmittelbar an die Empfangsstelle (Art. 4 Abs. 1 EuZVO 2007). In Deutschland ist das Amtsgericht, in dessen Bezirk die Zustellung vorzunehmen ist, die zuständige Empfangsstelle (§ 1069 Abs. 2 S. 1 ZPO). In England und Wales ist der Eingang beim *Royal Courts of Justice* in London und in Nordirland der Eingang beim *Royal Court of Justice* in Belfast maßgeblich. Für Zustellungen in Schottland sind die *messenger-at-arms* die Empfangsstelle.[43] Entscheidend ist der Tag des Eingangs des Schriftstücks, der aus deutscher Sicht durch den Eingangsstempel bzw. Eingangsvermerk bestimmt werden soll.[44] Die Empfangsstelle muss sowieso nach Art. 6 Abs. 1 EuZVO 2007 i.V.m. Nr. 8 des Anhangs I eine Empfangsbestätigung ausstellen, die den Tag des Eingangs enthält. Das in der Bestätigung angegebene Datum kann daher als widerlegliche Vermutung für den tatsächlichen Eingangszeitpunkt herangezogen werden.

Problematisch sind Fälle, in denen das Schriftstück zwar rechtzeitig, aber bei einer unzuständigen Stelle eingeht. Nach Ansicht des BMJV ist Art. 68 lit. a BrexitAbk als Ausnahmevorschrift eng auszulegen.[45] Die unzuständige Stelle solle das Schriftstück nur dann weiterleiten, wenn der Empfang vor Ablauf der Übergangszeit möglich ist.[46] Richtigerweise ist hier zu differenzieren: Geht das Ersuchen bei einer örtlich unzuständigen Empfangsstelle ein, ist auf den Eingang bei dieser (unzuständigen) Stelle abzustellen. Hierfür spricht zum einen der Wortlaut, der lediglich auf den Eingang bei „einer Empfangsstelle" abstellt. Zudem ist die örtlich unzuständige Empfangsstelle nach Art. 6 Abs. 4 S. 1 EuZVO 2007 verpflichtet, den Antrag an die örtlich zuständige Stelle weiterzuleiten. Kommt es hierbei zu Verzögerungen, so sollte dies nicht zu Lasten des Zustellungsinteressenten gehen. Anders ist die Lage hingegen bei der Einreichung an eine sachlich unzuständige Stelle. Mangels Weiterleitungspflicht[47] ist auf den Eingangszeitpunkt bei der sachlich zuständigen Stelle abzustellen.

Fragen wirft auch die Behandlung von Fällen auf, in denen das Zustellungsersuchen aufgrund der übermittelten Angaben oder Dokumente nicht erledigt werden kann. Die Empfangsstelle muss hier nach Art. 6 Abs. 2 EuZVO 2007 Verbindung zur Übermittlungsstelle aufnehmen, damit diese die fehlenden Angaben oder Schriftstücke beschaffen kann. Das BMJV empfiehlt, eine solche

---

[43] Siehe zum Ganzen schon Kap. 2 D. II. 2. a) aa) (S. 118 f.). Zu beachten ist, dass die *accredited solicitors* inzwischen nicht mehr als Empfangsstelle angeben sind.
[44] *BMJV*, Handreichung zum Brexit, S. 16.
[45] *BMJV*, Handreichung zum Brexit, S. 17.
[46] *BMJV*, Handreichung zum Brexit, S. 17.
[47] Dazu Stein/Jonas/*Domej*, Art. 6 EuZVO Rn. 7.

Nachfrage nur dann vorzunehmen, wenn mit einer Ergänzung oder Berichtigung vor Ende der Übergangszeit zu rechnen ist.[48] Nach dieser Ansicht ist also nicht der Eingang des fehlerhaften oder unvollständigen Antrags maßgeblich, sondern der Zeitpunkt der Berichtigung oder Ergänzung. Hierfür mag zwar der Ausnahmecharakter der Übergangsvorschrift sprechen. Zutreffend ist es allerdings zwischen den Fällen in Art. 6 Abs. 2 und Art. 6 Abs. 3 EuZVO 2007 zu unterscheiden. Liegt ein Rücksendegrund i.S.d. Art. 6 Abs. 3 EuZVO 2007 vor, kann der fehlerhafte Antrag (selbstverständlich) nicht als rechtzeitig angesehen werden. Demgegenüber sollte bei Anträgen, bei denen eine Nachbesserung nach Art. 6 Abs. 2 EuZVO 2007 in Betracht kommt, auf den Zeitpunkt des fehlerhaften oder unvollständigen Ersuchens abgestellt werden. Denn die EuZVO 2007 sieht in diesen Fällen eine schnellstmögliche Nachbesserung vor. Dem Zustellungsinteressenten sollte es nicht zum Nachteil gereichen, wenn es dabei zu für ihn nicht beeinflussbaren Verzögerungen kommt. Auch ist es zufällig, ob die Empfangsstelle den Mangel selbst beheben kann und tatsächlich selbst behebt[49] oder die Übermittlungsstelle zur Behebung auffordert.[50]

Im Ausnahmefall kann die Übermittlungsbehörde das Schriftstück und den Antrag auch an die Zentrale Behörde übermitteln, welche die Dokumente dann an die zuständige Empfangsstelle weiterleitet (Art. 3 S. 1 lit. c EuZVO 2007). Nach Art. 68 lit. a (ii) BrexitAbk ist in diesen Situationen bereits der Eingang bei der Zentralen Behörde maßgeblich. Allerdings muss beachtet werden, dass der Weg über die Zentralen Behörden auf enge Ausnahmefälle beschränkt ist.[51] Wenn ein solcher nicht vorliegt, ist ein Vorgehen nach Art. 3 S. 1 lit. c EuZVO 2007 unzulässig. Folglich sollte erst der Eingang bei der Empfangsstelle genügen. Dies sollte auch in den Fällen gelten, in denen die Zentrale Behörde das Schriftstück trotz fehlendem Ausnahmefall freiwillig weiterleitet, da es sich dann um den Eingang bei einer sachlich unzuständigen Stelle handelt.

b) Unmittelbare Zustellungen

Bei der unmittelbaren Zustellung durch die diplomatischen oder konsularischen Vertretungen nach Art. 13 Abs. 1 EuZVO 2007 muss das Schriftstück

---

[48] *BMJV*, Handreichung zum Brexit, S. 17.
[49] Hierzu ist die Empfangsstelle jedenfalls berechtigt, MüKoZPO/*Rauscher*, Art. 6 EuZVO Rn. 5; Schlosser/Hess/*Schlosser*, Art. 6 EuZVO Rn. 2.
[50] Zudem wird in den meisten Fällen eine telefonische Nachfrage in Betracht kommen, Schlosser/Hess/*Schlosser*, Art. 6 EuZVO Rn. 2.
[51] Vgl. MüKoZPO/*Rauscher*, Art. 3 EuZVO Rn. 5; Rauscher/*Heiderhoff*, Art. 3 EuZVO Rn. 5 ff.; Stein/Jonas/*Domej*, Art. 3 EuZVO Rn. 3; Geimer/Schütze/Hau/*Okonska*, Art. 3 EuZVO 2020 Rn. 16 ff.: Erfasst sind etwa Fälle, in denen die Übermittlungsbehörde Druck auf die Zentrale Behörde ausüben will, da diese der Auskunftserteilungspflicht nach Art. 3 S. 1 lit. a EuZVO 2007 nicht nachkommt. Umstritten ist, ob die Zentrale Behörde ersucht werden darf, wenn die Empfangsstelle ihre Arbeit nicht ausführen kann.

bis zum Ablauf der Übergangsfrist bei den diplomatischen oder konsularischen Vertretungen eingehen (Art. 68 lit. a (iii) Var. 1 BrexitAbk). Aus deutscher Sicht wird auch hier der maßgebliche Eingangszeitpunkt durch einen Eingangsstempel bzw. -vermerk bestimmt.[52] Da dieser Zustellungsweg in der Praxis ohnehin kaum von Bedeutung ist,[53] dürfte es zu keinen Auslegungsproblemen kommen. Die maßgebliche Stelle bei der Postzustellung nach Art. 14 EuZVO 2007 ist der Postdienst, der die Zustellung bewirken soll. Der Empfänger sollte hierbei auf das Absendedatum im Ursprungsstaat achten.[54] Bei der unmittelbaren Zustellung im Parteibetrieb (Art. 15 EuZVO 2007) muss das Schriftstück bei der Amtsperson, dem Beamten oder der sonst zuständigen Person des Empfängerstaates eingehen. Der Eingang beim deutschen Gerichtsvollzieher wird durch den Eingangsstempel bzw. -vermerk bestätigt.[55] Der Eingang bei einer unzuständigen Stelle sollte entsprechend den Grundsätzen bei der Zustellung durch ausländische Rechtshilfebehörden behandelt werden.

3. Fazit

Die Übergangsvorschrift des Art. 68 lit. a BrexitAbk schafft einen geregelten Übergang von der Rechtslage vor zu der Rechtslage nach dem Brexit. Da jedoch auf den Eingang bei der maßgeblichen Stelle vor Ablauf der Übergangsfrist abgestellt wird und Zustellungsersuchen i.d.R. innerhalb ein bis zwei Monaten bearbeitet werden, ist die Übergangsvorschrift nur für einen begrenzten Zeitraum von Bedeutung. Inzwischen dürften sämtliche dieser Ersuchen bearbeitet worden sein.

II. Einschlägige Rechtsakte außerhalb der Übergangsvorschrift

1. Keine Anwendung der Europäischen Zustellungsverordnung

Die spezielle Situation, dass das Vereinigte Königreich trotz des Brexits weiterhin als EU-Mitgliedstaat zu behandeln war und die EuZVO deshalb Anwendung fand, endet mit dem Ablauf des 31. Dezember 2020 (vgl. Art. 126, 127 Abs. 1 S. 1 BrexitAbk). Das Vereinigte Königreich ist seit diesem Zeitpunkt nicht mehr an das Unionsrecht und deshalb auch nicht an die EuZVO gebunden (vgl. Art. 50 Abs. 3 EUV). In Deutschland gilt die Verordnung zwar weiterhin, da der Brexit keine Auswirkungen auf die Rechtsstellung von anderen Mitgliedstaaten hat. Allerdings ist der (räumliche) Anwendungsbereich der Verordnung derart eingeschränkt, dass nur der grenzüberschreitende Zustellungsverkehr zwischen zwei EU-Mitgliedstaaten erfasst wird (vgl. Art. 1 Abs. 1 S. 1

---

[52] *BMJV*, Handreichung zum Brexit, S. 16.
[53] Statt vieler *Heidrich*, EuZW 2005, 743 (745).
[54] *BMJV*, Handreichung zum Brexit, S. 17, auch dazu, dass eine Kontrolle des Absendedatums durch die deutsche Post praktisch nicht durchsetzbar erscheint.
[55] *BMJV*, Handreichung zum Brexit, S. 17.

EuZVO 2007).⁵⁶ Das Vereinigte Königreich ist nun gleichwohl als Drittstaat anzusehen, sodass die EuZVO auch aus deutscher Sicht nicht mehr anwendbar ist. Die Zustellung von gerichtlichen und außergerichtlichen Schriftstücken im deutsch-britischen Rechtsverkehr richtet sich somit seit dem Ablauf der Übergangsfrist – außerhalb der Fälle des Art. 68 lit. a BrexitAbk – nicht mehr nach der EuZVO.⁵⁷

2. Anwendung des Haager Zustellungsübereinkommen

Stattdessen wird im deutsch-britischen Zustellungsverkehr wieder das HZÜ anwendbar sein.⁵⁸ Sowohl Deutschland als auch das Vereinigte Königreich sind weiterhin Mitgliedstaaten des Übereinkommens. Das Inkrafttreten der EuZVO hat hieran nichts geändert.⁵⁹ Aus deutscher Sicht steht auch Art. 20 Abs. 1 EuZVO 2007 (nun Art. 29 Abs. 1 EuZVO 2020) der Anwendung des HZÜ nicht entgegen. Die Vorschrift bestimmt lediglich, dass die Verordnung in ihrem Anwendungsbereich Vorrang vor anderen von den Mitgliedstaaten

---

⁵⁶ Dazu etwa Geimer/Schütze/*R. Geimer*, Art. 1 EuZVO Rn. 32; MüKoZPO/*Rauscher*, Art. 1 EuZVO Rn. 17; Stein/Jonas/*Domej*, Art. 1 EuZVO Rn. 13.

⁵⁷ Siehe (zum Teil ohne konkreten Bezug auf den deutsch-britischen Zustellungsverkehr, sondern allgemein für das Verhältnis des Vereinigten Königreichs zu den EU-Mitgliedstaaten) *BMJV*, Handreichung zum Brexit, S. 15; *Bar Council Brexit Working Group*, The Brexit Papers No. 4, Rn. 19; *Dickinson*, JPIL 12 (2016), 195 (198); *Perleberg-Kölbel*, FuR 2016, 549; *Schuhmacher*, ZIP 2016, 2050 (2055); *Lieder/Bialluch*, NotBZ 2017, 165 (166); *Grupp*, NJW 2017, 2065 (2066); *Sonnentag*, Die Konsequenzen des Brexits, S. 131, 145 (freilich jeweils noch ohne Bezug auf die Übergangsfrist); *Weber*, EF-Z 2020, 113 (116); *von Bary*, FamRZ 2021, 342; *Erb-Klünemann*, FamRB 2021, 168 (175); *Fucik*, ÖJZ 2021, 113; *Ahmed*, Brexit and the Future of PIL, S. 33 f.; *Hickinbottom*, Blackstone's Civil Practice, Rn. 16.74; Geimer/Schütze/Hau/*Okonska*, Vor Art. 1 EuZVO 2020 Rn. 27 ff.; MüKoZPO/*Rauscher*, Vor § 1067 ZPO Rn. 7; Stein/Jonas/*Domej*, Art. 1 EuZVO Rn. 54; Zöller/*R. Geimer*, Art. 1 EuZVO Rn. 14.

⁵⁸ Siehe (zum Teil ohne konkreten Bezug auf den deutsch-britischen Zustellungsverkehr, sondern allgemein für das Verhältnis des Vereinigten Königreichs zu den EU-Mitgliedstaaten) *BMJV*, Handreichung zum Brexit, S. 17; *Bar Council Brexit Working Group*, The Brexit Papers No. 4, Rn. 19; *Lein*, Yearbook of Private International Law 17 (2015/16), 33 (40); *Hess*, IPRax 2016, 409 (415); *Sonnentag*, Die Konsequenzen des Brexits, S. 131; *Ungerer*, in: Kramme/Baldus/Schmidt-Kessel (Hrsg.), Brexit, S. 605 Rn. 17; *von Bary*, FamRZ 2021, 342 (342 f.); *Beaumont*, JPIL 17 (2021), 1 (3); *Erb-Klünemann*, FamRB 2021, 168 (175); *Fucik*, ÖJZ 2021, 113; *Hau*, MDR 2021, 521 Rn. 17; *Ungerer*, NJW 2021, 1270 Rn. 20; *Steinbrück/Lieberknecht*, EuZW 2021, 517 (521); *Ahmed*, Brexit and the Future of PIL, S. 34; *Mansel/Thorn/Wagner*, IPRax 2022, 97 (106); BeckOK ZPO/*Hiss/Ruster*, Art. 1 EuZVO 2020 Rn. 13; Geimer/Schütze/Hau/*Okonska*, Vor Art. 1 EuZVO 2020 Rn. 30; Geimer/Schütze/Hau/*Vorpeil*, Internationaler Rechtsverkehr, O. Länderberichte, Vereinigtes Königreich (1156), 21; Thomas/Putzo/*Hüßtege*, Vorbemerkung zur EuZVO 2020 Rn. 5; MüKoZPO/*Rauscher*, Vor § 1067 ZPO Rn. 7; Zöller/*R. Geimer*, § 183 ZPO Rn. 1.

⁵⁹ Statt vieler *Sonnentag*, Die Konsequenzen des Brexits, S. 131 f.

geschlossenen bilateralen oder multilateralen Übereinkünften oder Vereinbarungen hat. Der (räumliche) Anwendungsbereich der Verordnung ist aber gerade nicht eröffnet, sodass diese der Anwendung des HZÜ nicht entgegensteht.

3. Anwendung des deutsch-britischen Rechtshilfeabkommens

a) Konsequenzen aus der Nichtanwendung seit Inkrafttreten der Europäischen Zustellungsverordnung

aa) Streitstand und verwandte Problemfälle

Im Schrifttum ist die Frage aufgeworfen worden, ob der Brexit auch zum Wiederaufleben des deutsch-britischen Rechtshilfeabkommens führt. Das Abkommen blieb im deutsch-britischen Zustellungsverkehr aufgrund der EuZVO viele Jahre unangewendet. Jedenfalls die in Deutschland herrschende Meinung bejaht indes das Wiederaufleben. Ausführliche Auseinandersetzungen mit dem Problem finden sich allerdings nur selten.[60] Das BMJV geht in seiner Handreichung zum Brexit ebenfalls von der Anwendbarkeit des deutsch-britischen Rechtshilfeabkommens aus.[61] Dies entspricht auch der Ansicht der früheren Bundesregierung.[62] Zuletzt wird das Abkommen im Länderteil der ZRHO zum

---

[60] Ausdrücklich unter Diskussion der Streitfrage im Sinne der h.M. *J. Müller*, Zustellungen im Vereinigten Königreich nach dem Brexit, ZPO-Blog, unter II. 2; *Steinbrück/Lieberknecht,* EuZW 2021, 517 (521); BeckOK ZPO/*Hiss/Ruster,* Art. 1 EuZVO 2020 Rn. 13 f. Für das Recht der Beweisaufnahme: Rauscher/*Hein,* Art. 1 EuBVO Rn. 51. Die Frage offen lassend *Hau,* MDR 2021, 521 Rn. 17. Ohne nähere Begründung von der Geltung des Abkommens ausgehend OLG Köln v. 2.3.2023 – 18 U 188/21, BeckRS 2023, 4322 Rn. 53; *Hess,* IPRax 2016, 409 (415) in Fn. 86; *Krümmel,* IWRZ 2017, 97 (98); *ders.,* IWRZ 2019, 100 (101); Röhricht/Westphalen/Haas/*ders.*, Internationales Vertragsrecht, Rn. 569c; *Erb-Klünemann,* FamRB 2021, 168 (175); *Freshfields Bruckhaus Deringer,* Nach dem Brexit – wie werden gerichtliche Schriftstücke in Verfahren mit UK-Bezug zugestellt?, unter II.; *Ungerer,* NJW 2021, 1270 Rn. 20; *R. Wagner,* IPRax 2021, 2 (13); Geimer/Schütze/Hau/*Okonska*, Vor Art. 1 EuZVO 2020 Rn. 30; Johannsen/Henrich/Althammer/*Gössl,* Anhang zu Art. 17 Rom III-VO Rn. 78; MüKoZPO/*Rauscher,* Vor § 1067 ZPO Rn. 7; Thomas/Putzo/*Hüßtege,* Vorbermerkung zur EuZVO 2020 Rn. 5; Zöller/*R. Geimer,* § 183 ZPO Rn. 1. Teilweise wird im Schrifttum lediglich das HZÜ, nicht aber das deutsch-britische Rechtshilfeabkommen angesprochen, so bei *Sonnentag,* Die Konsequenzen des Brexits, S. 131 f.; *Ungerer,* in: Kramme/Baldus/Schmidt-Kessel (Hrsg.), Brexit, S. 605 Rn. 17; *Mankowski,* EuZW-Sonderheft 2020/1, 3 (13); *von Bary,* FamRZ 2021, 342 (342 f.); *Mansel/Thorn/Wagner,* IPRax 2022, 97 (106). Beachte auch *Tretthahn-Wolski/Förstel,* ÖJZ 2019, 485 (488) für die Anwendbarkeit des österreichisch-britischen Rechtshilfeabkommens von 1931 (allerdings ohne nähere Begründung); dazu auch *Weber,* EF-Z 2020, 113 (116).

[61] *BMJV,* Handreichung zum Brexit, S. 17.

[62] Antwort der Bundesregierung auf die Kleine Anfrage vom 10.2.2021, in: BT-Drs. 19/27550, S. 3, 5 (Fragen 8, 13).

Vereinigten Königreich (ausschließlich sonstiger britischer Gebiete) aufgeführt, allerdings unter der Einschränkung, dass die britischen Behörden die Weiteranwendung des Abkommens derzeit überprüfen.

Ein ähnliches Problem existiert auch bei Anerkennung und Vollstreckung von gerichtlichen Entscheidungen nach dem Brexit. Es ist umstritten, ob es zum Wiederaufleben des deutsch-britischen Anerkennungs- und Vollstreckungsabkommens kommt.[63] Während sich die EU-Kommission gegen die Anwendung ausgesprochen hat,[64] wurde das Problem vom BMJV ausdrücklich offengelassen[65]. Die britische Regierung verweist auf geltende bilaterale Anerkennungs- und Vollstreckungsverträge, ohne aber die einzelnen Verträge zu nennen.[66] Das deutsch-britische Anerkennungs- und Vollstreckungsabkommen wurde weder durch das EuGVÜ noch die Brüssel I-VO oder Brüssel Ia-VO formell aufgehoben.[67] Von der Kündigungsmöglichkeit in Art. XII Abs. 4, XIII

---

[63] Für die Anwendung: *Christopoulos*, Der Brexit und britische Zivilurteile, LTO-Blog; *Dutta*, CFLQ 29 (2017), 199 (203); *ders.*, FamRZ 2017, 1030 (1031); *ders.*, StAZ 2021, 66; *Hess*, IPRax 2016, 409 (413 f.); *Requejo/Amos/Miguel Asensio/Dutta/Harper*, The Future Relationship between the UK and the EU in the field of family law, S. 28; *Briggs*, RDIPP 2019, 261 (272); *W. Sturm/Schulz*, ZRP 2019, 71 (72); *Pfeiffer*, DRiZ 2020, 138 (139); *Hau*, MDR 2021, 521 Rn. 12; *Steinbrück/Lieberknecht*, EuZW 2021, 517 (523); Geimer/Schütze/*Schütze*, E.1. Rn. 307; Geimer/Schütze/Hau/*Vorpeil*, Internationaler Rechtsverkehr, O. Länderberichte, Vereinigtes Königreich (1156), 26; HK-ZPO/*Dörner*, Vorbemerkung zur Brüssel Ia-VO Rn. 7.5. Wohl auch *R. Geimer*, IZPR, Rn. 149; *Lein*, ZVerglRW 120 (2021), 1 (21); *dies.*, in: Leible/Terhechte (Hrsg.), Europäisches Rechtsschutz- und Verfahrensrecht, § 34 Rn. 59 (unter der Prämisse, dass das EuGVÜ nicht wiederauflebt). Gegen die Anwendung: *Staudinger*, jurisPR-IWR 5/2016, Anm. 1; *Rühl*, JZ 72 (2017), 72 (80 f.); *Sonnentag*, Die Konsequenzen des Brexits, S. 92 f.; *Ungerer*, NJW 2021, 1270 Rn. 14; *Gebauer/Berner*, in: Gebauer/Wiedmann (Hrsg.), Europäisches Zivilrecht, Art. 1 Brüssel Ia-VO Rn. 5 („wohl"). Das Problem offen lassend *Baughen*, in: Soyer/Tettenborn (Hrsg.), Maritime liabilities in a global and regional context, S. 202, 213; *Mankowski*, EuZW-Sonderheft 2020/1, 3 (10 f.); *ders.*, NZFam 2021, 237 (243); *B. Mayer/Manz*, BB 2021, 451 (453); *R. Wagner*, IPRax 2021, 2 (7).

[64] Vgl. *BMJV*, Handreichung zum Brexit, S. 8.

[65] *BMJV*, Handreichung zum Brexit, S. 8.

[66] *Ministry of Justice*, Guidance on Cross-border civil and commercial legal cases, unter 1.1: „The rules governing recognition and enforcement of foreign judgments in cross-border disputes are generally contained in the common law unless there is a bilateral agreement in force with the relevant country on reciprocal recognition and enforcement of judgments".

[67] *Mankowski*, EuZW-Sonderheft 2020/1, 3 (10); *ders.*, NZFam 2021, 237 (243); Rauscher/*ders.*, Art. 70 Brüssel-Ia VO Rn. 9; *Hau*, MDR 2021, 521 Rn. 12; *Steinbrück/Lieberknecht*, EuZW 2021, 517 (523); *R. Wagner*, IPRax 2021, 2 (7); *R. Geimer*, IZPR, Rn. 149. A.A. *Sonnentag*, Die Konsequenzen des Brexits, S. 92 f.

S. 4 hat weder die Bundesrepublik Deutschland noch das Vereinigte Königreich Gebrauch gemacht.[68] Das veraltete Abkommen stellt jedoch einen erheblichen Rückschritt dar[69] und wurde sogar als Schritt „zurück in die Steinzeit"[70] beschrieben. Daher wird das Wiederaufleben teilweise aus sachlichen Gründen bezweifelt oder jedenfalls kritisiert.[71]

Zuletzt ist auch umstritten, ob der Brexit zum Wiederaufleben des EuGVÜ, das Regelungen zur internationalen Zuständigkeit und zur Anerkennung und Vollstreckung von gerichtlichen Entscheidungen enthält, führt.[72] Weder das

---

[68] *Sonnentag*, Die Konsequenzen des Brexits, S. 92; *Rühl,* JZ 72 (2017), 72 (80).

[69] Ausführlich dazu *Hess,* IPRax 2016, 409 (413 f.) Vgl. auch *Lein,* ZVerglRW 120 (2021), 1 (21).

[70] *R. Geimer*, IZPR, Rn. 149. Zustimmend *Hau,* MDR 2021, 521 Rn. 12.

[71] *Mankowski,* EuZW-Sonderheft 2020/1, 3 (11): „Wiedererstarken […] auf den ersten Blick sachlich nicht wünschenswert". Ebenso *ders.,* NZFam 2021, 237 (243); Rauscher/*ders.*, Art. 70 Brüssel Ia-VO Rn. 10. Ferner *R. Wagner,* IPRax 2021, 2 (7): „Wünschenswert wäre ein Wiederaufleben allerdings nicht".

[72] Für die Anwendung: *Lein,* Yearbook of Private International Law 17 (2015/16), 33 (36 ff.); *Aikens/Dinsmore,* EBLR 27 (2016), 903 (908 f.); *Christopoulos,* Der Brexit und britische Zivilurteile, LTO-Blog; *Dickinson,* JPIL 12 (2016), 195 (204 f.); *M. Lehmann/Zetzsche,* JZ 72 (2017), 62 (70); *Tretthahn-Wolski/Förstel,* ÖJZ 2019, 485 (486); Germelmann/Prütting/Hanns⁹/*Prütting*, Einleitung Rn. 263a; *Rothschild,* Jurisdiction and Brexit: Back to the Brussels Convention by default?, Brexit-Law-Blog; *Ungerer,* in: Kramme/Baldus/Schmidt-Kessel (Hrsg.), Brexit, S. 605 Rn. 7 f.; *ders.,* NJW 2021, 1270 Rn. 8; Geimer/Schütze/Hau/*Vorpeil*, Internationaler Rechtsverkehr, O. Länderberichte, Vereinigtes Königreich (1156), 10. Gegen die Anwendung: *Hess,* IPRax 2016, 409 (413); *Staudinger,* jurisPR-IWR 5/2016, Anm. 1; *Basedow,* China-EU L. J. 5 (2017), 101 (115); *Ruhl,* JZ 72 (2017), 72 (77); *Krümmel,* IWRZ 2017, 97 (98); *Sonnentag,* Die Konsequenzen des Brexits, S. 81; *M.-P. Weller/Thomale/Zwirlein,* ZEuP 2018, 892 (906 f.); *Rühl,* ICLQ 67 (2018), 99 (104 ff.); *W. Sturm/Schulz,* ZRP 2019, 71 (72) in Fn. 6; *Hau,* MDR 2021, 521 Rn. 3; *R. Wagner,* IPRax 2021, 2 (7); *Steinbrück/Lieberknecht,* EuZW 2021, 517 (518); *Thole,* NZKart 2022, 303 (304); BeckOK ZPO/*Antomo*, Art. 1 Brüssel Ia-VO Rn. 11.3; Gebauer/*Berner*, in: Gebauer/Wiedmann (Hrsg.), Europäisches Zivilrecht, Art. 1 Brüssel Ia-VO Rn. 5; HK-ZPO/*Dörner*, Vorbemerkung zur Brüssel Ia-VO Rn. 7.1; Rauscher/*Staudinger*, Einleitung zur Brüssel Ia-VO Rn. 6h. Siehe (gegen die Anwendung) auch die Diskussionen im EAPIL-Blog: *Dickinson,* Dickinson on the Fate of the 1968 Brussels Convention: No Coming Back?, EAPIL-Blog; *Forlati,* Forlati on the Fate of the 1968 Brussels Convention: Some Thoughts from the Perspective of the Law of Treaties, EAPIL-Blog; *Layton,* An Afterlife for the Lugano Convention in Relation to the UK, EAPIL-Blog. Zum Problem ohne ausdrückliche Stellungnahme *Masters/McRae,* J. Int'l Arb. 33 (2016), 483 (492 ff.); *Dutta,* CFLQ 29 (2017), 199 (202 f.); *Requejo/Amos/Miguel Asensio/Dutta/Harper,* The Future Relationship between the UK and the EU in the field of family law, S. 26 f.; *Mankowski,* EuZW-Sonderheft 2020/1, 3 (10); *Lein,* in: Leible/Terhechte (Hrsg.), Europäisches Rechtsschutz- und Verfahrensrecht, § 34 Rn. 55 ff.

Vereinigte Königreich[73] noch Deutschland[74] oder die Europäische Union[75] gehen von der Wiederanwendung des Übereinkommens aus. Das EuGVÜ wurde durch die Brüssel I-VO und Brüssel Ia-VO modernisiert und überlagert, nicht aber vollständig ersetzt.[76] Bereits dies ist allerdings umstritten.[77] Die Beendigung richtet sich, da es sich um einen völkerrechtlichen Vertrag handelt, ebenfalls nach den Regelungen des Völkerrechts.[78] Zwar enthält das EuGVÜ keine ausdrückliche Kündigungsregelung, dennoch ist auch unabhängig davon eine einvernehmliche Vertragsbeendigung möglich (vgl. Art. 54 lit. b, 56 WVK)[79], die allerdings nicht ausdrücklich erfolgt ist.[80] Auch das EuGVÜ ist inhaltlich veraltet, weshalb der Rückfall auf das Übereinkommen häufig kritisch gesehen wird.[81] Der maßgebliche Unterschied zum deutsch-britischen Rechtshilfeab-

---

[73] Die Regierung des Vereinigten Königreichs hat diese Auffassung in einem (inoffiziellen) Schreiben vom 29.1.2021 an den Europäischen Rat, das von *Steve Peers* auf Twitter veröffentlicht wurde, bestätigt, siehe <https://twitter.com/StevePeers/status/1359251129234837508?s=20>. Ferner lässt sich die ablehnende Haltung des Vereinigten Königreichs daraus ableiten, dass das EuGVÜ in der *Guidance* des *Ministry of Justice* nicht erwähnt wird. Zum Ganzen auch *M. Lehmann*, Brexit and the Brussels Convention: It's All Over Now, Baby Blue?, EAPIL-Blog.

[74] Die deutsche Haltung ist daraus ersichtlich, dass das EuGVÜ – anders als das deutschbritische Anerkennungs- und Vollstreckungsabkommen und das deutsch-britische Rechtshilfeabkommen – in der Handreichung zum Brexit des BMJV nicht erwähnt wird.

[75] In der Mitteilung der Europäischen Kommission vom 27.8.2020 wird das EuGVÜ nicht erwähnt. Ferner *R. Wagner*, IPRax 2021, 2 (7) unter Hinweis auf die fehlende Erwähnung im Austrittsabkommen.

[76] *Lein*, Yearbook of Private International Law 17 (2015/16), 33 (36 f.); *Aikens/Dinsmore*, EBLR 27 (2016), 903 (906 ff.); *Hess*, IPRax 2016, 409 (413); *Masters/McRae*, J. Int'l Arb. 33 (2016), 483 (493); *Rühl*, JZ 72 (2017), 72 (77); *dies.*, ICLQ 67 (2018), 99 (105); *Tretthahn-Wolski/Förstel*, ÖJZ 2019, 485 (486); *Lein*, in: Leible/Terhechte (Hrsg.), Europäisches Rechtsschutz- und Verfahrensrecht, § 34 Rn. 56; *Steinbrück/Lieberknecht*, EuZW 2021, 517 (518). In diese Richtung auch *Dickinson*, JPIL 12 (2016), 195 (204).

[77] Für eine vollständige Ersetzung durch die Brüssel I-VO etwa *Sonnentag*, Die Konsequenzen des Brexits, S. 81; *Rühl*, JZ 72 (2017), 72 (77); *dies.*, ICLQ 67 (2018), 99 (106 f.); *M.-P. Weller/Thomale/Zwirlein*, ZEuP 2018, 892 (906 f.); *Gebauer/Berner*, in: Gebauer/Wiedmann (Hrsg.), Europäisches Zivilrecht, Art. 1 Brüssel Ia-VO Rn. 5.

[78] Vgl. *Hess*, IPRax 2016, 409 (413); *Sonnentag*, Die Konsequenzen des Brexits, S. 81 f.; *Steinbrück/Lieberknecht*, EuZW 2021, 517 (518); *Lein*, Yearbook of Private International Law 17 (2015/16), 33 (37); *dies.*, in: Leible/Terhechte (Hrsg.), Europäisches Rechtsschutz- und Verfahrensrecht, § 34 Rn. 57; *Baughen*, in: Soyer/Tettenborn (Hrsg.), Maritime liabilities in a global and regional context, S. 202, 208 f.

[79] Allerdings ist zu beachten, dass die Wiener Vertragsrechtskonvention für das EuGVÜ zeitlich nicht anwendbar ist, *Steinbrück/Lieberknecht*, EuZW 2021, 517 (518) in Fn. 18.

[80] *Ungerer*, in: Kramme/Baldus/Schmidt-Kessel (Hrsg.), Brexit, S. 605 Rn. 8.

[81] *Lein*, Yearbook of Private International Law 17 (2015/16), 33 (38); *M. Lehmann/Zetzsche*, JZ 72 (2017), 62 (70); *M. Lehmann/D'Souza*, JIBFL 32 (2017), 101 (103); *Rühl*,

kommen und zum deutsch-britischen Anerkennungs- und Vollstreckungsabkommen besteht allerdings in der Nähe des EuGVÜ zum Unionsrecht. Diese Nähe rechtfertigt es, das Beenden des Übereinkommens auf Art. 50 Abs. 3 EUV zu stützen.[82] Nach der Vorschrift sollen sämtliche Rechtsakte, die sich auf das Unionsrecht beziehen, nach dem Austritt eines EU-Mitgliedstaates im Verhältnis zu diesem keine Anwendung mehr finden.[83] Somit ist es durch den Brexit zu einer konkludenten Aufhebung des EuGVÜ gekommen (vgl. Art. 54 lit. b WVK).

bb) Kein förmliches Außerkrafttreten des Abkommens

Für das deutsch-britische Rechtshilfeabkommen ist zunächst zu klären, ob dieses förmlich außer Kraft getreten ist. Jedem vertragsschließenden Teil des Abkommens steht ein Kündigungsrecht zu, das durch eine einseitige Erklärung ausgeübt werden kann (Art. 16 S. 3, 18 lit. b DBA). Die Kündigungsfrist beträgt hierbei sechs Monate, materielle Voraussetzungen sind nicht vorgeschrieben. Weder die Bundesrepublik Deutschland noch das Vereinigte Königreich haben indes von dieser Kündigungsmöglichkeit Gebrauch gemacht.[84] Insofern ist die Rechtslage mit dem deutsch-britischen Anerkennungs- und Vollstreckungsabkommen vergleichbar, da auch dort von der Kündigungsmöglichkeit in Art. XII Abs. 4, XIII S. 4 kein Gebrauch gemacht worden ist[85]. Freilich steht es dem Vereinigten Königreich jederzeit frei, die Abkommen zu kündigen, wenn es zu dem Ergebnis kommt, dass deren Anwendung unerwünscht ist.

Das Außerkrafttreten des Abkommens könnte sich allerdings aus dem Inkrafttreten der EuZVO ergeben. Ein völkerrechtlicher Vertrag kann gemäß Art. 59 Abs. 1 WVK dadurch beendet werden, dass alle Vertragspartner einen neuen Vertrag schließen, durch den der identische Gegenstand geregelt wird. Die Wiener Vertragsrechtskonvention ist zwar aus zeitlichen Gründen nicht auf das deutsch-britische Rechtshilfeabkommen anwendbar (Art. 4 WVK; Grundsatz der Nichtrückwirkung), allerdings kodifizierte die Konvention im

---

ICLQ 67 (2018), 99 (105); *Ungerer*, in: Kramme/Baldus/Schmidt-Kessel (Hrsg.), Brexit, S. 605 Rn. 5.

[82] So auch *Hess*, IPRax 2016, 409 (413); *Krümmel*, IWRZ 2017, 97 (98); *Sonnentag*, Die Konsequenzen des Brexits, S. 82; *Steinbrück/Lieberknecht*, EuZW 2021, 517 (518); HK-ZPO/*Dörner*, Vorbemerkung zur Brüssel Ia-VO Rn. 7.1. Beachte auch *Rühl*, ICLQ 67 (2018), 99 (107), die zudem eine analoge Anwendung von Art. 63 WVK in Betracht zieht. Zum Argument der Nähe zum Unionsrecht ferner *Dickinson*, JPIL 12 (2016), 195 (205); *Basedow*, China-EU L. J. 5 (2017), 101 (115); *Rühl*, JZ 72 (2017), 72 (77); *Dickinson*, Dickinson on the Fate of the 1968 Brussels Convention: No Coming Back?, EAPIL-Blog.

[83] *Hess*, IPRax 2016, 409 (413).

[84] *J. Müller*, Zustellungen im Vereinigten Königreich nach dem Brexit, ZPO-Blog, unter II. 2; *Steinbrück/Lieberknecht*, EuZW 2021, 517 (521); BeckOK ZPO/*Hiss/Ruster*, Art. 1 EuZVO 2020 Rn. 14.

[85] *Sonnentag*, Die Konsequenzen des Brexits, S. 92; *Rühl*, JZ 72 (2017), 72 (80).

Wesentlichen Völkergewohnheitsrecht und allgemeine Grundsätze des Völkerrechts,[86] sodass die Grundlagen des Art. 59 Abs. 1 WVK herangezogen werden können. Die EuZVO regelt grundsätzlich den identischen Gegenstand wie das deutsch-britische Rechtshilfeabkommen, nämlich die Zustellung von gerichtlichen und außergerichtlichen Schriftstücken in Zivil- und Handelssachen. Art. 20 Abs. 1 EuZVO 2000 (ebenso Art. 20 Abs. 1 EuZVO 2007) bestimmt jedoch, dass die Verordnung „Vorrang" vor anderen von den Mitgliedstaaten geschlossenen Ab- und Übereinkommen genießt. Weitere Beschleunigungen und Vereinfachungen der Zustellung durch Ab- oder Übereinkommen sind daneben nicht ausgeschlossen (Art. 20 Abs. 2 EuZVO 2000 bzw. EuZVO 2007). Die EuZVO sollte daher nicht die Beendigung von sonstigen Ab- oder Übereinkommen über die Zustellung von Schriftstücken bewirken.[87]

Der Wortlaut ist insofern eindeutiger als bei der Frage nach der Beendigung des EuGVÜ und des deutsch-britischen Anerkennungs- und Vollstreckungsabkommens. Nach Art. 68 Abs. 1 Brüssel I-VO (ebenso Art. 68 Abs. 1 Brüssel Ia-VO) „tritt" die Verordnung im Verhältnis zwischen den EU-Mitgliedstaaten „an die Stelle des" EuGVÜ. Art. 55 EuGVÜ (ebenso Art. 69 Brüssel I-VO und Art. 69 S. 1 Brüssel Ia-VO) spricht davon, dass das Übereinkommen andere zwischen den Mitgliedstaaten geschlossene Abkommen „ersetzt". Folglich ist bei diesen Rechtsakten umstritten, ob das Inkrafttreten der EU-Verordnungen zum Außerkrafttreten des Ab- bzw. Übereinkommens geführt hat, was allerdings von der herrschenden Ansicht jeweils verneint wird.[88] Beim deutsch-britischen Rechtshilfeabkommen kommt das Außerkrafttreten aufgrund des eindeutigen Wortlauts von Art. 20 Abs. 1 EuZVO 2000 bzw. EuZVO 2007 („Vorrang") und der Regelung des Art. 20 Abs. 2 EuZVO 2000 bzw. EuZVO 2007 von vornherein nicht in Betracht. Somit ist das Abkommen zumindest nicht förmlich außer Kraft getreten.[89]

cc) Außerkrafttreten aufgrund desuetudo

Es erscheint deshalb nur möglich, dass das Außerkrafttreten des deutsch-britischen Rechtshilfeabkommens auf dessen faktischer Nichtanwendung seit dem Inkrafttreten der EuZVO beruht. Als rechtliche Grundlage hierfür kommt die völkerrechtliche Rechtsfigur der *desuetudo* in Betracht.[90]

---

[86] Vgl. nur *Herdegen*, Völkerrecht, § 15 Rn. 4.
[87] In diesem Sinne ausdrücklich *Sujecki*, in: Gebauer/Wiedmann (Hrsg.), Europäisches Zivilrecht, Art. 20 EuZVO Rn. 2.
[88] Nachweise dazu in Fn. 67 und Fn. 76.
[89] Ebenso *J. Müller*, Zustellungen im Vereinigten Königreich nach dem Brexit, ZPO-Blog, unter II. 2.; *Steinbrück/Lieberknecht,* EuZW 2021, 517 (521). Vgl. auch *Sujecki*, in: Gebauer/Wiedmann (Hrsg.), Europäisches Zivilrecht, Art. 20 EuZVO Rn. 1.
[90] Vgl. *J. Müller*, Zustellungen im Vereinigten Königreich nach dem Brexit, ZPO-Blog, unter II. 2.; *Hau*, MDR 2021, 521 Rn. 17; *Steinbrück/Lieberknecht,* EuZW 2021, 517 (521); BeckOK ZPO/*Hiss/Ruster*, Art. 1 EuZVO 2020 Rn. 14.

(1) Anerkennung und dogmatische Einordnung

Die *desuetudo* ist in der Wiener Vertragsrechtskonvention nicht ausdrücklich geregelt worden, obwohl Art. 54–64 WVK Vorschriften zur Beendigung und Suspendierung von Verträgen enthalten. Art. 42 Abs. 2 WVK bestimmt, dass eine Beendigung oder Kündigung eines Vertrages nur nach den Bestimmungen des völkerrechtlichen Vertrages oder dieses Übereinkommens erfolgen kann. Daher ist fraglich, ob die *desuetudo* überhaupt (noch) anzuerkennen ist. Bei der Rechtsfigur wird die Beendigung des Vertrages an dessen Nichtanwendung über einen längeren Zeitraum geknüpft.[91] Somit besteht eine Parallele zum Wegfall der Rechtsgeschäftsgrundlage (*clausula rebus sic stantibus*, Art. 62 WVK), da die faktische Lage Einfluss auf den Fortbestand der Vereinbarung hat.[92]

Die dogmatische Einordnung der *desuetudo* ist im völkerrechtlichen Schrifttum sehr umstritten. Eine – vor allem früher vertretene – Ansicht stellt auf den bloßen Zeitablauf ab, wobei dazu kommen muss, dass das Verhalten der Vertragsparteien mit der Vereinbarung unvereinbar ist. Die rechtlichen Wirkungen folgen dann allein aus der faktischen Nichtanwendung eines völkerrechtlichen Vertrages.[93] Dies ist allerdings mit den modernen Lehren des Völkervertragsrechts nicht vereinbar.[94] Gewichtige Stimmen im Schrifttum ordnen die *desuetudo* stattdessen als einen gewohnheitsrechtlichen Vertragsbeendigungsgrund ein. Sie fordern, dass eine entgegenstehende Übung etabliert und diese durch eine allgemeine Rechtsüberzeugung *(opinio iuris sive necessitatis)* getragen wird. Willenserklärungen der Vertragsparteien seien insofern nicht erforderlich.[95] Zum Teil werden zwei Fallgruppen der *desuetudo* unterschieden. Die Beendigung des Vertrages gehe entweder auf eine stillschweigende Abrede

---

[91] *McNair*, The law of treaties, S. 516; *Karl*, Vertrag und spätere Praxis im Völkerrecht, S. 257; *Dahm/Delbrück/Wolfrum*, Völkerrecht Band I/3, S. 722 f.; *Doehring*, Völkerrecht, Rn. 296; *Glennon*, Geo. L. J. 93 (2005), 939; *Wouters/Verhoeven*, in: Peters (Hrsg.), MPEPIL, Rn. 1; *B. Hofmann*, Beendigung menschenrechtlicher Verträge, S. 114; *Kohen*, in: Cannizzaro (Hrsg.), The law of treaties beyond the Vienna Convention, S. 350, 351 f.; *T. Stein/Buttlar/Kotzur*, Völkerrecht, Rn. 97; *Heintschel von Heinegg* in: Ipsen (Begr.), Völkerrecht, § 18 Rn. 112; *Beham/M. Fink/Janik*, Völkerrecht verstehen, S. 82.

[92] *Dahm/Delbrück/Wolfrum*, Völkerrecht Band I/3, S. 723.

[93] *Scelle*, Précis de droit des gens, S. 417 f. Wohl auch *Detter*, Essays on the Law of Treaties, S. 92 f., 97.

[94] *Vamvoukos*, Termination of Treaties in International Law, S. 261 f.; *Kohen*, in: Cannizaro (Hrsg.), The law of treaties beyond the Vienna Convention, S. 350, 359; *Borrmann*, Autonome unbemannte bewaffnete Luftsysteme, S. 220.

[95] *Karl*, Vertrag und spätere Praxis im Völkerrecht, S. 261 („*eigentliche[r] gewohnheitsrechtliche[r]* Vorgang"); *Blaschczok*, ZIP 1983, 141 (142); *Hafner*, Annuaire français de droit international 37 (1991), 239 (253); *Hecht/Muzak*, JBl. 1994, 720 (721); *Köck*, ZÖR 50 (1996), 75 (102 f.), der die *desuetudo* ausdrücklich von der formlosen Vertragsaufhebung abgrenzt; *Dörr* in: Ipsen (Begr.), Völkerrecht, § 19 Rn. 43. Wohl auch *T. Stein/Buttlar/Kotzur*, Völkerrecht, Rn. 97 („Aufhebung […] durch entgegenstehendes Gewohnheitsrecht").

der Vertragsparteien oder eine neue völkerrechtliche Regelung des Gewohnheitsrechts zurück.[96] In der ersten Fallgruppe (stillschweigende Vereinbarung) sei die rechtliche Grundlage für die Beendigung Art. 54 lit. b WVK. Ein Vertrag kann jederzeit durch Einvernehmen zwischen allen Vertragsparteien beendet werden. Die *desuetudo* sei somit in dieser Fallgruppe ein Unterfall der konkludenten Vertragsbeendigung durch Einvernehmen.[97] Die zweite Fallgruppe (Beendigung wegen Entstehung einer neuen Norm des Völkergewohnheitsrechts) ist schwieriger in das System der Wiener Vertragsrechtskonvention einzuordnen. Das Völkervertragsrecht und das Völkergewohnheitsrecht stehen hierarchisch auf der gleichen Ebene, sodass es dazu kommen kann, dass sich die spätere Regel nach dem Grundsatz *lex posterior derogat legi priori* durchsetzt.[98] Andere Autoren grenzen die *desuetudo* allerdings ausdrücklich von der Vertragsbeendigung durch Herausbildung einer neuen Norm des Völkergewohnheitsrechts ab.[99] Da in Bezug auf das deutsch-britische Rechtshilfeabkommen das Herausbilden einer neuen Regel des Völkergewohnheitsrechts ausscheidet, kann es für die Zwecke dieser Arbeit offen bleiben, ob die zweite Fallgruppe tatsächlich zu dieser Rechtsfigur zuzuordnen ist.

Jedenfalls ist es zutreffend, die rechtlichen Wirkungen der *desuetudo* stets auf eine stillschweigende Vereinbarung der Vertragsparteien zu stützen.[100] Dies überzeugt seit der Einführung der Wiener Vertragsrechtskonvention auch im Hinblick auf Art. 42 Abs. 2 WVK. Es entspricht zudem der Ansicht der International Law Commission, die in ihrem Kommentar zum Entwurf für ein Übereinkommen über das Recht der Verträge die rechtliche Grundlage für die *desuetudo* in einer stillschweigenden Vereinbarung der Vertragsparteien sah. Deshalb wurde der Vorschlag, die Rechtsfigur ausdrücklich in der Konvention zu regeln, verworfen.[101] Die *desuetudo* beschreibt somit faktische Umstände,

---

[96] *Wouters/Verhoeven*, in: Peters (Hrsg.), MPEPIL, Rn. 1; *Villiger*, Customary International Law and Treaties, Rn. 323 ff.

[97] *Wouters/Verhoeven*, in: Peters (Hrsg.), MPEPIL, Rn. 10. Ähnlich *Villiger*, Customary International Law and Treaties, Rn. 326, der allerdings auch die Möglichkeit anspricht, in der negativen Übung eine Norm des Gewohnheitsrechts zu sehen.

[98] *Wouters/Verhoeven*, in: Peters (Hrsg.), MPEPIL, Rn. 11.

[99] So etwa *Verdross/Simma*, Völkerrecht, Rn. 823; *Heintschel von Heinegg* in: Ipsen (Begr.), Völkerrecht, § 18 Rn. 111 f. Tendenziell auch *Karl*, Vertrag und spätere Praxis im Völkerrecht, S. 257 in Fn. 251. Umgekehrt *Glennon*, Geo. L. J. 93 (2005), 939 (940, 942), der stets eine neue Regelung annimmt, die uneingeschränkte Handlungsfreiheit erlaubt.

[100] In diesem Sinne auch *Haraszti*, Some fundamental problems of the law of treaties, S. 291 f.; *Vamvoukos*, Termination of Treaties in International Law, S. 260, 262 f., 302; *Dahm/Delbrück/Wolfrum*, Völkerrecht Band I/3, S. 723; *Borrmann*, Autonome unbemannte bewaffnete Luftsysteme, S. 221. Dieses Verständnis teilt auch *Kohen*, in: Cannizzaro (Hrsg.), The law of treaties beyond the Vienna Convention, S. 350, 359, der allerdings den Begriff der *desuetudo* auf die Beendigung durch bloßen Zeitablauf beschränkt.

[101] *United Nations*, Yearbook of the International Law Commission 1966 – Vol. II, S. 237.

die lediglich aufgrund einer stillschweigenden Vereinbarung der Vertragsparteien rechtliche Folgen für die Fortgeltung des Vertrages haben. Es handelt sich im Ergebnis nicht um einen eigenständigen Beendigungsgrund, sondern um einen Unterfall der konkludenten Vertragsbeendigung durch Einvernehmen (vgl. Art. 54 lit. b WVK). Die Bedeutung der Rechtsfigur ist darauf beschränkt, gewisse Leitlinien vorzugeben, wann auf einen Konsens der Parteien geschlossen werden kann.

(2) Voraussetzungen

Unabhängig von der dogmatischen Einordnung der *desuetudo* ist allgemein anerkannt, dass die Rechtsfigur strengen Voraussetzungen unterworfen ist. Die bloße Nichtanwendung eines Vertrages ist jedenfalls nicht ausreichend.[102] Nach der hier vertretenen Ansicht ist erforderlich, dass aufgrund der Nichtanwendung auf eine stillschweigende Vereinbarung der Vertragspartner geschlossen werden kann. Die Stimmen im Schrifttum, welche die *desuetudo* als gewohnheitsrechtlichen Vertragsbeendigungsgrund ansehen, verlangen, dass eine allgemeine Rechtsüberzeugung der Vertragsparteien, den Vertrag nicht mehr anzuwenden, vorliegt.[103]

Die Nichtanwendung des Vertrages über einen längeren Zeitraum ist zwar für die Vertragsbeendigung allein nicht ausreichend, allerdings kommt dieser Übung eine herausragende Bedeutung zu, da sie – anders als die stillschweigende Vereinbarung bzw. die allgemeine Rechtsüberzeugung – nach außen erkennbar ist.[104] Die Länge des Zeitraums der Nichtanwendung kann nicht allgemeingültig bestimmt werden, sondern jeder Fall muss einzeln mit seinen Besonderheiten betrachtet werden. Im Regelfall ist allerdings erforderlich, dass eine gewisse Zeit vergeht, um überhaupt von einer entgegenstehenden Übung sprechen zu können oder auf ein stillschweigendes Einvernehmen schließen zu können.[105] Dennoch kann auch ein relativ kurzer Zeitraum ausreichen, wenn besondere Umstände hinzukommen, die der Vertragsanwendung entgegenstehen, oder das stillschweigende Einvernehmen mit hinreichender Bestimmtheit

---

[102] *McNair*, The law of treaties, S. 516; *Blaschczok,* ZIP 1983, 141 (142); *Karl*, Vertrag und spätere Praxis im Völkerrecht, S. 262; *Vamvoukos*, Termination of Treaties in International Law, S. 261; *Wouters/Verhoeven*, in: Peters (Hrsg.), MPEPIL, Rn. 10; *Kohen*, in: Cannizzaro (Hrsg.), The law of treaties beyond the Vienna Convention, S. 350, 359; *Heintschel von Heinegg* in: Ipsen (Begr.), Völkerrecht, § 18 Rn. 112; *Dörr* in: Ipsen (Begr.), Völkerrecht, § 19 Rn. 43. Vgl. auch *Doehring*, Völkerrecht, Rn. 296.

[103] *Karl*, Vertrag und spätere Praxis im Völkerrecht, S. 262; *Hafner,* Annuaire français de droit international 37 (1991), 239 (253).

[104] *Karl*, Vertrag und spätere Praxis im Völkerrecht, 263 f.; *Hecht/Muzak,* JBl. 1994, 720 (722); *B. Hofmann*, Beendigung menschenrechtlicher Verträge, S. 115.

[105] *Karl*, Vertrag und spätere Praxis im Völkerrecht, S. 262; *Detter*, Essays on the Law of Treaties, S. 93; *Hecht/Muzak,* JBl. 1994, 720 (722).

nach außen tritt.[106] Auf der anderen Seite kann das bloße Veraltenlassen des Vertrages oder ein großer Zeitablauf nicht allein die Vertragsbeendigung hervorrufen, da viele ältere Verträge auch heute noch Geltung beanspruchen.[107]

Besondere Indizien für ein stillschweigendes Einvernehmen können ausdrückliche Äußerungen der Rechtsüberzeugung der Vertragsstaaten oder auch das Entfernen des Vertrages aus nationalen Vertragsregistern sein.[108] Fehlen solche Indizien hingegen, muss das Einverständnis oder die Rechtsüberzeugung aus der Nichtanwendung des Vertrages abgeleitet werden.[109] Hier ist jedenfalls Vorsicht geboten, da allein das Verhalten oder die Behauptung einer Partei nicht ausreichend sein kann.[110] Es sollte sich dabei an vier Voraussetzungen orientiert werden, die von *McNair* aufgestellt wurden: Das vertragswidrige Verhalten muss häufig wiederholt werden (1), der Regierung zuzurechnen sein (2), keine plausible Erklärung zulassen (3) und nicht durch einen Protest anderer Vertragsstaaten begleitet werden (4).[111] Zu beachten ist allerdings, dass es sich nicht um starre Voraussetzungen für die Vertragsbeendigung handelt, sondern jeweils der konkrete Einzelfall zu betrachten ist.

(3) Anwendung auf das deutsch-britische Rechtshilfeabkommen

Fraglich ist, ob die Voraussetzungen im Hinblick auf das deutsch-britische Rechtshilfeabkommen vorliegen und dieses daher aufgrund *desuetudo* beendet worden ist. Zunächst ist festzuhalten, dass allein der Umstand, dass das Abkommen aus dem Jahr 1928 stammt und daher in gewissen Punkten veraltet ist,[112] für die Anwendung der Rechtsfigur keinesfalls ausreicht. Im Schrifttum wird – vor allem in Bezug auf das deutsch-britische Anerkennungs- und Vollstreckungsabkommen – das Wiederaufleben der alten bilateralen Staatsverträge teilweise aus sachlichen Gründen bezweifelt oder jedenfalls als nicht wünschenswert angesehen.[113] Jedoch kann das bloße Veraltenlassen eines Vertrages aus völkerrechtlicher Sicht nicht ohne das Hinzutreten weiterer

---

[106] *Karl*, Vertrag und spätere Praxis im Völkerrecht, S. 263 unter Hinweis auf den deutsch-österreichischen Handelsvertrag. Die vertragswidrige Praxis wurde dabei knapp zehn Jahre praktiziert.

[107] *McNair*, The law of treaties, S. 516; *Dahm/Delbrück/Wolfrum*, Völkerrecht Band I/3, S. 723.

[108] *Karl*, Vertrag und spätere Praxis im Völkerrecht, S. 263 f., der allerdings darauf hinweist, dass diese Indizien in der Praxis nur selten vorliegen.

[109] *Karl*, Vertrag und spätere Praxis im Völkerrecht, S. 264.

[110] *Wouters/Verhoeven*, in: Peters (Hrsg.), MPEPIL, Rn. 10.

[111] *McNair*, The law of treaties, S. 518.

[112] *Krümmel*, IWRZ 2017, 97 (98); *ders.*, IWRZ 2019, 100 (101).

[113] *Mankowski*, EuZW-Sonderheft 2020/1, 3 (11); *ders.*, NZFam 2021, 237 (243); Rauscher/*ders.*, Art. 70 Brüssel Ia-VO Rn. 10; *R. Wagner*, IPRax 2021, 2 (7).

Umstände zu dessen Beendigung führen.[114] Unabhängig davon gilt das deutsch-britische Rechtshilfeabkommen für seine Entstehungszeit als sehr liberal[115] und enthält Zustellungswege, die auch heute im modernen Zustellungsrecht noch von Bedeutung sind.

Für die Anwendung der *desuetudo* muss das Abkommen vielmehr auch über einen längeren Zeitraum nicht angewendet worden sein, sodass auf eine stillschweigende Beendigungsvereinbarung geschlossen werden kann. Tatsächlich war die Relevanz des Abkommens im deutsch-britischen Zustellungsverkehr nach dem Inkrafttreten der EuZVO 2000 am 31. Mai 2001 äußerst gering, da es nach Art. 20 Abs. 1 EuZVO 2000 (später EuZVO 2007) von den europäischen Regelungen überlagert wurde. Den ca. 20-jährigen Zeitraum bis zum Brexit kann man nicht mehr als gering ansehen.[116] Allerdings kann auch ein langer Zeitraum an sich nicht die Beendigung des Vertrages bewirken, sondern ist nur als Indiz zu berücksichtigen.[117] Gegen die Anwendung der *desuetudo* spricht indes bereits, dass die Nichtanwendung auf einer plausiblen Erklärung, nämlich der Verdrängung durch die EuZVO beruhte. *Karl* weist ausdrücklich darauf hin, dass von einer Nichtanwendung, die auf der fehlenden Anwendungsgelegenheit beruht, nicht auf die Vertragsbeendigung geschlossen werden kann.[118] Er stützt dies auf das Fehlen einer *opinio iuris*,[119] nach der hier vertreten Ansicht ist es in solchen Fällen – wenn nicht besondere Umstände hinzutreten – ausgeschlossen, aus der Nichtanwendung auf eine stillschweigende Beendigungsvereinbarung zu schließen.

Aus Art. 20 Abs. 2 EuZVO (später EuZVO 2007) folgt, dass Übereinkünfte und Vereinbarungen der Mitgliedstaaten, die eine weitere Beschleunigung oder Vereinfachung der Übermittlung von Schriftstücken enthalten, neben der EuZVO anwendbar sind. Das deutsch-britische Rechtshilfeabkommen enthält im Gegensatz zur Verordnung tatsächlich vereinfachte Zustellungswege.[120] Allerdings haben weder Deutschland noch das Vereinigte Königreich das Verfahren nach Art. 20 Abs. 3 lit. a EuZVO 2000 (später EuZVO 2007) eingehalten und eine Abschrift des Abkommens an die Europäische Kommission übermittelt. Hierin könnte man ein Indiz für eine stillschweigende Vereinbarung der Vertragsbeendigung sehen. Tatsächlich gehen vereinzelte Stimmen im

---

[114] *McNair*, The law of treaties, S. 516; *Dahm/Delbrück/Wolfrum*, Völkerrecht Band I/3, S. 723.
[115] So *Wright*, AJIL (Supp) 26 (1932), 189 (261) in Bezug auf Art. 5 DBA.
[116] Vgl. *Karl*, Vertrag und spätere Praxis im Völkerrecht, S. 263, der eine vertragswidrige Praxis von knappen zehn Jahren als relativ kurzen Zeitraum bezeichnet.
[117] *McNair*, The law of treaties, S. 516.
[118] *Karl*, Vertrag und spätere Praxis im Völkerrecht, S. 264.
[119] *Karl*, Vertrag und spätere Praxis im Völkerrecht, S. 264.
[120] Siehe bereits Kap. 2 D. II. 3. b) (S. 132 f.). A.A. allerdings Zöller/*R. Geimer*, Art. 20 EuZVO Rn. 1.

Schrifttum davon aus, dass dadurch der Wille, das Abkommen nicht weiter anzuwenden, zum Ausdruck kommt.[121] Die Übermittlung der Übereinkunft oder Vereinbarung i.S.d. Art. 20 Abs. 2 EuZVO ist allerdings keine zwingende Voraussetzung für dessen weitere Anwendbarkeit.[122] Das Erfordernis wurde daher in der Praxis nur von wenigen EU-Mitgliedstaaten beachtet.[123] Zudem ist – entgegen einer teilweise vertretenen Ansicht[124] – keine spezielle Vereinbarung über die Fortgeltung der Ab- oder Übereinkommen erforderlich. Hierfür spricht zum einen der Wortlaut („beizubehalten"),[125] zum anderen ist es aus völkerrechtlicher Sicht nicht zu begründen, weshalb die Fortgeltung eines Vertrages von einer einseitigen Erklärung an die Kommission abhängen sollte[126]. Deshalb ging die zutreffende herrschende Meinung davon aus, dass das Abkommen im deutsch-britischen Rechtsverkehr neben der EuZVO zur Anwendung kam, wenn sich der Zustellungsinteressent auf einen günstigeren Zustellungsweg des Abkommens berufen hat (Günstigkeitsprinzip).[127] Dies entspricht auch der Ansicht des OLG Stuttgart.[128] Zuletzt ist zu beachten, dass auch die Kündigung oder die Änderung des deutsch-britischen Rechtshilfeabkommens angezeigt hätte werden müssen (Art. 20 Abs. 3 lit. b EuZVO 2000, später EuZVO 2007), was allerdings nicht erfolgt ist.[129] Im Ergebnis kann

---

[121] *Jastrow*, in: Gebauer/Wiedmann (Hrsg.), Zivilrecht unter europäischem Einfluss, Kapitel 28 Rn. 270 in Fn. 127.; Rauscher/*Heiderhoff*, Art. 15 EuZVO Rn. 7.

[122] H.M. MüKoZPO/*Rauscher*, Art. 20 EuZVO Rn. 2; Rauscher/*Heiderhoff*, Art. 20 EuZVO Rn. 1; Stein/Jonas/*Domej*, Art. 20 EuZVO Rn. 3. Für die EuZVO 2020: BeckOK ZPO/*Ruster/Lahme*, Art. 29 EuZVO 2020 Rn. 1; Geimer/Schütze/Hau/*Okonska*, Art. 29 EuZVO 2020 Rn. 6.

[123] Rauscher/*Heiderhoff*, Art. 20 EuZVO Rn. 2; Geimer/Schütze/Hau/*Okonska*, Art. 29 EuZVO 2020 Rn. 8. Vgl. auch Stein/Jonas/*Domej*, Art. 20 EuZVO Rn. 3. Zu beachten ist allerdings, dass Deutschland die Zusatzvereinbarung zwischen Deutschland und Österreich zum HZPÜ 1954 an die Europäische Kommission übermittelt hat; die Erklärung ist abgedruckt bei Geimer/Schütze/*R. Geimer*, Art. 20 EuZVO Rn. 4. Kritisch zu deren Wirkungen aber *Sengstschmid*, in: Mayr (Hrsg.), Handbuch des europäischen Zivilverfahrensrechts, Rn. 14.56 ff.

[124] *Jastrow*, NJW 2002, 3382 (3383).

[125] Geimer/Schütze/Hau/*Okonska*, Art. 29 EuZVO 2020 Rn. 6.

[126] Stein/Jonas/*Domej*, Art. 20 EuZVO Rn. 3.

[127] Nachweise dazu – auch zur Gegenauffassung – in Kap. 2 Fn. 380–382. Freilich ist zu beachten, dass der Rechtsschutz des Empfängers nicht geschwächt werden darf, dazu etwa Stein/Jonas/*Domej*, Art. 20 EuZVO Rn. 2

[128] OLG Stuttgart v. 1.6.2006 – 5 W 9/06, BeckRS 2009, 89517, das ausdrücklich davon spricht, dass das Abkommen weiterhin in Kraft ist und von der EuZVO nicht ohne weiteres verdrängt wird.

[129] Man könnte natürlich auch argumentieren, dass die Kündigungs- oder Änderungsanzeige nur erforderlich ist, wenn das Abkommen tatsächlich neben der EuZVO angewendet wurde. Wer also davon ausgeht, dass Deutschland und das Vereinigte Königreich das Ab-

daher aus der bloßen Nichtanzeige des Abkommens kein Indiz für eine stillschweigende Beendigungsvereinbarung abgeleitet werden.[130]

Denkbar ist, dass die vertragswidrige Praxis darin bestand, das deutsch-britische Rechtshilfeabkommen entgegen Art. 20 Abs. 2 EuZVO 2000 (später EuZVO 2007) nicht neben der Verordnung anzuwenden. Für das Wiederaufleben des deutsch-britischen Anerkennungs- und Vollstreckungsabkommen wird von der herrschenden Ansicht häufig dessen „Nischendasein" angeführt.[131] Das Abkommen konnte Anwendung finden, wenn die negativen Bereichsausnahmen der europäischen Regelungen einschlägig waren (z.B. in Bezug auf Schiedsverfahren). Eine solche Argumentation überzeugt allerdings nur dann, wenn das Abkommen tatsächlich angewendet wurde, eine vertragswidrige Nichtanwendung wäre hingegen ein Anhaltspunkt für die *desuetudo*. Die Zustellungswege, die das deutsch-britische Rechtshilfeabkommen über die EuZVO hinaus ermöglichte, sind allerdings in der Praxis kaum relevant, sodass sich wohl nicht allzu viele Anwendungsmöglichkeiten ergeben haben. Jedenfalls ist – soweit ersichtlich – kein häufiges und wiederholtes vertragswidriges Verhalten erkennbar, das auch der Regierung zuzurechnen wäre.

Für das deutsch-britische Rechtshilfeabkommen ist ferner zu beachten, dass es auf eine Reihe ehemaliger Commonwealth-Gebiete erweitert wurde.[132] Diese Staaten waren (und sind) keine Mitgliedstaaten der Europäischen Union, sodass im Verhältnis zu diesen die EuZVO nicht anwendbar war (und ist). Das Abkommen hatte daher im Verhältnis zu diesen Staaten eine enorme Bedeutung und wurde im Verhältnis zu ihnen angewendet. Ersichtlich ist dies etwa aus einer Entscheidung des OLG Frankfurt a.M. für den Rechtsverkehr zwischen Deutschland und Neuseeland[133] und aus einer Entscheidung des BGH für das Verhältnis zu den Cayman-Inseln[134]. Im Rahmen der *desuetudo* ist anerkannt, dass bei einem bilateralen Vertrag nicht das Verhalten einer einzigen Vertragspartei ausreicht. Bei multilateralen Verträgen müssen alle Vertragsparteien den Vertrag unangewendet lassen.[135] Eine Vertragsbeendigung durch *desuetudo* scheidet somit auch deswegen aus, da das Abkommen von anderen

---

kommen – mangels Anzeige – nie anwenden wollten, hat keine Probleme, auch die Kündigungsanzeige für entbehrlich zu halten. Freilich ist auch diese Anzeige nicht konstitutiv für die Aufhebung der Übereinkunft oder Vereinbarung.

[130] In diese Richtung auch BeckOK ZPO/*Hiss/Ruster*, Art. 1 EuZVO 2020 Rn. 14.

[131] So etwa *Pfeiffer,* DRiZ 2020, 138 (139); *Steinbrück/Lieberknecht,* EuZW 2021, 517 (523).

[132] *Geimer/Schütze/Hau* (Hrsg.), Internationaler Rechtsverkehr, Rn. 520.3 ff. (mit einer Übersicht zu den Vertragsstaaten). Vgl. auch *Fahrbach/Schiener,* IWRZ 2017, 16 (19); *Linke/Hau*, IZVR, Rn. 8.24; *Nagel/Gottwald*, IZPR, Rn. 8.161.

[133] OLG Frankfurt a.M. v. 8.2.2010 – 20 VA 15/09, IPRax 2012, 242.

[134] BGH v. 13.9.2016 – VI ZB 21/15, BGHZ 212, 1 Rn. 30. Ebenso die Vorinstanz: OLG Stuttgart v. 30.1.2015 – 5 W 48/13, IPRax 2015, 430 Rn. 85.

[135] *Dahm/Delbrück/Wolfrum,* Völkerrecht Band I/3, S. 723; *Wouters/Verhoeven*, in: Peters (Hrsg.), MPEPIL, Rn. 10.

Vertragsstaaten und auch von Deutschland und dem Vereinigten Königreich im Verhältnis zu diesen weiterhin angewendet wurde.

Gegen die Anwendung der *desuetudo* spricht zuletzt, dass die Argumentation auf sämtliche andere völkerrechtliche Verträge zwischen den EU-Mitgliedstaaten, die aufgrund des Sekundärrechts überlagert werden bzw. wurden, übertragen werden könnte.[136] Das würde beim Austritt eines Mitgliedstaates erhebliche Rechtsunsicherheit nach sich ziehen[137] und auch dem Ausnahmecharakter der *desuetudo* widersprechen. Auch für multilaterale Verträge, etwa das HZÜ, könnte die Argumentation herangezogen werden.[138] Dies wird allerdings im Schrifttum nicht diskutiert, zumal auch hier die Anwendung im Verhältnis zu Nicht-EU-Mitgliedstaaten der *desuetudo* entgegenstehen würde. Die hohen Voraussetzungen für die Anwendung der Rechtsfigur sind somit im Hinblick auf das deutsch-britische Rechtshilfeabkommen nicht gegeben.[139]

dd) Außerkrafttreten aufgrund Obsoleszenz

Allerdings könnte die Beendigung des Abkommens auf der völkerrechtlichen Figur der *Obsoleszenz* (auch Obsoleterklärung genannt) beruhen.[140]

(1) Anerkennung

Auch die *Obsoleszenz* wird in der Wiener Vertragsrechtskonvention nicht ausdrücklich angesprochen. Sie beschreibt das Erlöschen des Vertrages in Konstellationen, in denen eine tiefgreifende Änderung der Vertragsumstände erfolgt ist, sodass die Erfüllung der Verpflichtungen ungerecht, unangebracht oder sinnlos geworden ist.[141] Aufgrund der Nähe zur *desuetudo* und *clausula rebus*

---

[136] *J. Müller*, Zustellungen im Vereinigten Königreich nach dem Brexit, ZPO-Blog, unter II. 2. (auf Verträge zwischen dem Vereinigten Königreich und den EU-Mitgliedstaaten beschränkt).

[137] *J. Müller*, Zustellungen im Vereinigten Königreich nach dem Brexit, ZPO-Blog, unter II. 2.

[138] *J. Müller*, Zustellungen im Vereinigten Königreich nach dem Brexit, ZPO-Blog, unter II. 2.

[139] Ebenso *Steinbrück/Lieberknecht,* EuZW 2021, 517 (521); BeckOK ZPO/*Hiss/Ruster*, Art. 1 EuZVO 2020 Rn. 14. In diese Richtung auch *J. Müller*, Zustellungen im Vereinigten Königreich nach dem Brexit, ZPO-Blog, unter II. 2. Das Problem offen lassend *Hau,* MDR 2021, 521 Rn. 17.

[140] Vgl. *J. Müller*, Zustellungen im Vereinigten Königreich nach dem Brexit, ZPO-Blog, unter II. 2.; BeckOK ZPO/*Hiss/Ruster*, Art. 1 EuZVO 2020 Rn. 14.

[141] *Karl*, Vertrag und spätere Praxis im Völkerrecht, S. 218; *Hafner,* Annuaire français de droit international 37 (1991), 239 (254 f.); *Wouters/Verhoeven*, in: Peters (Hrsg.), MPEPIL, Rn. 2; *Binder*, Die Grenzen der Vertragstreue im Völkerrecht, S. 267. Enger *Kohen*, in: Cannizzaro (Hrsg.), The law of treaties beyond the Vienna Convention, S. 350, 358, der die Rechtsfigur auf die rechtliche Unmöglichkeit beschränkt. Anders auch *Dahm/Delbrück/*

sic stantibus (Art. 62 WVK) sind Anerkennung und Bedeutung der Rechtsfigur im Schrifttum umstritten. Zum Teil wird bereits die Existenz der *Obsoleszenz* verneint, da in Art. 62 WVK ein besonderes Verfahren geregelt sei, das die grundlegende Änderung der Vertragsumstände abschließend regle und nicht umgangen werden solle.[142] Andere Stimmen ordnen die Rechtsfigur als Unter- bzw. Sonderfall der *clausula rebus sic stantibus* ein.[143] *Beham/Fink/Janik* verstehen die Obsoleterklärung hingegen als förmliche Feststellung des Zustandes der *desuetudo*.[144] Andererseits wird davon ausgegangen, dass die Begriffe der *desuetudo* und *Obsoleszenz* gleichbedeutend seien.[145] Damit käme es auch hier auf die faktische Nichtanwendung des Vertrages an.[146]

Die heute wohl herrschende Ansicht sieht in der *Obsoleszenz* hingegen eine eigenständige Rechtsfigur.[147] Wer die Rechtsfigur als Unterfall des Art. 62 WVK klassifiziert, verkenne, dass die Obsoleterklärung gerade nicht konstitutiv wirke.[148] Andererseits gebe es keinen Grund, die Nichtanwendung des Vertrages über einen bestimmten Zeitraum zur zwingenden Voraussetzung zu machen, wenn sich die Umstände derart geändert haben, dass die Vertragserfüllung sinnlos oder unmöglich geworden ist.[149] Nach *Wouters/Verhoeven* ist die *Obsoleszenz* flexibler als die *clausula rebus sic stantibus* und die rechtlichen Wirkungen folgen beispielsweise aus einer stillschweigenden Vereinbarung der Vertragsparteien.[150] Auch die International Law Commission, welche die

---

Wolfrum, Völkerrecht Band I/3, S. 723, die „*obsolenscence*" als Veraltenlassen des Vertrages definieren und ihr sämtliche rechtliche Bedeutung absprechen.

[142] *Hecht/Muzak*, JBl. 1994, 720 (722 f.). Ähnlich *Köck*, ZÖR 50 (1996), 75 (104 ff.), der eine eigenständige Bedeutung der *Obsoleszenz* ablehnt, unter den Begriff aber Fälle der *desuetudo*, der Unmöglichkeit der Vertragserfüllung und der Anwendung der *clausula rebus sic stantibus* fasst.

[143] *Brierly*, Grotius Society 11 (1925), 11 (15 ff.), *McNair*, The law of treaties, S. 746; *Detter*, Essays on the Law of Treaties, S. 95 f.

[144] *Beham/M. Fink/Janik*, Völkerrecht verstehen, S. 82.

[145] *Capotorti*, Rec. de Cours 134 (1971-III), 427 (517); *Verdross/Simma*, Völkerrecht, Rn. 823; *Reuter*, Introduction to the law of treaties, Rn. 216. Wohl auch *Aust*, Modern treaty law and practice, S. 270.

[146] *Binder*, Die Grenzen der Vertragstreue im Völkerrecht, S. 270.

[147] *Karl*, Vertrag und spätere Praxis im Völkerrecht, S. 218 f.; *Hafner*, Annuaire français de droit international 37 (1991), 239 (247, 254 f.); *Wouters/Verhoeven*, in: Peters (Hrsg.), MPEPIL, Rn. 2; *Kohen*, in: Cannizzaro (Hrsg.), The law of treaties beyond the Vienna Convention, S. 350, 358; *Binder*, Die Grenzen der Vertragstreue im Völkerrecht, S. 271 ff. Wohl auch *Parry*, in: Soerensen (Hrsg.), The Law of Treaties, S. 175, 235 („Though none of the grounds of termination of a treaty so far mentioned may operate in regard to a particular instrument, that instrument may simply become obsolete or meaningless.").

[148] *Binder*, Die Grenzen der Vertragstreue im Völkerrecht, S. 271.

[149] *Binder*, Die Grenzen der Vertragstreue im Völkerrecht, S. 271. Vgl. auch *Hafner*, Annuaire français de droit international 37 (1991), 239 (254 f.).

[150] *Wouters/Verhoeven*, in: Peters (Hrsg.), MPEPIL, Rn. 2, 12.

Obsoleszenz im Zusammenhang mit der *desuetudo* erwähnt, geht davon aus, dass sie auf dem Einvernehmen der Vertragsparteien beruht.[151]

(2) Voraussetzungen

Weitgehend ungeklärt sind auch die Voraussetzungen der *Obsoleszenz*. Die Autoren, die der Rechtsfigur eine eigenständige Bedeutung zusprechen, beschränken sie jedenfalls auf Ausnahmefälle.[152] Dies ist schon deshalb erforderlich, da mit der *clausula rebus sic stantibus* ein ähnlicher, geschriebener Vertragsbeendigungsgrund existiert, der auf dem Wegfall der Geschäftsgrundlage beruht. *Karl* fordert zunächst, dass sich die äußeren Umstände, Bedürfnisse und Erwartungen der Vertragsparteien ändern, wodurch der Vertrag „ungerecht, schädlich, überholungsbedürftig oder gar sinnlos"[153] wird. Ein Erlöschen durch *Obsoleszenz* sei aber nur in krassen Fällen möglich, „sei es, weil er [(der Vertrag)] sich der praktischen Anwendung überhaupt verschließt, sei es, weil der gesamte politische, soziale, ökonomische und rechtliche Kontext, in den der Vertrag gestellt wurde, weggefallen ist"[154]. Nach *Binder* ist erforderlich, dass der Vertrag eng mit den historischen Umständen verbunden ist und diese in der Folge weggefallen sind.[155] Auch *Hafner* verlangt eine tiefgreifende Umstandsveränderung, aus der sich ergibt, dass die Forderung nach Erfüllung der Verpflichtungen aus dem Vertrag nicht mehr vernünftigerweise in Betracht gezogen werden kann.[156]

Problematisch ist dabei die Bedeutung des Verhaltens der Vertragsparteien. Die Nichtanwendung des Vertrages über einen bestimmten Zeitraum hat nach herrschender Meinung keine konstitutive Bedeutung, was bereits aus der Abgrenzung zur *desuetudo* folgt. Eine längere Übung der Vertragsparteien kann daher nur ein Indiz für eine Vertragsbeendigung durch *Obsoleszenz* sein.[157] Le-

---

[151] *United Nations*, Yearbook of the International Law Commission 1966 – Vol. II, S. 236. Es ist indes unklar, ob die ILC die *Obsoleszenz* neben der *desuetudo* als eigenständige Rechtsfigur ansieht.

[152] *Karl*, Vertrag und spätere Praxis im Völkerrecht, S. 218; *Wouters/Verhoeven*, in: Peters (Hrsg.), MPEPIL, Rn. 12, 17; *Binder*, Die Grenzen der Vertragstreue im Völkerrecht, S. 288.

[153] *Karl*, Vertrag und spätere Praxis im Völkerrecht, S. 218.

[154] *Karl*, Vertrag und spätere Praxis im Völkerrecht, S. 218.

[155] *Binder*, Die Grenzen der Vertragstreue im Völkerrecht, S. 278.

[156] *Hafner*, Annuaire français de droit international 37 (1991), 239 (254 f.).

[157] *Binder*, Die Grenzen der Vertragstreue im Völkerrecht, S. 281 (auch unter Hinweis auf den österreichischen Staatsvertrag). Ähnlich *Karl*, Vertrag und spätere Praxis im Völkerrecht, S. 258. Vgl. aber auch *Wouters/Verhoeven*, in: Peters (Hrsg.), MPEPIL, Rn. 12, die dem nachfolgenden Verhalten der Vertragsparteien eine prägende Bedeutung für die Annahme einer stillschweigenden Vereinbarung zumessen.

diglich deklaratorische Bedeutung dürfte auch der (ausdrücklichen) Obsoleterklärung durch eine der Vertragsparteien zukommen.[158] Es ist aber umstritten, ob der rechtliche Grund für die Vertragsbeendigung allein in dem völligen Wegfall der Vertragsumstände liegt[159] oder ob zusätzlich eine Rechtsüberzeugung[160] bzw. ein stillschweigendes Einvernehmen der Vertragsparteien[161] erforderlich ist. Wenn man der letzten Auffassung folgt, umschreibt die *Obsoleszenz* – ebenso wie die *desuetudo* – lediglich faktische Umstände, die aufgrund einer stillschweigenden Vereinbarung der Vertragsparteien rechtliche Folgen für die Fortgeltung des Vertrages haben.

(3) Anwendung auf das deutsch-britische Rechtshilfeabkommen

Fraglich ist, ob im Hinblick auf das deutsch-britische Rechtshilfeabkommen eine grundlegende Änderung der politischen, sozialen, ökonomischen und rechtlichen Umstände erfolgt ist, welche die Anwendung der *Obsoleszenz* rechtfertigen könnte. Das Abkommen wurde im Jahr 1928 im Zuge der Entwicklung der internationalen Rechtshilfe abgeschlossen. Das Vereinigte Königreich war kein Mitglied der Haager Konferenz für Internationales Privatrecht und des HZPA 1905, weshalb ein bilateraler Vertrag notwendig war. Das Abkommen sollte den deutsch-britischen Rechtshilfeverkehr auf eine feste vertragliche Grundlage stellen und die Besonderheiten der unterschiedlichen Rechtsordnungen berücksichtigen.[162]

Als Anknüpfungspunkt für eine rechtliche Umstandsänderung kommt zunächst das Inkrafttreten der EuZVO in Betracht. Durch diese Verordnung wurde der grenzüberschreitende Zustellungsverkehr im europäischen Raum sekundärrechtlich geregelt. Der praktische Anwendungsbereich des deutsch-britischen Rechtshilfeabkommens war daher erheblich eingeschränkt. Es hatten sich jedenfalls auch die politischen Verhältnisse geändert, da das Vereinigte Königreich Mitglied der Europäischen Union war und sich daher die justizielle Zusammenarbeit weiter verengte. Allerdings ist hier – ebenso wie bei der *desuetudo* – zu beachten, dass das deutsch-britische Rechtshilfeabkommen neben der EuZVO zur Anwendung kommen konnte (vgl. Art. 20 Abs. 2

---

[158] *Binder*, Die Grenzen der Vertragstreue im Völkerrecht, S. 283 f. Ebenso *Hafner*, Annuaire français de droit international 37 (1991), 239 (255), allerdings mit dem Hinweis, dass die Erklärung i.V.m. der Antwort des Vertragspartners eine gewisse konstitutive Bedeutung erlangen kann.

[159] Dafür *Binder*, Die Grenzen der Vertragstreue im Völkerrecht, S. 273. Wohl auch *Karl*, Vertrag und spätere Praxis im Völkerrecht, S. 218.

[160] Dafür *Hafner*, Annuaire français de droit international 37 (1991), 239 (255).

[161] Dafür die ILC in ihrem Kommentar zum Entwurf eines Übereinkommens über das Recht der Verträge, in: *United Nations*, Yearbook of the International Law Commission 1966 – Vol. II, S. 236; *Wouters/Verhoeven*, in: Peters (Hrsg.), MPEPIL, Rn. 2, 12.

[162] Siehe ausführlich zum Hintergrund des Abkommens bereits Kap. 2 B. I. (S. 73 f.).

EuZVO 2000, später EuZVO 2007). Die Anwendung des Abkommens war daher in dieser Zeit weder unmöglich noch unsinnig. Zudem würde die Anwendung der *Obsoleszenz* auf Verträge, die durch andere Verträge oder das Unionsrecht überlagert werden, den Anwendungsbereich der Rechtsfigur deutlich überspannen und dem Ausnahmecharakter widersprechen. Die Beendigung durch *Obsoleszenz* hätte dann auch bereits bei Inkrafttreten des HZÜ in Betracht gezogen werden müssen. Der historische Kontext hatte sich zuletzt auch nicht gänzlich geändert, da die internationale Rechtshilfe sogar noch an Bedeutung gewonnen hatte und die Unterschiede in den nationalen Rechtsordnungen jedenfalls im Hinblick auf das Zustellungsrecht weiterhin bestanden.

Die Vertragsgrundlage des deutsch-britischen Rechtshilfeabkommens könnte allerdings durch den Brexit in Frage gestellt werden. Eine solche Argumentation wird für das EuGVÜ herangezogen (wenn auch ohne konkrete Bezugnahme auf die *Obsoleszenz*). Durch den Brexit kam es richtigerweise zu einer konkludenten Aufhebung dieses Übereinkommens (vgl. Art. 54 lit. b WVK). Die Beendigung beruht allerdings auf Art. 50 Abs. 3 EUV, dessen Anwendung sich wiederum aus der Nähe des EuGVÜ zum Unionsrecht rechtfertigt.[163] Das Übereinkommen sollte lediglich für Mitglieder der Europäischen Wirtschaftsgemeinschaft gelten und musste von den Mitgliedstaaten als *acquis communautaire* ratifiziert werden.[164] Die Rechtsform des Übereinkommens wurde nur deshalb gewählt, da die Europäische Gemeinschaft zu diesem Zeitpunkt keine Kompetenz für das internationale Zivilverfahrensrecht besaß.[165] Zweck des Art. 50 Abs. 3 EUV ist es, dass sämtliche Rechtsakte, die sich auf das Unionsrecht beziehen, nach dem Austritt eines EU-Mitgliedstaates im Verhältnis zu diesem keine Anwendung mehr finden.[166] Die konkludente Aufhebung des EuGVÜ könnte man aufgrund der besonderen Entstehungsgeschichte auch auf einen kompletten Wegfall der Vertragsgrundlage und somit die *Obsoleszenz* stützen. Eine entsprechende Argumentation kommt für das deutsch-britische Rechtshilfeabkommen indes von vornherein nicht in Betracht. Das Abkommen wurde zeitlich weit vor der Entstehung der Europäischen Gemeinschaft bzw. Europäischen Union abgeschlossen. Somit fehlt es offensichtlich an der besonderen Nähe zum Unionsrecht. Durch den Brexit kommt es viel-

---

[163] *Hess,* IPRax 2016, 409 (413); *Sonnentag,* Die Konsequenzen des Brexits, S. 82; *Krümmel,* IWRZ 2017, 97 (98); *Steinbrück/Lieberknecht,* EuZW 2021, 517 (518); HK-ZPO/*Dörner,* Vorbemerkung zur Brüssel Ia-VO Rn. 7.1. Beachte auch *Rühl,* ICLQ 67 (2018), 99 (107), die zudem eine analoge Anwendung von Art. 63 WVK in Betracht zieht. Zum Argument der Nähe zum Unionsrecht ferner *Dickinson,* JPIL 12 (2016), 195 (205); *Basedow,* China-EU L. J. 5 (2017), 101 (115); *Rühl,* JZ 72 (2017), 72 (77); *Dickinson*, Dickinson on the Fate of the 1968 Brussels Convention: No Coming Back?, EAPIL-Blog.
[164] *Rühl,* ICLQ 67 (2018), 99 (105 ff.); *Steinbrück/Lieberknecht,* EuZW 2021, 517 (518).
[165] *Sonnentag,* Die Konsequenzen des Brexits, S. 82.
[166] *Hess,* IPRax 2016, 409 (413).

mehr wieder vermehrt zu Situationen, in denen auf bilaterale Verträge zurückgegriffen werden muss. Insofern nähern sich die Umstände vielmehr wieder denen bei Abschluss des deutsch-britischen Rechtshilfeabkommens an.

Somit hat weder das Inkrafttreten der EuZVO noch der Brexit zu einem vollständigen Wegfall der Vertragsgrundlage des Abkommens geführt. Es wurde mithin – unabhängig von der Anerkennung und dogmatischen Einordnung der Rechtsfigur – nicht durch *Obsoleszenz* beendet.[167]

ee) Fazit

Somit überzeugt es im Ergebnis, mit der herrschenden Meinung das Wiederaufleben des deutsch-britischen Rechtshilfeabkommens zu bejahen. Eine formelle Kündigung des Abkommens nach Art. 16 S. 3, 18 lit. b DBA ist bisher nicht erfolgt. Auch das Inkrafttreten der EuZVO hat nicht zur Beendigung des deutsch-britischen Rechtshilfeabkommens geführt. Die hohen Voraussetzungen der *desuetudo* und der *Obsoleszenz* sind im Hinblick auf das Abkommen nicht erfüllt. Allerdings ist zu beachten, dass die britischen Behörden die Weiteranwendung des Abkommens noch überprüfen. Wenn das Vereinigte Königreich zu dem Ergebnis gelangt, dass die Weiteranwendung unerwünscht ist, kann das Abkommen jederzeit gekündigt werden.

b) Verhältnis zum Haager Zustellungsübereinkommen

Da es durch den Brexit zum Wiederaufleben sowohl des HZÜ als auch des deutsch-britischen Rechtshilfeabkommens kommt, stellt sich die Frage nach dem Verhältnis beider Rechtsakte zueinander. Art. 25 HZÜ bestimmt, dass das Übereinkommen keine anderen Ab- und Übereinkommen, denen die Vertragsstaaten angehören und die Bestimmungen über Rechtsgebiete enthalten, die durch das HZÜ geregelt werden, berührt. Das deutsch-britische Rechtshilfeabkommen enthält ebenfalls Regelungen über die Zustellung von Schriftstücken und ist somit ein solches Zusatzabkommen i.S.d. Art. 25 HZÜ. Es wird durch das HZÜ mithin nicht verdrängt, vielmehr gilt insofern das Günstigkeitsprinzip. Der Zustellungsinteressent kann sich auf Vorschriften des deutsch-britischen Rechtshilfeabkommens berufen, wenn dieses einen weiteren oder vereinfachten Zustellungsweg zur Verfügung stellt.[168]

---

[167] Ebenso BeckOK ZPO/*Hiss/Ruster*, Art. 1 EuZVO 2020 Rn. 14.
[168] Vgl. *Rauscher*, IPRax 1992, 71 (72); *Kondring*, RIW 1996, 722 (724); *ders.*, IPRax 2022, 576 (580); *G. Geimer*, Neuordnung des internationalen Zustellungsrechts, S. 193; *Maack*, Englische antisuit injunctions, S. 73; Geimer/Schütze/Hau/*Sujecki*, Art. 25 HZÜ Rn. 2; Stein/Jonas/*H. Roth*, § 183 ZPO Rn. 18. Der BGH v. 13.9.2016 – VI ZB 21/15, BGHZ 212, 1 Rn. 30 spricht davon, dass das deutsch-britische Rechtshilfeabkommen dem HZÜ „nach dessen Art. 25 vor [geht]", ähnlich *Strasser*, RpflStud 2011, 25 (26). Vgl. auch OLG Köln v. 2.3.2023 – 18 U 188/21, BeckRS 2023, 4322 Rn. 55.

4. Zwischenergebnis

Ab dem 1. Januar 2021 richtet sich die Zustellung von Schriftstücken im deutsch-britischen Rechtsverkehr nur noch dann nach der EuZVO 2007, wenn die Übergangsvorschrift des Art. 68 lit. a BrexitAbk eingreift. Diese stellt auf den Eingang des Schriftstücks bei einer maßgeblichen Stelle vor Ablauf der Übergangszeit ab, sodass sie nur wenige Fallkonstellationen erfassen und im Laufe der Zeit an Bedeutung verlieren wird. An die Stelle der EuZVO treten das HZÜ und das deutsch-britische Rechtshilfeabkommen, die nebeneinander anwendbar sind, wobei insofern das Günstigkeitsprinzip gilt.

III. Zustellungswege

Das HZÜ und das deutsch-britische Rechtshilfeabkommen stellen verschiedene Zustellungswege zur Verfügung, die jeweils Vor- und Nachteile aufweisen und in den Rechtsakten unterschiedlichen Voraussetzungen unterliegen.

1. Zustellung im Wege der aktiven internationalen Rechtshilfe

Die Zustellung durch Einschaltung der ausländischen Rechtshilfebehörden ist im HZÜ in Art. 2–7 und im deutsch-britischen Rechtshilfeabkommen in Art. 3–4 geregelt. Während im HZÜ der Weg über die Zentralen Behörden vorgesehen ist, muss bei dem Abkommen der konsularische Weg beschritten werden. Letzterer wurde im HZÜ gerade deshalb aufgegeben, weil er als zu langwierig und kompliziert angesehen wurde.[169] Die zuständige Person des Ursprungsstaates soll sich stattdessen unmittelbar an die Zentrale Behörde des Empfängerstaates wenden, die das Ersuchen entgegennimmt und die Zustellung veranlasst (vgl. Art. 3 Abs. 1 HZÜ). Durch die Einschaltung der Konsulate des Ursprungsstaates verzögert sich die Zustellung nur unnötigerweise. Auch im Übrigen enthält das deutsch-britische Rechtshilfeabkommen für diesen Zustellungsweg keine besonderen Verfahrenserleichterungen. Daher ist davon auszugehen, dass sich Ersuchen im Hinblick auf die Zustellung durch die ausländischen Rechtshilfebehörden nach dem Brexit stets nach den Vorschriften des HZÜ richten. Allerdings weist die ZRHO im Länderteil Vereinigtes Königreich (ausschließlich sonstiger britischer Gebiete) darauf hin, dass daneben auch Zustellungsanträge nach dem deutsch-britischen Rechtshilfeabkommen zulässig sind.

---

[169] *HCCH*, Actes et documents de la dixiéme session, 1964, S. 75; *Böckstiegel/Schlafen*, NJW 1978, 1073 (1074).

2. Zustellung durch diplomatische oder konsularische Beamte

Nach beiden völkerrechtlichen Verträgen kann ein Schriftstück ohne Mitwirkung der Behörden des Empfängerstaates unmittelbar durch einen diplomatischen oder konsularischen Beamten des Ursprungsstaates zugestellt werden (Art. 5 lit. a DBA; Art. 8 Abs. 1 HZÜ). Das deutsch-britische Rechtshilfeabkommen beschränkt den Zustellungsweg insofern, als er nicht im Verhältnis zu Adressaten, die Angehörige des Empfängerstaates sind, gilt. Art. 8 Abs. 2 HZÜ enthält demgegenüber eine Vorbehaltsmöglichkeit, von der Deutschland (vgl. § 6 S. 1 AusfG-HZÜ), nicht aber das Vereinigte Königreich Gebrauch gemacht hat.[170] Insofern ergibt sich nach dem Brexit folgende Rechtslage: Schriftstücke aus Deutschland können durch die deutschen Konsuln sowohl an deutsche als auch britische und drittstaatliche Angehörige übermittelt werden (Art. 8 Abs. 1 HZÜ). Für Schriftstücke aus dem Vereinigten Königreich ermöglicht Art. 8 Abs. 1 HZÜ wegen des deutschen Widerspruches nur die Zustellung an britische Staatsangehörige. Art. 5 lit. a DBA, der von dem für das HZÜ erklärten Widerspruch unberührt bleibt, erweitert die Möglichkeit auf drittstaatliche Empfänger.

3. Unmittelbare Postzustellung

Fraglich ist, ob im deutsch-britischen Rechtsverkehr die unmittelbare Postzustellung, die vor dem Austritt des Vereinigten Königreichs aus der Europäischen Union durch Art. 14 EuZVO 2007 ermöglicht wurde und den heute wohl wichtigsten Zustellungsweg darstellt, auch nach dem Brexit möglich bleibt.

a) Haager Zustellungsübereinkommen

Art. 10 lit. a HZÜ gestattet die Postzustellung, wenn der Empfängerstaat keinen Widerspruch dagegen erklärt hat. Für die Bundesrepublik Deutschland ist dies geschehen (vgl. § 6 S. 2 AusfG-HZÜ), sodass die Vorschrift keine Postzustellung für Schriftstücke aus dem Vereinigten Königreich in Deutschland ermöglicht.

aa) Reziproke Wirkung des deutschen Vorbehalts

(1) Problemaufriss und Meinungsstand

Das Vereinigte Königreich hat hingegen keinen Widerspruch erklärt,[171] sodass die Postzustellung deutscher Schriftstücke im Vereinigten Königreich jedenfalls nicht von vornherein ausgeschlossen ist. Dennoch wird vertreten, dass

---

[170] Zum Ganzen bereits Kap. 2 B. III. 2. (S. 78 f.) und Kap. 2 C. III. 2 (S. 102 f.).

[171] Vgl. dazu die praktischen Informationen für das Vereinigte Königreich auf der Webseite der Haager Konferenz, abrufbar unter: <https://www.hcch.net/en/states/authorities/details3/?aid=278>.

dieser Zustellungsweg auch für deutsche Verfahren nicht zur Verfügung stehe, da der deutsche Widerspruch allseitig ausgelegt werden müsse.[172] Als Begründung für die allseitige Wirkung wird entweder direkt[173] auf Art. 21 Abs. 1 lit. b WVK, den allgemeinen völkerrechtlichen Reziprozitätsgrundsatz[174] oder § 6 S. 2 AusfG-HZÜ verwiesen. Die Postzustellung durch einen widersprechenden Staat ist nach dieser Auffassung völkerrechtlich unzulässig, obwohl der Empfängerstaat selbst keinen Vorbehalt erklärt hat. Die herrschende Ansicht in der Rechtsprechung und im Schrifttum geht hingegen davon aus, dass der Widerspruch nach Art. 10 lit. a HZÜ keine Gegenseitigkeit auslöst.[175] Vielmehr sei allein die Haltung des Empfängerstaates zur Postzustellung auf seinem Staatsgebiet entscheidend.

Eine weitere Ansicht differenziert danach, ob der Empfängerstaat die Zustellung durch die Post als Hoheitsakt und somit als Ausübung fremder Staatsgewalt auf seinem Territorium qualifiziert. Für den Fall, dass dieser Staat das deutsche Souveränitätsverständnis teilt, wirke der Vorbehalt allseitig.[176] Die Differenzierung wird damit begründet damit, dass § 6 S. 2 AusfG-HZÜ die Souveränität schützen solle. Wenn der Empfängerstaat die Zustellung nicht als Hoheitsakt qualifiziere, könne dieser nicht in seiner Souveränität verletzt sein und sei deshalb nicht schutzwürdig.[177] Die Auswirkungen dieser Ansicht auf Zustellungen im Vereinigten Königreich sind unklar, da die englische Rechtsprechung die Zustellung zwar als staatlichen Hoheitsakt qualifiziert, andererseits allerdings sehr liberal im Hinblick auf die Postzustellung ist.

---

[172] OLG Düsseldorf v. 8.2.1999 – 3 W 429/98, BeckRS 1999, 2703 Rn. 19 f.; *Kondring*, Heilung von Zustellungsfehlern, S. 130 ff.; *ders.*, RIW 1996, 722 (723); *Gsell*, EWS 2002, 115 (119); *Hess*, NJW 2002, 2417 (2424); *Jastrow*, NJW 2002, 3382 (3383) in Fn. 13; *Lange*, Internationale Rechts- und Forderungspfändung, S. 310; *Heidrich*, EuZW 2005, 743 (746). Dazu auch *Linke*, in: Gottwald (Hrsg.), Grundfragen der Gerichtsverfassung, S. 95, 108.

[173] So *Kondring*, Heilung von Zustellungsfehlern, S. 130 f. Wohl auch *Gsell*, EWS 2002, 115 (119).

[174] So *Lange*, Internationale Rechts- und Forderungspfändung, S. 310 in Fn. 929. Wohl auch *Jastrow*, NJW 2002, 3382 (3383) in Fn. 13: „Gegenseitigkeit im Rechtshilfeverkehr".

[175] OLG Köln v. 2.3.2023 – 18 U 188/21, BeckRS 2023, 4322 Rn. 58; LG Berlin v. 27.3.2012 – 15 O 377/11, ZUM-RD 2012, 399 (402); LG Hamburg v. 7.2.2013 – 327 O 426/12, GRUR-RR 2013, 230 (232); *Stadler*, IPRax 2002, 471 (473); *H. Schmidt*, IPRax 2004, 13 (14); *Stroschein*, Parteizustellung im Ausland, S. 187 ff.; *Ghassabeh*, Zustellung einer punitive-damages-Sammelklage, S. 109; Geimer/Schütze/Hau/*Sujecki*, Art. 10 HZÜ Rn. 7; Prütting/Gehrlein/*Marx*, § 183 ZPO Rn. 3; Zöller/*R. Geimer*, § 183 ZPO Rn. 10; Schlosser/Hess⁴/*Schlosser*, Art. 10 HZÜ Rn. 2; Stein/Jonas/*H. Roth*, § 183 ZPO Rn. 11; *R. Geimer*, IZPR, Rn. 418, 2085; *Schack*, IZVR, Rn. 682.

[176] MüKoZPO/*Häublein/M. Müller*, § 183 ZPO Rn. 10.

[177] MüKoZPO/*Häublein/M. Müller*, § 183 ZPO Rn. 10.

(2) Reziprozitätsprinzip aus Art. 21 Abs. 1 lit. b WVK

Zunächst ist zu klären, ob die allseitige Wirkung des deutschen Vorbehalts bereits aus Art. 21 Abs. 1 lit. b WVK resultiert. Die Norm bestimmt, dass ein von einem Vertragsstaat erklärter Vorbehalt dem völkerrechtlichen Reziprozitätsprinzip unterworfen ist. Er kann also von den übrigen Vertragsparteien gegen die erklärende Partei geltend gemacht werden.[178] Ein Vorbehalt ist eine wie auch immer formulierte oder bezeichnete von einem Staat abgegebene einseitige Erklärung, durch die er bezweckt, die Rechtswirkungen einzelner Vertragsbestimmungen in der Anwendung auf diesen Staat auszuschließen oder zu ändern (Art. 2 Abs. 1 lit. d WVK). Bei dem Widerspruch nach Art. 10 lit. a HZÜ, der eine einseitige Erklärung darstellt, soll die Zulässigkeit der Postzustellung im eigenen Staatsgebiet verhindert, also die Rechtswirkung einer Vertragsbestimmung ausgeschlossen werden. Es handelt sich daher um einen Vorbehalt i.S.d. Art. 2 Abs. 1 lit. d WVK.[179]

Es muss jedoch der Anwendungsbereich der Wiener Vertragsrechtskonvention eröffnet sein. In sachlicher Hinsicht ist dies der Fall, da es sich beim HZÜ um einen Vertrag zwischen Staaten i.S.d. Art. 1 WVK handelt. Problematisch ist jedoch die zeitliche Anwendbarkeit. Art. 4 WVK regelt, dass die Wiener Vertragsrechtskonvention nur auf Verträge Anwendung findet, die von Staaten geschlossen werden, nachdem das Übereinkommen für sie in Kraft getreten ist. Statuiert wird also ein grundsätzliches Rückwirkungsverbot.[180] Es ist umstritten, ob Art. 4 WVK so zu verstehen ist, dass alle Vertragsstaaten eines Übereinkommens bei ihrem Beitritt auch Vertragsparteien der Wiener Vertragsrechtskonvention sein müssen (sog. *general participation clause*).[181] Dies würde für multilaterale Verträge dazu führen, dass die Konvention kaum jemals anwendbar wäre. Deshalb überzeugt die Auffassung, welche die Regelungen zwischen den Vertragsstaaten anwendet, die beim Abschluss des Vertrages Mitglieder der Konvention waren.[182] Letztlich kann dieses Problem für den deutsch-britischen Zustellungsverkehr aber offenbleiben. Das HZÜ ist für das Vereinigte Königreich am 10. Februar 1969[183] und für Deutschland am

---

[178] *Villiger*, Vienna Convention on the Law of Treaties, Art. 21 WVK Rn. 6; Dörr/Schmalenbach/*Walter*, Art. 21 WVK Rn. 19.

[179] Die Frage offenlassend *Stroschein*, Parteizustellung im Ausland, S. 188. Ausführlich zum Begriff des Vorbehalts *Hilpold*, AVR 34 (1996), 376 (380 ff.).

[180] *Vierdag*, AJIL 76 (1982), 779; *Villiger*, Vienna Convention on the Law of Treaties, Art. 4 WVK Rn. 6.

[181] In diese Richtung *Thirlway*, International customary law, S. 108.

[182] *Vierdag*, AJIL 76 (1982), 779 (782 ff.); *Sinclair*, Vienna convention, S. 8 ff.; *Villiger*, Vienna Convention on the Law of Treaties, Art. 4 WVK Rn. 7 f. (jeweils mit weiteren Argumenten).

[183] Bekanntmachung über den Geltungsbereich des Haager Übereinkommens über die Zustellung gerichtlicher und außergerichtlicher Schriftstücke im Ausland in Zivil- oder Handelssachen vom 23.6.1980, BGBl. 1980 II, S. 907.

26. Juni 1979[184] in Kraft getreten. Die Wiener Vertragsrechtskonvention fand hingegen erst später, nämlich für das Vereinigte Königreich am 27. Januar 1980[185] und für Deutschland am 20. August 1987[186] Anwendung. Folglich ist Art. 21 Abs. 1 lit. b WVK schon gar nicht anwendbar.[187]

(3) Allgemeines völkerrechtliches Reziprozitätsprinzip

Jedoch kodifizierte die Wiener Vertragsrechtskonvention im Wesentlichen Völkergewohnheitsrecht und allgemeine Prinzipien des Völkerrechts.[188] Die fehlende zeitliche Anwendbarkeit schließt nicht aus, dass der Vorbehalt nach Art. 10 lit. a HZÜ wegen eines allgemeinen völkerrechtlichen Reziprozitätsprinzips allseitig wirkt. Dies bestätigt Art. 4 WVK, der klarstellt, dass die Anwendung von in diesem Übereinkommen niedergelegten Regeln, denen Verträge auf Grund des allgemeinen Völkerrechts unterworfen sind, unberührt bleibt. Die gegenseitige Wirkung von Vorbehalten ist keine Neuerung der Wiener Vertragsrechtskonvention, sondern findet sich bereits im älteren Schrifttum.[189] Als Grundlage hierfür wird entweder der Gedanke der Gleichheit souveräner Staaten[190] oder das Konsensprinzip[191] angeführt. Es handelt sich somit um ein allgemeines Prinzip des Völkervertragsrechts.[192]

Das allgemeine völkerrechtliche Reziprozitätsprinzip gilt jedoch – ebenso wie das Reziprozitätsprinzip aus Art. 21 Abs. 1 lit. b WVK – nicht

---

[184] Bekanntmachung über das Inkrafttreten des Haager Übereinkommens über die Zustellung gerichtlicher und außergerichtlicher Schriftstücke im Ausland in Zivil- oder Handelssachen vom 21.6.1979, BGBl. 1979 II, S. 779.

[185] Bekanntmachung über das Inkrafttreten des Wiener Übereinkommens über das Recht der Verträge vom 26.10.1987, BGBl. 1987 II, S. 757.

[186] Bekanntmachung über das Inkrafttreten des Wiener Übereinkommens über das Recht der Verträge vom 26.10.1987, BGBl. 1987 II, S. 757.

[187] Speziell für Art. 21 Abs. 1 lit. b WVK: OLG Köln v. 2.3.2023 – 18 U 188/21, BeckRS 2023, 4322 Rn. 58; LG Hamburg v. 7.2.2013 – 327 O 426/12, GRUR-RR 2013, 230 (232); *Stroschein*, Parteizustellung im Ausland, S. 188. Generell für die WVK: *Maack*, Englische antisuit injunctions, S. 87; *Hopt/Kulms/von Hein*, Rechtshilfe und Rechtsstaat, S. 126; *zur Nieden*, Zustellungsverweigerung, S. 67.

[188] Vgl. nur *Herdegen*, Völkerrecht, § 15 Rn. 4.

[189] *M. Huber*, in: FS Gierke 1911, S. 817, 831, 844; *Wright,* Minn. L. R. 4 (1919-20), 14 (28). So auch im Kommentar zu Art. 13 der *Harvard Draft Convention on the Law of Treaties*, abgedruckt in AJIL (Supp) 29 (1935), 635 (867). Das Prinzip wurde auch vom IGH bestätigt, IGH v. 19.12.1978 *(Aegean Sea Continental Shelf)*, ICJ Reports 1978, 3 (37).

[190] So *Mosler,* ZaöRV 19 (1958), 275 (277); *Mendelson,* BYIL 45 (1971), 137 (147).

[191] So der Kommentar zu Art. 19 des Entwurfs der ILC für ein Übereinkommen über das Recht der Verträge, in: *United Nations*, Yearbook of the International Law Commission 1966 – Vol. II, S. 209.

[192] Ausführlich dazu *Majoros,* Friedenswarte 66 (1986), 216 (218 ff.); *Simma,* Reziprozitätselement, S. 60, jeweils m.w.N.

ausnahmslos.¹⁹³ Ist der Vorbehalt auf die individuellen Verhältnisse einer Vertragspartei zugeschnitten, entfällt die gegenseitige Wirkung aufgrund der Natur des Vorbehalts.¹⁹⁴ Zudem erscheint der Grundsatz für bestimmte völkerrechtliche Verträge (z.B. Individualschutzabkommen) unpassend, sodass dort das Prinzip aufgrund der Natur des Vertrages unangewendet bleibt.¹⁹⁵ Darüber hinaus ist zu beachten, dass es den Vertragsparteien freisteht, sich nicht auf diesen Effekt zu berufen.¹⁹⁶ Dann muss es auch möglich sein, dass der Vertrag das Reziprozitätsprinzip von vornherein für unanwendbar erklärt.¹⁹⁷ Das Völkervertragsrecht kann allgemeine Prinzipien des Völkerrechts nach der Kollisionsregel *lex specialis derogat legi generalis* verdrängen.¹⁹⁸

Der Ausschluss der reziproken Wirkung des Widerspruchs gem. Art. 10 lit. a HZÜ folgt zwar weder aus der Natur des HZÜ noch aus der Natur des Vorbehalts. Das Übereinkommen bestimmt jedoch ausdrücklich, dass die Postzustellung nur dann ausgeschlossen ist, wenn der „Bestimmungsstaat" einen Widerspruch erklärt. Auf einen Widerspruch des Ursprungsstaates kommt es mithin gerade nicht an. Insofern weicht das HZÜ bewusst vom völkervertraglichen Reziprozitätsprinzip ab¹⁹⁹ und verdrängt es somit nach dem Grundsatz *lex specialis derogat legi generalis*.²⁰⁰

Die allseitige Wirkung des deutschen Widerspruchs folgt damit nicht aus dem allgemeinen Völkerrecht. In der deutschen Praxis ist allerdings zu beachten, dass die ersuchende Sache zu beurteilen hat, ob der von Deutschland erklärte Widerspruch einer ausgehenden Postzustellung entgegensteht (§ 50 Abs. 1 S. 2 ZRHO).

---

¹⁹³ *Simma*, Reziprozitätselement, S. 61; *Verdross/Simma*, Völkerrecht, Rn. 132; *Kühner*, Vorbehalte, S. 200 f.; *Hilpold*, AVR 34 (1996), 376 (407); Dörr/Schmalenbach/*Walter*, Art. 21 WVK Rn. 20.
¹⁹⁴ *Simma*, Reziprozitätselement, S. 61 f.
¹⁹⁵ *Simma*, Reziprozitätselement, S. 62 f.; *Winkler*, Zulässigkeit und Rechtswirkungen von Vorbehalten, S. 170 ff.
¹⁹⁶ *Kühner*, Vorbehalte, S. 201; *Winkler*, Zulässigkeit und Rechtswirkungen von Vorbehalten, S. 168 f.; *Villiger*, Vienna Convention on the Law of Treaties, Art. 21 WVK Rn. 6, jeweils m.w.N.
¹⁹⁷ Vgl. *Villiger*, Vienna Convention on the Law of Treaties, Art. 21 WVK Rn. 6 (zu Art. 21 Abs. 1 lit. b WVK).
¹⁹⁸ *Dörr* in: Ipsen (Begr.), Völkerrecht, § 19 Rn. 40 (für das Völkergewohnheitsrecht), § 20 Rn. 5.
¹⁹⁹ Vgl. OLG Köln v. 2.3.2023 – 18 U 188/21, BeckRS 2023, 4322 Rn. 58; LG Hamburg v. 7.2.2013 – 327 O 426/12, GRUR-RR 2013, 230 (232).
²⁰⁰ Ebenso *Stroschein*, Parteizustellung im Ausland, S. 188 f. Im Handbuch zum HZÜ wird darauf hingewiesen, dass der Empfängerstaat von der Anwendung des Reziprozitätsprinzips absehen kann, HCCH, Practical Handbook, 2016, Rn. 265.

bb) Zulässigkeit nach dem Recht des Verfahrensstaates

Voraussetzung für die Anwendung des Art. 10 lit. a HZÜ auf deutsche Schriftstücke ist weiterhin, dass das autonome deutsche Verfahrensrecht eine Rechtsgrundlage für die Postzustellung enthält.[201] Bis zur Reform des deutschen Zustellungsrechts war dies – wie bereits gesehen – nicht der Fall. Das änderte sich allerdings durch das Zustellungsreformgesetz aus dem Jahr 2001. Nach § 183 Abs. 1 Nr. 1 ZPO a.F. (nun § 183 Abs. 2 S. 2 Alt. 1 ZPO) ist die unmittelbare Zustellung durch die Post jetzt der bevorzugte Zustellungsweg, wenn er in einer völkerrechtlichen Vereinbarung zugelassen ist. In dieser Norm ist eine Rechtsgrundlage für die Postzustellung zu sehen.

Gegen die Zulässigkeit könnte aber § 6 S. 2 AusfG-HZÜ sprechen, der bestimmt, dass eine Zustellung nach Art. 10 HZÜ nicht stattfindet. Daraus wird zum Teil gefolgert, dass auch eine Postübermittlung in das Ausland unzulässig sei.[202] Richtigerweise kann § 6 S. 2 AusfG-HZÜ aber kein derartiger Inhalt entnommen werden.[203] In systematischer Hinsicht ist zu beachten, dass das Ausführungsgesetz zum HZÜ lediglich Regelungen für die Zustellung ausländischer Schriftstücke in Deutschland enthält.[204] Auch der Sinn und Zweck des § 6 S. 2 AusfG-HZÜ, der Schutz der deutschen Souveränität,[205] spricht gegen die Ausdehnung auf ausgehende Zustellungen.[206] Es überzeugt gleichermaßen nicht, den Vorbehalt dann allseitig auszulegen, wenn der Empfängerstaat das deutsche Souveränitätsverständnis teilt. In diesem Fall kann sich dieser vielmehr selbst dadurch schützen, dass er einen eigenen Widerspruch erklärt. Im Ergebnis können daher Schriftstücke aus Deutschland im Vereinigten Königreich nach Art. 10 lit. a HZÜ per Post zugestellt werden.[207]

b) Deutsch-britisches Rechtshilfeabkommen

Das deutsch-britische Rechtshilfeabkommen ermöglicht die unmittelbare Zustellung durch die Post, wenn diese Art der Übermittlung nach dem Recht des

---

[201] Vgl. *HCCH*, Actes et documents de la dixiéme session, 1964, S. 90; *dies.*, Practical Handbook, 2016, Rn. 256 ff.; *Stroschein*, Parteizustellung im Ausland, S. 196 f.

[202] OLG Düsseldorf v. 8.2.1999 – 3 W 429/98, BeckRS 1999, 2703 Rn. 20; *Gsell*, EWS 2002, 115 (118). Zur Möglichkeit des Ursprungsstaates, dem Vorbehalt allseitige Wirkung zu verschaffen auch *HCCH*, Practical Handbook, 2016, Rn. 264.

[203] So auch *Stroschein*, Parteizustellung im Ausland, S. 190; Schlosser/Hess[4]/*Schlosser*, Art. 10 HZÜ Rn. 4.

[204] *Stroschein*, Parteizustellung im Ausland, S. 190.

[205] Denkschrift zum HZÜ, in: BT-Drs. 7/4892, S. 46.

[206] Schlosser/Hess[4]/*Schlosser*, Art. 10 HZÜ Rn. 4; Stein/Jonas/*H. Roth*, § 183 ZPO Rn. 11.

[207] So auch ausdrücklich das OLG Köln v. 2.3.2023 – 18 U 188/21, BeckRS 2023, 4322 Rn. 58 für einen deutsch-britischen Fall, der sich nach dem Brexit abspielte.

Ursprungsstaates gestattet ist (Art. 6 DBA). Da das autonome deutsche Zivilprozessrecht in § 183 Abs. 2 S. 2 Alt. 1 ZPO eine Rechtsgrundlage für diesen Zustellungsweg enthält, würde auch Art. 6 DBA die Übersendung deutscher Schriftstücke in das Vereinigte Königreich ermöglichen. Ein Rückgriff auf das Abkommen ist indes nicht erforderlich, da die Postzustellung im Vereinigten Königreich – wie bereits gesehen – nach Art. 10 lit. a HZÜ zulässig ist. Allerdings kommt es in der Praxis nicht auf die Beurteilung der ersuchenden Stelle an, ob der von Deutschland erklärte Widerspruch einer Postzustellung im Vereinigten Königreich entgegensteht (vgl. § 50 Abs. 1 S. 2 ZRHO).

Art. 6 DBA geht allerdings insofern über das HZÜ hinaus, als die Norm auch die Postzustellung von britischen Schriftstücken in Deutschland ermöglicht. Der Empfängerstaat kann die Postzustellung gerade nicht durch einen Widerspruch verhindern.[208] Nach dem englischen Recht sind für Auslandszustellungen sämtliche Zustellungsmethoden zulässig, die in einem Zivilprozessrechtsübereinkommen (*Civil Procedure Convention,* vgl. Rule 6.31 (1) (c) CPR) oder in einem Vertrag zugelassen sind (Rule 6.40 (3) (b) CPR). Für Schriftstücke aus Schottland bestimmt Rule 16.2 (2) (a) CSR, dass die Übermittlung durch die Post zur Verfügung steht, wenn sie in einem Zustellungsübereinkommen oder nach dem Recht des Empfängerstaates zugelassen ist. Somit enthält sowohl das englische als auch das schottische Zustellungsrecht eine nationale Rechtsgrundlage für den Zustellungsweg. Richtigerweise ist die Postzustellung auch für Schriftstücke aus Nordirland zulässig, auch wenn eine ausdrückliche Rechtsgrundlage im Gesetz fehlt.[209] Der von Deutschland erklärte Vorbehalt nach Art. 10 lit. a HZÜ hat bei der Frage, ob das britische Recht die Postzustellung für zulässig hält, richtigerweise außer Betracht zu bleiben.[210]

4. Unmittelbare Zustellung durch die zuständigen Beamten des Empfängerstaates

Art. 10 lit. b HZÜ eröffnet den unmittelbaren Zustellungsverkehr zwischen Justizbeamten, anderen Beamten oder sonst zuständigen Personen des Ursprungs- und des Empfängerstaates. Darüber hinaus kann sich jede an einem gerichtlichen Verfahren beteiligte Person unmittelbar an eine zuständige Person des Empfängerstaates wenden (Art. 10 lit. c HZÜ). Auch das deutsch-britische Rechtshilfeabkommen sieht vor, dass sich die beteiligte Person unmittelbar an einen zuständigen Beamten des Empfängerstaates wenden und die Zustellung durch diesen bewirken lassen (Art. 7 DBA).

---

[208] *Strasser,* RpflStud 2011, 25 (26).
[209] Zur insofern unklaren Rechtslage schon Kap. 2 B. III. 3. b) bb) (S. 81), dort zum früheren englischen Recht.
[210] Dazu ausführlich Kap. 2 C. IV (S. 108 f.).

a) Zustellung von britischen Schriftstücken in Deutschland

Die Zustellungswege nach Art. 10 lit. b und c HZÜ sind für Zustellungen in Deutschland unzulässig, da die Bundesrepublik in § 6 S. 2 AusfG-HZÜ einen Widerspruch erklärt hat. Jedoch kann sich der britische Verfahrensbeteiligte wegen Art. 7 DBA an einen deutschen Gerichtsvollzieher wenden und die Zustellung unmittelbar durch diesen vornehmen lassen. Die Methode ist im deutsch-britischen Rechtshilfeabkommen zugelassen, sodass Rule 6.40 (3) (b) CPR für Schriftstücke aus England und Wales eine Rechtsgrundlage für den Zustellungsweg enthält. Für Schottland gestattet Rule 16.2 (2) (d) CSR und für Nordirland Order 11 R. 6 (2) (a) RCJ die unmittelbare Parteizustellung im Ausland. Das Vorgehen ist auch nicht auf die Fälle beschränkt, in denen das deutsche Recht die Parteizustellung vorsieht.

b) Zustellung von deutschen Schriftstücken im Vereinigten Königreich

Das Vereinigte Königreich hat keinen Widerspruch gegen die Zustellungswege nach Art. 10 lit. b und c HZÜ erklärt. Auch die Voraussetzung, dass im Empfängerstaat ein Zustellungssystem gilt, das Zustellungen durch Justizbeamte, Beamte oder sonst zuständige Personen vorsieht,[211] ist erfüllt. In England, Wales und Nordirland kann ein *solicitor* oder ein *process server* die Zustellung bewirken, während in Schottland die *messenger-at-arms* für die Übermittlung von Schriftstücken zuständig sind. Für die Anwendung von Art. 10 lit. b HZÜ ist allerdings auch erforderlich, dass das Recht des Ursprungsstaates ein solches Zustellungssystem vorsieht.[212] Zwar könnte der Gerichtsvollzieher, der nach § 192 Abs. 1 ZPO für Parteizustellungen zuständig ist, einen Beamten i.S.d. Art. 10 lit. b HZÜ darstellen. Allerdings verweist § 192 Abs. 1 ZPO für Auslandszustellungen ausdrücklich auf § 183 ZPO. Dadurch wird klargestellt, dass Auslandszustellungen im Parteibetrieb durch das Gericht angeordnet werden.[213] Die Vorschrift des § 183 ZPO enthält wiederum keine Rechtsgrundlage für eine Zustellung durch ausländische zuständige Personen.[214] Mithin scheidet die Anwendung des Art. 10 lit. b HZÜ für deutsche Schriftstücke aus.

Eine Zustellung nach Art. 10 lit. c HZÜ erfordert, dass es das Recht des Ursprungsstaates dem Verfahrensbeteiligten gestattet, eine andere Person mit der

---

[211] *Stroschein*, Parteizustellung im Ausland, S. 208; *HCCH*, Practical Handbook, 2016, Rn. 289; Geimer/Schütze/Hau/*Sujecki*, Art. 10 HZÜ Rn. 24.

[212] *HCCH*, Practical Handbook, 2016, Rn. 288 f.

[213] Begründung zum Entwurf eines Gesetzes zur Änderung von Vorschriften im Bereich des IPR und IZVR, in: BT-Drs. 18/10714, S. 18; HK-ZPO/*Siebert*, § 192 ZPO Rn. 1; MüKoZPO/*Häublein/M. Müller*, § 192 ZPO Rn. 1; Musielak/Voit/*Wittschier*, § 192 ZPO Rn. 1a.

[214] A.A. (zum früheren Recht) wohl OLG Hamm v. 16.3.1981 – 2 U 182/80, IPRspr. 1981, Nr. 160, S. 365, allerdings ohne auf das Problem der Rechtsgrundlage einzugehen.

Zustellung zu beauftragen.[215] Der Zustellungsweg kann deshalb nur dann zur Anwendung gelangen, wenn die ZPO die Parteizustellung für Inlandszustellungen ausdrücklich zulässt (vgl. § 166 Abs. 2 ZPO).[216] Es ist davon auszugehen, dass § 191 ZPO in diesen Fällen eine Rechtsgrundlage für die unmittelbare Parteizustellung im Ausland enthält.[217] Eine unmittelbare Zustellung durch eine zuständige Person des Empfängerstaates scheidet hingegen im Hinblick auf die Klageschrift stets aus. Art. 7 DBA erfordert ebenfalls eine nationale Rechtsgrundlage und hat somit neben Art. 10 lit. c HZÜ für Schriftstücke aus Deutschland keine eigenständige Bedeutung. Zudem erfasst die Norm nach dem Wortlaut gerade nur „Beamte" („competent officials or officers"), nicht aber „sonst zuständige Personen". Der Anwendungsbereich der Vorschrift erfasst daher keinen britischen *solicitor* oder *process server*.[218] In England, Wales und Nordirland existiert – anders als in Schottland – kein mit dem Gerichtsvollzieher vergleichbarer Beamter, der für die Zustellungen zuständig ist.

5. Unmittelbare Zustellung durch einen bestellten Vertreter

Nach Art. 5 lit. b DBA kann die Zustellung auch unmittelbar durch einen Vertreter *(agent)*, der vom Gericht des Ursprungsstaates oder vom Zustellungsinteressenten bestellt worden ist, bewirkt werden. Für deutsche Verfahren fehlt es indes an einer nationalen Rechtsgrundlage, die diesen Zustellungsweg gestattet.[219] Anders ist dies wegen Rule 6.40 (3) (b) CPR im Hinblick auf englische Gerichtsverfahren. Hier ist die unmittelbare Zustellung durch einen *agent* grundsätzlich zulässig. Auch das schottische Recht enthält in Rule 16.2 (2) (e) CSR eine entsprechende Rechtsgrundlage. Zuletzt kommt dieser Zustellungsweg auch für nordirische Verfahren in Betracht, da Order 11 R. 5 (1) RCJ auf Order 10 R. 1 (1) RCJ verweist, der die persönliche Zustellung durch den Kläger oder dessen *agent* regelt.

---

[215] *Stroschein*, Parteizustellung im Ausland, S. 208.
[216] Zu diesen Fällen Kap. 1 D. I. (S. 42 f.).
[217] Vgl. LG Hamburg v. 7.2.2013 – 327 O 426/12, GRUR-RR 2013, 230 (231 f.). Das Gericht wendet im deutsch-amerikanischen Zustellungsverkehr Art. 10 lit. c HZÜ an und sieht die unmittelbare Parteizustellung in den USA als wirksam an. Freilich geht das Gericht nicht auf das Problem der autonomen Rechtsgrundlage für den Zustellungsweg ein.
[218] Für das HZPÜ (auf dem das deutsch-britische Rechtshilfeabkommen aufbaut) *Stroschein*, Parteizustellung im Ausland, S. 219. Vgl. auch *HCCH*, Actes et documents de la dixiéme session, 1964, S. 90.
[219] *Nagel/Gottwald*, IZPR, Rn. 8.164. Zur früheren Rechtslage *Nagel*, Rechtshilfe, S. 82; *Bunge*, Zivilprozeß in England, S. 220 f.; *Kondring*, Heilung von Zustellungsfehlern, S. 163.

C. Vergleich zur Rechtslage vor dem Brexit

Im Folgenden soll untersucht werden, welche Veränderungen der Brexit für den deutsch-britischen Zustellungsverkehr verursacht hat. Anknüpfungspunkt für die Beurteilung der Vor- und Nachteile sind primär die durch das Zustellungsrecht verfolgten Interessen, namentlich der Justizgewährungsanspruch des Klägers, das Recht des Zustellungsempfängers auf rechtliches Gehör, der Grundsatz der Prozessökonomie und die Souveränitätsinteressen des Empfängerstaates.

I. Komplexität der Rechtslage

Zunächst ist festzustellen, dass die Rechtslage durch den Brexit deutlich komplexer geworden ist. Bis zum Ablauf der Übergangsfrist wurden nahezu alle Zustellungsersuchen nach den Vorschriften der EuZVO ausgeführt. Zwar ermöglichte Art. 20 Abs. 2 EuZVO 2007 daneben auch einen Rückgriff auf die Zustellungswege des deutsch-britischen Rechtshilfeabkommens. In der Praxis war dies allerdings wegen der Reichweite der Verordnung kaum relevant. Nun stehen dem Zusteller mit dem HZÜ und dem deutsch-britischen Rechtshilfeabkommen zwei verschiedene, gleichrangige Rechtsakte zur Verfügung, deren Vor- und Nachteile er jeweils im Einzelfall abzuwägen hat.[220] Einzukalkulieren sind dabei die Dauer und Kosten, aber auch die Zuverlässigkeit des Zustellungsweges.

Ferner ist zu bedenken, dass das internationale Zustellungsrecht, vor allem aber die (unmittelbaren) Übermittlungswege im HZÜ und im deutsch-britischen Rechtshilfeabkommen, stark durch das nationale Recht der beteiligten Staaten beeinflusst wird. Für den Zusteller oder die Stelle, die über die Wirksamkeit der Zustellung entscheiden muss, ist es daher häufig von Bedeutung, Informationen über das nationale Recht des Empfängerstaates oder dessen Haltung zu einzelnen Vorschriften zu erlangen. Derzeit können hierzu im *Europäischen Justizportal* recht ausführliche Informationen abgerufen werden.[221] Die Informationen über das Vereinigte Königreich werden allerdings nur bis Ende 2024 verfügbar bleiben. Die praktischen Informationen auf der Webseite der Haager Konferenz für Internationales Privatrecht betreffen vor allem die Vorschriften des Übereinkommens, enthalten aber weniger Ausführungen zu den Besonderheiten des nationalen Rechts. Der Brexit kann daher künftig zu

---

[220] Vgl. *Steinbrück/Lieberknecht,* EuZW 2021, 517 (521). Siehe auch *Linke,* in: Gottwald (Hrsg.), Grundfragen der Gerichtsverfassung, S. 95, 126.

[221] Zum einen handelt es sich um Informationen über die einzelnen Vorschriften der Verordnung, die im *Europäischen Gerichtsatlas* abrufbar sind. Zum anderen können im *Europäischen Justiziellen Netz* Informationen über das nationale Zustellungsrecht der Mitgliedstaaten erlangt werden. Zur Verbesserung der wechselseitigen Information durch die EuZVO auch *Linke,* ERA Forum 6 (2005), 205 (207).

einem Informationsdefizit für den Zusteller oder die Stelle, welche die Wirksamkeit der Zustellung zu prüfen hat, führen.

II. Schwächung des Justizgewährungsanspruchs des Zustellungsinteressenten

Der Justizgewährungsanspruch wird im internationalen Zustellungsrecht effektiv verwirklicht, wenn dem Zustellungsinteressenten effiziente Zustellungswege zur Verfügung stehen. Wenn das Schriftstück in das Ausland zu übermitteln ist, erlangt die Dauer des Vorgangs eine zentrale Bedeutung, da der Rechtsschutz effektiv und innerhalb einer angemessenen Zeit zu gewähren ist.[222]

1. Zustellungen im Wege der aktiven internationalen Rechtshilfe

Die Zustellung durch Inanspruchnahme der ausländischen Rechtshilfebehörden wird nach dem Brexit im deutsch-britischen Rechtsverkehr anhand der Art. 2–7 HZÜ vollzogen.[223] Von Bedeutung ist der Zustellungsweg hauptsächlich wegen seiner Zuverlässigkeit. Im Gegensatz zur Postzustellung entsteht für den Zustellungsinteressenten ein höherer Zeit- und Kostenaufwand.[224] Dafür ist die Übermittlung durch die ausländischen Rechtshilfebehörden allerdings deutlich weniger fehleranfällig.[225]

a) Grundlagen

Während in der EuZVO der unmittelbare Verkehr zwischen den Empfangs- und Übermittlungsstellen zugelassen ist (Art. 4 Abs. 1 EuZVO 2007), muss im HZÜ stets der Umweg über die Zentralen Behörden des Empfängerstaates genommen werden (Art. 3 Abs. 1 HZÜ). Die Zwischenschaltung der Zentralen Behörden hat sich in der Praxis als umständlich, zeitraubend und ineffektiv erwiesen.[226] Zustellungsersuchen aus dem Vereinigten Königreich sind nach dem Brexit nichtmehr direkt an das Amtsgericht, in dessen Bezirk die Zustel-

---

[222] *Fleischhauer*, Inlandszustellung, S. 86 f. Siehe zum Ganzen schon Kap. 1 B. I. (S. 20 ff.).

[223] Vgl. auch *J. Müller*, Zustellungen im Vereinigten Königreich nach dem Brexit, ZPO-Blog, unter III. 4. Allerdings weist die ZRHO im Länderteil Vereinigtes Königreich (ausschließlich sonstiger britischer Gebiete) darauf hin, dass daneben auch Zustellungsanträge nach dem deutsch-britischen Rechtshilfeabkommen zulässig sind.

[224] *Hess*, NJW 2004, 3301 (3303).

[225] MüKoZPO/*Rauscher*, Art. 4 EuZVO Rn. 1. Vgl. auch *Hess*, EuZPR, Rn. 8.27.

[226] *Europäische Kommission*, Erläuternder Bericht zum EuZÜ, in: Amtsblatt Nr. C 261 vom 27.8.1997, S. 26; *Stadler*, IPRax 2001, 514 (517); *Rahlf/Gottschalk*, EWS 2004, 303 (306); Geimer/Schütze/*R. Geimer*, Art. 2 EuZVO Rn. 1. Vgl. auch *Brenn*, EuZVO, S. 26 f.

lung vorzunehmen ist (§ 1069 Abs. 2 S. 1 ZPO), sondern an die jeweils zuständige Stelle der Bundesländer[227] zu richten. In der Praxis kann dies zu einer Verzögerung führen. Zwar ist die Zentrale Behörde in Deutschland dazu befugt, Zustellungsersuchen unmittelbar, d.h. ohne Zwischenschaltung der Gerichte, durch die Post erledigen zu lassen (§ 4 Abs. 1 AusfG-HZÜ). Wenn allerdings die Voraussetzungen des Art. 5 Abs. 1 lit. a HZÜ nicht vorliegen oder gerade keine Zustellung durch die Post möglich oder gewünscht ist, ist das Amtsgericht, in dessen Bezirk die Zustellung vorzunehmen ist, für die Erledigung zuständig (§ 4 Abs. 2 S. 1 AusfG-HZÜ). In diesem Fall agiert die Zentralstelle als überflüssige Zwischeninstanz und verursacht unnötige Verzögerungen bei der Zustellung. Ersuchen aus Deutschland können nicht mehr direkt an einen schottischen *messenger-at-arms* gerichtet werden, vielmehr muss das *Scottish Government Justice Directorate* in Edinburgh ersucht werden.[228] Keine Änderungen ergeben sich bei Anträgen, welche die Zustellung in England, Wales und Nordirland betreffen. Die Behörden von England und Wales, der *Senior Master of the Royal Courts of Justice* in London, und Nordirland, der *Master of the Royal Courts of Justice* in Belfast, waren ebenfalls als Empfangsstelle i.S.d. Art. 2 Abs. 2 EuZVO 2007 bestimmt. Für diese Staaten blieb es also auch unter der EuZVO bei einer – nach Art. 2 Abs. 3 EuZVO 2007 zulässigen – Zentralisierung der Empfangsstelle.[229]

Der Zustellungsantrag wird von einer zuständigen Behörde oder dem zuständigen Beamten des Ursprungsstaates gestellt (Art. 3 Abs. 1 HZÜ). Durch den Brexit kommt es hier kaum zu Veränderungen. In Deutschland erfolgt die Übermittlung des Antrags durch den Vorsitzenden des Prozessgerichts (§ 183 Abs. 2 S. 2 Alt. 2 ZPO; zuvor § 1069 Abs. 1 Nr. 1 ZPO: „das die Zustellung betreibende Gericht"). Das HZÜ eröffnet zwar auch die Möglichkeit, private Personen (z.B. einen *solicitor*) als zuständige Stelle anzusehen.[230] Für das englische Recht ist allerdings zu beachten, dass bei der Wahl des Zustellungsweges

---

[227] Vgl. dazu die Übersicht mit den maßgeblichen Adressen auf der Webseite der Haager Konferenz, abrufbar unter: <https://www.hcch.net/de/states/authorities/details3/?aid=257>.

[228] Wie bereits gesehen hat das Vereinigte Königreich von der Möglichkeit, weitere Behörden zu bestimmen (Art. 18 Abs. 1 HZÜ), Gebrauch gemacht und für England und Wales, Schottland sowie Nordirland eigene Stellen bestimmt, die Zustellungsersuchen entgegennehmen können. Daneben bleibt es möglich, den Antrag an die Zentrale Behörde des Vereinigten Königreichs (das *Royal Court of Justice, Foreign Process Section*, London) zu richten, vgl. HCCH, Practical Handbook, 2016, Rn. 119. Dies ist für Zustellungen in Schottland und Nordirland freilich kaum sinnvoll, da es hierdurch zu einer weiteren Verzögerung kommen würde.

[229] Dazu schon *Linke*, in: Gottwald (Hrsg.), Grundfragen der Gerichtsverfassung, S. 95, 107. Vgl. zu Art. 2 Abs. 3 EuZVO 2007 und dem etwas unklaren Wortlaut MüKoZPO/*Rauscher*, Art. 2 EuZVO Rn. 6 f.; Rauscher/*Heiderhoff*, Art. 2 EuZVO Rn. 4 f.

[230] HCCH, Actes et documents de la dixiéme session, 1964, S. 368; Denkschrift zum HZÜ, in: BT-Drs. 7/4892, S. 43; HCCH, Practical Handbook, 2016, Rn. 130; Geimer/Schütze/Hau/*Sujecki*, Art. 3 HZÜ Rn. 4.

die erforderlichen Dokumente bei Gericht einzureichen sind und durch den *Senior Master* an die Zentrale Behörde des Empfängerstaates übermittelt werden (Rule 6.43 CPR).[231] Eine direkte Übermittlung durch einen *solicitor* scheidet deshalb richtigerweise aus.[232] Zu einer Änderung kommt es nur für Schottland. Während unter der EuZVO die *messenger-at-arms* als Übermittlungsstelle bestimmt wurden, übermittelt nun das *Scottish Government Justice Directorate* sämtliche Zustellungsersuchen nach dem HZÜ. Hierdurch kann es zu Verzögerungen kommen.

Zu beachten ist künftig auch, dass der Antrag, bei dem zwingend das Muster im Anhang des HZÜ zu verwenden ist, und das zuzustellende Schriftstück stets in zweifacher Ausfertigung übermittelt werden müssen (Art. 3 Abs. 2 HZÜ). Auch bei Zustellungen nach der EuZVO ist für den Antrag ein Formblatt zu verwenden (Art. 4 Abs. 3 S. 1 EuZVO 2007), allerdings reicht hier die einfache Ausfertigung. Das zuzustellende Schriftstück muss lediglich dann in zweifacher Ausfertigung übermittelt werden, wenn die Übermittlungsstelle die Rücksendung einer Abschrift zusammen mit der Bescheinigung nach Art. 10 EuZVO 2007 wünscht (Art. 4 Abs. 5 EuZVO 2007).

Bei der Ausführung der Zustellung unterscheidet das HZÜ – anders als die EuZVO (vgl. Art. 7 Abs. 1 EuZVO 2007)[233] – zwischen der formlosen (Art. 5 Abs. 2 HZÜ) und der förmlichen Zustellung (Art. 5 Abs. 1 lit. a HZÜ). Die Möglichkeit der formlosen Zustellung, die durch die einfache Übergabe des Schriftstücks an den Adressaten bewirkt wird und keiner Übersetzung bedarf[234], mag für den Zustellungsinteressenten auf den ersten Blick attraktiv wirken. Allerdings ist damit auch ein erhebliches Fehlerpotential verbunden.[235] Die formlose Zustellung kann an der schlichten Annahmeverweigerung des Empfängers scheitern, mit der Folge, dass die Zustellung als fehlgeschlagen gilt.[236] Sie muss dann – sofern kein hilfsweiser Antrag auf förmliche Zustellung

---

[231] Welche Dokumente der Verfahrensbeteiligte bei der Übermittlungsstelle einreichen muss, kann aus den Rules 6.43, 6.45 und 6.46 CPR abgeleitet werden. Eine Übersicht findet sich bei *Hickinbottom*, Blackstone's Civil Practice, Rn. 16.78.

[232] A.A. wohl Geimer/Schütze/Hau/*Sujecki*, Art. 3 HZÜ Rn. 4, der aber nicht auf das englische Verfahrensrecht eingeht. Auch in den praktischen Informationen auf der Webseite der Haager Konferenz (Fn. 171) ist als zuständige Stelle i.S.d. Art. 3 Abs. 1 HZÜ nur der *Senior Master* angegeben. In Nordirland kommt die Übermittlung durch einen *solicitor* ebenso nicht in Betracht. Nach Order 11 R. 5 und 8 RCJ muss der Zustellungsinteressent einen Antrag beim *Central Office* einreichen, der dann durch den *Master of the Royal Courts of Justice* weitergeleitet wird.

[233] Geimer/Schütze/*R. Geimer*, Art. 7 EuZVO Rn. 15. A.A. *Brenn*, EuZVO, S. 44, 46.

[234] OLG Saarbrücken v. 15.6.1992 – 5 W 21/92, NJW-RR 1992, 1534 (1534 f.); OLG Düsseldorf v. 2.9.1998 – 3 W 148/98, IPRax 2000, 307 (308); *HCCH*, Practical Handbook, 2016, Rn. 178 f.; *Hau*, IPRax 1998, 456; *Schütze*, RIW 2000, 20 (21).

[235] Vgl. etwa OLG Saarbrücken v. 1.10.1993 – 5 W 96/93, NJW-RR 1994, 636 (638). Kritisch zu dieser Entscheidung *Hess*, IPRax 1995, 16 (19).

[236] *Hess*, IPRax 1995, 16 (19); Schlosser/Hess⁴/*Schlosser*, Art. 5 HZÜ Rn. 4.

gestellt wurde – wiederholt werden.[237] In der Praxis kann es sich daher anbieten, im Zustellungsantrag sogleich die förmliche Zustellung zu beantragen, wenn die Annahmebereitschaft des Empfängers ungewiss ist.[238] Andernfalls liegt es im Ermessen der Zentralen Behörde des Empfängerstaates, zu entscheiden, in welcher Form die Zustellung durchgeführt werden soll.[239] Um Verzögerungen bei der Zustellung und damit zusammenhängende Fristenprobleme zu vermeiden, sollte künftig jedenfalls hilfsweise die förmliche Zustellung beantragt werden.[240] Durch den Brexit kommt es daher wieder zur überkommenen Differenzierung zwischen der förmlichen und formlosen Zustellung,[241] die in der Praxis nur Fehlerpotential verursacht und nicht mehr dem Stand der Entwicklung im internationalen Zustellungsrecht entspricht.

b) Erhöhter Aufwand durch die Rückkehr eines strengen Übersetzungserfordernisses

aa) Übersetzungserfordernis im deutsch-britischen Rechtsverkehr

Durch den Brexit hat sich die Reichweite der Übersetzungspflicht im deutsch-britischen Zustellungsverkehr maßgeblich geändert. Das HZÜ verlangt zwar – wie bereits gesehen – für die Wirksamkeit einer formlosen Zustellung nach Art. 5 Abs. 2 HZÜ keine Übersetzung des Schriftstücks (vgl. Art. 5 Abs. 3 HZÜ, § 3 AusfG-HZÜ). Allerdings kann der Empfänger die Annahme selbst dann verweigern, wenn er die Sprache, in der das Schriftstück verfasst ist, ohne Probleme versteht.[242] Da bei dieser Zustellungsform zudem Zwangs- und Ersatzzustellungen unzulässig sind (vgl. für Deutschland § 112 Abs. 2 ZRHO),[243] wird in der Praxis die förmliche Zustellung überwiegen. Hier kann die Zentrale

---

[237] *Linke*, in: Gottwald (Hrsg.), Grundfragen der Gerichtsverfassung, S. 95, 117.

[238] In der Übersendung einer Übersetzung dürfte ein stillschweigender Antrag auf (hilfsweise) förmliche Zustellung enthalten sein, dafür etwa *Hess*, IPRax 1995, 16 (19); Schlosser/Hess⁴/*Schlosser*, Art. 5 HZÜ Rn. 4. In der Praxis sollte die Beantragung trotzdem ausdrücklich erfolgen, zumal dies durch das bloße Ankreuzen auf dem vorgeschriebenen Formblatt ohne Probleme möglich ist.

[239] *HCCH*, Practical Handbook, 2016, Rn. 162; *Bischof*, Zustellung im internationalen Rechtsverkehr, S. 305.

[240] *P.-A. Brand/Reichhelm*, IPRax 2001, 173 (177); *Linke/Hau*, IZVR, Rn. 8.33.

[241] Vgl. *Hess*, EuZPR, Rn. 8.11, der allerdings davon ausgeht, dass eine formlose Zustellung auch unter der EuZVO möglich ist, wenn das anwendbare Recht dem nicht entgegensteht. Für eine effizientere Ausgestaltung der formlosen Zustellung spricht sich aber *Linke*, in: Gottwald (Hrsg.), Grundfragen der Gerichtsverfassung, S. 95, 124 f. aus.

[242] *Hau*, IPRax 1998, 456 (457); *Linke*, in: Gottwald (Hrsg.), Grundfragen der Gerichtsverfassung, S. 95, 104, jeweils gegen eine Ausnahme wegen Rechtsmissbräuchlichkeit. So auch OLG Schleswig v. 29.7.1988 – 14 U 251/87, NJW 1988, 3104 (3105) zum HZPÜ 1954. A.A. *Schlosser*, in: FS Matscher 1993, S. 387, 398; Schlosser/Hess⁴/*ders.*, Art. 5 HZÜ Rn. 7.

[243] *Pfennig*, NJW 1989, 2172 (2172 f.).

Behörde des Empfängerstaates verlangen, dass das Schriftstück in der Amtssprache des ersuchten Staates abgefasst oder in diese übersetzt ist (Art. 5 Abs. 3 HZÜ). Sowohl Deutschland (vgl. § 3 AusfG-HZÜ) als auch das Vereinigte Königreich[244] haben im Voraus festgeschrieben, dass stets eine Übersetzung in die jeweilige Landessprache erforderlich ist. Dies hat zur Folge, dass die Zentrale Behörde das Übersetzungserfordernis nicht flexibel handhaben und im Einzelfall von der Pflicht abweichen kann.[245] Für England, Wales und Nordirland ist zwar zu beachten, dass das nationale Recht vorsieht, dass auf eine Übersetzung verzichtet werden kann, wenn das ausländische Gericht bescheinigt, dass der Empfänger die Sprache des Schriftstücks versteht (Rule 6.50 (d) CPR; Order 69 R. 3 (1) RCJ). Einerseits steht dies aber im Widerspruch zu der Erklärung des Vereinigten Königreichs zum HZÜ,[246] sodass es aus praktischer Sicht nicht empfehlenswert ist, ein deutsches Schriftstück ohne Übersetzung zu übersenden. Zum anderen hat das Gericht zum Zeitpunkt der Zustellung des verfahrenseinleitenden Schriftstücks die Sprachkenntnisse des Empfängers noch gar nicht überprüft, sodass es nicht bescheinigen kann, dass dieser die Sprache des Schriftstücks versteht. Im Ergebnis besteht daher im deutsch-britischen Zustellungsverkehr für die Zustellung durch die ausländischen Rechtshilfebehörden (jedenfalls aus faktischer Sicht) ein strenges Übersetzungserfordernis.

Die Sprachenfrage ist in der EuZVO deutlich zeitgemäßer und differenzierter geregelt worden.[247] Für die Wirksamkeit der Zustellung ist eine Übersetzung des Schriftstücks im Grundsatz nicht erforderlich.[248] Dem Empfänger steht allerdings unter den Voraussetzungen des Art. 8 Abs. 1 EuZVO 2007 ein Annahmeverweigerungsrecht zu. Dies ist der Fall, wenn das Schriftstück nicht in der Amtssprache des Empfängerstaates oder einer beliebigen Sprache, die der Empfänger versteht, abgefasst oder übersetzt ist. Eine Übersetzung des Schriftstücks war im deutsch-britischen Zustellungsverkehr mithin vor allem dann entbehrlich, wenn der Empfänger im Vereinigten Königreich der deutschen Sprache oder der Empfänger in Deutschland der englischen Sprache mächtig war.

---

[244] Vgl. *HCCH*, Practical Handbook, 2016, Rn. 181 in Fn. 245 und die praktischen Informationen für das Vereinigte Königreich auf der Webseite der Haager Konferenz (Fn. 171).
[245] Dazu *HCCH*, Practical Handbook, 2016, Rn. 181.
[246] Abrufbar unter: <https://www.hcch.net/en/instruments/conventions/status-table/notifications/?csid=427&disp=resdn>.
[247] Zu den Fortschritten im Hinblick auf die Sprachenfrage statt vieler *Gottwald*, in: FS Schütze 1999, S. 225, 233; Fasching/Konecny/*Bajons*, Art. 8 EuZVO Rn. 2; *Hess*, EuZPR, Rn. 8.15 ff.
[248] Statt aller BGH v. 25.2.2021 – IX ZR 156/19, NJW 2021, 1598 Rn. 31; LG Düsseldorf v. 12.1.2010 – 4b O 286/08, BeckRS 2011, 3329; *Ahrens*, NJW 2008, 2817.

bb) Auswirkungen in der Praxis

Der Brexit bewirkt im Ergebnis – für die Zustellung durch die ausländischen Rechtshilfebehörden – eine Rückkehr zu einem strengen Übersetzungserfordernis. Dadurch müssen zwar bestimmte ungeklärte bzw. umstrittene Fragen der EuZVO, z.B. auf wessen Sprachkenntnisse bei juristischen Personen abzustellen ist und welche Anforderungen an die Kenntnisse des Empfängers zu stellen sind,[249] nicht mehr geklärt werden. Allerdings ist zu beachten, dass das strenge Übersetzungserfordernis im internationalen Handels- und Wirtschaftsverkehr nicht mehr angemessen ist. Es bedarf selbst bei Zustellungen an international tätige Unternehmen stets einer Übersetzung in die Sprache des Empfängerstaates.[250] Aber auch bei der Übermittlung an sonstige juristische und natürliche Personen ist nicht einzusehen, warum eine Übersetzung erforderlich sein sollte, wenn der Empfänger der Sprache des Schriftstücks mächtig ist.[251]

In diesen Fällen verursacht das strenge Übersetzungserfordernis für den Zustellungsveranlasser zusätzliche Kosten, die im Hinblick auf das Recht des Empfängers auf rechtliches Gehör nicht erforderlich sind.[252] Die Anfertigung der Übersetzung nimmt darüber hinaus häufig einige Zeit in Anspruch, wodurch der Zustellungsprozess noch zusätzlich in die Länge gezogen wird.[253] Ein aktuelles negatives Beispiel findet sich in einer neueren Entscheidung des BGH[254]. Der Kläger hatte das LG Darmstadt nach Einreichung der Klageschrift um eine Übersetzung des Schriftstücks in die französische Sprache gebeten. Die Anfertigung der Übersetzung hat, obwohl der Kläger den Gerichtskostenvorschuss zügig gezahlt hat, mehr als neun Monate in Anspruch genommen, weil der Zustellungsauftrag von mehreren Dolmetschern und Übersetzern abgelehnt wurde.[255] Dieser Sachverhalt zeigt, dass Übersetzungen weiterhin zu erheblichen Verzögerungen der Zustellung führen können, selbst wenn die Übersetzung in keine außergewöhnliche Sprache erfolgt. Solche Verzögerungen können zwar auch unter der EuZVO auftreten (wie es in der Entscheidung der Fall war), allerdings ist es besonders ärgerlich, wenn sie auftreten, obwohl der Empfänger das Schriftstück auch ohne die Übersetzung verstanden hätte. Dann wird der Justizgewährungsanspruch beeinträchtigt, ohne dass dies im

---

[249] Eine Übersicht zu den offenen Fragen findet sich bei *Mankowski,* IPRax 2009, 180 (182); *ders.,* EuZW 2015, 836 (837 f.).

[250] *Gottwald,* in: FS Schütze 1999, S. 225, 232 f.; *Hess,* IPRax 2016, 409 (414) in Fn. 71; *Nagel/Gottwald,* IZPR, Rn. 8.109; Geimer/Schütze/Hau/*Sujecki,* Art. 5 HZÜ Rn. 17.

[251] So auch *Gottwald,* in: FS Schütze 1999, S. 225, 232 f.; *Nagel/Gottwald,* IZPR, Rn. 8.109.

[252] *Gottwald,* in: FS Schütze 1999, S. 225, 232 f.; *Nagel/Gottwald,* IZPR, Rn. 8.95.

[253] *Gottwald,* in: FS Schütze 1999, S. 225, 232.

[254] BGH v. 25.2.2021 – IX ZR 156/19, NJW 2021, 1598.

[255] Dazu die Vorinstanz LG Darmstadt v. 15.8.2017 – 9 O 303/15, BeckRS 2017, 157397 Rn. 11 ff. Siehe auch *Fellner,* MDR 2021, 729 (731), der die mehrfache Ablehnung als „ungewöhnlich" bezeichnet.

Hinblick auf den Beklagtenschutz erforderlich ist. Im Ergebnis ist das strenge Übersetzungserfordernis heute nicht mehr gerechtfertigt[256] und stellt einen erheblichen Rückschritt für die Zustellung im Wege der aktiven internationalen Rechtshilfe im Vergleich zur Rechtslage vor dem Brexit dar[257].

In der deutschen Praxis ist zu beachten, dass die Übersetzung des Schriftstücks nicht beglaubigt sein muss (vgl. § 26 Abs. 4 S. 2 ZRHO). Ungeklärt ist allerdings, welche konkreten Anforderungen an die Übersetzung zu stellen sind.[258] Der Zustellungsinteressent kann die Zustellung entweder selbst beibringen oder das Gericht bitten, die Zustellung zu veranlassen. Aufgrund des Verzögerungsrisikos kann es sich in der Praxis anbieten, die Übersetzung selbst vornehmen zu lassen.[259] Im Hinblick auf § 167 ZPO kann es dem Kläger indes nicht zum Nachteil gereichen, wenn er das Gericht um eine Übersetzung bittet.[260]

c) Dauer der Zustellung

Die Dauer des Übermittlungsvorgangs ist ein zentrales Hindernis für Zustellungen im Ausland, insbesondere wenn sie durch die ausländischen Rechtshilfebehörden erfolgt. Die Verbesserung der Schnelligkeit des Zustellungsweges war, wie mehrfach in den Erwägungsgründen der EuZVO erwähnt (vgl. etwa Erwägungsgründe 2, 6, 7 zur EuZVO 2000 und Erwägungsgründe 6, 7, 9, 13, 14 zur EuZVO 2007), das Hauptziel des europäischen Gesetzgebers bei der Einführung und Reform der Verordnung.

---

[256] Ebenso *Gottwald*, in: FS Schütze 1999, S. 225, 232 f.; *Nagel/Gottwald*, IZPR, Rn. 8.109; Geimer/Schütze/Hau/*Sujecki*, Art. 10 HZÜ Rn. 17 f. (mit der Lösungsmöglichkeit, dass nur das Formblatt, das dem Empfänger gemäß Art. 5 Abs. 4 HZÜ zuzustellen ist, in der Amtssprache des Empfängerstaates abgefasst sein muss). Vgl. auch *HCCH*, Practical Handbook, 2016, Rn. 181 unter dem Hinweis, dass ein strenges Übersetzungserfordernis dem Zweck des Art. 5 Abs. 3 HZÜ, der gerade in der flexiblen Handhabung der Sprachenfrage durch die Zentrale Behörde liegt, widerspricht.

[257] Ebenso *Hess*, IPRax 2016, 409 (414) in Fn. 71; *Sonnentag*, Die Konsequenzen des Brexits, S. 132. In diese Richtung auch *Steinbrück/Lieberknecht*, EuZW 2021, 517 (521 f.).

[258] Dazu OLG Nürnberg v. 15.2.2005 – 4 VA 72/05, IPRax 2006, 38 (39 f.); *Schütze*, RIW 2006, 352 (353 f.); *Wilske/Krapfl*, IPRax 2006, 10 (11 ff.).

[259] *Fabig/Windau*, NJW 2021, 1603; *Niehoff*, IWRZ 2021, 286; *Krümmel*, IWRZ 2021, 234 (235). Vgl. ferner *Schlosser*, IPRax 2021, 453 (454). Anders wohl *Ledvinka*, GWR 2021, 229, der davon ausgeht, dass es stets vorzugswürdig sei, eine Übersetzung der Klageschrift durch das Gericht einholen zu lassen.

[260] BGH v. 25.2.2021 – IX ZR 156/19, NJW 2021, 1598 Rn. 42 f. (für die EuZVO 2007). Zuvor schon *Hess*, IPRax 2020, 127. Diese Entscheidung – zutreffend – auf Art. 5 Abs. 3 HZÜ übertragend *Gade*, EuZW 2021, 694 (695). Von Vorteil kann die Beantragung der Übersetzung durch das Gericht vor allem im Hinblick auf die Kosten sein, vgl. *Hansen/Hölken*, NZI 2021, 556 (557); *Schlosser*, IPRax 2021, 453 (454).

aa) Regelungen zur Dauer der Zustellung

Die EuZVO enthält einige Änderung im Vergleich zum HZÜ, die der Beschleunigung dienen sollen. Zunächst bezweckt die Verordnung eine Dezentralisierung der Empfangsstellen, wodurch keine Zwischenschaltung der Zentralen Behörden mehr erforderlich ist.[261] Hierdurch soll ein überflüssiger Zwischenschritt eliminiert und dadurch der Zustellungsvorgang verkürzt werden. Im deutsch-britischen Zustellungsverkehr ist indes – wie bereits gesehen – zu beachten, dass die EuZVO nur in Deutschland und Schottland zu einer Dezentralisierung geführt hat. Der Beschleunigung der Zustellung dient auch die Lockerung des Übersetzungserfordernisses, da bei Zustellungen nach Art. 4 ff. EuZVO 2007 in vielen Fällen auf eine zeitaufwändige Anfertigung der Übersetzung verzichtet werden konnte.

Zudem enthält die EuZVO, anders als das HZÜ, das zur Dauer der Zustellung schweigt, mehrere Bestimmungen, welche die beteiligten Stellen verpflichten, die zur Zustellung erforderlichen Schritte so schnell wie möglich vorzunehmen (allgemeines Beschleunigungsgebot).[262] Art. 4 Abs. 1 EuZVO 2007 schreibt vor, dass die Übermittlung des Schriftstücks von der Übermittlungs- an die Empfangsstelle „so schnell wie möglich" erfolgen muss. Die Empfangsstelle hat den Eingang des Schriftstücks nach Art. 6 Abs. 1 EuZVO 2007 auf „schnellstmöglichem Wege und so bald wie möglich, auf jeden Fall aber innerhalb von sieben Tagen" zu bestätigen. Sie muss sodann alle erforderlichen Schritte unternehmen, die Zustellung „so rasch wie möglich, in jedem Fall jedoch binnen einem Monat nach Eingang" zu bewirken (Art. 7 Abs. 2 S. 1 EuZVO 2007). Freilich wird der Verstoß gegen das allgemeine Beschleunigungsgebot oder die vorgeschriebenen Höchstfristen in der Verordnung nicht sanktioniert. In Betracht kommt allenfalls ein primärrechtlicher Staatshaftungsanspruch, wenn ein Schaden des Zustellungsinteressenten nachgewiesen werden kann.[263]

bb) Auswirkungen in der Praxis

Diese Aspekte haben in der Praxis zu einer Beschleunigung des Zustellungsvorgangs geführt. Vor Einführung der EuZVO betrug die Dauer einer Auslandszustellung auch im Verhältnis zu den europäischen Staaten noch

---

[261] *Europäische Kommission*, Erläuternder Bericht zum EuZÜ, in: Amtsblatt Nr. C 261 vom 27.8.1997, S. 28; Linke, in: Gottwald (Hrsg.), Grundfragen der Gerichtsverfassung, S. 95, 125.
[262] Dazu etwa *Meijknecht*, ERPL 7 (1999), 445 (453 f.); *Gottwald*, in: FS Schütze 1999, S. 225, 227.
[263] Vgl. *Sujecki*, GPR 2 (2005), 193 (200); *ders.*, in: Gebauer/Wiedmann (Hrsg.), Europäisches Zivilrecht, Art. 7 EuZVO Rn. 6; Schlosser/Hess/*Schlosser*, Art. 7 EuZVO Rn. 5; Stein/Jonas/*Domej*, Art. 7 EuZVO Rn. 7.

mindestens drei Monate und bis zu zwei Jahre.²⁶⁴ Solche Zeiträume waren im innereuropäischen Zustellungsverkehr nicht mehr hinnehmbar.²⁶⁵ Die Dauer des Übermittlungsvorgangs hat sich bereits durch die EuZVO 2000 maßgeblich verbessert.²⁶⁶ In den meisten Fällen erfolgte die Zustellung innerhalb ein bis drei Monate, allerdings waren manchmal auch noch sechs Monate erforderlich.²⁶⁷ Die EuZVO 2007 hat die Rechtslage nochmals etwas verbessert.²⁶⁸ In den meisten Mitgliedstaaten, auch in Deutschland, betrug die Zustellungsdauer sowohl für eingehende als auch für ausgehende Ersuchen ein bis zwei Monate.²⁶⁹ Für das Vereinigte Königreich fehlen in der Studie zur Anwendung der EuZVO 2007 – abgesehen von den eigenen Angaben – konkrete Daten zur Zustellungsdauer.

Es ist zu erwarten, dass der Zustellungsweg über die ausländischen Rechtshilfebehörden durch den Austritt des Vereinigten Königreichs aus der Europäischen Union wieder in die Länge gezogen wird.²⁷⁰ Zunächst ist absehbar, dass die britischen Stellen aufgrund des Brexits wieder vermehrt Zustellungsersuchen aus anderen EU-Mitgliedstaaten bearbeiten müssen.²⁷¹ Die unter dem HZÜ aus deutscher Sicht berichteten vier²⁷² bzw. sechs bis acht²⁷³ Monate für Zustellungen in das Vereinigte Königreich könnten daher wieder Realität werden, was einen enormen Rückschritt bedeuten würde. Das Vereinigte Königreich hat im Fragebogen zur Anwendung des HZÜ aus dem Jahr 2013 angegeben, dass nahezu alle Zustellungsersuchen innerhalb von zwei bis vier Monaten erledigt wurden.²⁷⁴ Dies ist ein erheblicher Unterschied zu den eigenen Angaben im Hinblick auf die EuZVO 2007. Die Ausführung der Zustellungsanträge

---

²⁶⁴ Vgl. die Angaben bei *Linke*, in: Gottwald (Hrsg.), Grundfragen der Gerichtsverfassung, S. 95, 110 in Fn. 104; *Gottwald*, in: FS Schütze 1999, S. 225, 226.
²⁶⁵ *Stadler*, IPRax 2001, 514 (515).
²⁶⁶ *MainStrat*, Studie zur Anwendung der EuZVO 2000, S. 23. Allerdings berichtet die Studie auch davon, dass sich die Zustellungszeiten in den Mitgliedstaaten deutlich unterscheiden. So soll sich der Zustellungsprozess in Deutschland sowie England und Wales zwar verbessert haben, dennoch sei das Verfahren langsamer als in anderen Staaten (z.B. Schweden, Belgien und den Niederlanden).
²⁶⁷ *Europäische Kommission*, Bericht der Kommission über die Anwendung der EuZVO 2000, KOM (2004), 603 endg., S. 4; *dies.*, Vorschlag für die EuZVO 2007, KOM (2005), 305 endg., S. 3 f.
²⁶⁸ *Europäische Kommission*, Bericht über die Anwendung der EuZVO 2007, COM (2013), 858 final, S. 9, die dieses Ergebnis – insbesondere wegen der erhöhten Zahl der Zustellungsersuchen – für zufriedenstellend hält.
²⁶⁹ *MainStrat*, Studie zur Anwendung der EuZVO 2007, S. 21.
²⁷⁰ Vgl. zu den längeren Erledigungszeiten im Rahmen des HZÜ Geimer/Schütze/Hau/ *Sujecki*, Art. 5 HZÜ Rn. 2.
²⁷¹ *J. Müller*, Zustellungen im Vereinigten Königreich nach dem Brexit, ZPO-Blog, unter III. 4.
²⁷² *G. Geimer*, Neuordnung des internationalen Zustellungsrechts, S. 7.
²⁷³ *Gottwald*, in: FS Schütze 1999, S. 225, 226.
²⁷⁴ Antwort des VK auf den HZÜ-Fragebogen aus dem Jahr 2013, Frage 7.

soll dabei in England und Wales sowie Nordirland im Durchschnitt nur 29 bzw. 30 Tage in Anspruch genommen haben.[275] Freilich sind die eigenen Angaben mit Vorsicht zu genießen. Jedenfalls hat ein großer Teil der Vertragsstaaten des HZÜ angegeben, dass im Hinblick auf die Zustellungsdauer noch erhebliche Hindernisse bestehen.[276] Ferner ist zu beachten, dass die Angaben nur die Dauer ab Erhalt des Schriftstücks durch die Empfangsstelle erfassen. Die Dauer für die Anfertigung einer Übersetzung ist hier noch nicht eingerechnet. Durch die Rückkehr zum strengen Übersetzungserfordernis wird insbesondere dann noch eine weitere Verzögerung eintreten, wenn der Kläger die Übersetzung durch das Gericht anfertigen lässt. Im Ergebnis wird der Brexit also zu einer erhöhten Zustellungsdauer für den Rechtshilfeweg führen.[277]

cc) Kommunikation der beteiligten Stellen bei Verzögerungen

Einen Rückschritt verursacht der Austritt des Vereinigten Königreichs aus der Europäischen Union auch bei der Kommunikation der Übermittlungs- und Empfangsstellen im Falle einer längeren Zustellungsdauer. Unter der EuZVO muss die Empfangsstelle, wenn die Zustellung nicht binnen eines Monats erfolgt, der Übermittlungsstelle die Verzögerung unverzüglich unter Verwendung einer formalisierten Bescheinigung mitteilen (Art. 7 Abs. 2 S. 2 lit. a EuZVO 2007) Sie hat allerdings weiterhin alle zur Zustellung erforderlichen Schritte zu unternehmen, solange die Zustellung innerhalb einer angemessenen Zeit möglich erscheint (Art. 7 Abs. 2 S. 2 lit. b EuZVO 2007). Im HZÜ fehlt eine entsprechende Regelung. Die Expertenkommission aus dem Jahr 2009 hat die Zentralen Behörden zwar aufgefordert, sich für den Fall, dass ein Hindernis auftritt, welches die Erledigung des Ersuchens erheblich verzögern oder sogar verhindern kann, so schnell wie möglich mit der Übermittlungsbehörde in Verbindung zu setzen.[278] Diese Grundsätze sind allerdings weder besonders anwenderfreundlich noch zwingend zu beachten. Es wird daher künftig häufiger vorkommen, dass sich die Zustellung verzögert, ohne dass der Zustellungsinteressent diesbezüglich Kenntnis erlangt und unter Umständen auf andere Zustellungswege zurückgreifen kann.

d) Kosten der Zustellung

Auch nach dem Brexit gilt für den Zustellungsweg der Grundsatz der Kostenfreiheit (Art. 12 Abs. 1 HZÜ, zuvor Art. 11 Abs. 1 EuZVO 2007). Es können jedoch Auslagen zu zahlen oder zu erstatten sein, wenn bei der Zustellung ein

---

[275] *MainStrat*, Studie zur Anwendung der EuZVO 2007, S. 241.
[276] *HCCH*, Synopsis der Antworten auf den HZÜ-Fragebogen aus dem Jahr 2013, S. 24 ff.
[277] Ebenso *J. Müller*, Zustellungen im Vereinigten Königreich nach dem Brexit, ZPO-Blog, unter III. 4.
[278] *HCCH*, Conclusions of the Special Commission of 2009, Rn. 23.

Justizbeamter oder eine nach dem Recht des Empfängerstaates zuständige Person mitwirkt (Art. 12 Abs. 2 lit. a HZÜ) oder eine besondere Form der Zustellung nach Art. 5 Abs. 1 lit. b HZÜ beantragt wird (Art. 12 Abs. 2 lit. b HZÜ). Das Vereinigte Königreich hat erklärt, dass unter normalen Umständen keine Gebühren erhoben werden. Die tatsächlichen Kosten der Zustellung werden allerdings dann verlangt, wenn eine besondere Form, die zusätzliche Kosten verursacht, beantragt wird oder außergewöhnliche Umstände vorliegen.[279] Auch die deutschen Behörden erheben i.d.R. keine Kosten, selbst wenn geringfügige Kosten durch die Verwendung eines Rückscheins oder sonstigen administrativen Aufwand entstehen.[280] Für Zustellungen nach der EuZVO hat England und Wales ebenfalls keine Gebühren erhoben.[281] Bei der Zustellung durch einen *messenger-at-arms* in Schottland fiel allerdings eine Festgebühr von 142,51 GBP (zzgl. Mehrwertsteuer) für die persönliche Zustellung bzw. 45,50 GBP (zzgl. Mehrwertsteuer) für die Zustellung durch Postdienste an.[282] In Nordirland wurde eine Gebühr von 45 GBP erhoben, wenn der Adressat eine natürliche Person war. War der Adressat hingegen eine *Limited Company*, mussten keine Gebühren entrichtet werden.[283] Der Vorteil für Zustellungen nach der EuZVO ist, dass die Kosten durch die Festgebühren transparent und vorhersehbar sind.[284] Die Angaben von Schottland, Nordirland und Deutschlands zum HZÜ legen indes nahe, dass durch den Brexit in diesen Staaten für den Zustellungsinteressenten seltener Kosten entstehen könnten.[285] Auf der anderen Seite ist unklar, wann (aus britischer Sicht) „normale" und wann „außergewöhnliche" Umstände vorliegen. Für den Verfahrensbeteiligten ist dies kaum erkennbar, sodass er sich nicht auf die entstehenden Kosten und deren Höhe einstellen kann. Diese Ungewissheit und das einhergehende Kostenrisiko stellen ein Hindernis für die grenzüberschreitende Zustellung dar.[286]

---

[279] Dazu die praktischen Informationen für das Vereinigte Königreich auf der Webseite der Haager Konferenz (Fn. 171).
[280] Dazu die praktischen Informationen für Deutschland auf der Webseite der Haager Konferenz (Fn. 227).
[281] Angaben von England und Wales zu Art. 11 EuZVO 2007, in: Europäische Kommission (Hrsg.), Europäischer Gerichtsatlas, e-justice.europa.eu.
[282] Angaben von Schottland zu Art. 11 EuZVO 2007, in: Europäische Kommission (Hrsg.), Europäischer Gerichtsatlas, e-justice.europa.eu.
[283] Angaben von Nordirland zu Art. 11 EuZVO 2007, in: Europäische Kommission (Hrsg.), Europäischer Gerichtsatlas, e-justice.europa.eu.
[284] *Sujecki*, GPR 2 (2005), 193 (200); *ders.*, EuZW 2006, 1; *ders.*, in: Gebauer/Wiedmann (Hrsg.), Europäisches Zivilrecht, Art. 11 EuZVO Rn. 5; *Rösler/Siepmann*, RIW 2006, 512 (514).
[285] Kritisch zu den Kosten einer förmlichen Zustellung unter der EuZVO *Hess*, EuZPR, Rn. 8.22.
[286] Vgl. Geimer/Schütze/Hau/*Sujecki*, Art. 12 HZÜ Rn. 1.

e) Keine Regelung zum Zustellungsdatum

Im HZÜ fehlt eine Regelung zum Datum der Zustellung, sodass auf die nationalen Bestimmungen des Verfahrensstaates zurückzugreifen ist.[287] Die EuZVO enthält hingegen in Art. 9 eine Regelung, die bestimmt, auf welche Rechtsordnung abzustellen ist *(„Zustellungskollisionsrecht"*[288]*)*. Im Grundsatz ist das Datum der Zustellung anhand des Rechts des Empfängerstaates zu ermitteln (Art. 9 Abs. 1 EuZVO 2007). Für Fristen, die zulasten des Antragstellers laufen (z.B. Verjährungsfristen), ist allerdings das Recht des Mitgliedstaates, aus dem sich diese Frist ergibt, maßgeblich (Art. 9 Abs. 2 EuZVO 2007). Es kann somit dazu kommen, dass für den Antragsteller und den Antragsgegner unterschiedliche Zustellungszeitpunkte gelten.[289] Die Handhabung dieser Regelung hat sich – auch wegen der umständlichen Formulierung – als komplex erwiesen.[290] Dennoch ist die Vorschrift im Vergleich zur Rechtslage im HZÜ ein weiterer Fortschritt.[291] Die Einführung einer entsprechenden Regelung für das Übereinkommen wird allerdings überwiegend abgelehnt.[292] Für den deutsch-britischen Zustellungsverkehr war bis zum Brexit zu beachten, dass das Vereinigte Königreich angegeben hat, dass es – obwohl es diese Möglichkeit in der EuZVO 2007 nicht mehr gibt – beabsichtigt, von Art. 9 EuZVO 2007 abzuweichen.[293]

---

[287] Geimer/Schütze/Hau/*Sujecki*, Art. 5 HZÜ Rn. 21 f.
[288] Rauscher/*Heiderhoff*, Art. 9 EuZVO Rn. 2. Ähnlich Fasching/Konecny/*Bajons*, Art. 9 EuZVO Rn. 1 („Charakter einer *allgemein bindenden Kollisionsnorm*").
[289] *Brenn*, EuZVO, S. 53; Geimer/Schütze/*R. Geimer*, Art. 9 EuZVO Rn. 1; Musielak/Voit/*Stadler*, Art. 13 EuZVO 2020 Rn. 1.
[290] Vgl. dazu auch die deutsche Erklärung zu Art. 8 Abs. 3 und Art. 9 Abs. 2 EuZVO 2007, die wohl davon ausgeht, dass Art. 9 Abs. 2 EuZVO 2007 wegen § 167 ZPO weitgehend bedeutungslos ist. Dies ist allerdings ein Missverständnis, da § 167 ZPO wegen Art. 9 Abs. 2 EuZVO 2007 gerade erst zur Anwendung kommt, dazu Stein/Jonas/*Domej*, Art. 9 EuZVO Rn. 4.
[291] Vgl. auch *HCCH*, Practical Handbook, 2016, Rn. 208. A.A. *Linke,* ERA Forum 6 (2005), 205 (214), der davon ausgeht, dass die Vorschrift lediglich etwas Selbstverständliches normiert.
[292] *HCCH*, Conclusions of the Special Commission of 2003, Rn. 75; *dies.*, Practical Handbook, 2016, Rn. 206 f.
[293] Angaben von England und Wales, Nordirland und Schottland zu Art. 8 Abs. 3, 9 Abs. 2 EuZVO 2007, in: Europäische Kommission (Hrsg.), Europäischer Gerichtsatlas, e-justice.europa.eu.

2. Unmittelbare Postzustellung

a) Zulässigkeit im deutsch-britischen Rechtsverkehr

Die wesentliche Neuerung von Art. 14 EuZVO 2000 (später EuZVO 2007) im Vergleich zu Art. 10 lit. a HZÜ ist, dass der Empfängerstaat keinen Widerspruch mehr gegen die Postzustellung in seinem Hoheitsgebiet erklären darf.[294] Obwohl die Bundesrepublik Deutschland für das HZÜ einen solchen Vorbehalt eingelegt hat, ist die Postzustellung im deutsch-britischen Rechtsverkehr stets zulässig. Für Schriftstücke aus Deutschland folgt dies bereits aus Art. 10 lit. a HZÜ und für Schriftstücke aus dem Vereinigten Königreich aus Art. 6 DBA. Es ist mithin festzuhalten, dass der Brexit richtigerweise nicht zur Unzulässigkeit der Postzustellung führt, sondern nur zu einer Änderung der anwendbaren Regelungen.[295] Es ist erfreulich, dass sich der wohl bedeutendste Nachteil des HZÜ im deutsch-britischen Zustellungsverkehr somit nicht auswirkt. Der Umstand, dass ein fast 100 Jahre altes – inhaltlich veraltetes – Abkommen herangezogen muss, um einen im modernen Zustellungsverkehr etablierten Weg zu ermöglichen, sollte dem deutschen Gesetzgeber zu denken geben, ob nicht der deutsche Widerspruch (vgl. § 6 S. 2 AusfG-HZÜ) aufgegeben werden sollte.

b) Praktische Probleme beim Nachweis

Weder im HZÜ noch im deutsch-britischen Rechtshilfeabkommen wird geregelt, wie der Nachweis der Postzustellung zu erbringen ist (anders Art. 14 EuZVO 2007, der ein Einschreiben mit Rückschein oder gleichwertigem Beleg fordert). Die Frage richtet sich daher nach der *lex fori*.[296] Für Schriftstücke aus Deutschland wird der Nachweis grundsätzlich durch einen Rückschein erbracht (§ 183 Abs. 2 S. 2, Abs. 5 S. 1 ZPO).[297] In der Praxis ist problematisch,

---

[294] *Gsell*, EWS 2002, 115 (117 f.); *Tsikrikas*, ZZPInt 8 (2003), 309 (310); *Sujecki*, GPR 2 (2005), 193 (198); *Jastrow*, in: Gebauer/Wiedmann (Hrsg.), Zivilrecht unter europäischem Einfluss, Kapitel 28 Rn. 220; *Hausmann*, EuLF 1/2-2007, 1 (13); Fasching/Konecny/*Bajons*, Art. 14 EuZVO Rn. 1.

[295] *BMJV*, Handreichung zum Brexit, S. 17; *Steinbrück/Lieberknecht*, EuZW 2021, 517 (521); BeckOK ZPO/*Hiss/Ruster*, Art. 1 EuZVO 2020 Rn. 13. A.A. wohl *Sonnentag*, Die Konsequenzen des Brexits, S. 132, der feststellt, dass das HZÜ wegen § 6 S. 2 AusfG-HZÜ keine Direktzustellung per Post ermöglicht und nicht auf das deutsch-britische Rechtshilfeabkommen eingeht. Auch *Hess*, IPRax 2016, 409 (415) geht davon aus, dass „zwischen dem Vereinigten Königreich und Deutschland keine postalischen Direktzustellungen mehr möglich sein werden". Ferner *Schuhmacher*, ZIP 2016, 2050 (2055): „Die direkte Zustellung einer britischen Klageschrift auf dem Postweg in Deutschland würde daher ausscheiden." Das ist allerdings – wenn man von der Anwendbarkeit des deutsch-britischen Rechtshilfeabkommen ausgeht – schon deshalb unzutreffend, da Art. 6 DBA die Postzustellung zulässt.

[296] Geimer/Schütze/Hau/*Sujecki*, Art. 10 HZÜ Rn. 17 f.

[297] Im englischen Recht wird der Nachweis grundsätzlich durch den Bildschirmausdruck der Tracking-Webseite des Postunternehmens, aus dem hervorgeht, wann die Dokumente unterzeichnet wurden, erbracht, *Hickinbottom*, Blackstone's Civil Practice, Rn. 16.81.

dass die *Royal Mail* den Service *Rückschein International* seit dem Jahr 2018 nicht mehr anbietet.[298] Fraglich ist, ob eine Übermittlung, die durch *Einschreiben International* erfolgt, den Anforderungen der ZPO entspricht. Hierbei wird eine elektronische Zustellbestätigung, die den Namen des Empfängers, den Zeitpunkt der Zustellung und eine Unterschrift des Empfängers enthält, ausgestellt.[299] Es handelt sich allerdings nicht um einen Rückschein i.S.d. § 183 Abs. 2 S. 2, Abs. 5 S. 1 ZPO.[300] Durch das Gesetz zum Ausbau des elektronischen Rechtsverkehrs wurde die Vorschrift mit Wirkung zum 1. Januar 2022 derart geändert, dass auch ein „gleichwertiger Nachweis" als Zustellungsbestätigung in Betracht kommt. Dabei ist erforderlich, dass der Nachweis „sowohl hinsichtlich des Erhalts des Schriftstücks durch seinen Empfänger als auch der Umstände des Erhalts das gleiche Maß an Gewissheit und Verlässlichkeit aufweist wie ein Einschreiben mit Rückschein."[301] Es kommt mithin zu einem Gleichlauf mit Art. 14 EuZVO 2007, der ebenfalls einen gleichwertigen Beleg ausreichen lässt.[302] Ziel der Gesetzesänderung war es, klarzustellen, dass die Postzustellung auch in Staaten, die keinen *Rückschein International* anbieten, in Betracht kommt.[303] Auch vor der Gesetzesänderung wurde von der herrschenden Auffassung ein Nachweis auf anderem Wege zugelassen.[304] Insofern dient die Änderung des § 183 ZPO vor allem der Rechtssicherheit. Die elektronische Empfangsbestätigung, die von der *Royal Mail* im Rahmen des *Einschreiben International* ausgestellt wird und den Namen des Empfängers, seine Unterschrift und den Zustellungszeitpunkt enthält, genügt den Anforderungen an den „gleichwertigen Nachweis".

In Betracht kommt ferner ein vom Empfänger unterschriebenes Empfangsbekenntnis. Indes muss beachtet werden, dass hier die freiwillige Mitwirkung

---

[298] Angaben der Deutschen Post, abrufbar unter: <https://www.deutschepost.de/de/b/briefe-ins-ausland/produkte/broschuere-rueckschein-international.html>; *J. Müller*, Zustellungen im Vereinigten Königreich nach dem Brexit, ZPO-Blog, unter III. 1.; *Steinbrück/Lieberknecht*, EuZW 2021, 517 (521); BeckOK ZPO/*Hiss/Lahme*, Art. 18 EuZVO 2020 Rn. 22.

[299] *J. Müller*, Zustellungen im Vereinigten Königreich nach dem Brexit, ZPO-Blog, unter III. 2.

[300] *J. Müller*, Zustellungen im Vereinigten Königreich nach dem Brexit, ZPO-Blog, unter III. 2; *Steinbrück/Lieberknecht*, EuZW 2021, 517 (521).

[301] Begründung zum Entwurf eines Gesetzes zum Ausbau des elektronischen Rechtsverkehrs, in: BT-Drs. 19/28399, S. 38.

[302] Begründung zum Entwurf eines Gesetzes zum Ausbau des elektronischen Rechtsverkehrs, in: BT-Drs. 19/28399, S. 38. Zur Auslegung des Begriffs in der EuZVO EuGH v. 2.3.2017 – Rs. C-354/15 *(Henderson/Novo Banco SA)*, EuZW 2017, 344 Rn. 81.

[303] Begründung zum Entwurf eines Gesetzes zum Ausbau des elektronischen Rechtsverkehrs, in: BT-Drs. 19/28399, S. 38.

[304] OLG Hamm v. 25.10.2016 – 9 U 9/16 BeckRS 2016, 114153 Rn. 18. Zustimmend MüKoZPO/*Häublein/M. Müller*, § 183 ZPO Rn. 11; Zöller/*R. Geimer*, § 183 ZPO Rn. 6; *J. Müller*, Zustellungen im Vereinigten Königreich nach dem Brexit, ZPO-Blog, unter III. 1.

des Empfängers durch eine Unterschrift erforderlich ist.[305] Andere Auslieferungsbelege, die keine Unterschrift des Empfängers enthalten, sind jedenfalls wegen deren Unzuverlässigkeit kein „gleichwertiger Beleg" i.S.d. § 183 Abs. 2 S. 2, Abs. 5 S. 1 ZPO.[306]

Für Zustellungen in das Vereinigte Königreich ist dem Zusteller daher im Ergebnis zu empfehlen, den Service *Einschreiben International* in Anspruch zu nehmen. Allerdings kann auch bei dieser Dienstleistung noch ein Problem auftreten. Das *Einschreiben International* kann zwar auch mit der Zusatzleistung „eigenhändig" erbracht werden, sodass die Zustellung nur an den Adressaten erfolgen darf. Diese Möglichkeit steht jedoch für Übermittlungen in das Vereinigte Königreich ebenfalls nicht zur Verfügung.[307] Das Schriftstück kann somit auch an eine andere empfangsberechtigte Person übermittelt werden.[308] Es ist möglich, dass der Empfänger dann geltend macht, dass ihm das Dokument nicht (selbst) zugegangen ist.[309]

c) Vor- und Nachteile für den Zustellungsinteressenten

Art. 6 DBA und Art. 10 lit. a HZÜ sind im Vergleich zu Art. 14 EuZVO 2007 stärker durch die *lex fori* des Verfahrensstaates geprägt.[310] Die EuZVO bestimmt etwa, dass die Postzustellung nur von Personen, die durch ihren Mitgliedstaat als Übermittlungsstelle i.S.d. Art. 2 Abs. 1 EuZVO 2007 bestimmt worden sind, vorgenommen werden darf.[311] Im HZÜ und im deutsch-britischen Rechtshilfeabkommen entscheidet über die Frage, wer die Zustellung vornehmen darf, hingegen das nationale Zivilverfahrensrecht des Verfahrensstaates.[312] Die (direkte) Übermittlung per Post durch den Verfahrensbeteiligten oder seinen *solicitor* ist daher nicht von vornherein ausgeschlossen.[313] Allerdings ist es nach dem englischen Recht stets erforderlich, die *Foreign Process*

---

[305] *J. Müller*, Zustellungen im Vereinigten Königreich nach dem Brexit, ZPO-Blog, unter III. 1.; *Steinbrück/Lieberknecht,* EuZW 2021, 517 (521).

[306] Vgl. *J. Müller*, Zustellungen im Vereinigten Königreich nach dem Brexit, ZPO-Blog, unter III. 3.

[307] *J. Müller*, Zustellungen im Vereinigten Königreich nach dem Brexit, ZPO-Blog, unter III. 2.

[308] *J. Müller*, Zustellungen im Vereinigten Königreich nach dem Brexit, ZPO-Blog, unter III. 2.; *Steinbrück/Lieberknecht,* EuZW 2021, 517 (521).

[309] *Steinbrück/Lieberknecht,* EuZW 2021, 517 (521).

[310] Vgl. *HCCH*, Practical Handbook, 2016, Rn. 258; Geimer/Schütze/Hau/*Sujecki*, Art. 10 HZÜ Rn. 15.

[311] Dazu – auch zur Gegenauffassung – Kap. 2 D. II. 2. b) bb) (1) (S. 127 f.).

[312] Für das HZÜ: Geimer/Schütze/Hau/*Sujecki*, Art. 10 HZÜ Rn. 16.

[313] Vgl. *Stroschein*, Parteizustellung im Ausland, S. 197. Nach Art. 14 EuZVO 2007 war dies hingegen nicht möglich, da als Übermittlungsstelle lediglich der *Senior Master of the Royal Courts of Justice* benannt war.

Section (FPS) des *Royal Court of Justice* einzuschalten und ihr die maßgeblichen Dokumente zu übermitteln. Diese werden dann bearbeitet und in einem versiegelten Umschlag zurückgesendet, der im Namen des Gerichts per Einschreiben verschickt wird.[314]

Die vom EuGH in der *Henderson*-Entscheidung entwickelte verordnungsautonome Lösung zur Ersatzzustellung, bei der das Schriftstück auch an einen Erwachsenen, der sich in der Wohnung des bestimmungsgemäßen Empfängers befindet, ausgehändigt werden kann,[315] wird künftig nicht mehr gelten. Art. 10 lit. a HZÜ spricht davon, dass die Zustellung an „im Ausland befindliche[ ] Personen" erfolgen kann. Dadurch sollte im Gegensatz zur Formulierung in Art. 6 Abs. 1 Nr. 1 HZPÜ („im Ausland befindlichen Beteiligten") klargestellt werden, dass die Zustellung auch an andere Personen als die Partei selbst (z.B. Zustellungsbevollmächtigte, Prozessbevollmächtigte sowie Ersatzempfänger) erfolgen kann.[316] Indes dürfte auch für die Frage der Ersatzzustellung die *lex fori* des Verfahrensstaates maßgeblich sein.[317] In Deutschland wird auf die im Bestimmungsland geltenden Postbestimmungen abgestellt,[318] was unter Umständen zur Schwierigkeiten bei deren Ermittlung führen kann.

Problematisch wird weiterhin die Fehleranfälligkeit der Postzustellung[319] bleiben. In der Praxis scheitern bis zu 50 % solcher Zustellungsvorgänge.[320] Es wird sodann meistens auf den zuverlässigeren Weg über die ausländischen Rechtshilfebehörden zurückgegriffen, der sich aber – wie bereits gesehen – durch den Brexit maßgeblich verschlechtert hat. Im Schrifttum wird zum Teil empfohlen, von vornherein beide Zustellungswege parallel zu beschreiten.[321]

---

[314] *Hickinbottom*, Blackstone's Civil Practice, Rn. 16.81.

[315] EuGH v. 2.3.2017 – Rs. C-354/15 *(Henderson/Novo Banco SA)*, EuZW 2017, 344 Rn. 86 ff.; dazu *Capaul*, EuZW 2017, 349 (349 f.). Ausführlich zur Lösung des EuGH und daran anknüpfenden Detailfragen Stein/Jonas/*Domej*, Art. 14 EuZVO Rn. 12 ff.

[316] *Stroschein*, Parteizustellung im Ausland, S. 197; Geimer/Schütze/Hau/*Sujecki*, Art. 10 HZÜ Rn. 14.

[317] Vgl. *HCCH*, Practical Handbook, 2016, Rn. 257 f.; Geimer/Schütze/Hau/*Sujecki*, Art. 10 HZÜ Rn. 15.

[318] Begründung zum Entwurf des ZustRG, in: BT-Drs. 14/4554, S. 23; OLG Celle v. 25.7.2005 – 16 U 59/05, NJW-RR 2005, 1589 (zu Art. 14 EuZVO 2000). Ebenso Musielak/Voit/*Wittschier*, § 183 ZPO Rn. 2; MüKoZPO/*Häublein/M. Müller*, § 183 ZPO Rn. 11.

[319] *Hess*, NJW 2004, 3301 (3302 f.); *Hausmann*, EuLF 1/2-2007, 1 (13); *Europäische Kommission*, Bericht über die Anwendung der EuZVO 2007, COM (2013), 858 final, S. 14 f.; MüKoZPO/*Rauscher*, Art. 14 EuZVO Rn. 2. Zu solchen Problemen auch *M. Roth/Egger*, ecolex 2009, 93 (96).

[320] *Hess*, EuZPR, Rn. 8.27; *ders.*, NJW 2004, 3301 (3302).

[321] So *Hess*, NJW 2004, 3301 (3303); *ders.*, EuZPR, Rn. 8.24; Stein/Jonas/*Domej*, Vor Art. 1 EuZVO Rn. 11. A.A. *Linke*, ERA Forum 6 (2005), 205 (212) unter dem Hinweis darauf, dass nichts zu der Annahme zwingt, dass der erste erfolgreiche Zustellungsversuch als maßgeblich angesehen wird. Dieses Argument ist heute für die EuZVO freilich überholt, da der EuGH entschieden hat, dass bei der Datumsbestimmung in einem solchen Fall die erste

3. Sonstige Zustellungswege

Die Zustellung durch Einschaltung der ausländischen Rechtshilfebehörden und die unmittelbare Postzustellung sind die in der Praxis relevantesten Zustellungswege. Im deutsch-britischen Zustellungsverkehr kommen daneben allerdings noch andere Methoden in Betracht. Fraglich ist, welche Auswirkungen der Brexit hier hat. Zu klären ist auch, ob diese Zustellungswege eine Alternative zu den bereits diskutierten Methoden darstellen. Zu keinen Veränderungen kommt es im Hinblick auf die unmittelbare Zustellung durch einen vom Gericht des Ursprungsstaates oder vom Zustellungsinteressenten bestellten Vertreter *(agent)*. Die Zulässigkeit dieser Methode folgte auch vor dem Brexit aus Art. 5 lit. b DBA (vgl. Art. 20 Abs. 2 EuZVO 2007). Der Zustellungsweg, der sowieso nur für britische Verfahren in Betracht kommt, wird aufgrund der doppelten Einschränkung – der Adressat darf nicht Angehöriger des Empfängerstaates (also Deutscher) sein und der Empfängerstaat ist nicht gezwungen, die Zustellung nicht als wirksam zu erachten – auch nach dem Brexit kaum relevant werden.[322]

a) Unmittelbare Zustellung durch diplomatische oder konsularische Vertreter

Im Hinblick auf die Zulässigkeit der Zustellung durch diplomatische oder konsularische Vertreter ergibt sich durch den Austritt des Vereinigten Königreichs aus der Europäischen Union keine Veränderung. Schriftstücke aus Deutschland können auf diesem Weg weiterhin sowohl an deutsche als auch britische und drittstaatliche Angehörige übermittelt werden (Art. 8 Abs. 1 HZÜ). Zuvor ermöglichte dies Art. 13 Abs. 1 EuZVO 2007, da das Vereinigte Königreich keinen Widerspruch gegen diesen Zustellungsweg erklärt hatte. Für Schriftstücke aus dem Vereinigten Königreich ermöglicht Art. 8 Abs. 1 HZÜ wegen des deutschen Widerspruchs (vgl. § 6 S. 1 AusfG-HZÜ) nur die Zustellung an britische Staatsangehörige. Dies entspricht der Rechtslage vor dem Brexit, da Deutschland auch gegen Art. 13 Abs. 1 EuZVO 2007 einen Widerspruch eingelegt hat (vgl. § 1067 Abs. 2 ZPO). Daneben ist weiterhin Art. 5 lit. a DBA zu beachten, der die Zustellung durch diplomatische oder konsularische Vertreter auch an drittstaatliche Angehörige zulässt (vgl. zur Anwendung des deutsch-britischen Rechtshilfeabkommens nun Art. 25 HZÜ; zuvor Art. 20 Abs. 2 EuZVO 2007).

Zustellung entscheidend ist, EuGH v. 9.2.2006 – Rs. C-473/04 *(Plumex)*, NJW 2006, 975 Rn. 31; dazu auch *Heiderhoff,* IPRax 2007, 293 (293 f.). Unklar ist allerdings, ob dies auch beim HZÜ der Fall ist, dazu Geimer/Schütze/Hau/*Sujecki*, Art. 5 HZÜ Rn. 21; *HCCH*, Practical Handbook, 2016, Rn. 203.

[322] Vgl. allgemein zur geringen Bedeutung des Zustellungsweges *Kondring*, Heilung von Zustellungsfehlern, S. 164; *Maack*, Englische antisuit injunctions, S. 83; *Stroschein*, Parteizustellung im Ausland, S. 226.

In der Praxis stellt die Zustellung durch diplomatische oder konsularische Vertreter indes kaum eine Alternative zu den sonstigen Zustellungswegen dar. Zwar kann in einem solchen Fall auf die Einschaltung der ausländischen Rechtshilfebehörden verzichtet werden, wodurch etwaige Kommunikationsschwierigkeiten und Verzögerungen vermieden werden können.[323] Zudem ist die zeit- und kostenintensive Übersetzung des Schriftstücks entbehrlich.[324] Allerdings sind Ersatz- und Zwangszustellungen unzulässig, sodass die Zustellung an der schlichten Annahmeverweigerung des Empfängers scheitern kann.[325] Der Zustellungsvorgang ist dann gescheitert, sodass die Auslandszustellung wiederholt werden muss und für den Antragsteller das Risiko einer Fristversäumnis besteht. Wenn die Kooperationsbereitschaft des Empfängers unsicher ist, sollte daher nicht (nur) nach Art. 8 Abs. 1 HZÜ bzw. Art. 5 lit. a DBA zugestellt werden.[326] Ferner ist der Weg über die diplomatischen und konsularischen Vertretungen umständlich und zeitraubend, da das Außenministerium eingeschaltet werden muss.[327] Auch § 183 Abs. 3 ZPO zeigt, dass es nur im Ausnahmefall gerechtfertigt ist, die Zustellung direkt mittels dieser Methode zu bewirken.[328] Im Ergebnis wird der Zustellungsweg – obwohl es für den Zustellungsinteressenten insofern zu keinen Rückschritten kommt – auch nach dem Brexit kaum Bedeutung haben.

---

[323] *Jastrow*, in: Gebauer/Wiedmann (Hrsg.), Zivilrecht unter europäischem Einfluss, Kapitel 28 Rn. 214; Geimer/Schütze/Hau/*Sujecki*, Art. 8 HZÜ Rn. 2.

[324] Schweizerisches BG v. 7.10.2010 – 5A_286/2010, Rn. 4.5.2; die Entscheidung ist abrufbar unter: <https://www.bger.ch/ext/eurospider/live/de/php/aza/http/index.php?highlight_docid=aza%3A%2F%2F07-10-2010-5A_286-2010&lang=de&type=show_document&zoom=YES&>; *HCCH*, Practical Handbook, 2016, Rn. 245 (unter Hinweis auf eine unveröffentlichte Entscheidung des LG Berlin v. 5.2.1997); G. *Geimer*, Neuordnung des internationalen Zustellungsrechts, S. 279; Geimer/Schütze/Hau/*Sujecki*, Art. 8 HZÜ Rn. 2. Dies ist – im Vergleich zur EuZVO (vgl. Art. 8 Abs. 4 EuZVO 2007) – ein Vorteil für den Kläger. Allerdings sind auch die Auswirkungen auf den Empfänger des Schriftstücks zu beachten.

[325] BVerwG v. 20.5.1999 – 3 C 7/98, NJW 2000, 683 (684); *Pfennig*, Internationale Zustellung, S. 67; G. *Geimer*, Neuordnung des internationalen Zustellungsrechts, S. 25; Schlosser/Hess[4]/*Schlosser*, Art. 8 HZÜ Rn. 1.

[326] In Bezug auf Art. 13 EuZVO 2007: Stein/Jonas/*Domej*, Art. 13 EuZVO Rn. 5.

[327] *Pfeil-Kammerer*, Deutsch-amerikanischer Rechtshilfeverkehr, S. 111; Musielak/Voit/*Wittschier*, § 183 ZPO Rn. 3; Zöller/*R. Geimer*, § 183 ZPO Rn. 3. Für Art. 13 EuZVO 2007: Schlosser/Hess/*Schlosser*, Art. 13 EuZVO Rn. 1; Stein/Jonas/*Domej*, Art. 13 EuZVO Rn. 6. Zum Verfahren nach dem englischen Recht siehe Rule 6.43 CPR.

[328] Dazu Begründung zum Entwurf des Forderungsdurchsetzungsgesetzes, in: BT-Drs. 16/8839, S. 20. Vgl. ferner §§ 47 Abs. 1, 14 Abs. 3 ZRHO. Siehe auch G. *Geimer*, Neuordnung des internationalen Zustellungsrechts, S. 280, der zu dem Ergebnis erlangt, dass der Ausbau des Zustellungsweges zu keiner Effizienzsteigerung führen würde.

b) Unmittelbare Parteizustellung

aa) Zustellung von deutschen Schriftstücken im Vereinigten Königreich

Vor dem Brexit war in Bezug auf die unmittelbare Parteizustellung im Vereinigten Königreich zu beachten, dass sich England, Wales und Nordirland gegen eine Zustellung nach Art. 15 EuZVO 2007 gewendet haben.[329] Diese Haltung war zwar im Hinblick auf die Möglichkeit im nationalen Recht, die Zustellung durch einen *solicitor* oder *process server* vornehmen zu lassen, widersprüchlich und stand somit nicht im Einklang mit der Verordnung, dennoch war es in der Praxis nicht empfehlenswert, diesen Zustellungsweg zu beschreiten.[330] Für Zustellungen in Schottland konnte sich die Partei hingegen problemlos an einen *messenger-at-arms* wenden und die Zustellung durch diesen vornehmen lassen, wenn im deutschen Recht die Parteizustellung zulässig war. Art. 7 DBA hatte darüber hinaus keine Bedeutung, da die Norm lediglich Zustellungen durch Beamte erfasst, nicht aber durch einen *solicitor* oder *process server*.[331]

Nach dem Brexit ermöglicht Art. 10 lit. c HZÜ die unmittelbare Parteizustellung von Schriftstücken aus Deutschland. Das Vereinigte Königreich hat folgenden Standpunkt eingenommen: Es hat erklärt, dass über den Dienstweg zuzustellende Schriftstücke nur angenommen werden, wenn sie durch einen gerichtlichen, konsularischen oder diplomatischen Beamten des Ursprungsstaates an die Zentrale oder eine zusätzliche Behörde geleitet werden.[332] Es bleibt jedoch möglich, dass sich ein am Verfahren Beteiligter unmittelbar an einen *solicitor* oder *process server* wendet und diesen um die Zustellung ersucht.[333] Somit ist es nach dem Brexit wieder (unproblematisch) möglich, dass deutsche Verfahrensbeteiligte die Zustellung direkt durch einen *solicitor* oder

---

[329] Angaben von England und Wales sowie Nordirland zu Art. 15 EuZVO 2007, in: Europäische Kommission (Hrsg.), Europäischer Gerichtsatlas, e-justice.europa.eu.

[330] Rauscher/*Heiderhoff*, Art. 15 EuZVO Rn. 8. Zu der Voraussetzung, dass die Parteizustellung nach dem Recht des Empfangsmitgliedstaates zulässig ist, auch OLG Dresden v. 6.11.2018 – 4 W 883/18, BeckRS 2018, 30320 Rn. 6 (in Bezug auf Irland); v. 7.4.2020 – 4 U 2805/19, BeckRS 2020, 7500 Rn. 6; OLG Frankfurt a.M. v. 3.11.2021 – 6 W 95/21, NJW-RR 2022, 211 Rn. 14 f. (in Bezug auf Belgien). Zum Ganzen ausführlich Kap. 2 D. III. 3. b) aa) (S. 144 f.).

[331] Für das HZPÜ (auf dem das deutsch-britische Rechtshilfeabkommen aufbaut) *Stroschein*, Parteizustellung im Ausland, S. 219. Vgl. auch *HCCH*, Actes et documents de la dixiéme session, 1964, S. 90.

[332] Vgl. dazu die praktischen Informationen für das Vereinigte Königreich auf der Webseite der Haager Konferenz (Fn. 171).

[333] Auszug aus einem Schreiben des *Foreign and Commonwealth Office* vom 11.9.1980 an das Ständige Büro, abrufbar unter <https://www.hcch.net/en/instruments/conventions/status-table/notifications/?csid=427&disp=resdn>. Dazu auch *HCCH*, Practical Handbook, 2016, Rn. 290.

process server in England, Wales oder Nordirland bewirken lassen. Es ist jedoch zu beachten, dass weder Art. 10 lit. c HZÜ noch Art. 7 DBA eine autonome Rechtsgrundlage für den Zustellungsweg enthalten. Er kommt daher nur in Betracht, wenn die Parteizustellung im deutschen Recht zugelassen ist (vgl. § 166 Abs. 2 ZPO).[334] Für den in der Praxis wichtigsten Fall – die Zustellung der Klageschrift – scheidet eine Übermittlung nach Art. 10 lit. c HZÜ bzw. Art. 7 DBA daher aus. Im Ergebnis handelt es sich bei der unmittelbaren Parteizustellung in Bezug auf deutsche Verfahren nicht um eine taugliche Alternative zu den sonstigen Zustellungswegen.[335]

Für Fälle, in denen die Parteizustellung ausdrücklich vorgeschrieben ist, könnte künftig eine Entscheidung des OLG Frankfurt a.M. Bedeutung erlangen. Das Gericht hat entschieden, dass einer Privatperson in diesen Fällen im Rahmen der EuZVO lediglich die unmittelbare Zustellung nach Art. 15 EuZVO 2007 zur Verfügung steht. Der Partei soll es daneben nicht offenstehen, diesen Zustellungsweg durch eine Zustellung auf Veranlassung durch das Gericht (z.B. Zustellung durch Einschaltung der ausländischen Rechtshilfebehörden oder Postzustellung) zu ersetzen. Nur wenn der Empfängerstaat die unmittelbare Parteizustellung nicht zulässt, sei ein solcher Rückgriff auf die anderen Übermittlungsmethoden möglich.[336] Es ist fraglich, ob diese Entscheidung auf das HZÜ zu übertragen ist, mit der Folge, dass die Partei zwingend den Weg über Art. 10 lit. c HZÜ beschreiten muss, wenn die Parteizustellung in der ZPO vorgeschrieben ist oder der Empfängerstaat ein solches Zustellungssystem vorsieht.

bb) Zustellung von britischen Schriftstücken in Deutschland

Für die Zustellung von Schriftstücken aus dem Vereinigten Königreich ändert sich durch den Brexit nichts. Die Zustellung nach Art. 15 EuZVO 2007 war zwar nur dann möglich, wenn das deutsche Recht für das zuzustellende Schriftstück die Parteizustellung vorsah.[337] Allerdings war Art. 7 DBA zu beachten, der diesen Zustellungsweg für sämtliche Schriftstücke aus dem Vereinigten Königreich eröffnete (vgl. Art. 20 Abs. 2 EuZVO 2007). Nach dem Brexit scheidet eine Zustellung nach Art. 10 lit. c HZÜ wegen des deutschen Widerspruchs (vgl. § 6 S. 2 AusfG-HZÜ) aus, es kommt allerdings eine unmittelbare Parteizustellung nach Art. 7 DBA in Betracht.

---

[334] Zu diesen Fällen Kap. 1 D. I. (S. 42 f.).
[335] Vgl. zur geringen Bedeutung des Zustellungsweges in Deutschland (bezogen auf Art. 15 EuZVO 2007) Geimer/Schütze/*R. Geimer*, Art. 15 EuZVO Rn. 5.
[336] OLG Frankfurt a.M. v. 3.11.2021 – 6 W 95/21, NJW-RR 2022, 211 Rn. 9 ff. Dazu auch *Fabig/Windau*, NJW 2022, 1977 Rn. 10.
[337] *Hess*, IPRax 2008, 477 (478 f.); Rauscher/*Heiderhoff*, Art. 15 EuZVO Rn. 6: Erforderlichkeit eines funktionellen Vergleichs. Kritisch zu einer solchen selektiven Zulassung Stein/Jonas/*Domej*, Art. 15 EuZVO Rn. 9.

Der ausländische Verfahrensbeteiligte hat sich direkt an den deutschen Gerichtsvollzieher zu wenden (vgl. auch § 126 Abs. 1 ZRHO). Einzelheiten dazu regeln die §§ 191 ff. ZPO.[338] Der Zustellungsweg kann für britische Verfahren durchaus eine Alternative zu der Zustellung unter Einschaltung der ausländischen Rechtshilfebehörden darstellen. Es ist weder die Konsultation einer Übermittlungsstelle im Vereinigten Königreich noch einer Zentralstelle in Deutschland erforderlich, was zu einem Zeitersparnis führen kann.

4. Heilung von Zustellungsfehlern

a) Bedeutungsgewinn der Heilungsfrage

Da bei Auslandszustellungen viele Formalitäten zu beachten sind, treten in der Praxis auch häufiger Zustellungsfehler auf. Denkbar ist etwa, dass die förmliche Zustellung ohne die erforderliche Übersetzung (vgl. Art. 5 Abs. 3 HZÜ) vorgenommen,[339] ein unzulässiger Zustellungsweg beschritten[340] oder das – im Rahmen der förmlichen Zustellung anzuwendende – innerstaatliche Recht des Empfängerstaates missachtet wird[341]. Für den Zustellungsinteressenten ist es dann von Bedeutung, ob und wie ein solcher Zustellungsfehler geheilt werden kann. Die Heilungsfrage kann sich sowohl im Erkenntnisverfahren des Erststaates als auch im Anerkennungs- und Vollstreckungsverfahren stellen. Für den deutsch-britischen Rechtsverkehr ist nach dem Brexit Folgendes zu beachten: § 328 Abs. 1 Nr. 2 ZPO stellt – anders als Art. 45 Abs. 1 lit. b Brüssel Ia-VO – neben der Verteidigungsmöglichkeit des Beklagten kumulativ auf die Ordnungsmäßigkeit der Zustellung ab. Dadurch können auch kleinere formelle Fehler, die keiner Heilung zugänglich sind oder in concreto nicht geheilt wurden, Auswirkungen auf die Anerkennung und Vollstreckung einer gerichtlichen Entscheidung haben. Durch den Brexit werden im deutsch-britischen Rechtsverkehr wieder vermehrt die autonomen Anerkennungs- und Vollstreckungsregelungen Anwendung finden.[342] Die Frage der Heilung von

---

[338] Für Art. 15 EuZVO 2007: MüKoZPO/*Rauscher*, Art. 15 EuZVO Rn. 4; Stein/Jonas/*Domej*, Art. 15 EuZVO Rn. 8.

[339] Vgl. etwa EuGH v. 3.7.1990 – Rs. 305/88 *(Lancray)*, Slg. 1990 I, 2725; BGH v. 2.12.1992 – XII ZB 64/91, BGHZ 120, 305; v. 29.4.1999 – IX ZR 263-97, BGHZ 141, 268; OLG Düsseldorf v. 4.4.1978 – 19 W 30/77, RIW 1980, 664.

[340] Vgl. etwa BGH v. 2.12.1992 – XII ZB 64/91, BGHZ 120, 305; OLG Koblenz v. 25.2.1987 – 2 U 1677/86, IPRax 1988, 97; OLG Köln v. 1.6.1994 – 16 W 68/93, IPRax 1997, 175; OLG München v. 17.11.1994 – 6 U 2499/94, GRUR 1995, 836; OLG Köln v. 3.1.2003 – 16 W 42/02, NJOZ 2005, 1178; OLG München v. 26.7.2016 – 34 Wx 192/16, BeckRS 2016, 15372; OLG Frankfurt a.M. v. 22.11.2021 – 28 VA 1/21, MDR 2022, 106.

[341] Vgl. etwa BGH v. 18.2.1993 – IX ZB 87/90, NJW 1993, 2688; v. 14.9.2011 – XII ZR 168/09, NJW 2011, 3581 (unklar, ob die Voraussetzungen erfüllt waren).

[342] Siehe zum Ganzen bereits Kap. 1 A. II. 1. d) bb) (S. 17 ff.).

Zustellungsmängeln wird daher – jedenfalls bei der Anerkennung und Vollstreckung von britischen Entscheidungen – wieder an Bedeutung gewinnen.[343]

b) Heilung von Zustellungsfehlern nach dem Brexit

Die Heilung von unwirksamen Zustellungen ist im HZÜ nicht ausdrücklich geregelt worden. Nach der zutreffenden Ansicht ist danach zu differenzieren, ob Vorschriften des nationalen Rechts oder Vorschriften des HZÜ verletzt wurden.[344]

Die Verletzung innerstaatlichen Rechts kommt insbesondere dann in Betracht, wenn eine förmliche Zustellung nach Art. 5 Abs. 1 lit. a HZÜ vorgenommen wird. Der Verweis auf das nationale Recht des Empfängerstaates umfasst dann auch die Heilungsfrage, sodass Verstöße jedenfalls nach den Vorschriften des Empfängerstaates geheilt werden können.[345] Daneben kommt allerdings nach herrschender Meinung auch eine Heilung nach dem Recht des Verfahrensstaates in Betracht, wobei dies darauf gestützt wird, dass das Zustellungsverfahren Teil des Verfahrens des Prozessgerichts sei.[346] Dies verkennt indes, dass das Recht des Verfahrensstaates nur zur Anwendung kommt, wenn eine Frage nicht durch das HZÜ geregelt wird oder das Übereinkommen ausdrücklich auf das nationale Recht verweist. Dies ist hier gerade nicht der Fall ist, da lediglich auf das Recht des Empfängerstaates verwiesen wird.[347] Zudem kann die herrschende Ansicht dazu führen, dass ein in sich abgeschlossenes Zustellungssystem durch die Anwendung ausländischer Heilungsvorschriften aufgeweicht wird.[348] Richtigerweise ist daher im Falle des Art. 5

---

[343] Vgl. zur geringeren Relevanz der Heilungsfrage im Anwendungsbereich der Brüssel I-VO und der Brüssel Ia-VO, *Lindacher*, ZZP 114 (2001), 179 (192); *H. Roth*, in: FS Gerhardt 2004, S. 799, 802; Stein/Jonas/*ders.*, § 183 ZPO Rn. 72; Stein/Jonas/*Domej*, Vor Art. 1 EuZVO Rn. 28 (mit dem zutreffenden Hinweis, dass sich die Frage der Sanktionierung von Zustellungsfehlern weiterhin im Zuge des erstgerichtlichen Verfahrens stellt).

[344] BGH v. 14.9.2011 – XII ZR 168/09, NJW 2011, 3581 Rn. 28 ff.; *Rauscher*, IPRax 1991, 155 (158 f.); *H. Roth*, IPRax 1997, 407 (408); *de Lind van Wijngaarden-Maack*, IPRax 2004, 212 (215); *Linke/Hau*, IZVR, Rn. 8.49; *Schack*, IZVR, Rn. 749.

[345] BGH v. 14.9.2011 – XII ZR 168/09, NJW 2011, 3581 Rn. 27, 34; *Rauscher*, IPRax 1991, 155 (158 f.); *ders.*, IPRax 1993, 376 (379); *R. Stürner*, JZ 47 (1992), 325 (331); *Hess*, IPRax 1995, 16 (19); *Kondring*, Heilung von Zustellungsfehlern, S. 269 f.; *Stadler*, IPRax 2002, 282 (283); *H. Roth*, in: FS Gerhardt 2004, S. 799, 809 f.

[346] BGH v. 14.9.2011 – XII ZR 168/09, NJW 2011, 3581 Rn. 34. Zustimmend *Kondring*, FamRZ 2011, 1863 (1863 f.), allerdings mit dem Hinweis, dass der Richter beim Erlass eines Versäumnisurteils Art. 15 Abs. 1 HZÜ zu beachten habe, weil diese Vorschrift die Heilungsvorschriften des Verfahrensstaates nicht einschließe. In diesem Sinne auch *ders.*, RIW 1996, 722 (725 f.); *ders.*, IPRax 1997, 242 (243); *ders.*, IPRax 2022, 576 (578 f.). Für die Anwendung des heilungsfreundlicheren Rechts auch Stein/Jonas/*H. Roth*, § 183 ZPO Rn. 74, 79.

[347] *Rauscher*, NJW 2011, 3584.

[348] *Magnus*, LMK 2011, 325937. Ähnlich auch schon *H. Roth*, in: FS Gerhardt 2004, S. 799, 810.

Abs. 1 lit. a HZÜ nur eine Heilung nach dem Recht des Empfängerstaates möglich.[349]

Bei Verstößen gegen Vorschriften des HZÜ (z.B. die Wahl eines unzulässigen Zustellungsweges oder das Fehlen einer Übersetzung nach Art. 5 Abs. 3 HZÜ) kommt eine Heilung nach zutreffender Auffassung nicht in Betracht.[350] Das HZÜ dient zum einen der Vereinheitlichung der Zustellungsmaßstäbe, zum anderen aber gerade auch der Sicherstellung eines geordneten zwischenstaatlichen Rechtsverkehrs.[351] Ließe man eine Heilung auch bei Verstößen gegen Vorschriften des HZÜ zu, könnte die Einschränkung bestimmter Zustellungswege durch das nationale Recht des Verfahrensstaates ausgehebelt werden, wodurch die einheitliche Anwendung des Übereinkommens gefährdet wäre.[352] Die Förmlichkeiten des HZÜ, die der Empfängerstaat statuieren kann, dienen zudem – freilich in typisierter Weise – dem Schutz des Beklagten.[353] Ein Rückgriff auf die Heilungsvorschriften des Verfahrensstaates scheidet daher aus.[354] Auch die Annahme eines allgemeinen Grundsatzes, dass die tatsächliche Kenntnisnahme des Schriftstücks zur Heilung des Zustellungsvorgangs führt, überzeugt im Ergebnis nicht, weil dadurch die Vorschriften des HZÜ umgangen werden würden.[355]

---

[349] *Rauscher,* IPRax 1991, 155 (159); *ders.,* IPRax 1993, 376 (379); *ders.,* NJW 2011, 3584; *Stadler,* IPRax 2002, 282 (283); *Magnus,* LMK 2011, 325937; Prütting/Gehrlein/*Völzmann-Stickelbrock,* § 328 ZPO Rn. 20. Vgl. auch MüKoZPO/*Gottwald,* § 328 ZPO Rn. 106, für den Ausschluss einer Heilung, wenn das Recht des Empfängerstaates keine Heilungsvorschrift enthält.

[350] BGH v. 20.0.1990 – IX ZB 1/88, NJW 1991, 641 (642); v. 2.12.1992 – XII ZB 64/91, BGHZ 120, 305 (312 f.); v. 29.4.1999 – IX ZR 263-97, BGHZ 141, 268 (303 f.); v. 14.9.2011 – XII ZR 168/09, NJW 2011, 3581 Rn. 31 f.; OLG Stuttgart v. 18.5.2017 – 17 VA 1/16, IPRax 2018, 626 Rn. 57; *Rauscher,* IPRax 1991, 155 (159); *R. Stürner,* JZ 47 (1992), 325 (332); *Hess,* IPRax 1995, 16 (19); *R. Stürner/Bormann,* JZ 55 (2000), 81 (87); *P.-A. Brand/Reichhelm,* IPRax 2001, 173 (176); *Schack,* in: FS Geimer 2002, S. 931, 944; *H. Roth,* in: FS Gerhardt 2004, S. 799, 811 f.; *Heidrich,* EuZW 2005, 743 (747); *Linke/Hau,* IZVR, Rn. 8.49; Prütting/Gehrlein/*Marx,* § 183 ZPO Rn. 8; *Schack,* IZVR, Rn. 749; Stein/Jonas/*H. Roth,* § 183 ZPO Rn. 75; Wieczorek/Schütze/*Rohe,* Vor §§ 183, 184 ZPO Rn. 108.

[351] BGH v. 2.12.1992 – XII ZB 64/91, BGHZ 120, 305 (312); v. 14.9.2011 – XII ZR 168/09, NJW 2011, 3581 Rn. 11; *H. Roth,* in: FS Gerhardt 2004, S. 799, 805, 811.

[352] BGH v. 2.12.1992 – XII ZB 64/91, BGHZ 120, 305 (312); *P.-A. Brand/Reichhelm,* IPRax 2001, 173 (176); *H. Roth,* in: FS Gerhardt 2004, S. 799, 805. Vgl. auch *Heiderhoff,* IPRax 2007, 202 (203).

[353] *H. Roth,* in: FS Gerhardt 2004, S. 799, 805 f.

[354] Dafür aber *Jayme,* IPRax 1997, 195; *Linke,* in: Gottwald (Hrsg.), Grundfragen der Gerichtsverfassung, S. 95, 130. Ähnlich *Schlosser,* in: FS Matscher 1993, S. 387, 396 f. (Heilung nach beiden betroffenen Rechtsordnungen erforderlich).

[355] Dafür aber *Gottwald,* in: FS Schütze 1999, S. 225, 234; *ders.,* in: FS Schumann 2001, S. 149, 154; *R. Geimer,* IZPR, Rn. 2916 f. Rechtsvergleichend zu einem solchen Heilungsgrundsatz *Kondring,* Heilung von Zustellungsfehlern, S. 362 ff., 403.

Das deutsch-britische Rechtshilfeabkommen enthält ebenfalls keine Regelung zur Heilung von Zustellungsfehlern. Auch hier ist eine differenzierende Betrachtung angezeigt. Verstöße gegen die Vorschriften des Abkommens sind, um eine einheitliche Anwendung sicherzustellen, nicht heilbar.[356] Bei Verstößen gegen nationales Verfahrensrecht kommt hingegen eine Heilung nach dem innerstaatlichen Recht des Verfahrensstaates in Betracht.[357] Etwas anderes sollte nur dann gelten, wenn im Rahmen einer förmlichen Zustellung nach Art. 3 lit. d DBA gegen das innerstaatliche Recht des Empfängerstaates verstoßen wird. Die Heilung richtet sich dann ebenfalls nach diesem Recht.

c) Vergleich zur Rechtslage vor dem Brexit

Fraglich ist, ob der Brexit im Hinblick auf die Heilung von Zustellungsfehlern einen Rückschritt bewirkt hat. Auch unter der EuZVO handelt es sich bei der Heilungsproblematik um eine viel diskutierte Streitfrage, wobei wiederum zwischen Verstößen gegen Vorschriften der EuZVO und Verstößen gegen Vorschriften des nationalen Rechts zu differenzieren ist.[358] Ebenso wie im HZÜ kann ein Verstoß gegen innerstaatliche Vorschriften insbesondere dann vorliegen, wenn die Zustellung nach dem Recht des Empfängerstaates erfolgt (Art. 7 Abs. 1 EuZVO 2007). Die Verweisung auf das Recht dieses Mitgliedstaates erfasst dann auch die Heilungsfrage,[359] wobei allerdings der Äquivalenz- und Effektivitätsgrundsatz zu beachten sind[360]. Die Anwendung des Rechts des Ursprungsstaates kommt daneben – aus denselben Gründen wie zum HZÜ – nach zutreffender Auffassung nicht in Betracht.[361]

---

[356] A.A. *Kondring*, Heilung von Zustellungsfehlern, S. 295 f., der stets auf das Recht des Verfahrensstaates abstellt. Nunmehr offen *Kondring*, IPRax 2022, 576 (580 f.), jedenfalls gehe das Günstigkeitsprinzip des Art. 25 HZÜ nicht so weit, dass es auch die Heilung nach der *lex fori* bei Fehlerhaftigkeit der Zustellung erfasse.

[357] *Kondring*, Heilung von Zustellungsfehlern, S. 295 f.

[358] A.A. *Ising/Schulze*, in: Leible/Terhechte (Hrsg.), Europäisches Rechtsschutz- und Verfahrensrecht, § 24 Rn. 44; Rauscher/*Heiderhoff*, Art. 19 EuZVO Rn. 19 ff.

[359] *Stadler*, IPRax 2001, 514 (520); *Hess*, NJW 2002, 2417 (2424); *de Lind van Wijngaarden-Maack*, IPRax 2004, 212 (215); *Heidrich*, EuZW 2005, 743 (747); *Rösler/Siepmann*, RIW 2006, 512 (516 f.); *Kondring*, IPRax 2007, 138 (141); *Richter*, IPRax 2022, 433 (439 f.); MüKoZPO/*Rauscher*, Art. 7 EuZVO Rn. 2; Stein/Jonas/*Domej*, Vor Art. 1 EuZVO Rn. 29; Geimer/Schütze/Hau/*Okonska*, Vor Art. 8 EuZVO 2020 Rn. 30.

[360] Vgl. dazu EuGH v. 8.11.2005 – Rs. C-443/03 *(Leffler)*, NJW 2006, 491 Rn. 50 f.

[361] So auch Stein/Jonas/*Domej*, Vor Art. 1 EuZVO Rn. 30 f., die allerdings – nicht überzeugend – auf das Recht des Ursprungsstaates abstellen will, wenn dieses Recht strengere Heilungsgrundsätze enthält. Anders die h.M. LG Berlin v. 1.4.2019 – 101 O 62/17, GRUR-RS 2019, 43982 Rn. 21 (ohne Begründung); LG Hamburg v. 25.2.2021 – 327 O 433/19, BeckRS 2021, 6471 Rn. 30; OGH v. 28.2.2012 – 8 Ob 17/12a, Zak 2012, 138 f. (dort nicht abgedruckt); *Kennett*, C.J.Q. 17 (1998), 284 (306), allerdings für die alleinige Anwendung des Rechts des Verfahrensstaates; *Hess*, NJW 2002, 2417 (2424); MüKoZPO/*Rauscher*,

C. Vergleich zur Rechtslage vor dem Brexit

Die Behandlung von Verstößen gegen Vorschriften der EuZVO ist nicht abschließend geklärt und deutlich problematischer. Ausdrücklich geregelt wird die Heilung eines Zustellungsmangels nur für den Fall, dass die Zustellung ohne Übersetzung erfolgt und der Empfänger die Annahme berechtigterweise nach Art. 8 Abs. 1 EuZVO 2007 verweigert. Die Zustellung wird wirksam, wenn dem Empfänger das Schriftstück zusammen mit einer Übersetzung in eine zulässige Sprache nach den Vorschriften der Verordnung zugestellt wird (Art. 8 Abs. 3 S. 1 EuZVO 2007). Freilich könnte der Zustellungsinteressent auch eine erneute, diesmal ordnungsgemäße Zustellung vornehmen.[362] Der Vorteil der Heilung des ersten Zustellungsvorgangs[363] besteht allerdings im Hinblick auf die vom Antragsteller zu wahrenden Fristen. Die Heilung wirkt zwar grundsätzlich nur *ex-nunc* (Art. 8 Abs. 3 S. 2 EuZVO 2007), für Fristen, die zulasten des Antragstellers laufen, ist indes der Tag, an dem das erste Schriftstück zugestellt wurde, maßgeblich (Art. 8 Abs. 3 S. 3 EuZVO 2007).[364] Die Heilungsvorschrift ist entsprechend anzuwenden, wenn der Empfänger nicht mittels des Formblatts in Anhang II der Verordnung über sein Annahmeverweigerungsrecht belehrt worden ist. Das Formblatt ist sodann nach den Vorschriften der EuZVO zu übermitteln.[365] Ein weitergehender Rückgriff auf nationale Heilungsvorschriften scheidet daneben aus.[366] Die praxisrelevantesten Verstöße dürften dadurch bereits abgedeckt sein.

Aber auch bei sonstigen Verstößen gegen die EuZVO kommt richtigerweise keine Heilung nach dem nationalen Recht in Betracht.[367] Die

---

Art. 7 EuZVO Rn. 2. Ähnlich *Kondring,* IPRax 2007, 138 (141 ff.) für eine subsidiäre Anwendung des Rechts des Verfahrensstaates unter Begrenzung durch Art. 19 EuZVO 2007. Häufig wird zur Begründung auf Rn. 29 des *Lancray*-Urteils des EuGH (EuGH v. 3.7.1990 – Rs. 305/88 *(Lancray),* Slg. 1990 I, 2725) verwiesen. Die Entscheidung verweist für die Frage der Ordnungsmäßigkeit der Zustellung auf das „vor dem Gericht des Urteilsstaats anwendbaren Rechts". Dazu gehört allerdings inzwischen auch die EuZVO, die in Art. 7 Abs. 1 EuZVO 2007 gerade nur auf das Recht des Empfängerstaates verweist, so zutreffend Stein/Jonas/*Domej,* Vor Art. 1 EuZVO Rn. 30.

[362] MüKoZPO/*Rauscher,* Art. 8 EuZVO Rn. 17.

[363] Im Ergebnis wird freilich eine erneute Zustellung vorgenommen und lediglich das Zustellungsdatum modifiziert, dazu *Eichel,* IPRax 2017, 352 (353). Vgl. auch *Kondring,* IPRax 2007, 138 (142): „Nachholung der Übersetzung"; Musielak/Voit/*Stadler,* Art. 12 EuZVO 2020 Rn. 12: keine „Heilung im engeren Sinne".

[364] Dazu Stein/Jonas/*Domej,* Art. 8 EuZVO Rn. 52 f.

[365] EuGH v. 19.6.2015 – Rs. C-519/13 *(Alpha Bank Cyprus/Si Senh),* EuZW 2015, 832 Rn. 63 ff. Zu dieser Entscheidung *Mankowski,* EuZW 2015, 836. Der EuGH hat diese Rechtsprechung mehrfach bestätigt, EuGH v. 2.3.2017 – Rs. C-354/15 *(Henderson/Novo Banco SA),* EuZW 2017, 344 Rn. 57 ff.; v. 6.9.2018 – Rs. C-21/17 *(Catlin Europe SE/O. K. Trans Praha),* EuZW 2018, 1001 Rn. 49 f.

[366] Geimer/Schütze/Hau/*Okonska,* Vor Art. 8 EuZVO 2020 Rn. 25.

[367] *Stadler,* IPRax 2001, 514 (520 f.); *Eichel,* IPRax 2017, 352 (354); Geimer/Schütze/ Hau/*Okonska,* Vor Art. 8 EuZVO 2020 Rn. 27 f.; *Linke/Hau,* IZVR, Rn. 8.49; MüKoZPO/ *Rauscher,* § 1068 ZPO Rn. 11.

Gegenauffassung[368] liefe darauf hinaus, dass die einheitliche Anwendung der Verordnung gefährdet würde und die Regelungen der Verordnung durch klägerfreundliche Heilungsvorschriften unterlaufen werden könnten.[369] Die EuZVO enthält auch keinen allgemeinen Grundsatz, dass die tatsächliche Kenntnisnahme des Schriftstücks zur Heilung des Zustellungsvorgangs führt.[370] Dies zeigt schon die Rechtsprechung des EuGH zum Fall der fehlenden Belehrung über das Annahmeverweigerungsrecht.[371] Die Lösung des Gerichts umfasst auch Fälle, in denen der Empfänger das Schriftstück versteht und daher für ihn kein Annahmeverweigerungsrecht besteht.[372] Selbst wenn hier die Kenntnisnahme des Schriftstücks erfolgt ist, fordert der EuGH trotzdem die nachträgliche Belehrung über das Annahmeverweigerungsrecht. Auf der anderen Seite scheidet eine Heilung bei einer Verletzung von Vorschriften der EuZVO auch nicht per se aus.[373] Vielmehr ist verordnungsautonom zu ermitteln, ob und ggf. wie ein Zustellungsfehler geheilt werden kann.[374] Die weitergehende Heilungsmöglichkeit im Vergleich zum HZÜ lässt sich damit begründen, dass die Verordnung den Beklagtenschutz und den effektiven

---

[368] *Ising/Schulze*, in: Leible/Terhechte (Hrsg.), Europäisches Rechtsschutz- und Verfahrensrecht, § 24 Rn. 44; Rauscher/*Heiderhoff*, Art. 19 EuZVO Rn. 19 ff. (jeweils unter fehlerhafter Berufung auf die *Leffler*-Entscheidung des EuGH). Ähnlich *Kondring*, IPRax 2007, 138 (141) für eine durch Art. 19 EuZVO 2007 begrenzte Heilung nach dem Recht des Verfahrensstaates. In diesem Sinne kann man auch die (etwas unklare und zu pauschale) Entscheidung des OLG Brandenburg v. 13.4.2021 – 12 U 202/20, BeckRS 2021, 10138 Rn. 10 verstehen.

[369] EuGH v. 8.11.2005 – Rs. C-443/03 *(Leffler)*, NJW 2006, 491 Rn. 43 f. (bezogen auf die Heilung von Zustellungen ohne Übersetzung). Vgl. auch EuGH v. 19.6.2015 – Rs. C-519/13 *(Alpha Bank Cyprus/Si Senh)*, EuZW 2015, 832 Rn. 70 f.

[370] Ebenso Geimer/Schütze/Hau/*Okonska*, Vor Art. 8 EuZVO 2020 Rn. 24. A.A. *de Lind van Wijngaarden-Maack*, IPRax 2004, 212 (216 f.); vgl. auch *Pernfuß*, Die Effizienz des europäischen Mahnverfahrens, S. 294 f., der zudem fordert, dass die Kenntnisnahme unter Einhaltung gemeinschaftsrechtlicher Anforderungen nachgewiesen wird.

[371] EuGH v. 19.6.2015 – Rs. C-519/13 *(Alpha Bank Cyprus/Si Senh)*, EuZW 2015, 832 Rn. 63 ff.

[372] Vgl. zu dieser „überschießenden Wirkung" der Belehrung auch den Schlussantrag des Generalstaatsanwalts *Wathelet* zur Rs. C-519/13 *(Alpha Bank Cyprus/Si Senh)*, BeckRS 2015, 81178 Rn. 31 sowie *Mankowski*, EuZW 2015, 836 (837).

[373] A.A. wohl OLG Düsseldorf v. 15.7.2005 – II-3 UF 285/04, IPRax 2006, 270 (271), allerdings etwas unklar. In diese Richtung auch *Richter*, IPRax 2022, 433 (439).

[374] In diesem Sinne kann man wohl die Entscheidungen des EuGH v. 8.11.2005 – Rs. C-443/03 *(Leffler)*, NJW 2006, 491; v. 19.6.2015 – Rs. C-519/13 *(Alpha Bank Cyprus/Si Senh)*, EuZW 2015, 832 verstehen. Obwohl die EuZVO jeweils keine ausdrückliche Heilungsvorschrift enthielt, hat das Gericht – um die einheitliche Anwendung zu gewährleisten – eine verordnungsautonome Lösung entwickelt, die sich an den Zwecken der Verordnung orientiert. Ebenso *Heidrich*, EuZW 2005, 743 (747); Stein/Jonas/*Domej*, Vor Art. 1 EuZVO Rn. 32.

Rechtsschutz des Klägers in den Vordergrund rückt.[375] Das HZÜ verwirklicht hingegen noch primär den Souveränitätsgedanken und dient damit auch der Sicherstellung eines geordneten Zustellungsverkehrs.[376] Mit dem Recht auf effektiven Rechtsschutz wäre es nicht vereinbar, die Heilung von Zustellungsfehlern auszuschließen, die den Schutz des Beklagten nicht beeinträchtigen.[377] Im Ergebnis scheint es daher zutreffend, zu fragen, ob eine Norm, die – ggf. in typisierter Weise – dem Schutz des Beklagten dient, verletzt wurde. Ist dies nicht der Fall, wird die Zustellung durch die tatsächliche Kenntnisnahme des Schriftstücks geheilt. Andernfalls kommt eine Heilung (analog Art. 8 Abs. 3 EuZVO 2007)[378] nur dadurch in Betracht, dass die maßgebliche Verfahrenshandlung bei einer erneuten Zustellung beachtet wird.

Im Ergebnis führt der Brexit zunächst dazu, dass die Heilungsfrage auch im Anerkennungs- und Vollstreckungsstaat wieder zunehmend an Bedeutung gewinnen wird. Die Heilung von Verstößen gegen innerstaatliche Vorschriften wird im HZÜ, im deutsch-britischen Rechtshilfeabkommen und in der EuZVO parallel gelöst, sodass es insoweit zu keinen Nachteilen für den Zustellungsinteressenten kommt. Allerdings ist die Heilung von Verstößen gegen Vorschriften des HZÜ und des deutsch-britischen Rechtshilfeabkommens nicht möglich. Dies ist ein maßgeblicher Unterschied zur EuZVO. Die Heilung nach Art. 8 Abs. 3 EuZVO 2007 bei einer berechtigten Annahmeverweigerung entspricht dem Justizgewährungsanspruch sowie der Prozessökonomie und ist somit für den Kläger von Vorteil. Aufgrund der ausnahmsweisen *ex-tunc*-Wirkung zu seinen Gunsten (Art. 8 Abs. 3 S. 3 EuZVO 2007), hatte er in der Praxis einen „Freiversuch": Er konnte die Zustellung zunächst ohne Übersetzung vornehmen und darauf spekulieren, dass der Empfänger sein Annahmeverweigerungsrecht nicht ausübt. Die Gefahr einer Fristversäumnis bestand dabei nicht. Dieses Privileg für den Antragsteller ist durch den Brexit weggefallen.[379] Auch im Übrigen ist die EuZVO bei der Heilung von Verstößen gegen Vorschriften der Verordnung flexibler, wobei stets verordnungsautonom zu ermitteln ist, ob und wie eine Heilung in Betracht kommt.

---

[375] So auch *de Lind van Wijngaarden-Maack,* IPRax 2004, 212 (216).

[376] Zur Bedeutung der Souveränitätsinteressen für die Heilungsfrage *Rohe,* in: FG Vollkommer 2006, S. 291, 306.

[377] *De Lind van Wijngaarden-Maack,* IPRax 2004, 212 (216).

[378] Für einen allgemeinen Wertungsgedanken auch *Mankowski,* EuZW 2015, 836 (837). Vgl. ferner EuGH v. 19.6.2015 – Rs. C-519/13 *(Alpha Bank Cyprus/Si Senh),* EuZW 2015, 832 Rn. 63 f., wobei das Gericht auf den Zusammenhang der Belehrung zum Annahmeverweigerungsrecht abstellt.

[379] *Steinbrück/Lieberknecht,* EuZW 2021, 517 (522).

III. Schwächung des Anspruchs des Zustellungsempfängers auf rechtliches Gehör

Die Zustellung dient ferner dazu, den Empfänger in die Lage zu versetzen, Kenntnis von dem zuzustellenden Schriftstück zu nehmen und ihm dadurch eine effektive Verteidigung zu ermöglichen. Der EuGH hat mehrfach betont, dass die Vereinfachung und Beschleunigung der Zustellung nicht zu Lasten der Verteidigungsrechte des Adressaten gehen dürfen.[380]

1. Rückkehr von fiktiven Inlandszustellungen

a) Zulässigkeit

Zu einer Beeinträchtigung des rechtlichen Gehörs des Adressaten kann es insbesondere im Rahmen von fiktiven Inlandszustellungen kommen. Das Verhältnis zu solchen Zustellungsformen ist ein wesentlicher Unterschied der EuZVO zum HZÜ und zum deutsch-britischen Rechtshilfeabkommen. Obwohl die Wortlaute der Art. 1 Abs. 1 HZÜ („zum Zweck der Zustellung in das Ausland zu übermitteln") und Art. 1 Abs. 1 S. 1 EuZVO 2007 („von einem in einen anderen Mitgliedstaat zum Zwecke der Zustellung zu übermitteln") insofern nahezu identisch sind, wird die Zulässigkeit von fiktiven Inlandszustellungen in beiden Rechtsakten abweichend gehandhabt. Der Anwendungsbereich der EuZVO ist immer dann eröffnet, wenn der Empfänger des Schriftstücks in einem anderen EU-Mitgliedstaat ansässig ist, seine Anschrift nicht unbekannt ist (vgl. Art. 1 Abs. 2 EuZVO 2007) und kein Bevollmächtigter im Verfahrensstaat bestellt wurde (vgl. Erwägungsgrund 8 zur EuZVO 2007). Die Verordnung ist dann zwingend und exklusiv anwendbar und steht somit einer fiktiven Inlandszustellung entgegen.[381] Im HZÜ differenziert die herrschende Meinung hingegen. Die Frage, ob eine Auslandszustellung überhaupt erforderlich ist, wird durch das Übereinkommen nicht geregelt, sondern richtet sich vielmehr nach dem Recht des Verfahrensstaates. Das HZÜ weist daher keinen zwingenden Charakter auf, sodass eine fiktive Zustellung, die nicht als Auslandszustellung zu qualifizieren ist, zulässig bleibt. Ist nach dem Recht des Verfahrensstaates eine Auslandszustellung erforderlich, muss die Zustellung indes nach den Vorschriften des HZÜ erfolgen (sog. exklusiver Charakter des

---

[380] EuGH v. 14.12.2006 – Rs. C-283/05 *(ASML Netherlands BV/SEMIS)*, NJW 2007, 825 Rn. 24; v. 8.5.2008 – Rs. C-14/07 *(Weiss und Partner GbR/IHK Berlin)*, NJW 2008, 1721 Rn. 47; v. 19.12.2012 – Rs. C-325/1 *(Alder)*, NJW 2013, 443 Rn. 35; v. 19.6.2015 – Rs. C-519/13 *(Alpha Bank Cyprus/Si Senh)*, EuZW 2015, 832 Rn. 31; v. 28.4.2016 – Rs. C-384/14 *(Alta Realitat/Erlock Film)*, BeckRS 2016, 80963 Rn. 49.
[381] EuGH v. 19.12.2012 – Rs. C-325/1 *(Alder)*, NJW 2013, 443 Rn. 18 ff.

C. Vergleich zur Rechtslage vor dem Brexit

Übereinkommens).[382] Diese Auslegung gilt ebenso für das deutsch-britische Rechtshilfeabkommen.[383]

b) Praktische Auswirkungen

Der Brexit führt daher zur Rückkehr von fiktiven Inlandszustellungen im deutsch-britischen Rechtsverkehr. Für Gerichtsverfahren in Deutschland wirkt sich dies primär bei der Anwendung des § 184 ZPO aus. Im Anwendungsbereich der EuZVO darf auf diese Vorschrift nicht zurückgegriffen werden.[384] Nun kann ein deutsches Gericht im Verhältnis zu einer Partei aus dem Vereinigten Königreich wieder anordnen, dass diese einen Zustellungsbevollmächtigten im Inland zu bestellen hat (§ 184 Abs. 1 S. 1 ZPO). Kommt die Partei dieser Aufforderung nicht nach, können weitere Schriftstücke unter ihrer Anschrift zur Post gegeben werden und das Schriftstück gilt – unabhängig vom tatsächlichen Zugang – zwei Wochen nach Aufgabe zur Post als zugestellt (§ 184 Abs. 1 S. 2, Abs. 2 S. 1 ZPO).

Die Rückkehr des § 184 ZPO im deutsch-britischen Zustellungsverkehr hat sowohl Vor- als auch Nachteile. Zunächst kann das Vorgehen nach dieser Vorschrift Verzögerungen im laufenden Verfahren verhindern und somit der Prozessökonomie und dem Justizgewährungsanspruch des Klägers dienen.[385] Wenn die ausländische Partei der Anordnung nachkommt, können weitere Zustellungen an den Zustellungsbevollmächtigten im Inland erfolgen und dadurch aufwändige Auslandszustellungen entbehrlich gemacht werden. Freilich ist zu beachten, dass die Zustellung an den Prozessbevollmächtigten erfolgen muss, sofern ein solcher für den Rechtszug bestellt wurde (vgl. § 172 ZPO).[386] Auch eine Zustellung durch Aufgabe zur Post nach § 184 Abs. 1 S. 2 ZPO ist zeit-

---

[382] Ausführlich zum Streitstand – auch zur Gegenauffassung – Kap. 2 C. II. 2. a) (S. 91 f.).

[383] Siehe dazu Kap. 2 B. II. 2. (S. 76).

[384] Aus Sicht des Europarechts statt vieler Begründung zum Entwurf eines Gesetzes zur Änderung von Vorschriften im Bereich des IPR und IZVR, in: BT-Drs. 18/10714, S. 18; Stein/Jonas/*Domej*, Art. 1 EuZVO Rn. 14, 16. Die Unzulässigkeit ergab sich allerdings auch aus dem nationalen Recht. Zur derzeit geltenden Rechtslage siehe Begründung zum Entwurf eines Gesetzes zur Änderung von Vorschriften im Bereich des IPR und IZVR, in: BT-Drs. 18/10714, S. 18; *Nordmeier*, IPRax 2017, 436 (437); *Linke/Hau*, IZVR, Rn. 8.38. Vgl. zuvor schon BGH v. 2.2.2011 – VIII ZR 190/10, NJW 2011, 1885 Rn. 10 ff.

[385] *Strasser*, RpflStud 2011, 25 (27). Dies ist auch der Sinn und Zweck der Norm, dazu BGH v. 4.12.1991 – IV ZB 4/91, NJW 1992, 1701 (1702); v. 10.11.1998 – VI ZR 243-97, NJW 1999, 1187 (1189). Vgl. ferner BeckOK ZPO/*Dörndorfer*, § 184 ZPO Rn. 1a; Musielak/Voit/*Wittschier*, § 184 ZPO Rn. 1; Prütting/Gehrlein/*Marx*, § 184 ZPO Rn. 1.

[386] Wieczorek/Schütze/*Rohe*, § 184 ZPO Rn. 11 f.

und kostensparend. Eine Übersetzung des Schriftstücks ist dabei nicht erforderlich.[387]

Indes droht auf der Seite des Zustellungsempfängers eine Beeinträchtigung des Anspruchs auf rechtliches Gehör. Bei der fiktiven Zustellungsform ist die Kenntnisnahme des Schriftstücks keinesfalls sichergestellt.[388] Zudem kann es vorkommen, dass der Empfänger das Schriftstück mangels Übersetzung nicht verstehen kann. Unter Umständen ist es daher empfehlenswert, eine Übersetzung beizufügen, um zeit- und kostenaufwändige Wiedereinsetzungsanträge zu vermeiden.[389] Ferner kann die Zustellung durch Aufgabe zur Post dazu führen, dass die deutsche Entscheidung im Ausland nicht anerkannt und vollstreckt werden kann.[390] Die Gefahr ist zwar erheblich dadurch reduziert, dass § 184 ZPO keine fiktive Zustellung des verfahrenseinleitenden Schriftstücks ermöglicht.[391] Indes kann die Anerkennung und Vollstreckung auch dann versagt werden, wenn weitere (insbesondere klageerweiternde)[392] Schriftsätze den Adressaten verspätet oder gar nicht erreichen, sodass dieser in seiner Verteidigungsmöglichkeit beeinträchtigt ist.[393] Zudem werden für den Zustellungsinteressenten weitere – von ihm nicht beeinflussbare – Fehlerquellen geschaffen. Es ist etwa denkbar, dass das Gericht bei der Anordnung den Hinweis auf die Rechtsfolgen (§ 184 Abs. 2 S. 3 ZPO) vergisst oder diesen entgegen der herrschenden Ansicht nicht übersetzt. Dann ist sowohl eine Zustellung an den Bevollmächtigten als auch eine Zustellung durch Aufgabe zur Post unwirksam.[394] Die Zustellung durch Aufgabe zur Post ist auch dann unwirksam, wenn bei der

---

[387] BGH v. 22.11.1995 – XII ZB 163/95, NJW-RR 1996, 387 (388); v. 3.2.1999 – VIII ZB 35–98, NJW 1999, 1871 (1872); v. 12.12.2012 – VIII ZR 307/11, NJW 2013, 387 Rn. 45. Kritisch MüKoZPO/*Häublein/M. Müller*, § 184 ZPO Rn. 9, 14.

[388] Vgl. auch Prütting/Gehrlein/*Marx*, § 184 ZPO Rn. 2, die darauf hinweist, dass die Anordnung wegen der Erschwernisse für den Adressaten nur dann erfolgen sollte, wenn hierfür ein praktisches Bedürfnis besteht, insbesondere weil bei den bisherigen Zustellungen Probleme aufgetreten sind.

[389] Wieczorek/Schütze/*Rohe*, § 184 ZPO Rn. 34.

[390] MüKoZPO/*Häublein/M. Müller*, § 184 ZPO Rn. 5; *R. Geimer*, IZPR, Rn. 2119 ff. Vgl. auch OLG Hamm v. 10.9.2008 – 8 W 50/08, BeckRS 2009, 26794.

[391] *R. Geimer*, IZPR, Rn. 2120.

[392] Nach h.M. ist § 184 Abs. 1 S. 2 ZPO auch bei einer Klageerweiterung anwendbar, so BGH v. 26.6.2012 – VI ZR 241/11, BGHZ 193, 353 Rn. 12. A.A. allerdings Wieczorek/Schütze/*Rohe*, § 184 ZPO Rn. 41: Schutz des rechtlichen Gehörs erfordert eine Auslandszustellung. Wohl auch *R. Stürner*, JZ 47 (1992), 325 (333).

[393] Vgl. *R. Geimer*, IZPR, Rn. 2120 (Kontrolle unter dem Gesichtspunkt des *ordre public*).

[394] OLG Hamm v. 12.9.2011 – 6 U 101/11, BeckRS 2011, 24071 (zur Zustellung durch Aufgabe zur Post); BSG v. 14.3.2013 – B 13 R 188/12 B, NJOZ 2013, 1342 Rn. 12 (zur Zustellung an den Zustellungsbevollmächtigten). Vgl. auch MüKoZPO/*Häublein/M. Müller*, § 184 ZPO Rn. 18: Eine Heilung nach §§ 189 oder 295 ZPO bleibt möglich.

C. Vergleich zur Rechtslage vor dem Brexit

Sendung eine ungenügende Adresse angegeben worden ist.[395] Zu beachten ist, dass § 184 ZPO auch dann zur Anwendung kommen kann, wenn eine unmittelbare Postzustellung im Aufenthaltsstaat der Partei zulässig ist. In diesem Fall ist der Bedarf für die Vorschrift allerdings erheblich reduziert, da im Regelfall keine größeren Verzögerungen drohen, sodass das Gericht wegen der dargestellten Nachteile für den Zustellungsinteressenten und den Empfänger von einer Anordnung nach § 184 Abs. 1 S. 1 ZPO absehen sollte.[396]

Im Anwendungsbereich der EuZVO ist zudem die öffentliche Zustellung nach § 185 Nr. 2 und 3 ZPO, die auch im Hinblick auf das verfahrenseinleitende Schriftstück in Betracht kommt, unzulässig.[397] Der Brexit ermöglicht künftig wieder einen Rückgriff auf die Normen durch das deutsche Gericht. Wegen der strengen Voraussetzungen wird § 185 Nr. 3 ZPO indes kaum Bedeutung erlangen. Erforderlich wäre, dass die Postzustellung nicht möglich ist und die britischen Behörden die Mitwirkung an der konkreten Zustellung (z.B. wegen Art. 13 HZÜ) verweigern.[398] Dies dürfte, auch wegen der restriktiven Auslegung des eingeschränkten *ordre public*-Vorbehalts, kaum vorkommen. Möglich ist die Anwendung des § 185 Nr. 3 ZPO allerdings dann, wenn die Zustellung einen derart langen Zeitraum in Anspruch nimmt, dass dem Zustellungsinteressenten das Warten unzumutbar ist.[399] Trotz der durch den Brexit verlängerten Dauer der Zustellung durch die ausländischen Rechtshilfebehörden sollte dies in der Praxis äußerst selten vorkommen,[400] zumal die

---

[395] BGH v. 8.3.1979 – IX ZR 92/74, BGHZ 73, 388 (390); v. 22.11.1995 – XII ZB 163/95, NJW-RR 1996, 387 (388). Vgl. zur Bedeutung der Verwechslungsgefahr BGH v. 10.11.1998 – VI ZR 243-97, NJW 1999, 1187 (1189); v. 13.6.2001 – V ZB 20/01, NJW-RR 2001, 1361. Aus dem Schrifttum zu den Anforderungen an die anzugebende Adresse Wieczorek/Schütze/*Rohe*, § 184 ZPO Rn. 28.

[396] MüKoZPO/*Häublein/M. Müller*, § 184 ZPO Rn. 4 f.; Prütting/Gehrlein/*Marx*, § 184 ZPO Rn. 2; Wieczorek/Schütze/*Rohe*, § 184 ZPO Rn. 8.

[397] Geimer/Schütze/Hau/*Okonska*, Art. 1 EuZVO 2020 Rn. 32; Stein/Jonas/*Domej*, Art. 1 EuZVO Rn. 14. Im Hinblick auf § 185 Nr. 2 ZPO ist dies allerdings umstritten. Für die Anwendung der Norm etwa *Jacoby*, in: FS Kropholler 2008, S. 819, 822. Eine öffentliche Zustellung nach § 185 Nr. 1 ZPO ist hingegen unstrittig möglich, da die Verordnung bei unbekanntem Aufenthalt des Empfängers nicht anwendbar ist (Art. 1 Abs. 2 EuZVO 2007), statt aller *Heiderhoff*, IPRax 2013, 309 (312); Zöller/*R. Geimer*, Art. 1 EuZVO Rn. 10.

[398] Vgl. Wieczorek/Schütze/*Rohe*, § 185 ZPO Rn. 30, 32.

[399] BGH v. 20.1.2009 – VIII ZB 47/08, NJW-RR 2009, 855 Rn. 13; BAG v. 18.12.2014 – 2 AZR 1004/13, NZA-RR 2015, 546 Rn. 54; OLG Köln v. 26.5.2008 – 16 Wx 305/07, BeckRS 2008, 12371 m.w.N. Siehe dazu bereits Kap. 1 B. IV. 2. b) (S. 26 f.).

[400] Zur geringen Relevanz des § 185 Nr. 3 ZPO im Anwendungsbereich von völkerrechtlichen Verträgen auch MüKoZPO/*Rauscher*, Vor § 1067 ZPO Rn. 12. Vgl. zur Anwendung der Norm im Verhältnis zu einem HZÜ-Staat (in concreto China) OLG München v. 13.3.2020 – 29 W 275/20, NJW 2020, 1378 Rn. 10 f.: Nach der Erfahrung des LG München beträgt die Dauer der Zustellung in China mindestens eineinhalb Jahre, häufig aber auch noch länger. Die öffentliche Zustellung war deshalb gerechtfertigt.

herrschende Ansicht eine Zustellungsdauer von mindestens einem Jahr fordert[401]. Unter den Voraussetzungen des § 185 Nr. 2 ZPO kann nun wieder eine öffentliche Zustellung an juristische Personen, die zur Anmeldung einer inländischen Geschäftsanschrift verpflichtet sind, erfolgen.[402]

Für Verfahren in England und Wales verhinderte die Exklusivität der EuZVO die Zustellung durch eine alternative Methode (Rule 6.15 CPR) und den Verzicht auf eine Zustellung (Rule 6.16 CPR).[403] Durch den Brexit können diese Vorschriften im deutsch-britischen Zustellungsverkehr wieder zur Anwendung kommen.[404] Bei Zustellungen in HZÜ-Staaten ist indes umstritten, ob der von Rule 6.15 CPR geforderte gute Grund genügt[405] oder darüber hinaus außergewöhnliche Umstände erforderlich sind[406]. Jedenfalls ist es nicht ausreichend, dass wegen der Einhaltung der Formalitäten zusätzliche Verzögerungen oder Kosten entstehen.[407] Die Zustellung auf einem alternativen Weg kann ausnahmsweise gerechtfertigt sein, wenn die Zustellungsdauer außergewöhnlich lang ist.[408] Ein Grund für das Verfahren nach Rule 6.15 CPR kann ferner darin bestehen, dass der Antragsgegner versucht, sich der Zustellung zu entziehen.[409] Grundsätzlich müssen jedoch zunächst die Zustellungsmethoden des HZÜ aus-

---

[401] BGH v. 20.1.2009 – VIII ZB 47/08, NJW-RR 2009, 855 Rn. 14: Eine Zustellungsdauer von einem Jahr sei nicht ungewöhnlich; OLG Köln v. 26.5.2008 – 16 Wx 305/07, BeckRS 2008, 12371 Rn. 5: Bis zu einem Jahr; AG Bad Säckingen v. 23.10.1995 – 2 F 112/91, FamRZ 1997, 611 (612): Jedenfalls zwei Jahre zumutbar; *Fischer*, ZZP 107 (1994), 163 (171): Ein Jahr; MüKoZPO/*Häublein/M. Müller*, § 185 ZPO Rn. 21: Im Grundsatz ein Jahr.

[402] Vgl. zu den Voraussetzungen etwa BGH v. 31.10.2018 – I ZR 20/18, NJW-RR 2019, 294. Kritisch zu der Vorschrift *Jacoby*, in: FS Kropholler 2008, S. 819; *Linke/Hau*, IZVR, Rn. 8.42.

[403] *Asefa Yesuf Import and Export v. AP Moller Maersk A/S* [2016] 6 WLUK 400; *Coulson*, The White Book 2023 – Volume 1, Section A Rn. 6.40.3.

[404] Dasselbe gilt für fiktive Zustellungen nach Rule 16.5 CSR im Rahmen von schottischen Verfahren und *substituted service* nach Order 65 R. 4 i.V.m. Order 11 R. 5 (1) RCJ im Rahmen von nordirischen Verfahren.

[405] Dafür *Flota Petrolera Ecuatoriana v. Petroleos De Venezuala SA* [2017] 2 C.L.C. 759 Rn. 21; *Koza Ltd v. Akcil* [2018] 2 WLUK 602 Rn. 48.

[406] Dafür *Marashen Ltd v. Kenvett Ltd* [2018] 1 W.L.R. 288 Rn. 57; *Punjab National Bank (International) Ltd v. Srinivasan* [2019] 1 WLUK 209 Rn. 89; *Société Generale v. Goldas Kuyumculuk Sanayi Ithalat Ihracat AS* [2019] 1 W.L.R. 346 Rn. 31 ff. In diese Richtung auch schon *Cecil v. Bayat* [2011] 1 W.L.R. 3086 Rn. 65.

[407] *Knauf UK GmbH v. British Gypsum Ltd (No. 1)* [2002] 1 W.L.R. 907 Rn. 47; *Cecil v. Bayat* [2011] 1 W.L.R. 3086 Rn. 66 f., 113.

[408] *JSC BTA Bank v Ablyazov* [2011] 11 WLUK 463 Rn. 39 ff. (in concreto im Verhältnis zu Russland). Vgl. auch *Cecil v. Bayat* [2011] 1 W.L.R. 3086 Rn. 113; *Hickinbottom*, Blackstone's Civil Practice, Rn. 16.75.

[409] *Fortress Value Recovery Fund I LLC v. Blue Skye Special Opportunities Fund LP* [2012] 11 WLUK 10 Rn. 13.

geschöpft werden, sodass der Zustellungsweg nach dem Brexit auf Ausnahmefälle beschränkt sein wird.[410] Anders als bei § 185 Nr. 3 ZPO steht den englischen Gerichten aber ein eigener Entscheidungsspielraum zu. Zu beachten ist auch, dass der alternative Zustellungsweg so beschaffen sein muss, dass vernünftigerweise erwartet werden kann, dass der Beklagte Kenntnis von dem Verfahren erlangt.[411] Ist ein solcher Weg nicht ersichtlich, kann auf die Zustellung gänzlich verzichtet werden (Rule 6.16 CPR). Hier sind unstrittig außergewöhnliche Umstände erforderlich.[412]

2. Sprachenfragen bei der unmittelbaren Zustellung

Die Frage, ob das zuzustellende Schriftstück übersetzt sein muss, ist für den Schutz des Anspruchs des Zustellungsempfängers auf rechtliches Gehör von zentraler Bedeutung. Bei den unmittelbaren Zustellungswegen nach Art. 10 HZÜ und Art. 5–7 DBA ist es umstritten, ob in gewissen Fällen eine Übersetzung des Schriftstücks erforderlich ist. Die Anwendung der Übersetzungsregeln für die Zustellung durch die ausländischen Rechtshilfebehörden (Art. 5 Abs. 3 HZÜ; Art. 3 lit. d DBA) wird zu Recht verneint. Auch aus Art. 6 Abs. 1 EMRK lässt sich nach richtiger Auffassung keine Pflicht zur Übersetzung des Schriftstücks ableiten.[413] Somit ist für die unmittelbaren Zustellungswege weder im deutsch-britischen Rechtshilfeabkommen noch im HZÜ eine Übersetzung erforderlich. Dies ist eine zentrale Veränderung zur Rechtslage vor dem Brexit, da die Regelung des Art. 8 Abs. 1 EuZVO 2007 zum Annahmeverweigerungsrecht auch für die unmittelbaren Zustellungswege der Art. 13–15 EuZVO 2007 gilt (Art. 8 Abs. 4 EuZVO 2007).

Für den Kläger – insbesondere seinen Anspruch auf Rechtsschutz innerhalb angemessener Zeit – ist dies vorteilhaft, da für die Übersetzung hohe Kosten anfallen können und die Anfertigung einige Zeit in Anspruch nehmen kann.[414] Allerdings ist das Recht des Zustellungsempfängers auf rechtliches Gehör in Gefahr, wenn er das Schriftstück nicht verstehen kann.[415] Für einen britischen

---

[410] Vgl. *Abela v. Baadarani* [2013] 1 W.L.R. 2043 Rn. 24. Eine Zusammenfassung der – teilweise widersprüchlichen – Rechtsprechung findet sich bei *Coulson*, The White Book 2023 – Volume 1, Section A Rn. 6.15.3.
[411] *Cameron v. Liverpool Victoria Insurance Co Ltd* [2019] 1 W.L.R. 1471 Rn. 21; *Canada Goose UK Retail Ltd v. Persons Unknown* [2020] 1 W.L.R. 2802 Rn. 46 f. Besondere Schwierigkeiten ergeben sich deshalb in Verfahren mit einem oder mehreren unbekannten Beklagten. Zu solchen Fällen *Barking and Dagenham LBC v. Persons Unknown* [2021] 5 WLUK 134 Rn. 31 ff., 43 ff., 166.
[412] Eine Zusammenfassung der Rechtsprechung findet sich bei *Coulson*, The White Book 2023 – Volume 1, Section A Rn. 6.16.3.
[413] Siehe hierzu – und zur Gegenauffassung – bereits Kap. 1 B. IV. 2. c) (S. 28 f.).
[414] Vgl. dazu *Würdinger*, IPRax 2013, 61.
[415] Zur Bedeutung der Sprache für die Wahrung des rechtlichen Gehörs *Schlosser*, in: FS Matscher 1993, S. 387, 398 („Übersetzungen sind keinesfalls generell zur Wahrung des

Empfänger, der kein Deutsch versteht, oder einen deutschen Empfänger, welcher der englischen Sprache nicht mächtig ist, verschlechtert sich die Rechtslage daher erheblich. Hier war der Empfänger vor dem Brexit durch ein Annahmeverweigerungsrecht geschützt, über das er belehrt werden musste und das er ausüben konnte, wenn das Schriftstück nicht in der Sprache des Empfängerstaates oder einer beliebigen Sprache, die er versteht, abgefasst war. Zur Wahrung des rechtlichen Gehörs ist künftig darauf zu achten, dass dem Adressaten ein hinreichender Zeitraum zur Verfügung gestellt wird, die Übersetzung selbst anfertigen zu lassen.[416] Andernfalls droht im Einzelfall eine Verletzung des Art. 6 Abs. 1 EMRK.[417]

Die unklare Rechtslage kann sich zudem auch für den Kläger negativ auswirken, da keinesfalls sichergestellt ist, dass das Verfahrens- bzw. das Anerkennungs- oder Vollstreckungsgericht die Frage der Erforderlichkeit einer Übersetzung mit der hier vertretenen Meinung löst. Eine Heilung von Verstößen gegen Vorschriften des HZÜ scheidet nach der zutreffenden Ansicht aus. Es droht daher, dass der Zustellungsinteressent eine erneute Zustellung (mit dem Risiko einer Fristversäumnis) veranlassen muss oder seine im Inland erlangte Entscheidung im Ausland nicht anerkannt oder vollstreckt werden kann. Für den Kläger kann es sich daher anbieten, sicherheitshalber eine Übersetzung des Schriftstücks beizufügen. Denkbar ist es auch, den Empfänger in seiner Heimatsprache zumindest auf die Bedeutung des Schriftstücks hinzuweisen, um im Sinne der Prozessökonomie Wiedereinsetzungsverfahren oder Terminsverlegungen zu vermeiden.[418]

In der deutschen Praxis ist ferner § 50 Abs. 2 ZRHO zu beachten. Vorbehaltlich einer Einzelfallprüfung ist dem zuzustellenden Schriftstück bei einer Postzustellung eine (nicht zu beglaubigende) Übersetzung in die Amtssprache des Zustellungsortes beizufügen. Die Übersetzung kann entbehrlich sein, wenn begründet dargelegt wird, dass der Zustellungsempfänger der deutschen Sprache mächtig ist. Da die ZRHO lediglich Verwaltungsvorschriften enthält, ist die Norm indes im Außenverhältnis nicht bindend.[419] Im englischen Recht er-

---

rechtlichen Gehörs erforderlich"); *Matscher,* IPRax 1999, 274 (275); *Würdinger,* IPRax 2013, 61 („essentiell"). Generell zum Schutz von fremdsprachigen Parteien *Leipold,* in: FS Matscher 1993, S. 287.

[416] Vgl. Stein/Jonas/*Domej,* Art. 8 EuZVO Rn. 1, die zutreffend darauf hinweist, dass die Zustellung einer Übersetzung zur Wahrung des rechtlichen Gehörs nicht zwingend notwendig ist. Strenger wohl *Würdinger,* IPRax 2013, 61, der es als „essentiell" bezeichnet, dass das zuzustellende Schriftstück nicht in irgendeiner Sprache übermittelt wird.

[417] Zur Überprüfung des Einzelfalls im Rahmen des Art. 6 Abs. 1 EMRK auch *Matscher,* IPRax 1999, 274 (275).

[418] So *Linke/Hau,* IZVR, Rn. 8.57 für im Inland bewirkt Zustellungen.

[419] Zur fehlenden Außenwirkung von Verwaltungsvorschriften (mit Ausnahmen) statt aller Stelkens/Bonk/Sachs/*Schmitz,* § 1 VwVfG Rn. 212.

fordert Rule 6.45 (1) und (2) CPR für Zustellungen durch ausländische Justizbehörden oder britische Konsularbehörden im Grundsatz (zu den Ausnahmen Rule 6.45 (4) CPR) eine Übersetzung in die Amtssprache des Empfängerstaates. Die Postzustellung wird durch diese Norm allerdings nicht geregelt.

3. Sonstige Beklagtenschutzvorschriften

a) Belehrungspflichten

Der Beklagtenschutz wird in der EuZVO zusätzlich durch eine Belehrungspflicht über das Annahmeverweigerungsrecht abgesichert. Der Empfänger ist von der Empfangsstelle nach Art. 8 Abs. 1 EuZVO 2007 unter Verwendung des Formblatts in Anhang II schriftlich davon in Kenntnis zu setzen, dass er unter den Voraussetzungen der Norm die Annahme verweigern darf. Dies ist erforderlich, um die praktische Wirksamkeit des Art. 8 EuZVO 2007 zu sichern.[420] Auch ein rechtsunkundiger Empfänger muss erkennen können, dass ihm insofern ein Gestaltungsspielraum[421] zukommt und das Fehlen einer Übersetzung nicht *ipso-iure* zur Unwirksamkeit des Zustellungsvorgangs führt.[422]

Im HZÜ sind hingegen keine ausdrücklichen Belehrungspflichten zugunsten des Empfängers vorgesehen. Dies ist rechtstechnisch verständlich, da es nach Art. 5 Abs. 3 HZÜ gerade Sache der Zentralen Behörde ist, eine Übersetzung des Schriftstücks zu fordern und dem Empfänger somit – anders als in der EuZVO – kein Gestaltungsspielraum zusteht. Art. 5 Abs. 4 HZÜ erfordert, dass der Teil des Antragsformulars, der den wesentlichen Teil des Schriftstücks wiedergibt, an den Adressaten auszuhändigen ist. Sinn und Zweck dieser Vorschrift ist der Schutz des Beklagten, denn dieser soll sich schnell und einfach über den wesentlichen Inhalt des Schriftstücks informieren können.[423] Er kann dann die ersuchende Stelle, die Parteien, die Art und den Gegenstand des Verfahrens sowie die Einlassungsfristen ohne größere Probleme erkennen. In der 14. Sitzung der Haager Konferenz wurde empfohlen, zusätzlich eine Warnung beizufügen, die auf die Natur des Schriftstücks als rechtliches Dokument hinweist.[424] Die Warnung ist inzwischen in den Musterformblättern, die auf der

---

[420] EuGH v. 19.6.2015 – Rs. C-519/13 *(Alpha Bank Cyprus/Si Senh)*, EuZW 2015, 832 Rn. 50; v. 28.4.2016 – Rs. C-384/14 *(Alta Realitat/Erlock Film)*, BeckRS 2016, 80963 Rn. 62; v. 2.3.2017 – Rs. C-354/15 *(Henderson/Novo Banco SA)*, EuZW 2017, 344 Rn. 53; v. 6.9.2018 – Rs. C-21/17 *(Catlin Europe SE/O. K. Trans Praha)*, EuZW 2018, 1001 Rn. 35.
[421] Geimer/Schütze/*R. Geimer*, Art. 8 EuZVO Rn. 6.
[422] Wieczorek/Schütze/*Rohe*, Vor §§ 183, 184 ZPO Rn. 90.
[423] Geimer/Schütze/Hau/*Sujecki*, Art. 5 HZÜ Rn. 19. Vgl. auch *Bischof*, Zustellung im internationalen Rechtsverkehr, S. 287.
[424] *HCCH*, Recommendation on information to accompany judicial and extrajudicial documents to be sent or served abroad in civil or commercial matters (adopted by the Fourteenth Session). Vgl. auch *dies.*, Practical Handbook, 2016, Rn. 150.

Webseite der Haager Konferenz abrufbar sind, enthalten. Allerdings ist zu beachten, dass Art. 5 Abs. 4 HZÜ nur auf Zustellungen durch die ausländischen Rechtshilfebehörden anwendbar ist. Im Rahmen von unmittelbaren Zustellungen, die – wie bereits gesehen – ohne Übersetzung des Schriftstücks zulässig sind, ist daher das Beifügen des Teiles des Antragsformulars, das den wesentlichen Teil des Schriftstücks wiedergibt, nicht zwingend erforderlich. Die Expertenkommission aus dem Jahr 2009 hat darauf hingewiesen, dass in der Praxis bei Zustellungen nach Art. 8 und 10 HZÜ die Zusammenfassung und die Warnung nur sehr selten verwendet werden. Deshalb hat sie die Vertragsstaaten aufgefordert, diese Dokumente auch bei alternativen Übermittlungsmethoden beizufügen.[425]

Im HZÜ ist der Beklagtenschutz also nicht konsequent und gleichmäßig ausgestaltet. Der Empfänger einer Zustellung im Wege der aktiven Rechtshilfe ist durch eine zwingende Beifügung der Zusammenfassung des Dokuments, eine empfohlene Beifügung einer Warnung und ggf. auch durch eine Übersetzungspflicht geschützt. Im deutsch-britischen Zustellungsverkehr ist dieser Schutz sogar über Gebühr ausgestaltet, da stets eine Übersetzung des Schriftstücks erforderlich ist. Bei der unmittelbaren Zustellung greifen all diese Schutzmechanismen hingegen nicht. Es droht daher, dass der Empfänger ein für ihn nicht verständliches Dokument erhält, ohne auf die Natur als Rechtsdokument hingewiesen zu werden. Dasselbe gilt auch für das deutsch-britische Rechtshilfeabkommen, das die Postzustellung britischer Schriftstücke in Deutschland regelt und keine besonderen Beklagtenschutzvorschriften enthält. Im Ergebnis wird daher die Beschleunigung des Zustellungsvorgangs nur zu Lasten des Zustellungsempfängers erreicht.

b) Aussetzung des Verfahrens und Wiedereinsetzung in den vorigen Stand

Art. 15 und 16 HZÜ enthalten weitere Beklagtenschutzvorschriften. Art. 15 HZÜ dient dem Schutz des Beklagten vor einem Versäumnisurteil und soll sicherstellen, dass er rechtzeitig Kenntnis von dem Verfahren erlangt.[426] Wenn ein verfahrenseinleitendes Schriftstück nach dem Übereinkommen zuzustellen ist und sich der Beklagte nicht auf das Verfahren eingelassen hat, ist dieses auszusetzen, wenn die Voraussetzungen der Norm nicht erfüllt sind (Art. 15

---

[425] *HCCH*, Conclusions of the Special Commission of 2009, Rn. 31. Vgl. für Deutschland § 50 Abs. 3 S. 1 ZRHO: „Im Falle einer Postzustellung nach dem Haager Zustellungsübereinkommen vom 15. November 1965 sollte den zuzustellenden Schriftstücken das Formblatt ZRH 6 beigefügt werden." Es handelt sich allerdings nach dem Wortlaut nur um eine Soll-Vorschrift, zumal die ZRHO als Verwaltungsvorschrift sowieso keine unmittelbare Außenwirkung entfaltet.

[426] *Ghassabeh*, Zustellung einer punitive-damages-Sammelklage, S. 117.

Abs. 1 HZÜ).[427] Dadurch sollten die Folgen einer fiktiven Inlandszustellung des verfahrenseinleitenden Schriftstücks abgemildert werden.[428] Ist bereits ein Versäumnisurteil ergangen, kann unter den Voraussetzungen des Art. 16 Abs. 1 HZÜ Wiedereinsetzung in den vorigen Stand gewährt werden.[429] Zweck der Vorschrift ist es, dem Richter zu ermöglichen, Ungerechtigkeiten zu beseitigen.[430] Art. 16 HZÜ ist mithin die *ultima-ratio*-Möglichkeit zum Schutz des Beklagten.[431]

In der EuZVO sind fiktive Inlandszustellungen zwar – wie bereits dargestellt – von vornherein unzulässig. Trotzdem enthält Art. 19 EuZVO 2007 eine Regelung zur Aussetzung des Verfahrens und zur Wiedereinsetzung in den vorigen Stand, welche auf Art. 15 und 16 HZÜ beruht und lediglich kleinere Änderungen enthält.[432] Durch den Brexit finden statt Art. 19 EuZVO 2007 wieder die Art. 15 und 16 HZÜ Anwendung, was zu keinen relevanten Änderungen für den Schutz des Beklagten führt.

IV. Schwächung der Prozessökonomie

Der Grundsatz der Prozessökonomie erfordert eine schnelle, kostengünstige und effektive Zustellung des Schriftstücks, wobei fehlerhafte Zustellungen möglichst zu vermeiden sind.[433] Diese Aspekte werden durch den Brexit negativ beeinflusst. Der Zustellungsvorgang im HZÜ ist deutlich fehleranfälliger als in der EuZVO. Zudem wird insbesondere die Zustellung durch die ausländischen Rechtshilfebehörden wieder deutlich mehr Zeit in Anspruch nehmen. Auch ist die Heilung von Zustellungsfehlern im HZÜ und im deutsch-britischen Rechtshilfeabkommen weniger flexibel, sodass durch einen erneuten Zustellungsversuch Verzögerungen und zusätzliche Kosten entstehen können.

---

[427] Ausführlich zu Art. 15 Abs. 1 HZÜ: *Kondring*, Heilung von Zustellungsfehlern, S. 137 ff.; *Fleischhauer*, Inlandszustellung, S. 45 f.; *Bischof*, Zustellung im internationalen Rechtsverkehr, S. 292 ff.; Geimer/Schütze/Hau/*Sujecki*, Art. 15 HZÜ Rn. 3 ff.
[428] HCCH, Actes et documents de la dixiéme session, 1964, S. 252 ff.; *Bischof*, Zustellung im internationalen Rechtsverkehr, S. 292.
[429] Ausführlich zu Art. 16 HZÜ: Denkschrift zum HZÜ, in: BT-Drs. 7/4892, S. 48 f.; *Kondring*, Heilung von Zustellungsfehlern, S. 157 ff.; *Bischof*, Zustellung im internationalen Rechtsverkehr, S. 308 ff.; Geimer/Schütze/Hau/*Sujecki*, Art. 16 HZÜ Rn. 1 ff. Speziell zu Absatz 4: *F. Sturm*, in: FS Strätz 2009, S. 537.
[430] HCCH, Actes et documents de la dixiéme session, 1964, S. 100 unter dem Hinweis, dass es anders als bei Art. 15 HZÜ nicht um die Einhaltung der Form des HZÜ geht.
[431] HCCH, Actes et documents de la dixiéme session, 1964, S. 378.
[432] *Kondring*, IPRax 2007, 138 (141); Rauscher/*Heiderhoff*, Art. 19 EuZVO Rn. 2; Schlosser/Hess/*Schlosser*, Art. 19 EuZVO Rn. 1; Zöller/*R. Geimer*, Art. 19 EuZVO Rn. 1. Der Anwendungsbereich der Vorschrift ist wegen der Unzulässigkeit fiktiver Inlandszustellungen allerdings erheblich eingeschränkt, dazu *Sujecki*, in: Gebauer/Wiedmann (Hrsg.), Europäisches Zivilrecht, Art. 19 EuZVO Rn. 2. Zu Art. 19 EuZVO 2007 auch Fasching/Konecny/*Bajons*, Art. 19 EuZVO Rn. 1 ff.
[433] *Linke/Hau*, IZVR, Rn. 8.20.

V. Wiederkehr von überkommenen Souveränitätserwägungen

Sowohl die deutsche[434] als auch die englische[435] herrschende Meinung qualifizieren die Zustellung eines Schriftstücks als staatlichen Hoheitsakt. Während das Souveränitätsverständnis in Deutschland streng gehandhabt wird, verfolgt das Vereinigte Königreich einen liberaleren Ansatz. Die EuZVO bezweckt primär den Schutz der Prozessbeteiligten durch eine zuverlässige, schnelle, effektive und kostengünstige Zustellung des Schriftstücks.[436] Für Souveränitätsinteressen, die im europäischen Rechtsraum sowieso an Berechtigung verloren haben,[437] ist daneben kaum mehr Raum.[438] Im innereuropäischen Zustellungsverkehr musste Deutschland mithin sein strenges Souveränitätsverständnis aufgeben. Das HZÜ und das deutsch-britische Rechtshilfeabkommen stammen aus Zeiten, in denen den Souveränitätsinteressen noch deutlich mehr Bedeutung zugemessen wurde. Somit kommt es durch den Brexit zur Rückkehr von Souveränitätserwägungen, die jedenfalls im deutsch-britischen Rechtsverkehr keine Berechtigung mehr haben und bereits als überwunden galten.

1. Eingeschränkter ordre public-Vorbehalt

Die Ausführung des Zustellungsantrags kann nun wieder abgelehnt werden, wenn der ersuchte Staat die Zustellung für geeignet hält, seine Hoheitsrechte oder seine Sicherheit zu gefährden (Art. 13 Abs. 1 HZÜ; Art. 3 lit. f DBA). Diese Möglichkeit besteht im Anwendungsbereich der EuZVO nicht, da die Verordnung keine inhaltliche Prüfung des Schriftstücks vorsieht. Dem ersatz-

---

[434] BVerfG v. 22.3.1983 – 2 BvR 475/78, BVerfGE 63, 343 (372); v. 7.12.1994 – 1 BvR 1279/94, BVerfGE 91, 335 (339); v. 3.11.2015 – 2 BvR 2019/09, WM 2016, 51 Rn. 35; BGH v. 24.2.1972 – II ZR 7/71, BGHZ 58, 177 (179); OLG Hamm v. 28.6.1988 – 13 UF 113/88, FamRZ 1988, 1292 (1293); Denkschrift zum HZÜ, in: BT-Drs. 7/4892, S. 45 ff. Aus dem Schrifttum: *Schmitz*, Fiktive Auslandszustellung, S. 12; *Bredthauer*, Zivilrechtshilfe zwischen BRD und DDR, S. 84 f.; *Verdross/Simma*, Völkerrecht, Rn. 456; *R. Stürner*, in: FS Nagel 1987, S. 446, 454 f.; *ders.*, JZ 47 (1992), 325 (331); *Pfennig*, Internationale Zustellung, S. 1, 14; *Pfeiffer*, in: Gilles (Hrsg.), Transnationales Prozeßrecht, S. 77, 88; *Costas-Pörksen*, Anwendungsbereich und ordre public-Vorbehalt des HZÜ, S. 91; Wieczorek/Schütze/*Rohe*, Vor §§ 183, 184 ZPO Rn. 1; *Rosenberg/Schwab/Gottwald*, Zivilprozessrecht, § 72 Rn. 3; *Jacoby*, Zivilprozessrecht, Kap. 20 Rn. 6.

[435] *Cookney v. Anderson* 46 E.R. 146 (151); *George Monro Ltd v. American Cyanamid & Chemical Corp* [1944] K.B. 432 (437); *Afro Continental Nigeria v. Meridian Shipping Co SA (The Vrontados)* [1982] 2 Lloyd's Rep. 241 (245); *Molins Plc. v. G.D. S.p.A.* [2000] 1 W.L.R. 1741 Rn. 40; *Cecil v. Bayat* [2011] 1 W.L.R. 3086 Rn. 61.

[436] *Hausmann*, EuLF 1/2-2007, 1 (2). Vgl. auch die Erwägungsgründe 2, 6 ff. zur EuZVO 2007.

[437] *Hess*, NJW 2001, 15 (16).

[438] *Stadler*, IPRax 2001, 514 (515); Stein/Jonas/*Domej*, Vor Art. 1 EuZVO Rn. 18.

losen Wegfall des eingeschränkten *ordre public*-Vorbehalts wurde im Schrifttum einhellig zugestimmt.[439] Die Bedeutung der Rückkehr des Vorbehalts im deutsch-britischen Zustellungsverkehr wird allerdings eher gering sein. Zwar hat die Zentrale Behörde nun wieder eine inhaltliche Überprüfung des Schriftstücks vorzunehmen, was ggf. zu Verzögerungen führen kann. Wegen der sehr restriktiven Auslegung des Art. 13 Abs. 1 HZÜ wird der Vorbehalt in der Praxis allerdings fast nie zur Anwendung kommen.[440] Der Rückschritt ist insofern primär symbolischer Natur.[441] Allerdings kann sich in der Zukunft wieder die Frage stellen, ob deutsche Behörden die Zustellung britischer *antisuit injunctions* nach Art. 13 Abs. 1 HZÜ ablehnen dürfen.[442] Es ist zu erwarten, dass sich die britischen Gerichte im Verhältnis zu den EU-Mitgliedstaaten nach dem Brexit wieder vermehrt solcher Prozessführungsverbote bedienen werden. Die Unvereinbarkeit von *antisuit injunctions* mit der Brüssel Ia-VO[443] steht dem Erlass nicht entgegen, da das Vereinigte Königreich nicht mehr an die Verordnung gebunden ist.[444] Der Umstand, dass es zur Rückkehr dieser mit Art. 6 Abs. 1 EMRK unvereinbaren Prozessführungsverbote kommt, ist ebenso unerfreulich wie die Rückkehr der damit verbundenen Zustellungsproblematik.[445]

2. Vorbehaltsmöglichkeiten

Ausdruck der Souveränitätsinteressen ist auch die Möglichkeit, einen Widerspruch gegen die unmittelbaren Zustellungswege nach Art. 8 und 10 HZÜ zu erklären. Deutschland hat sämtliche Vorbehaltsmöglichkeiten in Anspruch ge-

---

[439] Siehe etwa *Hess*, NJW 2001, 15 (16) in Fn. 9; *Lindacher*, ZZP 114 (2001), 179 (184); *Stadler*, IPRax 2001, 514 (515); *Karaaslan*, Internationale Zustellungen nach der EuZVO, S. 71; Geimer/Schütze/*R. Geimer*, Art. 1 EuZVO Rn. 10. Vgl. ferner *J. Meyer*, IPRax 1997, 401 (404), der eine Überprüfung auf Verstöße innerhalb der Europäischen Union als überzogen, unzeitgemäß und sachlich nicht gerechtfertigt bezeichnet.

[440] Vgl. *Lindacher*, ZZP 114 (2001), 179 (184); *Stadler*, IPRax 2001, 514 (515), jeweils für den umgekehrten Fall, nämlich den Wegfall des *ordre public*-Vorbehalts. Zur restriktiven Auslegung des Art. 13 HZÜ etwa BVerfG v. 7.12.1994 – 1 BvR 1279/94, BVerfGE 91, 335 (340); OLG Frankfurt a.M. v. 13.2.2001 – 20 VA 7/00, NJW-RR 2002, 357 (357 f.); HCCH, Practical Handbook, 2016, Rn. 223.

[441] Vgl. *Lindacher*, ZZP 114 (2001), 179 (184); *Nagel/Gottwald*, IZPR, Rn. 8.65; Rauscher/*Heiderhoff*, Einleitung zur EuZVO Rn. 12, welche die Aufgabe des *ordre public*-Vorbehalts durch die EuZVO als symbolischen Akt ansehen.

[442] Ausführlich zu diesem Problem bereits Kap. 2 C. III. 1. d) bb) (S. 97 ff.).

[443] EuGH v. 27.4.2004 – Rs. C-159/02 *(Turner/Grovit)*, IPRax 2004, 425 Rn. 24 ff.; v. 10.2.2009 – Rs. C-185/07 *(Allianz/West Tankers)*, NJW 2009, 1655 Rn. 19 ff.

[444] *Dickinson*, IPRax 2021, 213 (217); *Steinbrück/Lieberknecht*, EuZW 2021, 517 (520); *Hau*, MDR 2021, 521 Rn. 9. Zur Frage, ob *antisuit injunctions* im Anwendungsbereich des HGÜ zulässig sind, siehe *Pfeiffer*, IWRZ 2016, 69 (70 f.); *Ahmed/Beaumont*, JPIL 13 (2017), 386 (394 ff.); Rauscher/*M. Weller*, Art. 7 HGÜ Rn. 2.

[445] Kritisch zur Rückkehr von *antisuit injunctions Hau*, MDR 2021, 521 Rn. 9.

nommen (vgl. § 6 AusfG-HZÜ), um zu verhindern, dass auf deutschem Staatsgebiet weitreichende unmittelbare Zustellungen ohne die Kontrolle der inländischen Behörden stattfinden können.[446] Allerdings eröffnet das deutsch-britische Rechtshilfeabkommen in Art. 6 und 7 die Möglichkeit der Postzustellung und der unmittelbare Parteizustellung. Insofern hat das strenge Souveränitätsverständnis von Deutschland im deutsch-britischen Zustellungsverkehr auch nach dem Brexit kaum negative Auswirkungen auf die liberalen Zustellungswege.[447] Einer der größten Nachteile des HZÜ[448] wirkt sich daher glücklicherweise nicht aus. Freilich wäre es weiterhin vorzugswürdig, die Widersprüche gegen Art. 8 und 10 HZÜ zurückzunehmen.[449]

VI. Auslegungsfragen und zentrale Auslegungsinstanz

Bei der Anwendung des HZÜ und des deutsch-britischen Rechtshilfeabkommens stellen sich einige Auslegungsfragen. So kann unklar sein, welche Bedeutung bestimmten Begriffen (z.B. „Zivil- und Handelssachen", „gerichtliches Schriftstück" und „außergerichtliches Schriftstücke") zukommt. Das HZÜ enthält keine ausdrückliche Regelung zur Lösung von Auslegungsfragen.[450] Es besteht ein Spannungsverhältnis zwischen dem *lex-fori*-Prinzip und der vertragsautonomen Auslegung von internationalen Übereinkommen.[451] Im Interesse einer einheitlichen Auslegung ist der vertragsautonome Ansatz vorzuziehen. Von Qualifikationen nach dem Recht des ersuchenden oder des ersuchten Staates oder von einer Alternativ- bzw. Doppelqualifikation sollte

---

[446] Denkschrift zum HZÜ, in: BT-Drs. 7/4892, S. 45 f. Das Zustellungsreformgesetz hat hieran nichts geändert, vgl. Begründung zum Entwurf des ZustRG, in: BT-Drs. 14/4554, S. 23.

[447] Zum Ganzen schon Kap. 3 C. II. 3. (S. 205 ff.). Freilich würde die Rücknahme des Vorbehalts nach Art. 8 Abs. 2 HZÜ bewirken, dass Schriftstücke durch diplomatische oder konsularische Beamte – über Art. 5 lit. a DBA hinaus – auch an britische Staatsangehörige zugestellt werden könnten.

[448] Stein/Jonas/*Domej*, Vor Art. 1 EuZVO Rn. 11; Rauscher/*Heiderhoff*, Einleitung zur EuZVO Rn. 11. Vgl. auch Zöller/*R. Geimer*, Art. 1 EuZVO Rn. 6.

[449] Dafür auch *Gottwald*, in: Habscheid/Beys (Hrsg.), Grundfragen des Zivilprozessrechts, S. 3, 25 f.; *Wiehe*, Zustellungen, S. 104; *Linke*, in: Gottwald (Hrsg.), Grundfragen der Gerichtsverfassung, S. 95, 122 f.; *Stadler,* IPRax 2002, 471 (475); *Fogt/Schack*, IPRax 2005, 118 (123); *Stroschein*, Parteizustellung im Ausland, S. 187; Geimer/Schütze/Hau/*Sujecki*, Art. 10 HZÜ Rn. 5 f.; *Nagel/Gottwald*, IZPR, Rn. 8.113.

[450] *Pfeil-Kammerer*, Deutsch-amerikanischer Rechtshilfeverkehr, S. 33; *Costas-Pörksen*, Anwendungsbereich und ordre public-Vorbehalt des HZÜ, S. 41 ff.; Geimer/Schütze/Hau/*Sujecki*, Art. 1 HZÜ Rn. 2 (für die Auslegung des Begriffs der Zivil- und Handelssache).

[451] *Costas-Pörksen*, Anwendungsbereich und ordre public-Vorbehalt des HZÜ, S. 27; Geimer/Schütze/Hau/*Sujecki*, Art. 1 HZÜ Rn. 4.

daher abgesehen werden.[452] Freilich bestehen bei der vertragsautonomen Auslegung erhebliche Probleme, da konkrete Anhaltspunkte für die einheitliche Handhabung und eine zentrale Auslegungsinstanz fehlen.[453] Im deutsch-britischen Rechtshilfeabkommen scheidet eine vertragsautonome Begriffsauslegung hingegen aus.[454] Es ist wohl eine kumulative Qualifikation nach dem Recht des ersuchten und des ersuchenden Staates vorzunehmen.[455]

Die Auslegung der EuZVO gestaltet sich weniger komplex. Die Begriffe der Verordnung sind verordnungsautonom auszulegen, wodurch eine einheitliche Anwendung der EuZVO in sämtlichen Mitgliedstaaten gewährleistet werden soll.[456] Dabei kann sich an der Auslegung in anderen europäischen Rechtsakten (insbesondere der Brüssel Ia-VO) orientiert werden.[457] Im Gegensatz zum HZÜ zeichnet sich die EuZVO auch dadurch aus, dass häufiger autonome Lösungen entwickelt werden (z.B. bezüglich der Zulässigkeit von fiktiven Inlandszustellungen sowie von Ersatzzustellungen im Rahmen des Art. 14 EuZVO 2007 und bezüglich der Heilung von Zustellungsmängeln), wodurch ein Rückgriff auf die *lex fori* vermieden werden kann.[458] Dies ermöglicht eine einheitliche Anwendung der Verordnung und kann vermeiden, dass das ausländische Recht zu ermitteln ist.[459] Der zentrale Vorteil der EuZVO besteht indes darin, dass mit dem EuGH eine zentrale Auslegungsinstanz existiert, die in Streitfragen die alleinige Zuständigkeit innehat.[460] Die nationalen Gerichte können bzw. müssen bei Zweifelfragen bezüglich der Auslegung der Verordnung ein Vorabentscheidungsverfahren vor dem EuGH einleiten (vgl. Art. 267 AEUV). Die Entscheidungen des Gerichtshofs sind bei der Anwendung der EuZVO in den Mitgliedstaaten zwingend zu beachten.

---

[452] Siehe in Bezug auf die Auslegung des Begriffs der Zivil- und Handelssache bereits Kap. 2 C. II. 1. a) (S. 87 ff.).

[453] Vgl. *Ghassabeh*, Zustellung einer punitive-damages-Sammelklage, S. 175; Geimer/Schütze/*Hau/Sujecki*, Art. 1 HZÜ Rn. 6, 12.

[454] Ebenso *Bittmann*, IPRax 2012, 216 (217). Dazu bereits Kap. 2 B. II. 1. (S. 75).

[455] So auch *Maack*, Englische antisuit injunctions, S. 76; *Bittmann*, IPRax 2012, 216 (217).

[456] Rauscher/*Heiderhoff*, Einleitung zur EuZVO Rn. 32; *Sujecki*, in: Gebauer/Wiedmann (Hrsg.), Europäisches Zivilrecht, Einleitung zur EuZVO Rn. 26; *J. Meyer*, IPRax 1997, 401 (403) zum EuZÜ. Vgl. auch EuGH v. 8.11.2005 – Rs. C-443/03 *(Leffler)*, NJW 2006, 491 Rn. 44 ff.; v. 25.6.2009 – Rs. C-14/08 *(Roda Golf & Beach Resort SL)*, EuZW 2009, 582 Rn. 44 ff., jeweils die Bedeutung der autonomen Auslegung betonend.

[457] Rauscher/*Heiderhoff*, Einleitung zur EuZVO Rn. 34. Vgl. auch Stein/Jonas/*Domej*, Vor Art. 1 EuZVO Rn. 75, die allerdings zutreffend darlegt, dass eine übereinstimmende Auslegung nicht stets zwingend ist, sondern vielmehr der Sinn und Zweck der jeweiligen Verordnung über die Auslegung entscheidet.

[458] Stein/Jonas/*Domej*, Vor Art. 1 EuZVO Rn. 68, 76.

[459] Stein/Jonas/*Domej*, Vor Art. 1 EuZVO Rn. 68.

[460] Rauscher/*Heiderhoff*, Einleitung zur EuZVO Rn. 31.

Für das HZÜ und das deutsch-britische Rechtshilfeabkommen fehlt eine solche zentrale Auslegungsinstanz.[461] Dies erschwert zunächst die vertragsautonome Auslegung des HZÜ und führt in der Praxis zu einer uneinheitlichen Handhabung des Anwendungsbereichs.[462] *Schlosser* geht davon aus, dass deswegen und wegen der unterschiedlichen Rechtskreise der gebundenen Staaten eine autonome und einheitliche Auslegung von vornherein nicht möglich sei.[463] Ferner besteht die Möglichkeit, dass die nationalen Gerichte der Vertragsstaaten in der Verordnung nicht geregelte Detailfragen unterschiedlich beurteilen. Dies kann etwa die praxisrelevanten Fragen, ob für die unmittelbaren Zustellungswege ein Übersetzungserfordernis besteht und, ob Verstöße gegen Vorschriften des Ab- oder Übereinkommens geheilt werden können, betreffen. Im HZÜ ist auch umstritten, ob Art. 10 lit. a auch die Zustellung mittels moderner Kommunikationstechnologien (z.B. E-Mail) ermöglicht. Eine unterschiedliche Auslegung kann dann zu Schwierigkeiten bei der Anerkennung und Vollstreckung im Ausland führen.

D. Verpasste Chancen aufgrund der fehlenden Anwendbarkeit der Verordnung (EU) 2020/1784 vom 25. November 2020 über die Zustellung gerichtlicher und außergerichtlicher Schriftstücke in Zivil- und Handelssachen

Durch den Brexit hat sich die Rechtslage im deutsch-britischen Zustellungsverkehr mithin in einigen Punkten verschlechtert. Das Defizit zum Rechtsverkehr zwischen den EU-Mitgliedstaaten hat sich allerdings vor Kurzem noch weiter vergrößert. Seit dem 1. Juli 2022 gilt die EuZVO 2020 (vgl. Art. 37 Abs. 1 S. 2 EuZVO 2020). Zwar hatte das Vereinigte Königreich erklärt, sich auch an dieser Verordnung zu beteiligen.[464] Die EuZVO 2020 wird allerdings aufgrund des Brexits im deutsch-britischen Zustellungsverkehr keine Anwendung finden.[465]

---

[461] Zum HZÜ: Geimer/Schütze/Hau/*Sujecki*, Art. 1 HZÜ Rn. 6, 12.
[462] Geimer/Schütze/Hau/*Sujecki*, Art. 1 HZÜ Rn. 12.
[463] Schlosser/Hess⁴/*Schlosser*, Art. 1 HZÜ Rn. 1.
[464] Erwägungsgrund 47 zur EuZVO 2020. Vgl. auch *R. Wagner*, IPRax 2021, 2 (13) in Fn. 163; Schlosser/Hess/*Schlosser/Hess*, Art. 1 EuZVO 2020 Rn. 4 in Fn. 4.
[465] *Mansel/Thorn/Wagner*, IPRax 2022, 97 (106); Schlosser/Hess/*Schlosser/Hess*, Art. 1 EuZVO 2020 Rn. 4; Thomas/Putzo/*Hüßtege*, Vorbemerkung zur EuZVO 2020 Rn. 5. Auch Art. 68 lit. a BrexitAbk kann nicht zur Anwendung der EuZVO 2020 führen, was bereits daraus folgt, dass nur auf die EuZVO 2007 verwiesen wird, Steinbrück/Lieberknecht, EuZW 2021, 517 (521) in Fn. 61; *R. Wagner,* IPRax 2021, 2 (10, 13).

I. Hintergrund und Ziele der Reform

Die EuZVO 2007 hat die Rechtslage im Vergleich zur EuZVO 2000 deutlich verbessert. Zu diesem Ergebnis kam auch die Europäische Kommission in ihrem Anwendungsbericht aus dem Jahr 2013[466]. In dem Bericht wurde allerdings auch auf gewisse Mängel im Wortlaut der Verordnung und den Bedarf für eine noch engere Integration innerhalb der Europäischen Union hingewiesen. Zudem müsse auch die Zustellungsdauer noch weiter verkürzt werden.[467] Weitere Defizite der EuZVO 2007 wurden durch eine im Jahr 2017 durchgeführte Evaluierung der Effizienz und Leistungsfähigkeit der Rechtssetzung (REFIT) offengelegt. Es wurde insbesondere kritisiert, dass das Potential der neuen technologischen Entwicklungen nicht voll ausgeschöpft werde.[468] Am 31. Mai 2018 legt die Europäische Kommission deshalb einen Verordnungsentwurf über die Neufassung der EuZVO[469] (EuZVO 2020-E) vor.

Nachdem der Europäische Wirtschafts- und Sozialausschuss Stellung genommen[470] und das Europäische Parlament eine Legislative Entschließung verabschiedet hatte,[471] fanden im Januar und Juni 2020 Trilog-Verhandlungen statt,[472] in denen der Text nochmals angepasst wurde. Die endgültige Fassung der EuZVO 2020 wurde vom Europäischen Parlament am 23. November 2020 angenommen[473] und trat am 22. Dezember 2020 in Kraft. Sie gilt – mit Ausnahme von Art. 5, 8 und 10 EuZVO 2020 – seit dem 1. Juli 2022 in den Mitgliedstaaten der Europäischen Union (Art. 37 Abs. 1 S. 2, Abs. 2 EuZVO 2020) und hat die EuZVO 2007 insofern ersetzt (Art. 36 Abs. 1 EuZVO 2020).

---

[466] *Europäische Kommission*, Bericht über die Anwendung der EuZVO 2007, COM (2013), 858 final.

[467] *Europäische Kommission*, Bericht über die Anwendung der EuZVO 2007, COM (2013), 858 final, S. 18.

[468] *Deloitte*, Study on the service of documents – Final Report, S. 53, 80; *Europäische Kommission*, Vorschlag für die EuZVO 2020, COM (2018), 379 final, S. 3.

[469] *Europäische Kommission*, Vorschlag für eine Verordnung des Europäischen Parlaments und des Rates zur Änderung der Verordnung (EG) Nr. 1393/2007 des Europäischen Parlaments und des Rates über die Zustellung gerichtlicher und außergerichtlicher Schriftstücke in Zivil- oder Handelssachen in den Mitgliedstaaten („Zustellung von Schriftstücken"), COM (2018), 379 final. Dazu *Mansel/Thorn/Wagner*, IPRax 2019, 85 (93); *Sujecki*, EWS 2019, 315 (316); *Eichel*, ZVerglRW 119 (2020), 220 (228 f.); *Hess*, EuZPR, Rn. 8.32; *Sujecki*, EuZW 2021, 286 (287).

[470] *Europäischer Wirtschafts- und Sozialausschuss*, Stellungnahme zur EuBVO 2020 und EuZVO 2020, in: Amtsblatt Nr. C 62 vom 15.2.2019, S. 56.

[471] *Europäisches Parlament*, Legislative Entschließung vom 13.2.2019, P8_TA(2019)0104.

[472] Vgl. *Knöfel,* RIW 2021, 473 (474). Die Verhandlungen wurden aufgrund der Coronapandemie unterbrochen, *R. Wagner,* NJW 2020, 1864 (1865).

[473] *Europäisches Parlament*, Legislative Entschließung vom 23.11.2020, P9_TA(2020)0309.

Ziel der Reform ist es, den innereuropäischen Zustellungsverkehr weiter zu verbessern und beschleunigen, sodass Verzögerungen und Kosten vermieden und grenzüberschreitende Gerichtsverfahren effektiviert werden (Erwägungsgrund 3 zur EuZVO 2020). Die Systematik der EuZVO 2007 bleibt aber unverändert. Auch die reformierte Verordnung unterscheidet weiterhin zwischen der Zustellung durch die ausländischen Rechtshilfebehörden (Art. 8–15 EuZVO 2020) und den unmittelbaren Zustellungsmethoden (Art. 16–20 EuZVO 2020). Ein besonderer Fokus der Reform liegt auf der Digitalisierung des Zustellungsrechts. Zum einen wird mit der elektronischen Direktzustellung ein neuer Übermittlungsweg zugelassen (Art. 19 EuZVO 2020; vgl. auch Erwägungsgrund 31 zur EuZVO 2020). Zum anderen sollen die nationalen Behörden alle geeigneten modernen Kommunikationsmittel nutzen, die bestimmten Anforderungen an die Integrität und Originaltreue des empfangenen Schriftstücks entsprechen. In der Zukunft soll daher jede Kommunikation und jeder Austausch über ein dezentrales IT-System erfolgen (Erwägungsgrund 10 zur EuZVO 2020). Mit der Digitalisierung rückt auch der Schutz der Privatsphäre und der personenbezogenen Daten in den Vordergrund (vgl. Erwägungsgrund 3 zur EuZVO 2020). Zuletzt bringt die Reform weitere Änderungen mit sich, die zum Teil lediglich sprachliche Unklarheiten beseitigen, zum Teil aber auch inhaltliche Neuerungen enthalten.

II. Anwendungsbereich

Die EuZVO 2020 gilt für die grenzüberschreitende Zustellung gerichtlicher und außergerichtlicher Schriftstücke in Zivil- und Handelssachen (Art. 1 Abs. 1 S. 1 EuZVO 2020). Die Europäische Kommission hatte vorgeschlagen, den Wortlaut der Vorschrift für gerichtliche Schriftstücke derart zu präzisieren, dass die Verordnung für alle Fälle gilt, in denen der Wohnsitz des Empfängers in einem anderen Mitgliedstaat als dem Verfahrensstaat liegt. Dadurch sollte die vom EuGH in der *Alder*-Entscheidung[474] postulierte Exklusivität der EuZVO kodifiziert werden.[475] Dieser Änderungsvorschlag wurde allerdings nicht in die endgültige Fassung des Verordnungstextes übernommen. Stattdessen wurde der Begriff „grenzüberschreitende Zustellung" eingeführt und in Erwägungsgrund 5 zur EuZVO 2020 als „Zustellung von einem Mitgliedstaat in einen anderen Mitgliedstaat" definiert. Indes bleibt auch hier offen, wann eine solche grenzüberschreitende Zustellung überhaupt erforderlich ist.[476] Dies bestimmt nun allerdings Erwägungsgrund 7 zur EuZVO 2020. Wenn der Emp-

---

[474] EuGH v. 19.12.2012 – Rs. C-325/1 *(Alder)*, NJW 2013, 443.
[475] Vgl. *Europäische Kommission*, Vorschlag für die EuZVO 2020, COM (2018), 379 final, S. 12 f. Zu den Auswirkungen dieser Formulierung ausführlich Stein/Jonas/*Domej*, Art. 1 EuZVO Rn. 28 f.
[476] *Sujecki*, EuZW 2021, 286 (287).

fänger keine Adresse im Verfahrensstaat, aber eine oder mehrere bekannte Adressen in einem oder mehreren anderen Mitgliedstaaten hat, soll die Übermittlung nach dieser Verordnung erfolgen. Eine Auslegung der Situation als fiktive Inlandszustellung ist ausgeschlossen. Die Exklusivität der Verordnung wurde somit nun in Erwägungsgrund 7 zur EuZVO 2020 kodifiziert.[477]

Die Verordnung gilt – mit Ausnahme von Artikel 7 – weiterhin nicht, wenn die Anschrift des Empfängers unbekannt ist (Art. 1 Abs. 2 EuZVO 2020). In Art. 1 Abs. 3 EuZVO 2020 wird nun ausdrücklich geregelt, dass die Verordnung auch dann nicht gilt, wenn die Zustellung im Verfahrensstaat an einen Bevollmächtigten des Adressaten erfolgen soll. Dies entspricht Erwägungsgrund 8 der EuZVO 2007, welcher somit Eingang in den Verordnungstext findet, was für Rechtssicherheit sorgt.[478]

III. Unterstützung bei der Ermittlung der Anschrift des Adressaten

Die Ermittlung der Adresse des Empfängers kann sich in der Praxis, insbesondere in grenzüberschreitenden Fällen, als äußerst problematisch erweisen.[479] Die EuZVO 2007 ist nicht anwendbar, wenn die Anschrift des Empfängers unbekannt ist (Art. 1 Abs. 2 EuZVO 2007).[480] Dieser Ausschluss erfasst auch Fälle, in denen zwar feststeht oder wahrscheinlich ist, dass sich der Adressat in einem anderen Mitgliedstaat aufhält, seine dortige Anschrift aber unbekannt ist. Den Empfängerstaat trifft dann keine Pflicht zur Ermittlung der Adresse des Empfängers.[481] Auch im HZÜ existiert eine solche Pflicht nicht.[482] Die Expertenkommission hat die Vertragsstaaten jedoch dazu motiviert, so weit wie

---

[477] Die Anwendung von § 184 ZPO ist also weiterhin unzulässig, *Fabig/Windau*, NJW 2022, 1977 Rn. 4. Berechtigterweise kritisch zur endgültigen Lösung Musielak/Voit/ Stadler, Art. 1 EuZVO 2020 Rn. 4: „nicht wirklich an Kontur gewonnen"; positiver *Gottwald*, MDR 2022, 1185 Rn. 5; *Richter*, IPRax 2022, 433 (434).

[478] *Europäische Kommission*, Vorschlag für die EuZVO 2020, COM (2018), 379 final, S. 13; *Anthimos*, Towards a New Service Regulation, EAPIL-Blog, unter Nr. 1.

[479] *Sujecki*, EuZW 2021, 286 (288); *ders.*, in: Gebauer/Wiedmann (Hrsg.), Europäisches Zivilrecht, Art. 3 EuZVO Rn. 11; *Mansel/Thorn/Wagner*, IPRax 2022, 97 (107); *Richter*, IPRax 2022, 433 (435).

[480] Richtigerweise sind in verordnungsautonomer Auslegung gewisse Nachforschungen zur Anschrift zu verlangen, bevor ein Rückgriff auf das autonome Recht in Betracht kommt, dafür Stein/Jonas/*Domej*, Art. 1 EuZVO Rn. 44. Zustimmend *Fabig/Windau*, NJW 2022, 1977 Rn. 5.

[481] *Brenn*, EuZVO, S. 22; Geimer/Schütze/Hau[65]/*Okonska*, Art. 1 EuZVO Rn. 33; MüKoZPO/*Rauscher*, Art. 1 EuZVO Rn. 20 f.; Rauscher/*Heiderhoff*, Art. 1 EuZVO Rn. 18; *Sujecki*, in: Gebauer/Wiedmann (Hrsg.), Europäisches Zivilrecht, Art. 1 EuZVO Rn. 12.

[482] *HCCH*, Conclusions of the Special Commission of 2014, Rn. 23; *dies.*, Practical Handbook, 2016, Rn. 90.

möglich Unterstützung zu leisten.[483] Für den Zusteller bleibt es möglich, sich in ausländischen Melderegistern oder damit vergleichbaren Datenbanken zu informieren. In den Mitgliedstaaten existieren aber sehr unterschiedliche Zugangsvoraussetzungen zu diesen Ressourcen.[484]

Art. 7 EuZVO 2020 statuiert künftig eine Pflicht der Mitgliedstaaten, bei der Ermittlung der Anschrift des Empfängers Unterstützung zu leisten.[485] Hierbei stehen drei Möglichkeiten zur Verfügung, von denen die Mitgliedstaaten mindestens eine wählen müssen. Die Unterstützung kann dadurch erfolgen, dass der Staat Behörden benennt, an welche die Übermittlungsstelle[486] Anfragen zur Ermittlung der Anschrift richten kann (Art. 7 Abs. 1 lit. a EuZVO 2020). Die zweite Option besteht darin, Personen aus anderen Mitgliedstaaten die Möglichkeit zu geben, über ein im Europäischen Justizportal abrufbares Standardformular Auskunftsanfragen direkt an Wohnsitzregister oder andere öffentlich zugängliche Datenbanken zu richten (Art. 7 Abs. 1 lit. b EuZVO 2020). Zuletzt genügt es aber auch, ausführliche Informationen darüber, wie Anschriften ermittelt werden können, im Europäischen Justizportal bereitzustellen (Art. 7 Abs. 1 lit. c EuZVO 2020).

Die Einführung der Unterstützungspflicht wird vom Schrifttum als sehr erfreuliche Neuerung angesehen.[487] Die Befürchtung, dass viele Mitgliedstaaten die am wenigsten aufwändige Methode, die Informationsbereitstellung nach Art. 7 Abs. 1 lit. c EuZVO 2020, wählen werden,[488] ist in dieser Form nicht eingetreten.[489] Insgesamt kommt es somit zu einer deutlichen Verbesserung der Rechtslage für den Zustellungsinteressenten.

---

[483] *HCCH*, Conclusions of the Special Commission of 2014, Rn. 23. Allerdings ist es für die zur Übermittlung zuständige Stelle oder Person – mangels Angaben auf der Webseite der Haager Konferenz – kaum erkennbar, ob der Empfängerstaat (freiwillig) Hilfe leisten wird.

[484] *Sujecki*, EuZW 2021, 286 (288). Vgl. auch *ders.*, in: Gebauer/Wiedmann (Hrsg.), Europäisches Zivilrecht, Art. 3 EuZVO Rn. 11; *Mansel/Thorn/Wagner*, IPRax 2022, 97 (107).

[485] Art. 1 Abs. 2 EuZVO 2020 stellt klar, dass der Anwendungsbereich von Art. 7 EuZVO 2020 in diesem Fall trotz (zunächst) unbekannter Anschrift eröffnet ist.

[486] Anders als nach Art. 3c EuZVO 2020-E ist nur die Übermittlungsstelle, nicht aber das mit dem Verfahren befasste Gericht zur Anfrage berechtigt. Auch anderen Personen steht das Verfahren nicht offen, Musielak/Voit/*Stadler*, Art. 7 EuZVO 2020 Rn. 2.

[487] *Sujecki*, EuZW 2021, 286 (288); *Richter*, IPRax 2022, 433 (435); Schlosser/Hess/*Schlosser/Hess*, Art. 7 EuZVO 2020 Rn. 1; *Sujecki*, in: Gebauer/Wiedmann (Hrsg.), Europäisches Zivilrecht, Art. 3 EuZVO Rn. 10 f.; Geimer/Schütze/Hau/*Okonska*, Art. 7 EuZVO 2020 Rn. 1 („eine der bedeutendsten Verbesserungen"). Zustimmend auch Musielak/Voit/*Stadler*, Art. 7 EuZVO 2020 Rn. 2. Positiv ferner Stein/Jonas/*Domej*, Art. 1 EuZVO Rn. 51 ff., die allerdings *de lege ferenda* eine unionsrechtlich-einheitliche fiktive Zustellung für Fälle, in denen die Anschrift des Empfängers unbekannt ist, fordert.

[488] *Knöfel*, RIW 2021, 473 (478). Vgl. auch *Eichel*, ZVerglRW 119 (2020), 220 (225).

[489] Vielmehr zeigt ein Blick auf die Angaben der Mitgliedstaaten im Europäischen Gerichtsatlas, dass die Möglichkeit aus Art. 7 Abs. 1 lit. a EuZVO 2020 die am häufigsten ge-

Für den deutsch-britischen Zustellungsverkehr ist zu beachten, dass im Vereinigten Königreich kein Melderegister existiert, sodass auf andere Informationsmöglichkeiten, z.B. eine Internetrecherche oder den Einsatz eines Detektivs, zurückgegriffen werden muss.[490] Eine ausführliche Beschreibung, welche alternativen Ermittlungsmöglichkeiten in Betracht kommen, hätte hier sehr hilfreich sein können.[491] Wenn die Adresse des Empfängers (zunächst) unbekannt ist, kommt – aus deutscher Sicht – eine öffentliche Zustellung nach § 185 Nr. 1 ZPO in Betracht. Die Rechtsprechung hat dabei recht weitgehende Nachforschungsobliegenheiten entwickelt, wobei die Reichweite im Einzelnen umstritten ist.[492] Hierfür wäre in der Praxis jedenfalls eine ausführlich Informationsbereitstellung sinnvoll, damit beurteilt werden kann, welche Schritte im Ausland zur Ermittlung der Anschrift möglich und ggf. erforderlich sind. Bei der öffentlichen Zustellung besteht für den Kläger die Gefahr, dass die Anerkennung und Vollstreckung der Entscheidung im Ausland aufgrund einer Gehörsverkürzung verweigert wird. In der Zukunft könnte eine europarechtlich-autonome fiktive Zustellung für die Fälle, in denen die Ermittlung der Anschrift erfolglos bleibt, diese praktischen Probleme mindern.[493]

---

wählte ist. Einige Mitgliedstaaten haben ihre Verpflichtung zur Angabe der gewählten Option (vgl. Art. 7 Abs. 2 S. 1 lit. a EuZVO 2020) bisher noch nicht erfüllt. Auch die Informationsbereitstellung nach Art. 7 Abs. 1 lit. c EuZVO 2020 wurde mehrfach gewählt, so etwa von Deutschland, dazu Begründung zum Entwurf eines Gesetzes zur Durchführung der EuZVO 2020 und EuBVO 2020, in: BT-Drs. 20/1110, S. 28. Der Vorschlag, das Bundesamt für Justiz als zuständige Behörde i.S.d. Art. 7 Abs. 1 lit. a EuZVO 2020 zu bestimmen, wurde leider nicht umgesetzt, dafür auch Schlosser/Hess/*Schlosser/Hess*, Art. 7 EuZVO 2020 Rn. 4; *Max-Planck-Institut für ausländisches und internationales Privatrecht/Max-Planck-Institut Luxemburg für Internationales, Europäisches und Regulatorisches Verfahrensrecht*, Gemeinsame Stellungnahme zum Entwurf eines Gesetzes zur Durchführung der EuZVO 2020 und EuBVO 2020, S. 5 f. (zusätzlich für die Möglichkeit, Auskunftsanfragen über das Europäische Justizportal zu stellen).

[490] Angaben von England und Wales, Schottland und Nordirland, in: Europäische Kommission (Hrsg.), Europäisches Justizielles Netz, Zustellung von Schriftstücken, e-justice.europa.eu, unter 4.1 und 4.2.

[491] Zuvor war eine (nicht abschließende) Liste im Europäischen Justiziellen Netz abrufbar, Angaben von England und Wales, in: Europäische Kommission (Hrsg.), Europäisches Justizielles Netz, Zustellung von Schriftstücken, e-justice.europa.eu, unter 4.2. Diese Angaben würden wohl nicht die Anforderungen des Art. 7 Abs. 1 lit. c EuZVO 2020 erfüllen. Die Beteiligung des Vereinigten Königreichs an der Reform hätte daher wohl zu einer besseren Informationsmöglichkeit für den ausländischen Zustellungsinteressenten geführt.

[492] Siehe dazu Kap. 1 D. I. 6. (S. 48 ff.).

[493] Dafür zutreffend Stein/Jonas/*Domej*, Art. 1 EuZVO Rn. 53.

IV. Zustellung im Wege der aktiven internationalen Rechtshilfe

Der Zustellungsweg über die ausländischen Rechtshilfebehörden ist nunmehr in Art. 8–15 EuZVO 2020 geregelt. Hier kommt es durch die Reform zu mehreren inhaltlichen Änderungen.

1. Einrichtung eines dezentralen IT-Systems

a) Überblick und Ziele

Ein zentraler Aspekt der Digitalisierung des europäischen Zustellungsrechts ist die Einführung eines sicheren und zuverlässigen dezentralen IT-Systems.[494] In der Zukunft soll sowohl die Übermittlung von Schriftstücken als auch die sonstige Kommunikation zwischen den Übermittlungs-, Empfangs- und Zentralstellen über dieses neue System erfolgen (Art. 5 Abs. 1 S. 1 EuZVO 2020). Derzeit ist nach Art. 4 Abs. 2 EuZVO 2007 jeder geeignete Übermittlungsweg zugelassen, was auch den Einsatz moderner Kommunikationsmittel (z.B. die elektronische Übermittlung per E-Mail) ermöglicht.[495] Trotz dieser „technologieneutralen" Formulierung werden die modernen Mittel in der Praxis kaum verwendet.[496] Deutschland, England und Wales, Schottland und Nordirland haben alle erklärt, dass der Empfang und das Versenden von Schriftstücken nur per Post oder Telefax möglich ist.[497] Die Kommission führte den Umstand, dass die modernen Kommunikationsmittel kaum genutzt werden, auf alte Gewohnheiten, rechtliche Hindernisse und die mangelnde Interoperabilität der nationalen IT-Systeme zurück.[498]

---

[494] Vgl. Stein/Jonas/*Domej*, Art. 4 EuZVO Rn. 6: „Kernstück der *Reform*"; *Sujecki*, EuZW 2021, 286 (288): „Kernaspekt[ ]"; Schlosser/Hess/*Schlosser/Hess*, Art. 5 EuZVO 2020 Rn. 1: „wesentliches Ziel der Neuregelung"; *Gottwald*, MDR 2022, 1185 Rn. 2: „wichtigste Regelung".

[495] Für die EuZVO 2000: *Hess,* NJW 2001, 15 (19); *Lindacher*, ZZP 114 (2001), 179 (184 f.); *Rahlf/Gottschalk*, EWS 2004, 303 (306); *Jastrow*, in: Gebauer/Wiedmann (Hrsg.), Zivilrecht unter europäischem Einfluss, Kapitel 28 Rn. 86; *Sujecki*, GPR 2 (2005), 193 (195). Für die EuZVO 2007: Fasching/Konecny/*Bajons*, Art. 4 EuZVO Rn. 2; Geimer/Schütze/*R. Geimer*, Art. 4 EuZVO Rn. 1; MüKoZPO/*Rauscher*, Art. 4 EuZVO Rn. 3 f.; Musielak/Voit/*Stadler*, Art. 5 EuZVO 2020 Rn. 1; Rauscher/*Heiderhoff*, Art. 4 EuZVO Rn. 6 f.; *Sujecki*, in: Gebauer/Wiedmann (Hrsg.), Europäisches Zivilrecht, Art. 4 EuZVO Rn. 8 f.

[496] *Europäische Kommission*, Vorschlag für die EuZVO 2020, COM (2018), 379 final, S. 3. Vgl. auch MüKoZPO/*Rauscher*, Art. 4 EuZVO Rn. 3; Stein/Jonas/*Domej*, Art. 4 EuZVO Rn. 4.

[497] Angaben von Deutschland, England und Wales, Schottland und Nordirland zu Art. 2 Abs. 4 lit. c EuZVO 2007, in: Europäische Kommission (Hrsg.), Europäischer Gerichtsatlas, e-justice.europa.eu. Vgl. ferner Rauscher/*Heiderhoff*, Art. 4 EuZVO Rn. 7; Stein/Jonas/*Domej*, Art. 2 EuZVO Rn. 11 (mit sämtlichen Angaben der Mitgliedstaaten).

[498] *Europäische Kommission*, Vorschlag für die EuZVO 2020, COM (2018), 379 final, S. 3.

In der Zukunft wird das dezentrale IT-System die Übermittlungswege nach Art. 4 Abs. 2 EuZVO 2007 nahezu vollständig ersetzen (Art. 5 Abs. 1 S. 1 EuZVO 2020). Lediglich im Falle einer Störung oder bei außergewöhnlichen Umständen ist die Übermittlung mit dem schnellsten und am besten geeigneten alternativen Mittel zulässig, wobei allerdings den Erfordernissen der Zuverlässigkeit und Sicherheit Rechnung zu tragen ist (Art. 5 Abs. 4 EuZVO 2020). Die Europäische Kommission geht davon aus, dass die Bearbeitungsdauer dadurch um bis zu neun Tage reduziert werden kann.[499] Art. 5 Abs. 2 EuZVO 2020 verweist auf den allgemeinen Rechtsrahmen der eIDAS-VO[500], der auch für die zuzustellenden Schriftstücke, Ersuchen, Bestätigungen, Empfangsbestätigungen, Bescheinigungen und Mitteilungen, die über das dezentrale IT-System übermittelt werden, gilt. Es können auch qualifizierte elektronische Siegel oder qualifizierte elektronische Signaturen i.S.d. eIDAS-VO verwendet werden, um ein Siegel oder eine eigenhändige Unterschrift zu ersetzen (Art. 5 Abs. 3 EuZVO 2020). Art. 6 EuZVO 2020 bestimmt, dass den über das dezentrale IT-System übermittelten Schriftstücken die Rechtwirkung oder die Zulässigkeit als Beweismittel im Gerichtsverfahren nicht allein deshalb abgesprochen werden darf, weil sie in elektronischer Form vorliegen. Jedoch werden dadurch die Regelungen des nationalen Rechts über die Rechtswirkungen und die Zulässigkeit als Beweismittel nicht berührt (Erwägungsgrund 16 zur EuZVO 2020).[501]

Die EuZVO enthält nur sehr allgemeine Vorgaben zur Ausgestaltung des dezentralen[502] IT-Systems. Es muss sicher, zuverlässig sowie interoperabel sein und die nationalen IT-Systeme miteinander vernetzen (Art. 2 Nr. 2 und Art. 5 Abs. 1 EuZVO 2020 sowie Erwägungsgrund 10 zur EuZVO 2020). Die Verordnung verweist beispielsweise auf die e-CODEX-Plattform *(e-Justice Communication via Online Data Exchange)*,[503] die sich am Ende auch – wie zu erwarten war[504] – durchgesetzt hat. Hinzuweisen ist diesbezüglich auf den von

---

[499] *Europäische Kommission*, Impact Assessment, SWD(2018), 287 final, S. 43.

[500] Zur Verordnung etwa *Hoffmann,* DuD 2014, 762; *Roßnagel,* NJW 2014, 3686; *Seegebarth,* DuD 2014, 675; *Sosna,* CR 2014, 825; Hoeren/Sieber/Holznagel/*Brisch B./Brisch K.*, Teil 13.3 Rn. 32 ff.

[501] Siehe zur Vorschrift auch Musielak/Voit/*Stadler*, Art. 6 EuZVO 2020 Rn. 1 f.; Schlosser/Hess/*Schlosser/Hess*, Art. 6 EuZVO 2020 Rn. 1 f. Näher zur Entstehungsgeschichte MüKoZPO/*Rauscher*, Art. 4 EuZVO Rn. 13.

[502] Die Dezentralität bezieht sich darauf, dass kein Unionsorgan am Datenaustausch beteiligt ist, Erwägungsgrund 10 S. 4 zur EuZVO 2020.

[503] Informationen dazu sind abrufbar unter: <https://www.e-codex.eu/>.

[504] *Knöfel,* RIW 2021, 473 (478).

der Kommission im Dezember 2020 vorgestellten Vorschlag für eine e-CODEX-Verordnung[505]. Inzwischen hat sich das Parlament und der Rat im Hinblick auf die e-CODEX-Verordnung[506] geeinigt. Die Entwicklung und Implementierung des dezentralen IT-Systems werden allerdings noch einige Zeit in Anspruch nehmen. Am 14. März 2022 hat die Kommission den nach Art. 25 EuZVO 2020 vorgesehenen Durchführungsrechtsakt über die technischen Spezifikationen, Informationssicherheitsziele und Mindestverfügbarkeitsziele (Durchführungsverordnung (EU) 2022/423) erlassen. Die Regelungen zum dezentralen IT-System gelten somit erst ab dem 1. Mai 2025 (erster Tag des Monats, der auf den Zeitraum von drei Jahren nach Inkrafttreten des Durchführungsrechtsakts[507] folgt, Art. 37 Abs. 2 EuZVO 2020) Allerdings können die Mitgliedstaaten das dezentrale IT-System bereits vor diesem Zeitpunkt aufnehmen und dies der Europäischen Kommission mitteilen (Art. 33 Abs. 2 S. 1 EuZVO 2020).

b) Vergleich zum deutsch-britischen Rechtsverkehr

Sowohl das deutsch-britische Rechtshilfeabkommen als auch das HZÜ stammen aus einer Zeit, in der die Digitalisierung noch keine Rolle gespielt hat.[508] Daher enthält weder das Ab- noch das Übereinkommen explizite Regelungen zur Nutzung der modernen Kommunikationsmittel. Der Zustellungsweg über die ausländischen Rechtshilfebehörden wird sich nach dem Brexit nahezu vollständig nach den Vorschriften des HZÜ richten.[509] Art. 3 Abs. 1 HZÜ bestimmt, dass die zuständige Behörde oder Person des Ursprungsstaates einen Antrag, der dem diesem Übereinkommen als Anlage beigefügten Muster entspricht, direkt an die Zentrale Behörde des Empfängerstaates übersendet. Dem Antrag ist das zuzustellende Schriftstück oder eine Abschrift davon beizufügen (Art. 3 Abs. 2 S. 1 HZÜ). Das Übereinkommen stellt hierbei keine formellen Anforderungen an die Beantragung der Zustellung und die Übermittlung des Schriftstücks.[510] Somit ist der Einsatz moderner Kommunikationsmittel (z.B.

---

[505] *Europäische Kommission*, Vorschlag für eine Verordnung des Europäischen Parlaments und des Rates über ein EDV-System für die grenzüberschreitende Kommunikation in Zivil- und Strafverfahren (e-CODEX) und zur Änderung der Verordnung (EU) 2018/1726, COM (2020), 712 final.

[506] Dazu auch *Mansel/Thorn/Wagner,* IPRax 2022, 97 (109); *R. Wagner,* NJW 2022, 1861.

[507] Die Durchführungsverordnung tritt nach ihrem Art. 2 am zwanzigsten Tag nach der Veröffentlichung im Amtsblatt in Kraft. Die Veröffentlichung erfolgte am 15.3.2022.

[508] Für das HZÜ: *HCCH*, Practical Handbook, 2016, Annex 8 Rn. 1.

[509] Es kann mithin offenbleiben, ob das deutsch-britische Rechtshilfeabkommen die elektronische Kommunikation der zuständigen Stellen ermöglicht.

[510] *HCCH*, Practical Handbook, 2016, Annex 8 Rn. 11; Geimer/Schütze/Hau/*Sujecki,* Art. 3 HZÜ Rn. 11.

E-Mail) nicht ausgeschlossen.[511] Zu diesem Ergebnis ist auch die Expertenkommission der Haager Konferenz gekommen, die sich seit dem Jahr 2003 mit dem Problem der Digitalisierung auseinandergesetzt hat.[512] Auch das Erfordernis des Art. 3 Abs. 2 S. 2 HZÜ steht der Nutzung moderner Kommunikationstechnologien nicht entgegen, da Schriftstücke leicht vervielfältigt werden können. Im Rahmen einer funktionalen Auslegung ist es mithin ausreichend, dass lediglich ein Exemplar des Zustellungsersuchens und des zuzustellenden Schriftstücks per E-Mail verschickt wird.[513]

Allerdings enthält das HZÜ keine zwingenden Vorgaben zur Nutzung der modernen Kommunikationsmittel. Daher liegt es an den Vertragsstaaten, die vom HZÜ eröffneten Möglichkeiten zu nutzen.[514] Die Haager Konferenz für Internationales Privatrecht hat zur Erleichterung ein elektronisches Antragsformular in mehreren Sprachfassungen zur Verfügung gestellt.[515] Zudem wurden die Vertragsstaaten von der Expertenkommission mehrfach aufgefordert, die E-Mail-Adresse und Faxnummer der zuständigen Behörde anzugeben, sodass die Informationen auf der Webseite der Haager Konferenz abgerufen werden können.[516] Deutschland hat allerdings erklärt, keine Ersuchen per E-Mail oder Fax zu akzeptieren. Diese Haltung wurde zuletzt im Fragebogen aus dem Jahr 2019 über die Nutzung elektronischer Kommunikationsmittel bestätigt. Obwohl Deutschland den Einsatz dieser Mittel eher befürwortet, ist die Übermittlung von Anträgen nach dem innerstaatlichen Recht derzeit unzulässig und auch ausländische elektronische Anträge werden gegenwärtig nicht akzeptiert.[517] Im Vereinigtem Königreich werden für den Zustellungsantrag und die Übermittlung des Schriftstücks ebenfalls keine elektronischen Mittel genutzt.[518] Daher scheidet der Einsatz der modernen Kommunikationsmittel im deutsch-britischen Zustellungsverkehr derzeit aus.

---

[511] Geimer/Schütze/Hau/*Sujecki*, Art. 3 HZÜ Rn. 11 ff.

[512] *HCCH*, Conclusions of the Special Commission of 2003, Rn. 60 ff.; *dies.*, Conclusions of the Special Commission of 2009, Rn. 38 ff.; *dies.*, Conclusions of the Special Commission of 2014, Rn. 36 ff.

[513] *HCCH*, Practical Handbook, 2016, Annex 8 Rn. 18.

[514] *HCCH*, Conclusions of the Special Commission of 2003, Rn. 60; Geimer/Schütze/Hau/*Sujecki*, Art. 3 HZÜ Rn. 13. Vgl. auch *HCCH*, Practical Handbook, 2016, Annex 8 Rn. 13 ff.

[515] Die Formblätter sind abrufbar unter: <https://www.hcch.net/de/publications-and-studies/details4/?pid=6560&dtid=65>.

[516] *HCCH*, Practical Handbook, 2016, Annex 8 Rn. 17.

[517] Antwort von Deutschland auf den HZÜ Fragebogen aus dem Jahr 2019, Fragen 1.1, 1.2 und 1.11.

[518] Antwort des VK auf den HZÜ-Fragebogen aus dem Jahr 2013, Fragen 14–16. Auf den Fragebogen aus dem Jahr 2019 hat das Vereinigte Königreich nicht geantwortet.

c) Fazit

Die verpflichtende Nutzung des dezentralen IT-Systems stellt einen wesentlichen Fortschritt für den internationalen Rechtshilfeverkehr dar. Es wird eine schnelle und sichere Übermittlung von Anträgen und Schriftstücken gewährleistet.[519] Dadurch könnte der Weg über die ausländischen Rechtshilfebehörden in Zukunft wieder an Bedeutung neben den unmittelbaren Zustellungswegen gewinnen.[520] Freilich bleiben die genaue Ausgestaltung des Systems und die Umsetzung in der Praxis abzuwarten.[521] Der deutsch-britische Zustellungsverkehr wird an dieser Entwicklung – soweit absehbar – allerdings nicht teilnehmen und somit weiter hinter dem Rechtsverkehr zwischen den EU-Mitgliedstaaten zurückfallen. Es bleibt zu hoffen, dass Deutschland und das Vereinigte Königreich ihre Haltung zu den modernen Kommunikationsmitteln in der Zukunft ändern, sodass die technischen Möglichkeiten, die das HZÜ gegenwärtig zur Verfügung stellt, auch genutzt werden können. Abzusehen ist diese Entwicklung derzeit jedoch nicht.

2. Reform des Annahmeverweigerungsrechts

Das Annahmeverweigerungsrecht ist künftig in Art. 12 EuZVO 2020 geregelt. Es bleibt bei dem Grundsatz, dass die Wirksamkeit der Zustellung nicht von einer Übersetzung abhängig ist.[522] Dem Empfänger steht jedoch ein Annahmeverweigerungsrecht zu, wenn das Schriftstück nicht in einer der in Art. 12 Abs. 1 EuZVO 2020 zugelassenen Sprachen abgefasst oder in eine solche übersetzt[523] ist. Die Frist für die Ausübung des nachträglichen Annahmeverweigerungsrechts wurde von einer auf zwei Wochen erhöht (Art. 12 Abs. 3 S. 1 EuZVO 2020) und somit die Rechtsstellung des Empfängers verbessert.[524] Bisher wurde das Recht durch die Rücksendung des Schriftstücks ausgeübt (Art. 8 Abs. 1 EuZVO 2007). In der Praxis kam es allerdings zu Problemen, da einige Empfänger lediglich den ordnungsgemäß ausgefüllten Anhang II (= Erklärung

---

[519] *Peer/Scheuer*, Zak 2021, 27 (28); Schlosser/Hess/*Schlosser/Hess*, Art. 5 EuZVO 2020 Rn. 1. Positiv auch *Sujecki*, EuZW 2021, 286 (290).

[520] Schlosser/Hess/*Schlosser/Hess*, Art. 5 EuZVO 2020 Rn. 1.

[521] So auch *Knöfel*, RIW 2021, 473 (485); *Sujecki*, EuZW 2021, 286 (290).

[522] *Knöfel*, RIW 2021, 473 (481); *Sujecki*, EuZW 2021, 286 (290); *Fabig/Windau*, NJW 2022, 1977 Rn. 11; *Gottwald*, MDR 2022, 1185 Rn. 17; BeckOK ZPO/*Ruster/Lahme*, Art. 12 EuZVO 2020 Rn. 10; Musielak/Voit/*Stadler*, Art. 9 EuZVO 2020 Rn. 1; Prütting/Gehrlein/*Windau*, Art. 12 EuZVO 2020 Rn. 1.

[523] Neu ist der Hinweis in Erwägungsgrund 25 zur EuZVO 2020, dass die Übersetzung beglaubigt oder auf andere Weise als für das Verfahren geeignet befunden werden „sollte". Dazu *Fabig/Windau*, NJW 2022, 1977 Rn. 13; *Gottwald*, MDR 2022, 1185 Rn. 16.

[524] Zustimmend zu dieser Änderung Musielak/Voit/*Stadler*, Art. 12 EuZVO 2020 Rn. 8; Schlosser/Hess/*Schlosser/Hess*, Art. 12 EuZVO 2020 Rn. 2; Stein/Jonas/*Domej*, Art. 8 EuZVO Rn. 38; *Gottwald*, MDR 2022, 1185 Rn. 14. Die bisherige Frist für zu kurz haltend Rauscher/*Heiderhoff*, Art. 8 EuZVO Rn. 26.

der Annahmeverweigerung) zurückgesendet haben, nicht aber das Schriftstück selbst. Bei einer strengen Wortlautauslegung stellt dieses Vorgehen keine wirksame Annahmeverweigerung dar.[525] Nun ist erforderlich, dass der Empfänger entweder das Formblatt L in Anhang I oder eine schriftliche Erklärung mit dem Inhalt, dass er die Annahme wegen der Sprache des Schriftstücks verweigert, an die Empfangsstelle[526] zurücksendet (Art. 12 Abs. 3 S. 2 EuZVO 2020). Die Belehrung über das Annahmeverweigerungsrecht ist nicht mehr erforderlich, wenn das Schriftstück in der Amtssprache des Empfängerstaates abgefasst oder in diese übersetzt ist (vgl. Art. 12 Abs. 2 S. 1 EuZVO 2020). Dies überzeugt, da in solchen Fällen unter keinen Umständen ein Annahmeverweigerungsrecht besteht und die Belehrung daher ein unnötiger Formalismus wäre.[527] Es wird nun auch ausdrücklich geregelt, in welchen Sprachen die Belehrung zu erfolgen hat.[528]

Wird das Annahmeverweigerungsrecht ausgeübt, muss das Gericht oder die Behörde, das bzw. die mit dem Verfahren beschäftigt ist, prüfen, ob die Voraussetzungen tatsächlich vorliegen.[529] Dieser Grundsatz wurde letztendlich nicht in den Verordnungstext aufgenommen, obwohl die Europäische Kommission dies vorgeschlagen hatte (vgl. Art. 8 Abs. 4 EuZVO 2020-E). Er wird aber aus Erwägungsgrund 26 S. 1 und 2 zur EuZVO 2020 ersichtlich, der zudem bestimmt, dass alle relevanten Informationen zu berücksichtigen sind, um die Sprachkenntnisse des Empfängers zu ermitteln. Dabei sind unter anderem die bisherige Korrespondenz des Empfängers, das Erfordernis von bestimmten Sprachkenntnissen für seinen Beruf, seine Staatsangehörigkeit und ein etwaiger früherer Wohnsitz im Verfahrensstaat zu beachten (Erwägungsgrund 26 S. 3 zur EuZVO 2020). An diesen Anhaltspunkten können sich die nationalen Gerichte und Behörden künftig bei der Prüfung der Begründetheit der Annahmeverweigerung orientieren.[530]

---

[525] *Europäische Kommission*, Bericht über die Anwendung der EuZVO 2007, COM (2013), 858 final, S. 12.

[526] Der Wortlaut der deutschen Fassung stellte zunächst unzutreffend auf die Übersendung an die „Übermittlungsstelle" ab, dazu *Fabig/Windau*, NJW 2022, 1977 Rn. 18 (unter Hinweis auf die übrigen Sprachfassungen). Inzwischen wurde dieser Fehler korrigiert.

[527] Stein/Jonas/*Domej*, Art. 8 EuZVO Rn. 43.

[528] Zur fehlenden Regelung in Art. 8 Abs. 1 EuZVO 2007 Stein/Jonas/*Domej*, Art. 8 EuZVO Rn. 44; MüKoZPO/*Rauscher*, Art. 8 EuZVO Rn. 4. In der Praxis erhält der Adressat die Formblätter häufig in allen Sprachen. An diesem Vorgehen wird sich durch die Neufassung wohl nichts ändern, Musielak/Voit/*Stadler*, Art. 12 EuZVO 2020 Rn. 6.

[529] Statt vieler EuGH v. 8.5.2008 – Rs. C-14/07 *(Weiss und Partner GbR/IHK Berlin)*, NJW 2008, 1721 Rn. 85; OLG Dresden v. 7.4.2020 – 4 U 2805/19, BeckRS 2020, 7500.

[530] *Sujecki*, EuZW 2021, 286 (290).

Im Ergebnis wird die Vorschrift daher an die Rechtsprechung des EuGH[531] angepasst und der Schutz des Empfängers erhöht.[532] Leider bleiben weiterhin einige Detailfragen offen, z.B. auf welche Person bei juristischen Personen abzustellen ist, welche Anforderungen an die Sprachkenntnisse des Empfängers zu stellen sind und welchen Anforderungen eine Übersetzung zu genügen hat.[533] Eine Regelung – jedenfalls in den Erwägungsgründen – hätte hier für Rechtssicherheit sorgen können.[534] Im deutsch-britischen Zustellungsverkehr bleibt es hingegen bei den Problemen, die durch das strenge Übersetzungserfordernis entstehen.

V. Unmittelbare Postzustellung

Die Postzustellung ist fortan in Art. 18 EuZVO 2020 geregelt. Die Formulierung der Bestimmung wurde angepasst: „Gerichtliche Schriftstücke können Personen mit Aufenthalt in einem anderen Mitgliedstaat unmittelbar durch Postdienste per Einschreiben mit Empfangsbestätigung oder mittels eines gleichwertigen Nachweises zugestellt werden." Die Änderung der Formulierung führt allerdings nicht dazu, dass die Norm nun eine autonome Rechtsgrundlage für diesen Zustellungsweg enthält.[535] Vielmehr zeigt Erwägungsgrund 29 S. 1 zur EuZVO 2020 („Es sollte jedem Mitgliedstaat freistehen"), dass weiterhin auf das nationale Recht des Verfahrensstaates abzustellen ist.[536] Allerdings vertritt *Knöfel* die Auffassung, dass die Änderung im Wortlaut dazu führe, dass die Postzustellung zukünftig von jeder im Ursprungsstaat zustellungsbefugten Person vorgenommen werden dürfe, auch wenn diese nicht als Übermittlungsstelle benannt ist. Jedenfalls der engen Auffassung, welche die Postzustellung jeder privaten Person vorenthält, sei der Boden entzogen.[537] Aus

---

[531] EuGH v. 19.6.2015 – Rs. C-519/13 *(Alpha Bank Cyprus/Si Senh),* EuZW 2015, 832; v. 28.4.2016 – Rs. C-384/14 *(Alta Realitat/Erlock Film),* BeckRS 2016, 80963.

[532] Dies war auch das Ziel der Europäischen Kommission, vgl. *Europäische Kommission,* Vorschlag für die EuZVO 2020, COM (2018), 379 final, S. 3, 14.

[533] *Knöfel,* RIW 2021, 473 (482); Musielak/Voit/*Stadler,* Art. 12 EuZVO 2020 Rn. 11; *Gottwald,* MDR 2022, 1185 Rn. 15. Eine Übersicht zu den offenen Fragen findet sich bei *Mankowski,* IPRax 2009, 180 (182); *ders.,* EuZW 2015, 836 (837 f.).

[534] Vgl. *Knöfel,* RIW 2021, 473 (482). Kritisch auch Musielak/Voit/*Stadler,* Art. 12 EuZVO 2020 Rn. 11.

[535] So aber MüKoZPO/*Rauscher,* Art. 14 EuZVO Rn. 13; BeckOK ZPO/*Hiss/Lahme,* Art. 18 EuZVO 2020 Rn. 4.

[536] *Knöfel,* RIW 2021, 473 (482); Geimer/Schütze/Hau/*Okonska,* Art. 18 EuZVO 2020 Rn. 6; Musielak/Voit/*Stadler,* Art. 18 EuZVO 2020 Rn. 1. Vgl auch Schlosser/Hess/*Schlosser/Hess,* Art. 18 EuZVO 2020 Rn. 1, die davon ausgehen, dass Art. 18 EuZVO 2020 inhaltlich Art. 14 EuZVO 2007 entspricht.

[537] *Knöfel,* RIW 2021, 473 (482 f.). Zustimmend *Elsner/Deters,* IPRax 2023, 146 (149); BeckOK ZPO/*Hiss/Lahme,* Art. 18 EuZVO 2020 Rn. 5 ff.; Musielak/Voit/*Stadler,* Art. 18

praktischer Sicht ist es tatsächlich wünschenswert, dass die Postzustellung sämtlichen Privatpersonen, die nach dem nationalen Recht Zustellungen vornehmen können, offensteht. Allerdings ist fraglich, ob die Änderung des Wortlauts – auch im Hinblick auf Erwägungsgrund 29 S. 1 zur EuZVO 2020 – zu einem Wandel der herrschenden Meinung führen wird.[538]

Die vom EuGH in der *Henderson*-Entscheidung[539] entwickelte verordnungsautonome Lösung zur Zulässigkeit der Ersatzzustellung wurde in Erwägungsgrund 30 zur EuZVO 2020 niedergelegt. Dies erleichtert die Rechtsanwendung, auch wenn die Aufnahme in den Verordnungstext – wie von Kommission vorgeschlagen[540] – vorzugswürdig gewesen wäre.[541] Nicht übernommen wurde der Vorschlag der Europäischen Kommission, die Postdienste zu verpflichten, einen besonderen, international einheitlichen Rückschein (sog. besondere Empfangsbestätigung) zu verwenden.[542] Zum Nachweis der Zustellung genügt nach Art. 18 EuZVO 2020 weiterhin eine Empfangsbestätigung (früher: Rückschein) oder ein gleichwertiger Nachweis (früher: gleichwertiger Beleg). Im Ergebnis führt die Reform damit bei der Postzustellung nur zu kleineren Änderungen.

VI. Unmittelbare Parteizustellung

Die unmittelbare Parteizustellung ist fortan in Art. 20 Abs. 1 EuZVO 2020 geregelt. Jeder an bestimmten[543] Gerichtsverfahren Beteiligte[544] kann Schriftstücke unmittelbar durch zuständige Personen des Empfängerstaates zustellen

---

EuZVO 2020 Rn. 1. Tendenziell auch *Richter*, IPRax 2022, 433 (436 f.). Für eine weite Auslegung auch *Europäische Kommission*, Bericht über die Anwendung der EuZVO 2007, COM (2013), 858 final, S. 14.

[538] Für eine Beschränkung auf Übermittlungsstellen richtigerweise Prütting/Gehrlein/*Windau*, Art. 20 EuZVO 2020 Rn. 2; Geimer/Schütze/Hau/*Okonska*, Art. 18 EuZVO 2020 Rn. 6. Vgl. auch Schlosser/Hess/*Schlosser/Hess*, Art. 18 EuZVO 2020 Rn. 1, die davon ausgehen, dass Art. 18 EuZVO 2020 inhaltlich Art. 14 EuZVO 2007 entspricht. Für Art. 14 EuZVO 2007 vertritt *Schlosser* in demselben Werk, dass die Postzustellung nur der Übermittlungsstelle offensteht, Schlosser/Hess/*Schlosser*, Art. 14 EuZVO Rn. 1 f.

[539] EuGH v. 2.3.2017 – Rs. C-354/15 *(Henderson/Novo Banco SA)*, EuZW 2017, 344.

[540] Art. 14 Abs. 3 EuZVO 2020-E, vgl. *Europäische Kommission*, Vorschlag für die EuZVO 2020, COM (2018), 379 final, S. 14, 23 f.

[541] *Knöfel*, RIW 2021, 473 (483). Kritisch auch Musielak/Voit/*Stadler*, Art. 18 EuZVO 2020 Rn. 3.

[542] Siehe zum Vorschlag Art. 14 Abs. 2 EuZVO 2020-E, *Europäische Kommission*, Vorschlag für die EuZVO 2020, COM (2018), 379 final, S. 14, 23. Für einen einheitlichen Rückschein auch schon *dies.*, Bericht über die Anwendung der EuZVO 2007, COM (2013), 858 final, S. 15. Gegen eine solche Formenstrenge *Knöfel*, RIW 2021, 473 (483).

[543] Zum Hintergrund und zur Bedeutung dieser Änderung *Knöfel*, RIW 2021, 473 (483 f.).

[544] Nicht durchgesetzt hat sich der Vorschlag der Kommission, den Zustellungsweg auch für die Übermittlungsstellen und die Gerichte, die mit dem Verfahren befasst sind, zu eröffnen, zu dieser Anregung *Europäische Kommission*, Vorschlag für die EuZVO 2020,

lassen, sofern eine solche unmittelbare Zustellung nach dem Recht dieses Mitgliedstaates zulässig ist. Die von der Kommission vorgeschlagene Änderung, welche die unmittelbare Zustellung unabhängig vom Recht des Empfängerstaates im Hoheitsgebiet aller Mitgliedstaaten ermöglichen sollte, wurde nicht umgesetzt.[545] Der neu eingefügte Art. 20 Abs. 2 EuZVO 2020 enthält eine Mitteilungspflicht der Mitgliedstaaten, welche die unmittelbare Zustellung in ihrem Hoheitsgebiet zulassen. Sie müssen der Kommission mitteilen, welche Berufsgruppen oder qualifizierten Personen unmittelbare Zustellungen vornehmen dürfen. Die Kommission veröffentlicht die Angaben im Europäischen Justizportal. Dadurch kommt es indes zu keiner inhaltlichen Änderung, vielmehr wird eine bessere Informationsmöglichkeit für die Beteiligten bezweckt.[546]

VII. Elektronische Direktzustellung

Der zweite große Baustein der Digitalisierung des europäischen Zustellungsrechts ist die Einführung der elektronischen Direktzustellung in Art. 19 EuZVO 2020. Es handelt sich um einen unmittelbaren Zustellungsweg, der als Äquivalent zur Postzustellung angesehen wird und gleichrangig neben die sonstigen Übermittlungsmethoden tritt.[547] Die Möglichkeit der grenzüberschreitenden elektronischen Direktzustellung wurde im Schrifttum bereits seit

---

COM (2018), 379 final, S. 14 f. Hierzu Geimer/Schütze/Hau/*Okonska*, Art. 20 EuZVO 2020 Rn. 4.

[545] *Knöfel*, RIW 2021, 473 (483); BeckOK ZPO/*Hiss/Ruster*, Art. 20 EuZVO 2020 Rn. 3. Zum Vorschlag *Europäische Kommission*, Vorschlag für die EuZVO 2020, COM (2018), 379 final, S. 15. Vgl. aber auch Stein/Jonas/*Domej*, Art. 15 EuZVO Rn. 11, die darauf hinweist, dass der Vorbehalt implizit dadurch geblieben wäre, dass die Direktzustellung nur von zuständigen Personen vorgenommen werden kann. Kritisch dazu, dass die unmittelbare Zustellung weiterhin im Ermessen der EU-Mitgliedstaaten liegt Schlosser/Hess/*Schlosser/Hess*, Art. 20 EuZVO 2020 Rn. 1

[546] Wohl auch *Knöfel*, RIW 2021, 473 (484); *Richter*, IPRax 2022, 433 (437); Stein/Jonas/*Domej*, Art. 15 EuZVO Rn. 11. A.A. BeckOK ZPO/*Hiss/Ruster*, Art. 20 EuZVO 2020 Rn. 6; MüKoZPO/*Rauscher*, Art. 15 EuZVO Rn. 9; Prütting/Gehrlein/*Windau*, Art. 20 EuZVO 2020 Rn. 1; Geimer/Schütze/Hau/*Okonska*, Art. 20 EuZVO 2020 Rn. 9; *Fabig/Windau*, NJW 2022, 1977 Rn. 9; *Gottwald*, MDR 2022, 1185 Rn. 13, die jeweils davon ausgehen, dass eine Beschränkung auf bestimmte Fälle, in denen die Parteizustellung zulässig ist, nicht mehr gestattet ist. Für eingehende Ersuchen könne sich der Mitgliedstaat nur noch dazwischen entscheiden, die unmittelbare Parteizustellung stets oder gar nicht zuzulassen. Dieser Gehalt kann der Vorschrift allerdings nicht entnommen werden. Die hier vertretene Auffassung wird auch von Deutschland geteilt. Es wurde erklärt, dass die Vorschrift im deutschen Hoheitsgebiet nur zur Anwendung kommt, wenn das nationale Zivilverfahrensrecht eine unmittelbare Zustellung ausdrücklich zulässt, dazu Angaben von Deutschland zu Art. 20 EuZVO 2020, in: Europäische Kommission (Hrsg.), Europäischer Gerichtsatlas, e-justice.europa.eu. Ferner Begründung zum Entwurf eines Gesetzes zur Durchführung der EuZVO 2020 und EuBVO 2020, in: BT-Drs. 20/1110, S. 28.

[547] Vgl. *Europäische Kommission*, Vorschlag für die EuZVO 2020, COM (2018), 379 final, S. 15; Musielak/Voit/*Stadler*, Art. 19 EuZVO 2020 Rn. 1.

längerem gefordert.[548] Die Europäische Kommission hat dies in ihrem Verordnungsentwurf aufgegriffen und einen Regelungsvorschlag gemacht (vgl. Art. 15a EuZVO 2020-E).[549] Die endgültige Fassung wurde aber nochmals erheblich verändert, um die Verfahrensautonomie der Mitgliedstaaten zu wahren.[550]

1. Überblick und Ziele

Das Schriftstück kann einer Person, die eine bekannte Zustellungsadresse in einem anderen Mitgliedstaat hat, nun auch durch elektronische Mittel zugestellt werden, die nach dem Recht des Verfahrensstaates für die inländische Zustellung von Schriftstücken vorgesehen sind (Art. 19 Abs. 1 EuZVO 2020). Die Verordnung unterscheidet zwei verschiedene Alternativen der elektronischen Zustellung, die unterschiedlichen Voraussetzungen unterliegen. Art. 19 Abs. 1 lit. a EuZVO 2020 betrifft die Zustellung mittels eines qualifizierten Dienstes für die Zustellung elektronischer Einschreiben i.S.d. eIDAS-VO. Demgegenüber regelt Art. 19 Abs. 1 lit. b EuZVO 2020 die Zustellung per „einfacher" E-Mail. Im Hinblick auf die letztere Alternative kann jeder Mitgliedstaat zusätzliche Bedingungen festlegen (Art. 19 Abs. 2 EuZVO 2020). Dies ist allerdings nur dann zulässig, wenn auch nach dem nationalen Recht strengere Bedingungen gelten oder die elektronische Zustellung per E-Mail nicht zugelassen ist.

Das Ziel der elektronischen Direktzustellung ist es, die technischen Möglichkeiten voll auszuschöpfen, die Zustellungsdauer weiter zu verringern und Kosten zu vermeiden.[551] Die nationalen Rechtsordnungen der Mitgliedstaaten sehen inzwischen vermehrt die Zustellung durch moderne Kommunikationsmittel vor.[552] Es überzeugt daher, diese Entwicklung auch auf das europäische Zustellungsrecht zu übertragen.[553] Allerdings wird sich erst in der Zukunft zeigen, ob sich der Zustellungsweg in der Praxis bewähren kann.[554] Für die Zustellung nach Art. 19 Abs. 1 lit. b EuZVO 2020 droht jedenfalls, dass einige

---

[548] So etwa von *Gottwald*, in: FS Schütze 1999, S. 225, 234; *G. Geimer*, Neuordnung des internationalen Zustellungsrechts, S. 272 f. Aus neuerer Zeit *M. Stürner*, in: Weller/Wendland (Hrsg.), Digital Single Market, S. 191, 219 f.

[549] Dazu *M. Stürner*, in: Weller/Wendland (Hrsg.), Digital Single Market, S. 191, 205 f.

[550] *Knöfel*, RIW 2021, 473 (480). Näher Geimer/Schütze/Hau/*Okonska*, Art. 19 EuZVO 2020 Rn. 4.

[551] *Europäische Kommission*, Bericht über die Anwendung der EuZVO 2007, COM (2013), 858 final, S. 6; *dies.*, Vorschlag für die EuZVO 2020, COM (2018), 379 final, S. 10. Vgl. ferner Erwägungsgrund 31 zur EuZVO 2020.

[552] *Europäische Kommission*, Bericht über die Anwendung der EuZVO 2007, COM (2013), 858 final, S. 6. Siehe dazu auch *Tauber*, DuD 2011, 774; *M. Stürner*, in: Weller/Wendland (Hrsg.), Digital Single Market, S. 191, 191, 199 ff.

[553] So auch *Sujecki*, EuZW 2021, 286 (289); *Knöfel*, RIW 2021, 473 (480).

[554] *Sujecki*, EuZW 2021, 286 (290); *Fabig/Windau*, NJW 2022, 1977 Rn. 37.

Mitgliedstaaten, welche die elektronische Zustellung bisher nicht oder nur für bestimmte Berufsgruppen zulassen, strengere Bedingungen nach Art. 19 Abs. 2 EuZVO 2020 aufstellen werden.[555] Dies ist etwa in Deutschland geschehen. § 1068 ZPO legt fest, dass eine Zustellung per „einfacher" E-Mail für Adressaten in der Bundesrepublik nicht in Betracht kommt.[556] Ob ein solcher vollständiger Ausschluss zulässig ist, ist allerdings aufgrund des Wortlauts („zusätzliche Bedingungen") fraglich.[557]

2. Voraussetzungen

Im Gegensatz zum Kommissionsvorschlag[558] ist stets eine Zustimmung des Empfängers zur Nutzung der elektronischen Direktzustellung erforderlich. Im Hinblick auf die Voraussetzungen der Zustimmung ist allerdings danach zu differenzieren, ob die Zustellung mittels eines qualifizierten Zustellungsdienstes für die Zustellung elektronischer Einschreiben i.S.d. eIDAS-VO vorgenommen werden soll oder nicht. Die Anforderungen für einen solchen qualifizierten Zustellungsdienst sind in Art. 44 Abs. 1 eIDAS-VO geregelt.[559] Erfasst sind private e-Post-Dienste, die „qualifizierte Vertrauensdienste" i.S.v. Art. 3 Nr. 17 eIDAS-VO darstellen (lit. a), die Identifizierung von Absender und Empfänger sicherstellen (lit. b, c) und vor Veränderungen der Daten geschützt sind (lit. e). Ferner muss das Absenden und Empfangen durch eine fortgeschrittene elektronische Signatur gesichert sein (lit. d) und das Datum und die Zeit des Absendens, Empfangens oder einer Änderung der Datei mit einem elektronischen Zeitstempel angezeigt werden (lit. f). In Deutschland erfüllen etwa die De-Mail oder die E-Post diese Anforderungen.[560] Soll die elektronische

---

[555] Einige Mitgliedstaaten standen der Regelung deshalb kritisch gegenüber, vgl. die Erklärung von Estland, Irland und Portugal vom 28.11.2019, abrufbar unter: <https://www.parlament.gv.at/PAKT/EU/XXVII/EU/00/48/EU_04818/imfname_10943835.pdf>. Zustimmend aber MüKoZPO/*Rauscher*, Art. 14 EuZVO Rn. 14.

[556] Kritisch zum Ausschluss der Zustellung per „einfacher" E-Mail *Max-Planck-Institut für ausländisches und internationales Privatrecht/Max-Planck-Institut Luxemburg für Internationales, Europäisches und Regulatorisches Verfahrensrecht*, Gemeinsame Stellungnahme zum Entwurf eines Gesetzes zur Durchführung der EuZVO 2020 und EuBVO 2020, S. 10 f. Generell zu den Durchführungsvorschriften zur EuZVO 2020 *Wagner*, EuZW 2022, 733.

[557] Gegen die Möglichkeit eines vollständigen Ausschlusses *Fabig/Windau*, NJW 2022, 1977 Rn. 7; *Gottwald*, MDR 2022, 1185 Rn. 10; Musielak/Voit/*Stadler*, Art. 19 EuZVO 2020 Rn. 3; Prütting/Gehrlein/*Windau*, Art. 19 EuZVO 2020 Rn. 1.

[558] *Europäische Kommission*, Vorschlag für die EuZVO 2020, COM (2018), 379 final, S. 24.

[559] Prütting/Gehrlein/*Windau*, Art. 19 EuZVO 2020 Rn. 1. Dazu auch *Eichel*, ZVerglRW 119 (2020), 220 (229).

[560] *Eichel*, ZVerglRW 119 (2020), 220 (229) in Fn. 54. Siehe für die De-Mail auch *Bundesamt für Sicherheit in der Informationstechnik*, Erfüllung der Anforderungen an qualifizierte Dienste für die Zustellung elektronischer Einschreiben nach eIDAS-Verordnung durch

Zustellung mittels eines solchen qualifizierten Zustellungsdienstes erfolgen (Art. 19 Abs. 1 lit. a EuZVO 2020), kann die ausdrückliche Zustimmung für bestimmte Verfahren oder ganz allgemein für Gerichtsverfahren erteilt werden (Erwägungsgrund 32 S. 2 zur EuZVO 2020). Ausreichend ist auch, dass das Einverständnis im Laufe des Verfahrens und vor der Zustellung erfolgt (Erwägungsgrund 32 S. 3 zur EuZVO 2020).

Wird die Zustellung nicht mittels eines qualifizierten Zustellungsdienstes vorgenommen, ist eine vorherige ausdrückliche Zustimmung zur Verwendung von E-Mails an eine bestimmte E-Mail-Adresse für die Zustellung von Schriftstücken „im Rahmen des betreffenden Verfahrens" erforderlich (Art. 19 Abs. 1 lit. b EuZVO 2020). Zudem muss der Empfänger die Zustellung des Schriftstücks mit einer Empfangsbestätigung, die das Empfangsdatum enthält, bestätigen. Dies geschieht dadurch, dass der Empfänger eine Bestätigung unterzeichnet und zurückschickt oder indem er eine E-Mail von der angegebenen E-Mail-Adresse zurücksendet (Erwägungsgrund 33 S. 2 zur EuZVO 2020). Möglich ist auch eine elektronische Unterzeichnung (Erwägungsgrund 33 S. 3 zur EuZVO 2020).[561]

3. Verweis auf die zulässigen elektronischen Mittel nach dem Recht des Verfahrensstaates

Anders als der Kommissionsvorschlag, der in Art. 15a EuZVO 2020-E noch einen unionsrechtlich-autonomen Zustellungsweg vorsah,[562] enthält die endgültige Fassung keine eigene Rechtsgrundlage für die elektronische Zustellung. Vielmehr verweist Art. 19 Abs. 1 EuZVO 2020 explizit auf die elektronischen Mittel, die nach dem Recht des Verfahrensstaates für die inländische Zustellung von Schriftstücken vorgesehen sind. Die Digitalisierung des Zustellungsrechts ist in den EU-Mitgliedstaaten sehr unterschiedlich fortgeschritten.[563]

a) Elektronische Zustellung im deutschen Recht

In Deutschland ist die Zustellung elektronischer Dokumente (vgl. §§ 130a, 130b ZPO) seit der Änderung durch das Gesetz zum Ausbau des elektronischen Rechtsverkehrs eigenständig in § 173 ZPO geregelt.[564] Die Zustellung hat auf

---

De-Mail-Dienste. Vgl. ferner die Informationen auf der Webseite der Bundesnetzagentur, abrufbar unter: <https://www.bundesnetzagentur.de/EVD/DE/Uebersicht_eVD/Dienste/4_Zustellung.html?nn=1066018>.

[561] Dazu auch Musielak/Voit/*Stadler*, Art. 19 EuZVO 2020 Rn. 2.
[562] *Knöfel*, RIW 2021, 473 (480).
[563] Vgl. *Tauber*, DuD 2011, 774; *M. Stürner*, in: Weller/Wendland (Hrsg.), Digital Single Market, S. 191, 191 f.; *Knöfel*, RIW 2021, 473 (480); *Sujecki*, EuZW 2021, 286 (289 f.).
[564] Zuvor war die elektronische Zustellung in § 174 Abs. 3 und 4 ZPO a.F. niedergelegt. Wegen der steigenden Bedeutung des elektronischen Rechtsverkehrs hat der Gesetzgeber

einem der in § 130a Abs. 4 S. 1 ZPO niedergelegten sicheren Übermittlungswegen zu erfolgen (§ 173 Abs. 1 ZPO). Erfasst sind z.B. ein De-Mail-Konto nach dem De-Mail-Gesetz[565], ein besonderes elektronisches Anwaltspostfach (beA) nach § 31a BRAO, ein besonderes elektronisches Anwaltspostfach für Berufsausübungsgesellschaften nach § 31b BRAO, ein besonderes elektronisches Behördenpostfach (beBPo) nach §§ 6 ff. ERVV, ein besonderes elektronisches Bürger- und Organisationenpostfach (eBO) nach §§ 10 ff. ERVV, ein besonderes elektronisches Notarpostfach (beN) nach § 78n BNotO oder ein besonderes elektronisches Steuerberaterpostfach (beSt).[566] Elektronische Zustellungen auf einem anderen Weg (z.B. per „einfacher" E-Mail) sind weiterhin unzulässig.[567] Zustellungsadressat können zunächst die in § 173 Abs. 2 ZPO genannten Personenkreise sein, die einen sicheren Übermittlungsweg für die elektronische Zustellung zu eröffnen haben (sog. *passive Nutzungspflicht*).[568] Der Nachweis der Zustellung erfolgt bei diesen Personen durch ein elektronisches Empfangsbekenntnis, das an das Gericht zu übermitteln ist (§ 173 Abs. 3 S. 1 ZPO). Zu beachten ist, dass stets die Bereitschaft des Empfängers zur Entgegennahme der konkreten Zustellung (sog. *Empfangsbereitschaft*) erforderlich ist.[569] Die Zustellung von elektronischen Dokumenten ist auch an andere Personen möglich, allerdings nur, wenn diese dem Zustellungsweg für das jeweilige Verfahren zugestimmt haben (§ 173 Abs. 4 S. 1 ZPO).[570] Die Zustimmung gilt als erteilt, wenn die Person im Verfahren ein elektronisches Dokument auf einem sicheren Übermittlungsweg eingereicht hat (§ 173 Abs. 4 S. 2 ZPO). Andere als natürliche Personen können auch eine Generalzustimmung erteilen (§ 173 Abs. 4 S. 3 ZPO). Der Nachweis der Zustellung erfolgt nicht durch ein elektronisches Empfangsbekenntnis, vielmehr gilt das Dokument am

---

eine eigene Regelung für sinnvoll gehalten, dazu Begründung zum Entwurf eines Gesetzes zum Ausbau des elektronischen Rechtsverkehrs, in: BT-Drs. 19/28399, S. 34. Ausführlich zur Gesetzesänderung *H. Müller*, NJW 2021, 3281; *Schultzky*, MDR 2022, 201.

[565] Dazu *Roßnagel*, NJW 2011, 1473.

[566] Ausführlich dazu BeckOK ZPO/*Selle*, § 130a ZPO Rn. 18 ff.; Zöller/*Greger*, § 130a ZPO Rn. 10 ff. Zu den durch das Gesetz zum Ausbau des elektronischen Rechtsverkehrs eingeführten neuen Übermittlungswegen *H. Müller*, NJW 2021, 3281 Rn. 14 ff.; *Schultzky*, MDR 2022, 201 Rn. 9 ff.

[567] Zöller/*Schultzky*, § 173 ZPO Rn. 4.

[568] Eine (nicht abschließende) Liste zu den Personen, die neben den namentlich bezeichneten Personengruppen, Vereinigungen und Organisationen erfasst werden, enthält die Begründung zum Entwurf eines Gesetzes zum Ausbau des elektronischen Rechtsverkehrs, in: BT-Drs. 19/28399, S. 35. Zur Erweiterung durch das Gesetz zum Ausbau des elektronischen Rechtsverkehrs auch *Schultzky*, MDR 2022, 201 Rn. 12 ff.

[569] *H. Müller*, RDi 2021, 486 Rn. 35; *Fritzsche*, NZFam 2022, 1 (2); *Schultzky*, MDR 2022, 201 Rn. 20; Zöller/*ders.*, § 173 ZPO Rn. 5. Dazu, dass die Empfangsbereitschaft nicht allein durch den Nachweis des bloßen Zugangs ersetzt werden kann, BGH v. 13.1.2015 – VIII ZB 55/14, NJW-RR 2015, 953 Rn. 12.

[570] Dazu kritisch *H. Müller*, RDi 2021, 486 Rn. 37 ff.

dritten Tag nach dem auf der automatisierten Eingangsbestätigung ausgewiesenen Tag des Eingangs als zugestellt (§ 173 Abs. 4 S. 4 ZPO).

b) Elektronische Zustellung im britischen Recht

Im englischen Recht besteht für Inlandszustellungen die Möglichkeit, das Schriftstück per Fax oder durch andere elektronische Methoden zu übermitteln (Rule 6.3 (1) (d) CPR). Dies erfasst insbesondere auch die Zustellung mittels („einfacher") E-Mail.[571] Der Zustellungsadressat – die Partei oder der für sie handelnde *solicitor* – muss aber zuvor schriftlich seine Faxnummer, E-Mail-Adresse oder sonstige elektronische Kennung mitgeteilt haben und schriftlich erklärt haben, dass er diesen Zustellungsweg akzeptiert (PD 6A Para. 4.1 (1)). Bei der Zustellung per E-Mail ist eine ausdrückliche Zustimmung erforderlich, aus der Angabe der E-Mail-Adresse auf dem Briefpapier kann keine Einwilligung abgeleitet werden. (vgl. PD 6A Para. 4.1 (2) (b)). Bei der Zustellung auf einem anderen elektronischen Weg muss der Zusteller sich beim Adressaten erkundigen, ob die Zustimmung bestimmten Einschränkungen, z.B. bezüglich Dateiformat oder Dateigröße, unterliegt (PD 6A Para. 4.2). Eine zusätzliche Übersendung des physischen Schriftstücks ist nicht erforderlich (PD 6A Para. 4.3), auch wenn es in der Praxis üblich ist.[572] Anders ist die Rechtslage in Schottland und Nordirland, wo jeweils eine elektronische Zustellung – jedenfalls für das verfahrenseinleitende Schriftstück – nicht in Betracht kommt.[573]

c) Hypothetische Anwendung im deutsch-britischen Zustellungsverkehr

Sowohl das deutsche als auch das englische Recht enthalten für Inlandszustellungen die Möglichkeit einer elektronischen Zustellung. Diese Mittel könnten unter den Voraussetzungen des Art. 19 Abs. 1 EuZVO 2020 auch im grenzüberschreitenden Zustellungsverkehr Anwendung finden. Zu beachten ist allerdings, dass die engen Einschränkungen des § 173 ZPO auch im internationalen Rechtsverkehr gelten. Die Zustellung per „einfacher" E-Mail nach Art. 19 Abs. 1 lit. b EuZVO 2020 scheidet für deutsche Verfahren mithin aus.[574] Diese Methode stünde aber auch für britische Verfahren nicht zur Verfügung, da die Zustellung per „einfacher" E-Mail in Deutschland nach § 1068 ZPO ausgeschlossen ist. Wenn die EuZVO anzuwenden wäre, käme aber für

---

[571] Vgl. nur PD 6A Para. 4.1 (1) (b). Ferner *O'Hare/Browne*, Civil Litigation, Rn. 8.008.
[572] *O'Hare/Browne*, Civil Litigation, Rn. 8.007 f.
[573] Informationen zu Schottland und Nordirland, in: Europäische Kommission (Hrsg.), Europäisches Justizielles Netz, Zustellung von Schriftstücken, e-justice.europa.eu, unter 5. g) bzw. 6.
[574] Geimer/Schütze/Hau/*Okonska*, Art. 19 EuZVO 2020 Rn. 9.

deutsche und englische Verfahren stets die Übermittlung nach Art. 19 Abs. 1 lit. a EuZVO 2020 in Betracht.[575]

4. Vergleich zur tatsächlichen Lage im deutsch-britischen Rechtsverkehr

Sowohl das deutsch-britische Rechtshilfeabkommen als auch das HZÜ stammen aus einer Zeit, in der die Digitalisierung noch keine Rolle gespielt hat. Es ist daher selbstverständlich, dass weder das Ab- noch das Übereinkommen die Zustellung mittels elektronischer Methoden explizit zulassen.[576] Für das HZÜ wird allerdings diskutiert, ob die Zustellung durch E-Mail, Telefax oder eine andere elektronische Methode als unmittelbare Übersendung durch die Post nach Art. 10 lit. a HZÜ qualifiziert werden kann.[577] Die Haager Konferenz für Internationales Privatrecht hält dies für möglich. Zunächst stehe der Wortlaut der Ausweitung nicht entgegen.[578] Die elektronische Übermittlung werde häufig durch spezielle Dienstleister bewirkt, die nach Art. 14 des Weltpostvertrages als Postdienste einzuordnen seien.[579] Wenn die Zustellung durch akkreditierte IT-Unternehmen erfolgt, sei schließlich auch die Sicherheit und Integrität sichergestellt.[580] Freilich enthält das HZÜ auch nach dieser Auffassung keine autonome Rechtsgrundlage für die elektronische Direktzustellung. Es wäre vielmehr erforderlich, dass das Recht des Verfahrensstaates eine grenzüberschreitende elektronische Übermittlung zulässt und der Empfängerstaat keinen Widerspruch nach Art. 10 lit. a HZÜ erklärt hat.[581] Die Haager Konferenz stellt indes im *Practical Handbook* fest, dass derzeit (noch) kein

---

[575] Dabei ist allerdings zu beachten, dass sich die De-Mail nicht einmal im Inland durchgesetzt hat und im Ausland nicht verbreitet ist. Dieser Übermittlungsweg wird daher wohl auf praktische Umsetzungsprobleme stoßen, *Max-Planck-Institut für ausländisches und internationales Privatrecht/Max-Planck-Institut Luxemburg für Internationales, Europäisches und Regulatorisches Verfahrensrecht*, Gemeinsame Stellungnahme zum Entwurf eines Gesetzes zur Durchführung der EuZVO 2020 und EuBVO 2020, S. 10.

[576] Gegen die Zulässigkeit der elektronischen Zustellung nach dem deutsch-britischen Rechtshilfeabkommen ausdrücklich *Kondring*, IPRax 2022, 576 (580).

[577] Dafür *Kotuby*, J. L. & Com. 20 (2000), 103 (126); *Colby*, Buff. L. Rev. 51 (2003), 337 (351 ff.); *Tamayo*, Harvard J. L. & Tech. 17 (2003), 211 (243); *HCCH*, Practical Handbook, 2016, Annex 8 Rn. 35 ff. Das Problem offen lassend *Stewart/Conley*, Geo. J. Int'l L. 38 (2007), 755 (798 ff.): „Reading Article 10 (a) to include e-mail service would fundamentally alter, and perhaps needlessly complicate, the current debate surrounding that provision". Zum Ganzen auch *Hawkins*, UCLA L. Rev. 55 (2007), 205 (für eine Neufassung des HZÜ, um die Auslegungsprobleme des Art. 10 lit. a HZÜ zu beseitigen).

[578] *HCCH*, Practical Handbook, 2016, Annex 8 Rn. 37.

[579] *HCCH*, Practical Handbook, 2016, Annex 8 Rn. 39 ff.

[580] *HCCH*, Practical Handbook, 2016, Annex 8 Rn. 42.

[581] Geimer/Schütze/Hau/*Sujecki*, Art. 10 HZÜ Rn. 21. Im deutsch-britischen Zustellungsverkehr scheidet eine elektronische Direktzustellung britischer Schriftstücke nach Deutschland somit schon wegen des deutschen Widerspruchs nach § 6 S. 2 AusfG-HZÜ aus.

grenzüberschreitender Weg für die elektronische Direktzustellung in den nationalen Rechtsordnungen zur Verfügung steht.[582]

Naheliegender erscheint die Gegenauffassung, welche die Zustellung durch E-Mail, Telefax und andere elektronische Mittel von vornherein nicht als unmittelbare Zustellung i.S.d. Art. 10 lit. a HZÜ einordnet.[583] Diese Ansicht wird auch von einigen Mitgliedstaaten, z.B. Deutschland[584] und dem Vereinigte Königreich[585], vertreten. Eine elektronische Direktzustellung ist daher nach dem HZÜ stets unwirksam.[586] Zur Einführung dieser Möglichkeit müsste das Übereinkommen zunächst geändert werden.

Die Digitalisierung wird die Haager Konferenz auch in der Zukunft weiterhin beschäftigen. Der Rat hatte das Ständige Büro im März 2019 damit beauftragt, an der Entwicklung eines elektronischen Systems für das HZÜ zu arbeiten.[587] Daraufhin fand am 11. Dezember 2019 eine Fachtagung über die Digitalisierung des HZÜ statt.[588] Die künftigen Entwicklungen bleiben abzuwarten. Jedenfalls scheidet derzeit eine elektronische Direktzustellung im Rahmen des HZÜ derzeit aus.

Die elektronische Direktzustellung könnte sich schnell zu einer beliebten Zustellungsmethode entwickeln.[589] Der Kosten- und Zeitaufwand ist hier nochmals geringer als bei der Postzustellung, die derzeit den europäischen

---

[582] *HCCH*, Practical Handbook, 2016, Annex 8 Rn. 43.

[583] U.S. District Court v. 20.10.2021 *(Amazon.com Inc. v. Robojap Technologies LLP)*, C20-694 MJP, Document 107, abrufbar unter: <https://law.justia.com/cases/federal/district-courts/washington/wawdce/2:2020cv00694/285873/107/>. Zustimmend *Hau,* FamRZ 2022, 222. Ausführlich mit beachtlichen Argumenten *Kondring*, IPRax 2022, 576 (577 f.).

[584] Antwort von Deutschland auf den HZÜ-Fragebogen aus dem Jahr 2008, Rn. 66.

[585] Antwort von England & Wales auf den HZÜ-Fragebogen aus dem Jahr 2008, Rn. 66.

[586] Die einzige Möglichkeit zur Nutzung der modernen Kommunikationsmittel ist derzeit die Zustellung über die ausländischen Rechtshilfebehörden. Wird die Zustellung nach dem Recht des Empfängerstaates bewirkt (Art. 5 Abs. 1 lit. a HZÜ), können sämtliche Zustellungsformen, die das nationale Recht zulässt, genutzt werden. Erfasst ist auch die Zustellung durch E-Mail, Telefax oder andere elektronische Mittel. Ferner kann die ersuchende Stelle den expliziten Wunsch äußern, dass die Zustellung in einer elektronischen Form erfolgen soll (vgl. Art. 5 Abs. 1 lit. b HZÜ). Zuletzt ermöglicht auch die formlose Zustellung nach Art. 5 Abs. 2 HZÜ den Einsatz von modernen Kommunikationsmitteln, sofern das nationale Recht dieser Zustellungsform nicht widerspricht. Zum Ganzen *HCCH*, Conclusions of the Special Commission of 2014, Rn. 37; *dies.*, Practical Handbook, 2016, Rn. 30 ff.; Geimer/Schütze/Hau/*Sujecki*, Art. 5 HZÜ Rn. 4, 7, 9. Zu beachten ist allerdings, dass Art. 5 HZÜ keinesfalls eine elektronische Direktzustellung ermöglicht, vielmehr muss stets der umständliche Weg über die Zentralen Behörden beschritten werden

[587] *Mansel/Thorn/Wagner,* IPRax 2020, 97 (126).

[588] *Mansel/Thorn/Wagner,* IPRax 2020, 97 (126); *dies.,* IPRax 2021, 105 (137). Vgl. dazu auch das veröffentlichte E-Book: HCCH (Hrsg.), a|Bridged Edition 2019: The HCCH Service Convention in the Era of Electronic and Information Technology.

[589] Vgl. Musielak/Voit/*Stadler*, Art. 19 EuZVO 2020 Rn. 1. Kritischer *Gottwald,* MDR 2022, 1185 Rn. 10, 31; *Richter*, IPRax 2022, 433 (438).

Zustellungsverkehr bestimmt. Die Zulassung der elektronischen Zustellung ist daher im Ergebnis eine erfreuliche Neuerung,[590] die den deutsch-britischen Zustellungsverkehr hätte vereinfachen können. Es bleibt abzuwarten, wie die Mitgliedstaaten und die Verfahrensbeteiligten diesen Zustellungsweg aufnehmen werden. Das Erfordernis einer vorigen Zustimmung könnte die elektronische Zustellung in der Praxis – insbesondere für verfahrenseinleitende Schriftstücke – erschweren.[591] Für die Gerichte entsteht zudem ein erheblicher organisatorischer Aufwand, der die Zustellungsmethode fehleranfällig machen könnte.[592] Auch der unterschiedliche technische Entwicklungsstand in den nationalen Rechtsordnungen und der Ausgestaltungsvorbehalt nach Art. 19 Abs. 2 EuZVO 2020 könnten in der Praxis ein Hindernis darstellen.

VIII. Fazit

Es ist erfreulich, dass der Zustellungsverkehr zwischen den EU-Mitgliedstaaten durch die Neufassung abermals weiterentwickelt wird.[593] Die Digitalisierung des Zustellungsrechts kann in der Zukunft enorme Vorteile mit sich bringen. Die elektronische Kommunikation zwischen den zuständigen Stellen der Mitgliedstaaten hat das Potential, den Weg über die ausländischen Rechtshilfebehörden durch eine Beschleunigung und Kostenverringerung wieder attraktiver zu machen.[594] Auch der Einführung der elektronischen Direktzustellung kann im Ergebnis nur beigepflichtet werden. Allerdings wird die Digitalisierung ein fortlaufender Prozess bleiben. Zum einen muss abgewartet werden, wie die neuen Regelungen in der Praxis aufgenommen und umgesetzt werden.[595] Zum anderen ist es erforderlich, dass die Mitgliedstaaten ihr nationales Recht an die modernen Kommunikationsmittel anpassen, da Art. 19 EuZVO 2020 keine unionsrechtlich-autonome Rechtsgrundlage enthält. Fest steht allerdings jetzt schon, dass das Vereinigte Königreich an dieser Entwicklung nicht teilhaben wird. Die Haager Konferenz bemüht sich zwar, das HZÜ möglichst „technologieoffen" auszulegen. Richtigerweise ermöglicht Art. 10 lit. a HZÜ aber keine elektronische Direktzustellung. Ferner zeigt ein Blick auf die Standpunkte von Deutschland und dem Vereinigten Königreich, dass die Digitalisierung auch bei der Zustellung durch die Zentralen Behörden noch keine tragende Rolle spielt. Der deutsch-britische Zustellungsverkehr wird sich daher auch künftig noch der traditionellen Übermittlungswege bedienen

---

[590] *Hess*, EuZPR, Rn. 8.32.
[591] Vgl. auch Stein/Jonas/*Domej*, Vor Art. 1 EuZVO Rn. 24.
[592] Für § 174 Abs. 4 ZPO *H. Müller*, RDi 2021, 486 Rn. 37.
[593] Ähnlich *Peer/Scheuer,* Zak 2021, 27 (29 f.).
[594] Vgl. auch *Anthimos*, Towards a New Service Regulation, EAPIL-Blog.
[595] *Anthimos*, Towards a New Service Regulation, EAPIL-Blog; *Fabig/Windau,* NJW 2022, 1977 Rn. 37. Siehe auch die Zweifel bei *Gottwald,* MDR 2022, 1185 Rn. 10, 31; *Richter* IPRax, 2022, 433 (440).

müssen. Hier wird also derzeit die Möglichkeit, den Zustellungsverkehr an die technischen Entwicklungen anzupassen, verpasst.

Die EuZVO 2020 ändert jenseits der Digitalisierung nichts an den Grundprinzipien des europäischen Zustellungsrechts. Es wurden aber einige Neuerungen eingeführt, einige Vorschriften sprachlich angepasst und weitere Erwägungsgründe aufgenommen. Der Rechtsschutz der Beteiligten wird dadurch verbessert. Allerdings lässt der europäische Gesetzgeber auch einiges an Potential liegen. So ist etwa die Präzisierung des Anwendungsbereichs leider weniger gelungen. Im Rahmen des Annahmeverweigerungsrechts wird es verpasst, weitere offene Problemfragen ausdrücklich zu lösen.[596]

Erfreulich ist die Einführung der Rechtshilfe bei der Ermittlung von unbekannten Adressen (Art. 7 EuZVO 2020). Diese Änderung, die weit über das herkömmliche Rechtshilfeverständnis hinaus geht, zeigt, dass der europäische Justizraum in Zivilsachen bereits sehr weit entwickelt ist.[597] Freilich muss auch hier die Umsetzung in der Praxis abgewartet werden. Für den deutsch-britischen Zustellungsverkehr fehlt es jedenfalls an einer entsprechenden Regelung, sodass weiterhin Probleme bei der Ermittlung der Anschrift des Empfängers auftreten werden und deshalb auf öffentliche Zustellungen (z.B. § 185 Nr. 1 ZPO) zurückgegriffen werden muss.

E. Ergebnis

Der Austritt des Vereinigten Königreichs aus der Europäischen Union hat erhebliche Auswirkungen auf den deutsch-britischen Zustellungsverkehr. Das Handels- und Kooperationsabkommen enthält für das internationale Zustellungsrecht keine Regelung, sodass es insofern zu einem „sektoralen Hard-Brexit"[598] kam. Die Vorschriften der EuZVO sind seit dem Ablauf der Übergangsfrist am 31. Dezember 2020 (vgl. Art. 126, 127 Abs. 1 S. 1 BrexitAbk) nicht mehr anwendbar. Hiervon macht Art. 68 lit. a BrexitAbk zwar eine Ausnahme, wenn das zuzustellende Schriftstück vor Ablauf der Übergangsfrist bei der jeweils für den Zustellungsweg maßgeblichen Stelle eingegangen ist. Die Relevanz der Vorschrift ist indes gering, da inzwischen wohl alle Ersuchen, die vor dem 1. Januar 2021 eingegangen sind, bearbeitet wurden.

An die Stelle der EuZVO tritt das HZÜ und das deutsch-britische Rechtshilfeabkommen. Letzteres wurde weder von einer Vertragspartei gekündigt (vgl. Art. 16 S. 3, 18 lit. b DBA) noch vollständig durch die EuZVO ersetzt. Auch eine Beendigung durch *desuetudo* oder *Obsoleszenz* scheidet richtigerweise aus, da die hohen Voraussetzungen der Rechtsfiguren jeweils nicht erfüllt sind.

---

[596] *Knöfel,* RIW 2021, 473 (485).
[597] *Sujecki,* EuZW 2021, 286 (290).
[598] Vgl. *Ungerer,* NJW 2021, 1270: „sektorale[r] ‚harte[r] Brexit'".

Die Wiederanwendung wird allerdings immer noch von den britischen Behörden überprüft[599] und eine Entscheidung durch die Gerichte steht ebenfalls noch aus. Es bleibt zu hoffen, dass die (Wieder-)Anwendung demnächst gerichtlich festgestellt wird, um insofern Rechtssicherheit zu schaffen.

Im deutsch-britischen Zustellungsverkehr kommt es im Ergebnis zu einigen Rückschritten.[600] Sowohl das deutsch-britische Rechtshilfeabkommen als auch das HZÜ spiegeln nicht die Entwicklungen des internationalen Zustellungsrechts wider. Im Vordergrund stehen noch die Souveränitätsinteressen des Empfängerstaates und nicht – wie in der EuZVO – die Interessen der Prozessbeteiligten. Von zentraler Bedeutung wird nach dem Brexit weiterhin die unmittelbare Postzustellung sein, die im deutsch-britischen Rechtsverkehr glücklicherweise zulässig bleibt. Die Vorbehaltsmöglichkeit gegen die unmittelbaren Zustellungswege im HZÜ, der größte Nachteil des Übereinkommens, wirkt sich somit in der Praxis nicht aus. Der Umstand, dass ein fast 100 Jahre altes Abkommen herangezogen muss, um einen im modernen Zustellungsverkehr etablierten Weg zu ermöglichen, sollte dem deutschen Gesetzgeber zu denken geben, ob nicht der deutsche Widerspruch (vgl. § 6 S. 2 AusfG-HZÜ) aufgegeben werden sollte. Bei der Ausführung der Postzustellung kommt es für den Zustellungsinteressenten kaum zu Rückschritten. Auf der Seite des Empfängers ist jedoch zu beachten, weder Art. 10 HZÜ noch Art. 6 DBA eine Übersetzung oder eine zwingende Zusammenfassung des Schriftstücks (vgl. Art. 5 Abs. 4 HZÜ) vorschreiben. Dies verschlechtert die Lage für einen Empfänger, welcher der Sprache des Schriftstücks nicht mächtig ist, und kann im Einzelfall zu einer Verletzung seines Anspruchs auf rechtliches Gehör führen. Da die Rechtslage zudem nicht abschließend geklärt ist, können Probleme bei der Anerkennung und Vollstreckung der später ergehenden Entscheidung im Ausland entstehen.

Wegen der hohen Fehleranfälligkeit der Postzustellung wird allerdings auch (ggf. zusätzlich) die Zustellung durch die ausländischen Rechtshilfebehörden von Bedeutung bleiben, die sich durch den Brexit leider deutlich verschlechtert hat. Das HZÜ enthält diesbezüglich noch einige veraltete Regelungen, die im modernen Zustellungsverkehr keine Berechtigung mehr haben. Der größte Rückschritt stellt die Behandlung der Sprachenfrage dar. Bei diesem

---

[599] Vgl. dazu die Angaben im Länderteil zum Vereinigten Königreich (ausschließlich sonstiger Gebiete) in der ZRHO.

[600] So im Ergebnis auch *Hess*, IPRax 2016, 409 (415); *Sonnentag*, Die Konsequenzen des Brexits, S. 132; *Bar Council Brexit Working Group*, The Brexit Papers No. 4, Rn. 19. Auch die britische Regierung hat festgestellt, dass das HZÜ in verfahrensrechtlicher Sicht weniger effektiv als die EuZVO ist, siehe *HM Government*, Explanatory Memorandum to The Service of Documents and Taking of Evidence in Civil and Commercial Matters (Revocation and Saving Provisions) (EU Exit) Regulations 2018, 2018 No. 1257, Rn. 6.3. Anders *Briggs*, RDIPP 2019, 261 (282): „and the constraints of the Service Regulation in particular […] will not be greatly missed".

Zustellungsweg ist im deutsch-britischen Verhältnis stets eine Übersetzung des Schriftstücks erforderlich. Dadurch werden die Prozessökonomie und der Anspruch auf Rechtsschutz innerhalb einer angemessenen Zeit beeinträchtigt. Es kommt zu einem erhöhten Übersetzungsaufwand, der in Fällen, in denen der Empfänger die Sprache des Schriftstücks versteht, zu überflüssigen Verzögerungen und Kosten führt. Daneben kommt es noch zu weiteren Verschlechterungen, die nicht mehr im Einzelnen aufgezählt werden sollen, aber jedenfalls zu einer erhöhten Zustellungsdauer führen werden.

Die Entwicklung im deutsch-britischen Zustellungsverkehr ist konträr zur Entwicklung innerhalb der Europäischen Union. Die EuZVO 2020 verbessert die Zustellung durch die ausländischen Rechtshilfebehörden nochmals. Zentral ist die ab dem 1. Mai 2025 vorgesehene zwingende Nutzung eines dezentralen IT-Systems für die Übermittlung des Schriftstücks und die sonstige Kommunikation zwischen den zuständigen Stellen. Auch wenn die Umsetzung in der Praxis abzuwarten bleibt, hat diese Entwicklung das Potential, den Zustellungsweg deutlich zu beschleunigen.

Auch die sonstigen Zustellungswege stellen – jedenfalls aus deutscher Sicht – keine geeignete Alternative zur Postzustellung und der Zustellung über die ausländischen Rechtshilfebehörden dar. Die Zustellung durch diplomatische oder konsularische Beamte bleibt zwar im selben Umfang wie unter der EuZVO 2007 zulässig. Der Zustellungsweg ist aber zeitaufwändig und mangels Zulässigkeit von Zwangs- und Ersatzzustellung auch fehleranfällig. Für Schriftstücke aus Deutschland kommt in den meisten Fällen auch keine unmittelbare Zustellung durch einen englischen oder nordirischen *solicitor* oder *process server* bzw. einen schottischen *messenger-at-arms* in Betracht (vgl. Art. 10 lit. c HZÜ). Das deutsche Recht enthält hierfür nur dann eine Rechtsgrundlage, wenn im deutschen Recht die Parteizustellung ausdrücklich zugelassen ist. Für den wichtigsten Fall, die Zustellung der Klageschrift, bleiben daher nur die bereits angesprochenen Übermittlungsmethoden. Anders ist dies allerdings im Rahmen von britischen Verfahren. Dort kann es sich künftig anbieten, die Zustellung durch einen deutschen Gerichtsvollzieher vornehmen zu lassen. Dieser Weg ist trotz des deutschen Widerspruchs (vgl. § 6 S. 2 HZÜ) wegen Art. 7 DBA stets zulässig. Der Gerichtsvollzieher vollzieht die Zustellung dann nach §§ 191 ff. ZPO.

Weiterhin keine Bedeutung wird im deutsch-britischen Rechtsverkehr die elektronische Direktzustellung haben. Weder das HZÜ noch das deutsch-britische Rechtshilfeabkommen lassen diesen Zustellungsweg zu. Dies stellt einen erheblichen Nachteil im Vergleich zum Zustellungsverkehr zwischen den EU-Mitgliedstaaten dar, für den die Neufassung der EuZVO die elektronische Zustellung gestattet (Art. 19 EuZVO 2020). Wegen dem Erfordernis der vorigen Zustimmung könnte der Hauptanwendungsfall die Zustellung von Schriftstücken im laufenden Verfahren betreffen. Unter Umständen kann aber auch bereits das verfahrenseinleitende Schriftstück elektronisch zugestellt werden.

Kapitel 4

Die Entwicklungsperspektiven für den deutsch-britischen Zustellungsverkehr

Durch die im vorigen Kapitel dargestellten Rückschritte, die der Brexit verursacht hat, wird die Frage nach den zukünftigen Entwicklungsperspektiven für den deutsch-britischen Zustellungsverkehr aufgeworfen.[1] Die Regelungen des HZÜ entsprechen jedenfalls nicht mehr dem heutigen Stand des grenzüberschreitenden Zustellungsrechts.[2] Im Schrifttum finden sich verschiedene Ansätze, wie das Rechtsgebiet effektiver ausgestaltet werden kann.[3] Für die Beschleunigung des Zustellungsvorgangs werden primär der Abbau von bürokratischen Hürden, die Vermeidung von nicht erforderlichen Übersetzungen und der Ausbau der Direktzustellung vorgeschlagen.[4] Viele dieser Aspekte wurden bereits in der EuZVO umgesetzt. Bei den zukünftigen Entwicklungen wird vor allem die Digitalisierung eine zentrale Rolle einnehmen.[5] Während in den 90er-Jahren noch hauptsächlich die Zustellung per Telefax diskutiert wurde,[6] steht heute die direkte elektronische Zustellung mittels E-Mail oder spezieller

---

[1] Vgl. etwa *Bar Council Brexit Working Group*, The Brexit Papers No. 4, Rn. 19 f. Anders allerdings *Briggs*, RDIPP 2019, 261 (282), der für das internationale Zustellungsrecht keinen Handlungsbedarf sieht („It is a situation with which we can live").

[2] So auch schon *Hess*, IPRax 1995, 16 (19); *ders.*, NJW 2001, 15 (17); *Rahlf/Gottschalk*, EWS 2004, 303 (304 f.); *Stroschein*, Parteizustellung im Ausland, S. 263 f.; *Nagel/Gottwald*, IZPR, Rn. 8.95. Vgl. ferner *Hausmann*, EuLF 1/2-2007, 1 (2 f.): „Auch das HZÜ hat freilich wesentliche Schwächen der internationalen Zustellung nicht beseitigt".

[3] Siehe dazu die Vorschläge von *G. Geimer*, Neuordnung des internationalen Zustellungsrechts, S. 217 ff.; *Gottwald*, in: FS Schütze 1999, S. 225; *Linke*, in: Gottwald (Hrsg.), Grundfragen der Gerichtsverfassung, S. 95, 122 ff.; *Schack*, in: FS Geimer 2002, S. 931, 938 ff. Speziell zum HZÜ: *Stroschein*, Parteizustellung im Ausland, S. 263 ff. Speziell zum europäischen Zustellungsrecht: *Sharma*, Zustellungen, S. 144 ff.; *Netzer*, Status quo, S. 120 ff.

[4] Vgl. etwa *Gottwald*, in: FS Schütze 1999, S. 225, 227 ff.; *Linke*, in: Gottwald (Hrsg.), Grundfragen der Gerichtsverfassung, S. 95, 122 ff.

[5] Vgl. *Hau*, in: Basedow/Rühl/Ferrari/Miguel Asensio (Hrsg.), Encyclopedia of private international law, S. 1628, 1633; *ders.*, FamRZ 2022, 222; *Sujecki*, EuZW 2021, 286 (289 f.). Zur Digitalisierung des Zivilprozesses schon *Britz*, Urkundenbeweisrecht und Elektroniktechnologie, S. 16 ff.; *Rüßmann*, in: Schlosser (Hrsg.), Die Informationsbeschaffung für den Zivilprozess, S. 137.

[6] So etwa bei *G. Geimer*, Neuordnung des internationalen Zustellungsrechts, S. 259 ff.; *Gottwald*, in: FS Schütze 1999, S. 225, 231, 234.

elektronischer Postfächer im Vordergrund.[7] Durch diesen Zustellungsweg kann eine schnelle, fehlerfreie und kostengünstige Übermittlung des Schriftstücks ermöglicht werden.[8] Dies darf freilich nicht zu Lasten der Zuverlässigkeit und der Nachweisbarkeit des Zustellungsvorgangs gehen, zudem muss eine ausreichende Übertragungs- und Datensicherheit gewährleistet werden.[9] Im Ergebnis ist der Ausbau der grenzüberschreitenden elektronischen Zustellung allerdings trotz der hiermit verbundenen Risiken aufgrund der Effizienzsteigerung wünschenswert.[10] Mit Art. 19 EuZVO 2020 wagen die EU-Mitgliedstaaten den ersten Schritt in diese Richtung. Indes werden in der Zukunft weitere Reformen erforderlich sein, um das volle Potential der Digitalisierung auszuschöpfen. Durch die modernen Kommunikationsmittel entstehen beispielsweise auch für die öffentliche Zustellung neue Perspektiven.[11]

Mangels Bindung an die EuZVO wird das Vereinigte Königreich an den weiteren europäischen Entwicklungen vorerst nicht teilnehmen. Deshalb sollte für die Post-Brexit-Perspektiven im deutsch-britischen Zustellungsverkehr zunächst das Verhältnis zwischen der Europäischen Union und dem Vereinigten Königreich betrachtet werden (A.). Es könnte die (erneute) Beteiligung des Vereinigten Königreichs an den Fortschritten des europäischen Zustellungsrechts erreicht werden, was aus britischer Sicht den Zustellungsverkehr mit sämtlichen EU-Mitgliedstaaten verbessern würde. Ein weiterer Lösungsansatz, der das Verhältnis zu weiteren Staaten betrifft, ist die Reform des HZÜ (B.). Nur wenn diese Perspektiven in nächster Zeit keinen Erfolg versprechen, sollte das bilaterale Verhältnis zwischen der Bundesrepublik Deutschland und dem Vereinigten Königreich als Anknüpfungspunkt in Betracht gezogen werden (C.). Zuletzt wird noch auf die aktuellen Entwicklungen betreffend ein einheitliches Zustellungsrecht eingegangen (D.).

---

[7] Vgl. Art. 19 EuZVO 2020 sowie *Netzer*, Status quo, S. 131; *M. Stürner*, in: Weller/Wendland (Hrsg.), Digital Single Market, S. 191. Siehe aber auch schon *G. Geimer*, Neuordnung des internationalen Zustellungsrechts, S. 272 f., der sich für die Zulassung der Zustellung per E-Mail in einer Zustellungskonvention ausspricht.

[8] *M. Stürner*, in: Weller/Wendland (Hrsg.), Digital Single Market, S. 191, 213.

[9] *M. Stürner*, in: Weller/Wendland (Hrsg.), Digital Single Market, S. 191, 210 f., der darauf hinweist, dass der Einsatz von „einfachen" E-Mails deshalb i.d.R. ausgeschlossen ist.

[10] Im Ergebnis ebenso *Netzer*, Status quo, S. 131; *M. Stürner*, in: Weller/Wendland (Hrsg.), Digital Single Market, S. 191, 219 f.; *Sujecki*, EuZW 2021, 286 (289). Kritisch noch *Schack*, in: FS Geimer 2002, S. 931, 941.

[11] Ausführlich *Herberger*, ZZP 134 (2021), 237. Siehe auch *Bach*, EuZW 2012, 381 (385); *Domej*, in: FS Prütting 2018, S. 261, 270 f.; MüKoZPO/*Häublein/M. Müller*, § 185 ZPO Rn. 3. Vgl. ferner Stein/Jonas/*Domej*, Art. 1 EuZVO Rn. 51 ff., die sich *de lege ferenda* für eine unionsrechtlich-einheitliche fiktive Zustellung bei unbekannter Anschrift des Empfängers ausspricht.

A. Perspektiven im Verhältnis zwischen der Europäischen Union und dem Vereinigten Königreich

Für das Verhältnis zwischen der Europäischen Union und dem Vereinigten Königreich werden im Schrifttum im Wesentlichen drei Lösungen diskutiert, um die negativen Auswirkungen des Brexits auf das internationale Privat- und Zivilverfahrensrecht abzuschwächen. In Betracht kommt die unilaterale Anwendung der EU-Verordnungen (I.), die Weiter- bzw. Wiederanwendung dieser Verordnungen (II.) oder der Abschluss eines neuen völkerrechtlichen Vertrages (III.).

I. Keine Möglichkeit der unilateralen Anwendung der Europäischen Zustellungsverordnung

Die einseitige Anwendung der europäischen Verordnungen durch das Vereinigte Königreich hat den Vorteil, dass keine Einigung mit der Europäischen Union erforderlich ist.[12] Für die Rom I-VO und die Rom II-VO ist dies auch der vom Vereinigten Königreich präferierte Ansatz.[13] Die Regelungen der Verordnungen wurden daher – allerdings mit einigen (notwendigen) Änderungen[14] – durch das EU-Austritts-Gesetz in das autonome englische Recht übernommen.[15] Allerdings ist die unilaterale Anwendung einer EU-Verordnung nur dann möglich bzw. sinnvoll, wenn diese nicht auf dem Prinzip der Gegenseitigkeit aufbaut.[16] Die EuZVO ist aber als Teil der internationalen Rechtshilfe

---

[12] *Rühl,* NJW 2020, 443 (447).

[13] Vgl. *HM Government,* Providing a cross-border civil judicial cooperation framework, Rn. 19.

[14] Dazu *Mankowski,* EuZW-Sonderheft 2020/1, 3 (6 f.).

[15] Aus Sicht der EU-Mitgliedstaaten bleibt im Verhältnis zum Vereinigten Königreich weiterhin die Rom I-VO und die Rom II-VO anwendbar, da die Verordnungen universell anwendbar sind („*loi uniforme*", Art. 2 Rom I-VO und Art. 3 Rom II-VO), *Hess,* IPRax 2016, 409 (417); *Rühl,* ICLQ 67 (2018), 99 (108 f.); BeckOGK/*Paulus,* Art. 1 Rom I-VO Rn. 56; Prütting/Wegen/Weinreich/*Brödermann/Wegen,* Art. 2 Rom I-VO Rn. 3; *Nordmeier,* in: Gebauer/Wiedmann (Hrsg.), Europäisches Zivilrecht, Vor Art. 1 Rom I-VO Rn. 7. Für das internationale Vertragsrecht ist dies allerdings nicht unumstritten. Zum Teil werden das Wiederaufleben und die Anwendbarkeit des EVÜ vertreten, so etwa von *Dickinson,* JPIL 12 (2016), 195 (203 f.); *M. Lehmann/Zetzsche,* JZ 72 (2017), 62 (65); *Ungerer,* in: Kramme/Baldus/Schmidt-Kessel (Hrsg.), Brexit, S. 605 Rn. 21 ff.

[16] *Department for Exiting the European Union,* Legislating for the UK's withdrawal from the EU, Rn. 3.3; *Dickinson,* ZEuP 2017, 539 (543); *Fitchen,* NIPR 2017, 411 (417 f.); *Gordon/Pascoe,* Preparing for Brexit, S. 6, 11; *Masters/McRae,* The Lawyer 31 (2017), Issue 10, 15; *Sonnentag,* Die Konsequenzen des Brexits, S. 38; *Crawford/Carruthers,* European Papers 3 (2018), 183 (195); *Rühl,* ICLQ 67 (2018), 99 (123); *Tang,* ELR 43 (2018), 648 (651); *Ungerer,* European Papers 4 (2019), 395 (401 f.); *ders.,* in: Kramme/Baldus/Schmidt-Kessel (Hrsg.), Brexit, S. 605 Rn. 38.

gerade vom Gegenseitigkeitsprinzip geprägt.[17] Dies zeigt sich darin, dass der (räumliche) Anwendungsbereich der Verordnung auf die Zustellung zwischen zwei Mitgliedstaaten beschränkt ist.[18] Die unilaterale Anwendung der EuZVO durch das Vereinigte Königreich scheidet daher von vornherein aus.[19]

II. Wiederanwendung der Europäischen Zustellungsverordnung

1. Vorteile

Die einfachste Möglichkeit, die Rückschritte im internationalen Zustellungsrecht wieder aufzuholen, ist die Wiederanwendung der EuZVO im Verhältnis zwischen dem Vereinigten Königreich und den EU-Mitgliedstaaten. Auch im Schrifttum wird die Weiteranwendung – bzw. nach dem „sektoralen Hard-Brexit" die Wiederanwendung – der europäischen Verordnungen diskutiert.[20]

---

[17] *HM Government*, Explanatory Memorandum to The Service of Documents and Taking of Evidence in Civil and Commercial Matters (Revocation and Saving Provisions) (EU Exit) Regulations 2018, 2018 No. 1257, Rn. 2.6; *Collins/Harris*, Dicey, Morris and Collins on the conflict of laws (fifth cumulative supplement to the 15th edition), S. XII; *Mankowski*, EuZW-Sonderheft 2020/1, 3 (13); *ders.*, NZFam 2021, 237; *ders.*, in: Leible/Terhechte (Hrsg.), Europäisches Rechtsschutz- und Verfahrensrecht, § 33 Rn. 87.

[18] Dazu Geimer/Schütze/*R. Geimer*, Art. 1 EuZVO Rn. 32; MüKoZPO/*Rauscher*, Art. 1 EuZVO Rn. 17; Stein/Jonas/*Domej*, Art. 1 EuZVO Rn. 13; *Boscheinen-Duursma*, in: Trunk/Hatzimihail (Hrsg.), EU Civil Procedure and Third Countries, S. 221, 224 f.

[19] *HM Government*, Explanatory Memorandum to The Service of Documents and Taking of Evidence in Civil and Commercial Matters (Revocation and Saving Provisions) (EU Exit) Regulations 2018, 2018 No. 1257, Rn. 2.6; *Collins/Harris*, Dicey, Morris and Collins on the conflict of laws (fifth cumulative supplement to the 15th edition), S. XVI. Für die Brüssel Ia-VO (jedenfalls in Bezug auf die Anerkennungs- und Vollstreckungsregelungen): *Masters/McRae*, J. Int'l Arb. 33 (2016), 483 (485); *dies.*, The Lawyer 31 (2017), Issue 10, 15; *Curruthers*, Scots Law Times 21 (2017), 105 (107); *Fitchen*, NIPR 2017, 411 (417 f.); *Rühl*, in: Armour/Eidenmüller (Hrsg.), Negotiating Brexit, S. 61, 64; *dies.*, ICLQ 67 (2018), 99 (123); *Sonnentag*, Die Konsequenzen des Brexits, S. 38, 79; *Basedow*, New Zealand JPIL 16 (2018), 21 (32); *Crawford/Carruthers*, European Papers 3 (2018), 183 (196); *Pocar*, in: FS Kohler 2018, S. 419; *Baughen*, in: Soyer/Tettenborn (Hrsg.), Maritime liabilities in a global and regional context, S. 202, 219; *Tretthahn-Wolski/Förstel*, ÖJZ 2019, 485 (487); *Ungerer*, European Papers 4 (2019), 395 (401 f.); *ders.*, in: Kramme/Baldus/Schmidt-Kessel (Hrsg.), Brexit, S. 605 Rn. 38; *Lein*, in: Leible/Terhechte (Hrsg.), Europäisches Rechtsschutz- und Verfahrensrecht, § 34 Rn. 67. Ausführlich zum Ganzen *Tang*, ELR 43 (2018), 648 (651 ff.).

[20] So etwa (zumeist in Bezug auf die Brüssel Ia-VO) *Aikens/Dinsmore*, EBLR 27 (2016), 903 (914 f.); *Lein*, Yearbook of Private International Law 17 (2015/16), 33 (41): „ideal solution"; *Masters/McRae*, J. Int'l Arb. 33 (2016), 483 (485 ff.); *dies.*, The Lawyer 31 (2017), Issue 10, 15; *Carruthers*, Scots Law Times 21 (2017), 105 (107 f.); *Rühl*, in: Armour/Eidenmüller (Hrsg.), Negotiating Brexit, S. 61, 63; *dies.*, ICLQ 67 (2018), 99 (117 ff.); *dies.*, NJW 2020, 443 (444 f.); *Snelling*, in: Armour/Eidenmüller (Hrsg.), Negotiating Brexit: Recognition and Enforcement of Judgments, S. 67, 69; *Sonnentag*, Die Konsequenzen des Brexits, S. 94 ff.; *Crawford/Carruthers*, European Papers 3 (2018), 183 (197 ff.); *Tang*,

Der zentrale Vorteil dieser Lösung liegt auf der Hand. Es würde wieder die Rechtslage, die vor dem Brexit galt, gelten bzw. weitergehend die Regelungen der reformierten EuZVO 2020 Anwendung finden, wodurch zunächst Rechtssicherheit geschaffen werden würde.[21] Die Vorschriften haben sich bereits in der Praxis bewährt und wurden über 20 Jahre im Vereinigten Königreich praktiziert, sodass bei der (Wieder-)Anwendung keine größeren Probleme auftreten dürften. Von den verbesserten Regelungen der Verordnung würden sowohl Parteien aus den EU-Mitgliedsstaaten als auch aus dem Vereinigten Königreich profitieren. Aus Sicht der Rechtssuchenden ist die Wiederanwendung der EuZVO daher wünschenswert. Zudem waren die Rechtsakte zur justiziellen Zusammenarbeit in Zivilsachen kein zentraler Beweggrund für den Brexit.[22] Vielmehr stand (und steht) das Vereinigte Königreich diesen Instrumenten positiv gegenüber,[23] was sich auch darin zeigt, dass die Rom I-VO und die Rom II-VO in das autonome englische Recht übernommen wurden. Der Wegfall der Regelungen zur justiziellen Zusammenarbeit in Zivilsachen beeinträchtigt schließlich auch die Bedeutung von London als zentralen Justizstandort für zivil- und handelsrechtliche Streitigkeiten.[24]

ELR 43 (2018), 648 (655 ff.); *Baughen*, in: Soyer/Tettenborn (Hrsg.), Maritime liabilities in a global and regional context, S. 202, 213; *Poesen*, in: Sacco (Hrsg.), Brexit: A Way Forward, S. 255, 286 ff.; *Requejo*, in: Abou-Nigm/Noodt Taquela (Hrsg.), Diversity and Integration in PIL, S. 95, 106 ff.; *Bachmann*, Universalisierung des EuZVR, S. 181; *Fentiman*, in: Trunk/Hatzimihail (Hrsg.), EU Civil Procedure Law and Third Countries, S. 157, 161 f.; *Lein*, in: Leible/Terhechte (Hrsg.), Europäisches Rechtsschutz- und Verfahrensrecht, § 34 Rn. 50 ff. Dafür auch *Bar Council Brexit Working Group*, The Brexit Papers No. 4, Rn. 20. Allgemein zu der von *Jean-Claude Juncker* aufgeworfenen Idee von Orbitrechtsakten *Dutta*, ZEuP 2017, 533.

[21] Vgl. zur Rechtssicherheit auch *Lein*, Yearbook of Private International Law 17 (2015/16), 33 (41); *Masters/McRae*, J. Int'l Arb. 33 (2016), 483 (486); *Carruthers*, Scots Law Times 21 (2017), 105 (108); *Crawford/Carruthers*, European Papers 3 (2018), 183 (187); *Poesen*, in: Sacco (Hrsg.), Brexit: A Way Forward, S. 255, 288; *Requejo*, in: Abou-Nigm/Noodt Taquela (Hrsg.), Diversity and Integration in PIL, S. 95, 106 (allerdings jeweils für die Weiteranwendung der Brüssel Ia-VO).

[22] Statt vieler *Masters/McRae*, J. Int'l Arb. 33 (2016), 483; *dies.*, The Lawyer 31 (2017), Issue 10, 15; *Dutta*, ZEuP 2017, 533 (534).

[23] Vgl. *European Union Committee of the House of Lords*, 17th Report of Session 2016–17, Rn. 26 ff., u.a. unter Berufung auf Aussagen von *Richard Aikens*, *Hugh Mercer*, *Oliver Jones* und *Adrian Briggs* (freilich ohne konkreten Bezug zum internationalen Zustellungsrecht). Ferner *Carruthers*, Scots Law Times 21 (2017), 105 (106); *Rühl*, NJW 2020, 443 (444); *Fentiman*, in: Trunk/Hatzimihail (Hrsg.), EU Civil Procedure Law and Third Countries, S. 157, 161.

[24] *Basedow*, ZEuP 2016, 567 (572); *ders.*, New Zealand JPIL 16 (2018), 21 (32 f.); *Hess*, IPRax 2016, 409 (410 f.); *Lein*, Yearbook of Private International Law 17 (2015/16), 33 (46); *McIlwrath*, J. Int'l Arb. 33 (2016), 451; *Rühl*, EuZW 2017, 761 (762); *dies.*, JZ 72 (2017), 72 (72 f.); *Masters/McRae*, The Lawyer 31 (2017), Issue 10, 15; *Sonnentag*, Die Konsequenzen des Brexits, S. 147; *W. Sturm/Schulz*, ZRP 2019, 71; *Poesen*, in: Sacco

2. Erstreckungsabkommen zwischen der Europäischen Union und Dänemark zur EuZVO als Vorbild

Als Vorbild für eine solche Lösung könnte das Erstreckungsabkommen zwischen der Europäischen Union und Dänemark zur EuZVO dienen.[25] Dänemark ist kein Mitgliedstaat i.S.d. EuZVO (Art. 1 Abs. 3 EuZVO 2007 sowie Erwägungsgrund 29 zur EuZVO 2007; nunmehr Erwägungsgrund 48 zur EuZVO 2020). Dies beruht auf einer Sonderstellung, die im Hinblick auf die nach Art. 81 AEUV erlassenen Maßnahmen für die justizielle Zusammenarbeit in Zivilsachen eingenommen wurde: Dänemark beteiligt sich hieran nicht.[26] Das zuvor geltende *Protokoll Nr. 5 über die Position Dänemarks*[27] sah auch keine Möglichkeit für einen *opt-in* zu einzelnen Rechtsakten vor. Nach Art. 7 des Protokolls konnte der Staat nur erklären, dass er von diesem Protokoll

---

(Hrsg.), Brexit: A Way Forward, S. 255, 285 f. Dazu auch *Snelling*, in: Armour/Eidenmüller (Hrsg.), Negotiating Brexit: Recognition and Enforcement of Judgments, S. 67, 70 f. mit dem Hinweis, dass einige Gründe, warum London als Justizstandort so beliebt war, unabhängig vom Brexit weiter gelten. Von britischen Autoren wurde die Beeinträchtigung teilweise gänzlich geleugnet, siehe etwa *Birch/Garvey*, Allen & Overy Specialist paper No. 1, 2016; *Honey/Gare*, Brexit: A disputes perspective, HFW; *Briggs*, RDIPP 2019, 261 (273 f.). Ausführlich zu den Gründen der Beliebtheit von London als Justizstandort und zu den rechtlichen und tatsächlichen Auswirkungen des Brexits *Fentiman*, in: Trunk/Hatzimihail (Hrsg.), EU Civil Procedure Law and Third Countries, S. 157, 172 ff. Zu den Chancen des Brexits für den Justizstandort Deutschland *Rühl*, EuZW 2017, 761; *Poseck*, DRiZ 2017, 165; *Pfeiffer*, BB 2017, Heft 50, Umschlagteil I; *Podszun/Rohner*, BB 2018, 450; *W. Sturm/Schulz*, ZRP 2019, 71; *Pfeiffer*, DRiZ 2021, 46.

[25] *Bar Council Brexit Working Group*, The Brexit Papers No. 4, Rn. 19 f.; *Lein*, in: Leible/Terhechte (Hrsg.), Europäisches Rechtsschutz- und Verfahrensrecht, § 34 Rn. 50. Für das Erstreckungsabkommen zwischen der Europäischen Union und Dänemark zur Brüssel Ia-VO: *Aikens/Dinsmore*, EBLR 27 (2016), 903 (914); *Dickinson*, JPIL 12 (2016), 195 (209 f.); *M. Lehmann/Zetzsche*, EBLR 27 (2016), 999 (1025); *dies.*, JZ 72 (2017), 62 (71); *Lein*, Yearbook of Private International Law 17 (2015/16), 33 (41); *Masters/McRae*, J. Int'l Arb. 33 (2016), 483 (485 f.); *dies.*, The Lawyer 31 (2017), Issue 10, 15; *Ahmed*, The nature and enforcement of choice of court agreements, S. 254; *Carruthers*, Scots Law Times 21 (2017), 105 (108); *Snelling*, in: Armour/Eidenmüller (Hrsg.), Negotiating Brexit: Recognition and Enforcement of Judgments, S. 67, 69; *Sonnentag*, Die Konsequenzen des Brexits, S. 94; *Crawford/Carruthers*, European Papers 3 (2018), 183 (197); *Rühl*, ICLQ 67 (2018), 99 (118); *dies.*, NJW 2020, 443 (444); *Tang*, ELR 43 (2018), 648 (655 f.); *Baughen*, in: Soyer/Tettenborn (Hrsg.), Maritime liabilities in a global and regional context, S. 202, 213; *Lein*, ZVerglRW 120 (2021), 1 (10). Vgl. auch *Justice Committee of the House of Commons*, Implications of Brexit for the justice system, 9th Report of Session 2016–17, Rn. 28, 32.

[26] Art. 1 Abs. 1 des *Protokolls Nr. 22 über die Position Dänemarks* (Amtsblatt Nr. C 326 vom 26.10.2012, S. 299). Ausführlich dazu *Nielsen*, IPRax 2007, 506.

[27] Amtsblatt Nr. C 321 E vom 29.12.2006, S. 201.

insgesamt oder zum Teil keinen Gebrauch mehr machen will.[28] Inzwischen ermöglicht Art. 8 des *Protokolls Nr. 22 über die Position Dänemarks* wenigstens einen Wechsel zum *opt-in*-Modell.[29] Von dieser Möglichkeit wurde indes bislang kein Gebrauch gemacht, vielmehr wurde sie in einem im Dezember 2015 durchgeführten Referendum von der dänischen Bevölkerung ausdrücklich abgelehnt.[30]

Dänemark hat stattdessen mit der Europäischen Union ein Erstreckungsabkommen zur EuZVO und ein Erstreckungsabkommen zur Brüssel Ia-VO abgeschlossen.[31] Diese Abkommen führen zur Erweiterung der genannten Verordnungen auf Dänemark (vgl. Art. 2 der jeweiligen Erstreckungsabkommen). Die Europäische Union könnte mit dem Vereinigte Königreich ein ähnliches Abkommen über die Anwendung der EuZVO (und anderer EU-Verordnungen) abschließen. Rechtstechnisch ließe sich dies jedenfalls relativ einfach verwirklichen.[32] Dabei läge es nahe, gleich die reformierte Fassung der Verordnung auf das Vereinigte Königreich zu erstrecken, um auch die Teilnahme an der Digitalisierung zu sichern. Zu klären ist allerdings, ob dieser Lösung Probleme entgegenstehen und ob die Umsetzung in der Praxis wahrscheinlich ist.

3. Problem der Auslegungszuständigkeit

Ein zentraler Streitpunkt bei der Wiederanwendung der europäischen Verordnungen wäre die Auslegungszuständigkeit des EuGH.[33] Der Gerichtshof hat

---

[28] Dazu *Hailbronner/Thiery*, EuR 1998, 583 (601); *Drappatz*, Die Überführung des IZVR in eine Gemeinschaftskompetenz, S. 149; *Kohler*, in: FS Geimer 2002, S. 461, 468 f.; *Leisle*, Dependenzen, S. 181 f.; *Wannemacher*, Die Außenkompetenzen der EG im IZVR, S. 50.

[29] Dazu *Mansel/Thorn/Wagner*, IPRax 2010, 1 (25).

[30] Die Ergebnisse sind abrufbar unter: <http://www.dst.dk/valg/Valg1664255/valgopg/valgopgHL.htm>. Zu diesem Referendum *Mansel/Thorn/Wagner*, IPRax 2016, 1 (3); *Nielsen*, ZEuP 2016, 300.

[31] Zur Entstehungsgeschichte der Abkommen *Jayme/Kohler*, IPRax 2002, 461 (464); *dies.*, IPRax 2005, 481 (485 f.); *dies.*, IPRax 2006, 537 (542); *R. Wagner*, NJW 2003, 2344 (2346).

[32] *Rühl*, NJW 2020, 443 (444).

[33] Zu diesem Problem *Aikens/Dinsmore*, EBLR 27 (2016), 903 (914 f.); *Masters/McRae*, J. Int'l Arb. 33 (2016), 483 (487 f.); *dies.*, The Lawyer 31 (2017), Issue 10, 15; *Carruthers*, Scots Law Times 21 (2017), 105 (108); *Dickinson*, ZEuP 2017, 539 (558 f.); *Dutta*, CFLQ 29 (2017), 199 (209 f.); *Rühl*, in: Armour/Eidenmüller (Hrsg.), Negotiating Brexit, S. 61, 63; *dies.*, ICLQ 67 (2018), 99 (119 ff.); *dies.*, NJW 2020, 443 (445); *Snelling*, in: Armour/Eidenmüller (Hrsg.), Negotiating Brexit: Recognition and Enforcement of Judgments, S. 67, 70: „could be a dealbreaker"; *Collins/Harris*, Dicey, Morris and Collins on the conflict of laws (fifth cumulative supplement to the 15th edition), S. XII; *Crawford/Carruthers*, European Papers 3 (2018), 183 (198); *Tang*, ELR 43 (2018), 648 (656 ff.); *Poesen*, in: Sacco (Hrsg.), Brexit: A Way Forward, S. 255, 288 f.; *Lein*, in: Leible/Terhechte (Hrsg.), Europäisches Rechtsschutz- und Verfahrensrecht, § 34 Rn. 54. Generell für Orbitrechtsakte *Dutta*, ZEuP 2017, 533 (535 f.).

bei Auslegungsfragen in der EuZVO die alleinige Zuständigkeit inne.[34] Die innerstaatlichen Gerichte können bzw. müssen bei Zweifelfragen ein Vorabentscheidungsverfahren vor dem EuGH einleiten (vgl. Art. 267 AEUV). Insgesamt wird dem Gerichtshof in der Europäischen Union eine zentrale Bedeutung zugemessen. Er sichert die einheitliche Auslegung und ist daher Voraussetzung für die praktische Wirksamkeit der IPR- und IZVR-Verordnungen.[35] Auf der anderen Seite war der Einfluss des EuGH allerdings ein zentraler Beweggrund für den Brexit. Ziel war es, die Zuständigkeit des EuGH im Vereinigten Königreich zu beenden.[36] Daher ist fraglich, wie die Rolle des Gerichtshofs in einem etwaigen Erstreckungsabkommen zur EuZVO ausgestaltet sein könnte.

a) Lösung im Erstreckungsabkommen zwischen der Europäischen Union und Dänemark

In Betracht kommt zunächst eine Lösung entsprechend den Grundsätzen im Erstreckungsabkommen zwischen der Europäischen Union und Dänemark zur EuZVO.[37] Die dänischen Gerichte haben der Rechtsprechung des EuGH zur EuZVO und zum Erstreckungsabkommen entsprechend dem dänischen Recht „angemessen Rechnung" zu tragen (Art. 6 Abs. 2 des Erstreckungsabkommens zur EuZVO). Ferner ist ein dänisches Gericht bei Auslegungszweifeln verpflichtet, ein Vorabentscheidungsverfahren vor dem Gerichtshof einzuleiten, wenn diese Pflicht für Gerichte von anderen EU-Mitgliedstaaten bestünde (Art. 6 Abs. 1 des Erstreckungsabkommens zur EuZVO). Dänemark ist zudem berechtigt, dem EuGH Bemerkungen vorzulegen, wenn ein Gericht eines Mitgliedstaates diesem eine Frage zur Vorabentscheidung über die Auslegung aller in Art. 2 Abs. 1 genannten Bestimmungen stellt (Art. 6 Abs. 4 des Erstreckungsabkommens zur EuZVO). Zuletzt ist zu beachten, dass die Europäische Kommission gemäß Art. 7 Abs. 1 des Erstreckungsabkommens zur EuZVO Klage gegen Dänemark wegen Nichterfüllung der Pflichten aus dem Abkommen erheben kann.

---

[34] Rauscher/*Heiderhoff*, Einleitung zur EuZVO Rn. 31.

[35] *Hess*, in: FS Kohler 2018, S. 179, 179 f. Zur Rolle des EuGH auch *ders.*, EuZPR, Rn. 3.8 ff.; *Hartley*, Civil jurisdiction and judgments in Europe, Rn. 1.17 ff. Siehe ferner *Carruthers,* Scots Law Times 21 (2017), 105 (108), der darauf hinweist, dass die Rolle des EuGH für die Europäische Union eine rote Linie („political red line") darstellen könnte.

[36] *HM Government*, The UK's exit from and new partnership with the EU, Rn. 2.3: „We will bring an end to the jurisdiction of the CJEU in the UK". Vgl. ferner das zweite Ziel bei der Ansprache der Premierministerin *Theresa May* vom 17.1.2017, abrufbar unter: <https://www.gov.uk/government/speeches/the-governments-negotiating-objectives-for-exiting-the-eu-pm-speech>.

[37] Für das Erstreckungsabkommen zur Brüssel Ia-VO *Aikens/Dinsmore,* EBLR 27 (2016), 903 (915); *Carruthers,* Scots Law Times 21 (2017), 105 (108); *Crawford/Carruthers,* European Papers 3 (2018), 183 (198); *Rühl*, ICLQ 67 (2018), 99 (119 f.); *Poesen*, in: Sacco (Hrsg.), Brexit: A Way Forward, S. 255, 288 f.

Die Umsetzung einer entsprechenden Lösung im Verhältnis zum Vereinigten Königreich erscheint indes kaum möglich.[38] Zunächst dürfte es wegen dessen kritischer Haltung zum EuGH als ausgeschlossen gelten, dass sich das Vereinigte Königreich auf die Verpflichtung zur Einleitung eines Vorabentscheidungsverfahren einlässt.[39] Die Zuständigkeit des Gerichtshof wäre dann – entgegen dem formulierten Ziel – nicht beendet. Zudem ist fraglich, ob die Europäische Union dem Vereinigten Königreich überhaupt noch Zugang zum EuGH gewähren würde, da dieses – anders als Dänemark – gerade kein EU-Mitgliedstaat mehr ist.[40] Zuletzt würde es die britische Seite kaum akzeptieren, von der Europäischen Kommission überwacht und ggf. verklagt zu werden.[41] Deshalb ist eine alternative Lösung erforderlich, welche die einheitliche Anwendung des Erstreckungsabkommens ermöglicht, gleichzeitig aber den Einfluss des EuGH reduziert.

b) Luganer Lösung

Hierfür könnte die sog. *Luganer Lösung,* die auf der Rechtslage im LugÜ 2007 beruht, dienen.[42] Für die EU-Mitgliedstaaten ist das Übereinkommen Teil des Unionsrechts, sodass sie berechtigt und ggf. verpflichtet sind, ein Vorabentscheidungsverfahren vor dem EuGH einzuleiten (vgl. Art. 267 AEUV).[43]

---

[38] Im Ergebnis ebenso *Rühl,* ICLQ 67 (2018), 99 (120); *Poesen,* in: Sacco (Hrsg.), Brexit: A Way Forward, S. 255, 288 f.; *Baughen,* in: Soyer/Tettenborn (Hrsg.), Maritime liabilities in a global and regional context, S. 202, 213; *Lein,* in: Leible/Terhechte (Hrsg.), Europäisches Rechtsschutz- und Verfahrensrecht, § 34 Rn. 54. Vgl. auch *HM Government,* The UK's exit from and new partnership with the EU, Rn. 2.3; *Justice Committee of the House of Commons,* Implications of Brexit for the justice system, 9th Report of Session 2016–17, Rn. 28. Positiver *Carruthers,* Scots Law Times 21 (2017), 105 (108).

[39] *Aikens/Dinsmore,* EBLR 27 (2016), 903 (915); *Sonnentag,* Die Konsequenzen des Brexits, S. 96; *Lein,* ZVerglRW 120 (2021), 1 (11); *dies.,* in: Leible/Terhechte (Hrsg.), Europäisches Rechtsschutz- und Verfahrensrecht, § 34 Rn. 54. Vgl. auch *Tang,* ELR 43 (2018), 648 (661): „Granting direct jurisdiction to the CJEU would be a red line for the UK".

[40] *Masters/McRae,* J. Int'l Arb. 33 (2016), 483 (488); *Rühl,* ICLQ 67 (2018), 99 (120); *Lein,* in: Leible/Terhechte (Hrsg.), Europäisches Rechtsschutz- und Verfahrensrecht, § 34 Rn. 54.

[41] *Aikens/Dinsmore,* EBLR 27 (2016), 903 (915); *Rühl,* ICLQ 67 (2018), 99 (120). Ähnlich auch *Tang,* ELR 43 (2018), 648 (656 f.).

[42] *Aikens/Dinsmore,* EBLR 27 (2016), 903 (915); *Dickinson,* ZEuP 2017, 539 (558 f.); *Rühl,* in: Armour/Eidenmüller (Hrsg.), Negotiating Brexit, S. 61, 63; *dies.,* ICLQ 67 (2018), 99 (120 f.); *Tang,* ELR 43 (2018), 648 (657 f.); *Baughen,* in: Soyer/Tettenborn (Hrsg.), Maritime liabilities in a global and regional context, S. 202, 213; *Lein,* in: Leible/Terhechte (Hrsg.), Europäisches Rechtsschutz- und Verfahrensrecht, § 34 Rn. 54. Vgl. auch *HM Government,* Enforcement and dispute resolution, Rn. 50.

[43] *Pocar,* Erläuternder Bericht zum LugÜ 2007, in: Amtsblatt Nr. C 319 vom 23.12.2009, Rn. 196; *R. Wagner/Janzen,* IPRax 2010, 298 (310); Dasser/Oberhammer/*Domej,* Präambel Prot. 2 zum LugÜ 2007 Rn. 3; Schnyder/Sogo/*Grolimund/Bachofner,* Prot. 2 zum LugÜ 2007 Rn. 3.

Schweiz, Norwegen und Island sind als Nicht-EU-Mitgliedsstaaten grundsätzlich nicht an die Rechtsprechung des Gerichtshof gebunden und auch nicht berechtigt oder gar verpflichtet, ein Vorabentscheidungsverfahren zu initiieren.[44] Nach Art. 1 Abs. 1 des *Protokolls Nr. 2 über die einheitliche Auslegung des Übereinkommens und den ständigen Ausschuss*[45] sind die Gerichte der Vertragsstaaten des LugÜ 2007 (auch der EuGH) indes verpflichtet, den maßgeblichen Entscheidungen[46] des EuGH und der einzelstaatlichen Gerichte „gebührend Rechnung" zu tragen.[47] Hierdurch soll eine einheitliche Anwendung des Übereinkommens gesichert werden.[48] Schweiz, Norwegen und Island sind nach Art. 2 des Protokolls auch berechtigt, im Rahmen eines Vorabentscheidungsverfahrens Schriftsätze einzureichen oder schriftliche Erklärungen abzugeben. Dadurch wird sichergestellt, dass auch die Meinungen dieser Staaten in Verfahren vor dem EuGH berücksichtigt werden können.[49]

Die *Luganer Lösung* könnte sich auch für das Post-Brexit-Verhältnis zwischen der Europäischen Union und dem Vereinigten Königreich eignen.[50] Aus britischer Sicht stellt sie wohl einen geeigneten Kompromiss dar. Man wäre von der Zuständigkeit des EuGH befreit und auch nicht strikt an dessen Rechtsprechung gebunden, sondern hätte sie lediglich gebührend zu berücksichtigen. Die Bereitschaft zur Akzeptanz dieser Lösung durch das Vereinigte Königreich

---

[44] Statt vieler Schnyder/Sogo/*Grolimund/Bachofner*, Prot. 2 zum LugÜ 2007 Rn. 32.

[45] Amtsblatt Nr. L 339 vom 21.12.2007, S. 27.

[46] Erfasst sind auch Entscheidungen zum EuGVÜ, zum LugÜ 1988 und zur Brüssel I-VO. Problematisch ist, inwiefern die Berücksichtigungspflicht auch für Entscheidungen zur revidierten Brüssel Ia-VO gilt, dazu Basler Kommentar/*Oetiker/Weibel*, Präambel Prot. 2 zum LugÜ 2007 Rn. 2a.

[47] Ausführlich zur Reichweite der Berücksichtigungspflicht Basler Kommentar/*Oetiker/Weibel*, Art. 1 Prot. 2 zum LugÜ 2007 Rn. 4 ff.; Dasser/Oberhammer/*Domej*, Art. 1 Prot. 2 zum LugÜ 2007 Rn. 9 ff.; Schnyder/Sogo/*Grolimund/Bachofner*, Prot. 2 zum LugÜ 2007 Rn. 38 ff.

[48] *Pocar*, Erläuternder Bericht zum LugÜ 2007, in: Amtsblatt Nr. C 319 vom 23.12.2009, Rn. 196, 198; Schweizerisches BG v. 2.5.2012 – 4A_531/2011, BGE 138 III, 386 Rn. 2.6; *Kohler*, in: FS Baudenbacher 2007, S. 141, 147; Dasser/Oberhammer/*Domej*, Art. 1 Prot. 2 zum LugÜ 2007 Rn. 1; Schnyder/Sogo/*Grolimund/Bachofner*, Prot. 2 zum LugÜ 2007 Rn. 1.

[49] *Pocar*, Erläuternder Bericht zum LugÜ 2007, in: Amtsblatt Nr. C 319 vom 23.12.2009, Rn. 198; *Rühl*, NJW 2020, 443 (445).

[50] So etwa *Aikens/Dinsmore*, EBLR 27 (2016), 903 (915); *Dickinson*, ZEuP 2017, 539 (559): „viable solution"; *Rühl*, in: Armour/Eidenmüller (Hrsg.), Negotiating Brexit, S. 61, 63; *dies.*, ICLQ 67 (2018), 99 (120 f.); *dies.*, NJW 2020, 443 (445); *Pocar*, in: FS Kohler 2018, S. 419, 423; *Tang*, ELR 43 (2018), 648 (658). Beachte jedoch *Lein*, in: Leible/Terhechte (Hrsg.), Europäisches Rechtsschutz- und Verfahrensrecht, § 34 Rn. 54, welche die *Luganer Lösung* aus Sicht der Europäischen Union als unhaltbar bezeichnet. Zweifelnd ferner *Baughen*, in: Soyer/Tettenborn (Hrsg.), Maritime liabilities in a global and regional context, S. 202, 213. Kritisch zu einer solchen Lösung für Orbitrechtsakte auch *Dutta*, ZEuP 2017, 533 (536).

zeigt sich darin, dass am 8. April 2020 ein Beitrittsantrag zum LugÜ 2007 gestellt wurde.[51] Dennoch bestehen hinsichtlich der *Luganer Lösung* – insbesondere aus Sicht der Europäischen Union – auch Bedenken. In der Praxis sind die Gerichte der Vertragsstaaten des LugÜ 2007 mehrfach von der Rechtsprechung des EuGH abgewichen. Dies zeigt sich etwa bei der Analyse der Entscheidungen des Schweizerischen Gerichtshof, der zum Teil offen von der Ansicht des Gerichtshofs abweicht, teilweise aber auch gar nicht auf die abweichende Entscheidung eingeht.[52] Dadurch wird die einheitliche und kohärente Auslegung gefährdet.[53] Es ist wegen der unterschiedlichen Rechtstraditionen zu erwarten, dass auch von britischer Seite von Entscheidungen des EuGH abgewichen wird.[54] In Protokoll Nr. 2 fehlt zudem eine Sanktion für die Fälle, in denen die nationalen Gerichte entgegen Art. 1 Abs. 1 der Rechtsprechung nicht gebührend Rechnung tragen.[55] Die Einhaltung der Grundsätze liegt damit letztlich in den Händen der jeweils entscheidenden Gerichte.

c) Modifizierte Luganer Lösung

Die Schwachstellen der *Luganer Lösung* könnten durch einige Modifikationen beseitigt werden (sog. *modifizierte Luganer Lösung*).[56] Erforderlich wäre eine Verpflichtung der Gerichte, die über die gebührende Berücksichtigung der Rechtsprechung des EuGH hinaus ginge.[57] Problematisch ist allerdings, wie dies konkret umgesetzt werden kann. Das Vereinigte Königreich lehnt gerade

---

[51] Zuvor hatte sich die britische Regierung bereits positiv zu einem LugÜ 2007-Beitritt bzw. zur Luganer Lösung geäußert, vgl. *HM Government*, Enforcement and dispute resolution, Rn. 50; *dass.*, Providing a cross-border civil judicial cooperation framework, Rn. 22; *dass.*, The future relationship between the UK and the EU, Chapter 1 Rn. 128, 147. Kritisch noch *Snelling*, in: Armour/Eidenmüller (Hrsg.), Negotiating Brexit: Recognition and Enforcement of Judgments, S. 67, 69 f.

[52] *Hess*, The Unsuitability of the Lugano Convention, MPILux Research Paper 2018 (2), S. 5 f.; *ders.*, in: FS Kohler 2018, S. 179, 184 f. Vgl. ferner *Tang*, ELR 43 (2018), 648 (660 f.); *Poesen*, in: Sacco (Hrsg.), Brexit: A Way Forward, S. 255, 292 f.

[53] *Hess*, The Unsuitability of the Lugano Convention, MPILux Research Paper 2018 (2), S. 6; *ders.*, in: FS Kohler 2018, S. 179, 185.

[54] *Hess*, The Unsuitability of the Lugano Convention, MPILux Research Paper 2018 (2), S. 7 f.; *ders.*, in: FS Kohler 2018, S. 179, 185 ff. (jeweils insbesondere im Hinblick auf *antisuit injunctions*). Vgl. ferner *Poesen*, in: Sacco (Hrsg.), Brexit: A Way Forward, S. 255, 293, der davon ausgeht, dass Art. 1 Abs. 2 des Protokolls Nr. 2 zum LugÜ 2007 nicht darauf auslegt war, die Unterschiede zwischen dem *common law* und *civil law* zu überwinden.

[55] *Hess*, The Unsuitability of the Lugano Convention, MPILux Research Paper 2018 (2), S. 6; *ders.*, in: FS Kohler 2018, S. 179, 191.

[56] Dafür *Hess*, The Unsuitability of the Lugano Convention, MPILux Research Paper 2018 (2), S. 9 (allerdings ohne allzu konkrete Vorschläge). In diese Richtung auch *Tang*, ELR 43 (2018), 648 (661).

[57] *Hess*, The Unsuitability of the Lugano Convention, MPILux Research Paper 2018 (2), S. 9.

einen zu großen Einfluss des Gerichtshofs ab und wird deshalb keiner stärkeren Bindungswirkung bezüglich dessen Rechtsprechung zustimmen. Möglich wäre allerdings eine Neuverhandlungsklausel für den Fall, dass die Rechtsprechung der britischen Gerichte von der Rechtsprechung des EuGH erheblich abweicht.[58]

d) Fazit

Die Luganer Lösung hat das Potential, das Problem der Auslegungszuständigkeit des EuGH im Verhältnis zwischen der Europäischen Union und dem Vereinigten Königreich zu lösen. Obwohl sie weder aus europäischer noch aus britischer Sicht perfekt ist, wäre sie ein passender Kompromiss, um den Einfluss des EuGH und eine einheitliche Anwendung des Erstreckungsabkommens zu sichern, ohne die britischen Gerichte an die Rechtsprechung zu binden.[59] Die Schwächen der Berücksichtigungspflicht dürfen im Hinblick auf die Vorteile der Wiederanwendung der EuZVO auch nicht überbewertet werden. Jedenfalls im Zustellungsrecht sind keine besonderen Abweichungen von der Rechtsprechung des EuGH zu erwarten.[60] Es sollte auch nicht von vornherein unterstellt werden, dass das Vereinigte Königreich der Berücksichtigungspflicht nicht angemessen nachkommen werde.[61] Eine Neuverhandlungsklausel für den Fall, dass die Rechtsprechung der britischen Gerichte von der Rechtsprechung des EuGH erheblich abweicht, könnte die Verpflichtung indes nochmals absichern.[62]

---

[58] *Hess*, The Unsuitability of the Lugano Convention, MPILux Research Paper 2018 (2), S. 9 in Fn. 41.

[59] Vgl. auch *Rühl*, in: Armour/Eidenmuller (Hrsg.), Negotiating Brexit, S. 61, 63; *dies.*, NJW 2020, 443 (445).

[60] Die Bedenken für das Zuständigkeitsrechts beruhen maßgeblich auf der britischen Haltung zu *antisuit injunctions*. Im Vereinigten Königreich wird die Rechtsprechung des EuGH zur Unzulässigkeit dieser Prozessführungsverbote kritisch gesehen, dazu schon *Dutta/C. Heinze*, EuZW 2007, 489. Daher ist fraglich, ob die britischen Gerichte unter dem LugÜ 2007 bzw. einem etwaigen Erstreckungsabkommen zur Brüssel Ia-VO entgegen dieser Rechtsprechung *antisuit injunctions* zulassen würden, *Hess*, in: FS Kohler 2018, S. 179, 187 f. Vgl. auch *Dutta*, CFLQ 29 (2017), 199 (209). Dieses Problem ist jedoch für das Zustellungsrecht kaum von Bedeutung. Allenfalls könnte vorgebracht werden, dass die Zustellung von *antisuit injunctions* – anders als unter dem HZÜ – nicht verweigert werden kann, da die EuZVO keinen eingeschränkten *ordre public*-Vorbehalt vorsieht.

[61] *Kohler*, ZEuP 2021, 781 (790). Beachte für das LugÜ 2007 auch *Lein*, in: Leible/Terhechte (Hrsg.), Europäisches Rechtsschutz- und Verfahrensrecht, § 34 Rn. 39, die darauf hinweist, dass die bloße Befürchtung einer abweichenden Auslegung nicht zu Lasten der Rechtssuchenden gehen sollte.

[62] *Hess*, The Unsuitability of the Lugano Convention, MPILux Research Paper 2018 (2), S. 9 in Fn. 41.

4. Anknüpfung an das Verhältnis zu den Lugano-Staaten

a) Konkrete Bestrebungen im Zustellungsrecht

Speziell für das internationale Zustellungsrecht könnte an die Entwicklungen im Verhältnis zu den Lugano-Staaten (Schweiz, Norwegen und Island) angeknüpft werden. Zwar gibt es derzeit noch keinen speziellen völkerrechtlichen Vertrag zwischen diesen Staaten und der Europäischen Union zur Zustellung von Schriftstücken. Die Europäische Kommission empfiehlt dies allerdings bereits seit längerem, um den Zustellungsverkehr mit den Lugano-Staaten zu vereinfachen und zu beschleunigen. Ferner soll dadurch das LugÜ 2007, in dessen Rahmen die Zustellung etwa bei der Anerkennung und Vollstreckung von Entscheidungen relevant wird, effektiviert werden.[63] Ein solches Parallelübereinkommen wird auch bereits seit längerer Zeit verhandelt.[64] Indes ist immer noch kein Durchbruch erzielt worden.[65] Inhaltlich geht es primär um die Erstreckung der Regelungen der (reformierten)[66] EuZVO.[67] Denkbar sind allerdings auch gewisse inhaltliche Änderungen, der Fortgang der Verhandlungen bleibt insofern abzuwarten.

b) Ablehnende Haltung der Europäischen Union zum Beitritt des Vereinigten Königreichs zum Luganer Übereinkommen

Es wäre möglich, das Vereinigte Königreich an den Verhandlungen zum Abschluss des Parallelübereinkommens zur EuZVO zu beteiligen. Hierfür spricht, dass eine einheitliche Lösung mit den Lugano-Staaten und dem Vereinigten Königreich eine (weitere) Rechtszersplitterung vermeiden könnte. Aus praktischer Sicht ist dies allerdings nur dann denkbar, wenn das Vereinigte Königreich auch Vertragsstaat des LugÜ 2007 werden würde. Tatsächlich wurde am 8. April 2020 gegenüber dem Verwahrer des Übereinkommens, dem Schweizerischen Bundesamt, ein Beitrittsantrag gestellt.[68] Das Ersuchen und die

---

[63] *Europäische Kommission*, Bericht über die Anwendung der EuZVO 2007, COM (2013), 858 final, S. 18. Dafür auch Geimer/Schütze/*R. Geimer*, Art. 1 EuZVO Rn. 63.

[64] Begründung zum Entwurf eines Gesetzes zur Änderung von Vorschriften im Bereich des IPR und IZVR, in: BT-Drs. 18/10714, S. 17; *Mansel/Thorn/Wagner*, IPRax 2016, 1 (9); *dies.*, IPRax 2018, 121 (132); *R. Wagner*, NJW 2017, 1796 (1798); Geimer/Schütze/*R. Geimer*, Art. 1 EuZVO Rn. 63.

[65] *Mansel/Thorn/Wagner*, IPRax 2018, 121 (132); *dies.*, IPRax 2021, 105 (116); *dies.*, IPRax 2022, 97 (110); *R. Wagner*, NJW 2021, 1926 Rn. 7. Die Verhandlungen wurden zwischenzeitlich unterbrochen, *ders.*, NJW 2019, 1782 (1783); *ders.*, NJW 2020, 1864 (1866).

[66] *Mansel/Thorn/Wagner*, IPRax 2021, 105 (116); *dies.*, IPRax 2022, 97 (110).

[67] *Mansel/Thorn/Wagner*, IPRax 2016, 1 (9); *dies.*, IPRax 2018, 121 (132); *R. Wagner*, NJW 2017, 1796 (1798).

[68] Kritisch zum Beitritt aus UK-Sicht noch *Ahmed*, The nature and enforcement of choice of court agreements, S. 260; *Beaumont*, EPS 2016, 13 (15 f.).

Angaben des Vereinigten Königreichs wurden mit einem Schreiben vom 14. April 2020 an die Vertragsstaaten des LugÜ 2007 übermittelt.[69] Der Beitritt eines Einzelstaates bedarf allerdings nach Art. 70 Abs. 1 lit. c, 72 Abs. 3 S. 1 LugÜ 2007 der Zustimmung aller Vertragsparteien. Schweiz, Island und Norwegen haben dem Beitrittsersuchen jeweils zugestimmt.[70]

Die Europäische Kommission ist in ihrer Mitteilung an das Europäische Parlament und den Rat vom 4. Mai 2021 indes zu dem Ergebnis gelangt, dass die Europäische Union dem Beitritt nicht zustimmen sollte.[71] Als Begründung wird das Wesen des LugÜ 2007 als „wesentlicher Bestandteil des gemeinsamen Raums des Rechts und [...] *flankierende Maßnahme für die Wirtschaftsbeziehungen der EU zu den EFTA-/EWR-Staaten*"[72] angeführt. Island, Norwegen und die Schweiz nähmen jeweils zumindest teilweise am EU-Binnenmarkt teil und seien daher besonders eng mit der Europäischen Union verbunden.[73] Auf das Vereinigte Königreich treffe dies nach dem Brexit nicht mehr zu. Das abgeschlossene Handels- und Kooperationsabkommen sei lediglich ein „gewöhnliche[s]" Freihandelsabkommen, das keine mit dem Binnenmarkt verbundenen Grundfreiheiten und Politikbereiche umfasse. Daher fehle es an der besonderen Verbindung zur Europäischen Union.[74] Für den Bereich der justiziellen Zusammenarbeit in Zivilsachen mit (einfachen) Drittstaaten seien die Haager Übereinkommen das zutreffende Konzept.[75] Die Europäische Kommission gab dem Europäischen Parlament und dem Rat Gelegenheit zur Stellungnahme, bevor sie dem Schweizerischen Bundesamt die ablehnende Haltung mitteilen

---

[69] Notification to the Parties of the Convention on Jurisdiction and the Recognition and Enforcement of Judgments in Civil and Commercial Matters, concluded at Lugano on 30 October 2007, 612-04-04-01 – LUG 2/20, abrufbar unter: <https://www.eda.admin.ch/dam/eda/fr/documents/aussenpolitik/voelkerrecht/autres-conventions/Lugano2/200414-LUG_en.pdf>.

[70] Vgl. die Informationen auf der Webseite des Schweizerischen Bundesamtes, abrufbar unter: <https://www.bj.admin.ch/bj/de/home/wirtschaft/privatrecht/lugue-2007/brexit-auswirkungen.html>.

[71] *Europäische Kommission*, Bewertung des Ersuchens des VK zum LugÜ 2007-Beitritt, COM (2021), 222 final, S. 2, 4.

[72] *Europäische Kommission*, Bewertung des Ersuchens des VK zum LugÜ 2007-Beitritt, COM (2021), 222 final, S. 2. Zu diesem Argument auch *Fentiman*, in: Trunk/Hatzimihail (Hrsg.), EU Civil Procedure Law and Third Countries, S. 157, 170

[73] *Europäische Kommission*, Bewertung des Ersuchens des VK zum LugÜ 2007-Beitritt, COM (2021), 222 final, S. 3.

[74] *Europäische Kommission*, Bewertung des Ersuchens des VK zum LugÜ 2007-Beitritt, COM (2021), 222 final, S. 3. In diese Richtung vor Abschluss des Handels- und Kooperationsabkommens schon *Danov*, Yearbook of Private International Law 21 (2019/20), 57 (63) mit dem Hinweis, dass der Brexit die wirtschaftlichen Verbindungen zwischen der Europäischen Union und dem Vereinigten Königreich schwächen wird.

[75] *Europäische Kommission*, Bewertung des Ersuchens des VK zum LugÜ 2007-Beitritt, COM (2021), 222 final, S. 3 f.

wollte.⁷⁶ Bereits am 22. Juni 2021 unterrichte die Kommission, ohne eine Stellungnahme abzuwarten, den Verwahrer davon, dass die Europäische Union nicht in der Lage sei, die Zustimmung zu erteilen.⁷⁷

Die ablehnende Haltung war zwar zu erwarten,⁷⁸ sie ist aber aus sachlichen Gründen nicht gerechtfertigt und jedenfalls in ihrer Begründung unzutreffend.⁷⁹ Für die Annahme, dass sich das Wesen des LugÜ 2007 durch die besonderen Wirtschaftsbeziehungen der Europäischen Union zu den EFTA-/EWR-Staaten auszeichne, finden sich im Übereinkommen keinerlei Anhaltspunkte, vielmehr kann gemäß Art. 70 Abs. 1 lit. c, 72 LugÜ 2007 jeder Staat beitreten.⁸⁰ Freilich waren diese Beziehungen der zentrale Beweggrund für den Abschluss des LugÜ 2007, allerdings folgt daraus nicht zwingend, dass sie Voraussetzung für den Beitritt eines Einzelstaates sind.⁸¹ Auch der Hinweis darauf, dass es sich beim Handels- und Kooperationsabkommen zwischen der Europäischen Union und dem Vereinigten Königreich nur um ein gewöhnliches Freihandelsabkommen handle, ist unzutreffend.⁸² Die Europäische Kommission geht selbst davon aus, dass „das Handels- und Kooperationsabkommen

---

⁷⁶ *Europäische Kommission*, Bewertung des Ersuchens des VK zum LugÜ 2007-Beitritt, COM (2021), 222 final, S. 5.

⁷⁷ *Schweizerisches Bundesamt,* Notification aux Parties à la Convention concernant la compétence judiciaire, la reconnaissance et l'exécution des décisions en matière civile et commerciale, faite à Lugano le 30 octobre 2007, Département fédéral des affaires étrangères, 612-04-04-01 – LUG 4/21, abrufbar unter: <https://www.eda.admin.ch/dam/eda/fr/documents/aussenpolitik/voelkerrecht/autres-conventions/Lugano2/20210701-LUG_fr.pdf>. Kritisch zum Vorgehen der Europäischen Kommission aus dem Gesichtspunkt der Kompetenzverteilung *Kohler*, ZEuP 2021, 781 (790 f.), der auch eine Verletzung der Pflicht zur loyalen Zusammenarbeit annimmt. Ähnlich *Mansel/Thorn/Wagner*, IPRax 2022, 97 (101).

⁷⁸ *Ungerer,* European Papers 4 (2019), 395 (400); *Hau*, MDR 2021, 521 Rn. 3. Vgl. ferner *Hess*, IPRax 2016, 409 (415); *Dickinson*, ZEuP 2017, 539 (559); *Lein*, ZVerglRW 120 (2021), 1 (2). Beachte aber auch *M. Lehmann/Zetzsche,* EBLR 27 (2016), 999 (1025): „It is hard to imagine that the EU would deny such consent, given its interest in judicial cooperation with the UK".

⁷⁹ Ebenso *Basedow,* EuZW 2021, 777 (777 f.); *Kohler*, Die Retourkutsche aus Brüssel, NZZ, 1.9.2021, S. 19; *ders.,* ZEuP 2021, 781 (784 ff.); *Mansel/Thorn/Wagner*, IPRax 2022, 97 (101). Kritisch auch *Kohler/Pintens*, FamRZ 2021, 1421 (1422); *Staudinger*, DAR 2021, 421; *R. Wagner,* NJW 2022, 1861 Rn. 10 sowie die Tagung der Europäischen Gruppe für Internationales Privatrecht 2021, berichtet von *Kohler,* IPRax 2022, 422 (423 f.).

⁸⁰ *Kohler*, ZEuP 2021, 781 (784). Ferner kritisch zu dem Argument der Nähe zu den EFTA-Staaten *Fentiman*, in: Trunk/Hatzimihail (Hrsg.), EU Civil Procedure Law and Third Countries, S. 157, 170 sowie die Tagung der Europäischen Gruppe für Internationales Privatrecht 2021, berichtet von *Kohler,* IPRax 2022, 422 (423 f.).

⁸¹ *Kohler*, ZEuP 2021, 781 (784). Ähnlich *Mansel/Thorn/Wagner*, IPRax 2022, 97 (101), die davon ausgehen, dass die Europäischen Kommission damit eine Beitrittsvoraussetzung hineinliest, die das Übereinkommen gar nicht vorsieht.

⁸² *Kohler,* ZEuP 2021, 781 (784 f.).

über traditionelle Freihandelsabkommen hinaus [geht] und [...] eine solide Grundlage für die Wahrung [der] [...] langjährigen Freundschaft und Zusammenarbeit [bildet]"[83]. Der Unterschied zu den wirtschaftlichen Beziehungen zwischen der Europäischen Union und den EFTA-Staaten dürfte daher nicht so gravierend sein, dass der Beitritt zum LugÜ 2007 ausgeschlossen werden muss.[84] Das Vereinigte Königreich ist gerade kein beliebiger Drittstaat.[85] Wegen der besonderen wirtschaftlichen Verbindungen ist vielmehr eine enge Zusammenarbeit in Zivil- und Handelssachen wünschenswert, um die Nachteile des Haager Systems zu verhindern. Die Haager Übereinkommen sind schon deshalb keine Alternative zum LugÜ 2007, da derzeit kein umfassendes Abkommen zur internationalen Zuständigkeit existiert.[86] Auch das Europäische Parlament hatte zuvor bedauert, dass das Handels- und Kooperationsabkommen keine Regelungen zur justiziellen Zusammenarbeit in Zivilsachen enthält. Daher sei so schnell wie möglich eine Einigung erforderlich, insbesondere solle der Beitritt zum LugÜ 2007 sehr sorgfältig geprüft werden.[87] Zu kritisieren ist auch, dass die Europäische Kommission den Individualrechtsschutz der Bürger völlig außer Betracht lässt. Für den effektiven Rechtsschutz wäre der Beitritt des Vereinigten Königreichs zum LugÜ 2007 wünschenswert.[88]

Im Ergebnis erscheint die Begründung der Europäischen Kommission nur vorgeschoben und die ablehnende Haltung vielmehr als politische Reaktion auf den Brexit.[89] Dies ändert allerdings nichts daran, dass das Vereinigte Königreich künftig kein Vertragsstaat des LugÜ 2007 sein wird.[90] Mithin ist es

---

[83] Hinweise der Europäischen Union zum Handels- und Kooperationsabkommen zwischen der Europäischen Union und dem Vereinigten Königreich, abrufbar unter: <https://ec.europa.eu/info/strategy/relations-non-eu-countries/relations-united-kingdom/eu-uk-trade-and-cooperation-agreement_de#governance>.

[84] *Kohler*, ZEuP 2021, 781 (785).

[85] *Basedow*, EuZW 2021, 777 (778); *Kohler*, ZEuP 2021, 781 (786); *Staudinger*, DAR 2021, 421.

[86] *Basedow*, EuZW 2021, 777 (778); *Staudinger*, DAR 2021, 421; *Mansel/Thorn/Wagner*, IPRax 2022, 97 (101). Durch das HGÜ und das HAVÜ wird gerade nicht der gesamte Anwendungsbereich der Brüssel Ia-VO abgedeckt.

[87] *Europäisches Parlament*, Entschließung vom 28.4.2021, in: Amtsblatt Nr. C 506 vom 15.12.2021, S. 26 Rn. 59.

[88] *Basedow*, EuZW 2021, 777 (778); *Kohler/Pintens*, FamRZ 2021, 1421 (1422). Zu den Interessen der Bürger auch *Mansel/Thorn/Wagner*, IPRax 2021, 105 (112) sowie die Tagung der Europäischen Gruppe für Internationales Privatrecht 2021, berichtet von *Kohler*, IPRax 2022, 422 (424).

[89] So die Einschätzung von *Basedow*, EuZW 2021, 777 (778); *Kohler*, Die Retourkutsche aus Brüssel, NZZ, 1.9.2021, S. 19; *ders.*, ZEuP 2021, 781 (786); *Mansel/Thorn/Wagner*, IPRax 2022, 97 (101). Ebenso die Tagung der Europäischen Gruppe für Internationales Privatrecht 2021, berichtet von *Kohler*, IPRax 2022, 422 (423 f.).

[90] Bisher ist das Verhalten der Europäischen Kommission nicht beanstandet worden. In einer parlamentarischen Anfrage wurde lediglich nachgefragt, warum dem Vereinigten Königreich der Beitritt zum Übereinkommen verweigert wurde, während Island, Norwegen und

unwahrscheinlich, dass sich das Vereinigte Königreich an den Verhandlungen zum Parallelübereinkommen zur EuZVO zwischen der Europäischen Union und den Lugano-Staaten beteiligen wird.

5. Praktische Bedenken

Gegen die Wiederanwendung der EuZVO sprechen zudem noch weitere praktische Bedenken. Zunächst ist der Umgang mit weiteren Reformen der Verordnung problematisch. Grundsätzlich erfasst ein Erstreckungsabkommen nur die derzeit geltende Verordnung, nicht aber etwaige spätere Neufassungen.[91] Das Problem könnte indes analog zum Erstreckungsabkommen zwischen der Europäischen Union und Dänemark gelöst werden.[92] Änderungen der EuZVO sind für Dänemark zwar nicht bindend, der Staat kann allerdings der Umsetzung der Änderung zustimmen. Dabei ist eine Erklärung gegenüber der Europäischen Kommission innerhalb von 30 Tagen nach der Änderung erforderlich (Art. 3 Abs. 1–3 des Erstreckungsabkommens zur EuZVO). Wenn Dänemark die Änderung hingegen nicht umsetzen möchte oder keine rechtzeitige Mitteilung abgibt, gilt das Abkommen als beendet (Art. 3 Abs. 7 des Erstreckungsabkommens zur EuZVO). Für die EuZVO 2007[93] und die EuZVO 2020[94] ist jeweils eine fristgerechte Mitteilung erfolgt, sodass es zu einer Änderung der Abkommen gekommen ist. Die Akzeptanz einer solchen Lösung durch das Vereinigten Königreich ist indes ungewiss.[95] Ohne eine entsprechende Regelung droht jedoch die Gefahr, dass die Gerichte für das Verhältnis zum Vereinigten Königreich andere Normen anzuwenden haben als für das Verhältnis zu den EU-Mitgliedstaaten. Ein praktisches Beispiel hierfür ist das LugÜ 2007, das auf der Brüssel I-VO beruht und immer noch nicht an die reformierte Brüssel Ia-VO angepasst wurde.[96] Unklar wäre auch die Rolle des Vereinigten Königreichs bei den Verhandlungen der Reformen. Ein Mitspracherecht, das aus britischer Sicht erstrebenswert scheint, wird die Europäische Union wohl nicht

---

Schweiz Vertragspartner seien. In der Antwort hat die Europäische Kommission allerdings nur die Gründe aus der Mitteilung wiederholt. Die Anfrage und die Antwort sind abrufbar unter: <https://www.europarl.europa.eu/doceo/document/E-9-2021-004121_DE.html>. Dazu auch *Mansel/Thorn/Wagner*, IPRax 2022, 97 (101) in Fn. 74.

[91] *Rühl*, NJW 2020, 443 (445).
[92] *Masters/McRae*, J. Int'l Arb. 33 (2016), 483 (486 f.); *Tang*, ELR 43 (2018), 648 (656); *Rühl*, NJW 2020, 443 (445).
[93] Amtsblatt Nr. L 331 vom 10.12.2008, S. 21.
[94] Amtsblatt Nr. L 19 vom 21.1.2021, S. 1.
[95] *Rühl*, ICLQ 67 (2018), 99 (121); *dies.*, NJW 2020, 443 (445). Kritisch auch *Tang*, ELR 43 (2018), 648 (656). Anders aber *Masters/McRae*, J. Int'l Arb. 33 (2016), 483 (486 f.). Faktisch läuft Art. 3 des Erstreckungsabkommens zur EuZVO auf einen Umsetzungszwang hinaus, *Lein*, in: Leible/Terhechte (Hrsg.), Europäisches Rechtsschutz- und Verfahrensrecht, § 34 Rn. 51.
[96] *Rühl*, NJW 2020, 443 (445).

akzeptieren.[97] Als Kompromiss könnte dem Vereinigten Königreich eine Beobachterposition eingeräumt werden, wodurch die Teilhabe ohne Stimmrecht gesichert wäre.[98]

In jedem Fall ist die Zustimmung der Europäischen Union zu einem solchen völkerrechtlichen Vertrag erforderlich.[99] Hierfür mag zwar sprechen, dass auch die EU-Mitgliedstaaten bei Zustellungen im Vereinigten Königreich von der Wiederanwendung der EuZVO profitieren würden. Auf der anderen Seite ist aber die ablehnende Haltung der Europäischen Kommission zum LugÜ 2007-Beitritt des Vereinigten Königreichs zu beachten. Insbesondere das vorgebrachte Argument, dass das Haager System – hier in concreto das HZÜ – der richtige Anknüpfungspunkt für die Beziehung zu einfachen Drittstaaten sei,[100] spricht gegen die Zustimmung der Europäischen Union zu einem Parallelabkommen. Ferner ist zu beachten, dass die Europäische Kommission das Erstreckungsabkommen mit Dänemark als Ausnahme ansah und davon ausging, dass es sich um einen einmaligen Vorgang für einen Übergangszeitraum handle.[101] Die zweite Einschätzung hat sich zwar als unzutreffend herausgestellt, indes zeigt sich darin eine restriktive Haltung der Kommission zur Erweiterung der EU-Verordnungen auf andere Staaten. Der zentrale Unterschied im Vergleich zu Dänemark besteht zudem darin, dass das Vereinigte Königreich gerade kein Mitgliedstaat der Europäischen Union mehr ist.[102] Das Erstreckungsabkommen wurden aber primär durch das Gemeinschaftsinteresse gerechtfertigt.[103] Die justizielle Zusammenarbeit in Zivilsachen innerhalb der Europäischen Union

---

[97] *Rühl*, ICLQ 67 (2018), 99 (121); *dies.*, NJW 2020, 443 (445). Zu diesem Problem auch *Masters/McRae*, J. Int'l Arb. 33 (2016), 483 (487).

[98] *Rühl*, ICLQ 67 (2018), 99 (121); *dies.*, NJW 2020, 443 (445).

[99] Statt vieler *Masters/McRae*, J. Int'l Arb. 33 (2016), 483 (485, 487); *Rühl*, in: Armour/Eidenmüller (Hrsg.), Negotiating Brexit, S. 61, 63. Zweifelnd daher *Dickinson*, JPIL 12 (2016), 195 (210); *Sonnentag*, Die Konsequenzen des Brexits, S. 96.

[100] *Europäische Kommission*, Bewertung des Ersuchens des VK zum LugÜ 2007-Beitritt, COM (2021), 222 final, S. 3 f.

[101] *Europäische Kommission*, Vorschlag zum Abschluss eines Erstreckungsabkommens zur EuZVO, KOM (2005), 146 endg., S. 2. Auf die Anwendung anderer EU-Verordnungen konnte sich nicht geeinigt werden. Zu den Gründen *Lein*, in: Leible/Terhechte (Hrsg.), Europäisches Rechtsschutz- und Verfahrensrecht, § 34 Rn. 50.

[102] *Lein*, Yearbook of Private International Law 17 (2015/16), 33 (41); *dies.*, ZVerglRW 120 (2021), 1 (10); *dies.*, in: Leible/Terhechte (Hrsg.), Europäisches Rechtsschutz- und Verfahrensrecht, § 34 Rn. 53 (jeweils allerdings auch dazu, dass das Vereinigte Königreich anders als Dänemark alle wesentlichen EU-Verordnungen über mehrere Jahre angewendet hat). Siehe auch *Sonnentag*, Die Konsequenzen des Brexits, S. 97 f.; *Tang*, ELR 43 (2018), 648 (656). Vgl. ferner *Mankowski*, in: Leible/Terhechte (Hrsg.), Europäisches Rechtsschutz- und Verfahrensrecht, § 33 Rn. 87: „Sie [die EuZVO] ist besondere Privilegierung innerhalb eines exklusiven Clubs".

[103] *Europäische Kommission*, Vorschlag zum Abschluss eines Erstreckungsabkommens zur EuZVO, KOM (2005), 146 endg., S. 2.

beruht ferner auf dem Grundsatz des gegenseitigen Vertrauens,[104] der sich auch aus der EU-Mitgliedschaft und der Bindung an das Primär- und Sekundärrecht rechtfertigt. Das Vereinigte Königreich ist nun aber nicht mehr an das Unionsrecht gebunden (vgl. Art. 50 Abs. 3 EUV), was gegen die Erstreckung der EuZVO spricht.[105]

Diese Bedenken sind – insbesondere im Zustellungsrecht – sachlich nicht gerechtfertigt. Die Interessen der Rechtssuchenden sprechen klar für die Erstreckung der EuZVO auf das Vereinigte Königreich.[106] Zudem sollte das gegenseitige Vertrauen nicht nur deshalb ausgeschlossen sein, da ein Staat kein EU-Mitgliedstaat (mehr) ist. Vielmehr muss darauf abgestellt werden, ob das Rechtssystem auf ähnlichen Werten, Verfassungsprinzipien und Rechtsgrundsätzen beruht.[107] Das Argument, dass das Haager System das zutreffende Konzept für einfache Drittstaaten sei, mag zwar zutreffen. Allerdings ist das Vereinigte Königreich kein einfacher Drittstaat, sondern vielmehr wirtschaftlich und historisch eng mit der Europäischen Union verbunden.[108] Es war im Hinblick auf die justizielle Zusammenarbeit in Zivilsachen lange ein wichtiger und verlässlicher Partner.[109]

Allerdings ist der Europäischen Kommission zuzugestehen, dass gewichtige politische Gründe gegen die Zustimmung der Europäischen Union zu einem Parallelabkommen sprechen. Es soll nicht der Eindruck entstehen, dass ausscheidende Mitgliedstaaten die für sie vorteilhaften Aspekte beibehalten

---

[104] Speziell für die Rechtshilfe bzw. die Zustellung *Boscheinen-Duursma*, in: Trunk/Hatzimihail (Hrsg.), EU Civil Procedure and Third Countries, S. 221, 225; *Mankowski*, in: Leible/Terhechte (Hrsg.), Europäisches Rechtsschutz- und Verfahrensrecht, § 33 Rn. 87.

[105] Vgl. *Requejo*, Brexit and PIL, Over and Over, Conflict of Laws.net; *Rühl*, ICLQ 67 (2018), 99 (119); *Fentiman*, in: Trunk/Hatzimihail (Hrsg.), EU Civil Procedure Law and Third Countries, S. 157, 162. Siehe auch *Boscheinen-Duursma*, in: Trunk/Hatzimihail (Hrsg.), EU Civil Procedure and Third Countries, S. 221, 225, welche die restriktiven Ablehnungsgründe der Zustellung als Argument gegen die Erstreckung auf Drittstaaten ansieht. Wegen der engen Auslegung des Art. 13 HZÜ dürfte dies allerdings kein ausschlaggebendes Argument sein.

[106] Für die Zusammenarbeit mit Drittstaaten bei der Rechtshilfe: *Boscheinen-Duursma*, in: Trunk/Hatzimihail (Hrsg.), EU Civil Procedure and Third Countries, S. 221, 225. Generell für die justizielle Zusammenarbeit nach dem Brexit: *Carruthers*, Scots Law Times 21 (2017), 105 (108); *Mansel/Thorn/Wagner*, IPRax 2018, 121 (122).

[107] *Kohler*, ZEuP 2021, 781 (786); *Lein*, ZVerglRW 120 (2021), 1 (12). Vgl. dazu auch *M. Lehmann/Lein*, in: Ancel/d'Avout/Fernández Rozas/Goré/Jude (Hrsg.), Mélanges en l'honneur du Professeur Bertrand Ancel, S. 1093.

[108] *Basedow*, EuZW 2021, 777 (778); *Kohler*, ZEuP 2021, 781 (786); *Staudinger*, DAR 2021, 421.

[109] Dazu *Pirrung*, in: FS Müller-Graff 2015, S. 425, 430 f.; *Mansel/Thorn/Wagner*, IPRax 2017, 1; *Lein*, in: Leible/Terhechte (Hrsg.), Europäisches Rechtsschutz- und Verfahrensrecht, § 34 Rn. 53; *Staudinger*, DAR 2021, 421.

können. Es könnte von Vorteil sein, eine solche Rosinenpickerei zu verhindern,[110] auch um andere austrittswillige Mitgliedstaaten abzuschrecken.[111] Zuletzt liegt es im politischen Interesse der Europäischen Union, den Justizstandort London zu schwächen und somit die Standorte der Mitgliedstaaten zu stärken.[112]

6. Fazit

Für den deutsch-britischen Zustellungsverkehr wäre die Wiederanwendung der EuZVO die einfachste und sinnvollste Lösung. Dadurch wären wieder die bewährten Regelungen der Verordnung anwendbar und die durch den Brexit verursachten Rückschritte vollständig beseitigt. Auch der effektive Rechtsschutz der Prozessbeteiligten spricht für diese Option. Die rechtliche Umsetzung ist unproblematisch möglich, da sich an dem Erstreckungsabkommen zur EuZVO zwischen der Europäischen Union und Dänemark orientiert werden kann. Die *Luganer Lösung* zur Rolle des EuGH mag zwar einige Schwächen aufweisen, sie wäre im Ergebnis jedoch ein passender Kompromiss. Allerdings ist die Wiederanwendung der EuZVO inzwischen aus politischer Sicht sehr unwahrscheinlich.[113] Die ablehnende Haltung der Europäischen Union zum Beitritt des Vereinigten Königreichs zum LugÜ 2007 hat dies nochmals bestätigt. Es bleibt abzuwarten, ob sich die Haltung in nächster Zeit ändern wird. Wenn dies unerwarteterweise der Fall ist, sollte das Vereinigte Königreich an den Verhandlungen zum Abschluss des Parallelübereinkommens zur EuZVO mit den Lugano-Staaten beteiligt werden.

---

[110] *Dickinson*, ZEuP 2017, 539 (563); *Mansel/Thorn/Wagner*, IPRax 2018, 121 (122). Zu einer solchen Gefahr auch *Dutta*, ZEuP 2017, 533 (536 f.). Beachte allerdings auch *Fentiman*, in: Trunk/Hatzimihail (Hrsg.), EU Civil Procedure Law and Third Countries, S. 157, 170, der im Hinblick auf den Beitritt zum LugÜ 2007 keine „Rosinenpickerei" sieht, da auch die EU-Mitgliedstaaten von der Anwendung profitieren würden.

[111] *Rühl*, ICLQ 67 (2018), 99 (119).

[112] *Sonnentag*, Die Konsequenzen des Brexits, S. 96 f.; *Mansel/Thorn/Wagner*, IPRax 2018, 121 (122); *Baughen*, in: Soyer/Tettenborn (Hrsg.), Maritime liabilities in a global and regional context, S. 202, 213.

[113] Ebenso *Rühl*, NJW 2020, 443 (445); *Fentiman*, in: Trunk/Hatzimihail (Hrsg.), EU Civil Procedure Law and Third Countries, S. 157, 162 („unrealistic"); *Lein*, in: Leible/Terhechte (Hrsg.), Europäisches Rechtsschutz- und Verfahrensrecht, § 34 Rn. 54 („derzeit unmöglich"). Kritisch zuvor schon *Beaumont*, EPS 2016, 13 (15); *Dickinson*, JPIL 12 (2016), 195 (210); *Ahmed*, The nature and enforcement of choice of court agreements, S. 260. Beachte auch *Briggs*, RDIPP 2019, 261 (281 f.), der davon spricht, dass derzeit (im Juni 2019) keinerlei Interesse an dieser Lösung bestehe, da beide Seiten unsicher seien, ob sich ihre Position durch ein solches Abkommen verbessern würde. Ernüchternd sind auch die Ausführungen bei *Mansel/Thorn/Wagner*, IPRax 2023, 109 (122).

III. Aushandlung eines neuen völkerrechtlichen Vertrages

1. Überblick

Eine weitere Möglichkeit, die durch den Brexit verursachten Defizite wieder zu beseitigen, ist die Aushandlung eines neuen völkerrechtlichen Vertrages zwischen der Europäischen Union und dem Vereinigten Königreich.[114] Die britische Regierung hat bereits früh erklärt, dass sie an dem Abschluss eines Abkommens über die justizielle Zusammenarbeit in Zivilsachen mit der Europäischen Union interessiert ist.[115] In diese Richtung sind jedoch immer noch keine konkreten Schritte unternommen worden.[116] In den Verhandlungen zum Handels- und Kooperationsabkommen wurde das internationale Zivilverfahrensrecht kaum diskutiert.[117] Inhaltlich könnte ein solches Abkommen die gesamte ziviljustizielle Zusammenarbeit oder auch lediglich die Zustellung von gerichtlichen und außergerichtlichen Schriftstücken erfassen.[118] Als Grundlage für die Zustellungsregelungen würde wohl die EuZVO dienen.[119] Die Lösungsmöglichkeit weist somit einige Parallelen zur bereits diskutierten Wiederanwendung der EuZVO auf.

---

[114] Für das IZVR (jeweils ohne speziell auf die Zustellung einzugehen): *Pilich,* Maastricht J. Eur. & Comp. L. 24 (2017), 382 (395 ff.); *Rühl,* in: Armour/Eidenmüller (Hrsg.), Negotiating Brexit, S. 61, 64; *dies.,* ICLQ 67 (2018), 99 (121 ff.); *dies.,* NJW 2020, 443 (446); *Hess,* The Unsuitability of the Lugano Convention, MPILux Research Paper 2018 (2), S. 8 f.; *ders.,* in: FS Kohler 2018, S. 179, 191 f.; *Sievi,* AJP 2018, 1094 (1101); *Tang,* ELR 43 (2018), 648 (659 ff.); *Poesen,* in: Sacco (Hrsg.), Brexit: A Way Forward, S. 255, 290. Für das internationale Familienrecht: *Requejo/Amos/Miguel Asensio/Dutta/Harper,* The Future Relationship between the UK and the EU in the field of family law, S. 29 ff. Für das IPR: *M. Lehmann/D'Souza,* JIBFL 32 (2017), 101. Siehe auch *Schuhmacher,* ZIP 2016, 2050 (2055): „[I]st zu erwarten, dass zwischen der EU und dem Vereinigten Königreich bilaterale Völkerverträge und/oder die Zustellung regelnde bilaterale Rechtshilfeabkommen abgeschlossen werden". Vgl. ferner für das Insolvenzrecht *Paulus,* EuZW 2021, 238 (240).

[115] *HM Government,* The future relationship between the UK and the EU, Chapter 1 Rn. 128, 148 (wobei das internationale Zustellungsrecht allerdings nicht ausdrücklich als Inhalt genannt wird); *dass.,* Providing a cross-border civil judicial cooperation framework, Rn. 10, 18.

[116] Vgl. auch *Briggs,* RDIPP 2019, 261 (282 f.), der die Aussage der britischen Regierung für eine leere Worthülse hält, die keiner ernst nehmen sollte. Es gebe keine Anzeichen, dass in oder außerhalb der Regierung an einer solchen Lösung gearbeitet werde.

[117] *Mansel/Thorn/Wagner,* IPRax 2021, 105 (112).

[118] Für ein Abkommen, welches das gesamte IZVR erfasst etwa *Hess,* The Unsuitability of the Lugano Convention, MPILux Research Paper 2018 (2), S. 8 f.

[119] Vgl. *Tang,* ELR 43 (2018), 648 (660). Beachte aber auch *Hess,* in: FS Kohler 2018, S. 179, 191 gegen eine vorschnelle Übertragung der Regelungen der EU-Verordnungen.

2. Vor- und Nachteile

Der Vorteil besteht indes darin, dass von den Regelungen der Verordnung abgewichen und damit den besonderen Bedürfnissen der Vertragsstaaten Rechnung getragen werden kann.[120] Das Vereinigte Königreich steht etwa der Vorschrift zum Zustellungsdatum (Art. 9 EuZVO 2007) kritisch gegenüber, da diese nicht hinreichend klar sei und deshalb offen sei, wie sie in der Praxis angewendet werden soll.[121] Auf der anderen Seite könnte die Europäische Union dem Vereinigten Königreich bestimmte Regelungen verwehren, die in besonderer Weise auf dem Grundsatz des gegenseitigen Vertrauens beruhen und daher über das Verhältnis zu Drittstaaten hinausgehen (beispielsweise die neu eingeführten Regelungen zur Digitalisierung).[122]

Dies zeigt allerdings auch die Nachteile der Lösung. Zunächst wäre die Aushandlung eines neuen völkerrechtlichen Vertrages deutlich zeitaufwändiger als die Aushandlung eines „schlichten" Erstreckungsabkommens.[123] Wenn beide Positionen hinreichend berücksichtigt werden sollen und dadurch einige Änderungen erforderlich werden, dürfte dies einen längeren Zeitraum in Anspruch nehmen. Problematisch wäre auch hier die Rolle des EuGH.[124] Es müsste ein Kompromiss gefunden werden, wobei sich ebenfalls an der *Luganer Lösung* bzw. einer *modifizierten Luganer Lösung* orientiert werden könnte. Zusätzlich würden Probleme bei weiteren Reformen des europäischen Zustellungsrechts entstehen. Das Vereinigte Königreich nähme hieran von vornherein nicht teil, vielmehr wäre eine erneute (zeitaufwändige) Verhandlung zur Änderung des völkerrechtlichen Vertrages erforderlich.[125] Zuletzt würde das Zustellungsrecht

---

[120] Vgl. *Pilich,* Maastricht J. Eur. & Comp. L. 24 (2017), 382 (397 f.); *Rühl,* in: Armour/Eidenmüller (Hrsg.), Negotiating Brexit, S. 61, 64; *dies.,* ICLQ 67 (2018), 99 (122); *Hess,* in: FS Kohler 2018, S. 179, 191.

[121] Angaben von England und Wales, Schottland und Nordirland zu Art. 8 Abs. 3 und Art. 9 Abs. 2 EuZVO 2007, in: Europäische Kommission (Hrsg.), Europäischer Gerichtsatlas, e-justice.europa.eu.

[122] Vgl. allgemein *Rühl,* ICLQ 67 (2018), 99 (122).

[123] *Masters/McRae,* J. Int'l Arb. 33 (2016), 483 (495); *Rühl,* in: Armour/Eidenmüller (Hrsg.), Negotiating Brexit, S. 61, 64; *dies.,* ICLQ 67 (2018), 99 (122). Zu den Schwierigkeiten einer solchen Verhandlung (im Hinblick auf das Zuständigkeits- sowie das Anerkennungs- und Vollstreckungsrecht) auch *Poesen,* in: Sacco (Hrsg.), Brexit: A Way Forward, S. 255, 290. In Bezug das Familienrecht siehe *Requejo/Amos/Miguel Asensio/Dutta/Harper,* The Future Relationship between the UK and the EU in the field of family law, S. 29 f.

[124] *Pilich,* Maastricht J. Eur. & Comp. L. 24 (2017), 382 (398); *Rühl,* in: Armour/Eidenmüller (Hrsg.), Negotiating Brexit, S. 61, 64; *dies.,* ICLQ 67 (2018), 99 (122 f.); *dies.,* NJW 2020, 443 (446); *Tang,* ELR 43 (2018), 648 (660 f.); *Poesen,* in: Sacco (Hrsg.), Brexit: A Way Forward, S. 255, 290. Aus Sicht des Primärrechts *Hess,* in: FS Kohler 2018, S. 179, 191 f.

[125] *Requejo/Amos/Miguel Asensio/Dutta/Harper,* The Future Relationship between the UK and the EU in the field of family law, S. 31 (für das Familienrecht). Zur Versteinerungsgefahr bei Orbitrechtsakten *Dutta,* ZEuP 2017, 533 (537).

durch den neuen Vertrag aus Sicht der EU-Mitgliedstaaten noch komplizierter und zersplitterter werden.[126] Die Wiederanwendung der EuZVO erscheint daher für die Europäische Union vorzugswürdig. Jedenfalls wäre es sinnvoll, dass für das Verhältnis zum Vereinigten Königreich dieselben Vorschriften wie für das Verhältnis zu den Lugano-Staaten gelten.[127]

3. Praktische Bedenken

Aus praktischer Sicht erscheint diese Lösungsmöglichkeit inzwischen nicht mehr besonders wahrscheinlich,[128] da eine Einigung zwischen der Europäischen Union und dem Vereinigten Königreich erforderlich wäre. Dabei bestehen jedoch dieselben Bedenken, die auch gegen die Wiederanwendung der EuZVO sprechen. Die Europäische Union hat inzwischen bereits den Beitritt des Vereinigten Königreichs zum LugÜ 2007 abgelehnt. Die von der Europäischen Kommission diesbezüglich angeführten Gründe können zum Teil auch gegen einen speziellen bilateralen Vertrag angeführt werden.[129] Insbesondere wird das Vereinigte Königreich nun als einfacher Drittstaat angesehen und deshalb als zutreffende Lösung für die justizielle Zusammenarbeit in Zivilsachen auf das Haager System verwiesen.[130] Auch die dahinterstehenden politischen Bedenken – insbesondere die Verhinderung einer Rosinenpickerei – sprechen gegen den Abschluss eines speziellen Abkommens. Bei dieser Lösung müsste ferner in besonderer Weise den britischen Interessen und Rechtstraditionen Rechnung getragen werden. Für die Europäischen Union bedeutet dies im Ergebnis noch mehr Kompromisse, was aus politischer Sicht unhaltbar erscheint. Daher ist nicht zu erwarten, dass die Europäische Union in Verhandlungen zu einem neuen völkerrechtlichen Vertrag eintreten wird.

---

[126] Vgl. *Rühl,* ICLQ 67 (2018), 99 (123); *dies.,* NJW 2020, 443 (446), jeweils für das Zuständigkeits- sowie das Anerkennungs- und Vollstreckungsrecht. Ähnlich *Dickinson,* ZEuP 2017, 539 (559).

[127] Freilich unter der Prämisse, dass überhaupt eine Einigung im Verhältnis zu den Lugano-Staaten erreicht wird.

[128] *Lein,* ZVerglRW 120 (2021), 1 (2): „Derzeit gibt es keine Anzeichen dafür".

[129] Dies gilt natürlich nicht für das Argument der besonderen Natur des LugÜ 2007 als flankierende Maßnahme für die Wirtschaftsbeziehungen der Europäischen Union zu den EFTA-/EWR-Staaten. Ein neues Abkommen mit dem Vereinigten Königreich wäre nicht durch diese Wirtschaftsbeziehung geprägt, sondern vielmehr durch die besondere Verbindung zum Vereinigten Königreich.

[130] *Europäische Kommission,* Bewertung des Ersuchens des VK zum LugÜ 2007-Beitritt, COM (2021), 222 final, S. 3 f.

B. Multilateraler Lösungsansatz: Reform des Haager Zustellungsübereinkommens

Zur Abschwächung der durch den Brexit verursachten Rückschritte wird für das internationale Privat- und Zivilverfahrensrecht auch die Ratifikation bestehender völkerrechtlicher Verträge diskutiert.[131] Dies betrifft etwa das LugÜ 2007 und das HGÜ, die von der Europäischen Union als Vertragsstaat gezeichnet wurden und an die das Vereinigte Königreich deshalb nach dem Brexit nicht mehr gebunden ist (vgl. Art. 50 Abs. 3 EUV).[132] Inzwischen ist das Vereinigte Königreich mit Wirkung zum 1. Januar 2021 ein eigenständiger Vertragsstaat des HGÜ geworden.[133] Zudem wurde ein Antrag für den Beitritt zum LugÜ 2007 gestellt, wobei die Europäische Union allerdings – wie bereits gesehen – ihre Zustimmung hierzu verweigert hat. Zuletzt ist auch der Beitritt zum neuen HAVÜ möglich.[134]

Für das internationale Zustellungsrecht ist die Ratifikation bestehender völkerrechtlicher Verträge allerdings nicht von Bedeutung. Das Vereinigte Königreich und alle EU-Mitgliedstaaten sind bereits Vertragsstaaten des HZÜ,

---

[131] Siehe dazu etwa *Lein,* Yearbook of Private International Law 17 (2015/16), 33 (39 f.); *Masters/McRae,* J. Int'l Arb. 33 (2016), 483 (488 ff.); *dies.,* The Lawyer 31 (2017), Issue 10, 15; *Carruthers,* Scots Law Times 21 (2017), 105 (108 ff.); *Rühl,* in: Armour/Eidenmüller (Hrsg.), Negotiating Brexit, S. 61, 65; *dies.,* ICLQ 67 (2018), 99 (125 ff.); *dies.,* NJW 2020, 443 (447); *Sonnentag,* Die Konsequenzen des Brexits, S. 85 ff., 89 ff.; *Tang,* ELR 43 (2018), 648 (664 f.); *Sievi,* AJP 2018, 1094 (1101 ff.); *Baughen,* in: Soyer/Tettenborn (Hrsg.), Maritime liabilities in a global and regional context, S. 202, 211 f.; *Ungerer,* European Papers 4 (2019), 395 (399 ff.). Zur Verlagerung der justiziellen Zusammenarbeit mit dem Vereinigten Königreich auf die Übereinkommen der Haager Konferenz auch *Mansel/Thorn/Wagner,* IPRax 2023, 109 (122).

[132] Statt vieler *Masters/McRae,* The Lawyer 31 (2017), Issue 10, 15; *Lein,* Yearbook of Private International Law 17 (2015/16), 33 (39 f.); *dies.,* in: Leible/Terhechte (Hrsg.), Europäisches Rechtsschutz- und Verfahrensrecht, § 34 Rn. 27. Siehe allgemein zu den Auswirkungen des Brexits auf völkerrechtliche Verträge *Voland,* ZaöRV 79 (2019), 1 (8 f.).

[133] Dazu *Mansel/Thorn/Wagner,* IPRax 2021, 105 (112); *Tretthahn-Wolski/Förstel-Cherng,* ÖJZ 2021, 708; *R. Wagner,* IPRax 2021, 2 (8).

[134] Vgl. *Tretthahn-Wolski/Förstel-Cherng,* ÖJZ 2021, 708 (709); *Mansel/Thorn/Wagner,* IPRax 2023, 109 (124). Die Europäische Union hat am 29.8.2022 ihre Beitrittserklärung hinterlegt. Nachdem auch die Ukraine das Übereinkommen ratifiziert hat, wird dieses am 1.9.2023 in Kraft treten, dazu *Mansel/Thorn/Wagner,* IPRax 2023, 109 (124). Weiterhin wurde der Vertrag von Costa Rica, Israel, Uruguay, Montenegro, Nordmazedonien, der USA und der Russischen Föderation unterzeichnet, vgl. die Liste auf der Webseite der Haager Konferenz, abrufbar unter: <https://www.hcch.net/de/instruments/conventions/status-table/?cid=137>. Ausführlich zum Hintergrund und Inhalt des Übereinkommens: *Jacobs,* Haager Anerkennungs- und Vollstreckungsübereinkommen; *Schack,* IPRax 2020, 1; *A. Stein,* IPRax 2020, 197; *Schack,* ZEuP 2023, 285 (mit beachtlicher Kritik).

sodass insofern kein Handlungsbedarf besteht.¹³⁵ Der deutsch-britische Zustellungsverkehr könnte jedoch durch eine Reform des HZÜ verbessert werden,¹³⁶ sodass dieser multilaterale Lösungsansatz näher untersucht wird.

I. Bisherige Bestrebungen und Vorteile

Das HZÜ ist eines der erfolgreichsten Haager Übereinkommen auf dem Gebiet des internationalen Zivilverfahrensrechts.¹³⁷ Die Haager Konferenz für Internationales Privatrecht hat seit dem Jahr 1965 mehrere Schritte unternommen, um eine einheitliche Anwendung des HZÜ zu sichern und möglichst viele Staaten zum Beitritt zu bewegen. Das Ständige Büro hat etwa erläuternde Dokumente veröffentlicht, Anfragen der Vertragsstaaten beantwortet und weitere Aktivitäten zur Förderung des Übereinkommens unternommen.¹³⁸ Zudem wurde die praktische Anwendung in den Jahren 1977, 1989, 2003, 2009 und 2014 von einer Expertenkommission überprüft. Die Schlussfolgerungen und Empfehlungen sind auf der Webseite der Haager Konferenz verfügbar.¹³⁹ Ferner hat der Rat das Ständige Büro im März 2019 damit beauftragt, an der Entwicklung eines elektronischen Systems für das HZÜ und das HBÜ zu arbeiten.¹⁴⁰ Daraufhin fand am 11. Dezember 2019 eine Fachtagung über die Digitalisierung des Zustellungsübereinkommens statt.¹⁴¹ Allerdings ist bislang keine Reform des HZÜ erfolgt. Dessen Regelungen entsprechen daher – insbesondere im Hinblick auf den Einsatz moderner Technologien¹⁴² – nicht mehr dem aktuellen Stand der Entwicklungen des internationalen Zustellungsrechts.¹⁴³

---

¹³⁵ Am 12.9.2020 ist das HZÜ in Österreich und damit auch im letzten EU-Mitgliedstaat in Kraft getreten, vgl. Bekanntmachung über den Geltungsbereich des Haager Übereinkommens über die Zustellung gerichtlicher und außergerichtlicher Schriftstücke im Ausland in Zivil- oder Handelssachen vom 1.4.2021, BGBl. 2021 II, S. 319. Dazu auch *C. Fink/Otti*, Zak 2020, 368; *Fucik*, ÖRZ 2020, 175.

¹³⁶ Vgl. auch *Hess*, IPRax 2016, 409 (415).

¹³⁷ *Richard/Hess*, in: John/Gulati/Köhler (Hrsg.), The Elgar companion to the Hague Conference on PIL, S. 288, 290. Vgl. auch *Basedow*, RabelsZ 82 (2018), 922 (926).

¹³⁸ *HCCH*, Practical Handbook, 2016, Rn. 101. Dazu auch *Richard/Hess*, in: John/Gulati/Köhler (Hrsg.), The Elgar companion to the Hague Conference on PIL, S. 288, 289 f.

¹³⁹ Abrufbar unter: <https://www.hcch.net/de/instruments/conventions/publications1/?dtid=2&cid=17>.

¹⁴⁰ *Mansel/Thorn/Wagner*, IPRax 2020, 97 (126).

¹⁴¹ *Mansel/Thorn/Wagner*, IPRax 2020, 97 (126); *dies.*, IPRax 2021, 105 (137). Vgl. dazu auch das E-Book zur Tagung, *HCCH* (Hrsg.), a|Bridged Edition 2019: The HCCH Service Convention in the Era of Electronic and Information Technology.

¹⁴² *Richard/Hess*, in: John/Gulati/Köhler (Hrsg.), The Elgar companion to the Hague Conference on PIL, S. 288, 295, 297.

¹⁴³ So auch *Stroschein*, Parteizustellung im Ausland, S. 263 f.; *Nagel/Gottwald*, IZPR, Rn. 8.95; *Rass-Masson*, in: John/Gulati/Köhler (Hrsg.), The Elgar companion to the Hague Conference on PIL, S. 150, 157.

Inzwischen ist dementsprechend die Zeit für eine Reform des HZÜ gekommen.[144] Der Fokus sollte dabei auf der Digitalisierung des Übereinkommens liegen.[145] Neben dem Ausbau der elektronischen Kommunikation zwischen den zuständigen Stellen ist auch die ausdrückliche Regelung einer elektronischen Direktzustellung wünschenswert. Allerdings kann Art. 19 EuZVO 2020 hier nur bedingt als Grundlage herangezogen werden, da kein Haager Übereinkommen existiert, das die Voraussetzungen für elektronische Zustellungsdienste enthält.[146] Für die sonstigen Aspekte jenseits der Digitalisierung (z.B. die Sprachenfrage und die unmittelbaren Zustellungswege) können die Entwicklungen der EuZVO indes als Vorbild dienen. Erforderlich ist insbesondere die Abschaffung der Widerspruchsmöglichkeiten und eine Änderung der Regelung zur Übersetzungsfrage. Von zentraler Bedeutung ist ferner die Verbesserung und Beschleunigung des Zustellungsweges über die ausländischen Rechtshilfebehörden.

Ein zentraler Vorteil der Reform des HZÜ ist, dass nicht nur der Zustellungsverkehr mit dem Vereinigten Königreich, sondern auch mit vielen weiteren Drittstaaten nachhaltig verbessert werden könnte. Zudem ist keine Einigung zwischen der Europäischen Union und dem Vereinigten Königreich erforderlich. Jedoch würde die Europäische Union im Rahmen ihrer Außenkompetenz die Verhandlungen und die Unterzeichnung des reformierten Zustellungsübereinkommens übernehmen.[147]

II. Nachteile und praktische Bedenken

Hinsichtlich einer etwaigen Reform des HZÜ sind noch keine konkreten Schritte unternommen worden. Es ist auch nicht zu erwarten, dass der Brexit hierfür einen entscheidenden Impuls setzen wird.[148] Das Vereinigte Königreich hat zwar erklärt, dass es beabsichtigt, auch nach dem Brexit ein aktives und führendes Mitglied der Haager Konferenz zu bleiben.[149] Erforderliche Reformen wurden aber nicht angesprochen. Zudem sind die Auswirkungen des

---

[144] Ebenso *Stroschein*, Parteizustellung im Ausland, S. 263 f.; *Richard/Hess*, in: John/Gulati/Köhler (Hrsg.), The Elgar companion to the Hague Conference on PIL, S. 288, 297; *Rass-Masson*, in: John/Gulati/Köhler (Hrsg.), The Elgar companion to the Hague Conference on PIL, S. 150, 157.

[145] Vgl. auch *Hau*, in: Basedow/Rühl/Ferrari/Miguel Asensio (Hrsg.), Encyclopedia of private international law, S. 1628, 1633.

[146] *Heindler*, in: John/Gulati/Köhler (Hrsg.), The Elgar companion to the Hague Conference on PIL, S. 428, 433.

[147] Allgemein zur Rolle der Europäischen Union in der Haager Konferenz *Bischoff*, ZEuP 2008, 334; *Basedow*, IPRax 2017, 194 (196 ff.).

[148] Positiver noch *Hess*, IPRax 2016, 409 (415).

[149] *HM Government*, Providing a cross-border civil judicial cooperation framework, Rn. 21 f. Zur Rolle des Vereinigten Königreichs Post-Brexit auch *Crawford/Carruthers*, European Papers 3 (2018), 183 (200 ff.).

Brexits auf das internationale Zustellungsrecht im Vereinigten Königreich nur selten thematisiert worden. Der Fokus liegt stattdessen auf anderen Teilgebieten, z.B. der Zuständigkeit und der Anerkennung- und Vollstreckung von gerichtlichen Entscheidungen.[150] Immerhin ist für die erste Hälfte des Jahres 2023 wieder eine Expertenkommission zum Zustellungsübereinkommen geplant.[151] Es bleibt zu hoffen, dass hier der Bedarf für die Neufassung des HZÜ festgestellt wird.

Jedenfalls wird sich die Reform nicht schnell und einfach erreichen lassen.[152] Bei der Verhandlung des Übereinkommens könnten sich einige inhaltliche Streitpunkte ergeben. Die Abschaffung der Widerspruchsmöglichkeiten ist erforderlich, um eine einheitliche Anwendung des HZÜ zu gewährleisten und den Zustellungsvorgang zu beschleunigen.[153] Auf der anderen Seite widerspricht dieser Schritt dem Souveränitätsverständnis, das dem Übereinkommen bislang zugrunde liegt und von vielen Vertragsstaaten geteilt wird.[154] Es droht daher, dass auch nach der Reform noch Vorbehalte möglich sein werden oder dass sich einige bisherige Vertragsstaaten nicht an der Reform beteiligen. Auch die Einführung der elektronischen Direktzustellung dürfte sich schwieriger gestalten als innerhalb der Europäischen Union. Die Entwicklungen in den nationalen Rechtsordnungen sind bislang sehr unterschiedlich ausgeprägt.[155] Zudem fehlt – wie gesehen – ein Rechtsakt der Haager Konferenz, der die Anforderungen für elektronische Zustellungsdienste regelt.[156] Eine Umsetzung ohne Widerspruchsvorbehalt dürfte daher derzeit nicht möglich sein. Insgesamt wird sich selbst bei einer Reform kein Ergebnis erreichen lassen, das mit der EuZVO

---

[150] Vgl. etwa *HM Government*, The future relationship between the UK and the EU, Chapter 1 Rn. 128, 148. Dort werden nur die Zuständigkeit und die Anerkennung und Vollstreckung von gerichtlichen Entscheidungen als Inhalt eines etwaigen bilateralen Vertrages zwischen der Europäischen Union und dem Vereinigten Königreich angesprochen. Auch im britischen Schrifttum wird die Zustellung allenfalls am Rande behandelt. Siehe etwa *Briggs*, RDIPP 2019, 261 (282), der für das Zustellungsrecht allerdings keinen Handlungsbedarf sieht. Konkreten Handlungsbedarf sieht aber die *Bar Council Brexit Working Group*, The Brexit Papers No. 4, Rn. 19 f., die sich für den Abschluss eines Abkommens ausspricht. Die Reform des HZÜ wird indes nicht diskutiert.

[151] *Mansel/Thorn/Wagner*, IPRax 2022, 97 (138).

[152] So auch *Stroschein*, Parteizustellung im Ausland, S. 263. Vgl. generell für Reformen der Haager Übereinkommen *Dutta*, ZEuP 2017, 533 (538).

[153] *Stroschein*, Parteizustellung im Ausland, S. 264.

[154] *Stroschein*, Parteizustellung im Ausland, S. 264.

[155] Für die EU-Mitgliedstaaten *M. Stürner*, in: Weller/Wendland (Hrsg.), Digital Single Market, S. 191, 192; *Knöfel*, RIW 2021, 473 (480); *Sujecki*, EuZW 2021, 286 (289 f.). Dazu auch *Tauber*, DuD 2011, 774.

[156] *Heindler*, in: John/Gulati/Köhler (Hrsg.), The Elgar companion to the Hague Conference on PIL, S. 428, 433.

vergleichbar ist.¹⁵⁷ Nach der Verhandlung des Übereinkommens müsste dieses auch noch von den interessierten Staaten unterzeichnet und ratifiziert werden, wodurch ein weiterer Zeitverlust eintreten würde. Die Auswirkungen des Brexits wären daher im deutsch-britischen Zustellungsverkehr noch mehrere Jahre zu spüren.

C. Perspektiven im Verhältnis zwischen Deutschland und dem Vereinigten Königreich

Die Umsetzung der bisher diskutierten Lösungsmöglichkeiten ist in nächster Zeit sehr unwahrscheinlich, sodass das bilaterale Verhältnis zwischen der Bundesrepublik Deutschland und dem Vereinigten Königreich den geeigneten Anknüpfungspunkt zur Verbesserung des deutsch-britischen Zustellungsverkehr darstellen könnte. In Betracht kommt primär der Abschluss eines neuen Abkommens bzw. die Reform des deutsch-britischen Rechtshilfeabkommens (I.). Eine besonders unkomplizierte Lösung ist die Änderung der Haltung zu bestimmten Vorschriften des HZÜ (II.).

I. Abschluss eines neuen bilateralen Abkommens

Der Abschluss eines neuen Abkommens¹⁵⁸ (bzw. die Reform des deutsch-britischen Rechtshilfeabkommens) hat zweifelsohne den Vorteil, dass keine Beteiligung der Europäischen Union erforderlich ist. Die kritische Haltung der Europäischen Kommission zum LugÜ 2007-Beitritt des Vereinigten Königreichs, die auch gegen andere europäische Lösungen spricht, ist hier also irrelevant. Die Ausarbeitung des Abkommens ließe sich wohl auch einfacher und schneller erreichen als die Reform des HZÜ oder die Ausarbeitung eines neuen Abkommens mit der Europäischen Union. Es ist allerdings auch zu beachten, dass das veraltete deutsch-britische Rechtshilfeabkommen kaum eine taugliche Grundlage darstellt, sodass eine vollkommene inhaltliche Erneuerung und eine Anpassung an die Lehren des modernen Zustellungsrechts erforderlich wären. Der hierfür erforderliche Zeitaufwand darf ebenfalls nicht unterschätzt werden.¹⁵⁹ Eine Orientierung an den Regelungen der EuZVO erscheint jedoch möglich und sinnvoll. Für eine solche Lösung spricht auch, dass auf die

---

¹⁵⁷ Vgl. zu einem ähnlichen Argument *Lein*, Yearbook of Private International Law 17 (2015/16), 33 (40), die für das „*Hague Judgments Project*" davon ausgeht, dass wegen dem größeren räumlichen Anwendungsbereich weniger liberale Vollstreckungsregeln zu erwarten sind.

¹⁵⁸ Zur Möglichkeit des Abschlusses bilateraler Verträge auch *Masters/McRae*, J. Int'l Arb. 33 (2016), 483 (495); *Tang*, ELR 43 (2018), 648 (662 f.).

¹⁵⁹ Vgl. allgemein auch *Masters/McRae*, J. Int'l Arb. 33 (2016), 483 (495).

spezifischen Bedürfnisse im deutsch-britischen Rechtsverkehr eingegangen werden könnte.[160]

Fraglich ist allerdings, ob die ausschließliche EU-Außenkompetenz dem Abschluss eines bilateralen Vertrages zwischen Deutschland und dem Vereinigten Königreich entgegensteht.[161] Inzwischen ist die Außenkompetenz der Europäischen Union in Art. 3 Abs. 2, 216 Abs. 1 AEUV niedergelegt.[162] Um zu ermitteln, ob die Europäische Union für den Abschluss von völkerrechtlichen Verträgen mit Drittstaaten die ausschließliche oder lediglich die konkurrierende Zuständigkeit innehat, ist zunächst der konkrete Sekundärrechtsakt zu untersuchen.[163] Selbst bei einer ausschließen Zuständigkeit können die Mitgliedstaaten unter den (strengen) Voraussetzungen der Verordnung (EG) Nr. 662/2009 und der Verordnung (EG) Nr. 664/2009 mit Drittstaaten bestehende Abkommen ändern oder neue Abkommen schließen. Für das Zustellungsrecht ist indes zu beachten, dass die EuZVO die Rechtshilfe nur im Verhältnis zu anderen Mitgliedstaaten, nicht aber zu Drittstaaten regelt.[164] Die Europäische Union ist ferner kein eigener Vertragsstaat des HZÜ. Deshalb besteht im Zustellungsrecht eine konkurrierende Zuständigkeit.[165] Den EU-Mitgliedstaaten steht es daher frei, mit Drittstaaten Abkommen zur Erleichterung des Zustellungsverkehrs zu schließen.[166] Die EU-Außenkompetenz steht daher derzeit dem Abschluss eines neuen bilateralen Vertrages zwischen Deutschland und dem Vereinigten Königreich nicht entgegen. Es wären indes die Gemeinschaftsbelange der Europäischen Union zu berücksichtigen (Art. 4 Abs. 3 EUV).[167]

Trotzdem ist die Umsetzung dieser Lösungsmöglichkeit sehr unwahrscheinlich. Zunächst ist nicht zu erwarten, dass Deutschland eine Individuallösung ohne die Beteiligung seiner europäischen Partner anstrebt. Dies bestätigt die

---

[160] Vgl. *Tang*, ELR 43 (2018), 648 (662), allerdings weder zur Zustellung noch zum deutsch-britischen Rechtsverkehr.

[161] Zu diesem Problem etwa *Masters/McRae*, J. Int'l Arb. 33 (2016), 483 (495); *Tang*, ELR 43 (2018), 648 (662 f.), jeweils für das Zuständigkeits- sowie das Anerkennungs- und Vollstreckungsrecht.

[162] Zur Entwicklung und Reichweite der Außenkompetenz EuGH v. 31.3.1971 – Rs. C-22/70 *(AETR)*, EuR 1971, 242; v. 7.2.2006 *(Gutachten 1/03)*, BeckEuRS 2006, 421995.

[163] Streinz/*Leible*, Art. 81 AEUV Rn. 57.

[164] Statt vieler *Mankowski*, in: Leible/Terhechte (Hrsg.), Europäisches Rechtsschutz- und Verfahrensrecht, § 33 Rn. 87 f.

[165] *Hess*, EuZPR, Rn. 2.78.

[166] *Hess*, in: Fuchs/Muir-Watt/Pataut (Hrsg.), Les conflits de lois et le système juridique communautaire, S. 81, 98 f. Vgl. auch *Mankowski*, in: Leible/Terhechte (Hrsg.), Europäisches Rechtsschutz- und Verfahrensrecht, § 33 Rn. 88: „sie [(die EuZVO)] verbietet aber auch nicht, den Inhalt von EU-Regeln qua nationaler Entscheidung auch auf die Zustellung aus Drittstaaten zu erstrecken".

[167] *Hess*, EuZPR, Rn. 2.78 in Fn. 572.

Antwort der früheren Bundesregierung auf die Kleine Anfrage der FDP zur Justiziellen Zusammenarbeit in Zivilsachen mit dem Vereinigten Königreich nach dem Brexit. Für die grenzüberschreitende Zustellung von Schriftstücken im deutsch-britischen Rechtsverkehr wird auf das HZÜ und das deutsch-britische Rechtshilfeabkommen verwiesen.[168] Bei den Fragen zu zukünftigen Maßnahmen wird nicht auf das Zustellungsrecht eingegangen, sodass die Bundesregierung hier wohl keinen Reformbedarf gesehen hat. Insgesamt wird für die Zukunft nur die Prüfung des Beitrittsantrags zum LugÜ 2007 angesprochen, weitere bilaterale oder europäische Maßnahmen werden nicht diskutiert.[169] Dies bestätigt die zuvor vom Parlamentarischen Staatssekretär *Christian Lange* am 26. Januar 2021 getroffene Aussage, dass die Bundesregierung bezüglich des Zustellungsrechts „keinen Bedarf für ergänzende völkerrechtliche Vereinbarungen mit dem Vereinigten Königreich"[170] sieht. Dass der Regierungswechsel zu einer Änderung dieser Einschätzung geführt hat, ist nicht ersichtlich.

Zudem würde der Abschluss eines neuen Abkommens mit dem Vereinigten Königreich zu einer weiteren Zersplitterung des Zustellungsrechts führen. Es könnte zwar überlegt werden, die zahlreichen ehemaligen Commonwealth-Gebiete, auf die das deutsch-britische Rechtshilfeabkommen erweitert wurde,[171] zu beteiligen. Dies würde die Aushandlung des Vertrages allerdings erheblich erschweren, da auch auf die Bedürfnisse dieser Staaten eingegangen werden müsste.

Insgesamt sind bilaterale Rechtshilfeverträge in Deutschland seit der Ratifikation des HZÜ aus der Mode gekommen. Nach dem deutsch-marokkanischen Rechtshilfevertrag[172], der am 23. Juni 1994 in Kraft getreten ist,[173] ist von der Bundesrepublik kein derartiger völkerrechtlicher Vertrag mehr geschlossen worden. Dabei ist auch zu beachten, dass Marokko zum Zeitpunkt der

---

[168] Antwort der Bundesregierung auf die Kleine Anfrage vom 10.2.2021, in: BT-Drs. 19/27550, S. 3, 5 (Fragen 8 und 13).
[169] Antwort der Bundesregierung auf die Kleine Anfrage vom 10.2.2021, in: BT-Drs. 19/27550, S. 5 f. (Fragen 12, 16 und 18). Freilich war bereits die Fragestellung auf Maßnahmen in Kooperation mit den europäischen Partnern beschränkt.
[170] Schriftliche Fragen mit den in der Woche vom 25.1.2021 eingegangenen Antworten der Bundesregierung, in: BT-Drs. 19/26311, S. 67.
[171] Geimer/Schütze/Hau (Hrsg.), Internationaler Rechtsverkehr, Rn. 520.3 ff.; *Linke/Hau*, IZVR, Rn. 8.24.
[172] Zum Inhalt des Vertrages: Denkschrift zum deutsch-marokkanischen Rechtshilfevertrag, in: BT-Drs. 11/2026, S. 10 ff.; *G. Geimer*, Neuordnung des internationalen Zustellungsrechts, S. 197; *Nagel/Gottwald*, IZPR, Rn. 8.172 ff.
[173] Bekanntmachung über das Inkrafttreten des deutsch-marokkanischen Vertrags über die Rechtshilfe und Rechtsauskunft in Zivil- und Handelssachen vom 24.6.1994, BGBl. 1994 II, S. 1192.

Vereinbarung noch kein Vertragsstaat des HZÜ war.[174] Die letzte Zusatzvereinbarung zum HZÜ hat Deutschland im Jahr 2000 abgeschlossen. Die Verbesserungen dieser Zusatzvereinbarung zwischen Deutschland und Tschechien zum HZÜ und HBÜ sind im Vergleich zum Übereinkommen jedoch eher gering. Nach Art. 1 ist der unmittelbare Verkehr zwischen den zuständigen Stellen zugelassen. An einer solchen Regelung wird das Vereinigte Königreich schon deshalb kein Interesse haben, da es auch unter der EuZVO für England, Wales und Nordirland bei einer Dezentralisierung der Empfangsstelle geblieben ist, sodass der unmittelbare Verkehr für diese Staaten keine Vorteile mit sich bringen würde. Das deutsch-britische Rechtshilfeabkommen ist – jedenfalls im Hinblick auf die unmittelbaren Zustellungswege – bereits der liberalste Vertrag i.S.d. Art. 24 und 25 HZÜ. Es ist kaum zu erwarten, dass Deutschland dem Vereinigten Königreich nach dem Brexit noch umfangreichere Zugeständnisse machen wird.

Auch aus britischer Sicht scheint der Abschluss von völkerrechtlichen Verträgen zum Zustellungsrecht unwahrscheinlich. Der Brexit verursacht im Vereinigten Königreich nicht nur verschiedene rechtliche, sondern auch politische und wirtschaftliche Probleme. Die justizielle Zusammenarbeit in Zivilsachen hat daher keine Priorität, was sich auch an der fehlenden Regelung im Handels- und Kooperationsabkommen mit der Europäischen Union zeigt.[175] Innerhalb dieses Rechtsgebiets wird vor allem die internationale Zuständigkeit und die Anerkennung- und Vollstreckung von gerichtlichen Entscheidungen thematisiert, die Rechtshilfe spielt hingegen nur eine untergeordnete Rolle.[176] Dies ist wohl auch darauf zurückzuführen, dass für die internationale Rechtshilfe durch das HZÜ, das HBÜ und die über 20 bilateralen Staatsverträge, die das Vereinigte Königreich geschlossen hat,[177] kaum Rechtslücken entstehen. Die Aushandlung von weiteren oder erneuerten Verträgen mit allen oder einzelnen EU-Mitgliedstaaten ist daher nicht zu erwarten.

II. Änderungen im Hinblick auf das Haager Zustellungsübereinkommen

Das HZÜ eröffnet den Vertragsstaaten in mehreren Vorschriften einen eigenen Gestaltungsspielraum. So kann ein Widerspruch gegen bestimmte Zustellungswege erklärt werden, mit der Folge, dass diese auf dem Territorium des Staates ausgeschlossen sind (vgl. Art. 8 Abs. 2 und Art. 10 HZÜ). Eine Übersetzung

---

[174] In Marokko ist das HZÜ erst am 1.11.2011 in Kraft getreten, Bekanntmachung über den Geltungsbereich des Haager Übereinkommens über die Zustellung gerichtlicher und außergerichtlicher Schriftstücke im Ausland in Zivil- oder Handelssachen vom 2.2.2012, BGBl. 2012 II, S. 190.

[175] Vgl. nur *Mansel/Thorn/Wagner,* IPRax 2021, 105 (112).

[176] Nachweise dazu in Fn. 150.

[177] Eine Übersicht ist abrufbar unter: <https://www.gov.uk/government/publications/bilateral-treaties-on-civil-procedures>.

des Schriftstücks ist bei der förmlichen Zustellung nach Art. 5 Abs. 1 HZÜ nur dann erforderlich, wenn die Zentrale Behörde des Empfängerstaates dies verlangt (Art. 5 Abs. 3 HZÜ). Ferner können die Vertragsstaaten gemäß Art. 20 HZÜ vereinbaren, von einzelnen, in der Vorschrift genannten Bestimmungen abzuweichen. Auch die Vereinbarung von weiteren Übermittlungswegen ist möglich (Art. 11 HZÜ). Der deutsch-britische Zustellungsverkehr könnte dadurch verbessert werden, dass Deutschland und/oder das Vereinigte Königreich ihre Haltung zu einzelnen Bestimmungen des Übereinkommens ändern oder eine Vereinbarung nach Art. 11 bzw. 20 HZÜ schließen. Der Vorteil dieser Lösung besteht darin, dass kein neues Abkommen erforderlich ist. Abgesehen von den Vereinbarungen nach Art. 11 und 20 HZÜ ist nicht einmal eine Einigung zwischen beiden Staaten notwendig.

1. Rücknahme der deutschen Vorbehalte

In Betracht kommt zunächst die Rücknahme der deutschen Vorbehalte gegen die unmittelbaren Zustellungswege der Art. 8 und 10 HZÜ (vgl. § 6 AusfG-HZÜ).[178] Im Schrifttum wird dieser Schritt zu Recht seit längerem gefordert.[179] Allerdings könnte dadurch jedenfalls der deutsch-britische Zustellungsverkehr nicht nachhaltig verbessert werden. Der deutsche Widerspruch beeinflusst mangels reziproker Wirkung von vornherein nicht die Zustellung von Schriftstücken aus Deutschland im Vereinigten Königreich. In Deutschland ist die unmittelbare Postzustellung britischer Schriftstücke aufgrund von Art. 6 DBA und die unmittelbare Parteizustellung britischer Schriftstücke aufgrund von Art. 7 DBA auch ohne die Rücknahme des Vorbehalts zulässig. Lediglich die unmittelbare Zustellung durch die diplomatischen und konsularischen Vertretungen (Art. 8 HZÜ) würde von einem solchen Schritt profitieren. Sie wäre dann – über Art. 5 lit. a DBA hinaus – auch an deutsche Staatsangehörige möglich. Allerdings käme es wegen der geringen Praxisrelevanz dieses Zustellungsweges kaum zu einer Effektivierung des Zustellungsverkehrs.

Dennoch sollte die Bundesrepublik Deutschland – auch im Hinblick auf das Verhältnis zu anderen Staaten – die Widersprüche zurücknehmen. Für den deutsch-britischen Zustellungsverkehr könnte dadurch verhindert werden, dass ein Rückgriff auf das deutsch-britische Rechtshilfeabkommen erforderlich ist.

---

[178] Das Vereinigte Königreich hat keinen (generellen) Widerspruch gegen die unmittelbaren Zustellungswege erklärt, sodass insofern kein Handlungsbedarf besteht. Die Erklärung zu Art. 10 lit. b und c HZÜ wirkt sich jedenfalls im deutsch-britischen Zustellungsverkehr nicht aus, dazu bereits Kap. 2 C. III. 3. b) bb) (S. 106 f.).

[179] So etwa von *Gottwald*, in: Habscheid/Beys (Hrsg.), Grundfragen des Zivilprozessrechts, S. 3, 25 f.; *Wiehe*, Zustellungen, S. 104; *Linke*, in: Gottwald (Hrsg.), Grundfragen der Gerichtsverfassung, S. 95, 122 f.; *Stadler*, IPRax 2002, 471 (475); *Fogt/Schack*, IPRax 2005, 118 (123); *Stroschein*, Parteizustellung im Ausland, S. 187; Geimer/Schütze/Hau/*Sujecki*, Art. 10 HZÜ Rn. 5 f.; *Nagel/Gottwald*, IZPR, Rn. 8.113.

Die Relevanz der Frage, ob das Abkommen durch *desuetudo* oder *Obsoleszenz* beendet wurde, wäre dann erheblich reduziert. Möglich wäre auch ein qualifizierter Widerspruch, der die Zustellungswege nur ermöglicht, wenn das Schriftstück in deutscher Sprache abgefasst oder übersetzt ist.[180] Dadurch könnte der Zustellungsvorgang effektiviert werden, ohne die Beklagtenrechte außer Betracht zu lassen. Allerdings erscheint auch bei der unmittelbaren Zustellung ein strenges Übersetzungserfordernis überzogen, sodass eine liberale Lösung vorzugswürdig ist.

2. Änderung der Haltung zu Übersetzungen

Das HZÜ enthält kein zwingendes Übersetzungserfordernis, vielmehr ist es Sache der Zentralen Behörde des Empfängerstaates, eine Übersetzung des Schriftstücks zu fordern (Art. 5 Abs. 3 HZÜ). Allerdings haben sowohl Deutschland (vgl. § 3 AusfG-HZÜ) als auch das Vereinigte Königreich[181] im Voraus festgelegt, dass stets eine Übersetzung in die deutsche bzw. die englische Sprache erforderlich ist, was zu einem – heute nicht mehr zeitgemäßen – strengen Übersetzungserfordernis im deutsch-britischen Zustellungsverkehr führt. Hier könnte dadurch Abhilfe geschaffen werden, dass Deutschland und das Vereinigte Königreich ihre Haltung zu Übersetzungen ändern.[182]

Fraglich ist, wie eine künftige Regelung zur Sprachenproblematik ausgestaltet sein könnte. Ein gänzlicher Verzicht auf die Übersetzung des Schriftstücks erscheint wegen der besonderen Bedeutung für den Schutz des Anspruchs des Zustellungsempfängers auf rechtliches Gehör nicht angemessen.[183] In Betracht käme indes die Orientierung an der Rechtslage in den Niederlanden.[184] Der Staat fordert keine Übersetzung des eigentlichen Schriftstücks, setzt jedoch voraus, dass die Zusammenfassung des Dokuments nach Art. 5 Abs. 4 HZÜ in der Landessprache abgefasst oder in diese übersetzt ist.[185]

---

[180] Zur Zulässigkeit eines solchen qualifizierten Vorbehalts, den Lettland und Slowenien erklärt haben, *HCCH*, Practical Handbook, 2016, Rn. 284.

[181] Vgl. *HCCH*, Practical Handbook, 2016, Rn. 181 in Fn. 245.

[182] Dafür aus deutscher Sicht etwa *Gottwald*, in: FS Schütze 1999, S. 225, 232 f.; *Nagel/Gottwald*, IZPR, Rn. 8.109; Geimer/Schütze/Hau/*Sujecki*, Art. 5 HZÜ Rn. 17. Vgl. ferner *HCCH*, Practical Handbook, 2016, Rn. 181 ff.

[183] So aber in Monaco und Rumänien, vgl. *HCCH*, Zusammenfassung der Ergebnisse des HZÜ-Fragebogens aus dem Jahr 2008, Rn. 143. In diesem Sinne auch Antwort von England & Wales auf den HZÜ-Fragebogen aus dem Jahr 2008, Frage 30. Dies steht jedoch im Widerspruch zu den offiziellen Angaben auf der Webseite der Haager Konferenz, nach denen stets eine Übersetzung in die englische Sprache erforderlich ist.

[184] Dafür wohl Geimer/Schütze/Hau/*Sujecki*, Art. 5 HZÜ Rn. 18, der in Rn. 17 allerdings auch eine Orientierung an Art. 8 EuZVO 2007 vorschlägt.

[185] *HCCH*, Practical Handbook, 2016, Rn. 183. Vgl. auch die praktischen Informationen für die Niederlande auf der Webseite der Haager Konferenz, abrufbar unter: <https://www.hcch.net/de/states/authorities/details3/?aid=37>. Dort ist allerdings angegeben, dass

Durch die Übernahme einer solchen Lösung könnte der Zustellungsverkehr vereinfacht und beschleunigt sowie die Kosten verringert werden.[186] In dem Zusammenhang ist auch zu beachten, dass das OLG Nürnberg keine allzu strengen Voraussetzungen an die Qualität der Übersetzung nach Art. 5 Abs. 3 HZÜ stellt. Vielmehr kommt es als Mindestanforderung darauf an, ob die Übersetzung „wenigstens so verständlich [...] [ist], dass sie ihren wesentlichen Informationszweck erfüllt."[187] Durch die Übersetzung des wesentlichen Inhalts des Schriftstück, wären für den Empfänger jedenfalls die ersuchende Stelle, die Parteien des Verfahrens, die Art und der Gegenstand des Schriftstücks und des Verfahrens sowie die Einlassungsfristen erkennbar.[188] Es ist jedoch fraglich, ob dies im Hinblick auf das rechtliche Gehör eines sprachunkundigen Empfängers ausreicht. Auch wäre es kaum zu rechtfertigen, dass im Verhältnis zu Drittstaaten – anders als im Verhältnis zu den EU-Mitgliedstaaten – nie eine Übersetzung des eigentlichen Schriftstücks erforderlich wäre.

Vorzugswürdig ist daher die Übertragung der Regelung des Art. 12 EuZVO 2020 auf das HZÜ.[189] Für Deutschland könnte § 3 AusfG-HZÜ derart geändert werden, dass eine förmliche Zustellung nach Art. 5 Abs. 1 HZÜ grundsätzlich ohne Übersetzung möglich ist, aber ein Annahmeverweigerungsrecht besteht, wenn das Schriftstück nicht in deutscher Sprache abgefasst oder in diese übersetzt ist und der Empfänger die Sprache des Schriftstücks auch nicht versteht. Im Fragebogen aus dem Jahr 2008 haben neun Staaten angegeben, dass keine Übersetzung erforderlich ist, wenn der Empfänger die Sprache, in der das Schriftstück abgefasst ist, fließend beherrscht.[190] Die Rechtslage in Frankreich könnte dabei als Vorbild dienen. Nach Art. 688-6 CPC wird das Schriftstück zunächst in der Sprache des Ursprungsstaates zugestellt. Der Empfänger, der dieser Sprache nicht mächtig ist, kann jedoch die Zustellung verweigern und eine Übersetzung auf Kosten der antragstellenden Partei verlangen. Er hat also ein Annahmeverweigerungsrecht, das ähnlich wie in Art. 12 EuZVO 2020 ausgestaltet ist.[191]

---

die Übersetzung der Zusammenfassung nur wünschenswert *(„desirable")* ist. Das praktische Handbuch geht auch davon aus, dass dieselbe Rechtslage in Israel gilt. Nach den praktischen Informationen auf der Webseite der Haager Konferenz ist aber eine Übersetzung in das Hebräische, Englische oder Arabische erforderlich. Die Informationen sind abrufbar unter: <https://www.hcch.net/de/states/authorities/details3/?aid=260>.

[186] Geimer/Schütze/Hau/*Sujecki*, Art. 5 HZÜ Rn. 18.
[187] OLG Nürnberg v. 15.2.2005 – 4 VA 72/05, IPRax 2006, 38 (40).
[188] Vgl. dazu das Muster auf der Webseite der Haager Konferenz, abrufbar unter: <https://www.hcch.net/de/publications-and-studies/details4/?pid=6560&dtid=65>.
[189] Vgl. Geimer/Schütze/Hau/*Sujecki*, Art. 5 HZÜ Rn. 17.
[190] Zu diesen Staaten gehört auch das Vereinigte Königreich. Allerdings widerspricht dies den offiziellen Angaben auf der Webseite der Haager Konferenz, nach denen stets eine Übersetzung in die englische Sprache erforderlich ist, dazu auch schon Fn. 183.
[191] Dazu auch *HCCH*, Practical Handbook, 2016, Rn. 184.

Es bestehen allerdings keine Anzeichen dafür, dass Deutschland seine Haltung in der nächsten Zeit ändern wird. Der Gesetzgeber ist davon ausgegangen, dass die flexible Regelung des Art. 5 Abs. 3 HZÜ den Schutz des Beklagten wesentlich beeinträchtigt. Diesem könne es bereits aus Zeit- und Kostengründen nicht zugemutet werden, die Übersetzung des Schriftstücks selbst zu beschaffen.[192] Flexiblere Modelle hat der Gesetzgeber nicht diskutiert. Trotz der im Schrifttum geäußerten Kritik wurde bisher weder die Haltung zu Direktzustellungen geändert noch das strenge Übersetzungserfordernis aufgegeben. Ohne einen konkreten Anlass (z.B. die Reform des HZÜ) ist dies auch weiterhin nicht zu erwarten.

3. Vereinbarung nach Art. 11 oder 20 HZÜ

In Betracht kommt, dass Deutschland und das Vereinigte Königreich Abweichungen von einzelnen Vorschriften vereinbaren. Zunächst ist die Abbedingung des Erfordernisses des Art. 3 Abs. 2 HZÜ, das Schriftstück in zweifacher Ausfertigung zu übermitteln, möglich (Art. 20 lit. a HZÜ). Auch die Frage der Übersetzung kann Inhalt einer solchen Vereinbarung sein (Art. 20 lit. b HZÜ).[193] Ferner kann auf die Zusammenfassung des wesentlichen Inhalts des Schriftstücks nach Art. 5 Abs. 4 HZÜ verzichtet werden (Art. 20 lit. c HZÜ). Zuletzt ist eine Modifikation der Ausnahmen vom Grundsatz der Kostenfreiheit möglich (Art. 20 lit. d HZÜ). Bislang hat allerdings weder Deutschland noch das Vereinigte Königreich eine solche Vereinbarung geschlossen.[194] Daher ist es unwahrscheinlich, dass dies in Zukunft zwischen beiden Staaten geschehen wird. Die Lösung könnte zudem nur partiell Abhilfe schaffen. Die Übermittlung einer zweiten Ausfertigung des Schriftstücks ist in der Praxis kein Problem. Bei den Kosten der Zustellung kommt es durch den Brexit kaum zu Rückschritten. Die Angaben des Vereinigten Königreichs legen sogar unter Umständen geringere Kosten für den Zustellungsinteressenten nahe.[195] Ferner erscheint der Verzicht auf die Aushändigung des Teils des Antragsformulars, der den wesentlichen Teil des Schriftstücks wiedergibt, nicht sinnvoll. Die Zusammenfassung ermöglicht es dem Adressaten, sich schnell und einfach über den wesentlichen Inhalt des Schriftstücks zu informieren und dient daher seinem Anspruch auf rechtliches Gehör.[196] Eine nachhaltige Verbesserung lässt sich daher nur dadurch erreichen, dass das strenge Übersetzungserfordernis durch eine Vereinbarung für den deutsch-britischen Zustellungsverkehr gelockert wird. Hier bestehen jedoch dieselben Bedenken wie gegen eine einseitige Änderung der Haltung zu Übersetzungen. Darüber hinaus wäre diesbezüglich

---

[192] Denkschrift zum HZÜ, in: BT-Drs. 7/4892, S. 44.
[193] Siehe auch *HCCH*, Practical Handbook, 2016, Rn. 176.
[194] Für Deutschland: Geimer/Schütze/Hau/*Sujecki*, Art. 20 HZÜ Rn. 6.
[195] Dazu Kap. 3 C. II. 1. d) (S. 198 f.).
[196] Zur Bedeutung der Vorschrift Geimer/Schütze/Hau/*Sujecki*, Art. 5 HZÜ Rn. 19.

eine Einigung zwischen Deutschland und dem Vereinigten Königreich erforderlich, was derzeit kaum zu erwarten ist.

Dieser Aspekt spricht auch gegen die durch Art. 11 HZÜ ermöglichte Vereinbarung über die Zulässigkeit weiterer Übermittlungswege. Da hier ein Abkommen bzw. eine Zusatzvereinbarung erforderlich ist,[197] bestehen dieselben Bedenken, die auch gegen den Abschluss eines neuen bilateralen Vertrages zwischen Deutschland und dem Vereinigten Königreich sprechen. Zum anderen hat die Bundesrepublik bisher keine solche Vereinbarung abgeschlossen,[198] sodass dies auch weiterhin nicht zu erwarten ist.

D. Einheitliches Zustellungsrecht

In der Zukunft könnte die Zustellung von Schriftstücken durch ein einheitliches (europäisches) Zustellungsrecht verbessert werden.[199] In der Europäischen Union sind bereits erste Entwicklungen in diese Richtung erfolgt. Die EuZVO hat zu einer partiellen Vereinheitlichung der Regelungen für grenzüberschreitende Zustellungen geführt.[200] Allerdings erfolgt die Ausführung der Zustellung durch die ausländischen Rechtshilfebehörden immer noch nach dem Recht des Empfangsmitgliedstaates (Art. 11 Abs. 1 Alt. 1 EuZVO 2020).[201] Zudem enthält die Verordnung keine autonomen Rechtsgrundlagen für die unmittelbaren Zustellungswege der Art. 17–20 EuZVO 2020, vielmehr ist es Sache des nationalen Rechts des Verfahrensstaates, diese zuzulassen. Die Verordnung führt daher keineswegs zu einer vollständigen Harmonisierung des (internationalen) Zustellungsrechts.

Auch die EuMahnVO, die EuVTVO und die EuBagatellVO äußern sich zur Zustellung. Die EuMahnVO enthält allerdings kein eigenes materielles Zustellungsrecht, vielmehr erfolgt die Zustellung „gemäß den nationalen Rechtsvorschriften" (Art. 12 Abs. 5 EuMahnVO). Dabei sind jedoch Art. 13–15

---

[197] Geimer/Schütze/Hau/*Sujecki*, Art. 11 HZÜ Rn. 1.
[198] Geimer/Schütze/Hau/*Sujecki*, Art. 11 HZÜ Rn. 1.
[199] Diskussionen dazu finden sich im Schrifttum bei *G. Geimer*, Neuordnung des internationalen Zustellungsrechts, S. 255; *Schack*, in: FS Geimer 2002, S. 931, 942 ff.; *Rauscher*, in: FS Kropholler 2008, S. 851, 863 ff.; *Stroschein*, Parteizustellung im Ausland, S. 267; *Kern*, in: FS Geimer 2017, S. 311. Siehe im Hinblick auf europäische Vollstreckungstitel auch *Ptak*, Europäische Vollstreckungstitel, S. 232 f. Allgemein zur Harmonisierung des (internationalen) Zivilverfahrensrechts *R. Stürner*, ZEuP 2022, 235.
[200] *Hess*, NJW 2002, 2417: „europäische[s] Einheitsrecht"; *Rauscher*, in: FS Kropholler 2008, S. 851, 852. Vgl. auch *Heiderhoff*, in: Basedow/Hopt/Zimmermann (Hrsg.), Handwörterbuch des europäischen Privatrechts, S. 1819, 1820, welche die EuZVO (aber auch das HZÜ) unter der Überschrift Einheitsrecht behandelt.
[201] *Rauscher*, in: FS Kropholler 2008, S. 851, 852.

EuMahnVO zu beachten, die europarechtlich autonome Mindeststandards statuieren.[202] Ähnlich ist die Rechtslage in der EuVTVO. Art. 13–15 enthalten lediglich autonome Mindeststandards für die Zustellung, die für die Bestätigung des Vollstreckungstitels erfüllt sein müssen.[203] Demgegenüber handelt es sich bei Art. 13 EuBagatellVO um eine einheitliche materielle Zustellungsregelung für europäische Verfahren für geringfügige Forderungen, die sowohl auf Inlands- als auch Auslandszustellungen anwendbar ist.[204] Es kommt in diesem Bereich also zu einer substanziellen Vergemeinschaftung des Zustellungsrechts.[205]

Auch außerhalb der Europäischen Union wird an Regelungen für ein einheitliches Zivilprozessrecht gearbeitet. Im Juli 2020 hat das European Law Institute (ELI) und das International Institute for the Unification of Private Law (UNIDROIT) diesbezüglich einen ausführlichen Modellvorschlag vorgelegt. Diese Model European Rules of Civil Procedure[206] (MERCP) gehen auf die ALI/UNIDROIT Principles of Transnational Civil Procedure[207] zurück und beruhen auf fast sieben Jahren Arbeit.[208] Part VI der MERCP enthält Regelungen für die Zustellung von gerichtlichen Schriftstücken, wobei sowohl inländische als auch grenzüberschreitende Zustellungen erfasst werden. Freilich ist fraglich, ob der Modellvorschlag tatsächlich Auswirkungen auf die weitere Entwicklung des Zustellungsrechts haben wird.[209]

Ein einheitliches Zustellungsrecht, das sowohl die Inlands- als auch die Auslandszustellung abschließend regelt, hätte durchaus Vorteile. In grenzüberschreitenden Fällen könnte auf die Ermittlung des ausländischen Zustellungsrecht verzichtet werden.[210] Dadurch würde Rechtssicherheit geschaffen und der

---

[202] AG Berlin-Wedding v. 30.5.2016 – 70b C 4/11, BeckRS 2016, 10935; *Sujecki*, ZEuP 2006, 124 (142 f.); *Heger*, DStR 2009, 435 (437); HK-ZPO/*Gierl*, Vor Art. 13 EuMahnVO Rn. 1 Ausführlich *Pernfuß*, Die Effizienz des europäischen Mahnverfahrens, S. 228 ff.; *Fabian*, Europäische Mahnverfahrensverordnung, S. 190 ff.

[203] Dazu *Rauscher*, in: FS Kropholler 2008, S. 851, 854; Geimer/Schütze/*R. Geimer*, Art. 12 EuVTVO Rn. 4; MüKoZPO/*Adolphsen*, Art. 12 EuVTVO Rn. 2; Rauscher/*Pabst*, Art. 13 EuVTVO Rn. 1

[204] Rauscher/*Varga*, Art. 13 EuBagatellVO Rn. 1 ff.; MüKoZPO/*Hau*, Art. 13 EuBagatellVO Rn. 1. Siehe auch *Kramer*, ZEuP 2008, 355 (365).

[205] *Hess/Bittmann*, IPRax 2008, 305 (312); *Hess*, EuZPR, Rn. 10.105.

[206] Die Regelung sind abrufbar unter: <https://www.europeanlawinstitute.eu/fileadmin/user_upload/p_eli/Publications/200925-eli-unidroit-rules-e.pdf>.

[207] Diese Prinzipien wurden als Buch veröffentlicht: *American Law Institute/International Institute for the Unification of Private Law*, Principles of transnational civil procedure.

[208] Zur Vorgeschichte und zum Aufbau des Projekts *R. Stürner*, in: FS Vorwerk 2019, S. 313; *Wilke*, EuZW 2021, 187 (188 f.); *ders.*, in: Leible/Terhechte (Hrsg.), Europäisches Rechtsschutz- und Verfahrensrecht, § 35 Rn. 22 f.

[209] Vgl. *Wilke*, EuZW 2021, 187 (193), der sich für die Einbeziehung der Erwägungen der MERCP bei Gesetzgebungsvorhaben innerhalb der Europäischen Union ausspricht.

[210] *Kern*, in: FS Geimer 2017, S. 311, 316.

D. Einheitliches Zustellungsrecht

Zeit- und Kostenaufwand des Zustellungsvorgangs weiter verringert werden.[211] Allerdings wird auch darauf hingewiesen, dass der Nutzen der Vereinheitlichung des Zustellungsrechts im Gegensatz zu anderen Rechtsbereichen eher gering sei, da die Zustellung nicht das alltägliche Verhalten von Wirtschaftssubjekten betreffe.[212] Ferner sind durchaus Nachteile denkbar, etwa Umstellungsschwierigkeiten, die Gefahr der fehlenden Innovationsfähigkeit und die Unmöglichkeit individueller Lösungen.[213]

In der Praxis ist die Verwirklichung eines vollständigen materiellen Zustellungsrechts auch in Europa in nächster Zeit nicht zu erwarten. Zunächst bestehen kompetenzrechtliche Bedenken für innerstaatliche Zustellungen.[214] Art. 81 Abs. 2 lit. b AEUV erfordert zum Erlass der Maßnahmen nämlich einen grenzüberschreitenden Bezug.[215] Zudem ist die Ausarbeitung eines vollständigen einheitlichen Zustellungsrechts kaum realisierbar, da auch in den Mitgliedstaaten die Zustellungsregelungen noch sehr unterschiedlich ausgestaltet sind.[216] Unabhängig von diesen Bedenken handelt es sich jedenfalls nicht um eine Lösungsmöglichkeit, die das Potential hat, in nächster Zeit die Rückschritte des Brexits im deutsch-britischen Zustellungsverkehr zu beseitigen. Die konkreten Bestrebungen und Fortentwicklungen hinsichtlich der Vereinheitlichung des Zustellungsrechts sind derzeit auf die Europäische Union beschränkt. Gegen die Teilnahme des Vereinigten Königreichs sprechen dieselben Bedenken, die auch gegen die Wiederanwendung der EuZVO sprechen.

---

[211] *Kern*, in: FS Geimer 2017, S. 311, 316.
[212] *Kern*, in: FS Geimer 2017, S. 311, 316 f.
[213] *Kern*, in: FS Geimer 2017, S. 311, 317.
[214] Ausführlich dazu *Rauscher*, in: FS Kropholler 2008, S. 851, 866 ff.
[215] Allgemein zu Art. 81 AEUV und der Abgrenzung von grenzüberschreitenden und nationalen Sachverhalten *Hess*, in: Hein/Rühl (Hrsg.), Binnenverhältnisse im Europäischen Zivilprozessrecht, S. 67.
[216] *G. Geimer*, Neuordnung des internationalen Zustellungsrechts, S. 255. Ferner *Kern*, in: FS Geimer 2017, S. 311, 317 speziell für die elektronische Zustellung.

Kapitel 5

Zusammenfassung der Ergebnisse

Das Ziel der Arbeit war die nähere Untersuchung des deutsch-britischen Zustellungsverkehrs. Dabei sollten vor allem auch die Auswirkungen des Brexits analysiert und die zukünftigen Entwicklungsperspektiven herausgearbeitet werden.

A. Kapitel 1

Die Bedeutung des Zustellungsrechts darf nicht unterschätzt werden. Sowohl im Rahmen von deutschen als auch britischen Verfahren sind eine Vielzahl an Schriftstücken zuzustellen, wobei die Zustellung des verfahrenseinleitenden Schriftstücks den wichtigsten Fall darstellt. Während für den Zustellungsinteressenten die Fristwahrung im Vordergrund steht, setzt der Zugang aus Sicht des Zustellungsempfängers Einlassungs-, Verteidigungs- oder sonstige Fristen in Gang.[1] Im englischen Recht besteht die Besonderheit, dass die Zuständigkeit englischer Gerichte unter anderem durch die Zustellung der *claim form* in England und Wales oder durch eine wirksame Zustellung im Ausland begründet werden kann.[2] Auch im Anerkennungs- und Vollstreckungsrecht kann die Zustellung nicht außer Betracht gelassen werden. § 328 Abs. 1 Nr. 1 ZPO, der im deutsch-britischen Rechtsverkehr wegen des Brexits wieder vermehrt zur Anwendung kommen wird, stellt – anders als Art. 45 Abs. 1 lit. b Brüssel Ia-VO – sowohl auf die Rechtzeitigkeit als auch die Ordnungsmäßigkeit der Zustellung des verfahrenseinleitenden Schriftstücks ab.[3]

Aus all diesen Aspekten folgt, dass das Zustellungsrecht für den effektiven Rechtsschutz der Prozessbeteiligten von herausragender Bedeutung ist. Auf der Seite des Klägers ist der Justizgewährungsanspruch tangiert,[4] während für den Empfänger des Schriftstücks der Anspruch auf rechtliches Gehör auf dem Spiel steht[5]. Der vom Gesetzgeber vorzunehmende Ausgleich dieser Interessen wird bei grenzüberschreitenden Zustellung durch mehrere Aspekte erschwert.

---

[1] Dazu Kap. 1 A. II. 1. b) (S. 10 ff.).
[2] Dazu Kap. 1 A. II. 1. c) (S. 13 ff.).
[3] Dazu Kap. 1 A. II. 1. d) (S. 15 ff.).
[4] Dazu Kap. 1 B. I. (S. 20 ff.).
[5] Dazu Kap. 1 B. II. (S. 22 f.).

Zum einen ist die Dauer des Zustellungsvorgangs zu beachten. Von zentraler Bedeutung ist auch die Frage, ob eine Übersetzung des Schriftstücks erforderlich ist. Die Komplexität wird ferner durch fiktive Inlandszustellungen erhöht, die auf Ausnahmefälle beschränkt sein müssen.[6] Es bleibt festzuhalten, dass die Zustellung wegen dieser Aspekte weiterhin ein Hindernis für grenzüberschreitende Gerichtsverfahren darstellt.

Die Effektivität der Auslandszustellung wird zusätzlich dadurch beeinträchtigt, dass die Souveränitätsinteressen des Empfängerstaates zu berücksichtigen sind. Sowohl die deutsche als auch die britische herrschende Meinung ordnen die Zustellung als Hoheitsakt ein.[7] Nicht mehr zeitgemäß ist jedenfalls die strenge Handhabung des Souveränitätsverständnisses durch Deutschland. Der Fokus des Zustellungsrechts sollte stattdessen darauf liegen, die grundrechtlich geschützten Positionen der Rechtssuchenden und den Grundsatz der Prozessökonomie effektiv zu verwirklichen, wobei die Souveränitätsinteressen keine Unterstützung sind. Der deutsche Gesetzgeber ist daher aufgerufen, seine Haltung zu überdenken und die gegen die unmittelbaren Zustellungswege im HZÜ erklärten Vorbehalte (vgl. § 6 AusfG-HZÜ) zu streichen.[8]

B. Kapitel 2

Der deutsch-britische Zustellungsverkehr hat in den letzten 100 Jahren eine bemerkenswerte Entwicklung durchlaufen. Vor dem Inkrafttreten des deutsch-britischen Rechtshilfeabkommens war die Rechtslage noch durch das autonome Recht des Verfahrensstaates geprägt und die Rechtshilfe wurde auf Grundlage der *courtoisie internationale* erbracht.[9] In der Folgezeit wurde der Zustellungsverkehr erstmals durch das deutsch-britische Rechtshilfeabkommen auf eine feste vertragliche Grundlage gestellt und dadurch erheblich verbessert. Das Abkommen ist für seine Entstehungszeit sehr fortschrittlich und stellt eine Vielzahl an verschiedenen Zustellungswegen zur Verfügung. Ergänzt wurde das Abkommen später durch das HZÜ. Das Übereinkommen verdrängt das deutsch-britische Rechtshilfeabkommen nicht, vielmehr gilt insofern das Günstigkeitsprinzip.[10] Der größte Fortschritt im deutsch-britischen Zustellungsverkehr wurde indes durch die Entwicklungen innerhalb der Europäischen Union erreicht. Zunächst war die EuZVO 2000 anwendbar, die nachfolgend durch die EuZVO 2007 reformiert wurde.

---

[6] Dazu Kap. 1 B. IV. (S. 24 ff.).
[7] Dazu Kap. 1 C. I. und II. (S. 31 ff.).
[8] Dazu Kap. 1 C. III. und IV. (S. 37 ff.).
[9] Dazu Kap. 2 A. (S. 64 ff.).
[10] Dazu Kap. 2 C. IV. (S. 108 f.).

Diese Entwicklung zeigt sich etwa bei der Zustellung durch die ausländischen Rechtshilfebehörden. Während der Antrag und das Schriftstück im deutsch-britischen Rechtshilfeabkommen noch über den diplomatischen oder konsularischen Weg übermittelt werden mussten (Art. 3 und 4 DBA), führte das HZÜ Zentrale Behörden ein, um die Einschaltung der Konsularbehörden zu vermeiden. Noch weiter ging die EuZVO, die den unmittelbaren Verkehr zwischen den Übermittlungs- und Empfangsbehörden ermöglicht. Auch der im deutsch-britischen Rechtshilfeabkommen und im HZÜ vorgesehene eingeschränkte *ordre public*-Vorbehalt (Art. 3 lit. f DBA, Art. 13 Abs. 1 HZÜ), der im deutsch-britischen Rechtsverkehr richtigerweise die Ablehnung der Zustellung von britischen *antisuit injunctions* ermöglicht,[11] findet sich in der EuZVO nicht mehr. Die wichtigste Neuerung stellte indes die Vorschrift zum Annahmeverweigerungsrechts (Art. 8 EuZVO 2000, später EuZVO 2007) dar, die dazu führte, dass in vielen Fällen auf eine Übersetzung des Schriftstücks verzichtet werden konnte.[12]

Auch bei den weiteren Zustellungswegen kam es im Laufe der Zeit zu Verbesserungen, wenngleich das deutsch-britische Rechtshilfeabkommen über die Möglichkeiten des HZÜ hinausgeht und keine Vorbehaltsmöglichkeiten des Empfängerstaates vorsieht. Die Zustellung durch die diplomatischen und konsularischen Beamten (§ 199 ZPO a.F., Art. 5 lit. a DBA, Art. 8 Abs. 1 HZÜ, Art. 13 Abs. 1 EuZVO 2000, später EuZVO 2007), die aus deutscher Sicht vor dem Jahr 1929 noch den deutsch-britischen Zustellungsverkehr dominierte, ist heute kaum mehr relevant.[13] Wichtiger ist die unmittelbare Postzustellung, die Art. 6 DBA und Art. 14 EuZVO 2007 ohne Vorbehaltsmöglichkeit des Empfängerstaates gestatten. Das HZÜ sieht hingegen eine Widerspruchsoption vor, von der Deutschland (vgl. § 6 S. 2 AusfG-HZÜ), nicht aber das Vereinigte Königreich Gebrauch gemacht hat. Für deutsche Verfahren fehlte es bis zum Zustellungsreformgesetz an einer Rechtsgrundlage für diesen Zustellungsweg.[14] Die unmittelbare Parteizustellung ist in Art. 7 DBA, Art. 10 lit. c HZÜ und Art. 15 EuZVO 2000 (später EuZVO 2007) vorgesehen. Die Normen im HZÜ und in der EuZVO sind insofern liberaler, als dass die Zustellung nicht nur durch Justizbeamte, sondern auch „sonst zuständige Personen" (z.B. einen *solicitor* oder *process server*) bewirkt werden kann. Allerdings hat Deutschland auch gegen diesen Zustellungsweg im HZÜ einen Widerspruch erklärt (vgl. § 6 S. 2 AusfG-HZÜ). Die EuZVO 2007 sieht – anders als noch die

---

[11] Dazu Kap. 2 C. III. 1. d) bb) (S. 97 ff.).
[12] Dazu Kap. 2 D. II. 2. a) cc) (S. 121 ff.) und Kap. 2 D. III. 2. c) (S. 137 ff.).
[13] Dazu Kap. 2 A. II. (S. 67 ff.), Kap. 2 B. III. 2. (S. 78), Kap. 2 C. III. 2. (S. 102 f.) und Kap. 2 D. II. 2. b) aa) (S. 125).
[14] Dazu Kap. 2 B. III. 3. b) (S. 79 ff.), Kap. 2 C. III. 3. a) (S. 104 ff.), Kap. 2 D. II. 2. b) bb) (S. 127 ff.) und Kap. 2 D. III. 3. a) (S. 141 ff.).

EuZVO 2000 – keinen Vorbehalt des Empfängerstaates mehr vor.[15] Zuletzt gestattet das deutsch-britische Rechtshilfeabkommen auch die Zustellung durch einen *agent* (Art. 5 lit. b DBA). Für deutsche Verfahren steht dieser Zustellungsweg allerdings mangels einer Rechtsgrundlage nicht zur Verfügung.[16]

C. Kapitel 3

Der Brexit setzt der zuvor dargestellten Entwicklung ein Ende und führt zu einer enormen Beeinträchtigung des deutsch-britischen Zustellungsverkehrs. Mangels Regelung im Handels- und Kooperationsabkommen zwischen der Europäischen Union und dem Vereinigten Königreich kommt es im Zustellungsrecht zu einem sektoralen Hard-Brexit. Die Regelungen der EuZVO sind nach dem Ablauf der im Austrittsabkommen festgelegten Übergangsfrist am 31. Dezember 2020 um 24:00 Uhr (MEZ) nicht mehr anwendbar (vgl. Art. 126, 127 Abs. 1 S. 1 BrexitAbk).[17] Art. 68 lit. a BrexitAbk enthält zwar eine Übergangsvorschrift, der aber wegen des beschränkten Regelungsbereichs nur eine geringe Bedeutung zukommt.[18]

Für Zustellungen im deutsch-britischen Rechtsverkehr kommt es zu einem Rückfall auf das HZÜ und das deutsch-britische Rechtshilfeabkommen. Letzteres ist richtigerweise nicht beendet worden, insbesondere sind die hohen Voraussetzungen der völkerrechtlichen Rechtsfiguren der *desuetudo* und *Obsoleszenz* nicht erfüllt.[19] Im Ergebnis werden zwar einige Schwachstellen des HZÜ durch das deutsch-britische Rechtshilfeabkommen kompensiert, dennoch bleibt die nach dem Brexit geltende Rechtslage deutlich hinter der vorigen Rechtslage zurück. Die beiden Verträge sind inzwischen veraltet und entsprechen daher nicht mehr den Anforderungen an ein effektives Zustellungsrecht.

Die in der Praxis besonders verbreitete unmittelbare Postzustellung wird im deutsch-britischen Rechtsverkehr trotz des von der Bundesrepublik Deutschland erklärten Vorbehalts (vgl. § 6 S. 2 AusfG-HZÜ) glücklicherweise stets zulässig bleiben. Für Zustellungen im Vereinigten Königreich folgt dies bereits aus Art. 10 lit. a HZÜ, da der deutsche Widerspruch nach zutreffender Auffassung keine reziproke Wirkung entfaltet.[20] Bei der Ausführung der Postzustellung ist zu beachten, dass die Zustellung als *Einschreiben International* erfolgen muss, da die *Royal Post* die Dienstleistung *Rückschein International* nicht

---
[15] Dazu Kap. 2 B. III. 3. c) (S. 82), Kap. 2 C. III. 3. b) (S. 106 ff.), Kap. 2 D. II. 2. b) cc) (S. 129 f.) und Kap. 2 D. III. 3. b) (S. 143 ff.).
[16] Dazu Kap. 2 B. III. 3. a) (S. 78 f.).
[17] Dazu Kap. 3 A. IV. (S. 152 f.) und Kap. 3 B. II. 1. (S. 157 f.).
[18] Dazu Kap. 3 B. I. (S. 154 ff.).
[19] Dazu Kap. 3 B. II. 3. a) (S. 159 ff.).
[20] Dazu Kap. 3 B. III. 3. a) aa) (S. 179 ff.).

mehr anbietet. Für Zustellungen in Deutschland ermöglicht Art. 6 DBA die unmittelbare Postzustellung. In der Zukunft wird dieser Zustellungsweg die Praxis (noch mehr) dominieren, da durch den Brexit insofern kaum Rückschritte verursacht wurden.[21]

Demgegenüber kommt es bei der Zustellung durch die ausländischen Rechtshilfebehörden zu einer deutlichen Verschlechterung. Zunächst führen mehrere Aspekte dazu, dass der Zustellungsvorgang wieder erheblich mehr Zeit in Anspruch nehmen wird. Den zentralen Rückschritt stellt jedoch die Behandlung der Sprachenfrage dar. Bei der Wahl des Zustellungsweges ist nun stets eine Übersetzung des Schriftstücks in die Sprache des Empfängerstaates erforderlich. Die Folge ist ein erhöhter Übersetzungsaufwand, der in Fällen, in denen der Empfänger die Sprache des Schriftstücks versteht, zu sachwidrigen Verzögerungen und zusätzlichen Kosten führt.[22]

Die weiteren unmittelbaren Zustellungswege stellen in der Praxis kaum eine geeignete Alternative dar. Die Zustellung durch die diplomatischen oder konsularischen Beamten (Art. 8 Abs. 1 HZÜ; Art. 5 lit. a DBA) ist zwar im gleichen Umfang wie unter der EuZVO zulässig. Allerdings ist dieser Weg zeitaufwändig und fehleranfällig.[23] Das deutsche Recht enthält für die unmittelbare Zustellung durch einen englischen oder nordirischen *solicitor* oder *process server* oder einen schottischen *messenger-at-arms* (Art. 10 lit. c HZÜ) nur dann eine Rechtsgrundlage, wenn die Parteizustellung ausdrücklich zugelassen ist. Im Rahmen von Zustellungen aus Deutschland wird der Zustellungsweg daher nur selten relevant werden.[24] Für britische Verfahren kommt hingegen stets die unmittelbare Zustellung durch den deutschen Gerichtsvollzieher in Betracht, die nach Art. 7 DBA trotz des deutschen Widerspruchs gegen Art. 10 lit. c HZÜ zulässig bleibt.[25]

Die durch den Brexit verursachten Rückschritte schwächen auch den Anspruch des Zustellungsempfängers auf rechtliches Gehör. Zunächst verhindert weder das HZÜ noch das deutsch-britische Rechtshilfeabkommen einen Rückgriff auf fiktive Inlandszustellungen. Im Rahmen von deutschen Gerichtsverfahren darf somit wieder auf § 184 ZPO und § 185 Nr. 2 und 3 ZPO zurückgegriffen werden. Die englischen Gerichte können wieder die Zustellung durch eine alternative Methode (Rule 6.15 CPR) oder den Verzicht auf die Zustellung (Rule 6.16 CPR) anordnen.[26] Aus Sicht des Empfängers ist auch die Sprachenregelung bei unmittelbaren Zustellungen problematisch. Nach zutreffender Auffassung ist in diesen Fällen weder im HZÜ noch im deutsch-britischen Rechtshilfeabkommen eine Übersetzung des Schriftstücks erforderlich. Hier

---

[21] Dazu Kap. 3 C. II. 2. (S. 201 ff.).
[22] Dazu Kap. 3 C. II. 1. (S. 189 ff.).
[23] Dazu Kap. 3 B. III. 2. (S. 179 f.) und Kap. 3 C. II. 3. a) (S. 205 f.).
[24] Dazu Kap. 3 B. III. 4. b) (S. 186 f.) und Kap. 3 C. II. 3. b) aa) (S. 207 f.).
[25] Dazu Kap. 3 B. III. 4. a) (S. 186) und Kap. 3 C. II. 3. b) bb) (S. 208 f.).
[26] Dazu Kap. 3 C. III. 1. (S. 216 ff.).

droht im Einzelfall eine Verletzung von Art. 6 Abs. 1 EMRK, wenn dem Adressaten nicht genügend Zeit zur Verfügung steht, eine Übersetzung anzufertigen.[27]

Der Brexit führt zuletzt auch dazu, dass die Neufassung der EuZVO im deutsch-britischen Zustellungsverkehr keine Anwendung findet. Die Reform enthält jedoch viele Verbesserungen, die auch im Verhältnis zum Vereinigten Königreich wünschenswert gewesen wären.[28] Dies betrifft insbesondere den Fortschritt bei der Digitalisierung. Die elektronische Kommunikation der Übermittlungs- und Empfangsstellen durch ein dezentrales IT-System (Art. 5 EuZVO 2020) stellt eine wesentliche Verbesserung der Zustellung durch die ausländischen Rechtshilfebehörden dar. Das HZÜ ist zwar insofern „technologieoffen" auszulegen, jedoch akzeptiert derzeit weder Deutschland noch das Vereinigte Königreich Ersuchen per E-Mail oder Fax.[29] Auch die Einführung der elektronischen Direktzustellung (Art. 19 EuZVO 2020) wäre im deutsch-britischen Zustellungsverkehr wünschenswert gewesen. Im Rahmen des HZÜ ist die unmittelbare elektronische Übermittlung des Schriftstücks unzulässig.[30]

D. Kapitel 4

Leider ist nicht zu erwarten, dass die durch den Brexit verursachten Rückschritte im deutsch-britischen Zustellungsverkehr in naher Zukunft wieder beseitigt werden können. Grundsätzlich bietet sich eine Lösung zwischen der Europäischen Union und dem Vereinigten Königreich an. Die unilaterale Anwendung der EuZVO durch das Vereinigte Königreich kommt indes nicht in Betracht, da die Verordnung auf dem Prinzip der Gegenseitigkeit aufbaut.[31] Jedenfalls aus Sicht der EU-Mitgliedstaaten ist die Wiederanwendung der EuZVO die einfachste und sinnvollste Lösung. Von den Verbesserungen der Verordnung würden die Rechtsuchenden deutlich profitieren.[32] Die Umsetzung erscheint möglich, zumal sich an dem Erstreckungsabkommen zwischen der Europäischen Union und Dänemark zur EuZVO orientiert werden kann.[33] Etwas anderes gilt aber wegen der ablehnenden Haltung des Vereinigten Königreichs zum EuGH für dessen Rolle. Allerdings könnte Art. 1 des Protokolls Nr. 2 zum LugÜ 2007 als Vorbild herangezogen werden (sog. *Luganer Lösung*).[34] Gegen die wünschenswerte Wiederanwendung der EuZVO sprechen

---

[27] Dazu Kap. 3 C. III. 2. (S. 221 ff.).
[28] Dazu Kap. 3 D. (S. 230 ff.).
[29] Dazu Kap. 3 D. IV. 1. (S. 236 ff.).
[30] Dazu Kap. 3 D. VII. (S. 244 ff.).
[31] Dazu Kap. 4 A. I. (S. 258 f.).
[32] Dazu Kap. 4 A. II. 1. (S. 259 f.).
[33] Dazu Kap. 4 A. II. 2. (S. 261 f.).
[34] Dazu Kap. 4 A. II. 3. (S. 262 ff.).

allerdings erhebliche praktische Bedenken. Die Europäische Union hat den Beitritt des Vereinigten Königreichs zum LugÜ 2007 abgelehnt und die von der Europäischen Kommission diesbezüglich angeführten Gründe sprechen auch gegen den Abschluss eines Parallelabkommens zur EuZVO.[35] Aus denselben Gründen ist auch der Abschluss eines neuen völkerrechtlichen Vertrages zwischen der Europäischen Union und dem Vereinigten Königreich zum Zustellungsrecht nicht zu erwarten, obwohl diese Lösung durchaus den Vorteil hätte, dass durch Abweichungen von der EuZVO den spezifischen Bedürfnissen der Vertragsparteien Rechnung getragen werden könnte.[36]

Als multilateraler Lösungsansatz bietet sich die Reform des Haager Zustellungsübereinkommens an. Dieser Schritt ist, da die Regelungen des Übereinkommens weder den Bedürfnissen des heutigen Zustellungsverkehrs noch den technischen Entwicklungen entsprechen, längst überfällig und in vollem Umfang zu befürworten. Allerdings sind bisher noch keine konkreten Bestrebungen in diese Richtung erfolgt. Es bleibt zu hoffen, dass der Reformbedarf von der Haager Konferenz bald festgestellt wird, sodass mit den sicherlich zeitaufwändigen Verhandlungen zur Neufassung begonnen werden kann. Durch den Zeitverlust, der durch die Aushandlung, Unterzeichnung und Ratifikation eines neuen Übereinkommens entsteht, wären die Auswirkungen des Brexits auf den deutsch-britischen Zustellungsverkehr indes noch mehrere Jahre zu spüren.[37]

Auch eine bilaterale Lösung zwischen Deutschland und dem Vereinigten Königreich ist in nächster Zeit unwahrscheinlich. Der Abschluss eines neuen Zustellungsabkommens ist zwar grundsätzlich möglich, allerdings hat die frühere Bundesregierung hierfür keinen Bedarf gesehen.[38] Näher liegt es für Deutschland, die Haltung zu einzelnen Vorschriften des HZÜ zu überdenken und dadurch den Zustellungsverkehr mit sämtlichen HZÜ-Drittstaaten zu verbessern. Zunächst sollten die deutschen Vorbehalte gegen die unmittelbaren Zustellungswege im HZÜ zurückgenommen werden, was allerdings zu keiner Verbesserung des deutsch-britischen Zustellungsverkehrs führen würde.[39] Wünschenswert ist auch die Absage an das strenge Übersetzungserfordernis. Diesbezüglich könnte § 3 AusfG-HZÜ geändert und sich an Art. 12 EuZVO 2020 orientiert werden. Ohne einen konkreten Anlass ist dies indes nicht zu erwarten.[40] Keinen Erfolg verspricht auch die Möglichkeit, dass Deutschland und das Vereinigte Königreich Abweichungen zu einzelnen Vorschriften vereinbaren (Art. 20 HZÜ) oder weitere Zustellungswege zuzulassen (Art. 11 HZÜ).[41]

---

[35] Dazu Kap. 4 A. II. 4. und 5. (S. 268 ff.).
[36] Dazu Kap. 4 A. III. (S. 276 ff.).
[37] Dazu Kap. 4 B. (S. 279 ff.).
[38] Dazu Kap. 4 C. I. (S. 283 ff.).
[39] Dazu Kap. 4 C. II. 1. (S. 287 f.).
[40] Dazu Kap. 4 C. II. 2. (S. 288 ff.).
[41] Dazu Kap. 4 C. II. 3 (S. 290.).

Literaturverzeichnis

Ahmed, Mukarrum: The nature and enforcement of choice of court agreements – A comparative study, Portland 2017 (zitiert als: *Ahmed*, The nature and enforcement of choice of court agreements).
–: Brexit and the Future of Private International Law in English Courts, Oxford 2022 (zitiert als: *Ahmed*, Brexit and the Future of PIL).
Ahmed, Mukarrum/Beaumont, Paul: Exclusive choice of court agreements: some issues on the Hague Convention on choice of court agreements and its relationship with the Brussels I recast especially anti-suit injunctions, concurrent proceedings and the implications of BREXIT, JPIL 13 (2017), 386–410.
Ahrens, Martin: Neues zur Annahmeverweigerung im europäischen Zustellungsrecht, NJW 2008, 2817–2820.
Aikens, Richard/Dinsmore, Andrew: Jurisdiction, Enforcement and the Conflict of Laws in Cross-Border Commercial Disputes: What are the Legal Consequences of Brexit?, EBLR 27 (2016), 903–920.
Allbon, Emily/Dua, Sanmeet Kaur: Elliott and Quinn's English legal system, 21. Auflage, Harlow, London, New York u.a. 2020.
Anders, Monika/Gehle, Burkhard (Hrsg.): Zivilprozessordnung – Mit GVG und anderen Nebengesetzen, 81. Auflage, München 2023 (zitiert als: Anders/Gehle/*Bearbeiter*).
Anthimos, Apostolos: Towards a New Service Regulation – Some reflections, EAPIL-Blog, 19.2.2020, abrufbar unter: <https://eapil.org/2020/02/19/towards-a-new-service-regulation-some-reflections/> (zitiert als: *Anthimos*, Towards a New Service Regulation, EAPIL-Blog).
Arnold, Hans: Über die Haager Konferenz für Internationales Privatrecht aus Anlaß ihrer Zehnten Tagung, JZ 20 (1965), 708–712.
Arzandeh, Ardavan: Brownlie II and The Service-Out Jurisdiction under English Law, ICLQ 71 (2022), 727–741.
Aubin, Bernhard: Ist das Haager Zivilprozeßabkommen heute in Deutschland anwendbar?, DRZ 1948, Beiheft Nr. 5, 10–24.
Aust, Anthony: Modern treaty law and practice, 3. Auflage, Cambridge, New York, Melbourne u.a. 2013.
Bach, Ivo: Anmerkung zu EuGH, Urt. vom 6.9.2012 – C-170/11, EuZW 2012, 833–835.
–: Zivilverfahrensrecht: Beklagter mit unbekanntem Wohnsitz – Internationale Zuständigkeit, fiktive Zustellung und Vollstreckung eines Versäumnisurteils, EuZW 2012, 381–387.
Bachmann, Johannes Friedrich: Universalisierung des Europäischen Zivilverfahrensrechts – Die unilaterale Erstreckung des Europäischen Zivilverfahrensrechts auf Drittstaatensachverhalte (Zugl.: Gießen, Univ., Diss., 2019), Berlin 2020 (zitiert als: *Bachmann*, Universalisierung des EuZVR).

Bajons, Ena-Marlis: Internationale Zustellung und Recht auf Verteidigung, in: Geimer, Reinhold (Hrsg.), Wege zur Globalisierung des Rechts – Festschrift für Rolf A. Schütze zum 65. Geburtstag, München 1999, S. 49–74 (zitiert als: *Bajons*, in: FS Schütze 1999).
Baldwin, Simeon: Recent Progress towards Agreement on Rules to Prevent a Conflict of Laws, Harvard L. R. 17 (1904), 400–405.
–: The Hague Conference of 1904 for the Advancement of Private International Law, Yale L. J. 14 (1904), 1–8.
Bary, Christiane von: Internationales Familienverfahrensrecht im Vereinigten Königreich nach dem Ende des Brexit-Übergangszeitraums, FamRZ 2021, 342–345.
Basedow, Jürgen: Brexit und das Privat- und Wirtschaftsrecht, ZEuP 2016, 567–572.
–: BREXIT and business law, China-EU L. J. 5 (2017), 101–118.
–: EU-Kollisionsrecht und Haager Konferenz – Ein schwieriges Verhältnis, IPRax 2017, 194–200.
–: BREXIT: A Legal Perspective with Particular Reference to New Zealand, New Zealand JPIL 16 (2018), 21–38.
–: The Hague Conference and the Future of Private International Law – A Jubilee Speech, RabelsZ 82 (2018), 922–943.
–: Perspektivlos in Brüssel? – Die Kommission zum künftigen Rechtsverkehr mit Großbritannien, EuZW 2021, 777–778.
Basler Kommentar zum Lugano-Übereinkommen, hrsg. von *Oetiker, Christian/Weibel, Thomas*, 2. Auflage, Basel 2016 (zitiert als: Basler Kommentar/*Bearbeiter*).
Baughen, Simon: Jurisdiction and Applicable Law after Brexit, in: Soyer, Bariş/Tettenborn, Andrew (Hrsg.), Maritime liabilities in a global and regional context, Abingdon, New York 2019, S. 202–220 (zitiert als: *Baughen*, in: Soyer/Tettenborn (Hrsg.), Maritime liabilities in a global and regional context).
Baur, Fritz: Der Anspruch auf rechtliches Gehör, AcP 153 (1954), 393–412.
Beaumont, Paul: Zasada odwróconej subsydiarności jako doskonała strategia dla Unii Europejskiej w ramach Haskiej Konferencji Prawa Prywatnego Międzynarodowego – rozważania o Projekcie dotyczącym orzeczeń, EPS 2016, 13–17.
–: Some reflections on the way ahead for UK private international law after Brexit, JPIL 17 (2021), 1–17.
Becker, Ulrich: Grundrechtsschutz bei der Anerkennung und Vollstreckbarerklärung im europäischen Zivilverfahrensrecht – Bestimmung der Grenzen für die Einführung eines europäischen Vollstreckungstitels (Zugl.: Köln, Univ., Diss., 2004), Frankfurt am Main, Berlin, Bern u.a. 2004 (zitiert als: *Becker*, Grundrechtsschutz).
Beck-online.GROSSKOMMENTAR – Rom I-VO – Budzikiewicz, Christine/Weller, Marc-Philippe/Wurmnest, Wolfgang (Hrsg.), Stand: 1.3.2023, München (zitiert als: BeckOGK/*Bearbeiter*).
Beck'scher Online Kommentar zum Grundgesetz – Epping, Volker/Hillgruber, Christian (Hrsg.), 55. Edition, Stand: 15.5.2023, München (zitiert als: BeckOK GG/*Bearbeiter*).
Beck'scher Online Kommentar zur ZPO – Vorwerk, Volkert/Wolf, Christian (Hrsg.), 48. Edition, Stand: 1.3.2023, München (zitiert als: BeckOK ZPO/*Bearbeiter*).
Beham, Markus/Fink, Melanie/Janik, Ralph: Völkerrecht verstehen – Lehrbuch, 3. Auflage, Wien 2021 (zitiert als: *Beham/Fink/Janik*, Völkerrecht verstehen).
Bellardita, Alessandro: Das „Gesetz zum Ausbau des elektronischen Rechtsverkehrs mit den Gerichten und zur Änderung weiterer Vorschriften" – eine grundlegende Reform des Zustellungswesens, DGVZ 2022, 4–8.
Bermann, George: The Use of Anti-Suit Injunctions in International Litigation, Col. J. Trans. L. 28 (1990), 589–631.

Bernstorff, Christoph von: Einführung in das englische Recht, 5. Auflage, München 2018.
Bertele, Joachim: Souveränität und Verfahrensrecht – Eine Untersuchung der aus dem Völkerrecht ableitbaren Grenzen staatlicher extraterritorialer Jurisdiktion im Verfahrensrecht (Zugl.: Freiburg im Breisgau, Univ., Diss., 1997/98), Tübingen 1998 (zitiert als: *Bertele*, Souveränität und Verfahrensrecht).
Binder, Christina: Die Grenzen der Vertragstreue im Völkerrecht – Am Beispiel der nachträglichen Änderung der Umstände (Zugl.: Wien, Univ., Habil., 2012), Heidelberg, New York, Dordrecht u.a. 2013 (zitiert als: *Binder*, Die Grenzen der Vertragstreue im Völkerrecht).
Birch, Karen/Garvey, Sarah: Brexit – legal consequences for commercial parties – English governing law clauses – should commercial parties change their approach?, Allen & Overy Specialist paper No. 1, 2016, abrufbar unter: <https://www.allenovery.com/global/-/media/allenovery/2_documents/news_and_insights/campaigns/brexit/english_jurisdiction_clauses/ao_03_brexit_specialist_paper_jurisdiction_clauses.pdf> (zitiert als: *Birch/Garvey*, Allen & Overy Specialist paper No. 1, 2016).
Bischof, Thomas Pius: Die Zustellung im internationalen Rechtsverkehr in Zivil- oder Handelssachen (Zugl.: St. Gallen, Univ., Diss., 1997), Zürich 1997 (zitiert als: *Bischof*, Zustellung im internationalen Rechtsverkehr).
Bischoff, Jan Asmus: Die Europäische Gemeinschaft und die Haager Konferenz für Internationales Privatrecht, ZEuP 2008, 334–354.
Bittmann, David-Christoph: Der Begriff der „Zivil- und Handelssache" im internationalen Rechtshilfeverkehr – (zu OLG Frankfurt a.M., 8.2.2010 – 20 VA 15/09, unten S. 242, Nr. 8), IPRax 2012, 216–218.
Blaschczok, Christine: Die schweizerisch-deutschen Staatsverträge auf dem Gebiet des Insolvenzrechts, ZIP 1983, 141–144.
Böckstiegel, Karl-Heinz/Schlafen, Dieter: Die Haager Reformübereinkommen über die Zustellung und die Beweisaufnahme im Ausland, NJW 1978, 1073–1078.
Borrmann, Robin: Autonome unbemannte bewaffnete Luftsysteme im Lichte des Rechts des internationalen bewaffneten Konflikts – Anforderungen an das Konstruktionsdesign und Einsatzbeschränkungen (Zugl.: Frankfurt, Univ., Diss., 2013), Berlin 2014 (zitiert als: *Borrmann*, Autonome unbemannte bewaffnete Luftsysteme).
Boscheinen-Duursma, Henriette-Christine: The European Regulations on Service of Documents and on Taking of Evidence – An Overview, in: Trunk, Alexander/Hatzimihail, Nikitas (Hrsg.), EU Civil Procedure Law and Third Countries – Which Way Forward?, Baden-Baden 2021, S. 221–227 (zitiert als: *Boscheinen-Duursma*, in: Trunk/Hatzimihail (Hrsg.), EU Civil Procedure Law and Third Countries).
Böttger, Günter: Das schottische Zivilprozeß-, Zwangsvollstreckungs- und Konkursrecht (Zugl.: Darmstadt, Techn. Hochsch., Diss., 1980/81), Berlin 1982.
Brand, Peter-Andreas: Die Verjährungsunterbrechung nach § 167 ZPO bei der Auslandszustellung, NJW 2004, 1138–1141.
Brand, Peter-Andreas/Reichhelm, Johanna: Fehlerhafte Auslandszustellung – Ein Beitrag zur Frage der „ordnungsgemäßen Zustellung" nach Art. 27 I Nr. 2 EuGVÜ und zu den Folgen einer fehlerhaften Zustellung, IPRax 2001, 173–177.
Brand, Ronald/Jablonski, Scott: Forum non conveniens – History, global practice, and future under the Hague Convention on Choice of Court Agreements, New York 2007 (zitiert als: *Brand/Jablonski*, Forum non conveniens).
Brauneck, Jens: Brexit-Urteil des EuGH: Einseitige und missbräuchliche Widerruflichkeit eines EU-Austritts?, EuZW 2019, 20–27.

Bredthauer, Jürgen: Die Zivilrechtshilfe zwischen der Bundesrepublik Deutschland und der Deutschen Demokratischen Republik im Vergleich zur interstaatlichen und internationalen Zivilrechtshilfe (Zugl.: Hamburg, Univ., Diss., 1983), Hamburg 1983 (zitiert als: *Bredthauer*, Zivilrechtshilfe zwischen BRD und DDR).

Brenn, Christoph: Europäische Zustellungsverordnung, Wien 2002 (zitiert als: *Brenn*, EuZVO).

Brierly, Leslie: Some Considerations on the Obsolescence of Treaties, Grotius Society 11 (1925), 11–20.

Briggs, Adrian: Brexit and Private International Law: An English Perspective, RDIPP 2019, 261–283.

Brinkmann, Uwe: Änderungen des Verfahrens bei Zustellungen nach der ZPO durch das Zustellungsreformgesetz – ZustRG (in Kraft ab 1. Juli 2002) (Teil 1), JurBüro 2002, 172–175.

–: Änderungen des Verfahrens bei Zustellungen nach der ZPO durch das Zustellungsreformgesetz – ZustRG (in Kraft ab 1. Juli 2002) (Teil 2), JurBüro 2002, 230–234.

Britz, Jörg: Urkundenbeweisrecht und Elektroniktechnologie – Eine Studie zur Tauglichkeit gesetzlicher Beweisregeln für elektronische Dokumente und ihre Reproduktionen im Zivilprozeß (Zugl.: Saarbrücken, Univ., Diss., 1995/96), München 1996 (zitiert als: *Britz*, Urkundenbeweisrecht und Elektroniktechnologie).

Brockmeier, Dirk: Punitive damages, multiple damages und deutscher ordre public – Unter besonderer Berücksichtigung des RICO-Act (Zugl.: Hamburg, Univ., Diss., 1998/99), Tübingen 1999 (zitiert als: *Brockmeier*, Punitive damages).

Bülow, Arthur: Das neue Haager Übereinkommen über den Zivilprozeß vom 1. März 1954, RPfleger 1959, 141–144.

Bunge, Jürgen: Zivilprozeß und Zwangsvollstreckung in England – Eine Gesamtdarstellung mit internationalem Zivilprozeßrecht und einer Bibliographie, Berlin 1995 (zitiert als: *Bunge*, Zivilprozeß in England).

–: Zivilprozess und Zwangsvollstreckung in England und Schottland – Eine Gesamtdarstellung mit internationalem Zivilprozessrecht, einem Glossar und einer Bibliographie, 2. Auflage, Berlin 2005 (zitiert als: *Bunge*, Zivilprozess in England und Schottland).

Calliess, Christian/Ruffert, Matthias (Hrsg.): EUV/AEUV – Das Verfassungsrecht der Europäischen Union mit Europäischer Grundrechtecharta. Kommentar, 6. Auflage, München 2022 (zitiert als: Calliess/Ruffert/*Bearbeiter*).

Capaul, Gian Andri: Anmerkung zu EuGH, Urt. vom 2.3.2017 – C-354/15 (Henderson/Novo Banco SA), EuZW 2017, 349–350.

Capotorti, Francesco: L'extinction et la suspension des traités, Rec. de Cours 134 (1971-III), 427–587.

Carruthers, Janeen: Brexit – the implications for civil and commercial jurisdiction and judgment enforcement, Scots Law Times 21 (2017), 105–110.

Christopoulos, Dimitrios: Der Brexit und britische Zivilurteile – Ende des Gerichtstandortes London?, LTO-Blog, 15.7.2016, abrufbar unter: <https://www.lto.de/recht/hintergruende/h/brexit-folgen-gerichtsstand-london-unattraktiv-internationale-vertraege/> (zitiert als: *Christopoulos*, Der Brexit und britische Zivilurteile, LTO-Blog).

Coenen, Norbert: Übersicht und praktische Hinweise zu dem ab 1. Juli 2002 geltenden Zustellungsreformgesetz – ZustRG –, DGVZ 2002, 5–11.

Cohn, Ernst: Beweisaufnahme im Wege der zivilprozessualen Rechtshilfe durch das englische Gericht, ZZP 80 (1967), 230–249.

Colby, Jeremy: You've Got Mail: The Modern Trend towards Universal Electronic Service of Process, Buff. L. Rev. 51 (2003), 337–382.

Collins, Lawrence/Harris, Jonathan: Dicey, Morris and Collins on the conflict of laws – Fifth cumulative supplement to the fifteenth edition, 15. Auflage, London 2018 (zitiert als: *Collins/Harris*, Dicey, Morris and Collins on the conflict of laws (fifth cumulative supplement to the 15th edition)).

Costas-Pörksen, Anja: Anwendungsbereich und ordre public-Vorbehalt des Haager Zustellungsübereinkommens (Zugl.: Berlin, Univ., Diss., 2015), Frankfurt am Main, Berlin, Bern u.a. 2015 (zitiert als: *Costas-Pörksen*, Anwendungsbereich und ordre public-Vorbehalt des HZÜ).

Coulson, Peter: The White Book Service 2023 – Civil Procedure. Volume 1: General Procedure, London 2023 (zitiert als: *Coulson*, The White Book 2023 – Volume 1).

Crawford, Elizabeth/Carruthers, Janeen: Brexit: the impact on judicial cooperation in civil matters having cross-border implications – a British perspective, European Papers 3 (2018), 183–202.

Dahm, Georg/Delbrück, Jost/Wolfrum, Rüdiger: Völkerrecht – Band I/3. Die Formen des völkerrechtlichen Handelns; Die inhaltliche Ordnung der internationalen Gemeinschaft, 2. Auflage, Berlin 2002 (zitiert als: *Dahm/Delbrück/Wolfrum*, Völkerrecht Band I/3).

Daig, Hans-Wolfram: Weitere Entwürfe der Haager IPR-Konferenz, JZ 7 (1952), 188–190.

Danov, Mihail: Cross-Border Litigation – New Data, Initial Brexit Implications in England and Wales and Long-Term Policy Choices, Yearbook of Private International Law 21 (2019/20), 57–100.

Dasser, Felix/Oberhammer, Paul (Hrsg.): Lugano-Übereinkommen (LugÜ) – Übereinkommen über die gerichtliche Zuständigkeit und die Anerkennung und Vollstreckung von Entscheidungen in Zivil- und Handelssachen vom 30. Oktober 2007, 3. Auflage, Bern 2021 (zitiert als: Dasser/Oberhammer/*Bearbeiter*).

de Lind van Wijngaarden-Maack, Martina: Internationale Zustellung nach der EuZVO und internationale Zuständigkeit bei Klage auf Feststellung des Nichtbestehens eines Exklusivvertriebsvertrages – (zu LG Trier, 17.10.2002 – 7 HK.O 140/01, unten S. 249, Nr. 15), IPRax 2004, 212–220.

Delius, Hans: Handbuch des Rechtshilfeverfahrens im Deutschen Reiche – Sowie im und gegenüber dem Auslande in bürgerlichen Rechtsstreitigkeiten, in Konkurssachen in Angelegenheiten der freiwilligen Gerichtsbarkeit und in Verwaltungssachen, Berlin 1911 (zitiert als: *Delius*, Handbuch des Rechtshilfeverfahrens).

Denkschrift der Ältesten der Kaufmannschaft von Berlin vom 3.5.1912, NiemZ 22 (1912), 423–446.

Detter, Ingrid: Essays on the Law of Treaties, Stockholm, London 1967.

Dickinson, Andrew: Back to the future: the UK's EU exit and the conflict of laws, JPIL 12 (2016), 195–210.

–: Close the Door on Your Way Out – Free Movement of Judgments in Civil Matters – A 'Brexit' Case Study, ZEuP 2017, 539–568.

–: Realignment of the Planets – Brexit and European Private International Law, IPRax 2021, 213–221.

–: Dickinson on the Fate of the 1968 Brussels Convention: No Coming Back?, EAPIL-Blog, 19.2.2021, abrufbar unter: <https://eapil.org/2021/02/19/dickinson-on-the-fate-of-the-1968-brussels-convention-no-coming-back/>.

Doehring, Karl: Völkerrecht – Ein Lehrbuch, 2. Auflage, Heidelberg 2004 (zitiert als: *Doehring*, Völkerrecht).

Dohm, Christian: Die Einrede ausländischer Rechtshängigkeit im deutschen internationalen Zivilprozeßrecht (Zugl.: Münster, Univ., Diss., 1995), Berlin 1996 (zitiert als: *Dohm*, Einrede ausländischer Rechtshängigkeit).

Dölle, Hans: Die 7. Haager Konferenz, RabelsZ 17 (1952), 161–211.

Domej, Tanja: Unbekannter Aufenthalt, Justizgewährungsanspruch und rechtliches Gehör im europäischen Zivilprozessrecht, in: Brinkmann, Moritz/Effer-Uhe, Daniel/Völzmann-Stickelbrock, Barbara/Wesser, Sabine/Weth, Stephan (Hrsg.), Dogmatik im Dienst von Gerechtigkeit, Rechtssicherheit und Rechtsentwicklung – Festschrift für Hanns Prütting zum 70. Geburtstag, Köln 2018, S. 261–271 (zitiert als: *Domej*, in: FS Prütting 2018).

Dörr, Oliver: 5. Kapitel: Weitere Rechtsquellen des Völkerrechts, in: Ipsen, Knut (Begr.), Völkerrecht – Ein Studienbuch, 7. Auflage, München 2018 (zitiert als: *Dörr*, in: Ipsen (Begr.), Völkerrecht).

Dörr, Oliver/Schmalenbach, Kirsten (Hrsg.): Vienna convention on the law of treaties – A commentary, 2. Auflage, Berlin, Heidelberg 2018 (zitiert als: Dörr/Schmalenbach/*Bearbeiter*).

Drappatz, Thomas: Die Überführung des internationalen Zivilverfahrensrechts in eine Gemeinschaftskompetenz nach Art. 65 EGV (Zugl.: Köln, Univ., Diss., 2000), Tübingen 2002 (zitiert als: *Drappatz*, Die Überführung des IZVR in eine Gemeinschaftskompetenz).

Dreier, Horst (Hrsg.): Grundgesetz. Kommentar. GG – Band III: Artikel 83–146, 3. Auflage, Tübingen 2018 (zitiert als: Dreier/*Bearbeiter*).

Dürig, Günter/Herzog, Roman/Scholz, Rupert (Hrsg.): Grundgesetz – Kommentar, 99. Ergänzungslieferung, Stand: 9/2022, München (zitiert als: Dürig/Herzog/Scholz/*Bearbeiter*).

Düsterhaus, Dominik: Anmerkung zu EuGH, Urt. vom 19.12.2012 – Rs C-325/11 (Alder/Orłowska), NJW 2013, 445–446.

Dutta, Anatol: Brexit – Viele Fragen offen, auch im Familienrecht, FamRZ 2017, 1030–1031.

–: Brexit and international family law from a continental perspective, CFLQ 29 (2017), 199–212.

–: Domicile, habitual residence and establishment, in: Basedow, Jürgen/Rühl, Giesela/Ferrari, Franco/Miguel Asensio, Pedro Alberto de (Hrsg.), Encyclopedia of private international law, Cheltenham, Northampton 2017, S. 555–560 (zitiert als: *Dutta*, in: Basedow/Rühl/Ferrari/Miguel Asensio (Hrsg.), Encyclopedia of private international law).

–: Orbitrechtsakte – eine Idee für das internationale Privatrecht der Europäischen Union?, ZEuP 2017, 533–538.

–: Brexit und Standesamt: Bye-bye? Vorerst nicht., StAZ 2020, 65–67.

–: Brexit und Standesamt: Ablauf des Übergangszeitraums, StAZ 2021, 66.

Dutta, Anatol/Heinze, Christian: Prozessführungsverbote im englischen und europäischen Zivilverfahrensrecht – Die Zukunft der anti-suit injunction nach der Entscheidung des Europäischen Gerichtshofs vom 27. April 2004, ZEuP 2005, 428–461.

–: Ungeschriebene Grenzen für europäische Zuständigkeiten bei Streitigkeiten mit Drittstaatenbezug – (zu EuGH, 1.3.2005 – Rs. C-281/02 – Owusu ./. Jackson u. a., unten S. 244, Nr. 17), IPRax 2005, 224–230.

–: Anti-suit injunctions zum Schutz von Schiedsvereinbarungen – Zur Vorlage des House of Lords im Fall West Tankers an den EuGH, RIW 2007, 411–419.

–: Nationale Prozessrechtsinstitute auf dem Prüfstand des europäischen Zivilverfahrensrechts, EuZW 2007, 489.

Dütz, Wilhelm: Rechtsstaatlicher Gerichtsschutz im Privatrecht – Zum sachlichen Umfang der Zivilgerichtsbarkeit (Zugl.: Münster, Univ., Habil., 1970), Bad Homburg, Berlin, Zürich 1970 (zitiert als: *Dütz*, Rechtsstaatlicher Gerichtsschutz im Privatrecht).

Dyer, Adair: Hague Conventions on Civil Procedure, Int'l Legal Prac. 12 (1987), 9–12.
Eeckhout, Piet/Frantziou, Eleni: Brexit and Article 50 TEU: A constitutionalist reading, CMLR 54 (2017), 695–733.
Eichel, Florian: Internationale Zustellung und Klagepriorität bei fehlenden oder fehlerhaften Übersetzungen der Klageschrift – (zu AG Leverkusen, 7.10.2015 – 25 C 514/14, unten S. 396, Nr. 21), IPRax 2017, 352–356.
–: Der Beitrag der modernen Informationstechnologie zur Effizienz der grenzüberschreitenden Forderungsdurchsetzung, ZVerglRW 119 (2020), 220–236.
Elsner, Niels/Deters, Hannah: Postzustellung im Parteibetrieb nach der EuZustVO – das Gericht als Übermittlungsstelle (zu OLG Frankfurt, 3.11.2021 – 6 W 95/21, unten S. 176, Nr. 13), IPRax 2023, 146–149.
Emde, Raimond: Anmerkung zu OLG Köln, Beschl. vom 8.9.2003 – 16 U 110/02, EWiR 2004, 441–442.
–: Zulässigkeit von Direktzustellungen ausländischer Prozessbevollmächtigter an deutsche Parteien nach Art. 14 EuZVO?, NJW 2004, 1830–1834.
Erb-Klünemann, Martina: Die Auswirkungen des Brexits auf das internationale Familienrecht, FamRB 2021, 168–176.
Fabian, Anna Katharina: Die Europäische Mahnverfahrensverordnung im Kontext der Europäisierung des Prozessrechts (Zugl.: Bayreuth, Univ., Diss., 2008/09), Jena 2010 (zitiert als: *Fabian*, Europäische Mahnverfahrensverordnung).
Fabig, Philine/Windau, Benedikt: Übersetzungen bei Auslandszustellung innerhalb der EU?, NJW 2017, 2502–2506.
–: Anmerkung zu BGH, Urt. vom 25.2.2021 – IX ZR 156/19, NJW 2021, 1603.
–: Die Neufassungen der Europäischen Zustellungs- und Beweisaufnahmeverordnungen – Vereinfachung für grenzüberschreitende Verfahren?, NJW 2022, 1977–1981.
Fahrbach, Ricarda/Schiener, Ulrich: Praktische Rechtsfragen der internationalen Zustellung – Die Zustellung aus dem Ausland in das Inland, IWRZ 2016, 158–163.
–: Besondere Rechtsfragen der internationalen Zustellung – Praktische Tipps, IWRZ 2017, 154–159.
–: Praktische Rechtsfragen der internationalen Zustellung – Die Zustellung aus dem Inland in das Ausland, IWRZ 2017, 16–22.
Fasching, Hans/Konecny, Andreas (Hrsg.): Kommentar zu den Zivilprozessgesetzen – 5. Band 2. Teilband. EuEheKindVO, EuMahnVO, EuBagatellVO, EuZVO, EuUVO, Anh §§ 38–40 JN, §§ 11, 12 ZustG, 2. Auflage, Wien 2010 (zitiert als: Fasching/Konecny/*Bearbeiter*).
Fellner, Christoph: Anmerkung zu BGH, Urt. vom 25.2.2021 – IX ZR 156/19, MDR 2021, 729–731.
Fentiman, Richard: Commercial Litigation in the UK: A Future Outside the EU, in: Trunk, Alexander/Hatzimihail, Nikitas (Hrsg.), EU Civil Procedure Law and Third Countries – Which Way Forward?, Baden-Baden 2021, S. 157–179 (zitiert als: *Fentiman*, in: Trunk/Hatzimihail (Hrsg.), EU Civil Procedure Law and Third Countries).
Fink, Christiane/Otti, Michael: Haager Zustellungsübereinkommen vom 15. 11. 1965 – Eine Übersicht anlässlich des Beitritts Österreichs, Zak 2020, 368–375.
Fischer, Frank: Die öffentliche Zustellung im Zivilprozeß, ZZP 107 (1994), 163–182.
Fitchen, Jonathan: The PIL consequences of Brexit, NIPR 2017, 411–432.
Fleischhauer, Jens: Inlandszustellung an Ausländer – Eine rechtsvergleichende Untersuchung des deutschen, US-amerikanischen und französischen Zivilprozessrechts unter verfassungs- und völkerrechtlichen Aspekten (Zugl.: Bielefeld, Univ., Diss., 1994/95), Berlin 1996 (zitiert als: *Fleischhauer*, Inlandszustellung).

Fogt, Morten Midtgaard/Schack, Haimo: Keine Urteilszustellung im deutsch-dänischen Rechtsverkehr – (zu OLG Hamm, 6.6.2003 – 15 VA 7/02, unten S. 146, Nr. 10a, und OLG Düsseldorf, 14.11.2003 – I-3 VA 8/03, unten S. 148, Nr. 10b), IPRax 2005, 118–124.

Forlati, Serena: Forlati on the Fate of the 1968 Brussels Convention: Some Thoughts from the Perspective of the Law of Treaties, EAPIL-Blog, 25.2.2021, abrufbar unter: <https://eapil.org/2021/02/25/forlati-on-the-fate-of-the-1968-brussels-convention-some-thoughts-from-the-perspective-of-the-law-of-treaties/>.

Förster, Adolf/Kann, Richard: Die Zivilprozeßordnung für das Deutsche Reich – Erster Band, 3. Auflage, Berlin 1913 (zitiert als: *Förster/Kann*, Zivilprozeßordnung).

Frankfurter Kommentar zu EUV, GRC und AEUV – Band 1: EUV und GRC, hrsg. von *Pechstein, Matthias/Nowak, Carsten/Häde, Ulrich*, Tübingen 2017 (zitiert als: FK-EuR/*Bearbeiter*).

Freshfields Bruckhaus Deringer: Nach dem Brexit – wie werden gerichtliche Schriftstücke in Verfahren mit UK-Bezug zugestellt?, 9.2.2021, abrufbar unter: <https://www.freshfields.de/our-thinking/knowledge/briefing/2021/02/nach-dem-brexit--wie-werden-gerichtliche-schriftstuecke-in-verfahren-mit-uk-bezug-zugestellt-4399/>.

Fritzsche, Sebastian: Die Pflicht zum elektronischen Rechtsverkehr – Chancen und Risiken, NZFam 2022, 1–7.

Fucik, Robert: Das Haager Zustellungsübereinkommen in Österreich, ÖRZ 2020, 175–178.

–: Internationales Zivilverfahrensrecht und IPR zwischen Österreich und dem Vereinigten Königreich nach dem Brexit, ÖJZ 2021, 113.

Gade, Marcel: Anmerkung zu BGH, Urt. vom 25.2.2021 – IX ZR 156/19, EuZW 2021, 694–695.

Gaupp, Ludwig/Stein, Friedrich: Die Civilprozeßordnung für das Deutsche Reich, 4. Auflage, Tübingen, Leipzig 1901 (zitiert als: *Gaupp/Stein*, Civilprozeßordnung).

Gebauer, Martin/Berner, Felix: Kapitel 31 – Europäische Gerichtsstands- und Vollstreckungsverordnung in Zivil- und Handelssachen (Brüssel Ia-VO), in: Gebauer, Martin/Wiedmann, Thomas (Hrsg.), Europäisches Zivilrecht, 3. Auflage, München 2021 (zitiert als: *Gebauer/Berner*, in: Gebauer/Wiedmann (Hrsg.), Europäisches Zivilrecht).

Geck, Wilhelm Karl: Hoheitsakte auf fremdem Staatsgebiet, in: Strupp, Karl/Schlochauer, Hans-Jürgen (Hrsg.), Wörterbuch des Völkerrechts – Erster Band. Aachener Kongress bis Hussar-Fall, 2. Auflage, Berlin 1960, S. 795–796 (zitiert als: *Geck*, in: Strupp/Schlochauer (Hrsg.), Wörterbuch des Völkerrechts I).

Geimer, Gregor: Neuordnung des internationalen Zustellungsrechts – Vorschläge für eine neue Zustellungskonvention (Zugl.: Regensburg, Univ., Diss., 1997/98), Berlin 1999 (zitiert als: *Geimer*, Neuordnung des internationalen Zustellungsrechts).

Geimer, Reinhold: „Windhunde" und „Torpedos" unterwegs in Europa – Ist Art. 27 EuGVVO bzw. Art. 21 EuGVÜ/LugÜ anwendbar trotz Parteienverschiedenheit? – (zu OLG Köln, 8.9.2003 – 16 U 110/02, unten S. 521, Nr. 36), IPRax 2004, 505–507.

–: Anmerkung zu OLG Frankfurt, Beschl. vom 28.8.1974 – 18 W 66/74, FamRZ 1975, 218.

–: Anmerkung zu BGH, Urt. vom 18.03.1987 – IVb ZR 24/86, NJW 1987, 3085–3086.

–: Anmerkung zu OLG Hamm, Urt. vom 08.02.1989 – 8 UF 72/88, NJW 1989, 2204–2205.

–: Anmerkung zu BGH, Beschl. vom 9.5.1990 – XII ZB 133/88, ZZP 103 (1990), 477–490.

–: Menschenrechte im internationalen Zivilverfahrensrecht, BerDGesVöR 33 (1993), 213–270.

–: English Substituted Service (Service by an Alternative Method) and Race to the Courthouses, in: Geimer, Reinhold (Hrsg.), Wege zur Globalisierung des Rechts – Festschrift für Rolf A. Schütze zum 65. Geburtstag, München 1999, S. 205–219 (zitiert als: *Geimer*, in: FS Schütze 1999).

–: Salut für die Verordnung (EG) Nr. 44/2001 (Brüssel I-VO) – Einige Betrachtungen zur „Vergemeinschaftung" des EuGVÜ, IPRax 2002, 69–74.

–: Betrachtungen zur internationalen (aktiven und passiven) Rechtshilfe und zum grenzüberschreitenden Rechtsverkehr, in: Bernreuther, Jörn/Freitag, Robert/Leible, Stefan/Sippel, Harald/Wanitzek, Ulrike (Hrsg.), Festschrift für Ulrich Spellenberg – Zum 70. Geburtstag, München 2010, S. 407–434 (zitiert als: *Geimer*, in: FS Spellenberg 2010).

–: Einige Facetten des internationalen Zustellungsrechts und anderes mehr im Rückspiegel der neueren Rechtsprechung – (zu EuGH, 11.6.2009 – Rs. C-564/07 – Kommission der Europäischen Gemeinschaften ./. Republik Österreich, unten S. 242, Nr. 14, sowie zu BGH, 5.3.2009 – IX ZB 192/07, unten S. 246, Nr. 15, und BGH, 20.1.2009 – VIII ZB 47/08, unten S. 247, Nr. 16), IPRax 2010, 224–226.

–: Internationales Zivilprozessrecht, 8. Auflage, Köln 2020 (zitiert als: *Geimer*, IZPR).

Geimer, Reinhold/Schütze, Rolf (Hrsg.): Europäisches Zivilverfahrensrecht – Kommentar, 4. Auflage, München 2020 (zitiert als: Geimer/Schütze/*Bearbeiter*).

Geimer, Reinhold/Schütze, Rolf/Hau, Wolfgang (Hrsg.): Internationaler Rechtsverkehr in Zivil- und Handelssachen – Loseblatt-Handbuch mit Texten, Kommentierungen und Länderberichten, 65. Ergänzungslieferung, Stand: 5/2022, München (zitiert als: Geimer/Schütze/Hau[65]/*Bearbeiter*).

–: Internationaler Rechtsverkehr in Zivil- und Handelssachen – Loseblatt-Handbuch mit Texten, Kommentierungen und Länderberichten, 66. Ergänzungslieferung, Stand: 1/2023, München (zitiert als: Geimer/Schütze/Hau/*Bearbeiter*).

Germelmann, Claas-Hinrich/Prütting, Hanns/Matthes, Hans-Christoph (Begr.): Arbeitsgerichtsgesetz – Kommentar, 9. Auflage, München 2017 (zitiert als: Germelmann/Prütting/Hanns[9]/*Bearbeiter*).

Ghassabeh, Amir-Said: Die Zustellung einer punitive-damages-Sammelklage an beklagte deutsche Unternehmen – Zugleich ein Beitrag zum "unnötigen" transatlantischen Justizkonflikt (Zugl.: Hamburg, Univ., Diss., 2008), Frankfurt am Main, Berlin, Bern u.a. 2009 (zitiert als: *Ghassabeh*, Zustellung einer punitive-damages-Sammelklage).

Glennon, Michael: How International Rules Die, Geo. L. J. 93 (2005), 939–992.

Godrey, Patricia/Loebel, Anke: Der Woolf-Report – Englisches Zivilverfahrensrecht im Umbruch?, ZfRV 1997, 89–92.

Gordon, Richard/Pascoe, Tom: Preparing for Brexit: The Legislative Options, London 2017 (zitiert als: *Gordon/Pascoe*, Preparing for Brexit).

Gornig, Gilbert: Territoriale Souveränität und Gebietshoheit als Begriffe des Völkerrechts, in: Gornig, Gilbert/Horn, Hans-Detlef (Hrsg.), Territoriale Souveränität und Gebietshoheit, Berlin 2016, S. 35–76 (zitiert als: *Gornig*, in: Gornig/Horn (Hrsg.), Territoriale Souveränität und Gebietshoheit).

Gottwald, Peter: Grenzen zivilgerichtlicher Massnahmen mit Auslandswirkung, in: Lindacher, Walter/Pfaff, Dieter/Roth, Günter/Schlosser, Peter/Wieser, Eberhard (Hrsg.), Festschrift für Walther J. Habscheid zum 65. Geburtstag – 6. April 1989, Bielefeld 1989, S. 119–130 (zitiert als: *Gottwald*, in: FS Habscheid 1989).

–: Die Stellung des Ausländers im Prozeß, in: Habscheid, Walther Jakob/Beys, Kostas (Hrsg.), Grundfragen des Zivilprozessrechts – Die internationale Dimension; mit der anschließenden Diskussion anläßlich der Tagung der Wissenschaftlichen Vereinigung für

Internationales Verfahrensrecht in Nauplia (5. – 10. Oktober 1987); Berichte = Themeliōdē zētēmata tēs politikēs dikonomias, Bielefeld 1991, S. 3–99 (zitiert als: *Gottwald*, in: Habscheid/Beys (Hrsg.), Grundfragen des Zivilprozessrechts).
–: Sicherheit vor Effizienz – Auslandszustellung in der Europäischen Union in Zivil- und Handelssachen, in: Geimer, Reinhold (Hrsg.), Wege zur Globalisierung des Rechts – Festschrift für Rolf A. Schütze zum 65. Geburtstag, München 1999, S. 225–235 (zitiert als: *Gottwald*, in: FS Schütze 1999).
–: Schließt sich die "Abseitsfalle"? – Rechtliches Gehör, Treu und Glauben im Prozess und Urteilsanerkennung, in: Gottwald, Peter/Roth, Herbert (Hrsg.), Festschrift für Ekkehard Schumann zum 70. Geburtstag, Tübingen 2001, S. 149–158 (zitiert als: *Gottwald*, in: FS Schumann 2001).
–: Internationales Familienverfahrensrecht post Brexit, FamRZ 2020, 965–967.
–: Die Neufassungen der EU-Zustellungs- und Beweisverordnungen, MDR 2022 1185–1191
Grabitz, Eberhard/Hilf, Meinhard/Nettesheim, Martin (Hrsg.): Das Recht der Europäischen Union, 78. Ergänzungslieferung, Stand: 1/2023, München (zitiert als: Grabitz/Hilf/Nettesheim/*Bearbeiter*).
Greger, Reinhard: Anmerkung zu OLG München, Beschl. vom 9.5.1989 – 9 VA 3/89, NJW 1989, 3103–3104.
Groeben, Hans von der/Schwarze, Jürgen/Hatje, Armin (Hrsg.): Europäisches Unionsrecht – Vertrag über die Europäische Union, Vertrag über die Arbeitsweise der Europäischen Union, Charta der Grundrechte der Europäischen Union, 7. Auflage, Baden-Baden 2015 (zitiert als: von der Groeben/Schwarze/Hatje/*Bearbeiter*).
Grupp, Thomas: Vertragsgestaltung in Zeiten von Brexit, NJW 2017, 2065–2070.
Gsell, Beate: Direkte Postzustellung an Adressaten im EU-Ausland nach neuem Zustellungsrecht, EWS 2002, 115–124.
Guttenberg, Ulrich: Öffentliche Zustellung und Wiedereinsetzung in den vorigen Stand, MDR 1993, 1049–1051.
Hafner, Gerhard: "L'obsolescence" de certaines dispositions du Traité d'État autrichien de 1955, Annuaire français de droit international 37 (1991), 239–257.
Hailbronner, Kay/Thiery, Claus: Amsterdam – Vergemeinschaftung der Sachbereiche Freier Personenverkehr, Asylrecht und Einwanderung sowie Überführung des Schengen-Besitzstands auf EU-Ebene, EuR 1998, 583–615.
Handkommentar Europäische Menschenrechtskonvention – Meyer-Ladewig, Jens/Nettesheim, Martin/Raumer, Stefan von (Hrsg.), 4. Auflage, Baden-Baden, Wien, Basel 2017 (zitiert als: HK-EMRK/*Bearbeiter*).
Handkommentar Europarecht – Vedder, Christoph/Heintschel von Heinegg, Wolff (Hrsg.): EUV, AEUV, GRCh, EAGV. Handkommentar mit den vollständigen Texten der Protokolle und Erklärungen, 2. Auflage, Baden-Baden, Zürich, Wien 2018 (zitiert als: HK-EuR/*Bearbeiter*).
Handkommentar Zivilprozessordnung – Saenger, Ingo von (Hrsg.): Familienverfahren | Gerichtsverfassung | Europäisches Verfahrensrecht, 9. Auflage, Baden-Baden 2021 (zitiert als: HK-ZPO/*Bearbeiter*).
Hansen, Marike/Hölken, Helge: Anmerkung zu BGH, Urt. vom 25.2.2021 – IX ZR 156/19, NZI 2021, 556–557.
Haraszti, György: Some fundamental problems of the law of treaties, Budapest 1973.
Hartley, Trevor: Civil jurisdiction and judgments in Europe – The Brussels I regulation, the Lugano Convention, and the Hague Choice of Court Convention, Oxford 2017 (zitiert als: *Hartley*, Civil jurisdiction and judgments in Europe).

Harwood, B. A./Lord Dunboyne: Service and Evidence Abroad (Under English Civil Procedure), ICLQ 10 (1961), 284–304.

Hau, Wolfgang: Durchsetzung von Zuständigkeits- und Schiedsvereinbarungen mittels Prozeßführungsverboten im EuGVÜ: Neuere Rechtsprechung des Court of Appeal zu obligation-based antisuit injunctions, IPRax 1996, 44–48.

–: Positive Kompetenzkonflikte im Internationalen Zivilprozeßrecht – Überlegungen zur Bewältigung von multi-fora disputes (Zugl.: Trier, Univ., Diss., 1995), Frankfurt am Main, Berlin, Bern u.a. 1996 (zitiert als: *Hau*, Positive Kompetenzkonflikte).

–: Zustellung ausländischer Prozessführungsverbote: Zwischen Verpflichtung zur Rechtshilfe und Schutz inländischer Hoheitsrechte – (zu OLG Düsseldorf, 10.1.1996 – 3 VA 11/95, unten S. 260, Nr. 23), IPRax 1997, 245–248.

–: Europäische Rechtshilfe, endgültige Rechtshängigkeit, effektiver Rechtsschutz – (zu LG München II, 6.3.1997 – 2 HKO 3812/96, unten S. 477, Nr. 47), IPRax 1998, 456–460.

–: Anmerkung zu EuGH, Urt. vom 27.4.2004 – Rs. C-159/02 (Turner/Grovit), ZZPInt 9 (2004), 191–197.

–: Service of documents, in: Basedow, Jürgen/Rühl, Giesela/Ferrari, Franco/Miguel Asensio, Pedro Alberto de (Hrsg.), Encyclopedia of private international law, Cheltenham, Northampton 2017, S. 1628–1633 (zitiert als: *Hau*, in: Basedow/Rühl/Ferrari/Miguel Asensio (Hrsg.), Encyclopedia of private international law).

–: Die zivilrechtliche justizielle Zusammenarbeit mit dem Vereinigten Königreich seit dem Brexit, MDR 2021, 521–526.

–: Anmerkung zu OLG Frankfurt a.M., Beschl. vom 22.11.2021 – 28 VA 1/21, FamRZ 2022, 222.

Hausmann, Rainer: Zustellung durch Aufgabe zur Post an Parteien mit Wohnsitz im Ausland – (zu BGH, 24.9.1986 – VIII ZR 320/85, unten S. 159, Nr. 20 a; OLG München, 30.12.1986 – 7 W 3138/86, unten S. 163, Nr. 20 b; OLG München, 10.4.1987 – 23 U 6422/86, unten S. 164, Rn. 20 c), IPRax 1988, 140–144.

–: Auslegungsprobleme der Europäischen Zustellungsverordnung, EuLF 1/2-2007, 1–15.

Hawkins, Richard: Dysfunctional Equivalence: The New Approach to Defining Postal Channels under the Hague Service Convention, UCLA L. Rev. 55 (2007), 205–246.

Hayward, Ruth: Conflict of Laws, 4. Auflage, London 2006.

HCCH (Hrsg.): HCCH a|Bridged Edition 2019: The HCCH Service Convention in the Era of Electronic and Information Technology, Den Haag 2019, abrufbar unter: <https://assets.hcch.net/docs/24788478-fa78-426e-a004-0bbd8fe63607.pdf>.

Hecht, Michael/Muzak, Gerhard: Zur Geltung der für obsolet erklärten Bestimmungen des Staatsvertrags von Wien 1955, JBl. 1994, 720–732.

Heckel, Martin: Die fiktive Inlandszustellung auf dem Rückzug – Rückwirkungen des europäischen Zustellungsrechts auf das nationale Recht, IPRax 2008, 218–225.

Heger, Matthias: Europa ganz praktisch – Das Gesetz zur Verbesserung der grenzüberschreitenden Forderungsdurchsetzung und Zustellung, DStR 2009, 435–439.

Heidecker: Das Haager internationale Uebereinkommen von 1896, betreffend das Civilprozessverfahren, ZZP 23 (1897), 164–169.

Heidenberger, Peter: US Supreme Court befaßt sich mit Haager Zustellungsübereinkommen, RIW 1988, 90–92.

Heiderhoff, Bettina: Widerklage und ausländische Streitanhängigkeit – (zu OGH, 12.2.1997 – 7 Ob 38/97g, oben S. 385, Nr. 49), IPRax 1999, 392–394.

–: Anmerkung zu EuGH, Urt. vom 13.10.2005 – Rs. C-522/03 (Scania) und EuGH, Urt. vom 8.11.2005 – Rs. C-443/03 (Leffler), ZZPInt 10 (2005), 296–301.

–: Keine Inlandszustellung an Adressaten mit ausländischem Wohnsitz mehr?, EuZW 2006, 235–238.

–: Keine Rangordnung der Zustellungsarten – (zu EuGH, 9.2.2006 – Rs. C-473/04 – Plumex ./. Young Sports NV, unten S. 320, Nr. 24), IPRax 2007, 293–294.

–: Kenntnisnahme ersetzt nicht die Zustellung im Vollstreckbarerklärungsverfahren – (zu EuGH, 16. 2. 2006 – Rs. C-3/05 – Verdoliva ./. Van den Hoeven, unten S. 215, Nr. 19), IPRax 2007, 202–204.

–: Zustellung, in: Basedow, Jürgen/Hopt, Klaus/Zimmermann, Reinhard (Hrsg.), Handwörterbuch des europäischen Privatrechts – Band II. Kauf – Zwingendes Recht, Tübingen 2009, S. 1819–1822 (zitiert als: *Heiderhoff*, in: Basedow/Hopt/Zimmermann (Hrsg.), Handwörterbuch des europäischen Privatrechts).

–: Einzelheiten zur öffentlichen Zustellung – (zu BGH, 28.11.2007 – XII ZB 217/05, unten S. 360, Nr. 25), IPRax 2010, 343–346.

–: Fiktive Zustellung und Titelmobilität, IPRax 2013, 309–315.

Heidrich, Thomas: Amts- und Parteizustellungen im internationalen Rahmen: Status quo und Reformbedarf, EuZW 2005, 743–747.

Heindler, Florian: The digitisation of legal co-operation – reshaping the fourth dimension of private international law, in: John, Thomas/Gulati, Rishi/Köhler, Ben (Hrsg.), The Elgar companion to the Hague Conference on Private International Law, Cheltenham, Northampton 2020, S. 428–438 (zitiert als: *Heindler*, in: John/Gulati/Köhler (Hrsg.), The Elgar companion to the Hague Conference on PIL).

Heintschel von Heinegg, Wolff: 4. Kapitel: Die völkerrechtlichen Verträge als Hauptrechtsquelle des Völkerrechts, in: Ipsen, Knut (Begr.), Völkerrecht – Ein Studienbuch, 7. Auflage, München 2018 (zitiert als: *Heintschel von Heinegg*, in: Ipsen (Begr.), Völkerrecht).

Heinze, Christian: Fiktive Inlandszustellungen und der Vorrang des europäischen Zivilverfahrensrechts – (zu OLG Düsseldorf, 11.1.2008 – I-17 U 86/07, unten S. 169, Nr. 8, und OGH, 23.9.2008 – 10 Ob 59/08m, unten S. 171, Nr. 9), IPRax 2010, 155–160.

–: Keine Zustellung durch Aufgabe zur Post im Anwendungsbereich der Europäischen Zustellungsverordnung – (zu EuGH, 19.12.2012 – Rs. C-325/11 – Alder ./. Orlowska, unten S. 157, Nr. 4; und BGH, 2.2.2011 – VIII ZR 190/10, unten S. 160, Nr. 5), IPRax 2013, 132–135.

Heinze, Christian/Dutta, Anatol: Enforcement of arbitration agreements by anti-suit injunctions in Europe – From Turner to West Tankers, Yearbook of Private International Law 9 (2007), 415–438.

Heiss, Hans: Wiener Juristische Gesellschaft (Sitzung vom 30. Januar 1952) – Die Ergebnisse der siebenten Haager Privatrechtskonferenz (Vortrag, gehalten von Universitätsprofessor Dr. Fritz Schwind, Wien), JBl. 1952, 109–112.

Henckel, Wolfram: Das Recht auf Entscheidung in angemessener Frist und der Anspruch auf rechtliches Gehör – Art 6 Abs 1 Satz 1 EMRK und das deutsche zivilgerichtliche Verfahren, in: Ballon, Oskar (Hrsg.), Verfahrensgarantien im nationalen und internationalen Prozeßrecht – Festschrift Franz Matscher zum 65. Geburtstag, Wien 1993, S. 185–196 (zitiert als: *Henckel*, in: FS Matscher 1993).

Henrich, Dieter: Der Domizilbegriff im englischen internationalen Privatrecht, RabelsZ 25 (1960), 456–495.

Hentzen, Matthias: Die förmliche Zustellung – Vorlage der Vollmacht nach § 171 S. 2 ZPO n.F., MDR 2003, 361–364.

Herberger, Marie: Die öffentliche Zustellung im Zivilprozess – Neue mediale Perspektiven durch die Digitalisierung, ZZP 134 (2021), 237–260.

Herchenröder, Jan-Henrik: Auch zwei Jahre nach dem Referendum: Rechtliche Unwägbarkeiten des Brexit zwischen Völker- und Europarecht, in: Kramme, Malte/Baldus, Christian/Schmidt-Kessel, Martin (Hrsg.), Brexit – Privat- und wirtschaftsrechtliche Folgen, 2. Auflage, Baden-Baden 2020, S. 56–78 (zitiert als: *Herchenröder*, in: Kramme/Baldus/Schmidt-Kessel (Hrsg.), Brexit).

Herdegen, Matthias: Völkerrecht, 22. Auflage, München 2023.

Hess, Burkhard: Urteilsanerkennung, Inlandskonkurs und die Tücken der internationalen Zustellung – (zu OLG Saarbrücken, 1.10.1993 – 5 W 96/93-56, unten S. 35, Nr. 3), IPRax 1995, 16–19.

–: Die „Europäisierung" des internationalen Zivilprozessrechts durch den Amsterdamer Vertrag – Chancen und Gefahren, NJW 2000, 23–32.

–: Die Integrationsfunktion des Europäischen Zivilverfahrensrechts, IPRax 2001, 389–396.

–: Die Zustellung von Schriftstücken im europäischen Justizraum, NJW 2001, 15–23.

–: Neues deutsches und europäisches Zustellungsrecht, NJW 2002, 2417–2426.

–: Les compétences externes de la Communauté européenne dans le cadre de l'article 65 CE, in: Fuchs, Angelika/Muir-Watt, Horatia/Pataut, Étienne (Hrsg.), Les conflits de lois et le système juridique communautaire – contributions issues du Colloque Les Conflits de Lois et le Système Juridique Communautaire, tenu les 17 et 18 novembre 2003, Paris 2004, S. 81–101 (zitiert als: *Hess*, in: Fuchs/Muir-Watt/Pataut (Hrsg.), Les conflits de lois et le système juridique communautaire).

–: Noch einmal: Direktzustellungen nach Art. 14 EuZVO, NJW 2004, 3301–3303.

–: Rechtspolitische Überlegungen zur Umsetzung von Art. 15 der Europäischen Zustellungsverordnung – VO (EG) Nr. 1393/2007, IPRax 2008, 477–479.

–: Übersetzungserfordernisse im europäischen Zivilverfahrensrecht – (zu EuGH, 8.5.2008 – Rs. C-14/07 – Ingenieurbüro Michael Weiss & Partner GbR ./. Industrie- und Handelskammer Berlin, unten S. 419, Nr. 23), IPRax 2008, 400–403.

–: Back to the Past: BREXIT und das europäische internationale Privat- und Verfahrensrecht, IPRax 2016, 409–418.

–: Binnenverhältnisse im Europäischen Zivilprozessrecht – Grenzüberschreitende v. nationale Sachverhalte, in: Hein, Jan von/Rühl, Giesela (Hrsg.), Kohärenz im internationalen Privat- und Verfahrensrecht der Europäischen Union, Tübingen 2016, S. 67–89 (zitiert als: *Hess*, in: Hein/Rühl (Hrsg.), Kohärenz im IPR und IZVR der EU).

–: Lugano-Übereinkommen und der Brexit, in: Hess, Burkhard/Jayme, Erik/Mansel, Heinz-Peter (Hrsg.), Europa als Rechts- und Lebensraum – Liber amicorum für Christian Kohler zum 75. Geburtstag am 18. Juni 2018, Bielefeld 2018, S. 179–192 (zitiert als: *Hess*, in: FS Kohler 2018).

–: The Unsuitability of the Lugano Convention (2007) to Serve as a Bridge between the UK and the EU after Brexit, Max Planck Institute Luxembourg for Procedural Law Research Paper Series | N° 2018 (2), abrufbar unter: <https://papers.ssrn.com/sol3/papers.cfm?abstract_id=3118360> (zitiert als: *Hess*, The Unsuitability of the Lugano Convention, MPILux Research Paper 2018 (2)).

–: Untiefen des deutschen und des europäischen Zustellungsrechts – (zu OLG Frankfurt, 8.5.2019 – 13 U 210/17, Ls. unten S. 145, Nr. 9), IPRax 2020, 127–128.

–: Europäisches Zivilprozessrecht, 2. Auflage, Berlin, Boston 2021 (zitiert als: *Hess*, EuZPR).

Hess, Burkhard/Bittmann, David-Christoph: Zur Europäischen Mahnverfahrens- und Bagatellverordnung – Die Verordnungen zur Einführung eines Europäischen Mahnverfahrens und eines Europäischen Verfahrens für geringfügige Forderungen – ein substantieller Integrationsschritt im Europäischen Zivilprozessrecht, IPRax 2008, 305–314.

Hickinbottom, Gary: Blackstone's Civil Practice 2023, 23. Auflage, Oxford 2023 (zitiert als: *Hickinbottom*, Blackstone's Civil Practice).

Hill, Jonathan/Ní Shúilleabháin, Máire: Clarkson & Hill's conflict of laws, 5. Auflage, Oxford 2016.

Hilpold, Peter: Das Vorbehaltsregime der Wiener Vertragskonvention, AVR 34 (1996), 376–425.

Hoeren, Thomas/Sieber, Ulrich/Holznagel, Bernd (Hrsg.): Handbuch Multimedia-Recht – Rechtsfragen des elektronischen Geschäftsverkehrs – Loseblatt, 58. Ergänzungslieferung, Stand: 3/2022, München (zitiert als: Hoeren/Sieber/Holznagel/*Bearbeiter*).

Hoffmann, Christian: EU-Verordnung über elektronische Identifizierung auf nationale Angebote – Auswirkungen auf De-Mail, E-Postbrief und nPA, DuD 2014, 762–767.

Hofmann, Bianca: Beendigung menschenrechtlicher Verträge – Rechtliche und faktische Schranken (Zugl.: Potsdam, Univ., Diss., 2008), Berlin 2009 (zitiert als: *Hofmann*, Beendigung menschenrechtlicher Verträge).

Hollmann, Hermann: Auslandszustellung in US-amerikanischen Zivilsachen und Verwaltungssachen – Zulässigkeit und Schutzmöglichkeiten nach deutschem und internationalem Recht, RIW 1982, 784–798.

Honey, Damian/Gare, Nicola: Brexit: A disputes perspective, HFW, 2018, abrufbar unter: <https://www.hfw.com/downloads/HFW-Brexit-Considerations-Dispute-Resolution-Feb-2018.pdf>.

Hopt, Klaus/Kulms, Rainer/Hein, Jan von: Rechtshilfe und Rechtsstaat – Die Zustellung einer US-amerikanischen class action in Deutschland, Tübingen 2006 (zitiert als: *Hopt/Kulms/von Hein*, Rechtshilfe und Rechtsstaat).

Hornung, Anton: Zustellungsreformgesetz, RPfleger 2002, 493–503.

Hoyer, Viktor: Das Haager Prozeßübereinkommen vom Jahre 1954, ÖJZ 1958, 371–378.

Huber, Max: Gemeinschafts- und Sonderrecht unter Staaten, in: Gierke, Otto (Hrsg.), Festschrift Otto Gierke zum siebzigsten Geburtstag – dargebracht von Schülern, Freunden und Verehrern. Mit einem Bildnis, Weimar 1911, S. 817–850 (zitiert als: *Huber*, in: FS Gierke 1911).

Huisman, Michel: Convention Internationale de la Haye du 17 Juillet 1905 Relative a la Procedure Civile – Deuxième article, Rev. dr. int. lég. (2. ser.) 11 (1909), 395–414.

–: Convention Internationale de la Haye du 17 Juillet 1905 Relative a la Procedure Civile – Premier article, Rev. dr. int. lég. (2. ser.) 11 (1909), 320–339.

Indermaur, John/Thwaites, Charles: A manual of the practice of the Supreme Court of Judicature in the King's Bench and Chancery divisions – intended for the use of students and the profession, 9. Auflage, London 1905 (zitiert als: *Indermaur/Thwaites*, A manual of the practice of the Supreme Court of Judicature[9]).

–: A manual of the practice of the Supreme Court of Judicature in the King's Bench and Chancery divisions – intended for the use of students and the profession, 10. Auflage, London 1919 (zitiert als: *Indermaur/Thwaites*, A manual of the practice of the Supreme Court of Judicature).

Inhülsen, C. H. P.: Die von englischen Gerichten angeordneten Beweisaufnahmen im Deutschen Reiche, AöR 11 (1896), 494–514.

Ising, Malte/Schulze, Götz: § 24 – Zustellung, in: Leible, Stefan/Terhechte, Jörg Philipp (Hrsg.), Europäisches Rechtsschutz- und Verfahrensrecht, 2. Auflage, Baden-Baden, Zürich, St. Gallen u.a. 2021, S. 963–990 (zitiert als: *Ising/Schulze*, in: Leible/Terhechte (Hrsg.), Europäisches Rechtsschutz- und Verfahrensrecht).

Jacob, Jack Isaac Hai: International Co-Operation in Litigation: England, in: Smit, Hans (Hrsg.), International Co-Operation in Litigation: Europe, Den Haag 1965, S. 66–104 (zitiert als: *Jacob*, in: Smit (Hrsg.), International Co-Operation in Litigation: Europe).
Jacobs, Holger: Das Haager Anerkennungs- und Vollstreckungsübereinkommen vom 2. Juli 2019 (Zugl.: Mainz, Univ., Diss., 2020/21), Tübingen 2021 (zitiert als: *Jacobs*, Haager Anerkennungs- und Vollstreckungsübereinkommen).
Jacoby, Florian: Öffentliche Zustellung statt Auslandszustellung? – Kritische Anmerkung zum Entwurf des § 185 Nr. 2 ZPO durch das MoMiG, in: Baetge, Dietmar/Hein, Jan von/Hinden, Michael von (Hrsg.), Die richtige Ordnung – Festschrift für Jan Kropholler zum 70. Geburtstag, Tübingen 2008, S. 819–828 (zitiert als: *Jacoby*, in: FS Kropholler 2008).
–: Zivilprozessrecht, 18. Auflage, München 2022.
Jametti Greiner, Monique: Neuerungen im internationalen Rechtshilfeverkehr der Schweiz, ZZPInt 1 (1996), 187–209.
Jarass, Hans/Pieroth, Bodo (Begr.): Grundgesetz für die Bundesrepublik Deutschland – Kommentar, 17. Auflage, München 2022 (zitiert als: Jarass/Pieroth/*Bearbeiter*).
Jastrow, Serge-Daniel: Auslandszustellung im Zivilverfahren – Erste Praxiserfahrungen mit der EG-Zustellungsverordnung, NJW 2002, 3382–3384.
–: Europäische Zustellung und Beweisaufnahme 2004 – Neuregelungen im deutschen Recht und konsularische Beweisaufnahme, IPRax 2004, 11–13.
–: Kapitel 28 – Europäische Zustellungsverordnung (EuZVO), in: Gebauer, Martin/Wiedmann, Thomas (Hrsg.), Zivilrecht unter europäischem Einfluss – Die richtlinienkonforme Auslegung des BGB und anderer Gesetze – Erläuterung der wichtigsten EG-Verordnungen, Stuttgart, München, Hannover u.a. 2005 (zitiert als: *Jastrow*, in: Gebauer/Wiedmann (Hrsg.), Zivilrecht unter europäischem Einfluss).
Jayme, Erik: Zur Frage der Heilung von Zustellungsmängeln bei Anwendung des ZPÜbk Haag, IPRax 1997, 195.
Jayme, Erik/Kohler, Christian: Europäisches Kollisionsrecht 1994 – Quellenpluralismus und offene Kontraste, IPRax 1994, 405–415.
–: Europäisches Kollisionsrecht 1995 – Der Dialog der Quellen, IPRax 1995, 343–354.
–: Europäisches Kollisionsrecht 2002 – Zur Wiederkehr des Internationalen Privatrechts, IPRax 2002, 461–471.
–: Europäisches Kollisionsrecht 2005 – Hegemonialgesten auf dem Weg zu einer Gesamtvereinheitlichung, IPRax 2005, 481–493.
–: Europäisches Kollisionsrecht 2006 – Eurozentrismus ohne Kodifikationsidee?, IPRax 2006, 537–550.
Johannsen, Kurt/Henrich, Dieter/Althammer, Christoph (Hrsg.): Familienrecht – Scheidung, Unterhalt, Verfahren. Kommentar, 7. Auflage, München 2020 (zitiert als: Johannsen/Henrich/Althammer/*Bearbeiter*).
Jonas, Martin: Das Deutsch-Britische Abkommen über den Rechtsverkehr v. 20. März 1928, JW 1929, 88–89.
Jordans, Roman: Die Zustellung an Zustellungsbevollmächtigte gem. § 171 ZPO, MDR 2008, 1198–1200.
Juenger, Friedrich/Reimann, Mathias: Zustellung von Klagen auf punitive damages nach dem Haager Zustellungsübereinkommen, NJW 1994, 3274–3275.
Junker, Abbo: Der lange Arm amerikanischer Gerichte – Gerichtsgewalt, Zustellung und Jurisdictional Discovery, IPRax 1986, 197–208.
–: Der deutsch-amerikanische Rechtsverkehr in Zivilsachen – Zustellungen und Beweisaufnahmen, JZ 44 (1989), 121–129.

–: Internationales Zivilprozessrecht, 5. Auflage, München 2020 (zitiert als: *Junker*, IZPR).

Kaiser, Roman: Auf dem Weg zum „Brexit" – Die Europäische Union im britischen Verfassungsrecht, EuR 2016, 593–606.

Kampen, Alfried/Engelhardt, Marc: Das Zustellungsreformgesetz – Eine Darstellung der neuen Rechtslage, AuR 2003, 244–254.

Karaaslan, Varol: Internationale Zustellungen nach der EuZVO und der ZPO und ihre Auswirkungen auf die Anerkennung der Entscheidungen (Zugl.: Münster, Univ., Diss., 2007), Aachen 2007 (zitiert als: *Karaaslan*, Internationale Zustellungen nach der EuZVO).

Karl, Wolfram: Vertrag und spätere Praxis im Völkerrecht – Zum Einfluß der Praxis auf Inhalt und Bestand völkerrechtlicher Verträge (Zugl.: Salzburg, Univ., Habil., 1983), Berlin, Heidelberg, New York u.a. 1983 (zitiert als: *Karl*, Vertrag und spätere Praxis im Völkerrecht).

Karpenstein, Ulrich/Mayer, Franz (Hrsg.): Konvention zum Schutz der Menschenrechte und Grundfreiheiten – Kommentar, 3. Auflage, München 2022 (zitiert als: Karpenstein/Mayer/*Bearbeiter*).

Kaufmann, Hugo: Die neuen Haager Abkommen über das internationale Privatrecht, DJZ 1908, 1077–1081.

Kempen, Bernhard/Hillgruber, Christian/Grabenwarter, Christoph: Völkerrecht, 3. Auflage, München 2021.

Kennedy: The Antwerp Conference of the International Law Association 1903, J Soc. Comp. Leg. 5 (1903), 216–230.

Kennett, Wendy: Service of documents in Europe, C.J.Q. 17 (1998), 284–307.

Kern, Christoph: Ein einheitliches Zustellungsrecht für Europa?, in: Schütze, Rolf (Hrsg.), Fairness, justice, equity – Festschrift für Reinhold Geimer zum 80. Geburtstag, München 2017, S. 311–319 (zitiert als: *Kern*, in: FS Geimer 2017).

Knöfel, Oliver: Bismarcks Blaustift und das gesetzliche Internationale Zivilverfahrensrecht – Eine rechtshistorisch-vergleichende Skizze, ZfRV 2008, 273–281.

–: Zustellung privater Schriftstücke über die Europäische Zustellungsverordnung? – (zu EuGH, 11.11.2015 – Rs. C-223/14 – Tecom Mican SL, José Arias Domínguez, unten S. 272, Nr. 9), IPRax 2017, 245–254.

–: Grenzüberschreitende Justizkooperation in Zivilsachen (Zugl.: Hamburg, Univ., Habil., 2011/12), Hamburg 2020 (zitiert als: *Knöfel*, Grenzüberschreitende Justizkooperation).

–: Die Neufassung der Europäischen Zustellungsverordnung (EuZustVO), RIW 2021, 473–485.

Koch, Harald: Haager Zustellungsübereinkommen oder „Zustellungsdurchgriff" auf Muttergesellschaften? – (zur Entscheidung des US-Supreme Court in Schlunk v Volkswagen), IPRax 1989, 313–314.

–: Norwegische Steuern vor dem House of Lords: Grundsatzfragen internationaler Rechtshilfe – (zu Re State of Norway's Applications [1989] 1 All E R 745, 28 Int. Leg. Mat. 693 [1989]), IPRax 1990, 257–260.

Koch, Harald/Diedrich, Frank: Grundrechte als Maßstab für Zustellungen nach dem Haager Zustellungsübereinkommen? – Zugleich eine Besprechung der Entscheidung des Bundesverfassungsgerichts vom 3. August 1994, ZIP 1994, 1353, ZIP 1994, 1830–1833.

Koch, Harald/Horlach, Christin/Thiel, Diana: US-Sammelklage gegen deutsches Unternehmen? – Napster und die bittere Pille danach, RIW 2006, 356–363.

Köck, Heribert Franz: Ist der österreichische Staatsvertrag „obsolet"? – Grundsätzliche Überlegungen zur Vertragserrichtung und Vertragsbeendigung nach Völkerrecht, ZÖR 50 (1996), 75–115.

Kohen, Marcelo: Desuetude and Obsolescence of Treaties, in: Cannizzaro, Enzo (Hrsg.), The law of treaties beyond the Vienna Convention, Oxford 2011, S. 350–359 (zitiert als: *Kohen*, in: Cannizzaro (Hrsg.), The law of treaties beyond the Vienna Convention).
Kohler, Christian: Vom EuGVÜ zur EuGVVO – Grenzen und Konsequenzen der Vergemeinschaftung, in: Schütze, Rolf (Hrsg.), Einheit und Vielfalt des Rechts – Festschrift für Reinhold Geimer zum 65. Geburtstag, München 2002, S. 461–484 (zitiert als: *Kohler*, in: FS Geimer 2002).
–: Dialog der Gerichte im europäischen Justizraum – Zur Rolle des EuGH bei der Auslegung des neuen Übereinkommens von Lugano, in: Monti, Mario/Liechtenstein, Prinz Nikolaus von und zu/Vesterdorf, Bo/Westbrook, Jay/Wildhaber, Luzius (Hrsg.), Economic law and justice in times of globalisation = Wirtschaftsrecht und Justiz in Zeiten der Globalisierung – Festschrift for Carl Baudenbacher, Baden-Baden, Wien 2007, S. 141–156 (zitiert als: *Kohler*, in: FS Baudenbacher 2007).
–: Die Retourkutsche aus Brüssel, NZZ, 1.9.2021, S. 19, abrufbar unter: <https://epaper.nzz.ch/article/6/6/2021-09-01/19/294722920>.
–: Ein europäischer Justizraum in Zivilsachen ohne das Vereinigte Königreich, ZEuP 2021, 781–791.
–: Kollisionsrechtliche Aspekte der Corporate Social Responsibility – Tagung der Europäischen Gruppe für Internationales Privatrecht 2021, IPRax 2022, 422–424.
Kohler, Christian/Pintens, Walter: Entwicklungen im europäischen Familien- und Erbrecht 2019–2020, FamRZ 2020, 1417–1427.
–: Entwicklungen im europäischen Familien- und Erbrecht 2020–2021, FamRZ 2021, 1421–1433.
Kondring, Jörg: Die Heilung von Zustellungsfehlern im internationalen Zivilrechtsverkehr (Zugl.: Münster, Univ., Diss., 1995), Berlin 1995 (zitiert als: *Kondring*, Heilung von Zustellungsfehlern).
–: Die „konsularische Zustellung durch die Post", RIW 1996, 722–726.
–: Die Heilung von Zustellungsfehlern im deutsch-israelischen Anerkennungs- und Vollstreckungsvertrag – (zu OLG Köln, 1.6.1994 – 16 W 68/93, unten S. 259, Nr. 22), IPRax 1997, 242–245.
–: Vom stillen Ende der Remise au Parquet in Europa, RIW 2007, 330–335.
–: Voraussetzungen, Wirkung, Wirksamkeit und Rechtswirkung der Zustellung – Eine scheinbar babylonische Begriffsverwirrung um das auf die internationale Zustellung anwendbare Recht. Zugleich ein Beitrag zur entgegenstehenden Rechtshängigkeit – (zu OGH, 26.4.2005 – 4 Ob 60/05k, oben S. 134, Nr. 13), IPRax 2007, 138–146.
–: Anmerkung zu BGH, Urt. vom 14.9.2011 – XII ZR 168/09, FamRZ 2011, 1863–1864.
–: Von Scania zu Alder – Ist die fiktive Inlandszustellung in Europa am Ende?, EWS 2013, 128–135.
–: Die internationale Zustellung per WhatsApp: Betrachtungen zum HZÜ und zum deutsch-britischen Abkommen von 1928 im Urteils- und Anerkennungsverfahren (zu OLG Frankfurt a.M., 22.11.2021 - 28 VA 1/21, unten S. 624, Nr. 42), IPRax 2022, 576–583.
Kopylov, Sergej/Hofmann, Marcus: Das Verfahren vor dem Wirtschaftsgericht (Arbitragegericht) der Russischen Föderation, IPRax 2010, 268–272.
Kotuby, Charles: International Anonymity: The Hague Conventions on Service and Evidence and Their Applicability to Internet-Related Litigation, J. L. & Com. 20 (2000), 103–128.
Kramer, Xandra: The European Small Claims Procedure: Striking the Balance between Simplicity and Fairness in European Litigation, ZEuP 2008, 355–373.

Kränzle, Michael: Heimat als Rechtsbegriff? – Eine Untersuchung zu Domicile und gewöhnlichem Aufenthalt im Lichte der EU-Erbrechtsverordnung (Zugl.: München, Univ., Diss., 2014), Tübingen 2014 (zitiert als: *Kränzle*, Heimat als Rechtsbegriff?).

Kronke, Herbert: Anmerkung zu OLG Hamm, Urt. vom 30.9.1994 – 35 U 29/94, IPRax 1995, 256.

Krümmel, Thomas: Nach dem Brexit, oder: Rückkehr nach Wei-Hai-Wei?, IWRZ 2017, 97–98.

–: (Hard) Brexit – Teil II: Grenzüberschreitende Verträge, IWRZ 2019, 100–101.

–: Anmerkung zu BGH, Urt. vom 25.2.2021 – IX ZR 156/1, IWRZ 2021, 234–235.

Kübek, Gesa/Tams, Christian/Terhechte, Jörg Philipp (Hrsg.): Handels- und Zusammenarbeitsabkommen EU/VK – Handbuch, Baden-Baden 2022.

Kuhn, Arthur: Doctrines of Private International Law in England and America Contrasted with Those of Continental Europe, Columbia L. R. 12 (1912), 44–57.

–: Should Great Britain and the United States be repesented at the Hague Conferences on Private International Law?, AJIL 7 (1913), 774–780.

Kühner, Rolf: Vorbehalte zu multilateralen völkerrechtlichen Verträgen – Reservations to multilateral treaties (Zugl.: Heidelberg, Univ., Diss., 1985), Berlin 1986 (zitiert als: *Kühner*, Vorbehalte).

Kumin, Andreas: Vertragsänderungsverfahren und Austrittsklausel, in: Hummer, Walemar/Obwexer, Walter (Hrsg.), Der Vertrag von Lissabon, Baden-Baden 2009, S. 301–323 (zitiert als: *Kumin*, in: Hummer/Obwexer (Hrsg.), Der Vertrag von Lissabon).

Kuntze-Kaufhold, Gregor/Beichel-Benedetti, Stephan: Verjährungsrechtliche Auswirkungen durch das Europäische Zustellungsrecht, NJW 2003, 1998–2000.

Lainé, A.: La Conférence de La Haye relative au Droit international privé, Clunet 21 (1894), 236–255.

Lange, Jérôme: Internationale Rechts- und Forderungspfändung – Eine Untersuchung zu den Chancen und Risiken „grenzüberschreitender" Vollstreckungsmaßnahmen in Forderungen und sonstige Vermögensrechte unter besonderer Berücksichtigung der Verordnung (EG) Nr. 1348/2000 und des Zustellungsreformgesetzes (Zugl.: Saarbrücken, Univ., Diss., 2003), Berlin 2004 (zitiert als: *Lange*, Internationale Rechts- und Forderungspfändung).

Layton, Alex: An Afterlife for the Lugano Convention in Relation to the United Kingdom: Reality or Fantasy?, EAPIL-Blog, 16.3.2021, abrufbar unter: <https://eapil.org/2021/03/16/an-afterlife-for-the-lugano-convention-in-relation-to-the-united-kingdom-reality-or-fantasy/> (zitiert als: *Layton*, An Afterlife for the Lugano Convention in Relation to the UK, EAPIL-Blog).

Ledvinka, Daniel: Voraussetzung einer Klagezustellung „demnächst" in einem anderen EU-Mitgliedstaat, GWR 2021, 229.

Lehmann, Berthold/Krauß, George: Deutsches Reich – Das internationale Zivilprozeßrecht, in: Lowenfeld, Erwin/Steuber, Friedrich/Kann, Richard (Hrsg.), Der Zivilprozess in den europäischen Staaten und ihren Kolonien – Neue Bearbeitung des Zivilprozessrechts der Bände I–III, Berlin 1933, S. 1–151 (zitiert als: *Lehmann/Krauß*, in: Lowenfeld/Steuber/Kann (Hrsg.), Zivilprozess in den europäischen Staaten).

Lehmann, Matthias: Anti-suit injunctions zum Schutz internationaler Schiedsvereinbarungen und EuGVVO, NJW 2009, 1645–1648.

–: Brexit and the Brussels Convention: It's All Over Now, Baby Blue?, EAPIL-Blog, 12.2.2021, abrufbar unter: <https://eapil.org/2021/02/12/brexit-and-the-brussels-convention-its-all-over-now-baby-blue/>.

Lehmann, Matthias/D'Souza, Nihal: What Brexit Means for the Interpretation and Drafting of Financial Contracts, JIBFL 32 (2017), 101–103.
Lehmann, Matthias/Lein, Eva: L'espace de justice à la carte? – La coopèration judiciaire en Europe à géométrie variable et à plusieurs vitesses, in: Ancel, Marie-Élodie/d'Avout, Louis/Fernández Rozas, José Carlos/Goré, Marie/Jude, Jean-Michel (Hrsg.), Le droit à l'épreuve des siècles et des frontières – Mélanges en l'honneur du Professeur Bertrand Ancel, Paris, Madrid 2018, S. 1093–1120 (zitiert als: *Lehmann/Lein*, in: Ancel/d'Avout/Fernández Rozas/Goré/Jude (Hrsg.), Mélanges en l'honneur du Professeur Bertrand Ancel).
Lehmann, Matthias/Zetzsche, Dirk: Brexit and the Consequences for Commercial and Financial Relations between the EU and the UK, EBLR 27 (2016), 999–1027.
–: Die Auswirkungen des Brexit auf das Zivil- und Wirtschaftsrecht, JZ 72 (2017), 62–71.
Lein, Eva: Unchartered Territory? – A few Thoughts on Private International Law Post Brexit, Yearbook of Private International Law 17 (2015/16), 33–47.
–: § 34 – Brexit und Europäisches Zivilverfahrensrecht, in: Leible, Stefan/Terhechte, Jörg Philipp (Hrsg.), Europäisches Rechtsschutz- und Verfahrensrecht, 2. Auflage, Baden-Baden, Zürich, St. Gallen u.a. 2021, S. 1381–1398 (zitiert als: *Lein*, in: Leible/Terhechte (Hrsg.), Europäisches Rechtsschutz- und Verfahrensrecht).
–: Drittstaaten im Kontext des Europäischen Zivilverfahrensrechts nach dem Brexit, ZVerglRW 120 (2021), 1–22.
Leipold, Dieter: Zum Schutz des Fremdsprachigen im Zivilprozeß, in: Ballon, Oskar (Hrsg.), Verfahrensgarantien im nationalen und internationalen Prozeßrecht – Festschrift Franz Matscher zum 65. Geburtstag, Wien 1993, S. 287–300 (zitiert als: *Leipold*, in: FS Matscher 1993).
Leisle, Jörg-Marcus: Dependenzen auf dem Weg vom EuGVÜ, über die EuGVVO, zur EuZPO (Zugl.: Konstanz, Univ., Diss., 2002), Frankfurt am Main, Berlin, Bern u.a. 2002 (zitiert als: *Leisle*, Dependenzen).
Lieder, Jan/Bialluch, Martin: Umwandlungsrechtliche Implikationen des Brexit – Teil 1 – Grundfragen und internationales Gesellschaftsrecht, NotBZ 2017, 165–171.
Lindacher, Walter: Europäisches Zustellungsrecht – Die VO (EG) Nr. 1348/2000: Fortschritt, Auslegungsbedarf, Problemausblendung, ZZP 114 (2001), 179–194.
Linke, Hartmut: Zur Berücksichtigung ausländischer Rechtshängigkeit eines Scheidungsverfahrens vor deutschen Gerichten – (zu OLG Frankfurt, 1.12.1981 – 4 UF 37/81), IPRax 1982, 229–231.
–: Die Kontrolle ausländischer Versäumnisverfahren im Rahmen des EG-Gerichtsstands- und Vollstreckungsübereinkommens – Des Guten zuviel?, RIW 1986, 409–413.
–: Die Probleme der internationalen Zustellung, in: Gottwald, Peter (Hrsg.), Grundfragen der Gerichtsverfassung – Internationale Zustellung, Bielefeld 1999, S. 95–132 (zitiert als: *Linke*, in: Gottwald (Hrsg.), Grundfragen der Gerichtsverfassung).
–: Europäisches Zustellungsrecht, ERA Forum 6 (2005), 205–223.
Linke, Hartmut/Hau, Wolfgang: Internationales Zivilverfahrensrecht, 8. Auflage, Köln 2021 (zitiert als: *Linke/Hau*, IZVR).
Lukas, Sylvia Verena: Die Person mit unbekanntem Aufenthalt im zivilrechtlichen Erkenntnisverfahren – Verfahrensrechtliche Fragestellungen im internationalen Kontext (Zugl.: Passau, Univ., Diss., 2018), Baden-Baden 2018 (zitiert als: *Lukas*, Die Person mit unbekanntem Aufenthalt im zivilrechtlichen Erkenntnisverfahren).
Maack, Martina: Englische antisuit injunctions im europäischen Zivilrechtsverkehr (Zugl.: Heidelberg, Univ., Diss., 1998/99), Berlin 1999 (zitiert als: *Maack*, Englische antisuit injunctions).

Magnus, Robert: Heilung von Zustellungsmängeln nach § 189 ZPO bei Auslandszustellungen nach dem HZÜ, LMK 2011, 325937.

Majoros, Ferenc: Das aktuelle Problem der Gegenseitigkeit bei Vorbehalten – Von der II. Haager Friedenskonferenz über die Wiener Vertragsrechts-Konvention bis zur Resolution von Dijon (1981), Friedenswarte 66 (1986), 216–251.

Mangoldt, Hermann von/Klein, Friedrich/Starck, Christian (Begr.): Kommentar zum Grundgesetz – Band 3. Artikel 83–146, 7. Auflage, München 2018 (zitiert als: Mangoldt/Klein/Starck/*Bearbeiter*).

Mankowski, Peter: Kurzkommentar zu OLG Düsseldorf, Beschl. vom 10.1.1996 – 3 VA 11/95, EWiR 1996, 321–322.

–: Übersetzungserfordernisse und Zurückweisungsrecht des Empfängers im europäischen Zustellungsrecht – Zugleich ein Lehrstück zur Formulierung von Vorlagefragen – (zu Hoge Raad, 23.2.2007 – C02/089HR), IPRax 2009, 180–183.

–: Zur Regelung von Sprachfragen im europäischen Internationalen Zivilverfahrensrecht, in: Geimer, Reinhold/Schütze, Rolf (Hrsg.), Recht ohne Grenzen – Festschrift für Athanassios Kaissis zum 65. Geburtstag, München 2012, S. 607–628 (zitiert als: *Mankowski*, in: FS Kaissis 2012).

–: Anmerkung zu EuGH, Urt. vom 16.9.2015 – Rs. C-519/13 (Alpha Bank Cyprus/Si Senh), EuZW 2015, 836–838.

–: Brexit und Internationales Privat- und Zivilverfahrensrecht, EuZW-Sonderheft 2020/1, 3–13.

–: § 33 – Verhältnis zu Drittstaaten, in: Leible, Stefan/Terhechte, Jörg Philipp (Hrsg.), Europäisches Rechtsschutz- und Verfahrensrecht, 2. Auflage, Baden-Baden, Zürich, St. Gallen u.a. 2021, S. 1319–1380 (zitiert als: *Mankowski*, in: Leible/Terhechte (Hrsg.), Europäisches Rechtsschutz- und Verfahrensrecht).

–: Auswirkungen des Brexit auf das Internationale Familienrecht und das Internationale Familienverfahrensrecht, NZFam 2021, 237–249.

Mann, Frederick Alexander: Staatliche Aufklärungsansprüche und Völkerrecht, in: Bernhardt, Rudolf (Hrsg.), Völkerrecht als Rechtsordnung, internationale Gerichtsbarkeit, Menschenrechte – Festschrift für Hermann Mosler, Berlin 1983, S. 529–544 (zitiert als: *Mann*, in: FS Mosler 1983).

Mansel, Heinz-Peter: Grenzüberschreitende Prozeßführungsverbote (antisuit injunctions) und Zustellungsverweigerung, EuZW 1996, 335–340.

Mansel, Heinz-Peter/Thorn, Karsten/Wagner, Rolf: Europäisches Kollisionsrecht 2009 – Hoffnungen durch den Vertrag von Lissabon, IPRax 2010, 1–27.

–: Europäisches Kollisionsrecht 2015 – Neubesinnung, IPRax 2016, 1–33.

–: Europäisches Kollisionsrecht 2016 – Brexit ante portas!, IPRax 2017, 1–39.

–: Europäisches Kollisionsrecht 2017 – Morgenstunde der Staatsverträge?, IPRax 2018, 121–154.

–: Europäisches Kollisionsrecht 2018 – Endspurt!, IPRax 2019, 85–119.

–: Europäisches Kollisionsrecht 2019 – Konsolidierung und Multilateralisierung, IPRax 2020, 97–126.

–: Europäisches Kollisionsrecht 2020 – EU im Krisenmodus!, IPRax 2021, 105–139.

–: Europäisches Kollisionsrecht 2021 – Digitalisierung als Aufgabe, IPRax 2022, 97–140.

–: Europäisches Kollisionsrecht 2022 – Bewegung im internationalen Familienrecht, IPRax 2023, 109–145.

Martens, Dirk-Reiner: Erfahrungen mit Rechtshilfeersuchen aus den USA nach dem Haager Beweisaufnahmeübereinkommen, RIW 1981, 725–733.

Masters, Sara/McRae, Belinda: What Does Brexit Mean for the Brussels Regime?, J. Int'l Arb. 33 (2016), 483–500.
–: What next for the Brussels I Regulation (Recast)? – Three steps the UK Government should take to assuage fears of upheaval in the system of commercial dispute resolution after Brexit, The Lawyer 31 (2017), Issue 10, 15.
Matscher, Franz: Der Einfluß der EMRK auf den Zivilprozeß, in: Gerhardt, Walter/Diederichsen, Uwe/Rimmelspacher, Bruno/Costede, Jürgen (Hrsg.), Festschrift für Wolfram Henckel zum 70. Geburtstag am 21. April 1995, Berlin 1995, S. 593–614 (zitiert als: *Matscher*, in: FS Henckel 1995).
–: Sprache der Auslandszustellung und Art. 6 EMRK – (zu OGH, 16.6.1998 – 4 Ob 159/98 f, oben S. 260, Nr. 34), IPRax 1999, 274–276.
Mävers, Anne: Die Modifikation der Zustellungsverordnung (EG) Nr. 1348/00 durch die Mitgliedstaaten, IPRax 2006, 198–200.
Mayer, Barbara/Manz, Gerhard: Der Brexit und seine Folgen auf den Rechtsverkehr zwischen der EU und dem Vereinigten Königreich seit dem 1.1.2021, BB 2021, 451–458.
Mayer, Claudia: Fallstricke der öffentlichen Zustellung und der Gerichtsstandsvereinbarung im internationalen Geschäftsverkehr – (zu OLG Hamburg, 25.5.2018 – 8 U 51/17, unten S. 527, Nr. 47), IPRax 2019, 496–501.
McClean, John: The Contribution of the Hague Conference to the Development of Private International Law in Common Law Countries, Rec. de Cours 233 (1992), 267–304.
–: International co-operation in civil and criminal matters, 3. Auflage, Oxford 2012 (zitiert als: *McClean*, International co-operation).
McIlwrath, Michael: An Unamicable Separation – Brexit Consequences for London as a Premier Seat of International Dispute Resolution in Europe, J. Int'l Arb. 33 (2016), 451–462.
McNair, Arnold: The law of treaties, Oxford 1961.
Meijknecht, Paul: Service of Documents in the European Union – The Brussels Convention of 1997, ERPL 7 (1999), 445–457.
Meili, Friedrich: Das internationale Civilprozessrecht auf Grund der Theorie, Gesetzgebung und Praxis, Zürich 1906 (zitiert als: *Meili*, IZVR).
Meili, Friedrich/Mamelok, Arthur: Das internationale Privat- und Zivilprozessrecht auf Grund der Haager Konventionen – Eine systematische Darstellung, Zürich 1911 (zitiert als: *Meili/Mamelok*, IPR und IZVR aufgrund der Haager Konventionen).
Mendelson, Maurice: Reservations to the Constitutions of International Organizations, BYIL 45 (1971), 137–172.
Merkt, Hanno: Abwehr der Zustellung von „Punitive-damages"-Klagen – Das Haager Zustellungsübereinkommen und US-amerikanische Klagen auf „punitive damages", „treble damages" und „RICO treble damages", Heidelberg 1995 (zitiert als: *Merkt*, „Punitive-damages"-Klagen).
Meyer, Hans/Angerstein, Hermann/Hirschmann, Theobald: Zivilprozeßordnung und Gerichtsverfassungsgesetz nebst den wichtigsten Nebengesetzen, 2. Auflage, Nürnberg 1928 (zitiert als: *Meyer/Angerstein/Hirschmann*, Zivilprozeßordnung).
Meyer, J.: Europäisches Zustellungsübereinkommen (EZÜ) – Europäisches Übereinkommen über die Zustellung gerichtlicher und außergerichtlicher Schriftstücke in Zivil- und Handelssachen in den Mitgliedstaaten der Europäischen Union, IPRax 1997, 401–404.
Michl, Walther: Die formellen Voraussetzungen für den Austritt des Vereinigten Königreichs aus der Europäischen Union, NVwZ 2016, 1365–1369.
Möller, Reinhard: Auslandszustellung durch den Gerichtsvollzieher, NJW 2003, 1571–1573.

Morisse, Heiko: Die Zustellung US-amerikanischer Punitive-damages-Klagen in Deutschland, RIW 1995, 370–373.
Mörsdorf-Schulte, Juliana: Funktion und Dogmatik US-amerikanischer punitive damages – Zugleich ein Beitrag zur Diskussion um die Zustellung und Anerkennung in Deutschland (Zugl.: Köln, Univ., Diss., 1997/98), Tübingen 1999 (zitiert als: *Mörsdorf-Schulte*, Punitive damages).
Mosler, Hermann: Die Aufnahme in internationale Organisationen, ZaöRV 19 (1958), 275–317.
Mössle, Karen Ilka: Internationale Forderungspfändung – Unter besonderer Berücksichtigung der Schweiz, der Bundesrepublik Deutschland und Frankreichs (Zugl.: Konstanz, Univ., Diss., 1989), Berlin 1991 (zitiert als: *Mössle*, Internationale Forderungspfändung).
Müller, Henning: E-Justice 2022 – Aktive Nutzungspflicht und neue Übermittlungswege, NJW 2021, 3281–3285.
–: E-Justice reloaded – Der Gesetzgeber justiert den elektronischen Rechtsverkehr nach, RDi 2021, 486–496.
Müller, Jörn: Zustellungen im Vereinigten Königreich nach dem Brexit, ZPO-Blog, 13.2.2021, abrufbar unter: <https://anwaltsblatt.anwaltverein.de/de/zpoblog/zustellung-vereinigtes-koenigreich-grossbritannien-brexit-haager-zustellungsuebereinkommen-deutsch-britisches-abkommen>.
Münchener Kommentar zur Zivilprozessordnung – Krüger, Wolfgang/Rauscher, Thomas (Hrsg.): ZPO – mit Gerichtsverfassungsgesetz und Nebengesetzen. Band 1: §§ 1-354, 6. Auflage, München 2020 (zitiert als: MüKoZPO/*Bearbeiter*).
Münchener Kommentar zur Zivilprozessordnung – Krüger, Wolfgang/Rauscher, Thomas (Hrsg.): ZPO – mit Gerichtsverfassungsgesetz und Nebengesetzen. Band 3: §§ 946-1117, EGZPO, GVG, EGGVG, UKlaG, Internationales und Europäisches Zivilprozessrecht, 6. Auflage, München 2022 (zitiert als: MüKoZPO/*Bearbeiter*).
Musielak, Hans-Joachim/Voit, Wolfgang (Hrsg.): Zivilprozessordnung – Mit Gerichtsverfassungsgesetz, 20. Auflage, München 2023 (zitiert als: Musielak/Voit/*Bearbeiter*).
Nadelmann, Kurt: Ignored State Interests: The Federal Government and International Efforts to Unify Rules of Private Law, U. P. L. Rev. 102 (1954), 323–366.
Nagel, Heinrich: Nationale und internationale Rechtshilfe im Zivilprozeß; das europäische Modell, Baden-Baden 1971 (zitiert als: *Nagel*, Rechtshilfe).
–: Die „Duldung" auf dem Gebiet der internationalen Rechtshilfe im Zivilverfahren und ihre Bedeutung für die Entwicklung des Völkergewohnheitsrechts, Friedenswarte 59 (1976), 249–266.
–: Das Internationale Zivilprozessrecht aus westeuropäischer Sicht – Vortrag vor dem Europa-Institut des Saarlandes. Saarbrücken, 23. Juni 1986, Saarbrücken 1986 (zitiert als: *Nagel*, IZVR aus westeuropäischer Sicht).
–: Remise au parquet und Haager Zustellungsübereinkommen – (zu OLG Oldenburg. 22.8.1991 – 1 W 74/91, unten S. 169, Nr. 28), IPRax 1992, 150–151.
Nagel, Heinrich/Gottwald, Peter: Internationales Zivilprozessrecht, 8. Auflage, Köln 2020 (zitiert als: *Nagel/Gottwald*, IZPR).
Netzer, Felix: Status quo und Konsolidierung des Europäischen Zivilverfahrensrechts – Vorschlag zum Erlass einer EuZPO (Zugl.: Augsburg, Univ., Diss., 2010/11), Tübingen 2011 (zitiert als: *Netzer*, Status quo).
Neuhaus, Kai-Jochen/Köther, Lutz: Die Ersatzzustellung in Wohn- und Geschäftsräumen – Zugleich Besprechung von BGH, Beschl. v. 2.7.2008 – IV ZB 5/08, MDR 2008, 1177 –, MDR 2009, 537–541.

Neumeyer, Karl: Das Abkommen über internationales Privatrecht, BöhmsZ 9 (1899), 453–467.

Neumiller, Josef: Zivilprozeßordnung für das Deutsche Reich vom 30. Januar 1877. In der Fassung der Bekanntmachung vom 20. Mai 1898 mit den Abänderungen der RG. vom 5. Juni 1905, 1. Juni 1909, 22. Mai 1910 und 20. Februar 1911 und 20. Februar 1911 sowie einem Auszug aus dem Gerichtsverfassungsgesetz – Handausgabe mit Erläuterungen unter besonderer Berücksichtigung der Preussischen und Bayerischen Gesetzgebung, 3. Auflage, München, Berlin 1911 (zitiert als: *Neumiller*, Zivilprozeßordnung).

Niehoff, Gerrit: Anmerkung zu BGH, Urt. vom 25.2.2021 – IX ZR 156/19, IWRZ 2021, 286.

Nielsen, Peter Arnt: Brussels I and Denmark, IPRax 2007, 506–509.

–: Denmark and EU Civil Cooperation, ZEuP 2016, 300–309.

Nies, Ingo: Zustellungsreformgesetz – Ein Überblick über das neue Recht, MDR 2002, 69–78.

Nordmeier, Carl Friedrich: Neuerungen im deutschen IZVR durch das Gesetz zur Änderung von Vorschriften im Bereich des Internationalen Privat- und Zivilverfahrensrechts, IPRax 2017, 436–442.

–: Kapitel 36 – Verordnung über das auf vertragliche Schuldverhältnisse anzuwendende Recht (Rom I-VO), in: Gebauer, Martin/Wiedmann, Thomas (Hrsg.), Europäisches Zivilrecht, 3. Auflage, München 2021, S. 1675–1725 (zitiert als: *Nordmeier*, in: Gebauer/Wiedmann (Hrsg.), Europäisches Zivilrecht).

Normann, Alexander von: Das internationale Zivilprozeßrecht – auf Grund der Staatsverträge des Deutschen Reiches unter Berücksichtigung der Praxis der Justizverwaltung und unter Beigabe der Vertragstexte, Berlin 1923 (zitiert als: *von Normann*, IZPR).

Nussbaum, Arthur: Deutsches internationales Privatrecht – unter besonderer Berücksichtigung des österreichischen und schweizerischen Rechts, Tübingen 1932 (zitiert als: *Nussbaum*, Deutsches IPR).

Oberhammer, Paul: Deutsche Grundrechte und die Zustellung US-amerikanischer Klagen im Rechtshilfeweg – (zu BVerfG, 25.7.2003 – 2 BvR 1198/03, unten S. 61, Nr. 4), IPRax 2004, 40–45.

O'Hare, John/Browne, Kevin: Civil Litigation, 20. Auflage, London 2021.

Ortlieb: Die Erledigung ausländischer Rechtshilfeersuchen in Zivilsachen, ZZP 38 (1909), 378–418.

Papier, Hans-Jürgen: § 176 – Justizgewährungsanspruch, in: Isensee, Josef/Kirchhof, Paul (Hrsg.), Handbuch des Staatsrechts der Bundesrepublik Deutschland – Band VIII. Grundrechte: Wirtschaft, Verfahren, Gleichheit, 3. Auflage, Heidelberg 2010 (zitiert als: *Papier*, in: Isensee/Kirchhof (Hrsg.), Handbuch des Staatsrechts VIII).

Parry, Clive: The Law of Treaties, in: Soerensen, Max (Hrsg.), Manual of Public International Law, London, Melbourne, Toronto u.a. 1968, S. 175–240 (zitiert als: *Parry*, in: Soerensen (Hrsg.), Manual of Public International Law).

Paulus, Christoph: Entstehende und verlorene Verbindungslinien zu unseren Nachbarn, EuZW 2021, 238–241.

Peel, Sydney: A concise treatise on the practice and procedure in Chancery actions under the rules of the Supreme Court, 1883, 3. Auflage, London 1883 (zitiert als: *Peel*, Practice and procedure under the RSC 1883).

Peer, Petra: Die Europäische Zustellungsverordnung – Ein Überblick für Anwender, ÖJZ 2012, 5–13.

Peer, Petra/Scheuer, Ursula: Neue europäische Instrumente zur grenzüberschreitenden Zustellung und Beweisaufnahme – Ein erster Überblick, Zak 2021, 27–30.

Perleberg-Kölbel, Renate: Quo Vadis Britannia? – Auswirkungen des Brexit auf das europäische Familienrecht, FuR 2016, 549.

Pernfuß, Andreas: Die Effizienz des europäischen Mahnverfahrens – Eine kritische Untersuchung wesentlicher Verfahrensmerkmale (Zugl.: Augsburg, Univ., Diss., 2008), Baden-Baden 2009 (zitiert als: *Pernfuß*, Die Effizienz des europäischen Mahnverfahrens).

Pfeiffer, Thomas: Internationale Zusammenarbeit bei der Vornahme innerstaatlicher Prozeßhandlungen – International cooperation in the making of interior jurisdictional measures, in: Gilles, Peter (Hrsg.), Transnationales Prozeßrecht – Deutsche Landesberichte zur Weltkonferenz für Prozeßrecht in Taormina, Sizilien, 1995, Baden-Baden 1995, S. 77–117 (zitiert als: *Pfeiffer*, in: Gilles (Hrsg.), Transnationales Prozeßrecht).

–: Nascetur ridiculus mus? – Haager Gerichtsstandsübereinkommen in Kraft getreten (Teil 2), IWRZ 2016, 69–73.

–: Der Brexit und die Chancen der deutschen Justiz, BB 2017, Heft 50, Umschlagteil I.

–: Brexit und internationale Schiedsgerichtsbarkeit, DRiZ 2020, 138–141.

–: Zur internationalen Aufstellung der deutschen Justiz nach dem Brexit, DRiZ 2021, 46–49.

Pfeil-Kammerer, Christa: Deutsch-amerikanischer Rechtshilfeverkehr in Zivilsachen – Die Anwendung der Haager Übereinkommen über Zustellungen und Beweisaufnahmen im Ausland (Zugl.: Hamburg, Univ., Diss., 1985), Tübingen 1987 (zitiert als: *Pfeil-Kammerer*, Deutsch-amerikanischer Rechtshilfeverkehr).

Pfennig, Günter: Die internationale Zustellung in Zivil- und Handelssachen aus deutscher Sicht (Zugl.: Göttingen, Univ., Diss., 1987), Köln 1988 (zitiert als: *Pfennig*, Internationale Zustellung).

–: Zur Vorwirkung bei "Demnächst"-Zustellungen ins Ausland, NJW 1989, 2172–2173.

Pickenpack, Vanessa/Zimmermann, Anna-Gesine: Übersetzungserfordernis bei Zustellungen gerichtlicher Schriftstücke an juristische Personen – (zu AG Berlin-Mitte, 8.3.2017 – 15 C 364/16, unten S. 408, Nr. 27), IPRax 2018, 364–366.

Piekenbrock, Andreas: Zur Zustellung kartellrechtlicher treble damages-Klagen in Deutschland – (zu OLG Koblenz, 27.6.2005 – 12 VA 2/04, unten S. 25, Nr. 1), IPRax 2006, 4–10.

Pilich, Mateusz: Brexit and EU Private International Law: May the UK Stay in, Maastricht J. Eur. & Comp. L. 24 (2017), 382–398.

Pirrung, Jörg: Zur Beteiligung Großbritanniens an der justiziellen Zusammenarbeit in Zivilsachen – mögliche Verluste der EU bei einem Austritt des Vereinigten Königreichs aus der EU, in: Stumpf, Cordula/Kainer, Friedemann/Baldus, Christian (Hrsg.), Privatrecht, Wirtschaftsrecht, Verfassungsrecht – Privatinitiative und Gemeinwohlhorizonte in der europäischen Integration: Festschrift für Peter-Christian Müller-Graff zum 70. Geburtstag am 29. September 2015, Baden-Baden 2015, S. 425–431 (zitiert als: *Pirrung*, in: FS Müller-Graff 2015).

Pocar, Fausto: The Lugano Convention of 30 October 2007 at the test with Brexit, in: Hess, Burkhard/Jayme, Erik/Mansel, Heinz-Peter (Hrsg.), Europa als Rechts- und Lebensraum – Liber amicorum für Christian Kohler zum 75. Geburtstag am 18. Juni 2018, Bielefeld 2018, S. 419–423 (zitiert als: *Pocar*, in: FS Kohler 2018).

Podszun, Rupprecht/Rohner, Tristan: Nach dem Brexit: Die Stärkung staatlicher Gerichte für wirtschaftsrechtliche Streitigkeiten, BB 2018, 450–454.

Poesen, Michiel: Civil and commercial private international law in times of Brexit: Managing the impact, and fostering prospects for a future EU-UK cooperation, in: Sacco, Marcello (Hrsg.), Brexit: A Way Forward, Delaware 2019, S. 255–306 (zitiert als: *Poesen*, in: Sacco (Hrsg.), Brexit: A Way Forward).

Poseck, Roman: Brexit und der Justizstandort Deutschland, DRiZ 2017, 165.
Priebe, Reinhard: Brexit: Verhandlungen über künftige Beziehungen haben begonnen, EuZW 2020, 211.
–: Brexit: „The deal is done" – „Die Uhr tickt nicht mehr"…, EuZW 2021, 89–91.
Prütting, Hanns/Gehrlein, Markus (Hrsg.): ZPO – Kommentar, 14. Auflage, Köln 2022 (zitiert als: Prütting/Gehrlein/*Bearbeiter*).
Prütting, Hanns/Wegen, Gerhard/Weinreich, Gerd (Hrsg.): Bürgerliches Gesetzbuch – Kommentar, 17. Auflage, Köln 2022 (zitiert als: Prütting/Wegen/Weinreich/*Bearbeiter*).
Ptak, Paulina: Der Europäische Vollstreckungstitel und das rechtliche Gehör des Schuldners – Eine Analyse der EuVTVO anhand der deutschen und polnischen Anpassungsvorschriften (Zugl.: Heidelberg, Univ., Diss., 2013), Tübingen 2014 (zitiert als: *Ptak*, Europäische Vollstreckungstitel).
Rahlf, Sylvia/Gottschalk, Eckart: Das Europäische Zustellungsrecht, EWS 2004, 303–310.
Rasmussen-Bonne, Hans-Eric: The Pendulum Swings Back – The Cooperative Approach of German Courts to International Service of Process, in: Hay, Peter/Vékás, Lajos/Dimitrijevic, Nenad (Hrsg.), Resolving international conflicts – Liber amicorum Tibor Várady, Budapest, New York 2009, S. 231–253 (zitiert als: *Rasmussen-Bonne*, in: FS Várady 2009).
Rass-Masson, Lukas: The HCCH and legal co-operation – shaping the fourth dimension of private international law, in: John, Thomas/Gulati, Rishi/Köhler, Ben (Hrsg.), The Elgar companion to the Hague Conference on Private International Law, Cheltenham, Northampton 2020, S. 150–159 (zitiert als: *Rass-Masson*, in: John/Gulati/Köhler (Hrsg.), The Elgar companion to the Hague Conference on PIL).
Rauscher, Thomas: Strikter Beklagtenschutz durch Art. 27 Nr. 2 EuGVÜ – (zu EuGH, 3.7.1990 – Rs. C-305/88 (Lancray SA/Peters v Sickert KG), unten S. 177, Nr. 24), IPRax 1991, 155–159.
–: Zustellung durch Brief und Art. 27 EuGVÜ – (zu OLG Frankfurt, 21.2.1991 – 20 W 154/90, unten S. 90, Nr. 14), IPRax 1992, 71–73.
–: Keine EuGVÜ-Anerkennung ohne ordnungsgemäße Zustellung – (zu EuGH, 12.11.1992 – Rs. C-123/91 (Minalmet GmbH/Bandeis Ltd), unten S. 394, Nr. 44a, OLG Hamm, 25.09.1992 – 20 W 27/92, unten S. 395, Nr. 44b, und BGH, 18.02.1993 – IX ZB 87/90, unten S. 396, Nr. 44c), IPRax 1993, 376–379.
–: Unzulässigkeit einer anti-suit injunction unter Brüssel I – (zu EuGH, 27.4.2004 – Rs. C-159/02 – Gregory Paul Turner ./. Felix Fareed Ismail Grovit u. a., unten S. 425, Nr. 30), IPRax 2004, 405–409.
–: Anmerkung zu EuGH, Urt. vom 8.11.2005 – Rs. C-443/03 (Leffler/Berlin Chemie), JZ 61 (2006), 251–253.
–: Der Wandel von Zustellungsstandards zu Zustellungsvorschriften im Europäischen Zivilprozessrecht, in: Baetge, Dietmar/Hein, Jan von/Hinden, Michael von (Hrsg.), Die richtige Ordnung – Festschrift für Jan Kropholler zum 70. Geburtstag, Tübingen 2008, S. 851–868 (zitiert als: *Rauscher*, in: FS Kropholler 2008).
–: Anmerkung zu BGH, Urt. vom 14.9.2011 – XII ZR 168/09, NJW 2011, 3584.
Rauscher, Thomas (Hrsg.): Europäisches Zivilprozess- und Kollisionsrecht EuZPR/EuIPR – Band II. Zivilverfahren II und Insolvenz: Vollstreckungstitel, Rechtshilfe, InsVO, 4. Auflage, Köln 2015 (zitiert als: Rauscher/*Bearbeiter*).
–: Europäisches Zivilprozess- und Kollisionsrecht EuZPR/EuIPR – Band I. Brüssel Ia-VO, 5. Auflage, Köln 2021 (zitiert als: Rauscher/*Bearbeiter*).

–: Europäisches Zivilprozess- und Kollisionsrecht EuZPR/EuIPR – Band II-1. Zivilverfahren II und Insolvenz: Vollstreckungstitel, Rechtshilfe, InsVO, 5. Auflage, Köln 2022 (zitiert als: Rauscher/*Bearbeiter*).

Requejo, Marta: Brexit and PIL, Over and Over, Conflict of Laws.net, 23.3.2017, abrufbar unter: <https://conflictoflaws.net/2017/brexit-and-pil-over-and-over/>.

–: On Private International Law, the EU and Brexit, in: Abou-Nigm, Verónica Ruiz/Noodt Taquela, Maria Blanca (Hrsg.), Diversity and Integration in Private International Law, Edinburgh 2019, S. 95–114 (zitiert als: *Requejo*, in: Abou-Nigm/Noodt Taquela (Hrsg.), Diversity and Integration in Private International Law).

Requejo, Marta/Amos, Tim/Miguel Asensio, Pedro Alberto de/Dutta, Anatol/Harper, Mark: The Future Relationship between the UK and the EU following the UK's withdrawal from the EU in the field of family law – Study, Brüssel 2018, abrufbar unter: <https://www.europarl.europa.eu/RegData/etudes/STUD/2018/608834/IPOL_STU(2018) 608834_EN.pdf> (zitiert als: *Requejo/Amos/Miguel Asensio/Dutta/Harper*, The Future Relationship between the UK and the EU in the field of family law).

Reuß, Philipp: Internationale Rechtshängigkeit im Zivilprozess, JURA 2009, 1–8.

Reuter, Paul: Introduction to the law of treaties, 2. Auflage, London 1995.

Richard, Vincent/Hess, Burkhard: The 1965 Service and 1970 Evidence Conventions as crucial bridges between legal traditions?, in: John, Thomas/Gulati, Rishi/Köhler, Ben (Hrsg.), The Elgar companion to the Hague Conference on Private International Law, Cheltenham, Northampton 2020, S. 288–297 (zitiert als: *Richard/Hess*, in: John/Gulati/Köhler (Hrsg.), The Elgar companion to the Hague Conference on PIL).

Richter, Johannes: Internationale Klagezustellung nach der neugefassten EuZustVO, IPRax 2022, 433–441.

Riezler, Erwin: Internationales Zivilprozessrecht und prozessuales Fremdenrecht, Berlin 1949 (zitiert als: *Riezler*, IZPR und Fremdenrecht).

Rogerson, Pippa: Collier's Conflict of Laws, 4. Auflage, Cambridge, New York, Melbourne u.a. 2013 (zitiert als: *Rogerson*, Collier's Conflict of Laws).

Rogler, Jens: Die Entscheidung des BVerfG vom 24.1.2007 zur Zustellung einer US-amerikanischen Klage auf Strafschadensersatz: Ist das Ende des transatlantischen Justizkonflikts erreicht? – (zu BVerfG, 24.1.2007 – 2 BvR 1133/04, unten S. 249, Nr. 13a, OLG Düsseldorf, 22.9.2008 – 3 VA 6/08, unten S. 250, Nr. 13b, und BVerfG, 4.9.2008 – 2 BvR 1739/06, unten S. 253, Nr. 13c), IPRax 2009, 223–230.

Rohe, Mathias: Neuorientierung des Zustellungsrechts, in: Greger, Reinhard/Gleußner, Irmgard/Heinemann, Jörn (Hrsg.), Neue Wege zum Recht – Festgabe für Max Vollkommer zum 75. Geburtstag, Berlin, Köln 2006, S. 291–310 (zitiert als: *Rohe*, in: FG Vollkommer 2006).

Rohls, Michael/Mekat, Martin: Das Zusammenspiel der Vorschriften der EuZustVO und der ZRHO bei der Zustellung gerichtlicher Schriftstücke an fremde Staaten, IPRax 2017, 239–243.

Röhricht, Volker/Westphalen, Friedrich/Haas, Ulrich (Hrsg.): Handelsgesetzbuch – Kommentar zu Handelsstand, Handelsgesellschaften, Handelsgeschäften und besonderen Handelsverträgen (ohne Bilanz-, Transport- und Seerecht), 5. Auflage, Köln 2019 (zitiert als: Röhricht/Westphalen/Haas/*Bearbeiter*).

Rosenberg, Leo/Schwab, Karl Heinz/Gottwald, Peter: Zivilprozessrecht, 18. Auflage, München 2018.

Rösler, Hannes/Siepmann, Verena: Die geplante Reform der europäischen Zustellungsverordnung – Chancen und Versäumnisse, RIW 2006, 512–518.

–: Vermutung eines Übersetzungserfordernisses bei Postzustellung ins europäische Ausland? – (zu OLG Düsseldorf, 15.7.2005 – II-3 UF 285/04, unten S. 270, Nr. 19), IPRax 2006, 236–237.
–: Zum Sprachenproblem im Europäischen Zustellungsrecht, NJW 2006, 475–477.
Roßnagel, Alexander: Das De-Mail-Gesetz – Grundlage für mehr Rechtssicherheit im Internet, NJW 2011, 1473–1478.
–: Neue Regeln für sichere elektronische Transaktionen – Die EU-Verordnung über elektronische Identifizierung und Vertrauensdienste, NJW 2014, 3686–3692.
Roth, Herbert: Wert und Unwert von Fiktionen im internationalen Zivilprozeßrecht (§ 175 Abs. 1 S. 3 ZPO) – (zu OLG München, 28.9.1988 – 7 U 1759/88, unten S. 111, Nr. 17), IPRax 1990, 90–93.
–: Fehlerhafte Urteilszustellung im europäischen Zivilprozeßrecht – (zu OLG Hamm, 11.2.1997 – 1 W 71/96, unten S. 421, Nr. 38), IPRax 1997, 407–409.
–: Remise au parquet und Auslandszustellung nach dem Haager Zustellungsübereinkommen von 1965 – (zu OLG Düsseldorf, 29.11.1999 – 3 W 249/99, unten S. 527, Nr. 41 a, und OLG Köln, 8.3.1999 – 16 W 32/98, unten S. 528, Nr. 41 b), IPRax 2000, 497–499.
–: Heilung von Zustellungsmängeln im internationalen Rechtsverkehr, in: Schilken, Eberhard/Kreft, Gerhart/Wagner, Gerhard/Eckardt, Diederich (Hrsg.), Festschrift für Walter Gerhardt zum 70. Geburtstag am 18. Oktober 2004, Köln 2004, S. 799–814 (zitiert als: *Roth*, in: FS Gerhardt 2004).
–: Anerkennung von Entscheidungen nach Art. 34 Nr. 2 EuGVVO bei Verweigerung der Annahme des zuzustellenden Schriftstücks (Art. 8 EuZVO) – (zu OLG Celle, 22.1.2004 – 8 W 457/03, unten S. 450, Nr. 38), IPRax 2005, 438–439.
–: Illusion und Realität im europäischen Zivilprozessrecht – (zu OLG Zweibrücken, 10.5.2005 – 3 W 165/04, unten S. 487, Nr. 33), IPRax 2006, 466–467.
–: Zur verbleibenden Bedeutung der ordnungsgemäßen Zustellung bei Art. 34 Nr. 2 EuGVVO – (zu BGH, 12.12.2007 – XII ZB 240/05, unten S. 530, Nr. 34), IPRax 2008, 501–503.
–: Qualifikationsprobleme um § 167 ZPO (zu OLG Frankfurt a.M., 28.4.2021 – 8 UF 35/19, unten S. 522, Nr. 38), IPRax 2022, 483-485.
Roth, Marianne/Egger, Peter: Die neue Europäische Zustellverordnung, ecolex 2009, 93–97.
Rothschild, Gerald: Jurisdiction and Brexit: Back to the Brussels Convention by default?, Brexit-Law-Blog, 8.7.2016, abrufbar unter: <https://brexit.law/2016/07/08/jurisdiction-and-brexit-back-to-the-brussels-convention-by-default/>.
Rühl, Giesela: Brexit: Chance für den Justizstandort Deutschland, EuZW 2017, 761–762.
–: Die Wahl englischen Rechts und englischer Gerichte nach dem Brexit – Zur Zukunft des Justizstandorts England, JZ 72 (2017), 72–82.
–: The Effect of Brexit on the Resolution of International Disputes: Choice of Law and Jurisdiction in Civil and Commercial Matters, in: Armour, John/Eidenmüller, Horst (Hrsg.), Negotiating Brexit, München, Oxford, Baden-Baden 2017, S. 61–66 (zitiert als: *Rühl*, in: Armour/Eidenmüller (Hrsg.), Negotiating Brexit).
–: Judicial Cooperation in Civil and Commercial Matters after Brexit: Which Way Forward, ICLQ 67 (2018), 99–128.
–: Im Schatten des Brexit-Abkommens – Perspektiven für das Internationale Privat- und Verfahrensrecht, NJW 2020, 443–447.
Rumberg, Carsten/Eicke, Tim: Der „Woolf Report" – Reform des englischen Zivilprozesses, RIW 1998, 19–22.

Rüßmann, Helmut: Moderne Elektroniktechnologie und Informationsbeschaffung im Zivilprozeß, in: Schlosser, Peter (Hrsg.), Die Informationsbeschaffung für den Zivilprozess – Die verfahrensmässige Behandlung von Nachlässen, ausländisches Recht und internationales Zivilprozessrecht, Bielefeld 1996, S. 137–200 (zitiert als: *Rüßmann*, in: Schlosser (Hrsg.), Die Informationsbeschaffung für den Zivilprozess).

Ruster, Andreas: Die rückwirkende Heilung schwebend unwirksamer EU-Auslandszustellungen, NJW 2019, 3186–3190.

Scelle, Georges: Précis de droit des gens – Principes et Systématique – Première Partie. Introduction, le milieu intersocial, Paris 1932 (zitiert als: *Scelle*, Précis de droit des gens).

Schabenberger, Andreas: Der Zeuge im Ausland im deutschen Zivilprozess (Zugl.: Freiburg im Breisgau, Univ., Diss., 1995), Pforzheim 1996 (zitiert als: *Schabenberger*, Der Zeuge im Ausland).

Schack, Haimo: Anmerkung zu OLG Hamm, Beschl. vom 6.6.2003 – 15 VA 7/02, FamRZ 2004, 1595.

–: Hundert Jahre Haager Konferenz für IPR – Ihre Bedeutung für die Vereinheitlichung des Internationalen Zivilverfahrensrechts, RabelsZ 57 (1993), 224–261.

–: Einheitliche und zwingende Regeln der internationalen Zustellung, in: Schütze, Rolf (Hrsg.), Einheit und Vielfalt des Rechts – Festschrift für Reinhold Geimer zum 65. Geburtstag, München 2002, S. 931–946 (zitiert als: *Schack*, in: FS Geimer 2002).

–: Ein unnötiger transatlantischer Justizkonflikt: die internationale Zustellung und das Bundesverfassungsgericht, AG 2006, 823–832.

–: Das neue Haager Anerkennungs- und Vollstreckungsübereinkommen, IPRax 2020, 1–6.

–: Internationales Zivilverfahrensrecht – Mit internationalem Insolvenz- und Schiedsverfahrensrecht, 8. Auflage, München 2021 (zitiert als: *Schack*, IZVR).

–: HAVÜ Nein danke! Zur weltweiten Urteilsanerkennung und zum Jurisdiction Project der Haager Konferenz für IPR, ZEuP 2023, 285–289.

Scheungrab, Karin: Die neuen Zustellvorschriften zum 1.1.22, AK 2022, 14–18.

Schilling, Theodor: Das Exequatur und die EMRK, IPRax 2011, 31–40.

Schlette, Volker: Der Anspruch auf gerichtliche Entscheidung in angemessener Frist – Verfassungsrechtliche Grundlagen und praktische Durchsetzung (Teilw. zugl.: Göttingen, Univ., Habil., 1999), Berlin 1999 (zitiert als: *Schlette*, Anspruch auf gerichtliche Entscheidung in angemessener Frist).

Schlosser, Peter: Legislatio in fraudem legis internationalis – Eine kritische Studie zu Problemen des grenzüberschreitenden Zustellungswesens, in: Lutter, Marcus (Hrsg.), Festschrift für Ernst C. Stiefel zum 80. Geburtstag, München 1987, S. 683–696 (zitiert als: *Schlosser*, in: FS Stiefel 1987).

–: Die internationale Zustellung zwischen staatlichem Souveränitätsanspruch und Anspruch der Prozeßpartei auf ein faires Verfahren, in: Ballon, Oskar (Hrsg.), Verfahrensgarantien im nationalen und internationalen Prozeßrecht – Festschrift Franz Matscher zum 65. Geburtstag, Wien 1993, S. 387–399 (zitiert als: *Schlosser*, in: FS Matscher 1993).

–: Die drei Arten der Zustellung nach der Europäischen Zustellungsverordnung und Großzügigkeit bei der Zustellung „demnächst" – (zu BGH, 25.2.2021 – IX ZR 156/19, unten S. 473, Nr. 29), IPRax 2021, 453–454.

Schlosser, Peter/Hess, Burkhard (Hrsg.): EU-Zivilprozessrecht – EuGVVO, EuVTVO, EuMahnVO, EuBagVO, HZÜ, EuZVO, HBÜ, EuBVO, EuKtPVO. Kommentar, 4. Auflage, München 2015 (zitiert als: Schlosser/Hess[4]/*Bearbeiter*).

–: EU-Zivilprozessrecht – EuGVVO, EuVTVO, EuMVVO, EuGFVO, EuZVO, EuBVO, EUKtPVO. Kommentar, 5. Auflage, München 2021 (zitiert als: Schlosser/Hess/*Bearbeiter*).

Schmidt, Holger: Parteizustellung im Ausland durch Einschreiben mit Rückschein – Ein gangbarer Weg? – Anmerkungen zum neuen Zustellungsrecht und dem EG-Beweisaufnahmedurchführungsgesetz, IPRax 2004, 13–20.

Schmidt, Richard: Lehrbuch des deutschen Zivilprozessrechts – Neue, die Amtsgerichts-Novelle vom 1. Juni 1909 und die Reichsgerichts-Novelle vom 22. Mai 1910 berücksichtigende Ausgabe, 2. Auflage, Leipzig 1910 (zitiert als: *Schmidt*, ZPO).

Schmidt, Uwe: Europäisches Zivilprozessrecht in der Praxis – Das 11. Buch der ZPO, München 2004 (zitiert als: *Schmidt*, Europäisches Zivilprozessrecht).

Schmidt-Kessel, Martin: Grundfragen des Brexit-Austrittsabkommens, GPR 15 (2018), 119–130.

Schmitz, Berthold: Fiktive Auslandszustellung – Die Fiktion der Zustellung von Hoheitsakten an im Ausland wohnende Empfänger aus verfassungsrechtlicher und völkerrechtlicher Sicht (Zugl.: Augsburg, Univ., Diss., 1978), Berlin 1980 (zitiert als: *Schmitz*, Fiktive Auslandszustellung).

Schnyder, Anton/Sogo, Miguel (Hrsg.): Lugano-Übereinkommen (LugÜ) zum internationalen Zivilverfahrensrecht – Kommentar, 2. Auflage, Zürich, St. Gallen 2022 (zitiert als: Schnyder/Sogo/*Bearbeiter*).

Schroeder, Hans-Patrick: Anmerkung zu EuGH, Urt. vom 27.4.2004 – Rs. C-159/02 (Turner/Grovit), EuZW 2004, 470–471.

Schrom, Thomas: Internationales Familienverfahrensrecht post Brexit – Anmerkungen zu dem Beitrag von Peter Gottwald, FamRZ 2020, 965, FamRZ 2020, 1988–1989.

Schuhmacher, Michael: Brexit-Überlegungen in Zusammenhang mit internationalen Kreditverträgen, ZIP 2016, 2050–2057.

Schultzky, Hendrik: Elektronische Kommunikation im Zivilprozess – Aktive Nutzungspflicht und Ausbau des elektronischen Rechtsverkehrs, MDR 2022, 201–206.

Schuster, Ernst: The Hague Convention on matters of private international law, J Soc. Comp. Leg. 1 (1899), 428–431.

–: Die Vereinfachung des Rechtshilfeverkehrs zwischen England und Deutschland, ZZP 43 (1913), 285–300.

Schuster, Thomas: Writ – Claim form – Klage – Eine rechtsvergleichende Untersuchung zur Klageeinleitung im englischen und deutschen Zivilprozess sowie in aktuellen Konzepten für internationale Zivilprozessordnungen (Zugl.: Göttingen, Univ., Diss., 2006), Göttingen 2006 (zitiert als: *Schuster*, Writ – Claim form – Klage).

Schütze, Rolf: Die Berücksichtigung der Rechtshängigkeit eines ausländischen Verfahrens, NJW 1963, 1486–1487.

–: Die Berücksichtigung der Rechtshängigkeit eines ausländischen Verfahrens, RabelsZ 31 (1967), 233–251.

–: Zur Verteidigung im Beweiserhebungsverfahren in US-amerikanischen Zivilprozessen, WM 1986, 633–636.

–: Formlose Zustellung im internationalen Rechtsverkehr, RIW 2000, 20–22.

–: Deutsches Internationales Zivilprozessrecht unter Einschluss des Europäischen Zivilprozessrechts, 2. Auflage, Berlin 2005 (zitiert als: *Schütze*, Deutsches IZPR).

–: Ausgewählte Probleme des internationalen Zivilprozessrechts, Berlin 2006 (zitiert als: *Schütze*, Probleme des IZPR).

–: Übersetzungen im europäischen und internationalen Zivilprozessrecht – Probleme der Zustellung, RIW 2006, 352–356.

Schwind, Fritz: Die Ergebnisse der 7. Haager Privatrechtskonferenz, ÖJZ 1952, 323–327.

Seegebarth, Christian: Perspektiven aus der eIDAS-Verordnung – Die Sicht eines qualifizierten Trust Service Providers, DuD 2014, 675–678.

Seelmann-Eggebert, Sebastian/Clifford, Philip: Lost at sea? – Anti-suit injunctions after West Tankers, SchiedsVZ 2009, 139–143.
Sengstschmid, Andreas: 14. Kapitel – Die europäische Zustellung, in: Mayr, Peter (Hrsg.), Handbuch des europäischen Zivilverfahrensrechts, Wien 2017, S. 867–910 (zitiert als: *Sengstschmid*, in: Mayr (Hrsg.), Handbuch des europäischen Zivilverfahrensrechts).
Sharma, Daniel: Zustellungen im Europäischen Binnenmarkt (Zugl.: Tübingen, Univ., Diss., 2002), Berlin 2003 (zitiert als: *Sharma*, Zustellungen).
Siegrist, Dave: Hoheitsakte auf fremdem Staatsgebiet (Zugl.: Zürich, Univ., Diss., 1987), Zürich 1987.
Sievi, Nino: Auswirkungen des Brexit auf die Vollstreckung von ausländischen Urteilen, AJP 2018, 1094–1104.
Sime, Stuart: A Practical Approach to Civil Procedure, 25. Auflage, Oxford 2022 (zitiert als: *Sime*, A Practical Approach to Civil Procedure).
Simma, Bruno: Das Reziprozitätselement im Zustandekommen völkerrechtlicher Verträge – Gedanken zu einem Bauprinzip der internationalen Rechtsbeziehungen (Zugl.: Innsbruck, Univ., Habil., 1971/72), Berlin 1972 (zitiert als: *Simma*, Reziprozitätselement).
Sinclair, Ian: The Vienna convention on the law of treaties, 2. Auflage, Manchester 1984 (zitiert als: *Sinclair*, Vienna convention).
Skonietzki, Richard/Gelpcke, Max: Zivilprozeßordnung und Gerichtsverfassungsgesetz für das Deutsche Reich nebst den Einführungsgesetzen und den Preußischen Ausführungsgesetzen – Erster Band, Berlin 1911 (zitiert als: *Skonietzki/Gelpcke*, Zivilprozeßordnung).
Skouris, Vassilios: Brexit: Rechtliche Vorgaben für den Austritt aus der EU, EuZW 2016, 806–811.
Snelling, Tom: Negotiating Brexit: Recognition and Enforcement of Judgments, in: Armour, John/Eidenmüller, Horst (Hrsg.), Negotiating Brexit, München, Oxford, Baden-Baden 2017, S. 67–72 (zitiert als: *Snelling*, in: Armour/Eidenmüller (Hrsg.), Negotiating Brexit).
Sobich, Philip: Die Civil Procedure Rules 1999 – Zivilprozeßrecht in England, JZ 54 (1999), 775–780.
Sonnentag, Michael: Die Konsequenzen des Brexits für das internationale Privat- und Zivilverfahrensrecht, Tübingen 2017 (zitiert als: *Sonnentag*, Die Konsequenzen des Brexits).
Sosna, Sabine: EU-weite elektronische Identifizierung und Nutzung von Vertrauensdiensten – eIDAS-Verordnung – Ein Überblick über die wichtigsten Inhalte und deren Konsequenzen für Unternehmen, CR 2014, 825–832.
Springer, Gabriele: Die direkte Postzustellung gerichtlicher Schriftstücke nach der Europäischen Zustellungsverordnung (EG) Nr. 1348/2000 (Zugl.: Augsburg, Univ., Diss., 2007), Baden-Baden 2008 (zitiert als: *Springer*, Die direkte Postzustellung).
Stadler, Astrid: Der Schutz des Unternehmensgeheimnisses im deutschen und U.S.-amerikanischen Zivilprozeß und im Rechtshilfeverfahren (Zugl.: Konstanz, Univ., Diss., 1987/88), Tübingen 1989 (zitiert als: *Stadler*, Schutz des Unternehmensgeheimnisses).
–: Neues europäisches Zustellungsrecht, IPRax 2001, 514–521.
–: Die Reform des deutschen Zustellungsrechts und ihre Auswirkungen auf die internationale Zustellung, IPRax 2002, 471–478.
–: Förmlichkeit vor prozessualer Billigkeit bei Mängeln der internationalen Zustellung? – (zu OLG Jena, 2.5.2001 – 6 W 184/01, unten S. 298, Nr. 16), IPRax 2002, 282–285.
–: Ordnungsgemäße Zustellung im Wege der remise au parquet und Heilung von Zustellungsfehlern nach der Europäischen Zustellungsverordnung – (zu EuGH, 8.11.2005 – Rs. C-443/03 – Leffler ./. Berlin Chemie AG, unten S. 151, Nr. 8a, und EuGH,

13.10.2005 – Rs. C-522/03 – Scania Finance France SA ./. Rockinger GmbH & Co., unten S. 157, Nr. 8b), IPRax 2006, 116–123.
Staudinger, Ansgar: Editorial: Gedankensplitter zum Brexit, jurisPR-IWR 5/2016, Anm. 1.
–: Der Brexit: Reformbedarf bei Brüssel Ia-VO und Ausbau des revidierten Lugano-Übereinkommens, DAR 2021, 421.
Stein, Andreas: Das Haager Anerkennungs- und Vollstreckungsübereinkommen 2019 – was lange währt, wird endlich gut?, IPRax 2020, 197–202.
Stein, Friedrich/Jonas, Martin (Begr.): Kommentar zur Zivilprozessordnung – Band 1. Einleitung, §§ 1–77, 23. Auflage, Tübingen 2014 (zitiert als: Stein/Jonas/*Bearbeiter*).
–: Kommentar zur Zivilprozessordnung – Band 5. §§ 328–510c, 23. Auflage, Tübingen 2015 (zitiert als: Stein/Jonas/*Bearbeiter*).
–: Kommentar zur Zivilprozessordnung – Band 3. §§ 148–270, 23. Auflage, Tübingen 2016 (zitiert als: Stein/Jonas/*Bearbeiter*).
–: Kommentar zur Zivilprozessordnung – Band 11. §§ 946–959, 1067–1120, EuZPR, 23. Auflage, Tübingen 2021 (zitiert als: Stein/Jonas/*Bearbeiter*).
Stein, Torsten/Buttlar, Christian von/Kotzur, Markus: Völkerrecht, 14. Auflage, München 2017 (zitiert als: *Stein/Buttlar/Kotzur*, Völkerrecht).
Steinbrück, Ben: Anmerkung zu EuGH, Urt. vom 10.2.2009 – Rs. C-185/07 (Allianz/West Tankers), ZEuP 2010, 170–185.
Steinbrück, Ben/Lieberknecht, Markus: Grenzüberschreitende Zivilverfahren nach dem Brexit, EuZW 2021, 517–524.
Stelkens, Paul/Bonk, Heinz Joachim/Sachs, Michael (Hrsg.): Verwaltungsverfahrensgesetz – Kommentar, 10. Auflage, München 2023 (zitiert als: Stelkens/Bonk/Sachs/*Bearbeiter*).
Stewart, David/Conley, Anna: E-mail service on foreign defendants: time for an international approach?, Geo. J. Int'l L. 38 (2007), 755–802.
Strasser, Christian: Auslandszustelllungen in die Karibik – Exotische Prozessparteien als Herausforderung für die Justiz, RpflStud 2011, 25–27.
–: Neues zum Europäischen Zustellungsrecht – Zugleich Anmerkung zum Urteil des EuGH vom 19.12.2012 "Alder/Orlowska", RPfleger 2013, 585–588.
Streinz, Rudolf (Hrsg.): EUV/AEUV – Vertrag über die Europäische Union, Vertrag über die Arbeitsweise der Europäischen Union, Charta der Grundrechte der Europäischen Union, 3. Auflage, München 2018 (zitiert als: Streinz/*Bearbeiter*).
–: Brexit – Weg, Ziele, Lösungsmöglichkeiten, in: Kramme, Malte/Baldus, Christian/Schmidt-Kessel, Martin (Hrsg.), Brexit – Privat- und wirtschaftsrechtliche Folgen, 2. Auflage, Baden-Baden 2020, S. 37–55 (zitiert als: *Streinz*, in: Kramme/Baldus/Schmidt-Kessel (Hrsg.), Brexit).
Stroschein, Birka Vanessa: Parteizustellung im Ausland – Eine systemvergleichende Untersuchung des Gemeinschafts- und Staatsvertragsrechts unter Einbeziehung des deutschen, französischen, englischen und US-amerikanischen Zustellungsrechts (Zugl.: Köln, Univ., Diss., 2007), Frankfurt am Main, Berlin, Bern u.a. 2008 (zitiert als: *Stroschein*, Parteizustellung im Ausland).
Sturm, Fritz: Zu Art. 16 Abs. 4 HZÜ und Art. 19 Abs. 5 EuZVO – Werft das dänische Kuckucksei aus dem Nest!, in: Derschka, Harald/Hausmann, Rainer/Löhnig, Martin (Hrsg.), Festschrift für Hans-Wolfgang Strätz zum 70. Geburtstag, Regenstauf 2009, S. 537–550 (zitiert als: *Sturm*, in: FS Strätz 2009).
Sturm, Wolfgang/Schulz, Michael: Brexit – Eine Chance für den Gerichtsstandort Deutschland?, ZRP 2019, 71–75.
Stürner, Michael: "… What so exhausts finances, patience, courage, hope…" – Zur Reform des englischen Zivilprozeßrechts, ZVerglRW 99 (2000), 310–337.

–: Die elektronische Zustellung im Kontext des digitalen Zivilprozesses, in: Weller, Matthias/Wendland, Matthias (Hrsg.), Digital Single Market – Bausteine eines Digitalen Binnenmarkts, Tübingen 2019, S. 191–220 (zitiert als: *Stürner*, in: Weller/Wendland (Hrsg.), Digital Single Market).

Stürner, Rolf: Die Aufklärungspflicht der Parteien des Zivilprozesses (Zugl.: Tübingen, Univ., Habil., 1975/76), Tübingen 1976 (zitiert als: *Stürner*, Aufklärungspflichten).

–: Europäische Urteilsvollstreckung nach Zustellungsmängeln, in: Habscheid, Walther Jakob/Schwab, Karl Heinz/Nagel, Heinrich (Hrsg.), Beiträge zum internationalen Verfahrensrecht und zur Schiedsgerichtsbarkeit – Festschrift für Heinrich Nagel zum 75. Geburtstag, Münster 1987, S. 446–456 (zitiert als: *Stürner*, in: FS Nagel 1987).

–: Förmlichkeit und Billigkeit bei der Klagezustellung im Europäischen Zivilprozeß, JZ 47 (1992), 325–334.

–: Anmerkung zu OLG Düsseldorf, Beschl. vom 10.1.1996 – 3 VA 11/95, ZZP 109 (1996), 224–233.

–: Die verweigerte Zustellungshilfe für U.S.-Klagen oder der „Schuss übers Grab" – Einige Bemerkungen zu den Bemühungen des Bundesverfassungsgerichts um das internationale Zivilprozessrecht, JZ 61 (2006), 60–68.

–: Die European Rules of Civil Procedure – Zum Stand der Arbeiten des European Law Institute und des International Institute for the Unification of Private Law, in: Ackermann, Brunhilde/Wolf, Christian/Gaier, Reinhard (Hrsg.), Gelebtes Prozessrecht – Festschrift für Volkert Vorwerk, Köln 2019, S. 313–322 (zitiert als: *Stürner*, in: FS Vorwerk 2019).

–: Zivilprozessrecht zwischen Harmonisierung und uniformer Regulierung, ZEuP 2022, 235–243.

Stürner, Rolf/Bormann, Jens: Internationale Anerkennungszuständigkeit US-amerikanischer Bundesgerichte und Zustellungsfragen im deutsch-amerikanischen Verhältnis, JZ 55 (2000), 81–87.

Stürner, Rolf/Müller, Therese: Aktuelle Entwicklungstendenzen im deutsch-amerikanischen Rechtshilfeverkehr – (zu BGH, 28.3.2007 – IV AR (VZ) 2/07, unten S. 349, Nr. 20a, und OLG Celle, 6.7.2007 – 16 VA 5/07, unten S. 350, Nr. 20b), IPRax 2008, 339–343.

Sujecki, Bartosz: Reform des europäischen Zustellungsrechts – Die Zustellungsverordnung und der Vorschlag der Europäischen Kommission zu ihrer Änderung, GPR 2 (2005), 193–202.

–: Europäisches Mahnverfahren, ZEuP 2006, 124–148.

–: Verordnungsvorschlag zur Änderung der Europäischen Zustellungsverordnung – Ein Schritt in die richtige Richtung, EuZW 2006, 1.

–: Anmerkung zu EuGH, Urt. vom 8.11.2005 – Rs. C-443/03 (Leffler/Berlin Chemie), ZEuP 2007, 358–367.

–: Das Annahmeverweigerungsrecht im Europäischen Zustellungsrecht, EuZW 2007, 363–366.

–: Verhältnis der Zustellungsalternativen der EuZVO zueinander, EuZW 2007, 44–45.

–: Die reformierte Zustellungsverordnung, NJW 2008, 1628–1631.

–: Verbesserung der grenzüberschreitenden Forderungsdurchsetzung und Zustellung, EuZW 2008, 417.

–: Entwicklung des Europäischen Privat- und Zivilprozessrechts in den Jahren 2008 und 2009, EuZW 2010, 448–453.

–: Anmerkung zu BGH, Urt. vom 2.2.2011 – VIII ZR 190/10, NJW 2011, 1887–1888.

–: Die Entwicklung des europäischen Privat- und Zivilprozessrechts im Jahr 2012, EuZW 2013, 408–414.

–: Entwicklungen des Europäischen Privat- und Zivilverfahrensrechts in den Jahren 2017 und 2018, EWS 2019, 315–322.
–: Kapitel 38 – Europäische Zustellungsverordnung (EuZVO), in: Gebauer, Martin/Wiedmann, Thomas (Hrsg.), Europäisches Zivilrecht, 3. Auflage, München 2021, S. 1764–1821 (zitiert als: *Sujecki*, in: Gebauer/Wiedmann (Hrsg.), Europäisches Zivilrecht).
–: Neufassung der Europäischen Zustellungsverordnung, EuZW 2021, 286–290.

Sutherland, Philip: The Use of the Letter of Request (Or Letter Rogatory) for the Purpose of Obtaining Evidence for Proceedings in England and Abroad, ICLQ 31 (1982), 784–839.

Tamayo, Yvonne: Catch me if you can: Serving United States process on an elusive defendant abroad, Harvard J. L. & Tech. 17 (2003), 211–245.

Tang, Zheng Sophia: UK-EU Civil Judicial Cooperation after Brexit: Five Models, ELR 43 (2018), 648–668.

Tauber, Arne: Elektronische Zustellung in Europa – Perspektiven eines grenzüberschreitenden Einschreibens, DuD 2011, 774–778.

Telkamp, Mareike: Anmerkung zu EuGH, Urt. vom 9.2.2006 – C-473/04 (Plumex/Young Sports NV), GPR 3 (2006), 145–148.

Terhechte, Jörg Philipp: Der Vertrag von Lissabon: Grundlegende Verfassungsurkunde der europäischen Rechtsgemeinschaft oder technischer Änderungsvertrag?, EuR 2008, 143–189.
–: All's well that ends well? – Das EU/VK-Handels- und Kooperationsabkommen, NJW 2021, 417–424.

Thiele, Alexander: Der Austritt aus der EU – Hintergründe und rechtliche Rahmenbedingungen eines „Brexit", EuR 2016, 281–303.

Thirlway, Hugh: International customary law and codification – An examination of the continuing role of custom in the present period of codification of international law, Leiden 1972 (zitiert als: *Thirlway*, International customary law).

Thole, Christoph: Die Auswirkungen des Brexit auf die internationale Zuständigkeit deutscher Gerichte in deutsch-britischen Kartellrechtsverhältnissen, NZKart 2022, 303–309.

Thomas, Heinz/Putzo, Hans (Begr.): Zivilprozessordnung – FamFG, Verfahren in Familiensachen, EGZPO, GVG, EGGVG, EU-Zivilverfahrensrecht. Kommentar, 44. Auflage, München 2023 (zitiert als: Thomas/Putzo/*Bearbeiter*).

Torremans, Paul: Cheshire, North & Fawcett – Private international law, 15. Auflage, Oxford 2017 (zitiert als: *Torremans*, Cheshire, North & Fawcett on PIL).

Tretthahn-Wolski, Elisabeth/Förstel, Anna: Der Brexit von Rom und Brüssel – Zu den Auswirkungen des Austritts des Vereinigten Königreichs aus der EU auf das internationale Zivil- und Zivilprozessrecht, ÖJZ 2019, 485–489.

Tretthahn-Wolski, Elisabeth/Förstel-Cherng, Anna: Nein zu Lugano – Zu den Auswirkungen des harten Brexits auf Cross-Border-Streitigkeiten, ÖJZ 2021, 708–709.

Triebel, Volker/Illmer, Martin/Ringe, Wolf-Georg/Vogenauer, Stefan/Ziegler, Katja: Englisches Handels- und Wirtschaftsrecht, 3. Auflage, Frankfurt am Main 2012.

Tsikrikas, Dimitrios: Probleme der Zustellung durch die Post im europäischen Rechtsverkehr, ZZPInt 8 (2003), 309–327.

Ungerer, Johannes: Consequences of Brexit for European Private International Law, European Papers 4 (2019), 395–407.
–: Brexit von Brüssel und den anderen EU-Verordnungen zum Internationalen Zivilverfahrens- und Privatrecht, in: Kramme, Malte/Baldus, Christian/Schmidt-Kessel, Martin

(Hrsg.), Brexit – Privat- und wirtschaftsrechtliche Folgen, 2. Auflage, Baden-Baden 2020, S. 605–627 (zitiert als: *Ungerer*, in: Kramme/Baldus/Schmidt-Kessel (Hrsg.), Brexit).
–: Folgen des harten Brexit im Internationalen Privat- und Zivilverfahrensrecht – Umgang mit alten und künftigen grenzüberschreitenden Gerichtsverfahren und Rechtsverhältnissen, NJW 2021, 1270–1274.
Unterreitmayer, Josef: Der Rechtshilfeverkehr mit dem Ausland in Zivil- und Handelssachen, RPfleger 1972, 117–124.
Vamvoukos, Athanassios: Termination of Treaties in International Law – The Doctrines of Rebus Sic Stantibus and Desuetude, Oxford 1985 (zitiert als: *Vamvoukos*, Termination of Treaties in International Law).
Verdross, Alfred/Simma, Bruno: Universelles Völkerrecht – Theorie und Praxis, 3. Auflage, Berlin 1984 (zitiert als: *Verdross/Simma*, Völkerrecht).
Verdross, Alfred/Simma, Bruno/Geiger, Rudolf: Territoriale Souveränität und Gebietshoheit – Zur völkerrechtlichen Lage der Oder-Neiße-Gebiete, Bonn 1980 (zitiert als: *Verdross/Simma/Geiger*, Territoriale Souveränität und Gebietshoheit).
Vierdag, Bert: The Law Governing Treaty Relations between Parties to the Vienna Convention on the Law of Treaties and States Not Party to the Convention, AJIL 76 (1982), 779–801.
Villiger, Mark Eugen: Customary International Law and Treaties – A manual on the theory and practice of the interrelation of sources, 2. Auflage, Hague 1997 (zitiert als: *Villiger*, Customary International Law and Treaties).
–: Commentary on the 1969 Vienna Convention on the Law of Treaties, Leiden, Boston 2009 (zitiert als: *Villiger*, Vienna Convention on the Law of Treaties).
Vogl, Thorsten: EuZVO – Nachreichen einer Übersetzung heilt Zustellungsmangel, Jur-Büro 2006, 60–61.
Voland, Thomas: Auswirkungen des Brexits auf die völkervertraglichen Beziehungen des Vereinigten Königreichs und der EU, ZaöRV 79 (2019), 1–42.
Volken, Paul: Die internationale Rechtshilfe in Zivilsachen, Zürich 1996 (zitiert als: *Volken*, Rechtshilfe).
Vollkommer, Gregor/Huber, Stefan: Neues Europäisches Zivilverfahrensrecht in Deutschland – Das Gesetz zur Verbesserung der grenzüberschreitenden Forderungsdurchsetzung und Zustellung, NJW 2009, 1105–1109.
Vollkommer, Max: Disharmonien und Spannungen im internationalen Rechtshilfeverkehr zwischen den USA und Deutschland (Zustellungen und Ladungen) – Zugleich eine Besprechung von Hans Smit, International Co-operation in Litigation: Europe, ZZP 80 (1967), 248–263.
Vorwerk, Volkert: Beweisaufnahme im Ausland: Neue Wege für den deutschen Prozess – Die EG-BeweisaufnahmeVO und der Grundsatz der Beweisunmittelbarkeit, AnwBl 2011, 369–373.
Voßkuhle, Andreas/Kaiser, Anna-Bettina: Grundwissen – Öffentliches Recht: Der allgemeine Justizgewährungsanspruch, JuS 2014, 312–314.
Wagner, Rolf: Zur Vereinheitlichung des internationalen Zivilverfahrensrechts vier Jahre nach In-Kraft-Treten des Amsterdamer Vertrags, NJW 2003, 2344–2348.
–: Aktuelle Entwicklungen in der justiziellen Zusammenarbeit in Zivilsachen, NJW 2017, 1796–1802.
–: Aktuelle Entwicklungen in der justiziellen Zusammenarbeit in Zivilsachen, NJW 2019, 1782–1787.

–: Aktuelle Entwicklungen in der justiziellen Zusammenarbeit in Zivilsachen, NJW 2020, 1864–1870.
–: Aktuelle Entwicklungen in der justiziellen Zusammenarbeit in Zivilsachen, NJW 2021, 1926–1932.
–: Justizielle Zusammenarbeit in Zivilsachen nach dem Brexit, IPRax 2021, 2–15.
–: Aktuelle Entwicklungen in der justiziellen Zusammenarbeit in Zivilsachen, NJW 2022, 1861–1867.
–: Rechtsprechung zu den ziviljustiziellen Übergangsvorschriften im Austrittsabkommen, EuZW 2022, 550–553.
–: Neuigkeiten zum internationalen Zivilverfahrensrecht – Zustellung, Beweisaufnahme und pre-trial discovery of documents, EuZW 2022, 733–737.

Wagner, Rolf/Janzen, Ulrike: Das Lugano-Übereinkommen vom 30.10.2007, IPRax 2010, 298–310.

Waldner, Wolfram: Aktuelle Probleme des rechtlichen Gehörs im Zivilprozess (Zugl.: Erlangen-Nürnberg, Univ., Diss., 1983), Erlangen 1983 (zitiert als: *Waldner*, Aktuelle Probleme des rechtlichen Gehörs).

Waldschmidt, Gabriele: Gesetz zum Ausbau des elektronischen Rechtsverkehrs mit den Gerichten und zur Änderung weiterer Vorschriften, JurBüro 2021, 568–569.

Wannemacher, Katrin: Die Außenkompetenzen der EG im Bereich des Internationalen Zivilverfahrensrechts – Der räumliche Anwendungsbereich des Art. 65 EGV am Beispiel der EuGVO und der EheVO (Zugl.: Köln, Univ., Diss., 2003), Frankfurt am Main, Berlin, Bern u.a. 2003 (zitiert als: *Wannemacher*, Die Außenkompetenzen der EG im IZVR).

Weber, Martin: Die Auswirkungen des Brexit auf das Europäische Familienrecht, EF-Z 2020, 113–116.

Weller, Marc-Philippe/Thomale, Chris/Zwirlein, Susanne: Brexit: Statutenwechsel und Acquis communautaire – Korreferat, ZEuP 2018, 892–915.

Welp, Dietrich: Sitzung der Expertenkommission der Haager Konferenz für internationales Privatrecht vom 17. bis 20.4.1989 zu Fragen des Zustellungsübereinkommens vom 15.11.1965 und des Beweisaufnahmeübereinkommens vom 18.3.1970, RabelsZ 54 (1990), 364–368.

Wieczorek, Bernhard/Schütze, Rolf (Hrsg.): Zivilprozessordnung und Nebengesetze – Großkommentar. Band 3: §§ 128–252, 5. Auflage, Berlin 2022 (zitiert als: Wieczorek/Schütze/*Bearbeiter*).

Wieduwilt, Simon: Article 50 TEU – The Legal Frameworkof a Withdrawal from the European Union, ZEuS 2015, 169–205.

Wiehe, Herbert: Zustellungen, Zustellungsmängel und Urteilsanerkennung am Beispiel fiktiver Inlandszustellungen in Deutschland, Frankreich und den USA (Zugl.: Bonn, Univ., Diss., 1993), München 1993 (zitiert als: *Wiehe*, Zustellungen).

Wilke, Felix: § 35 – European Rules of Civil Procedure, in: Leible, Stefan/Terhechte, Jörg Philipp (Hrsg.), Europäisches Rechtsschutz- und Verfahrensrecht, 2. Auflage, Baden-Baden, Zürich, St. Gallen u.a. 2021, S. 1399–1412 (zitiert als: *Wilke*, in: Leible/Terhechte (Hrsg.), Europäisches Rechtsschutz- und Verfahrensrecht).

–: Die Model European Rules of Civil Procedure: Ein Vorschlag für einheitliche Regeln für Zivilprozesse in Europa, EuZW 2021, 187–193.

Wilske, Stephan/Krapfl, Claudia: Zur Qualität von Übersetzungen bei Zustellung ausländischer gerichtlicher Schriftstücke – (zu OLG Nürnberg, 15.2.2005 – 4 VA 72/05, unten S. 38, Nr. 2), IPRax 2006, 10–13.

Winkler, Agnes: Zulässigkeit und Rechtswirkungen von Vorbehalten nach der Wiener Vertragsrechtskonvention (Zugl.: Passau, Univ., Diss., 2006), Hamburg 2007 (zitiert als: *Winkler*, Zulässigkeit und Rechtswirkungen von Vorbehalten).

Wolf, Manfred: Zivilprozessuale Verfahrensgarantien in Art. 6 I EMRK als Grundlage eines europäischen Zivilprozeßrechts, in: Köbler, Gerhard/Heinze, Meinhard/Hromadka, Wolfgang (Hrsg.), Europas universale rechtsordnungspolitische Aufgabe im Recht des dritten Jahrtausends – Festschrift für Alfred Söllner zum 70. Geburtstag, München 2000, S. 1279–1296 (zitiert als: *Wolf*, in: FS Söllner 2000).

Wolff, Ernst: Die Vorschläge der 7. Haager Privatrechtskonferenz zur Abänderung des Haager Zivilprozeßabkommens, ZZP 65 (1952), 407–424.

Wölki, Christoph: Das Haager Zustellungsabkommen und die USA, RIW 1985, 530–535.

Woolf, Harry: Access to justice – Interim Report to the Lord Chancellor on the civil justice system in England and Wales, London 1995 (zitiert als: *Woolf*, Access to justice – Interim report, 1995).

–: Access to justice – Final Report to the Lord Chancellor on the Civil Justice System in England and Wales, London 1996 (zitiert als: *Woolf*, Access to justice – Final report, 1996).

Wouters, Jan/Verhoeven, Sten: Desuetudo, in: Peters, Anne (Hrsg.), Max Planck Encyclopedia of Public International Law (MPEPIL) (zitiert als: *Wouters/Verhoeven*, in: Peters (Hrsg.), MPEPIL).

Wright, Quincy: Amendments and Reservations to the Treaty, Minn. L. R. 4 (1919-20), 14–39.

–: Codification of International Law – Part II: Legal Position and Functions of Consuls, AJIL (Supp) 26 (1932), 189–450.

Wunsch, Thomas: Zustellungsreformgesetz – Vereinfachung und Vereinheitlichung des Zustellungswesens, JuS 2003, 276–281.

Würdinger, Markus: Das Sprachen- und Übersetzungsproblem im Europäischen Zustellungsrecht – ein Spannungsfeld zwischen Justizgewährung und Beklagtenschutz im Europäischen Justizraum – (zu LG Bonn, 30.11.2010 – 10 O 502/09, unten S. 80, Nr. 2), IPRax 2013, 61–63.

Zöller, Richard (Hrsg.): Zivilprozessordnung – Mit FamFG (Paragraphen 1-185, 200-270, 433-484) und Gerichtsverfassungsgesetz, den Einführungsgesetzen, mit Internationalem Zivilprozessrecht, EU-Verordnungen, Kostenanmerkungen. Kommentar, 34. Auflage, Köln 2022 (zitiert als: *Zöller/Bearbeiter*).

Zuckerman, Adrian: The Woolf Report on Access to Justice, ZZPInt 2 (1997), 31–34.

zur Nieden, Wolf: Zustellungsverweigerung rechtsmissbräuchlicher Klagen in Deutschland nach Artikel 13 des Haager Zustellungsübereinkommens – Zugleich ein Beitrag zum deutsch-amerikanischen Justizkonflikt (Zugl.: Bonn, Univ., Diss., 2010), Frankfurt am Main, Berlin, Bern u.a. 2011 (zitiert als: *zur Nieden*, Zustellungsverweigerung).

Materialienverzeichnis

American Law Institute/International Institute for the Unification of Private Law: Principles of transnational civil procedure, Cambridge, New York, Melbourne u.a. 2006.

Bar Council Brexit Working Group: The Brexit Papers – Civil Jurisdiction and Judgements. Paper 4, 3. Auflage, London 2017, abrufbar unter: <https://www.barcouncil.org.uk/uploads/assets/b234c8fb-339d-4d10-b7598c31faf61331/brexitpaper4-civiljurisidiction-andjudgements.pdf> (zitiert als: *Bar Council Brexit Working Group*, The Brexit Papers No. 4).

BMJV: Handreichung zum Ablauf der Übergangszeit nach dem Austrittsvertrag von Großbritannien (GBR) aus der EU für den Bereich der justiziellen Zusammenarbeit in Zivilsachen, Berlin, 28.12.2020, abrufbar unter: <https://www.bmjv.de/SharedDocs/Externe-Links/DE/Neu/Themen/Brexit/Rechtslage_ziviljustizielle_Zusammenarbeit.html?nn=12003140> (zitiert als: *BMJV*, Handreichung zum Brexit).

Bundesamt für Sicherheit in der Informationstechnik: Erfüllung der Anforderungen an qualifizierte Dienste für die Zustellung elektronischer Einschreiben nach eIDAS-Verordnung durch De-Mail-Dienste, Bonn 2016, abrufbar unter: <https://www.bsi.bund.de/SharedDocs/Downloads/DE/BSI/eIDAS/Anforderungen_eIDAS_De-Mail.pdf?__blob=publicationFile&v=6>.

Deloitte: Study to support the preparation of an evaluation and impact assessment for the modernisation of the judicial cooperation in civil and commercial matters – Service of documents – Final Report, Luxemburg 2018, abrufbar unter: <https://op.europa.eu/de/publication-detail/-/publication/a507e06f-d1b6-11e8-9424-01aa75ed71a1/language-en> (zitiert als: *Deloitte*, Study on the service of documents – Final Report).

Department for Exiting the European Union: Legislating for the United Kingdom's withdrawal from the European Union, London, 15.3.2017, abrufbar unter: <https://www.gov.uk/government/publications/the-repeal-bill-white-paper/legislating-for-the-united-kingdoms-withdrawal-from-the-european-union#foreword-from-the-secretary-of-state-for-exiting-the-european-union> (zitiert als: *Department for Exiting the European Union*, Legislating for the UK's withdrawal from the EU).

Deutscher Bundestag: Denkschrift zu dem von Belgien, Spanien, Frankreich, Italien, Luxemburg, Portugal, der Schweiz und Schweden-Norwegen mit den Niederlanden und unter einander zur gemeinsamen Regelung einiger Fragen des internationalen Privatrechts abgeschlossenen Abkommen vom 14. November 1896 nebst Zusatzprotokoll vom 22. Mai 1897 (Denkschrift HAbk 1896), in: Verhandlungen des Reichstags (9. Legislatur-Periode, V. Session 1897/98), Anlage Nr. 15, S. 213–216 (zitiert als: Denkschrift zum Haager Abkommen von 1896, in: Verhandlungen des Reichstags (9. Legislatur-Periode, V. Session 1897/98), Anlage Nr. 15).

–: Denkschrift zu den drei am 17. Juli im Haag unterzeichneten Abkommen über das internationale Privatrecht, in: Verhandlungen des Reichstags, Band 247 (XII. Legislatur-Periode, 1. Session), Anlage Nr. 891, S. 34–66 (zitiert als: Denkschrift zum HZPA 1905 in: Verhandlungen des Reichstags, Band 247 (XII. Legislatur-Periode), Anlage Nr. 891).

–: Denkschrift zum deutsch-britischen Abkommen vom 20. März 1928 über den Rechtsverkehr, in: Verhandlungen des Reichstags, Band 431 (IV. Wahlperiode 1928), Anlage Nr. 384, S. 9–10 (zitiert als: Denkschrift zum deutsch-britischen Rechtshilfeabkommen, in: Verhandlungen des Reichstags, Band 431 (IV. Wahlperiode 1928), Anlage Nr. 384).

–: Denkschrift zum Haager Übereinkommen vom 1. März 1954 über den Zivilprozeß, in: BT-Drs. 3/350, S. 12–16 (zitiert als: Denkschrift zum HZPÜ 1954, in: BT-Drs. 3/350).

–: Denkschrift zum Übereinkommen über die gerichtliche Zuständigkeit und die Vollstreckung gerichtlicher Entscheidungen in Zivil- und Handelssachen vom 12. Januar 1973, in: BT-Drs. VI/1973, S. 44–51 (zitiert als: Denkschrift zum EuGVÜ, in: BT-Drs. VI/1973).

–: Denkschrift zum Haager Übereinkommen vom 15. November 1965 über die Zustellung gerichtlicher und außergerichtlicher Schriftstücke im Ausland in Zivil- oder Handelssachen, in: BT-Drs. 7/4892, S. 38–59 (zitiert als: Denkschrift zum HZÜ, in: BT-Drs. 7/4892).

–: Denkschrift zum Vertrag vom 29. Oktober 1985 zwischen der Bundesrepublik Deutschland und dem Königreich Marokko über die Rechtshilfe und Rechtsauskunft in Zivil- und Handelssachen, in: BT-Drs. 11/2026, S. 10–18 (zitiert als: Denkschrift zum deutsch-marokkanischen Rechtshilfevertrag, in: BT-Drs. 11/2026).

–: Begründung zum Entwurf eines Gesetzes zur Reform des Verfahrens bei Zustellungen im gerichtlichen Verfahren (Zustellungsreformgesetz – ZustRG), in: BT-Drs. 14/4554, S. 13–29 (zitiert als: Begründung zum Entwurf des ZustRG, in: BT-Drs. 14/4554).

–: Begründung zum Entwurf eines Gesetzes zur Durchführung gemeinschaftsrechtlicher Vorschriften über die Zustellung gerichtlicher und außergerichtlicher Schriftstücke in Zivil- oder Handelssachen in den Mitgliedstaaten (EG-Zustellungsdurchführungsgesetz – ZustDG), in: BT-Drs. 14/5910, S. 6–9 (zitiert als: Begründung zum Entwurf des ZustDG, in: BT-Drs. 14/5910).

–: Begründung zum Entwurf eines Gesetzes zur Verbesserung der grenzüberschreitenden Forderungsdurchsetzung und Zustellung, in: BT-Drs. 16/8839, S. 14–32 (zitiert als: Begründung zum Entwurf des Forderungsdurchsetzungsgesetzes, in: BT-Drs. 16/8839).

–: Begründung zum Entwurf eines Gesetzes zur Änderung von Vorschriften im Bereich des Internationalen Privat- und Zivilverfahrensrechts, in: BT-Drs. 18/10714, S. 14–27 (zitiert als: Begründung zum Entwurf eines Gesetzes zur Änderung von Vorschriften im Bereich des IPR und IZVR, in: BT-Drs. 18/10714).

–: Schriftliche Fragen mit den in der Woche vom 25. Januar 2021 eingegangenen Antworten der Bundesregierung, in: BT-Drs. 19/26311 (zitiert als: Schriftliche Fragen mit den in der Woche vom 25.1.2021 eingegangenen Antworten der Bundesregierung, in: BT-Drs. 19/26311).

–: Antwort der Bundesregierung auf die Kleine Anfrage der Abgeordneten Dr. Jürgen Martens, Stephan Thomae, Grigorios Aggelidis, weiterer Abgeordneter und der Fraktion der FDP – Drucksache 19/27039 – Justizielle Zusammenarbeit in Zivilsachen mit dem Vereinigten Königreich Post-Brexit, in: BT-Drs. 19/27550 (zitiert als: Antwort der Bundesregierung auf die Kleine Anfrage vom 10.2.2021, in: BT-Drs. 19/27550).

–: Begründung zum Entwurf eines Gesetzes zum Ausbau des elektronischen Rechtsverkehrs mit den Gerichten und zur Änderung weiterer prozessrechtlicher Vorschriften, in: BT-Drs. 19/28399, S. 23–49 (zitiert als: Begründung zum Entwurf eines Gesetzes zum Ausbau des elektronischen Rechtsverkehrs, in: BT-Drs. 19/28399).

–: Bericht des Ausschusses für Recht und Verbraucherschutz (6. Ausschuss) zu dem Gesetzentwurf der Bundesregierung – Drucksache 19/28399 – Entwurf eines Gesetzes zum

Ausbau des elektronischen Rechtsverkehrs mit den Gerichten und zur Änderung weiterer prozessrechtlicher Vorschriften, in: BT-Drs. 19/31119, S. 1–10 (zitiert als: Bericht des Rechtsausschusses zum Gesetz zum Ausbau des elektronischen Rechtsverkehrs, in: BT-Drs. 19/31119).

–: Begründung zum Entwurf eines Gesetzes zur Durchführung der EU-Verordnungen über grenzüberschreitende Zustellungen und grenzüberschreitende Beweisaufnahmen in Zivil- oder Handelssachen, zur Änderung der Zivilrechtshilfe, des Vormundschafts- und Betreuungsrechts sowie sonstiger Vorschriften, in: BT-Drs. 20/1110, S. 19–45 (zitiert als: Begründung zum Entwurf eines Gesetzes zur Durchführung der EuZVO 2020 und EuBVO 2020, in: BT-Drs. 20/1110).

Europäische Kommission: Erläuternder Bericht zum Übereinkommen aufgrund von Artikel K.3 des Vertrags über die Europäische Union über die Zustellung gerichtlicher und außergerichtlicher Schriftstücke in Zivil- oder Handelssachen in den Mitgliedstaaten der Europäischen Union (Vom Rat am 26. Juni 1997 gebilligter Text), in: Amtsblatt Nr. C 261 vom 27.8.1997, S. 26–37 (zitiert als: *Europäische Kommission*, Erläuternder Bericht zum EuZÜ, in: Amtsblatt Nr. C 261 vom 27.8.1997).

–: Begründung zum Vorschlag für eine Richtlinie des Rates über die Zustellung gerichtlicher und außergerichtlicher Schriftstücke in Zivil- oder Handelssachen in den Mitgliedstaaten, abrufbar unter: <https://eur-lex.europa.eu/legal-content/DE/TXT/?uri=uriserv%3AOJ.CE.1999.247.01.0011.01.DEU&toc=OJ%3AC%3A1999%3A247E%3ATOC> (zitiert als: *Europäische Kommission*, Begründung zum Entwurf einer Zustellungs-RL).

–: Vorschlag für eine Richtlinie des Rates über die Zustellung gerichtlicher und außergerichtlicher Schriftstücke in Zivil- oder Handelssachen in den Mitgliedstaaten, KOM (1999), 219 endg. = Amtsblatt Nr. C 247 vom 31.8.1999, S. 11–22.

–: Vorschlag für eine Verordnung (EG) des Rates über die gerichtliche Zuständigkeit und die Anerkennung und Vollstreckung von Entscheidungen in Zivil- und Handelssachen, KOM (1999), 348 endg. (zitiert als: *Europäische Kommission*, Begründung des Vorschlags zur Brüssel I-VO, KOM (1999), 348 endg.).

–: Geänderter Vorschlag für eine Verordnung des Rates über die Zustellung gerichtlicher und außergerichtlicher Schriftstücke in Zivil- oder Handelssachen in den Mitgliedstaaten der Europäischen Union, KOM (2000), 75 endg. = Amtsblatt Nr. C 311 E vom 31.10.2000, S. 112–124 (zitiert als: *Europäische Kommission*, Geänderter Vorschlag für die EuZVO, KOM (2000), 75 endg. = Amtsblatt Nr. C 311 E vom 31.10.2000).

–: Angaben der Mitgliedstaaten gemäß Artikel 23 Absatz 1 der Verordnung (EG) Nr. 1348/2000 des Rates vom 29. Mai 2000 über die Zustellung gerichtlicher und außergerichtlicher Schriftstücke in Zivil- oder Handelssachen in den Mitgliedstaaten, in: Amtsblatt Nr. C 151 vom 22.5.2001, S. 4–17 (zitiert als: Europäische Kommission (Hrsg.), Angaben der Mitgliedstaaten gemäß Art. 23 Abs. 1 EuZVO 2000, in: Amtsblatt Nr. C 151 vom 22.5.2001).

–: Erste Aktualisierung der Angaben der Mitgliedstaaten gemäß Artikel 23 Absatz 1 der Verordnung (EG) Nr. 1348/2000 des Rates vom 29. Mai 2000 über die Zustellung gerichtlicher und außergerichtlicher Schriftstücke in Zivil- oder Handelssachen in den Mitgliedstaaten, in: Amtsblatt Nr. C 202 vom 18.7.2001, S. 10–15 (zitiert als: Europäische Kommission (Hrsg.), Erste Aktualisierung der Angaben der Mitgliedstaaten gemäß Art. 23 Abs. 1 EuZVO 2000, in: Amtsblatt Nr. C 202 vom 18.7.2001).

–: Bericht der Kommission an den Rat, das Europäische Parlament und den Europäischen Wirtschafts- und Sozialausschuss über die Anwendung der Verordnung (EG)

Nr. 1348/2000 des Rates über die Zustellung gerichtlicher und außergerichtlicher Schriftstücke in Zivil- oder Handelssachen in den Mitgliedstaaten, KOM (2004), 603 endg. (zitiert als: *Europäische Kommission*, Bericht der Kommission über die Anwendung der EuZVO 2000, KOM (2004), 603 endg.).
–: Vorschlag für eine Verordnung des Europäischen Parlaments und des Rates zur Änderung der Verordnung (EG) Nr. 1348/2000 des Rates vom 29. Mai 2000 über die Zustellung gerichtlicher und außergerichtlicher Schriftstücke in Zivil- oder Handelssachen in den Mitgliedstaaten, KOM (2005), 305 endgültig (zitiert als: *Europäische Kommission*, Vorschlag für die EuZVO 2007, KOM (2005), 305 endg.).
–: Vorschlag für einen Beschluß des Rates über den Abschluss des Abkommens zwischen der Europäischen Gemeinschaft und dem Königreich Dänemark zur Ausdehnung der Verordnung (EG) Nr. 1348/2000 des Rates über die Zustellung gerichtlicher und außergerichtlicher Schriftstücke in Zivil- oder Handelssachen in den Mitgliedstaaten auf Dänemark, KOM (2005), 146 endültig (zitiert als: *Europäische Kommission*, Vorschlag zum Abschluss eines Erstreckungsabkommens zur EuZVO, KOM (2005), 146 endg.).
–: Bericht der Kommission an das Europäische Parlament, den Rat und den Europäischen Wirtschafts- und Sozialausschuss über die Anwendung der Verordnung (EG) Nr. 1393/2007 des Europäischen Parlaments und des Rates über die Zustellung gerichtlicher und außergerichtlicher Schriftstücke in Zivil- oder Handelssachen in den Mitgliedstaaten (Zustellung von Schriftstücken), COM (2013), 858 final (zitiert als: *Europäische Kommission*, Bericht über die Anwendung der EuZVO 2007, COM (2013), 858 final).
–: Impact Assessment, accompaying the document Proposal for a Regulation of the European Parliament and of the Council amending Regulation (EC) No 1393/2007 of the European Parliament and of the Council on the service in the Member States of judicial and extrajudicial documents in civil or commercial matters (service of documents), SWD(2018), 287 final (zitiert als: *Europäische Kommission*, Impact Assessment, SWD(2018), 287 final).
–: Vorschlag für eine Verordnung des Europäischen Parlaments und des Rates zur Änderung der Verordnung (EG) Nr. 1393/2007 des Europäischen Parlaments und des Rates über die Zustellung gerichtlicher und außergerichtlicher Schriftstücke in Zivil- oder Handelssachen in den Mitgliedstaaten („Zustellung von Schriftstücken"), COM (2018), 379 final (zitiert als: *Europäische Kommission*, Vorschlag für die EuZVO 2020, COM (2018), 379 final).
–: Draft Agreement on the withdrawal of the United Kingdom of Great Britain and Northern Ireland from the European Union and the European Atomic Energy Community, as agreed at negotiators' level on 14 November 2018, TF50 (2018) 55, abrufbar unter: <https://db.eurocrim.org/db/de/docs/other/2018/> (zitiert als: *Europäische Kommission*, Draft Agreement on the withdrawal of the UK of 14.11.2018, TF50 (2018) 55).
–: Vorschlag für eine Verordnung des Europäischen Parlaments und des Rates über ein EDV-System für die grenzüberschreitende Kommunikation in Zivil- und Strafverfahren (e-CODEX) und zur Änderung der Verordnung (EU) 2018/1726, COM (2020), 712 final.
–: Mitteilung der Kommission an das Europäische Parlament und den Rat – Bewertung des Ersuchens des Vereinigten Königreichs Großbritannien und Nordirland um Beitritt zum Lugano-Übereinkommen von 2007, COM (2021), 222 final (zitiert als: *Europäische Kommission*, Bewertung des Ersuchens des VK zum LugÜ 2007-Beitritt, COM (2021), 222 final).
–: Europäischer Gerichtsatlas für Zivilsachen, Brüssel 2022, abrufbar unter: <https://e-justice.europa.eu/38580/DE/serving_documents_recast?clang=de>, speziell für das Verei-

nigte Königreich unter <https://e-justice.europa.eu/373/DE/serving_documents?ENGLAND_AND_WALES&member=1> (zitiert als: Europäische Kommission (Hrsg.), Europäischer Gerichtsatlas, e-justice.europa.eu).

–: Europäisches Justizielles Netz (für Zivil- und Handelssachen) – Zustellung von Schriftstücken: Amtliche Übermittlung von Schriftstücken, abrufbar unter: <https://e-justice.europa.eu/39433/DE/service_of_documents_official_transmission_of_legal_documents> (zitiert als: Europäische Kommission (Hrsg.), Europäisches Justizielles Netz, Zustellung von Schriftstücken, e-justice.europa.eu).

Europäische Union: Politische Erklärung zur Festlegung des Rahmens für die künftigen Beziehungen zwischen der Europäischen Union und dem Vereinigten Königreich, in: Amtsblatt Nr. C 384 vom 12.11.2019, S. 178–193 (zitiert als: *Europäische Union*, Politische Erklärung zur Festlegung des Rahmens für die künftigen Beziehungen zwischen der EU und dem VK, in: Amtsblatt Nr. C 384 vom 12.11.2019).

Europäischer Rat: Leitlinien im Anschluss an die Mitteilung des Vereinigten Königreichs gem. Art. 50 EUV vom 29.4.2017, EUCO XT 20004/17, abrufbar unter: <https://data.consilium.europa.eu/doc/document/XT-20004-2017-INIT/de/pdf>.

–: Beschluss vom 22.5.2017 zur Ermächtigung zur Aufnahme von Verhandlungen mit dem Vereinigten Königreich von Großbritannien und Nordirland über ein Abkommen, in dem die Einzelheiten seines Austritts aus der Europäischen Union festgelegt werden, XT 21016/17, abrufbar unter: <https://data.consilium.europa.eu/doc/document/XT-21016-2017-INIT/de/pdf> (zitiert als: *Europäischer Rat*, Beschluss vom 22.5.2017 zur Ermächtigung zur Aufnahme von Verhandlungen mit dem VK über ein Austrittsabkommen, XT 21016/17).

–: Decision of supplementing the Council Decision of 22 May 2017 authorising the opening of negotiations with the United Kingdom of Great Britain and Northern Ireland for an agreement setting out the arrangements for its withdrawal from the European Union, XT 21004/18, abrufbar unter: <https://www.consilium.europa.eu/media/32507/xt21004en18.pdf> (zitiert als: *Europäischer Rat*, Decision of supplementing the Council Decision of 22.5.2017, XT 21004/18).

–: Leitlinien vom 15.9.2017, EUCO XT 20011/17, abrufbar unter: <https://data.consilium.europa.eu/doc/document/XT-20011-2017-INIT/de/pdf>.

–: Beschluss (EU) 2019/274 des Rates vom 11. Januar 2019 über die Unterzeichnung des Abkommens über den Austritt des Vereinigten Königreichs Großbritannien und Nordirland aus der Europäischen Union und der Europäischen Atomgemeinschaft im Namen der Europäischen Union und der Europäischen Atomgemeinschaft, Amtsblatt Nr. L 47 I vom 19.2.2019, S. 1–2 (zitiert als: *Europäischer Rat*, Beschluss (EU) 2019/274 vom 11.1.2019 über die Unterzeichnung des Austrittsabkommens, Amtsblatt Nr. L 47 I vom 19.2.2019).

–: Beschluss (EU) 2019/476 des Europäischen Rates, im Einvernehmen mit dem Vereinigten Königreich gefasst, vom 22. März 2019 zur Verlängerung der Frist nach Artikel 50 Absatz 3 EUV, in: Amtsblatt Nr. L 80 I vom 22.3.2019, S. 1–2 (zitiert als: *Europäischer Rat*, Beschluss (EU) 2019/476 vom 22.3.2019 zur Verlängerung der Frist nach Art. 50 Abs. 3 EUV, Amtsblatt Nr. L 80 I vom 22.3.2019).

–: Beschluss (EU) 2019/584 des Europäischen Rates, im Einvernehmen mit dem Vereinigten Königreich gefasst, vom 11. April 2019 zur Verlängerung der Frist nach Artikel 50 Absatz 3 EUV, in: Amtsblatt Nr. L 101 vom 11.4.2019, S. 1–3 (zitiert als: *Europäischer Rat*, Beschluss (EU) 2019/584 vom 11.4.2019 zur Verlängerung der Frist nach Art. 50 Abs. 3 EUV, Amtsblatt Nr. L 101 vom 11.4.2019).

–: Beschluss (EU) 2019/1810 des Europäischen Rates, im Einvernehmen mit dem Vereinigten Königreich gefasst, vom 29. Oktober 2019 zur Verlängerung der Frist nach Artikel 50 Absatz 3 EUV, in: Amtsblatt Nr. L 278 I vom 31.10.2019, S. 1–3 (zitiert als: *Europäischer Rat*, Beschluss (EU) 2019/1810 vom 29.10.2019 zur Verlängerung der Frist nach Art. 50 Abs. 3 EUV, Amtsblatt Nr. L 278 I vom 31.10.2019).

–: Beschluss (EU) 2020/135 dheäisces Rates vom 30. Januar 2020 über den Abschluss des Abkommens über den Austritt des Vereinigten Königreichs Großbritannien und Nordirland aus der Europäischen Union und der Europäischen Atomgemeinschaft, in: Amtsblatt Nr. L 29 vom 31.1.2020, S. 1–6 (zitiert als: *Europäischer Rat*, Beschluss (EU) 2020/135 vom 30.1.2020 über den Abschluss des Austrittsabkommens, Amtsblatt Nr. L 29 vom 31.1.2020).

–: Beschluss (EU) 2021/689 des Rates vom 29. April 2021 über den Abschluss – im Namen der Union – des Abkommens über Handel und Zusammenarbeit zwischen der Europäischen Union und der Europäischen Atomgemeinschaft einerseits und dem Vereinigten Königreich Großbritannien und Nordirland andererseits und des Abkommens zwischen der Europäischen Union und dem Vereinigten Königreich Großbritannien und Nordirland über die Sicherheitsverfahren für den Austausch und den Schutz von Verschlusssachen, in: Amtsblatt Nr. L 149 vom 31.4.2021, S. 2–9 (zitiert als: *Europäischer Rat*, Beschluss (EU) 2021/689 vom 29.4.2021 über den Abschluss des Handels- und Kooperationsabkommens, Amtsblatt Nr. L 149 vom 31.4.2021).

Europäischer Wirtschafts- und Sozialausschuss: Stellungnahme des Europäischen Wirtschafts- und Sozialausschusses zu a) Vorschlag für eine Verordnung des Europäischen Parlaments und des Rates zur Änderung der Verordnung (EG) Nr. 1206/2001 des Rates vom 28. Mai 2001 über die Zusammenarbeit zwischen den Gerichten der Mitgliedstaaten auf dem Gebiet der Beweisaufnahme in Zivil- oder Handelssachen (COM (2018) 378 final — 2018/203 (COD)) und b) Vorschlag für eine Verordnung des Europäischen Parlaments und des Rates zur Änderung der Verordnung (EG) Nr. 1393/2007 des Europäischen Parlaments und des Rates über die Zustellung gerichtlicher und außergerichtlicher Schriftstücke in Zivil- oder Handelssachen in den Mitgliedstaaten („Zustellung von Schriftstücken") (COM (2018) 379 final — 2018/204 (COD)), in: Amtsblatt Nr. C 62 vom 15.2.2019, S. 56–62 (zitiert als: *Europäischer Wirtschafts- und Sozialausschuss*, Stellungnahme zur EuBVO 2020 und EuZVO 2020, in: Amtsblatt Nr. C 62 vom 15.2.2019).

Europäisches Parlament: Legislative Entschließung des Europäischen Parlaments vom 13. Februar 2019 zu dem Vorschlag für eine Verordnung des Europäischen Parlaments und des Rates zur Änderung der Verordnung (EG) Nr. 1393/2007 des Europäischen Parlaments und des Rates über die Zustellung gerichtlicher und außergerichtlicher Schriftstücke in Zivil- oder Handelssachen in den Mitgliedstaaten („Zustellung von Schriftstücken") (COM (2018)0379 – C8-0243/2018 – 2018/0204(COD)), P8_TA(2019)0104, abrufbar unter: <https://eur-lex.europa.eu/legal-content/DE/ALL/?uri=EP%3AP8_TA%282019%290104> (zitiert als: *Europäisches Parlament*, Legislative Entschließung vom 13.2.2019, P8_TA(2019)0104).

–: Legislative Entschließung des Europäischen Parlaments vom 29. Januar 2020 zu dem Entwurf eines Beschlusses des Rates über den Abschluss des Abkommens über den Austritt des Vereinigten Königreichs Großbritannien und Nordirland aus der Europäischen Union und der Europäischen Atomgemeinschaft, P9_TA-PROV(2020)0018, abrufbar unter: <https://www.europarl.europa.eu/doceo/document/TA-9-2020-0018_DE.html> (zitiert als: *Europäisches Parlament*, Legislative Entschließung vom 29.1.2020, P9_TA-PROV(2020)0018).

–: European Parliament legislative resolution of 23 November 2020 on the Council position at first reading with a view to the adoption of a regulation of the European Parliament and of the Council on the service in the Member States of judicial and extrajudicial documents in civil or commercial matters (service of documents) (recast) (09890/2/2020 – C9-0356/2020 – 2018/0204(COD)) – C9-0356/2020 – 2018/0204(COD)), P9_TA(2020)0309, abrufbar unter: <https://www.europarl.europa.eu/doceo/document/TA-9-2020-0309_EN.html> (zitiert als: *Europäisches Parlament*, Legislative Entschließung vom 23.11.2020, P9_TA(2020)0309).
–: Das Ergebnis der Verhandlungen zwischen der EU und dem Vereinigten Königreich – Entschließung des Europäischen Parlaments vom 28. April 2021 zu dem Ergebnis der Verhandlungen zwischen der EU und dem Vereinigten Königreich (2021/2658(RSP)), in: Amtsblatt Nr. C 506 vom 15.12.2021, S. 26–37 (zitiert als: *Europäisches Parlament*, Entschließung vom 28.4.2021, in: Amtsblatt Nr. C 506 vom 15.12.2021).
European Union Committee of the House of Lords: 17th Report of Session 2016–17 – Brexit: justice for families, individuals and businesses?, London, 20.3.2017, abrufbar unter: <https://publications.parliament.uk/pa/ld201617/ldselect/ldeucom/134/134.pdf> (zitiert als: *European Union Committee of the House of Lords*, 17th Report of Session 2016–17).
HCCH: Actes et documents de la septième Session: tenue du 9 au 31 octobre 1951, Den Haag 1952 (zitiert als: *HCCH*, Actes et documents de la septième Session, 1952).
–: Actes et documents de la dixiéme session 7 au 28 octobre 1964 – Tome III: notification, Den Haag 1965 (zitiert als: *HCCH*, Actes et documents de la dixiéme session, 1964).
–: Report on the work of the Special Commission on the operation of the Hague Conventions of 15 November 1965 on the Service Abroad of Judicial and Extrajudicial Documents in Civil or Commercial Matters, Den Haag 1977, abrufbar unter: <https://www.hcch.net/en/publications-and-studies/details4/?pid=2280&dtid=2> (zitiert als: *HCCH*, Report on the work of the Special Commission of 1977).
–: Recommendation on information to accompany judicial and extrajudicial documents to be sent or served abroad in civil or commercial matters (adopted by the Fourteenth Session), Den Haag, abrufbar unter: <https://www.hcch.net/de/publications-and-studies/details4/?pid=26&dtid=2>.
–: Report on the work of the Special Commission of April 1989 on the operation of the Hague Conventions of 15 November 1965 on the Service Abroad of Judicial and Extrajudicial Documents in Civil or Commercial Matters and of 18 March 1970 on the Taking of Evidence Abroad in Civil or Commercial Matters, Den Haag 1989, abrufbar unter: <https://www.hcch.net/de/publications-and-studies/details4/?pid=2281> (zitiert als: *HCCH*, Report on the work of the Special Commission of 1989).
–: Conclusions and Recommendations of the Special Commission on the practical operation of The Hague Apostille, Evidence and Service Conventions (28 October to 4 November 2003), Den Haag 2003, abrufbar unter: <https://www.hcch.net/en/publications-and-studies/details4/?pid=3121&dtid=2> (zitiert als: *HCCH*, Conclusions of the Special Commission of 2003).
–: Conclusions and Recommendations of the Special Commission on the practical operation of the Hague Apostille, Service, Evidence and Access to Justice Conventions (2 to 12 February 2009), Den Haag 2009, abrufbar unter: <https://www.hcch.net/en/publications-and-studies/details4/?pid=4694&dtid=2> (zitiert als: *HCCH*, Conclusions of the Special Commission of 2009).
–: Summary of responses to the questionnaire of July 2008 relating to the service convention, with analytical comments, Den Haag 2009, abrufbar unter: <https://www.hcch.net/

en/publications-and-studies/details4/?pid=4698&dtid=33> (zitiert als: *HCCH*, Zusammenfassung der Ergebnisse des HZÜ-Fragebogens aus dem Jahr 2008).

–: Conclusions and Recommendations of the Special Commission on the practical operation of the Hague Service, Evidence and Access to Justice Conventions (20–23 May 2014), Den Haag 2014, abrufbar unter: <https://www.hcch.net/en/publications-and-studies/details4/?pid=6405&dtid=2> (zitiert als: *HCCH*, Conclusions of the Special Commission of 2014).

–: Synopsis of responses to the Questionnaire of November 2013 relating the Hague Convention of 15 November 1965 on the service abroad of judicial and extrajudicial documents in civil oder commercial matters (service convention) – Revised version as per August 2014, Den Haag 2014, abrufbar unter: <https://www.hcch.net/de/publications-and-studies/details4/?pid=6126&dtid=33> (zitiert als: *HCCH*, Synopsis der Antworten auf den HZÜ-Fragebogen aus dem Jahr 2013).

–: Practical Handbook on the Operation of the Service Convention, Den Haag 2016 (zitiert als: *HCCH*, Practical Handbook, 2016).

HM Government: Enforcement and dispute resolution – A future partnership paper, London 2017, abrufbar unter: <https://www.gov.uk/government/publications/enforcement-and-dispute-resolution-a-future-partnership-paper> (zitiert als: *HM Government*, Enforcement and dispute resolution).

–: The United Kingdom's exit from and new partnership with the European Union, London 2017, abrufbar unter: <https://www.gov.uk/government/publications/the-united-kingdoms-exit-from-and-new-partnership-with-the-european-union-white-paper> (zitiert als: *HM Government*, The UK's exit from and new partnership with the EU).

–: Providing a cross-border civil judicial cooperation framework – a future partnership paper, London, 22.8.2017, abrufbar unter: <https://assets.publishing.service.gov.uk/government/uploads/system/uploads/attachment_data/file/639271/Providing_a_cross-border_civil_judicial_cooperation_framework.pdf> (zitiert als: *HM Government*, Providing a cross-border civil judicial cooperation framework).

–: Explanatory Memorandum to The Service of Documents and Taking of Evidence in Civil and Commercial Matters (Revocation and Saving Provisions) (EU Exit) Regulations 2018, 2018 No. 1257, abrufbar unter: <https://www.legislation.gov.uk/uksi/2018/1257/memorandum>.

–: The future relationship between the United Kingdom and the European Union, London 2018, abrufbar unter: <https://www.gov.uk/government/publications/the-future-relationship-between-the-united-kingdom-and-the-european-union> (zitiert als: *HM Government*, The future relationship between the UK and the EU).

House of Lords: Select Committee on the Constitution: 4th Report of Session 2016–17 – The invoking of Article 50, London, 13.9.2016, abrufbar unter: <https://publications.parliament.uk/pa/ld201617/ldselect/ldconst/44/44.pdf> (zitiert als: *House of Lords: Select Committee on the Constitution*, 4th Report of Session 2016–17).

Jenard, Paul: Bericht zu dem Übereinkommen über die gerichtliche Zuständigkeit und die Vollstreckung gerichtlicher Entscheidungen in Zivil- und Handelssachen (unterzeichnet in Brüssel am 27. September 1968), in: Amtsblatt Nr. C 59 vom 5.3.1979, S. 1–65 (zitiert als: *Jenard*, Bericht zum EuGVÜ, in: Amtsblatt Nr. C 59 vom 5.3.1979).

Justice Committee of the House of Commons: Implications of Brexit for the justice system – Ninth Report of Session 2016–17. Report, together with formal minutes relating to the report, London, 22.3.2017, abrufbar unter: <https://publications.parliament.uk/pa/cm201617/cmselect/cmjust/750/750.pdf> (zitiert als: *Justice Committee of the House of Commons*, Implications of Brexit for the justice system, 9th Report of Session 2016–17).

MainStrat: Study on the application of Council Regulation (EC) No 1348/2000 on the service of judicial and extra judicial documents in civil or commercial matter, Luxemburg 2004, abrufbar unter: <https://uk.practicallaw.thomsonreuters.com/w-027-3542?transitionType=Default&contextData=(sc.Default)> (zitiert als: *MainStrat*, Studie zur Anwendung der EuZVO 2000).

–: Study on the application of Council Regulation (EC) No 1393/2007 on the service of judicial and extra judicial documents in civil or commercial matters, Luxemburg 2014, abrufbar unter: <https://op.europa.eu/de/publication-detail/-/publication/ae2dc230-dd01-49aa-9829-57497c9ee1ce/language-en> (zitiert als: *MainStrat*, Studie zur Anwendung der EuZVO 2007).

Max-Planck-Institut für ausländisches und internationales Privatrecht/Max-Planck-Institut Luxemburg für Internationales, Europäisches und Regulatorisches Verfahrensrecht: Gemeinsame Stellungnahme zum Entwurf eines Gesetzes zur Durchführung der EU-Verordnungen über grenzüberschreitende Zustellungen und grenzüberschreitende Beweisaufnahmen in Zivil- oder Handelssachen, zur Änderung der Zivilrechtshilfe, des Vormundschafts- und Betreuungsrechts sowie sonstiger Vorschriften, Hamburg, Luxemburg, 14.2.2022, abrufbar unter: <https://www.bmj.de/SharedDocs/Gesetzgebungsverfahren/Stellungnahmen/2022/Downloads/0214_Stellungnahme_MPI_HbgLux_Grenzueberschreitende_Zustellungen.html?nn=6712350> (zitiert als: *Max-Planck-Institut für ausländisches und internationales Privatrecht/Max-Planck-Institut Luxemburg für Internationales, Europäisches und Regulatorisches Verfahrensrecht*, Gemeinsame Stellungnahme zum Entwurf eines Gesetzes zur Durchführung der EuZVO 2020 und EuBVO 2020).

Ministry of Justice: Guidance – Cross-border civil and commercial legal cases: guidance for legal professionals, 31.12.2020, abrufbar unter: <https://www.gov.uk/government/publications/cross-border-civil-and-commercial-legal-cases-guidance-for-legal-professionals/cross-border-civil-and-commercial-legal-cases-guidance-for-legal-professionals> (zitiert als: *Ministry of Justice*, Guidance on Cross-border civil and commercial legal cases).

Pocar, Fausto: Erläuternder Bericht zum Übereinkommen über die gerichtliche Zuständigkeit und die Vollstreckung gerichtlicher Entscheidungen in Zivil- und Handelssachen (unterzeichnet am 30. Oktober 2007 in Lugano), in: Amtsblatt Nr. C 319 vom 23.12.2009, S. 1–56 (zitiert als: *Pocar*, Erläuternder Bericht zum LugÜ 2007, in: Amtsblatt Nr. C 319 vom 23.12.2009).

Report of the Committee appointed by the Lord Chancellor to consider the Conduct of Legal Proceedings between Parties in This Country and Parties Abroad, and the Enforcement of Judgments and Awards, London 1919, abrufbar unter: <https://catalog.hathitrust.org/Record/010408972> (zitiert als: Report of the Committee appointed by the Lord Chancellor of 1919).

Response of England & Wales to the Questionnaire of July 2008, abrufbar unter: <https://www.hcch.net/de/publications-and-studies/details4/?pid=5470&dtid=33> (zitiert als: Antwort von England & Wales auf den HZÜ-Fragebogen aus dem Jahr 2008).

Response of Germany to the Questionnaire of July 2003, abrufbar unter: <https://www.hcch.net/de/publications-and-studies/details4/?pid=5469&dtid=33> (zitiert als: Antwort von Deutschland auf den HZÜ-Fragebogen aus dem Jahr 2003).

Response of Germany to the Questionnaire of July 2008, abrufbar unter: <https://www.hcch.net/de/publications-and-studies/details4/?pid=5470&dtid=33> (zitiert als: Antwort von Deutschland auf den HZÜ-Fragebogen aus dem Jahr 2008).

Response of Germany to the Questionnaire of November 2013, abrufbar unter: <https://www.hcch.net/de/publications-and-studies/details4/?pid=6042&dtid=33> (zitiert als: Antwort von Deutschland auf den HZÜ-Fragebogen aus dem Jahr 2013).

Response of Germany to the Questionnaire on the use of Information Technology in the operation of the Service Convention, abrufbar unter: <https://www.hcch.net/de/publications-and-studies/details4/?pid=6903&dtid=33> (zitiert als: Antwort von Deutschland auf den HZÜ Fragebogen aus dem Jahr 2019).

Response of the United Kingdom to the Questionnaire of November 2013, abrufbar unter: <https://www.hcch.net/de/publications-and-studies/details4/?pid=6042&dtid=33> (zitiert als: Antwort des VK auf den HZÜ-Fragebogen aus dem Jahr 2013).

Schlosser, Peter: Bericht zu dem Übereinkommen des Königreichs Dänemark, Irlands und des Vereinigten Königreichs Großbritannien und Nordirland über den Beitritt zum Übereinkommen über die gerichtliche Zuständigkeit und die Vollstreckung gerichtlicher Entscheidungen in Zivil- und Handelssachen sowie zum Protokoll betreffend die Auslegung dieses Übereinkommens durch den Gerichtshof (unterzeichnet in Luxemburg am 9. Oktober 1978), in: Amtsblatt Nr. C 59 vom 5.3.1979, S. 71–151 (zitiert als: *Schlosser*, Bericht zum Beitritt des Königreichs Dänemark, Irlands und des VKs zum EuGVÜ, in: Amtsblatt Nr. C 59 vom 5.3.1979).

Statistisches Bundesamt: Rechtspflege Zivilgerichte 2021 – Fachserie 10 Reihe 2.1, 5.8.2021, abrufbar unter: <https://www.destatis.de/DE/Themen/Staat/Justiz-Rechtspflege/_inhalt.html#sprg235918>.

United Nations: Yearbook of the International Law Commission 1966 – Volume II – Documents of the second part of the seventeenth session and of the eighteenth session including the reports of the Commission to the General Assembly, New York 1967 (zitiert als: *United Nations*, Yearbook of the International Law Commission 1966 – Vol. II)

Sachregister

acquis communautaire 176
acta iure imperii 134
agent 56, 61, 79, 132, 187, 205, 297
Alder-Entscheidung 116, 117, 232
Anerkennung und Vollstreckung ausländischer Entscheidungen 15–19, 38, 111, 160, 161, 209, 230, 235, 282, 294
Anspruch auf rechtliches Gehör 1, 22–23, 25, 27, 28, 29, 41, 218, 254, 290, 294
antisuit injunctions
 – Ablehnung der Zustellung 97–101, 124, 227, 267, 296
 – *comity*-Gesichtspunkte 90
 – *convenience-based* 90
 – *in personam*-Wirkung 100, 101
 – *obligation-based* 90
 – Zivil- und Handelssache 89–90, 114
Äquivalenz- und Effektivitätsgrundsatz 212
Auslegungsinstanz 75, 88, 91, 114, 228, 229, 230

Beschleunigungsgebot 21, 124, 135, 196
besonderes elektronisches Anwaltspostfach (beA) 248
Brexit 151
 – Ablauf 150–52
 – Anerkennung und Vollstreckung 19, 160
 – Austrittsabkommen 3, 5, 148, 149, 151, 152, 153, 297
 – *backstop* 151
 – Beweggründe 260, 263

 – Handels- und Kooperationsabkommen 3, 152, 153, 253, 269, 270, 276, 286, 297
 – Rahmenbedingungen 148–149
 – sektoraler Hard-Brexit 153
 – Sondergipfel 151
 – Übergangsvorschriften 153, 154–157, 253, 297
 – Wiederaufleben des deutsch-britischen Anerkennungs- und Vollstreckungsabkommens 160
 – Wiederaufleben des deutsch-britischen Rechtshilfeabkommens 163–177
 – Wiederaufleben des EuGVÜ 161–163, 176
brief amicus curiae 91
British and Foreign Legal Procedure Committee Siehe Sumner Comittee

case law 50
Civil Procedure Act 1997 50
Civil Procedure Rules 81, 95, 144
claim form 8, 9, 12, 13, 14, 20, 51, 52, 53, 55, 57, 59, 60, 294
clausula rebus sic stantibus 149, 165, 173, 174
courtoisie internationale 49, 70, 100, 295

De-Mail 246, 248, 250
desuetudo 5, 164–172, 172, 174, 177, 253, 288, 297
deutsch-britisches Anerkennungs- und Vollstreckungsabkommen 18, 160, 163, 164, 168, 171

deutsch-britisches Rechtshilfeabkommen
- Anwendungsbereich 75–76
- Beendigung durch *desuetudo* 164–172
- Beendigung durch *Obsoleszenz* 172–177
- Entstehungsgeschichte 74
- Heilung von Zustellungsfehlern 212
- Postzustellung 79–81, 184–185
- Reform 283
- Übersetzung 82–83
- unmittelbare Zustellung durch einen *agent* 78–79, 187, 205
- unmittelbare Zustellung durch zuständige Beamte 82, 185–187
- Zustellung durch diplomatische oder konsularische Beamte 78, 179, 205–206
- Zustellung im Wege der aktiven internationalen Rechtshilfe 76–78, 178

dezentrales IT-System 236, 237, 238
Diskriminierungsverbot 115
domicile 66
Doppelqualifikation 75, 88, 228

e-CODEX 237
eIDAS-VO 237, 245, 246
Einschreiben International 202, 203, 297
enquiry agent 54, 55
error of procedure 51
Erstreckungsabkommen zwischen der Europäischen Union und Dänemark 47, 261, 262, 263, 272, 299
Europäische Zustellungsverordnung
- Anwendungsbereich 113–118, 134, 232–233
- Brexit 158
- elektronische Direktzustellung 244–250
- Entstehungsgeschichte 111–113, 133–134, 231–232
- Heilung von Zustellungsfehlern 212–215
- Parallelübereinkommen 268
- Postzustellung 127–129, 141–143, 242–243

- Übersetzung 121, 130–131, 146, 193
- unmittelbare Parteizustellung 243–244
- Unterstützung bei der Anschriftenermittlung 233–235
- Verhältnis zu anderen Ab- und Übereinkommen 132–133, 169
- Zustellung durch diplomatische oder konsularische Vertretungen 125–126, 141
- Zustellung im Parteibetrieb 129–130, 143–146
- Zustellung im Wege der aktiven internationalen Rechtshilfe 118–125, 134–141, 236–242

Europäisches Justizportal 188, 234, 244
European Union (Notification of Withdrawal) Act 2017 150

forum non conveniens 10, 14, 15, 58

Gegenseitigkeitsprinzip *Siehe* Reziprozitätsprinzip
Gerichtsvollzieher 43, 69, 72, 82, 106, 107, 111, 119, 129, 146, 157, 186, 209, 255, 298
Grundsatz der Doppelfunktionalität der örtlichen Zuständigkeit 15
Grundsatz der territorialen Souveränität 32
Günstigkeitsprinzip 18, 109, 110, 133, 170, 177, 178, 295

Haager Gerichtsstandsübereinkommen 18, 58, 227, 271, 279
Haager Konferenz für Internationales Privatrecht 64, 85, 88, 175, 188, 223, 239, 250, 251, 252, 280
Haager Zustellungsübereinkommen
- Anwendungsbereich 86–93
- Brexit 158
- Digitalisierung 239, 251, 281
- elektronische Zustellung 250–252, 282
- Entstehungsgeschichte 84–86
- Heilung von Zustellungsfehlern 210–211

- Postzustellung 104–106, 179–184, 201–204
- Reform 257, 280–281
- Übersetzung 108, 192–195, 286, 288, 290
- unmittelbare Parteizustellung 207–209
- unmittelbare Zustellung durch Justizbeamte 106–108, 185–187
- Verhältnis zu anderen Ab- und Übereinkommen 108–110, 177
- Zustellung durch diplomatische oder konsularische Vertreter 102–103, 179, 205–206
- Zustellung im Wege der aktiven internationalen Rechtshilfe 102, 178, 189–200

Henderson-Entscheidung 204, 243
hussier 62

International Law Commission 166, 173

jurisdiction 14, 13–15, 36, 57
Justizgewährungsanspruch 1, 4, 5, 20, 21, 20–22, 23, 24, 25, 27, 29, 31, 40, 41, 98, 124, 188, 189, 194, 215, 217, 294

Kompetenzkonflikt 9–10, 136

Leffler-Entscheidung 122, 140, 214
lex fori 10, 67, 71, 77, 104, 115, 201, 203, 204, 228, 229
lex posterior-Grundsatz 166
lex specialis-Grundsatz 183
Luganer Lösung 264, 265, 266

Master of the Royal Courts of Justice 94, 119, 190, 191
messenger-at-arms 61, 62, 107, 108, 111, 119, 124, 136, 144, 155, 186, 190, 191, 199, 207, 255, 298
Model European Rules of Civil Procedure 292

natural forum 14, 15, 90

Obsoleszenz 5, 172–177, 253, 288, 297
Obsoleterklärung Siehe Obsoleszenz
opt-in 113, 261, 262
ordre public-Vorbehalt 78, 82, 87, 97, 219, 227, 267, 296

Prinzip der praktischen Konkordanz 24
process server 52, 54, 59, 79, 81, 107, 108, 127, 142, 144, 186, 187, 207, 255, 296, 298
Prozessökonomie 23, 27, 29, 41, 188, 215, 217, 225
punitive damages 87

Recht auf ein faires Verfahren 22, 108
Rechtshängigkeit 2, 8–10, 11, 136
Rechtshilfe
- aktive innerstaatliche 67
- aktive internationale 67
- passive internationale 67

remise au parquet 86, 115
Reziprozitätsprinzip 105, 181, 182, 183
Royal Court of Justice 94, 119, 155, 190, 204
Royal Mail 54, 202
Rückschein 23, 45, 47, 70, 80, 127, 129, 142, 201, 243, 297
Rückschein International 297
Rules of the Supreme Court 71, 81, 95

Scania-Entscheidung 115
Schutzschildtheorie 35–36, 38–40, 41
Scottish Government Justice Directorate 94, 190, 191
sektoraler Hard-Brexit 3, 253, 259, 297
Senior Master of the Royal Courts of Justice 94, 119, 145, 190, 191, 203
sheriff officers 107, 108
solicitor 30, 52, 55, 61, 85, 94, 106, 128, 130, 142, 144, 186, 190, 207, 249, 255, 296, 298
Souveränitätsinteressen 1, 31, 35, 38, 88, 188, 226, 227, 254, 295
Souveränitätsverständnis 282
- Deutschland 34–35, 226, 228, 295
- Herleitung 32–34
- Kritik 37–40
- Neuordnung 40–41

- *Schutzschildfunktion* Siehe Schutzschildtheorie
- Vereinigtes Königreich 36–37, 295

splendid isolation 66
Staatshaftungsanspruch 135, 196
subpoena 36
Sumner Committee 73, 74
sunset clause 149
Supreme Court 150

transient rule 13
Turner/Grovit-Entscheidung 124

unbekannter Aufenthalt 25, 49, 69, 86, 118, 233, 235

Vergemeinschaftung 112, 292
Verjährung 11–12, 122, 140, 200
Vertrag von Amsterdam 112
Vertrag von Lissabon 148
Vertrag von Maastricht 112
Vorabentscheidungsverfahren 229, 263, 264

Wiedereinsetzung in den vorigen Stand 26, 30, 92, 225
Wiener Vertragsrechtskonvention 105, 162, 163, 165, 166, 181, 182
Woolf-Reform 50

Zentrale Behörde 93, 94, 95, 97, 103, 108, 110, 118, 156, 178, 189, 190, 191, 193, 195, 196, 198, 227, 238, 252, 287
Zivil- und Handelssache
- deutsch-britisches Rechtshilfeabkommen 75
- Europäische Zustellungsverordnung 113–114
- Haager Zustellungsübereinkommen 89, 228
- Straf-, Steuer- und Verwaltungssachen 89, 114, 134

Zustellung
- Adressat 43, 52
- Amtszustellung 42, 43, 44, 51, 57, 128, 144, 145
- Annahmeverweigerungsrecht 46, 121, 122, 131, 137, 138, 139, 140, 146, 193, 213, 214, 215, 221, 222, 223, 240, 241, 289
- Begriff 7–8
- Belehrungspflichten 223–224
- Datum 125, 135, 200
- Dauer 26–27, 102, 124, 135, 189, 196, 195–198, 237, 245, 293, 295
- Digitalisierung 3, 232, 236, 247, 252
- einheitliches Zustellungsrecht 50, 257, 292, 291–293
- elektronische 60, 61, 63, 120, 230, 256
- fiktive 25–26, 39, 48–50, 60, 62, 63, 69, 86, 93, 114, 216–221, 225, 233
- förmliche 77, 95, 120, 191, 192, 289
- formlose 77, 96, 120, 121, 125, 191
- Heilung von Zustellungsfehlern 19, 140, 209–215, 222
- Kosten 78, 102, 124, 136, 143, 194, 198–199, 245, 289, 290, 293
- magisches Dreieck 31
- Nachweis 201–203, 243
- öffentliche Siehe Zustellung – fiktive
- Ordnungsmäßigkeit 17, 112, 115, 294
- Parteizustellung 42, 43, 51, 61, 62, 72, 129, 144, 187
- Rückwirkung 11–12, 195
- *substituted service* 63, 118, 220
- Übersetzung 28–29, 82–83, 108, 192–195, 221–223, 256, 288, 290, 295
- Zusammenhang mit der Zuständigkeit 13–15, 294
- Zustellungsbevollmächtigter 23, 25, 29, 30, 29–30, 48, 49, 68, 69, 93, 117, 217, 233

Studien zum ausländischen
und internationalen Privatrecht

Herausgegeben vom
Max-Planck-Institut für ausländisches
und internationales Privatrecht

Direktoren:
Holger Fleischer und Ralf Michaels

Die Schriftenreihe *Studien zum ausländischen und internationalen Privatrecht* (StudIPR) wurde 1980 gegründet. Als Äquivalent zur Reihe *Beiträge zum ausländischen und internationalen Privatrecht (BtrIPR)* befasst sich die Reihe *StudIPR* mit allen Themen aus den Aufgabengebieten des *Max-Planck-Instituts für ausländisches und internationales Privatrecht* und versammelt vor allem herausragende Dissertationen, aber auch Sammelbände verschiedenster Art, so zum Beispiel die Ergebnisse von Symposien, etwa zur Reform des Internationalen Privatrechts oder zur empirischen Rechtsforschung.

ISSN: 0720-1141
Zitiervorschlag: StudIPR

Alle lieferbaren Bände finden Sie unter *www.mohrsiebeck.com/studipr*

Mohr Siebeck
www.mohrsiebeck.com